130264027

W0071477

LA
SCO

STADTBIBLIOTHEK

ausgeschieden

Gert Scobel

Warum wir philosophieren müssen

Die Erfahrung des Denkens

S. Fischer

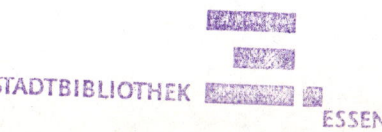

STADTBIBLIOTHEK ESSEN

Zentralbibliothek

© 2012 S. Fischer Verlag GmbH, Frankfurt am Main
Grafiken auf S. 75, 98 sowie der Nautilus: © Peter Palm, Berlin
Satz: pagina GmbH, Tübingen
Druck und Bindung: CPI – Clausen & Bosse, Leck
Printed in Germany
ISBN 978-3-10-070215-9

Für Ally,

*die wie viele Lebewesen im traditionellen Sinn nicht denken kann,
es aber immer wieder versteht, mich auf verblüffende Weise denken
zu lassen, dass sie es tut. Vielleicht reicht ihr das. Immerhin verdanke ich ihr einige inspirierende gemeinsame Gedanken-Gänge. Müsste ich Ally philosophisch einordnen, würde ich sie keinesfalls zu den
Kynikern (griechisch von κύων, Hund) rechnen, obwohl sie ein
Hund ist. Ally gehört eher zu den karnivoren Pragmatikern. Und
sie hat definitiv einen Hang zum Hedonismus. Was uns beide, allen
Barrieren zum Trotz, darüber hinaus verbindet, ist vielleicht wichtiger als denken. Wie alle fühlenden Wesen müssen wir sterben, was
wir, durchaus, bedauern.*

Inhaltsverzeichnis

Das Buch. Und ein Experiment

Dunkeljraue Himmel, met dä Strömung e' wieß Scheff
Dat määt bess noh Holland nirjendwo mieh fess.
Blädder sinn all unge, leer die Uferbäum,
Nix wat dä Bleck ophällt, wenn mer vum Meer dräump.

Drusse flüüß dä Rhing vorbei, Richtung Rotterdam,
Un dann endlich enn die See.

Noh all dänne Johre
Die Unruh enn dä Seel
Un dat Jeföhl wie op dä Durchreis,
Irjendwo zwesche Start un Ziel.

Dunkelgrauer Himmel, mit der Strömung ein weißes Schiff,
Das macht bis nach Holland nirgendwo mehr fest.
Blätter sind schon unten, die Uferbäume leer,
Nichts, was den Blick aufhält, träumt man dann vom Meer.

Draußen fließt der Rhein vorbei, Richtung Rotterdam,
Und dann endlich in die See.

Nach all diesen Jahren
Die Unruhe in der Seele
Und das Gefühl wie auf der Durchreise,
Irgendwo zwischen Start und Ziel.

Noh All Dänne Johre, Wolfgang Niedecken / BAP
BAP, Die Songs 1976–2011, Hamburg 2012, S. 620 ff

1. Das Thema des Buches – denken und philosophieren

Es geht in diesem Buch darum, etwas zu verstehen, das Sie alle gut kennen, sehr gut sogar. Sie machen täglich Gebrauch davon. Es ist da, wenn Sie aufstehen (oder kurz danach). Es begleitet Sie, oft unbewusst, nahezu in jedem Moment Ihres Lebens. Sie verlassen sich darauf, dass Sie es richtig machen. Und dann lässt es Sie plötzlich doch im Stich. Wir alle haben unsere Erfahrungen mit dem denken gemacht.[1] Und doch bin ich mir sicher, dass Sie sich gar nicht so sicher darüber sind, was Sie eigentlich tun, wenn Sie denken. Denken ist alltäglich, sicher. Aber aus der Tatsache, dass etwas alltäglich und selbstverständlich ist, folgt längst noch nicht, dass wir es auch verstehen. Wissen Sie, was in Ihnen vor sich geht, wenn Sie denken? Wo sind Sie, wenn Sie denken – und wohin kommen Sie dann wieder zurück? Was genau geht in Ihnen vor, wenn Sie über sich, Ihr Leben, Ihre Arbeit, Ihre Beziehungen nachdenken? Wo bringt Sie das denken hin? Und wenn es Sie irgendwo hinbringt – gibt es keinen anderen Weg, dorthin zu kommen? Ist das schnelle denken besser oder das denken, das Umwege geht, das wartet? Und wenn man durch denken sich selber, andere Menschen oder die Welt besser verstehen kann – warum ereignet sich dann manches »Verstehen«, manche »Erkenntnis« keineswegs bewusst, sondern unbewusst? Begleitet Sie das denken nicht auf eine seltsam veränderte Art und Weise bis in die Träume hinein? Ist die Vorstellung, wirklich frei denken zu können, womöglich selbst ein Traum?

In diesem Buch geht es um die bewusste Tätigkeit des denkens, das ein in den Körper tief eingebundenes Geschehen ist.

Deshalb ist denken, und das wird Sie womöglich überraschen, vor allem eine Erfahrung. Vielleicht ist Ihnen beigebracht worden, dass das sogenannte »rationale denken« die höchste, verlässlichste, ultimative und beste Form des denkens ist. Doch woher haben wir diese Rationalität? Gibt es so etwas wie eine Rationalität oder Vernunft außerhalb von uns, auf die wir uns zur Not berufen könnten so wie auf ein Gesetz, dessen Wortlaut ich in einem Buch finden kann, das ich aus dem Schrank nehme und aufschlage, um mich davon zu überzeugen, dass es genau so da steht? Wo aber steht dieses Buch der Vernunft? In Wahrheit existiert keine Vernunft ohne Körper. Man muss kein Neurowissenschaftler, Arzt oder Psychologe sein, um das zu erkennen. Wenn denken aber eine körperliche Erfahrung ist – wie kann sich das denken dann auf die Dinge außerhalb unseres Körpers beziehen, auf Ideen, Abstraktionen, die noch niemand gesehen hat: und schließlich auch auf die eigene Rationalität? Wie denken wir, wenn wir denken, das, was wir da tun? Wie denken wir denken? Und worauf beziehen wir uns dann? Zumal das hoch komplexe Geschehen, das wir auf bewusste Weise im denken erfahren, mit vielen anderen, ebenfalls hoch komplexen Vorgängen in uns und unserem Körper zusammenhängt, die uns nicht bewusst sind? Hängt nicht unser denken auch von Emotionen, Gefühlen, Stimmungen und Launen ab? Und auch von dem, was andere sagen oder geschrieben haben, also von Dingen, die gar nicht in unserem Kopf stattfinden? Sind wir in diesem Sinn also gar nicht richtig im Kopf, wenn wir denken? Wo aber sind wir dann – beispielsweise in einem intensiven Gedanken-Austausch? Vieles von dem, was wir von Moment zu Moment erfahren, geschieht unbewusst. Wir haben weder Kontrolle darüber, noch sind wir uns dessen, was ist, voll bewusst. Aber selbst wenn wir nicht bewusst denken, streifen noch Vorstellungen, Fetzen von Gedanken und Inhalten, unser Bewusstsein. Jeder, der Auto fährt, kennt das. Haben wir nun völlige Kontrolle über das denken oder nicht? Und wenn wir völlige Kontrolle erreichen könnten – gäbe es dann überhaupt noch einen Gedanken, der uns überraschen könnte? Oder einen neuen Gedanken?

Ein Teil unserer Erziehung zielt darauf ab, besser und genauer denken zu lernen. Wir verbringen einen nicht unwesentlichen Teil unserer Lebenszeit damit, mehr und mehr Kontrolle über diese Tätigkeit des denkens zu erlangen – und sei es auch nur, um in der Schule und später im Leben richtig rechnen zu können. Wir verwenden viel Zeit darauf: in der Kindheit bereits, in der Ausbildung und bei vielen anderen Gelegenheiten bis ins hohe Alter. Wann haben wir das denken, das wir üben, perfektioniert? Steht nicht immer wieder die Frage vor uns, nicht nur mit zunehmendem Alter, wohin uns das denken eigentlich führt? Und ob es das viele Nachdenken wert ist? Einstweilen machen wir weiter. Wir wollen Probleme lösen – und denken über sie nach. Denken ist ein Teil der Problemlösung, fast immer – beispielsweise weil wir versuchen, eine wichtige Lebensentscheidung richtig zu treffen. Wissen wir, wann etwas richtig und falsch ist? Wissen wir es durch das denken?

Das erste Ziel meines Buches besteht darin, die seltsame Erfahrung und Tätigkeit des denkens besser zu verstehen. Ich schreibe denken meistens lieber klein als groß, weil es »das« Denken nicht gibt. Was es gibt, ist denken als Vorgang, als Tätigkeit, als Erfahrung, die sich in der Zeit entwickelt. Seltsam ist die Erfahrung des denkens deshalb, weil wir oft nicht genau sagen können, was wir machen, wenn wir denken. Der bloße Vollzug einer Tätigkeit, die uns so bekannt und gewohnt, so alltäglich und selbstverständlich erscheint, dass wir nur selten über sie nachdenken, garantiert keineswegs, dass wir auch wirklich wissen, was wir da tun. Was also ist das uns Selbstverständliche eigentlich? Was tun wir genau, wenn wir denken? Was erfahren wir dann? Und wo sind wir, wenn wir denken?

Ziel Nummer eins:
zu klären, was die seltsame
Erfahrung des denkens ausmacht.[2]

Mein Buch verfolgt jedoch, gleichsam nebenbei, noch ein zweites Ziel, das mit dem ersten zusammenhängt. Obwohl das Buch keine thematisch umfassende oder gar chronologisch vorgehende Einführung in die Philosophie sein will und auch keine Philosophiegeschichte, so bietet es dennoch eine gute Möglichkeit, ins Herz der Philosophie zu geraten. Allerdings sage ich gleich, dass es »die« Philosophie nicht gibt. Philosophie existiert wie das denken auch nur als Erfahrung im Akt des philosophierens, der sich dann in seinen vielen Formen niederschlägt und zuweilen in Philosophien verfestigt. Aber worum handelt es sich dabei? Was ist philosophieren genau, und wozu brauchen wir es? Brauchen wir es überhaupt? Hilft philosophieren beispielsweise, besser durch das Leben zu kommen? Oder glücklicher zu werden? Sieht man die Welt klarer oder genauer, wenn man sie mit den Augen der Philosophie betrachtet? Und falls philosophieren tatsächlich hilft – in welcher Hinsicht hilft sie? Gibt es in diesem Fall nur eine richtige, hilfreiche, aber viele falsche Philosophien? Was macht die Falschheit aus? Und wenn es viele (richtige) Philosophien gibt: Wie kann man dann überhaupt von einem Fortschritt des philosophierens, ja von einem Fortschritt des denkens sprechen? Was bedeutet es, im philosophischen Denken einen Fortschritt zu erzielen?

Das zweite Ziel des Buches besteht darin, einige dieser Fragen zu beantworten und zu klären, was Philosophie als Disziplin genau ist, warum wir philosophieren – und vor allem: warum wir philosophieren müssen. Ich bin davon überzeugt, dass wir Philosophie brauchen. Wir müssen unser philosophieren kultivieren, auch wenn es gegenwärtig (und ich vermute: immer schon) in der »normalen« Hektik des Lebens, im Lärm, Getriebe und Geschäft wenig Zeit dafür zu geben scheint und Philosophie nicht wirklich gefragt ist. Für einen Wirtschaftler, einen Politiker, einen Manager, Techniker oder Wissenschaftler gilt in der Regel, dass zu philosophieren etwas ist, das mehr mit Freizeit, mit Muße und Luxus zu tun hat als mit Notwendigkeit, mit der eigenen Arbeit oder dem eigenen »In-der-Welt-Sein«. Dabei hängt vom philosophieren ein entscheidender Teil, oder besser eine entscheidende Dimension dessen ab, was wir als Menschen sind und wer wir in Zukunft sein wollen.

**Ziel Nummer zwei:
zu klären, was Philosophie ist
und wozu wir sie brauchen.**

Was soll so entscheidend sein am philosophieren? Oder am denken? Jetzt, in diesem Moment, in dem Sie gerade lesen, aber auch in fast allen Alltagssituationen ist Ihnen denken so allgegenwärtig, so alltäglich, dass es das normalste von der Welt zu sein scheint. Ist nicht der Mensch das denkende Wesen? Doch ganz so einfach ist es mit dem denken nicht. Unser Denken fließt, das stimmt. Aber zuweilen scheint es auch still zu stehen, einzuschlafen, weil es gleichsam hart geworden ist und wir darauf warten, dass es sich wieder verflüssigt. Über das Denken nachzudenken erfordert gewissermaßen eine andere Art der Betrachtung, einen anderen Umgang mit dem denken als den alltäglichen. Philosophieren besteht daher nicht selten in nichts anderem als einer Umkehr der sonst üblichen Blickrichtung – damit das, was man tut, besser in den Blick geraten kann. Bildhaft gesprochen denken wir normalerweise gleichsam immer in die Richtung weiter, in die uns das Denken trägt. Wir denken, wie wir sehen: nach vorne. Wir folgen den Gedanken nach. Nur selten aber kehren wir diese Blickrichtung um und denken über das Denken nach und über das, was unser denken bewegt und treibt.

Dabei ist denken seit Jahrtausenden da; es reicht weit zurück in unsere Geschichte und sogar in die Vergangenheit der Erde bis an jenen heiklen, vielleicht singulären Punkt, an dem sich die Ursprünge des Menschen endgültig verlieren, weil sich in allem, was über diesen Punkt zurückgeht, unsere Geschichte bis zur Unkenntlichkeit mit der Geschichte der Natur verbindet. Denken ist weitaus älter als alle abendländischen Überlieferungen aus den griechischen Stadtstaaten, älter als die Zeugnisse des ägyptischen Reiches, älter als die Weisheitstraditionen Indiens und sogar älter als die Höhlenzeichnungen von Lascaux oder die immer noch ins Herz treffenden Wandbilder und symbolischen Darstellungen der Chauvet-Höhle, in der sich neben den beeindruckenden Artefakten auch menschliche Fußspuren finden, die sich über mehr als 25 000 Jahre im feuchten Lehm erhalten haben und vermutlich die ältesten datierbaren Abdrücke eines modernen Menschen sind. Es zeigt sich in all dem, an den Zeichnungen an der Wand, an den Schrifttafeln und Bauwerken – und ist doch selbst nirgendwo zu finden.

Irgendwann hat die Bewusstseinsdämmerung eingesetzt. Das denken begann, irgendwann, vielleicht schon beim Übergang vom tierischen zum vormenschlichen Leben. Sicher aber begann es zu der Zeit, die Paläoanthropologen meinen, wenn sie vom »modernen« Menschen sprechen. Irgendetwas ist in unseren Vorfahren erwacht und erwacht noch heute immer wieder und immer weiter in uns. Mit dem geistigen Augenaufschlag setzt die Entwicklung des Verstehens ein, dessen Ergebnisse nicht nur Poesie und Literatur, Musik und Bilder und vieles andere sind, sondern auch Wissenschaft, Technik und all das, was uns heute umgibt. Der Computer, an dem ich gerade sitze, das Buch, das Sie Wochen und Monate später in der Hand halten; all die Vorgänge davor und dazwischen – all das hat mit denken zu tun. Mit dem sich entwickelnden Denken entstand etwas, ein Fragen und Antworten, das eng mit der Menschwerdung verbunden war und bis heute verbunden geblieben ist. Vielleicht war und ist es einfach das: Wir suchen in einer überraschenden, zuweilen fremden, sich schnell verändernden Welt, die uns zum Leben gebracht hat, aber uns auch sterben lässt, nach Mustern. Nach Mustern in uns, in anderen Menschen, in der Natur, in dem, was wir tun – und denken. Wissenschaft und Poesie sind sich ähnlicher, als beide oft wahrhaben wollen. Beide knüpfen an einem Teppich, von dem wir hoffen, dass sein Muster uns unser wahres Bild zeigen wird.

Viele Jahrtausende nach der Bewusstseinsdämmerung bekam der Prozess des fragenden Verstehens der inneren und äußeren Welt einen Namen und wurde, je nach Zeit und kultureller Vorliebe, Kunst, Philosophie oder Wissenschaft, zuweilen auch Religion genannt. Heute ist »die« Wissenschaft in eine Vielzahl von Disziplinen aufgesplittert, die sich alle mit Teilaspekten der Wirklichkeit befassen, ohne sie im Gesamten zufriedenstellend beschreiben zu können. In einem Prozess, der oft langsam und stetig, zuweilen aber auch sprunghaft und revolutionär verlief, haben die Wissenschaften es verstanden, immer mehr Informationen, immer umfassenderes Wissen anzuhäufen und bestimmte Fragen, die uns früher quälten, klar und ein für alle Mal zu beantworten.

Doch einige der quälendsten Fragen sind geblieben – Fragen, die durch keine wissenschaftliche Antwort zum Schweigen gebracht werden können. Dies sind die philosophischen Fragen. Gleich wie man es nehmen will, so oder so: Die Evolution des Menschen ist untrennbar verbunden mit der Geschichte des denkens – die bis heute die Geschichte unseres denkens, eines denkens der gesamten Menschheit ist. Die Erfahrung des denkens ist etwas, das alle Menschen verbindet. Wissen wir nicht alle zumindest ungefähr, insoweit, dass es für den Anfang zumindest reicht, was wir meinen, wenn wir davon sprechen, dass wir alle denken? Darauf können wir uns beziehen und verlassen, diesseits aller Sprachen und Kulturen, jenseits aller Unterschiede.

Vielleicht klingt Ihnen der Ton ein wenig zu sehr nach Märchen. Tatsächlich haben viele Kulturen Mythen und Erzählungen, Märchen und später Theorien entwickelt, um ihren Ausgangs- und Bezugspunkt zu markieren: Skizzen der Welt, der Natur und des Menschen, die vom Versuch genau zu denken zeugen und doch in erster Linie noch nicht als philosophieren begriffen werden, weil diese besondere Tätigkeit »der jeweils reflektierten Periode einer jeden Gesellschaftsentwicklung« angehört.[3] Tatsächlich sind die Philosophien der verschiedenen Zeiten und Kulturen, soweit sie erhalten geblieben sind, keineswegs alle in Form akademischer Abhandlungen überliefert worden. Das philosophische denken in seiner heutigen akademischen Form markiert erst einen der letzten Schritte der Entwicklungen und liegt höchstens zwei, vielleicht drei Jahrtausende zurück (und manche kritischen Zeitgenossen würden sogar noch strenger datieren und sagen, dass es höchstens zwei, drei Jahrhunderte her sei). Jedenfalls ist die Geschichte des denkens, die all dem voraus liegt, untrennbar verbunden mit so unterschiedlichen Formen wie Erzählungen oder Mythen, Geschichten jedweder Form, Gleichnissen, Dialogen und Abhandlungen, Argumenten und Theorien oder anderen Formen des Sprechens und Schreibens und zuweilen auch Zeichnens, die heute eher der Literatur oder Kunst zugeordnet werden würden. Und doch bilden all diese Formen wie der Amazonas einen großen, weit verzweigten Fluss des denkens, der zuweilen außer Blick gerät und so groß erscheint wie ein See oder Meer, in dem kein Fluss mehr zu erkennen ist. Dann wieder verengt sich der Fluss des denkens zu einem kleinen, versiegenden Rinnsal. Am Ende fließt das Wasser ins Meer, bevor es von dort aufsteigt und weit entfernt über dem Land wieder abregnet. Man könnte, um im Bild zu bleiben, von einem Meer des Wissens sprechen, das in einen großen Kreislauf eingebunden ist. Oder moderner gesprochen von einem Netzwerk, das sich aus all unseren Überlieferungen, Erkenntnissen und Einsichten gebildet hat. Das Internet wäre dabei nur ein Teil, sozusagen der elektronisch-sichtbare Aspekt dieses Netzwerkes.

Ich sprach eben von den bleibenden, nicht nur durch Wissenschaft aufzulösenden Fragen. Diese eignen sich gut, um das Feld des philosophierens wenigstens skizzenhaft zu umschreiben. Streichen Sie einfach von allen Fragen, die Sie im Leben haben, diejenigen, die sich (früher oder später zumindest) durch reine Information, durch Wissen, Fakten oder Tatsachen beantworten lassen. Streichen Sie weiter die Fragen, die Sie mit Hilfe eines Wikipedia-Eintrages oder einer Google-Suche lösen können. Dann werden Sie feststellen, dass dennoch einige Fragen übrig bleiben, die sich nicht durch Prozeduren des Nachschlagens beantworten lassen. Auch mehr Informationen helfen nicht. Sie werden nicht durch mehr Fakten herausbekommen, was schön ist und wie sich Schönheit anfühlt. Diese Fragen sind die eigentlich philosophischen Fragen. In gewisser Weise handelt es sich dabei natürlich um sehr persönliche, private Fragen – was es umso erstaunlicher macht, dass es eine Art von »öffentlichem« philosophieren gibt. Diese Fragen beunruhigen uns, treiben uns immer wieder an, Lösungen, Antworten zu finden, auch wenn wir oft nicht weiter fragen oder suchen wollen, weil dieser Prozess etwas Quälendes an sich haben kann. Und auch weil die Aussicht darauf, das Fragen beenden zu können, nicht besonders groß erscheint. Dennoch werden Sie versuchen – ich würde behaupten: als wacher, aufmerksamer Mensch sogar versuchen müssen –, solche Fragen zu beantworten. Vermutlich werden Sie im Laufe dieses Antwort-Prozesses von Ihrer ersten Ausgangsfrage abrücken und zu anderen, neuen Fragen übergehen. Vielleicht liegt in dieser Veränderung der Fragen sogar der entscheidende Fortschritt der Erkenntnis in diesen seltsam feinen, sich leicht entziehenden »Dingen«.

In jedem Fall ist das, was Sie dann machen, wenn Sie den nicht auflösbaren Fragen nachgehen, denken. Ein Denken, das philosophieren ist. All den Philosophien unserer Welt ist, so unterschiedlich sie auch sein mögen, eines gemeinsam: diese Tätigkeit des denkens und die damit verbundene Erfahrung, die ein hoch komplexes, buntes und oftmals bis zum Zerreißen gespanntes Muster bildet, ein Netz, das sich in uns formt, und, wenn es passt, über uns und unserer Welt liegt. Wir alle gehen bewaffnet mit einer Fülle von philosophischen Ideen und Vorstellungen durch unser Leben, sagt der kalifornische Neurolinguist George Lakoff, mit dem ich mich vor zwei Jahren am Berliner Wissenschaftskolleg darüber unterhalten konnte. Wir haben Vorstellungen von allem: Moral, Politik, Gott, Wissen, Wissenschaft, dem Menschen, anderen Menschen, der menschlichen Natur, Ästhetik und so fort. All das haben wir von anderen Menschen übernommen, haben es durch unsere Kultur gelernt. Leider sind wir uns selten dessen bewusst, was diese philosophischen Ideen eigentlich sind. Wo sie herkommen, wie sie sich vermehren, wie sie sich begründen lassen. Indem wir philosophieren, entwickeln wir darüber bewusste Theorien und versuchen, unsere Vorstellungen über die Welt auf eine systematische, einigermaßen kohärente, meist von uns als rational bezeichnete Art und Weise zu ordnen. Philosophieren hilft uns deshalb vor allem, unsere Erfahrungen, unser Leben zu verstehen: »philosophical theories help us understand our experience«. Und sie machen es möglich, über all das kritisch nachzudenken und zu überlegen, ob und an welcher Stelle unsere Vorstellungen von uns, anderen und der Welt korrigiert werden sollten.[4]

Wenn Sie die beiden Ziele des Buches zusammen nehmen, werden Sie bereits ahnen, was dieses Buch nicht ist. Dieses Buch ist keine klassische Einführung in die Philosophie(n). Und auch kein Philosophie-Lehrbuch oder gar eine Philosophie-Geschichte. Warum auch? Es gibt bereits eine Reihe hervorragender Lehrbücher der Philosophie und einige hervorragend zu lesende, sehr genaue und spannende Einführungen in Philosophie und Ideengeschichte. Wenn ich bei mir zu Hause arbeite, steht meist in Reichweite ein inzwischen leicht vergilbtes, vor Jahrzehnten aber in schönes rotes Leinen gebundenes Buch, dessen Titel mit Goldlettern gefertigt wurde: *Kleine Weltgeschichte der Philosophie*, geschrieben von Hans Joachim Störig im Jahre 1950. Dieses Buch hat nach Angaben vom *Börsenblatt*, dem Wochenmagazin für den Deutschen Buchhandel, inzwischen eine Auflage von mehr als einer Million Exemplaren erreicht. Ich muss etwa 14 Jahre alt gewesen sein, als mir mein Vater sein Exemplar schenkte – ein Geschenk mit großer Wirkung. Denn das Buch wollte sich ja nicht an Fachphilosophen wenden – ihnen würde es nichts Neues sagen –, wohl aber an die Menschen, die »inmitten der Arbeit und Sorge des Alltags und im Anblick der großen geschichtlichen Umwälzungen und Katastrophen unserer Zeit den Versuch nicht aufgeben, sich im Wege selbstständigen Nachdenkens mit den Rätseln der Welt und den ewigen Fragen des Menschseins auseinanderzusetzen, und die die Annahmen nicht von vorneherein zurückweisen, daß die Gedanken und Werke der großen Denker aller Zeiten dabei Rat und Hilfe geben können«.[5] Was für ein Ansporn! Selber nachzudenken – statt vorgefertigten Mustern zu folgen.

Was mir damals sofort ins Auge fiel, war, dass etwas anders, grundsätzlich anders war als im Latein- oder Geschichtsunterricht, anders auch als im Philosophie- und Religionsunterricht. Störigs Buch begann weder mit den Griechen noch mit den Römern. Seine Geschichte der Philosophie begann im »alten Indien«, das »geographisch betrachtet und ebenso in geistiger Beziehung, eine ganze Welt für sich« sei. Indien folgte China. Und China der Buddhismus. Dann erst, nach hundert Seiten, setzte der zweite Teil ein: die griechische Philosophie, auf die Mittelalter, der Ausgang des Mittelalters bis Kant und schließlich die Philosophie des 19. und 20. Jahrhunderts folgten. Das Buch führte dazu, dass ich intensiv las und dabei nicht nur auf jeder Seite faszinierende neue Gedanken entdeckte, sondern auch vieles bekannte, das zu meinem Erstaunen oft Jahrtausende alt war. Und noch einen Effekt hatte das Buch: verstärkten Streit mit meinem damaligen Religionslehrer. Vermutlich war ich damals für Lehrer wie ihn eine Pest. Aber als es mal wieder darum ging, wie wir doch Gott und andere Bewohner des Himmelreiches kennen und erkennen können, meldete ich mich und sagte, dass Kant das doch etwas anders sehen würde. Wir seien nämlich nicht in der Lage, das Ding an sich zu erkennen. Worauf mein Religionslehrer etwas höhnisch bemerkte, ob ich mir in meinem Alter wohl anmaßen würde, Kant zu verstehen? Worauf ich antwortete, dass ich nicht sicher sei, Kant zu verstehen, weil Kant schwer zu lesen sei. Aber immerhin sei ich sicher, was den Gedankengang angeht.

Denn der sei so schwer nicht zu verstehen. Ehrlicherweise hätte ich zugeben müssen, dass ich das Kant-Kapitel in Störigs Buch nicht nur einmal, sondern vermutlich zwanzigmal gelesen hatte, wobei ich versuchte, mir Kants Kategorienlehre aufzuzeichnen. Erst Jahrzehnte später habe ich gefunden, dass es im Internet so etwas (nur viel besser) gibt. Geblieben ist von all dem eine große Vorliebe für Kant, bis heute; eine Abneigung gegen Menschen, die sagen, jemand sei zu klein oder dumm, um etwas zu wissen; und ein gewisses Misstrauen gegenüber Menschen, die sich offensichtlich in himmlischen und moralischen Dingen so gut auskennen, als seien sie jede Nacht dort zu Gast. Ich bin meinem Vater für das Buch bis heute dankbar, muss allerdings zugeben, dass es Kapitel gibt, die ich überschlagen und bis heute nicht gelesen habe; aber es muss ja auch noch etwas übrigbleiben für die Zeit nach dem Fernsehen.

Es gibt eine Fülle guter, zuweilen hervorragender Werke über die Geschichte der Philosophie und der Ideen, was nicht ganz, aber doch weitgehend dasselbe ist. Es handelt sich um kluge, umfassende, klare Bücher, die zu lesen sich lohnt. Da wir gerade dabei sind, und Sie sich vielleicht fragen, welche Bücher ich meine – hier eine kleine Liste. Zu den guten Einführungen gehören Thomas Nagel, *Was bedeutet das alles? Eine ganz kurze Einführung in die Philosophie*, Jens Soentgen, *Selbstdenken!: 20 Praktiken der Philosophie*, Jay F. Rosenberg, *Philosophieren. Ein Handbuch für Anfänger*, Stephen Law, *Philosophie. Eine Einführung* (von ihm stammt auch der grandiose Klassiker *The Philosophy Gym. 25 short adventures in thinking*), Ben Dupré, *50 Schlüsselideen Philosophie* sowie das Philosophie-Buch: *Große Ideen und ihre Denker* aus dem Dorling Kindersley Verlag. Etwas schwerer zu lesen, aber in meinen Augen ein Klassiker ist Holm Tetens, *Philosophisches Argumentieren. Eine Einführung* sowie das von Jörg Sandkühler herausgegebene Buch *Philosophie, wozu?*, ein Buch mit hohem Überblickswert. Bislang nicht übersetzt, aber ähnlich übersichtsmächtig ist das von Havi Carel und David Gamez herausgegebene Buch *What Philosophy is. Contemporary Philosophy in Action* mit einem Vorwort von Simon Blackburn. Die vielleicht derzeit beste – weil kluge, genaue, ausgewogene und kenntnisreiche – Beantwortung der Frage, was Philosophie ist (gerade im Vergleich zu anderen Disziplinen), stammt von Dietmar von der Pfordten und hat den Titel *Suche nach Einsicht. Über Aufgabe und Wert der Philosophie.* Wie gesagt: eine sehr subjektive Auswahl, die ich je nach Temperament, Alter und Lebenslage empfehlen würde. Leider nicht übersetzt ist das grandiose Buch des englischen Philosophen Colin McGinn, der es von ganz unten aus einer Arbeiterfamilie zum Philosophieprofessor (und mehr) geschafft hat – ein wunderbares Buch mit dem Titel *The Making of a Philosopher. My Journey through Twentieth-Century-Philosophy* (New York 2002). Ebenfalls in Form einer intellektuellen Biographie geschrieben ist das Buch des britischen Philosophen, Politikers, Fernsehmoderators und Kunstkritikers Bryan Magee mit dem Titel *Bekenntnisse eines Philosophen.*

Dann gibt es noch etwas umfangreichere, in gewissem Sinn etwas speziellere Werke, auf die ich gerne zurückgreife. Dazu gehört vor allem *Weltgeschichte des Denkens. Die geistigen Traditionen der Menschheit* von Ninian Smart, einem der bedeutendsten Religionswissenschaftler, der sein Buch ähnlich wie Störig beginnen lässt mit den südasiatischen Philosophien, auf die die chinesischen, koreanischen und japanischen Philosophien folgen, ehe er sich auf Seite 180 dann den Griechen und Rom zuwendet; ein sehr sympathischer Beginn einer Weltgeschichte des Denkens, wie ich finde. Weiter zu nennen wären Kurt Flasch, *Kampfplätze der Philosophie. Große Kontroversen von Augustin bis Voltaire*, Bertrand Russells *Philosophie des Abendlandes. Ihr Zusammenhang mit der politischen und der sozialen Entwicklung* sowie von Peter Watson (der zu meinem großen Erstaunen nicht nur über Kunstraub geschrieben hat, sondern auch Autor mehrerer Krimis ist) die beiden brillanten Bücher *Das Lächeln der Medusa – die Geschichte des modernen Wissens* und *Ideen: Eine Kulturgeschichte von der Entdeckung des Feuers bis zur Moderne.* Wer interessiert ist, die Geschichte des Denkens anhand der Veröffentlichungen nachzuverfolgen – denn öffentlich und damit zugänglich wurden Gedanken über einen kleinen Kreis von Eingeweihten hinaus ja erst durch den Buchdruck –, sei auf das meisterhafte, von Arnim Regenbogen erarbeitete Buch *Chronik der Philosophischen Werke. Von der Erfindung des Buchdrucks bis ins 20. Jahrhundert* verwiesen.

Ehrlich gesagt hätte ich jetzt Lust, die Liste noch um einige Bücher zu vergrößern (etwa, was die moderne Philosophie angeht, um die grandiosen vier Bände der *Hauptströmungen der Gegenwartsphilosophie* von Wolfgang Stegmüller). Aber das würde vom Thema wegführen: von der Frage, was denken und philosophieren eigentlich sind, und wie philosophieren und die Erfahrung des denkens zusammenhängen. Dass beides keineswegs an akademische Form und Strenge gebunden ist, jedenfalls nicht immer, können Sie leicht an der folgenden, sehr bekannten Geschichte vom Schmetterlingstraum sehen, die sich in *Das wahre Buch vom südlichen Blütenland* findet. Dschuang Dsi, der Autor dieses Buches, war ein chinesischer Philosoph und Dichter, der sich zeitlebens allen Ämtern verweigerte. Er berief sich auf Konfuzius (551–479 v. Chr) und wurde um 365 vor Christus geboren, starb 290, war verheiratet und pflegte, wie es scheint, ausgiebig Kontakt zu anderen Philosophen und Philosophie-Schulen.

»Einst träumte Dschuang Dschou, dass er ein Schmetterling sei, ein flatternder Schmetterling, der sich wohl und glücklich fühlte und nichts wusste von Dschuang Dschou. Plötzlich wachte er auf: da war er wieder wirklich und wahrhaftig Dschuang Dschou. Nun weiß ich nicht, ob Dschuang Dschou geträumt hat, dass er ein Schmetterling sei, oder ob der Schmetterling geträumt hat, dass er Dschuang Dschou sei, obwohl doch zwischen Dschuang Dschou und dem Schmetterling sicher ein Unterschied ist. So ist es mit der Wandlung der Dinge.«[6]

2. Skeptisch? – Ein Experiment

Vielleicht hat Sie das, was Sie bisher gelesen haben, nicht wirklich gefesselt. Außerdem war ja von der Erfahrung des denkens die Rede. Wie aber soll man Erfahrungen machen, wenn man Bücher liest? (Ich hoffe, Sie stellen die Frage nicht ernsthaft, denn Sie müssen bereits mit spannenden Krimis, fesselnden Romanen und auch mit Sachbüchern die Erfahrung gemacht haben, dass das Lesen dieser Bücher Sie verändert hat – weil Sie beim Lesen etwas über die Welt oder, besser noch, über sich erfahren haben.) Vielleicht war Ihnen ja alles auch zu langsam.

Lassen Sie uns deshalb zum Abschluss der Einleitung ein Experiment machen. Ich verspreche Ihnen, dass Sie etwas davon haben werden. Es ist nicht eines der üblichen sogenannten Gedankenexperimente, sondern ein richtiges, gleichsam empirisches Experiment, das Sie jetzt machen und später je nach Belieben wiederholen können. Der Unterschied zu einem wissenschaftlichen Experiment – im Sinne der Methoden der empirischen Naturwissenschaften – besteht darin, dass dieses Experiment nicht zu ein und demselben Ergebnis führen wird, wenn Sie es zu unterschiedlichen Anlässen und in verschiedenen Situationen wiederholen. Das ist zwar möglich, aber meiner Erfahrung nach eher unwahrscheinlich. Insofern führt dieses Experiment zwar zu einem Resultat – oder besser: zu verschiedenen Resultaten –, aber nicht in der Weise, die den empirischen Naturwissenschaften schmeckt, die Abweichungen von Experiment zu Experiment gerade zu vermeiden suchen. Es handelt sich dennoch um ein richtiges Experiment. Und es wird Sie gleich in die Gegend oder Region befördern, mit der es das Denken und die Philosophie zu tun haben. Erstaunlicherweise ist diese Gegend vor allem an einem bzw. keinem bestimmten Ort anzutreffen, sondern überall – im Alltag. Das Experiment ist sehr einfach. Setzen Sie sich hin – das ist am entspanntesten, obwohl Sie natürlich auch stehen können, das ist Ihnen überlassen –, und beobachten Sie einfach, was ist. Nehmen Sie die Geräusche in Ihrer Umgebung wahr, hören Sie, sehen und schmecken Sie. Achten Sie aber auch auf das vermutlich einsetzende Chaos Ihrer Gedanken, die wie wilde Affen in den Bäumen Ihrer Welt umherturnen. Achten Sie einfach auf alles. Ihre Aufgabe besteht nun darin, die Quelle von all dem zu finden. Wo kommt all das, was Sie jetzt gleich wahrnehmen werden, inklusive Ihrer Gedanken und Gefühle, her?

Ich schlage vor, dass Sie jetzt erst einmal nicht weiterlesen. Sie bringen sich selbst um ein Erlebnis. Klappen Sie das Buch zu. Geben Sie sich drei Minuten, von mir aus auch fünf. Mehr sind beim ersten Durchgang nicht notwendig. Es ist ein gutes Investment. Wir sprechen uns anschließend wieder. Also meine Bitte: Schließen Sie jetzt das Buch. Achten Sie auf alles, was Ihnen erscheint. Und versuchen Sie, die Quelle all dessen zu finden.

***

Was ist passiert? Waren Sie überrascht über das Chaos an Eindrücken und Gedanken? Haben Sie herausgefunden, wo das alles herkam? Sie werden sicher (auch wenn Sie sich auf dem ruhigen Land befinden) das ein oder andere gehört oder gesehen haben. Wo kam das, was Sie da wahrgenommen haben, her? Da das, was Sie gehört oder gesehen haben, nicht Sie selber waren, muss es etwas anderes sein als Sie. Sagen wir – es kam aus der Welt, von da draußen, aus dem, was auch jetzt noch »vor« und »hinter« Ihnen ist, aus der Welt diesseits oder jenseits des Lesens. Eine Welt, die da ist, wenn Sie die Augen zumachen – denn Sie können sie noch fühlen und hören.

Doch was ist mit Ihren Gedanken und Gefühlen? Kamen die

auch »von draußen«? Da Sie Gedanken und Gefühle wahrgenommen haben, sind auch diese etwas anderes als Sie selbst. Was aber ist ihre Quelle all dessen? Ihr Körper und Ihr Geist? Wo aber fängt das eine an und hört das andere auf? Konnten Sie eine klare Grenze ziehen? Wo ist das Selbst, das Sie sicher auch wahrgenommen haben, das all dieses, was Sie wahrgenommen haben, tatsächlich wahrgenommen hat? Ist Ihnen der Gedanke gekommen, dass am Ende alles, was Sie wahrgenommen haben – »draußen« und »drinnen« –, im Grunde aus einer einzigen Quelle, Ihrem Geist stammt – oder zumindest doch in Ihrem Geist, Ihrem Bewusstsein zusammenlaufen muss, damit Sie es – auch wenn es von »draußen« kommt – wahrnehmen können?

Diese Fragen zu stellen heißt nachzudenken: nach dem Ereignis, nach der Erfahrung zu denken, um das, was Sie erfahren haben, zu klären. Derartig alltägliche Erfahrungen zu klären ist das Geschäft der Philosophie. Leider ist es nicht so einfach, wie es scheint: Auch wenn das Experiment selbst sicher eines der einfachsten Experimente überhaupt ist, das Sie machen können. Um solche alltäglichen Erfahrungen zu klären, ist oft ein großer und komplexer Begriffsapparat erforderlich, der gleichsam für jede Unterscheidung, für jede Nuance der Wahrnehmung und der Interpretation einen Begriff hat. Und da damit die Sache noch nicht ausgestanden ist, müssen Sie diese Begriffe auch noch zu einer Einheit bringen, zu einer Aussage: Eben zu der Aussage, was die Quelle all dessen ist, was Sie von Moment zu Moment erleben.

So werden Sie festgestellt haben, dass Sie die Gedanken beobachten können – aber nicht die Gedanken *sind*. Sie empfinden Ihren Körper, hören, fühlen, nehmen sich als »Sie«, als Subjekt wahr – und sind doch zugleich nicht einfach Ihr Körperempfinden, Ihr Sehen etc. Und was ist Ihr Ich? Handelt es sich um etwas, das Sie sehen, beschreiben, sagen oder zeigen können? Wie? Könnten Sie es mir jetzt zeigen oder jemandem, der gerade in Ihrer Nähe ist? Ist es vielleicht eher so, dass der, der all dies sieht, selber nicht gesehen werden kann – obwohl Sie als Mensch aus Fleisch und Blut in diesem Augenblick in diesem Buch weiterlesen (wozu Sie unbezweifelbar ein Ich und einen Körper brauchen)? Im Grunde ist es sehr einfach, unbesorgt in sich zu verweilen, sich und den Dingen, der Welt nahe.

Dass philosophieren heute mit all dem wenig zu tun hat und in gewisser Weise das philosophieren, das Sie eben ausgeübt haben, von der akademischen Philosophie nicht nur vergessen, sondern auch zuweilen verdrängt wurde, werden vermutlich nur wenige Akademiker schade finden. Tatsächlich aber hat das sich selbst Beobachten viel mit dem denken als Erfahrung zu tun – und dieses denken und sich, seine Gefühle, Regungen und Gedanken zu »sehen« wiederum mit Philosophie als Weisheit und Lebenskunst. Auch wenn es ein Modethema zu sein scheint (es muss sich dabei allerdings um eine jahrhundertelang anhaltende Dauermode handeln): auch auf diese Weise zu philosophieren hat mit der Frage nach Glück zu tun und ist philosophieren: als Praxis und Übung. Wiederholen Sie einfach das Experiment, das Sie gerade gemacht haben, mehrfach. Achten Sie dabei jeweils auf bestimmte Dinge (etwa auf das Entstehen von Gedanken). Lernen Sie Ihre Gedanken zu beobachten, auch wenn sie wild in den Bäumen herumturnen; lernen Sie sie zu besänftigen und ruhig werden zu lassen. Stellen Sie sich vor, Sie könnten sie wirklich langsamer werden lassen (und das können Sie) und lernen, sie schließlich weitgehend zum Schweigen, zum Versiegen zu bringen. Dann ist »der Himmel weit und klar bis zum Rand des Kosmos« schreibt Dōgen Zenji, von dem später noch die Rede sein wird, in Zazen Shin. »Wenn daher ein Vogel an diesem Himmel fliegt, hat er die Freiheit des wahren Vogels. Wenn der Geist des Menschen frei ist, ist er Mensch.« Den Geist und damit den Menschen zu befreien ist die vielleicht letzte Aufgabe von denken und philosophieren.

I. denken und Erfahrung

1. Phänomenologie des denkens (1)

1.1 Ein Experiment

Mit dem Wort »Phänomenologie des denkens« möchte ich, sehr einfach zunächst, die Beschreibungen der gesamten Erfahrungen bezeichnen, die wir machen, wenn wir denken. Das klingt durchaus einfach und ist es in gewisser Weise auch. Allerdings haben viele derartige Fachbegriffe wie »Phänomenologie« häufig eine lange und daher verschlungene Geschichte, ehe sie zu dem geworden sind, was wir heute (manchmal fälschlich) darunter verstehen. Wörter wie »Tubenkatarrh«, »Xeroradiographie«, »Quantenvakuumfluktuation« oder »Ethik« sind nicht von heute auf morgen entstanden. Auf die Hintergründe solcher Begriffe – man spricht von Begriffsgeschichte – muss daher hin und wieder hingewiesen werden, um sie zu verstehen. Von Fall zu Fall werde ich das auch tun und somit einen kleinen Umweg einschlagen. Wenn Sie jedoch zu den eiligen Leserinnen oder Lesern gehören, können Sie diese kleinen Vertiefungen im Text gerne überschlagen. Wäre das Buch eine Computerdatei, dann hätte ich derartige Begriffe wie »Phänomenologie« vermutlich bunt markiert. Sie könnten dann wahlweise durch Anklicken auf ein solches markiertes Wort weitere Erklärungen finden. In einem Buch geht das nicht so einfach wie mit der Maus. Aber ehrlich gesagt ist das Verfahren des Anklickens weder neu noch erst eine späte Erfindung des Internets. Über Jahrhunderte hinweg existierte das »Anklicken« bereits und nannte sich »Fußnote«. Fußnoten erfüllen ihren Zweck durchaus – bis heute. Sie warten meist geduldig am

Ende der Seite unter dem Haupttext und können daher, wenn man es eilig hat, leicht stehengelassen und überlesen werden. Das Problem mit Fußnoten ist lediglich, dass sie einem Text leider schnell eine übertrieben wissenschaftliche Note geben und sehr gelehrt wirken. Deshalb habe ich mich dazu entschlossen, weitgehend auf Fußnoten zu verzichten, auch wenn es mich manchmal juckt, ins Detail zu gehen. Fußnoten sind und bleiben das beste Mittel, um sich in der Gutenberg-Galaxie erfolgreich vor dem Karl Theodor Maria Nikolaus Johann Jacob Philipp Franz Joseph Sylvester Freiherr von und zu Guttenberg-Effekt zu schützen. Fußnoten geben an, woher man einen Gedanken geklaut hat. So weit die Vorbemerkung – und damit zum kleinen »Hyperlink«, einer vertiefenden Erklärung des Wortes »Phänomenologie« samt kurzem Hinweis auf seine Geschichte.

**Phänomenologie:
die Bestimmung dessen,
was sich uns zeigt.**

Unter *Phänomenologie* versteht man ganz allgemein die Bestimmung, Beschreibung oder auch Lehre von den Erscheinungen. Das phänomenologische Wissen ist das Wissen von den Erscheinungen, also über das, was sich uns durch unsere Sinne auf verschiedenste Art und Weise zeigt. Allerdings kann man auch gleichsam in sich selbst Erscheinungen haben (die, wie wir wissen, nicht immer mit der Welt übereinstimmen, so dass manche Erscheinung eben bloßer Schein, bloße Einbildung ist). Immanuel Kant (* 22. April 1724 in Königsberg; † 12. Februar 1804 ebendort) verstand unter den Phänomenen die Erscheinung der Dinge im Unterschied zum Schein. Georg Wilhelm Friedrich Hegel (* 27. August 1770 in Stuttgart; † 14. November 1831 in Berlin) gab dem Begriff mit seinem Hauptwerk *Phänomenologie des Geistes* (1807) eine zentrale Rolle. Ihm ging es darum, die Erfahrung

32

genauer zu fassen, die das Bewusstsein beim Voranschreiten auf dem Weg zum (absoluten) Wissen macht, das mit der Sinneserfahrung anfängt und über deren weitere Aufarbeitung zu verschiedenen Formen der Gewissheit und des Wissens fortschreitet. Wenn man es genau nimmt, ist die Phänomenologie sogar eine bestimmte Schule des philosophischen Denkens, die insbesondere der deutsche Philosoph Edmund Husserl (* 8. April 1859 in Proßnitz, Mähren; † 27. April 1938 in Freiburg im Breisgau) entwickelt hat. Husserl war ein äußerst produktiver Denker (sein Nachlass alleine umfasst über 40 000 Seiten), dessen bekanntester Schüler Martin Heidegger (* 26. September 1889 in Meßkirch; † 26. Mai 1976 in Freiburg im Breisgau) war. Husserls Absicht war es, zu einer Wesensschau des Gegebenen – der Welt – zu gelangen. Für ihn war entscheidend, dass es weder reine, vom Bewusstsein losgelöste Dinge (also keine »reinen« Objekte) geben kann, noch ein Bewusstsein unabhängig von den Gegenständen, die es wahrnimmt (also auch kein »reines« Subjekt), bestehen kann. Beide, Subjekt und Objekt, sind und bleiben immer verschränkt. Um die Gegenstände klarer zu erkennen, schlug Husserl den schwer zu bestreitenden Weg der »Phänomenologischen Reduktion« vor.[7] Wir müssen versuchen, uns unserer Urteile und Vorurteile zu enthalten, um uns auf diese Weise den Dingen – dem wahren Wesensgehalt der Gegenstände – nähern zu können. Wer richtig denken und die Welt verstehen will, muss seine Einstellung ihr gegenüber verändern. Nach Husserl sollte man sich gewissermaßen aller »Seinsmeinungen« enthalten und versuchen, alle Urteile und Theorien beim Betrachten der Welt zunächst auf ein Minimum zu reduzieren. Erst durch diese Zurücknahme des Subjekts – des denkenden, betrachtenden Ichs – erscheint die Welt, verkürzt gesagt, klarer und in ihren tatsächlichen Strukturen. Husserl fordert also Urteilsabstinenz. Man klammert den eigenen Seinsmodus ein – und indem man ihn einschätzt, klammert man ihn wieder aus. Wer beobachtet, muss all das, was in seinem Denken an Vorstellungen und (Vor-)Urteilen aufsteigt, ein- und ausklammern, um auf diese Weise allmählich und mit Geduld zu einer Beschreibung all dessen zu gelangen, was sich zeigt und in unsere Sphäre des Wissens gelangt. Husserl bezeichnete diese Haltung der Zurücknahme mit dem Kunstausdruck *Epoché*. Dieses Wort bedeutet auf Griechisch (ἐποχή) nichts anderes als Zurückhaltung und gleicht der Einstellung eines Mannes, der über den Markt der Dinge spaziert, ohne irgendetwas zu kaufen oder sich auf einen Handel einzulassen. In den Geschichtswissenschaften bezeichnet die Epoche einen bestimmten zeitlichen Einschnitt, eine eigene Einheit also, die nicht einfach die Verlängerung des Vergangenen ist, sondern etwas davon Abgetrenntes, Eigenes, das sich von den bisherigen anderen Entwicklungen unterscheidet.[8]

Zurück zum ersten Satz dieses Kapitels: zur Phänomenologie des Denkens. Damit meine ich nichts anderes als die Beschreibung all der Erfahrungen (oder zumindest einiger Erfahrungen), die wir machen, wenn wir denken. Mein Vorschlag ist, dass Sie ein weiteres Experiment machen. Wie gesagt: Dieses Experiment ist kein in der Philosophie übliches *Gedanken*experiment, sondern eine völlig natürliche, reale *Erfahrung*. Warum? Sie werden es gleich erfahren.

Auch dieses Mal sollten Sie sich entspannt und mit geradem Rücken hinsetzen. Legen Sie dabei das Buch weg. Im Unterschied zum ersten Experiment sollten Sie diesmal versuchen, ganz bei dem zu bleiben, was Sie gegenwärtig erleben – also bei dem Augenblick zu bleiben, in dem Sie sitzen und sich und Ihre Umgebung (»alles«, Ihre Welt) wahrnehmen. Sie werden vermutlich feststellen, dass sich dieser gegenwärtige Augenblick schnell verändert. Lassen Sie sich dadurch nicht irritieren – es ist normal. Vielleicht werden Sie sogar am Anfang Ihre Mühe haben, klar einen einzelnen Augenblick wahrzunehmen und zu identifizieren, weil sich in Ihrem Geist von Moment zu Moment alles so schnell verändert, dass Sie kaum folgen können (während jetzt noch, beim Lesen, alles einigermaßen geordnet zuzugehen scheint). Tatsächlich ist jeder dieser Momente »ein Moment von Ereignissen, und kein Moment vergeht ohne ein Ereignis. Wir können keinen Moment wahrnehmen, ohne Geschehnisse zu bemerken, die in diesem Moment stattfinden. Deshalb ist der Augenblick, dem wir reine Aufmerksamkeit zu schenken versuchen, der gegenwärtige Augenblick.«[9]

Die Aufgabe für Sie besteht darin, sich ganz auf den Moment zu konzentrieren. Um es einfacher zu machen, können Sie sich ganz auf Ihren Atem konzentrieren. Der Atem stellt eine sehr einfache, unbewusst ablaufende, sich ständig wiederholende Handlung Ihres Körpers dar. Es geht dabei darum, die Dinge – den Atem – so zu sehen, wie sie sind. Einfach, werden Sie vielleicht denken. Versuchen Sie es. Ich vermute, dass Sie bereits nach dem zweiten Atemzug an etwas anderes denken. Dann kommen Sie »einfach« zurück zu Ihrem Atem. Henepola Gunaratana, ein in Sri Lanka geborener buddhistischer Mönch der Theravada-Tradition, der seit 1968 in den USA lebt, in Philosophie promovierte und in den USA, in Kanada und Europa Meditation lehrt, erläutert das Problem so: »Wenn wir unsere Körperempfindungen achtsam wahrnehmen, sollten wir sie nicht mit geistigen Gebilden verwechseln, denn Körperempfindungen können auftauchen, ohne irgendetwas mit dem Geist zu tun zu haben. Ein Beispiel: Wir sitzen bequem. Nach einer Weile kann ein unangenehmes Gefühl in unserem Rücken oder in unseren Beinen auftreten. Unser Geist erlebt dieses Unbehagen sofort und bildet zahlreiche Gedanken um das Gefühl. An diesem Punkt sollten wir das Gefühl als Gefühl isolieren und achtsam beobachten, ohne zu versuchen, das Gefühl mit den geistigen Gebilden zu vermischen.«[10] Sie werden sehen: Es ist nicht einfach, einfach zu sitzen. Dennoch: Versuchen Sie es.

1.2 Fließen und Flüchtigkeit des denkens

Was ist diesmal passiert? Haben sich die Erfahrungen, die Sie gemacht haben, von denen im ersten Experiment unterschieden?

Waren Sie auch dieses Mal überrascht vom Chaos, das die unterschiedlichen Eindrücke und Gedanken in Ihrem Geist verursachen? Sie werden vermutlich erfahren haben, wie schwer es war, ganz bei einer vergleichsweise so einfachen Tätigkeit wie Sitzen oder Atmen zu bleiben. Alle möglichen Vorstellungen, Gedanken und Gefühle mischen sich in oder unter Ihre Konzentration. Wenn Sie versucht haben, all das auf einmal zu erfassen, werden Sie vermutlich festgestellt haben, dass es Ihnen so gut wie nicht gelingt. Im Gegenteil: Sie geraten in zunehmende Verwirrung und schweifen damit ab. Es ist schwer, bei einer einfachen Tätigkeit oder einem Gefühl (»ich atme«) zu bleiben – ohne das, was Sie gerade *erfahren*, mit *Gedanken* und anderen geistigen Faktoren zu vermischen. Vor allem aber wird Ihre Haupterfahrung gewesen sein, dass das, was Sie erfahren haben, in erster Linie eine einzige Abfolge von Verschiedenem war. Es ist, als würde das Leben vorüberziehen oder durch Sie hindurchziehen, während Sie sitzen, und nie das Gleiche sein. »Das Wesen unserer Erfahrung ist Veränderung.«[11]

Auch wenn die Welt um Sie herum durchaus ruhig war, gemessen am quirligen Leben auf einem großen Bahnhof oder Flughafen, so haben Sie vermutlich dennoch festgestellt, wie bewegt und unruhig Ihre Eindrücke und Gedanken waren – so als bauten sie sich von Moment zu Moment neu auf. Was Sie erfahren haben, ist gleichsam »schneller«, als Sie vermutlich vor dem Experiment gedacht haben (es sei denn, Sie haben damit schon Erfahrungen gesammelt; es lohnt sich, dieses Experiment in verschiedenen Lebenssituationen zu wiederholen – Sie brauchen ja nicht viel Zeit dafür). Es ist sicher kein Zufall, dass auch am Beginn der abendländischen Philosophie ein Satz, ein Gedanke steht, der bis heute wahr geblieben ist und seine Wirkung auch nach 2 500 Jahren nicht verfehlt. Dieser Satz geht auf Heraklit (* um 520 v. Chr.; † um 460 v. Chr.) zurück, dessen Werke – oder besser: dessen Gedanken, Aphorismen, Paradoxien und kurze Texte – nur durch Zitate bei späteren Autoren überliefert sind. Heraklit ist nur wenig später geboren als Pythagoras, Zarathustra, Krösus, Lao-Tse und Buddha. Er ist ein Zeitgenosse von Parmenides und Aischylos, der die klassische Theaterkunst begründete. Und weiter von Sophokles, Zenon, von dem das Paradox von Achill und der Schildkröte stammt, und Perikles. Kurz nach Heraklit wurde Hippokrates geboren, nach dem der medizinische Eid benannt ist, und weiter Sokrates und Demokrit, der Erfinder der Atomlehre. Eine spannende Zeit also, in der vieles im Umbruch war, und das Denken sich neu orientierte. Heraklit schrieb:»Der Ursprung der Dinge pflegt verborgen zu bleiben. Denen, die in dieselben Flüsse hineinsteigen, strömt anderes und wieder anderes Wasser herbei. Die Wasser der Quellen und der Flüsse sind nämlich frisch und neu; denn du wirst nicht zweimal in dieselben Flüsse hineinsteigen.« Plato schreibt, dass Heraklit gesagt habe, »dass alles in Bewegung ist und nichts bestehen bleibt, und er sagt, indem er die seienden Dinge mit dem Strom eines Flusses vergleicht, es sei nicht möglich, zweimal in denselben Fluss hineinzusteigen«.[12]

πάντα ῥεί
Alles fließt und verändert sich –
nicht nur in der Welt, sondern auch im denken.

Das »Alles fließt« (πάντα ῥεί) ist vermutlich einer der bekanntesten Sätze der Philosophie – ein Satz, über dessen Geschichte alleine man ein ganzes Buch schreiben könnte. Ich will mich an dieser Stelle nicht lange mit Erläuterungen und Interpretationen aufhalten, denn es geht ja um Ihr Experiment, das Sie eben durchgeführt haben. Damit Sie aber den großen, für die Philosophie so typischen Bogen sehen, der in diesem Fall von Heraklit bis ins Heute reicht, möchte ich Heraklits Gedanken, dass alles fließt, mit einigen Zitaten des Philosophen Ludwig Wittgenstein (* 26. April 1889 in Wien; † 29. April 1951 in Cambridge) verdeutlichen. Ich überspringe dabei zweieinhalb Jahrtausende. Doch Wittgenstein ist ohne Zweifel einer der bedeutendsten Philosophen des letzten Jahrhunderts und übt noch heute eine starke Wirkung auf die Gegenwartsphilosophie aus. Wittgensteins Problem beginnt mit der Frage, was die kontinuierliche Veränderung für das Denken und die Sprache bedeutet, die doch häufig Unveränderliches und somit das Gegenteil von »im Fluss sein« suggeriert. Diese unveränderlichen Sätze, so schreibt er in seinem letzten, erst nach seinem Tod erschienenen Werk *Über Gewißheit*, bilden eine Art von ruhigem Hintergrund, »auf welchem ich zwischen wahr und falsch unterscheide. Die Sätze, die dies Weltbild beschreiben, können zu einer Art Mythologie gehören. Und ihre Rolle ist ähnlich der von Spielregeln.« Das Weltbild fungiert als eine Art von Wahrheitsspeicher, als Reservoir von wahren Sätzen, auch wenn es in gewisser Weise Mythologie ist. Erfahrungssätze haben diese Gestalt. Ein Apfel fällt immer wieder auf den Boden. Das ist ebenso ein Erfahrungssatz wie der Satz, dass mein Körper nie verschwunden und erst nach einiger Zeit wieder aufgetaucht ist. Es ist jetzt nicht die Gelegenheit, die dahinterstehende Philosophie zu erklären, was ich an späterer Stelle nachholen werde. An dieser Stelle ist lediglich wichtig, dass man sich vorstellen kann, so Wittgenstein, »daß gewisse Sätze von der Form der Erfahrungssätze erstarrt wären und als Leitung für die nicht erstarrten, flüssigen Erfahrungssätze funktionierten; und daß sich dies Verhältnis mit der Zeit änderte, indem flüssige Sätze erstarren und feste flüssig werden. Die Mythologie kann wieder in Fluß geraten, das Flußbett der Gedanken sich verschieben. Aber ich unterscheide zwischen der Bewegung des Wassers im Flußbett und der Verschiebung dieses; obwohl es eine scharfe Trennung der beiden nicht gibt.«[13] Unser Weltbild und unsere Sprache ändern sich. Doch was bedeutet das in Bezug auf die Veränderung der Welt, unserer Gefühle und des Denkens? »Was zum Wesen der Welt gehört«, bemerkte Wittgenstein am 3.6.1932, »kann die Sprache nicht ausdrücken. Daher kann man nicht *sagen*, daß alles fließt. Nur was wir uns auch anders vorstellen könnten, kann die Sprache sagen. Daß alles fließt, muß in dem Wesen der Anwendung der Sprache auf die Wirklichkeit liegen … im Wesen der Berührung der Sprache mit der Wirklichkeit. Oder besser: daß alles fließt, muß im Wesen der Sprache liegen. Und, erinnern wir uns: im gewöhnlichen Leben fällt uns das nicht auf.« Wittgensteins Gedanke über die Sagbarkeit oder Darstellbarkeit der unmittelbaren Realität, so wie Sie sie eben in Ihrem Versuch erfahren haben, führt ihn zurück auf die Realität der Sprache. »Der Strom des Lebens«, schreibt er, »oder der Strom der Welt, fließt dahin, und unsere Sätze werden, sozusagen, nur in Augenblicken verifiziert.« Verifizieren heißt bewahrheiten, durch Erfahrung oder Experiment bestätigen. Die Sätze, die wir über unsere Erfahrungen sprechen oder niederschreiben, müssen so gemacht sein, dass sie auch nach der Erfahrung noch von ihr sprechen. Sie müssen in der Gegenwart verifizierbar, überprüfbar sein. Doch worin besteht diese Überprüfbarkeit, wenn alles, auch die Sprache und mit ihr der, der denkt, fließt? Wenn nur die Erfahrung des gegenwärtigen Augenblicks gleichsam stillstehen würde, »soll das heißen, daß ich heute früh nicht aufgestanden bin? Oder, daß ein Ereignis, dessen ich mich in diesem Augenblick nicht erinnere, nicht stattgefunden hat?«[14] Die Dinge sind kompliziert. Ihr Ursprung bleibt, wie Heraklit formulierte, oftmals verborgen. Das Denken bzw. Sprechen ist das Gegenteil vom Verbergen – ein Prozess des Entbergens. Der Logos, das Denken und Sprechen, nimmt die Dinge aus ihrer Verborgenheit heraus. »Die Grenzen der Seele könntest du im Gehen nicht ausfindig machen«, schreibt Heraklit, »auch wenn du jeglichen Weg beschrittest: so tiefen Logos hat sie. Der Seele ist ein Logos eigen, der sich selbst mehrt.« Wittgensteins Sprache, Heraklits Logos, ein Wort, das vom Verb sprechen abgeleitet ist. Immer ist es die Sprache oder der Logos, der den Menschen gemeinsam ist. »Vernunft zu haben, ist allen Menschen gemeinsam«, sagte Heraklit. Und doch verstehen viele nicht, selbst wenn sie darauf stoßen – ein Satz, der wiederum von Wittgenstein stammen könnte. Die Lösung vieler Probleme liegt direkt vor uns. Aber wir haben die falsche Brille auf. Viele stoßen auf solche Dinge, sagt Heraklit, aber erkennen sie nicht, selbst »wenn sie sie erfahren haben, aber sie bilden es sich ein«.[15] Philosophieren ist das, was im Denken und Sprechen – Heraklit würde sagen: im Logos – geschieht. Dies ist Sophia, die Sache und Angelegenheit der Philosophen, die nur dann auszusprechen und zu erkennen gelingt, wenn – wie Martin Heidegger formulierte – Philosophieren das wache Dasein ist.[16] Was an dieser Stelle festzuhalten bleibt, ist die merkwürdige, zuweilen befremdende Einsicht, die sich durch Ihr Experiment vermutlich bestätigt hat (oder bestätigen wird, wenn Sie es wiederholen): Alles fließt. Und dass es so ist, liegt nicht nur im Wesen der Welt, in der Veränderlichkeit der Dinge, sondern auch in der Sprache und im Denken. Der natürliche Fluss des Denkens ist eingebettet in den Strom des Lebens, den Strom der Welt (Wittgenstein).

Was also war mit Ihren Gedanken und Gefühlen? Woher kamen sie – und woher kam die Veränderung? War der Auslöser ein Prozess »von draußen«? Da Sie Ihre Gedanken und Gefühle wahrgenommen haben, sind diese etwas anscheinend anderes als Sie selbst. Doch sind sie deshalb »draußen« oder »außerhalb« Ihres Ichs? Wenn nicht – was ist dann ihre Quelle? Ist es Ihr Körper, Ihre Sinneswahrnehmung oder Ihr Geist, Heraklits Logos? Wo fängt das eine an und hört das andere auf? Konnten Sie eine klare Grenze ziehen zwischen Ihrem Geist, der beobachtet, wie Sie sich beobachten, und Ihrem Körper? Und wo also ist die Quelle Ihrer Gedanken? Wo ist das Selbst, das Sie sicher auch wahrgenommen haben, das all dieses, was Sie wahrgenommen haben, tatsächlich wahrgenommen hat? Ist Ihnen der Gedanke gekommen, dass am Ende alles, was Sie wahrgenommen haben – »draußen« und »drinnen« –, im Grunde aus einer einzigen Quelle, Ihrem Geist stammt – oder zumindest doch in Ihrem Geist, Ihrem Bewusstsein zusammenlaufen muss, damit Sie es – auch wenn es von »draußen« kommt – wahrnehmen können? Wenn das stimmt – wie verhält sich Ihr Geist zu Ihrem Gehirn, dem Organ des Körpers, ohne das wir nicht denken können? Sie sehen – wir sind bereits mit einem kleinen Experiment mitten in das philosophieren hineingeraten.

1.3 Strom des Bewusstseins

Gleich ob im Alltag oder im Experiment von eben: Immer ist das Denken im Fluss – wie ein Strom des Bewusstseins. Dieser Begriff – »stream of consciousness« – wurde von dem amerikanischen Psychologen und Philosophen William James geprägt. Er verwendete ihn in seinem 1890 erschienenen Hauptwerk *The Principles of Psychology*. Es spricht Bände, dass dieses bahnbrechende, bis heute äußerst kreative und wegweisende Buch seit längerem schon nicht auf dem deutschen Buchmarkt erhältlich ist. James will in diesem Buch den Geist (mind) von innen bestimmen (ähnlich wie Kant die Grenzen der Vernunft von innen zu bestimmen suchte). Es bringe dabei nichts, so James, mit einzelnen Erfahrungen oder Empfindungen zu beginnen. Unser Bewusstsein ist immer schon eine meist sehr hochgerüstete Kombination von einer Vielzahl von Objekten, Relationen zwischen den Objekten und zu unserer unterscheidenden Aufmerksamkeit. Die erste Tatsache für einen Psychologen besteht darin, dass irgendeine Art von Denken (thinking of some sort) faktisch immer in uns stattfindet.[17] Denken ist durch fünf Kriterien bestimmt:

Es ist erstens Teil eines personalen Bewusstseins. Ein Bewusstseinszustand ist daher immer das Bewusstsein einer Person, deren Gedanken, Empfindungen oder Erfahrungen zu ihr »gehören«.[18] Zweitens haben bestimmte Bewusstseinszustände zwar durchaus Dauer und Bestand – aber dennoch kann keiner dieser Zustände sich auf gleiche Weise wiederholen oder mit einem vorausgehenden identisch sein. Der Strom des Bewusstseins ist veränderlich. Er besteht aus einem Fluss, einer Sequenz von Unterschieden – und doch gleicht kein Gefühl und kein Gedanke wirklich einem anderen. James begründet diesen Umstand nicht zuletzt mit einem Hinweis auf die Funktionsweise unseres Gehirns, dessen Plastizität dazu führt, dass kein Sinneseindruck je exakt so verarbeitet oder »abgespeichert« wird wie ein anderer. Drittens ist das Denken innerhalb eines personalen Bewusstseins vernünftigerweise (sensibly) dennoch kontinuierlich, d. h. ohne

Risse, Sprünge oder Teilungen. So unterschiedlich die sich verändernden Dinge, Gedanken oder Gefühle auch sein mögen – sie erscheinen eingebettet in ein kontinuierliches Geschehen. Das Bewusstsein erscheint uns nicht in Teile zerhackt (chopped in bits). Doch ein Begriff wie »Kette« oder auch »Zug« erscheint James nicht passend. Im Bewusstsein gibt es nichts, das »verbunden« wird. Stattdessen fließt es einfach (was würde in einem Fluss verbunden? Was wären seine Wasser-Bits?). Der Fluss ist die natürlichste Metapher für das Bewusstsein: Der Fluss der Gedanken, des Bewusstseins, des subjektiven Lebens. Sie alle sind eins.[19] Auch wenn das Gehirn sich in einem kontinuierlichen Prozess der Veränderung befindet – so ist doch sein internes Gleichgewicht (internal equilibrium), der Prozess des Re-Arrangierens all der Vorgänge, der relativ stabilen und der jeweils neuen, instabilen in sich kontinuierlich. Viertens haben es menschliche Gedanken immer mit Gegenständen – Objekten – zu tun, die unabhängig von diesem Denken sind. Denken ist objektgerichtet und kognitiv, wie James sagt: Es stellt Wissen her. Doch die Objekte sind nur, indem sie gedacht werden (the objects are, through being thought).[20] Das Bewusstsein richtet sich auf »etwas« – weil es dieses »etwas« zuvor selektiert hat. Weil wir jedoch *alle* Gedanken haben und uns im Denken auf ähnliche oder dieselben Dinge beziehen, nehmen wir an, dass sie kontinuierlich außerhalb von uns existieren. Das Denken ist in der Lage, zwischen sich – als Akt des Denkens – und den Dingen, den Objekten des Denkens, zu unterscheiden. Doch dieser Dualismus schafft mehr Probleme als Lösungen. Im Rahmen des Bewusstseinsstromes ist das Objekt des Denkens strenggenommen, so James, nicht ein einzelnes Ding wie »Columbus« oder »Amerika«, sondern der dem jeweiligen Denkakt vorausgehende Satz.[21] Im Strom des Bewusstseins verweist eine Erfahrung, ein Gedanke auf die oder den anderen. Mentale Innenwelt und reale Außenwelt fallen im Bewusstsein zusammen. Insofern lehnt James auch die (letztlich dualistische) Vorstellung ab, dass das Denken ein Medium sei, in dem sich die Welt in Form von Gedanken abbildet. Stattdessen ist es eher so, dass sich die Welt bildet. James spricht in diesem Zusammenhang von »radikalem Empirismus«. Das Bewusstsein hat, wie die Dinge auch, keine eigenständige Substanz. Ding und Bewusstsein sind gewissermaßen leer. Es gibt keine Trennung zwischen externen Inhalten und ihm selbst; die Erfahrung bedarf nur ihrer selbst. Das Seltsame dabei ist, dass das Objekt, wie komplex auch immer es sein mag, oder der Gegenstand des Denkens im Gedanken selbst ein unteilbarer, einheitlicher Zustand des Bewusstseins ist. Wenn Gegenstände aus Elementen und ihren Beziehungen bestehen, dann werden sie im Denken zusammengebracht, d. h. in Relation gebracht zu *einem* Etwas, das man gewöhnlich Ego oder Bewusstsein nennt. Wenn sie nicht in Zusammenhang gedacht werden, sind die Dinge überhaupt nicht gedacht.[22] James bezieht sich dabei explizit auf Kants Idee, dass das Mannigfaltige der Welt, der Empfindungen und Beziehungen in eine Einheit gebracht – synthetisiert – werden muss. Er spricht von einem einzigen Impuls der Subjektivität (a single pulse of subjectivity), einem einzigen Gefühl oder Bewusstseinszustand (state of mind). Das fünfte und letzte Kriterium des Denkens besteht darin, dass das Denken immer eine Vorliebe für bestimmte »Objekte« hat. Es ist selektiv und heißt über die Steuerung der Aufmerksamkeit bestimmte Vorstellungen oder Gedanken willkommen, während es andere zurückweist, während es denkt. Diese Erfahrung werden auch Sie vermutlich aus dem kleinen Experiment kennen, das Sie eben gemacht haben. Das Denken ist gleichsam eine Allgegenwart von Unterscheidungen, von dies und das, von jetzt und vorhin und bald. Doch am Ende sind die einzelnen Dinge nichts anderes als spezielle Gruppen von wahrnehmbaren (sensible) Qualitäten: Erfahrungströpfchen, die mit bestimmten anderen Elementen eine Beziehung eingehen und mit anderen nicht.[23]

Denken ist also ein Strom von Gedanken, ein Strom von Bewusstsein, der sich wie ein richtiger Fluss kontinuierlich verändert. Leider führt es zu weit, tiefer in die Gedanken von James einzusteigen, der ein wirklicher Pionier nicht nur der modernen Psychologie und Literatur bzw. der »modernen« Schreibverfahren war, sondern in vielem auch ein Vorreiter der Neurowissenschaften. Sie ahnen vielleicht, wie bald sich alles aufzulösen beginnt, wenn man es erst vom Standpunkt der Erfahrung aus betrachtet, die James durchaus im Sinne eines internen »Equilibriums« des Gehirns versteht.[24] Dieser Gedanke taucht auch bei einem der führenden Neurowissenschaftler der Jetztzeit auf, der sich wiederholt auf James bezieht: bei António Damásio. Damásio wurde 1944 in Lissabon geboren und ist seit 2005 Professor für Neurologie und Psychologie an der University of Southern California, wo er auch das Brain and Creativity Institute leitet. António Damásio nenne ich stellvertretend für eine Vielzahl neurowissenschaftlicher Untersuchungen zum Thema Gefühl und Denken. All diese zusammen mit den psychologischen Untersuchungen würden ein eigenes, spannendes Buch ergeben, das jedoch einige noch ausstehende zentrale Fragen zum Thema »Was ist denken?« und »Was ist Philosophie und warum brauchen wir sie?« nicht lösen würde. Insofern habe ich im folgenden Abschnitt auf eine Fülle von Informationen verzichtet und versucht, mich auf einige wesentliche Punkte zu beschränken, die das Verhältnis von Sprache und Gefühl betreffen.

2. Emotionen, Gefühle und Gedanken – einige neurowissenschaftliche Grundlagen

2.1 Ein komplexes Problem

Gedanken, Gefühle und Emotionen stehen in einem Verhältnis starker Wechselwirkung. Gedanken lösen Gefühle und Emotionen aus. Und manchmal merken wir die »Anwesenheit« eines Gedankens erst, weil er in uns ein Gefühl auslöst. Um es vorweg zu sagen:

Wie im Einzelnen Gedanken, Gefühle und Emotionen miteinander in Beziehung stehen, ist bis heute strittig.

Und das bedeutet auch, dass es keine »definitive«, abschließende, alle Argumente und Gegenargumente und alle empirische Daten einschließende, in sich kohärente Theorie gibt. Warum ist das so?

Auch wenn die Fragen, die Denken, Gefühl und Emotionen betreffen, ohne Zweifel auch wissenschaftliche (und das bedeutet: mit den Mitteln der Wissenschaften zu klärende) Fragenkomplexe darstellen, so gebraucht man zur Klärung dieser in Alltagssprache formulierten Fragen eben die Alltagssprache. Bei der Klärung vermischen sich also naturwissenschaftliche Daten mit begrifflichen und sprachlichen Problemen. Hinzu kommen Vorwissen sowie kulturelle und soziale Einflüsse, die sich ebenfalls auf die Beantwortung der Fragen auswirken. In aller Kürze kann man – ausgehend von den Untersuchungen des Kognitionspsychologen Dietrich Dörner, der insbesondere mit seinen Simulationsexperimenten über sein Fachgebiet hinaus Pionierarbeit geleistet hat – die Komplexität von Fragen und Problemstellungen durch folgende fünf Eigenschaften charakterisieren.[25]

**Die Naturwissenschaften haben es
in der Regel nicht nur mit komplizierten,
sondern mit
komplexen Problemen zu tun.**[26]

Innerhalb der Problemstellung gibt es erstens eine Vielzahl von zu berücksichtigenden Variablen. In diesem Fall sind Untersuchungen durch EEG, MRT, der Sprachanalyse, der Kognitionsforschung, der Wahrnehmungsphysiologie und Medizin, der Biochemie, Linguistik, der Ethnologie, Sozialwissenschaften, Philosophie und anderer Disziplinen zu berücksichtigen. Das ergibt eine Menge von Fakten und Details, die man miteinander – möglichst kohärent – in Beziehung bringen muss.

Zweitens zeichnet sich diese Vielheit oder Pluralität der einzelnen Daten bzw. Elemente innerhalb des Problemfeldes durch einen starken Grad von Vernetztheit aus. Mit dem Begriff der »Variablenvernetztheit« bezeichnet man »die Anzahl und Art von Wechselbeziehungen zwischen den Variablen«. Inzwischen ist nicht nur die Anzahl der Experimente, die es bei Menschen und Tieren zu Fragen der Wahrnehmung und Emotion gibt, einigermaßen unüberschaubar geworden. Auch die Art und Weise der Vernetzungen all dieser Daten ist nicht einfach kompliziert, sondern hoch komplex. Viele Details stehen in einem Verhältnis nicht nur von einfacher Wechselwirkung (die Begegnung mit einem Löwen führt dazu, dass ich Angst bekomme und mein Fluchtprogramm aktiviert wird), sondern auch von Rückkopplungen. Meine Erfahrungen, die ich mit der letzten stressigen Situation einer Prüfung gemacht habe, und die Erinnerungen, die ich damit verbinde, fließen in die emotionale Bewertung der jetzigen Prüfungssituation ein, in der ich mich befinde – und bewirken, dass ich mich jetzt schneller beruhigen kann, denn ich erinnere mich, die letzte Prüfungssituation einigermaßen gut bewältigt zu haben, nachdem ich einige Atemübungen gemacht habe. Dieses bewährte Verfahren wende ich wieder an – und beeinflusse so die Faktoren, die in der gegenwärtigen Prüfung für mein Stressverhalten von Bedeutung sind. Neben den linearen Zusammenhängen existieren auch nichtlineare Beziehungen, die beim selben »Input« nicht notwendig auch zum selben »Output« (in diesem Fall: Verhalten) führen. Ein Beispiel ist der Zusammenhang zwischen Arbeitszufriedenheit und Einkommen, der nicht linear ist. Sie können beispielsweise zufriedener mit Ihrer Arbeit sein, weil endlich eine Pausenzone mit einem guten Kaffeeautomaten eingerichtet wurde und Ihre Chefin obendrein eine sehr entspannte Phase hat. Sie sind zufriedener, ohne jedoch mehr Einkommen erzielt zu haben.

Ein dritter, wesentlicher Faktor, der die Komplexität einer Fragestellung definiert, ist der dynamische Faktor. Eine Vielzahl unserer Verhaltensweisen zeigt eine sich verändernde Dynamik in der Zeit. Angenommen, Sie sind Banker und waren mit dem Ausbruch der Finanzkrise (von denen es inzwischen einige und immer wieder neue gibt – suchen Sie sich eine beliebige Krise als Beispiel aus) konfrontiert. Ihr Verhalten wird sich mit der Zeit – und das bedeutet in diesem Fall: mit der Ausweitung und Zuspitzung der Krise – verändert haben. Eine Analyse des gegenwärtigen Zustandes alleine hätte Ihnen gerade nicht geholfen, weil es darum ging, die zukünftigen Entwicklungen einzuschätzen. Angenommen Sie testen ein neues Medikament. Dann nutzt es Ihnen wenig, den jetzigen Zustand einmalig zu messen. Vielmehr müssen Sie sogenannte Zeitreihen machen und Daten in immer wiederkehrenden Abschnitten erheben, die im Idealfall nicht so weit auseinanderliegen, damit Sie auch feine Unterschiede und Abweichungen in Bezug auf den Gesundheitszustand sofort erfassen und gegebenenfalls schnell reagieren können. Manche Giftstoffe bewirken erst dann eine Reaktion, wenn sie sich auf ein bestimmtes Niveau angereichert haben. Eine Erfassung des gegenwärtigen Zeitpunktes nutzt Ihnen dann wenig bis gar nichts. Eine vierte Eigenschaft komplexer Probleme ist die Intransparenz der Situation, mit der Sie es zu tun haben. Eine Quelle der Intransparenz könnte die Schwierigkeit einer eindeutigen Definition der Begriffe sein und der Ziele, mit denen wir es zu tun haben. Tatsächlich schulde ich Ihnen noch die genaue Definition der Begriffe »Gefühl« und »Emotion«, die ich Ihnen gleich nachzuliefern versuche. Dass dies nicht einfach ist, wurde in einem Forschungsprojekt des Max-Planck-Instituts für Bildungsforschung deutlich, in dem es darum geht, die Geschichte der Gefühle zu erforschen. Vergleicht man die Lexika-Einträge seit dem 18. Jahrhundert, so wird klar, warum es so schwerfällt, eine einzige, auf eine Eigenschaft zugespitzte Definition für »Gefühl« oder »Emotion« zu liefern. Die betreffenden Begriffe sind komplex, weil sie eine vielfältige und lange Geschichte haben und weiterhin auf sie verweisen. Die Geschichte ist bis heute sozusagen eingefangen in den Begriffen.[27] Ein weiteres Problem ist es zu definieren, wann genau unser Problem – wie sich Gedanken, Gefühle und Emotionen zueinander verhalten – als gelöst betrachtet werden kann. Sie können ganz offensichtlich eher lockere, legere Kriterien anlegen – oder auch ganz exakte, strenge (die vermutlich nie zu einer Lösung führen werden). Auch bei diesem Punkt, der mit der Intransparenz der Variablen und ihrer Beziehungen verknüpft ist, spielt das Problem der Informationsbeschaffung und somit der Zeitfaktor eine nicht unerhebliche Rolle. Während die Zeit, in der Sie Informationen sammeln, verstreicht, hat sich möglicherweise das Gefühl, das Sie gerade untersuchen, wieder in Luft aufgelöst. Die Verbindung von Zeitdruck und Intransparenz der Situation kann wiederum zu Stress führen, der dann Handlungsweisen zur Folge hat, die der Beantwortung einer Frage und der Lösung eines Problems genau entgegenstehen. Beispielsweise werden Sie, wenn Sie unter Zeitdruck geraten, zu einfacheren Modellen neigen, von denen Sie ausgehen – und damit womöglich von falschen Hypothesen geleitet werden. Je gestresster Sie sind, umso mehr werden Sie auch von Wunschdenken geleitet sein und wichtige Informationen außer Acht lassen, die Ihren Wünschen (und Theorien) entgegenstehen. Sie neigen dann verstärkt zu Fehleinschätzungen und Misserfolgen – u. a. weil Sie die Dynamik des Systems (seine reale Entwicklung) verkennen. Weil Sie eine Hungersnot abwenden wollen, verwenden Sie ein neues Insektenvertilgungsmittel, dessen Wirkung zwar erprobt ist – aber nicht dessen gefährliche Langzeitwirkung auf Tiere, die Sie u. U. geneigt sind zu verdrängen.

Die letzte und fünfte Eigenschaft, die nach Dörner komplexe Fragestellungen kennzeichnet, ist die sogenannte Polytelie – die Viel-Zieligkeit des Problems. Stellen Sie sich vor, Sie sollen ein kleines Land regieren, und Ihre Aufgabe besteht darin, das Wohlbefinden der Bürger zu verbessern. Dazu gehört die Verbesserung der Wasserversorgung, der Einkommenssituation, der Arbeitslosigkeit, der Stromversorgung, der Bekämpfung von Krankheiten, die Erhöhung der landwirtschaftlichen Erträge etc. Welches Ziel also wählen Sie aus? Was ist Ihre Hierarchie, Ihre Priorisierung der Ziele, die Sie zunächst verfolgen, während Sie andere hintanstellen wollen? Auch hier werden Sie ein Problem haben, die Anzahl der Möglichkeiten zu reduzieren – und das auf eine Art und Weise, der möglichst viele Menschen, die ebenfalls an der Lösung Ihres Problems interessiert sind, zustimmen können. Unweigerlich fließen in die naturwissenschaftliche Beurteilung – ohne an dieser Stelle auf dieses sehr umfassende Thema einzugehen – Beurteilungen und Erwägungen ein, die nicht ihrerseits alleine aufgrund wissenschaftlicher Daten oder Methoden gewonnen werden können. Die Wissenschaft ist nicht frei von Werturteilen. Auch die Bedingungen für das, was wir »objektiv« nennen, ändern sich im Laufe der Zeit.[28] Insofern gilt, dass auch philosophische Erwägungen im weitesten Sinn in Ihren Versuch einfließen, das Problem zu lösen. Auch für die Philosophie gilt, entsprechend den empirischen Naturwissenschaften:

**Philosophie hat es vor allem mit
komplexen Problemen zu tun.**

Fragen wie »Warum ist etwas und nicht nichts?«, »Was ist das
moralisch Gute?« etc. sind komplexe Fragen, für deren Klärung
ebenso Werturteile und kulturelle Präferenzen herangezogen
werden müssen wie empirische Überlegungen (etwa in Bezug
auf die Frage, wie die Welt entstanden ist) oder sprachliche Analysen der verwendeten Begriffe. Mit diesem Wissen über die Probleme, die komplexe Fragestellungen begleiten, ist jetzt besser
verständlich, warum der eingangs formulierte Satz stimmt, dass
es bislang keine abschließende Theorie gibt, die das Verhältnis
von Denken, Gefühl und Emotion sozusagen »wasserdicht« beschreibt. Mit dieser Einschränkung im Kopf lassen sich dennoch
einige Erkenntnisse zum Verhältnis von Denken, Gefühl und
Emotion formulieren. Ich beziehe mich dabei vor allem auf die
Forschung von António Damásio.

2.2 Die erste Person: Über die Beobachtung von
denken, Gefühl und Emotionen (Ich denke I)

Das Problem beginnt damit, dass es »besonders rätselhaft ist,
dass niemand den Geist eines anderen sehen kann, ob bewusst
oder nicht. Wir können den Körper und die Handlungen anderer beobachten, und wir nehmen wahr, was sie tun, sagen oder
schreiben. Daraus können wir begründete Vermutungen darüber
ableiten, was sie denken. Aber ihren Geist können wir nicht beobachten, nur wir selbst können uns von innen betrachten, und
auch das nur durch ein recht schmales Fenster.«[29]

Tatsächlich gibt es nur wenige Möglichkeiten, denken zu beobachten oder mit Hilfe naturwissenschaftlich anerkannter Verfah-

ren zu »messen«. Auch hier gilt, dass denken ein komplexer Vorgang ist, der je nach Aufgabe verschiedene Aktivitäten und entsprechend die Beteiligung sehr unterschiedlicher Gehirnareale verlangt (Sprachverarbeitung, symbolische Repräsentation, Semantik, Logik, Sinneswahrnehmung, emotionale Bewertung etc.). Entsprechend schwierig gestaltet sich die Beobachtung – denn man muss jeweils genau definieren, was man beobachten will. In Bezug auf die Erforschung von Denkprozessen unterscheidet man zwischen »Online-« und »Offline-«Methoden, d. h. zwischen Methoden, bei denen man aufgrund von Ergebnissen auf vorausgehende Aktivitäten oder Zustände schließt (offline), oder aber während eines Denkprozesses versucht, Daten zu erheben (online). Zu diesen Online-Methoden gehören beispielsweise die in den Neurowissenschaften beliebten Messverfahren des EEG (Elektroenzephalogramm) – die Aufzeichnung der elektrischen Aktivitäten des Gehirns – bzw. EKP (Ereigniskorrelierte Potentiale, d. h. Messung von evozierten, eigens hervorgerufenen elektrischen Aktivitäten) und verschiedene bildgebende Verfahren wie funktionelle Magnetresonanztomographie (fMRT). Weitere Verfahren sind die Messung von Reaktionszeiten (ob diese sich bei bestimmten Aufgaben beispielsweise aufgrund von Vorurteilen verzögern), die Pupillometrie (die darauf beruht, dass die Pupillen nicht nur auf äußere Reize wie Veränderungen des Lichts reagieren, sondern auch auf die Veränderung innerer Zustände, etwa durch kognitive oder emotionale Beanspruchung) und logische Tests, mit deren Hilfe Denkwege untersucht werden können. All diese Methoden beziehen sich auf den Blick der sogenannten dritten Person auf die Phänomene des Denkens. Sie beobachten von außen – mit all den Vorteilen und Nachteilen, die die »äußeren« Messverfahren aus dem Blick der »dritten Person« haben. Dass diese »dritte Person« durchaus ein Kollektiv von Forschern sein kann, ändert an der grundlegenden methodischen Konstruktion nichts.

Der Blick auf außen ist ein zentrales Thema der gegenwärtigen philosophischen Debatten um das Bewusstsein und das Verhältnis von Gehirn und Geist. Eine direkte Einsicht in das Denken scheint nur die »Erste-Person-Perspektive« zu bieten. Allerdings weiß jeder von uns, wie beschränkt und fehleranfällig selbst diese unmittelbare Perspektive (gerade wegen ihrer Unmittelbarkeit) ist. Man könnte den Sachverhalt vergleichen mit der Zeugenschaft einer Person, die an einem Verkehrsunfall beteiligt ist und nun – gleichsam live – berichten soll. Dennoch gilt: Nur die jeweilige Person selbst hat einen direkten Zugang zum (jeweils eigenen) denken. Deshalb »liegt es nahe, diese zu fragen, was sie denkt, wie sie beim Lösen eines Problems vorgeht. Hier gibt es zwei methodische Ansätze: Die Selbstbeobachtung und die Methode des lauten Denkens. Während die Selbstbeobachtung aufgrund methodischer Mängel kaum noch Anwendung in der psychologischen Forschung findet, hat sich die Methode des lauten Denkens, meist in Ergänzung mit anderen Verfahren unter kontrollierten Bedingungen, etabliert.«[30] Beim lauten Denken versucht die Person, die untersucht wird, während der Aufgabenbewältigung möglichst unzensiert zu berichten, was er oder sie gerade denkt – wie unwichtig (oder unheimlich) es auch erscheinen mag. Die Gedanken werden jeweils vom Versuchsleiter kommentarlos verschriftlicht. In Bezug auf dieses Verfahren als Alternative zur klassischen Introspektion oder Selbstbeobachtung gilt wie für jedes Denken: »Ist das gesprochene Wort ein Transportvehikel, mittels dessen der Gedanke aus einem Kopf in einen anderen gelangen kann, so ist die Schrift, die diesen Transport auch für eine spätere Zeit garantieren soll … gleichzeitig mit dieser Garantie eine zweite Reduzierung, Verarmung.«[31] Immerhin besteht im Unterschied zur Introspektion oder Selbstbeobachtung eine gewisse Möglichkeit, direkt Beobachtetes und Interpretiertes voneinander zu unterscheiden. Es bleibt die Frage, ob und wie gut es möglich ist, gleichzeitig zu denken (ein Problem zu lösen) und über das Denken nachzudenken bzw. über die Denkvorgänge zu berichten, während man denkt. Eine weitere Frage, auf die ich später im Zusammenhang mit dem sogenannten Privatsprachenargument eingehen werde, lautet, ob bzw. inwieweit es überhaupt möglich ist, einen anderen Menschen und seine psychischen Vorgänge – das sogenannte

Fremdpsychische – von außen (aus der Perspektive der dritten Person) – zu verstehen. An dieser Stelle genügt es festzuhalten, dass es entscheidende Unterschiede gibt, je nachdem ob von der ersten oder der dritten Person die Rede ist. Es wird Ihren Intuitionen vermutlich widersprechen – aber auch die erste Person hat in gewisser Weise keinen besseren Zugang zu ihren eigenen Erlebnissen als dritte Personen. Die Begründung werde ich (oder besser Ludwig Wittgenstein) Ihnen nachliefern – und sie läuft darauf hinaus, dass in gewisser Weise jahrhundertelang (und oft bis heute) falsch über dieses Thema des priviligierten Zugangs zur inneren Welt nachgedacht wurde. Unmittelbar einsehbar ist jedoch, dass Äußerungen über Empfindungen – man könnte auch sagen: Evidenzen über Gefühle, die Sie oder andere haben – je nach Person sehr *verschiedenartig* sein können.[32] »Wenn ich von mir selbst spreche, ist evident, *was ich bin*. Im Fall einer anderen Person ist evident, *was ihr Verhalten anzeigt*.« Dennoch werden Sie, wenn Sie Schmerzen haben, nicht erst in den Spiegel schauen, ob Sie wirklich auch Ihr Gesicht verzerren; Sie werden vermutlich auch nicht erst einen anderen Menschen fragen, ob Sie Zeichen von Schmerz zeigen. Sie müssen einfach nur aussprechen, was für Sie selbst *ist* – statt, wie bei einer anderen Person, erst aus dem Verhalten zu schließen, dass der andere Schmerzen hat. Sie müssen sich gleichsam nicht erst beobachten, um zu wissen, dass es Ihnen weh tut im Arm. Bei einem anderen Menschen müssen Sie jedoch gegebenenfalls beobachten, denn es könnte ja auch sein, dass dessen Arm weh tut, weil ein Nerv verletzt ist und die eigentliche Ursache gar nicht im Arm liegt. Das Du, die zweite Person, steht gleichsam zwischen Ich und dritter Person. Das Du ist vertrauter als ein Fremder. Sie werden daher geneigt sein, jemandem, den Sie gut kennen, schneller Glauben zu schenken. Sie haben zwar nicht die Empfindung des Schmerzes, die der andere hat – aber es ist so ähnlich. Sie haben einfach besser gelernt, die Sprache (auch die Körpersprache) des Ihnen vertrauteren Menschen zu verstehen. Ihre sinnlichen Erfahrungen sind, ebenso wie die sprachlichen Erfahrungen, die Sie durch eine Vielzahl mit der Ihnen vertrauten

Person gesammelt haben, in einer sehr praktischen, nahen Weise unmittelbarer für Sie als die (körperlichen oder sprachlichen) Äußerungen fremder Menschen. Sie kennen gleichsam das Muster – übrigens nicht besser als bei Ihnen selbst. Insofern ist der andere Ihnen genau so nahe wie Sie sich – oder genau so fern, je nachdem wie man es betrachtet. Aber darüber später mehr, wenn es um den Zugang zur inneren Welt, zum Ich geht.

An dieser Stelle bleibt bislang lediglich festzuhalten, dass es offensichtlich in Bezug auf das Phänomen des Denkens, um das es in diesem ersten Kapitel geht, aber auch in Bezug auf Gefühle und Emotionen einen Unterschied macht, wer sie beobachtet bzw. wer gerade über sie spricht. Betrachten Sie noch einmal die erste Person, also den Satz »Ich denke«. In Bezug auf das eigene Denken kann es keinen Irrtum geben. Ich weiß mit Sicherheit, ob ich denke oder nicht bzw. gerade gedacht habe oder nicht. Beispielsweise weiß ich, ob ich gerade versucht habe, ein mathematisches Problem zu lösen oder Klavier zu spielen bzw. Musik zu hören. Uns selbst, jedem Einzelnen von uns, ist klar, ob das, was wir gerade tun, denken ist oder nicht (und das interessanterweise unter der Bedingung, dass wir längst noch keine Definition von »denken« vereinbart haben – die Alltagssprache funktioniert auch so!). Wir würden unter normalen Umständen also nicht auf die Idee kommen, ob es möglich wäre, plötzlich keinen Zugang mehr zum Denken zu haben. Diese Frage wäre ebenso merkwürdig wie wenn Sie sagen würden: »Ich weiß nicht ob ich denke«. Ähnlich seltsam wäre es zu sagen: »Ich kann nicht denken« oder »Ich habe zu meinen Gedanken keinen Zugang«. Derartige Sätze machen nur Sinn, wenn Sie auf ein Problem, eine Krankheit oder Störung hindeuten wollen. Beispielsweise könnten wir mit einem solchen Satz andeuten, dass Sie gerade krank sind oder emotional sehr belastet und sich deshalb (im Moment) nicht auf das Denken konzentrieren können. Sie würden jedoch auch in dieser Situation kaum sagen, dass Sie nie mehr zu denken in der Lage sein werden (auch wenn Sie diese Angst vielleicht haben, weil Sie befürchten, verrückt zu werden). Vielleicht ist alles aber auch viel einfacher, und die Umstände, in denen wir uns gerade befinden, lassen es gerade nicht zu, jetzt ein kniffliges Problem zu lösen, d. h. nachzudenken. Beim Wechsel in die Außenperspektive, in die dritte Person, wird eine merkwürdige Asymmetrie zwischen Fremdbeobachtung und Eigenbeobachtung deutlich, die beide Möglichkeiten – die Erkenntnis von Wahrheit und die Möglichkeit, sich zu irren und zu täuschen – beinhalten. Es spielt also offensichtlich eine große Rolle, wer gerade denkt und über das denken spricht.

Nehmen wir an, ich soll beurteilen, ob Sie gerade denken. Wie würde ich das machen? Denken Sie wirklich? Woran soll ich das von außen, aus der Perspektive der dritten Person, erkennen können? Vielleicht nehmen Sie gerade eine Haltung wie Auguste Rodins berühmte Plastik »Der Denker« ein – mit gesenktem Kopf, den Sie mit einer Hand abstützen, indem Ihr Ellenbogen auf dem Knie aufliegt. Vielleicht behaupten Sie aber auch nur, dass Sie denken – während Sie sich in Wahrheit gerade vorstellen, einen Sauerbraten zu essen. Vielleicht schwelgen Sie aber auch nur in Erinnerungen oder lutschen heimlich ein Bonbon. Am Ende wird mir nichts anderes übrigbleiben, als Ihrer Aussage zu vertrauen. Aber unser gesamtes Unternehmen basiert ja auf Vertrauen – denn ich habe darauf vertraut, dass Sie, liebe Leserin und lieber Leser, sich für dieses nicht ganz selbstverständliche Thema interessieren und mir einen gewissen Vertrauensvorschuss gewähren, indem Sie die – wie ich hoffe berechtigte – Hoffnung haben, durch das Lesen dieses Buches mehr und tatsächlich auch Wahres über das denken zu erfahren.

Damásio machte den Vorschlag, neben den drei Perspektiven der Introspektion (erste Person), der Verhaltensbeobachtung und der Analyse des Gehirns (dritte Person) noch eine vierte Perspektive zu beachten, die sich gleichsam von innen wie von außen beobachten lässt: Subjektivität. Im Laufe der Evolution, so Damásio, bauen sich immer komplexere Verbindungen der Verhaltensweisen und der Gehirnfunktionen auf. Damit die neuronalen Muster, die unser denken abbilden, uns auch bekannt, d. h. bewusst werden, ist es notwendig, dass andere neuronale Muster eine Art Selbst-Prozess-Subjekt aufbauen.[33] Geistige Zustände können auch ohne Subjektivität auftreten – dann allerdings weiß man nicht von ihnen (weder aus Sicht der ersten Person noch der dritten Person). Entscheidend ist die Einsicht, dass nicht mein Gehirn denkt.

Ich denke. Wir denken. Und nicht unsere Gehirne.

Es gibt eine Einheit dessen, was oder wer denkt. Und diese Einheit muss, damit jemand (eine erste oder eine dritte Person) von denken sprechen kann, bewusst sein. Das Gehirn aber ist uns nicht bewusst; wir nehmen es nicht wahr. Ebenso wenig wie wir die biochemischen Vorgänge wahrnehmen, die in unseren Muskel ablaufen, wenn wir uns bewegen, nehmen wir die Aktivitäten der verschiedenen Hirnareale wahr, die am Vorgang des Denkens oder Fühlens beteiligt sind. Wir wissen nur ab einem bestimmten Punkt, dass wir es sind – und wir denken oder fühlen oder eine Tasse Kaffee trinken oder um den Block rennen. Da uns das Gehirn nicht bewusst ist und auch nicht die Vielfalt der Prozesse, die in uns und um uns herum ablaufen, ist es notwendig, diese Mannigfaltigkeit zu einem »ich denke« zusammenzufassen. Der Philosoph Immanuel Kant sprach in diesem Zusammenhang von der transzendentalen Einheit des Ichs, d. h. von der Bedingung der Möglichkeit, »ich« sagen und ein »Ich« empfinden zu können. Das Ich existiert demnach in einer ersten Annäherung als jener Prozess, der die Einheit all der disparaten Gedanken und Gefühle bewirkt. Das Ich muss beim Prozess des Denkens »mitgedacht« werden und erscheint, ganz im Sinne Kants, als eine notwendige Begleitung allen Denkens. Ich denke nur, wenn ich denke. Wie sonst könnte die »Mannigfaltigkeit der Vorstellungen« zu einer Einheit verbunden werden – zu einer Einheit, die sich zugleich auf als einheitlich vorgestellte Objekte des Denkens bezieht. Das

Mannigfaltige all der Wahrnehmungen, die auf uns einstürmen – und das betrifft natürlich auch das Gehirn, das, wie Damásio sagt, keinen Dirigenten, kein »Zentrum« hat –, muss zu einer Einheit verbunden werden. Die Verbindung betrifft sowohl die Vorstellungen – die sinnliche Anschauung – als auch die Begriffe, d. h. Sprache und Logik. Bei Kant fließen daher erstmals – anders als bei Descartes – logisches Subjekt und Ich-Bewusstsein zusammen. Nur so lassen sich Sätze zu Sätzen mit allgemeiner Geltung verbinden. Die Vorstellung der Einheit der mannigfaltigen Vorstellungen kann nicht ihrerseits aus der Vorstellung hervorgehen – denn welche der vielen Vorstellungen und ihrer Verbindungen müsste man dann jeweils auswählen, um Einheit herzustellen? Stattdessen besteht die Einheit a priori, von vornherein, vor allen Begriffen der Verbindung, vor allen Verbindungen und vor allen sinnlichen Wahrnehmungen. »Das«, schreibt Kant, »das: *ich denke* muss all meine Vorstellungen begleiten *können*; denn sonst würde etwas in mir vorgestellt werden, was gar nicht gedacht werden könnte, welches eben so viel heißt, als die Vorstellung würde entweder unmöglich, oder wenigstens für mich nichts sein. Diejenige Vorstellung, die vor allem Denken gegeben sein kann, heißt *Anschauung*.«[34] Die Einheit des Bewusstseins hängt, so Kant, allen gemeinsamen Begriffen an. Die »synthetische Einheit des Bewusstseins«, wie Kant sie nennt, ist eine »objektive Bedingung aller Erkenntnis« (B 139). Nur indem ich die Mannigfaltigkeit der Welt in *einem* Bewusstsein verbinde, ist es möglich, »daß ich mir die *Identität des Bewußtseins in diesen Vorstellungen* selbst vorstelle«. (B 133)

Bevor sich nun eingefleischte Kantianer und akademische Philosophen die Haare raufen, weil ich hier Damásio – also Neurowissenschaften – und Kant – also Philosophie – auf eine Weise zusammenbringe, die nicht lupenrein im Idiom der jeweiligen »Diskurse« bleibt, sondern zwischen ihnen »oszilliert«: Worauf es mir ankommt, ist weder eine treue Kant-Text-Interpretation noch eine rein neurowissenschaftliche Darstellung (die es nicht gibt), sondern der Hinweis auf ein »Muster«, das sowohl der Argumentation von Neurowissenschaftlern wie Damásio als auch

Philosophen wie Kant gemeinsam ist und zudem, ganz pragmatisch, einen guten Schritt weiterführt bei der Beantwortung der Frage, was die seltsame Erfahrung des Denkens eigentlich ausmacht. Offensichtlich kann ich diese Erfahrung nicht machen, ohne ein wie auch immer geartetes Ich auszukommen. Ich kann nicht denken ohne ein Ich – auch wenn dies zuweilen »still« sein mag und sich nicht in den Vordergrund denkt. Und dennoch kann dieses Ich – sagt Damásio und sagen unisono alle mir bekannten wissenschaftlichen Artikel zur Gehirnforschung – nicht in einer bestimmten Stelle des Gehirns verortet werden. Es ist sozusagen ein Gesamt-Phänomen, eine Gesamt-Leistung aller Gehirnaktivitäten (auch wenn einige offensichtlich dabei eine größere Rolle spielen als andere). Wie das Ich sich tatsächlich bildet, ist bislang ein großes Rätsel. Der Prozess scheint jedoch nur dann störungsfrei zu verlaufen, wenn sich die verschiedenen Gehirntätigkeiten zu einer Einheit verbinden können. Der Gehirnforscher Wolf Singer spricht deshalb vom sogenannten Bindungsproblem: der Frage nach dem neuronalen Mechanismus, mit dessen Hilfe disparate sensorische Eindrücke (sehen, hören, riechen etc.) zu einer Einheit integriert werden. Zu diesem Problem gibt es empirische Vermutungen, die sich vor allem auf die zeitliche Synchronisation von Informationen im Gehirn konzentrieren.[35] Im Zusammenhang mit Kant ist zu betonen, dass das Ich, von dem die Rede ist, das sogenannte transzendentale Ich ist, also das Ich, das die Bedingung der Möglichkeit (das ist die Übersetzung von Kants Begriff »transzendental«) von Subjektivität bietet. Dieses transzendentale Ich ist also nicht »die Verallgemeinerung des ›empirischen Subjekts‹ als Inbegriff der Eigenschaften, die allen empirischen Subjekten gleichermaßen zukämen und insofern alle Erkenntnis bestimmen«. Vielmehr ist das transzendentale Ich nicht weiter zu bestimmen – als eben so, dass es selbst gleichsam im Akt, im Vollzug »reine Subjektivität« ist. »Weil das transzendentale Selbstbewußtsein kein Bewußtsein von einem Gegenstand ist, stellt sich auch nicht die Frage, wie es *wissen* könne, daß es sich in seinem Selbstbewußtsein auf sich selbst beziehe. Es ist überhaupt kein Wissen und kein Gegenstand des Wissens, sondern – als *ursprüngliches* Selbstbewußtsein – die mit jedem Gegenstandsbezug (einschließlich seines Bezuges auf sich selbst *als* auf einen empirischen Gegenstand) unmittelbar verbundene *Selbst-Bezeichnung* als der Punkt, an dem es sich zur Zeit seiner Gegenstandsbestimmung *befindet*.«[36]

Sie ahnen: Je weiter man in die Texte einsteigt, desto detailreicher und verzwickter werden Argumentation und Sprache. Alles verkompliziert sich noch weiter, wenn man neuere empirische Untersuchungen hinzuzieht – nicht zuletzt, weil diese in einer völlig anderen Sprache als der der Philosophie abgefasst sind. Einhellig sagen Neurowissenschaftler, dass ein Beobachter oder Dirigent im Gehirn nirgendwo zu finden ist (eine Aussage, die sich wiederholt bei Neurowissenschaftlern findet). Aber es scheint »Stufen des Selbst« oder besser des Aufbaus eines Selbst zu geben. Auch nichtsprachliche Wesen besitzen nach Damásio und anderen ein Kern- oder sonstiges Bewusstsein.[37] Der Gedankengang ist einfach. Wenn sich erstens die Verhaltensweise eines Lebewesens mit einem Gehirn besser verwirklichen bzw. erklären lässt als beispielsweise mit reinen Verhaltensdispositionen oder Reflexen; wenn dieses Gehirn zweitens den offensichtlichen Voraussetzungen nahekommt, die ein menschliches Gehirn braucht, um bewusste geistige Leistungen zu ermöglichen – »dann folgt drittens, geschätzter Leser, dass die betreffende Art Bewusstsein hat. Unter dem Strich bin ich bereit, alle Ausdrucksformen von Tierverhalten, die auf Gefühle schließen lassen, als Zeichen dafür zu deuten, dass ein Bewusstsein nicht weit entfernt ist.« Was bedeutet das aber für den »Dirigenten«, das Ich, das nicht selten zu verschwinden scheint, wenn wir besonders konzentriert sind oder besonders intensiv denken? Empirisch lässt sich dazu sagen, so Damásio, dass »auch wenn das Selbst manchmal nur subtil und schwach ist«, seine »Gegenwart im Geist« dennoch (ganz im Sinne Kants) notwendig ist. »Die Behauptung, das Selbst sei nirgendwo zu finden« – eine Behauptung, die Damásio zu Beginn seines Buches durchaus aufstellt – »wenn man auf einen Berg steigt oder wenn ich diesen Satz schreibe, ist nicht ganz richtig. Natürlich ist das Selbst in solchen Fällen nicht auffällig zur Schau gestellt; es zieht sich bequemerweise in den Hintergrund zurück und macht in unserem Bilder erzeugenden Gehirn Platz für all die anderen Dinge, die Verarbeitungskapazität erfordern, beispielsweise die Flanke des Berges oder die Gedanken, die ich dem Papier anvertrauen will. Dennoch wage ich zu behaupten: Würde der Selbst-Prozess völlig aussetzen und verschwinden, würde der Geist seine Orientierung und die Fähigkeit, seine Teile zu sammeln, verlieren« – womit wir wieder bei Kant wären.[38]

Es genügt festzustellen, dass das Ich in dem Moment, in dem ich denke, verschiedene Vorstellungen, Empfindungen, Sinneswahrnehmungen und Begriffe bzw. sprachliche Muster in einem Bewusstsein verbindet und auch diese Verbindung selbst als Einheit kennzeichnet: *Ich* denke (und nicht mein Gehirn) (B 135). Dieser Akt verlangt eben nicht nur ein Gehirn, sondern auch eine richtig verlaufende kindliche Entwicklung, vor allem auch eine Unzahl von kulturellen und gesellschaftlichen Vorgaben – und das bedeutet: Der Akt des *Ich denke* verlangt gelungene Kommunikation, die allem Denken vorausgeht. Ich muss gesehen haben, was andere Menschen machen, wie sie mit etwas umgehen, muss lernen, wie man bestimmte Begriffe verwendet, logische und sprachliche Regeln anwendet und dergleichen mehr. Auf diese Ebene der vorsprachlichen Kommunikation werde ich noch einmal zurückkommen, wenn es darum geht, gewisse Mängel in Damásios (und vielleicht auch Kants) Vorstellung vom Ich und der Entstehung des Denkens aufzuzeigen und zu beheben. »Ich bin mir also des identischen Selbst bewußt«, sagt Kant in Ansehung des Mannigfaltigen der in der Anschauung gegebenen Vorstellungen (B 135). Die Gedanken, die ich denke, gehören eben mir. Es sind meine Gedanken – und nicht die eines anderen oder eines Geistes, der spricht. Der Satz »es denkt« meint, dass ich zwar den Mechanismus nicht verstehe und nicht verstehe, wie dieser Prozess des denkens – wo? Eben in mir! – abläuft: aber er läuft nicht in einem Blatt oder meinem Arm ab, sondern in »mir«.

»›Ich‹ ist *nichts anderes* als der Gedanke der Einheit aller Vorstellungen«, die »ich« im Moment habe.[39] Das Wunder besteht geradezu darin, dass dennoch »meine« Gedanken, die nur Gedanken sind, weil »mein« Ich (eine seltsame Formulierung: wäre ein anderes Ich in »meinem« vorstellbar, etwa »Ihr Ich«, das in mir denkt?) sie zusammenbindet, zugleich auch – etwa beim Lesen – zu Ihren Gedanken werden können. Diese Gedankenübertragung durch Sprache ist eine Form, in der wir denken und tagtäglich bei den einfachsten alltäglichen Verrichtungen einsetzen. Der Probierstein der Richtigkeit unserer Urteile und damit der »Gesundheit unseres Verstandes« ist, wie Kant schreibt, »daß wir diesen auch an den *Verstand anderer* halten«, uns also nicht isolieren und »mit unseren Privatvorstellungen doch gleichsam *öffentlich urteilen*«. Das brauchbarste Mittel, um unsere subjektiven Empfindungen und unsere Gedanken zu überprüfen und zu berichtigen, besteht also darin, »daß wir sie öffentlich aufstellen, um zu sehen, ob sie auch mit anderer ihrem Verstande zusammenpassen; weil sonst etwas bloß Subjektives (z. B. Gewohnheit oder Neigung) leichtlich für objektiv würde gehalten werden: als worin gerade der Schein besteht, von dem man sagt, er betrügt, oder vielmehr wodurch man verleitet wird, in der Anwendung einer Regel sich selbst zu betrügen. – Der, welcher sich an diesen Probierstein gar nicht kehrt, sondern es sich in den Kopf setzt, den Privatsinn ohne, oder selbst wider den Gemeinsinn schon für gültig anzuerkennen, ist einem Gedankenspiel hingegeben, wobei er nicht in einer mit anderen gemeinsamen Welt, sondern (wie im Traum) in seiner eigenen sich sieht, verfährt und urteilt.«[40]

Obwohl wir uns also mit Hilfe der Sprache verständigen – ein wichtiger, nicht zu unterschätzender Punkt, von dem später im Zusammenhang mit Ludwig Wittgenstein noch ausführlich die Rede sein wird –, bleibt es dabei, dass denken als »mein« Denken ein denken in der Erste-Person-Perspektive (»innen«) ist. Das Denken »vollzieht sich ›in demselben Subjekt‹, in dem das Mannigfaltige der Anschauung ›angetroffen wird‹. Den Horizont *dieses* Subjekts kann das Denken nicht überschreiten.«[41]

61

Gerade deshalb bleibt es einstweilen dabei: Nur solange ich denke, kann ich sagen, dass *ich* auch (in diesem Horizont) existiere. Descartes' berühmte Formel »ich denke, also bin ich« hat gleichsam ein eingebautes Zeitlimit. Solange ich hier und jetzt denke, bin ich. Der Denkfehler beginnt an dem Punkt, an dem ich die Denkrichtung umkehre und versuche, aus der Tatsache, dass es denkende Wesen gibt, die alles Mögliche denken können, zu schließen, dass es diese Dinge, die sie sich ausdenken, auch wirklich gibt. Das »ich denke« begleitet wie die Vorstellungen, Begriffe und Objekte zunächst nur *mein* Denken. Übertrage ich meine Gedanken auf das Denken anderer oder auf die Welt, dann verwechsle ich *meine* empirisch bestimmte Existenz bzw. die Existenz meiner empirisch bestimmten Gedanken mit einer davon »abgesondert möglichen Existenz«. Ich glaube dann, dass das »Substantiale in mir« auch von mir abgesondert eine Existenz hat (B 427). Dieser Trick gleicht dem Versuch von Baron Münchhausen, sich selbst am eigenen Schopf aus dem Sumpf zu ziehen. Ich denke und tue so, als wüsste ich nichts von der Welt; komme dann mit Hilfe meines Denkens zu Schlüssen, wie die Welt ist; und nehme dann die mit Hilfe des Denkens gewonnenen Schlüsse und tue so, als sei das, was ich denke, auch außerhalb meiner Erfahrung existent – und komme schließlich zu der Schlussfolgerung, dass ich mir dessen, was existiert, bewusst werden kann und es folglich auch existieren muss. Weder der Beweis einer unsterblichen Seele noch Gottesbeweise funktionieren auf diese Art. Wie gesagt: Solche Argumentation ist ein reiner Münchhausentrick. Es bleibt dabei: Das transzendentale Ich und seine Hervorbringungen sind kein Gegenstand der Welt, sondern eine Bedingung des Zustandekommens *einer*, d. h. einer einheitlichen Welt, auf die wir uns sogar über die Subjektivität hinaus mittels der Sprache und der kulturell und sozial anerkannten Regeln für ihren Gebrauch beziehen und über die wir uns verständigen können. Über die Sprache erreichen wir mit unseren Gedanken über das innerliche Denken hinaus andere Menschen. Wir können uns »intersubjektiv«, d. h. auf der Ebene zwischen verschiedenen Individuen, einigen. Wäre das nicht der Fall, wären Wissenschaft und Verständigung in jeder Form – wäre Wahrheit – letztlich unmöglich.

Die Diskussion über die sogenannte Erste-Person-Perspektive und ihre Bedeutung bleibt meiner Ansicht nach eines der großen ungelösten Rätsel der Gegenwartsphilosophie und, beinahe schlimmer noch, all der modernen Naturwissenschaften, die sich dem ehrgeizigen Ziel verpflichtet haben, Bewusstsein durch und durch zu verstehen. Dazu würde gehören, erklären zu können, zu wissen, wie sich das, was ich aus meiner Erste-Person-Perspektive wahrnehme, all das, was *ich* erkenne, fühle und denke,»draußen« anfühlt. Man müsste eine Erste-Person-Perspektive also lückenlos (top down) erklären und dann (bottom up) konstruieren, bauen können. Von dem amerikanischen Philosophen Thomas Nagel stammt der berühmte Essay *What is it like to be a bat?*, der die Frage nach den sogenannten Qualia eröffnete.[42] Das lateinische Wort qualis bedeutet»wie beschaffen«. Die Frage lautet, wie es sich anfühlt, wie es ist, eine Fledermaus oder Gert Scobel oder Sie zu sein. Vielleicht sehen (und vor allem hören) die Fledermaus und wir beide, Sie und ich, die Welt entschieden unterschiedlicher als wir beide. Und dennoch lautet die Frage, wie es sich anfühlt, Sie zu sein. Qualia bezeichnen also den subjektiven, nur Ihnen oder mir eigenen Erlebnisgehalt, der damit verbunden ist, dass ich in einem bestimmten geistigen (mentalen) Zustand bin, also jetzt einen grünen Baum sehe, wenn ich über meinen Schreibtisch hinausblicke, oder jetzt denke und versuche, den nächsten Gedanken zu formulieren. Das Subjektive, so Nagel, entzieht sich offensichtlich dem objektiven Zugriff, also dem Zugriff aus der Perspektive von einer oder mehreren anderen (zweiten und dritten) Personen.[43]

2.3 Homöodynamik: Gehirn, biologischer Wert und Gefühl

Kommen wir auf den Ausgangspunkt dieses Kapitels zurück, das uns vom Zusammenhang von Denken und Gefühl über das Thema der Komplexität solcher Fragestellungen zum »Ich« gebracht hat, das alles Denken begleitet. Jetzt schulde ich Ihnen immer noch eine Definition von Gefühl und Emotion. Auch für Damásio hängt die Existenz von Emotionen, Gefühlen und Gedanken mit dem Aufbau von bewusstem Leben und schließlich von Selbstbewusstsein zusammen. Verwaltung und Sicherung des Lebens – Damásio spricht von biologischem Wert – sind dabei die grundlegenden Voraussetzungen. Emotionen, Gefühle und Gedanken erwachsen aus diesem biologischen Wert, der nicht nur Einfluss auf die Entwicklung des Gehirns, sondern auch auf die Bildung vieler anderer biologischer Strukturen (wie Organe) hat, die die Bedingungen der Möglichkeit von Leben bilden. »Die Lebenssteuerung ist ein dynamischer Prozess, der auch als *Homöostase* bezeichnet wird.«[44] Ὁμοιοστάσις bedeutet wörtlich übersetzt soviel wie gleicher Zustand und meint die Bewahrung eines Zustandes oder Milieus mit Hilfe von Mechanismen der Selbstregulation. Die Zimmertemperatur wird auf gleicher Höhe gehalten, weil immer dann, wenn der Soll-Wert unter- oder überschritten wird, mit Hilfe eines Steuermechanismus die Kühlung oder Heizung aktiviert wird. Das System ist durch einen bestimmten Soll-Wert bestimmt – und die Abweichung dieses Soll-Wertes vom Ist-Wert bestimmt, wie das System handelt, d. h. in diesem Fall die Temperatur nach unten oder oben an den Soll-Wert anpasst. Homöostase ist in gewisser Weise der Zustand, den jeder Pilot oder Steuermann (griechisch κυβερνήτης – von diesem Begriff leitet sich Kybernetik ab) anstrebt, wenn er versucht, mit Hilfe von technischen Vorrichtungen wie Steuer, Segel, Flügelklappen oder Ähnlichem ein vorgegebenes Ziel (einen Soll-Zustand) zu erreichen. Insofern ist der Begriff Homöostase nicht wirklich korrekt. Darauf haben der Soziologe Niklas Luhmann und die beiden Neurobiologen Humberto Maturana und Francisco Varela zu Recht hingewiesen. Wäre der Soll-Zustand erreicht, dann wäre die Reise zu Ende: Jegliche Bewegung, jegliches Leben würde aufhören (stasis bedeutet Stillstand, Stockung). Angemessener scheint daher der Begriff der Homöodynamik, der den biologischen (aber auch sozialen oder kulturellen) Prozessen näher kommt. Im Sinne einer Steuerung oder Modellierung eines bestehenden, mit der Umwelt in Austausch stehenden Systems ist die Entwicklung von Sinnesorganen (um den Unterschied von Soll und Ist festzustellen) ebenso wie die eines Informationen verarbeitenden Zentrums unerlässlich. Ähnlich wie technische Systeme »Temperaturfühler« haben oder über eingebaute Kameras verfügen, passen sich Lebewesen mit Hilfe von Sinnesorganen, Nervensystemen (als Systemen, um Sinnesinformationen zu verarbeiten und entsprechend handeln zu können) und weiteren Informationen verarbeitenden Systemen an. Die Entwicklung von Gehirnen ist deshalb für viele Lebewesen eine Notwendigkeit gewesen – insbesondere wenn sie über eine komplexe innere Organisation verfügen, wie alle höheren Lebewesen. Empfindungsfähigkeit, die Entwicklung eines Selbst und von Gesellschaften und Kulturen sind daher nur verschiedene Aspekte oder Dimensionen, in die hinein die Homöodynamik sich entwickelt bzw. entwickeln muss. Die Erweiterung der Biologie in die geistige und »soziokulturelle Homöostase« hinein stellt dabei einen enormen, außergewöhnlichen Sprung in der Fähigkeit zur Selbstregulation von Lebewesen dar, der sich entlang einer Linie immer weiter entwickelter, zunehmender Komplexität darstellt. Dass im Laufe der Geschichte der Evolution verschiedene Formen von Sinnesorganen und Gehirnen entwickelt wurden, bestätigt die Notwendigkeit von Kybernetik im Sinne von sich selbst organisierender Steuerung. In jedem vielzelligen Organismus müssen Millionen oder, wie in Ihrem Fall, Milliarden von Zellen »synchronisiert« und auf einen gemeinsamen Soll-Zustand hin eingestellt und entsprechend »gewartet« werden. Ein Einzeller kann gut ohne Gehirn leben. Seine Form der Homöodynamik erfordert zwar eine Aufnahme von Energie (meist in Form von Materie, d. h. chemischen Stoffen, durchaus aber auch wie bei Algen in Form von Lichtenergie), nicht aber ein Gehirn. Es gibt also parallel zu Gedanken, Emotionen und Gefühlen eine Vielzahl von nichtbewussten Formen der »Lebensverwaltung«.[45] Je höher Zellen oder

Zellverbände jedoch entwickelt sind, desto höher sind auch die Anforderungen in Bezug auf die Leistung, sich an die jeweilige Umwelt bzw. Nische anzupassen. So ist es für Lebewesen, die sich bewegen, sinnvoll, sich gleichsam eine Karte der Umgebung zuzulegen – und vor allem eine Art Karte, die den internen Aufbau des Körpers wiedergibt, der ja beispielsweise in Richtung Futterquelle bewegt werden muss. Solche Karten repräsentieren nicht nur den (inneren) Bau eines Lebewesens, sondern auch die jeweiligen Zustände, in denen die einzelnen Körperteile (Arme, Beine etc.) sich befinden. Da sich Bewegungen aus vielen Teilprozessen zusammensetzen (es müssen eine Vielzahl von Nervenimpulsen aktiviert und Millionen von Muskelzellen auf elektrochemischem Weg bewegt werden), sind Karten oder zusammenfassende Muster von enormer Bedeutung für jedes komplexere Lebewesen. Das Gehirn bildet, teilweise zumindest, eine Art Landkarte oder Plan der Körperfunktionen. Lebenssteuerung ist ohne solche Karten nicht denkbar. Vielleicht sind Bilder im Geist in gewisser Weise eine Art Weiterentwicklung dieser Gehirnkarten auf einer höheren Ebene der Darstellung oder Repräsentation der Umwelt und des eigenen Systems.[46] Diese funktionieren allerdings ebenso wie die Lebenssteuerung etwa bei Einzellern oder Amöben sowohl mit unbewusster Verarbeitung von Informationen (also ohne eine übergeordnete Instanz, die wie ein Ich oder Selbst arbeitet), als auch mit bewusster Verarbeitung von Informationen, wie sie Gehirne bieten oder, in noch höherem Maße, Lebewesen, die mit Bewusstsein oder später sogar mit Selbstbewusstsein und sozialen Lebensformen ausgestattet sind. Aber auch bei höheren Lebewesen mit bewusster Informationsverarbeitung ist es durchaus sinnvoll, bestimmte wiederkehrende oder lebensnotwendige Prozesse der Informations- und Handlungssteuerung zu automatisieren. Es wäre wenig sinnvoll, vor jedem neuen Herzschlag nachzudenken und den Befehl zu geben: »Herzmuskel – bitte aktiv werden, damit ich weiter mit sauerstoffreichem Blut versorgt werde und nicht sterben muss.« Ähnliches gilt, wenn eine erkennbar giftige Schlange oder, klarer noch, ein Raubtier vor mir den Weg quert. Es wäre in einem solchen Fall wenig sinnvoll, lange Überlegungen anzustellen (oder gar zu philosophieren), sondern stattdessen entweder zuzuschlagen oder das Weite zu suchen und den gesamten Körper in den Fluchtmodus zu versetzen (falls es überhaupt noch klappt, das Weite zu suchen). Bestimmte Gerüche warnen uns, eine Frucht, ein verdorbenes Stück Fleisch etc. nicht zu essen – lange bevor wir uns darüber Gedanken gemacht haben. Emotionen sind nichts anderes als eine Form dieser effizienten Lebenssteuerung. Sie sind über Jahrtausende entwickelte Programme, die im Sinne der Homöodynamik das Evolutions-TÜV-Siegel erhalten haben und für gut befunden wurden, weil sie in einem direkten Zusammenhang mit dem Überleben oder auch mit dem Wohlbefinden eines Lebewesens stehen. Darwinistisch gesprochen könnte man sagen, dass ein Prozess der immer besseren Anpassung an die jeweilige Nische das Verhaltensprogramm optimiert hat. Dieser Mechanismus wird als natürliche Selektion bezeichnet und ist nichts anderes als eine Form von zunehmender physiologischer (und später auch psychologischer oder sozialer) Effizienz. Wert hat, vom jeweiligen Organismus in seiner gegenwärtigen Umwelt aus betrachtet, was »erstens der allgemeinen Instandhaltung der lebenden Gewebe innerhalb des Homöostasebereiches« dient und zweitens »zu der Regulation« passt, »die notwendig ist, damit der Prozess in jenem Abschnitt des Homöostasebereiches abläuft, der sich bezogen auf das derzeitige Umfeld mit dem Wohlbefinden verbindet«.[47] Wahrnehmung, Verwertung von Energiequellen (Futter / Essen), Beweglichkeit, aber auch die Entwicklung von Anreizen und inneren Motivationsstrukturen sind für das Überleben von eminenter Bedeutung. Gehirne können diese Zustände bewusst machen (die in anderen Lebewesen ohne Gehirne nur unbewusst ablaufen). Dabei wurden die Mechanismen der Reizverarbeitung und der Reizsteuerung immer feiner und komplexer. Bei Primaten entwickelten sich allmählich feine Molekülsysteme, in denen die Ausschüttung von Botenstoffen und Neurotransmittern wie Dopamin oder Oxytocin bestimmte Verhaltensweisen vorbereitet oder optimiert. Wer kämpft oder flieht tut gut daran, rechtzeitig mit einem guten Schuss Adrenalin versorgt zu werden, um einerseits die Muskeln auf optimalen Einsatz vorzubereiten, andererseits aber auch Schmerzempfinden zu dämpfen. Auch Sexualität und die damit verbundenen (keineswegs notwendigen) Gefühle sind so zu verstehen: als Vorgänge der Anpassung an immer komplexer werdende Organismen und Umwelten (die sich statt durch Zellteilung optimaler anpassen können, wenn sie ihre Eigenschaften austauschen und zuweilen sogar neue – z. B. durch Mutationen – entwickeln, von denen freilich nicht alle brauchbar sind). So, wie der bewusste Geist sich aus der Tätigkeit verschiedener Hirnregionen in Interaktion mit der Umwelt aufbaut, bauen auch Gefühle und Emotionen aufeinander auf (denn das, was wir Geist, im Englischen mind, nennen, ist niemals nur »im« Kopf noch alleine etwa in einem Buch oder Programm »außerhalb« unserer Köpfe). Beide, Geist und Gefühle bzw. Emotionen, bauen daher auf einer allen bewussten und unbewussten Vorgängen gemeinsamen Basis auf: auf dem Körper. Es sind jedoch die Gefühle und Emotionen, aber auch Gedanken, die laut Damásio die Verbindungen zwischen Umwelt, Homöostase, biologischem Wert und Bewusstsein herstellen.

2.4 Emotionen

Viele Tiere, sicher aber alle Säugetiere, kommen mit einer Vielzahl von Fähigkeiten und Verhaltensprogrammen auf die Welt, die kein vorausgehendes Lernen erfordern.[48] Wie stark diese Programme das spätere Leben beeinflussen, hängt nicht nur vom einzelnen Tier ab, sondern auch von der Möglichkeit, diese Programme oder Drehbücher (scripts) des Verhaltens »umzuschreiben« oder neu zu erlernen. Eine der Vermutungen, warum beim Menschen die Pubertät so lange dauert und vergleichsweise eher mühsam ist, könnte mit diesem Problem zusammenhängen: Damit die Komplexität der Erwachsenenwelt mit all ihren Gefühlen, Gedanken, sozialen und kulturellen Verhaltensweisen und vielem mehr angemessen verstanden und in ihr agiert werden kann, müssen die ursprünglich erlernten Programme verändert, feinjustiert und zum Teil gänzlich umgeschrieben werden. Während der Pubertät, die bis zum 25. Lebensjahr dauert und inzwischen immer früher einsetzt, wird das Gehirn nahezu vollständig umgebaut. Analysiert man die Art und Weise der Verbindungen zwischen den für Emotionen zuständigen Gehirnarealen und dem Frontalhirnbereich, der für die interne Verarbeitung von Informationen – sozusagen für Rationalität und das gehirninterne Programmieren und Berechnen – zuständig ist, dann erhält man während der Pubertät Befunde, die denen von psychisch erkrankten Menschen auffallend ähneln. Vielleicht hängt es auch damit zusammen, dass fast alles, was ein erwachsenes höheres Säugetier (Eutheria) aus der Ordnung der Primaten tut, empfindet oder, im Fall der Menschen, denkt, in der Zeit hoher sexueller Aktivität mit Sexualität zu tun hat. Dieses sexuelle Färben oder Durchtränken der meisten, wenn nicht aller vorausgegangenen Erfahrungen erfordert eine völlige Neubewertung, ein Umschreiben vieler der Kinderprogramme, die für andere Zwecke bislang hervorragend funktioniert hatten.

Es wäre vermessen anzunehmen, dass es in der wissenschaftlichen Literatur *einen* Begriff oder *eine* von allen akzeptierte Definition von »Emotion«, »Gefühl« oder »Denken« geben würde. Ich vermute, dass das auch auf absehbare Zeit nicht der Fall sein wird. William James formulierte 1879 in der Zeitschrift *Mind* treffend, dass Philosophen (und in diesem Fall auch Wissenschaftler) angesichts komplexer Probleme kaum mit einer abschließenden, universal akzeptierten Systematik oder Definition werden aufwarten können. Entweder werde durch eine solche Definition unser Wunsch nach Einheit vernachlässigt oder der nach Klarheit. Einer müsse sich dem anderen beugen – und genau das schafft immer neue Konflikte.[49] Stechen wir also in das Wespennest.

Den physiologischen Ausgangspunkt – und alle Emotionen und Gefühle haben eher früher als später mit dem Körper zu tun – bilden die Karten oder Repräsentationen, die sich im Gehirn gebildet haben. Diese Karten bilden nicht nur die Reize der Umwelt ab, sondern vermessen auch die eigenen, inneren Körperzustände. Der Körper markiert dabei eine sich ständig verschiebende Grenze zwischen außen (manchmal scheint der Körper zur Welt der Dinge, zur Außenwelt zu gehören) und der inneren Welt (*mein* Körper). Der Organismus, der Körper *und* selbstverständlich das Gehirn als eines seiner Organe umfasst, tritt innerhalb der Nische, in der er lebt, mit der Umwelt – mit Objekten – in eine Wechselbeziehung. Diese Beziehung »merkt« er sich, indem er sie in Karten abbildet oder repräsentiert. Diese Karten sind selbstverständlich keineswegs Darstellungen im Maßstab 1:1 – denn dann müsste der Kopf so groß wie die Welt sein, in der er sich bewegt. Karten sind bereits hochabstrakte Darstellungen, die die Komplexität der Welt auf eine auf das Überleben abgestimmte Art und Weise »komprimiert« haben. Die Karten sind sozusagen die komprimierten mp3-Files der wesentlich umfassenderen Musikdateien, die in vollem Umfang abzuspeichern die Möglichkeiten des »Gehirn-Speichers« auf Dauer überfordern würde.[50] Das Gehirn ist in der Lage, Strukturen von Dingen und Situationen zu repräsentieren. Dabei kartiert das Gehirn nicht nur die Umwelt, sondern auch die eigenen Zustände. Damásio sagt, dass diese Karten sich im Geist – also im Denken – als Bilder oder Vorstellungen zu erkennen geben. Solche Bilder können natürlich auch akustische oder taktile Repräsentationen sein. Sie sind »*direkt* nur für den Besitzer des Geistes zugänglich, in dem sie sich abspielen. Sie sind zutiefst privat und für Dritte nicht zu beobachten.« Ich werde auf diesen Punkt später in diesem Kapitel kritisch eingehen, denn Damásio verkennt, wie mir scheint, die soziale oder Beziehungs-Dimension dieser Bilder. Doch dazu später.

Das Gehirn ist jedenfalls in der Lage, mit Hilfe dieser Karten sehr effizient zu arbeiten, nicht zuletzt werden sich im Laufe der Evolution komplexe Aktivitätsmuster gleichsam an die Karten angeschlossen haben. Der Körper (wir!) sendet Signale an unser Gehirn, wo und in welcher Lage und Stimmung wir uns befinden. Sind wir ängstlich, krank, bedroht, satt, sexuell unzufrieden, glücklich? Das Gehirn ist darauf spezialisiert, Unterschiede in diesen Karten zu registrieren und darauf zu reagieren. Zwar bauen sich ständig in unserem Gehirn neue Muster auf. Aber bestimmte Muster sind besonders interessant. Vielleicht muss man nicht bemerken, dass die Pflanzen am Wegrand zur Familie der Raublattgewächse (Boraginaceae) gehören und Myosotis oder Vergissmeinnicht heißen (mein Lieblings[un]kraut). Man sollte jedoch bemerken, dass neben einem ein bissiger Hund steht oder sich ein Fahrradfahrer oder schlimmer noch ein Auto mit rasender Geschwindigkeit nähert. In diesem Fall ist das Gehirn äußerst schnell, für das Überleben wichtige Muster herauszufiltern (Sie erinnern sich an den biologischen Wert, die Homöodynamik des lebenden Systems) – und ein entsprechendes Aktivitätsprogramm zu starten. Diese Programme sind Reaktionen auf Muster, die von einem bestimmten (sogenannten emotional kompetenten) Reiz ausgelöst werden.[51] Dieser Reiz kann von einem Objekt ausgehen wie von einem Tiger, einer Schlange, einem sich schnell nähernden Auto – aber auch von einem Ereignis, etwa wenn sich ein Unfall ereignet hat, wenn ein Krieg erklärt wird (oder droht) oder, harmloser, wenn es donnert. Auf solche Reize reagieren wir – emotional.

**Emotionen sind gleichsam
fertige Pakete
von Handlungsprogrammen.**

Präziser noch: »Emotionen sind komplexe, größtenteils automatisch ablaufende, von der Evolution gestaltete Programme für *Handlungen* … die Welt der Emotionen besteht … vorwiegend aus Vorgängen, die in unserem Körper ablaufen, von Gesichts-

ausdruck und Körperhaltung bis zu Veränderungen in inneren Organen und innerem Milieu«.[52] Emotionen kann man meist klar an den typischen Gesichtsreaktionen erkennen – unabhängig davon, zu welchem Kulturkreis jemand gehört. In der Literatur werden vor allem acht Emotionen angegeben, die sich in einem evolutionsgeschichtlichen Prozess gebildet haben: Angst bzw. Panik, Zorn bzw. Wut, Freude bzw. Ekstase, Traurigkeit bzw. Kummer, Akzeptanz bzw. Vertrauen, Ekel bzw. Abscheu, Überraschung bzw. Erstaunen, Neugierde bzw. Erwartung. Doch derartige Einteilungen sind keineswegs einhellig und sollten für weitere Differenzierungen und neue Erkenntnisse offengehalten werden. Ein Grund für die unterschiedlichen Einteilungen hängt auch damit zusammen, dass sich Emotionen bzw.»primär-emotionale Systeme« oder emotionale Verschaltungen (all diese Begriffe werden in der Literatur mehr oder weniger im gleichen Sinn verwendet) nicht nur bei Menschen finden. Darauf weist unter anderem der Psychobiologe Jaak Panksepp hin – und bezieht sich dabei auf Darwin und andere Forscher vor ihm, die früh bemerkten, dass auch Tiere Emotionen haben. Falls Sie sich unsicher sein sollten: In Bezug auf meinen Hund, der zur Zeit gerade 20 Zentimeter von meinem Fuß entfernt liegt (und offensichtlich gerade einen Traum hatte, in dem er laufen musste), bin ich mir sicher. Zu betonen ist allerdings, dass ich in Bezug auf Tiere zunächst nur von Emotionen, nicht aber von Gefühlen gesprochen habe. Die Taxonomie – also die Ordnung bzw. das Klassifikationsschema – der grundlegenden Emotionen kann sich durchaus von Kultur zu Kultur, von Psychologe zu Psychologe unterscheiden. Es sind eben Label, die man an diese Systeme heftet und dabei so tut, als hätte man es nicht mit fließenden und flüchtigen Phänomenen zu tun, sondern mit Gegenständen wie Schreibtischen oder Tastaturen, die sich in der Regel außer durch massive Einwirkung von außen nicht von selbst verändern. Alle Label oder»Klassifikationen hängen von den vorübergehenden Zwecken« ab, für die wir sie gebrauchen.[53]
Die Zwecke variieren dabei nicht nur in Bezug auf bestimmte

Aufgaben, Zeiten und Menschen. Eine große Uneindeutigkeit bei der Frage nach eindeutigen Definitionen kommt durch die Sache selbst ins Spiel. Emotionen und Gefühle beziehen sich auf den Körper, den sie gleichzeitig verändern. Diese Beziehung und die Veränderungen, die mit ihnen einhergehen, sind nicht nur begrifflich schwer zu erfassen – weil die Sprache oder unsere Theorien der Welt etwas träge sind –, sondern vor allem auch, weil das Empfinden selbst bereits ambivalent ist. »Unser Körper ist das beste Beispiel für Mehrdeutigkeit«, notierte James.[54] Panksepp und andere Neurobiologen machen darauf aufmerksam, dass Emotionen auf sehr verschiedenen Ebenen des Körpers und des Gehirns agieren. Sie sind interaktiv – nicht nur in Bezug auf die Umwelt, sondern auch in Bezug auf innere Zustände. Wenn ich in einem dunklen Keller Angst habe, mir aber nach allen Wahrscheinlichkeiten klarmachen kann, dass es dort keine Geister gibt, kann ich durch diesen Gedanken meine Emotion der Angst eindämmen. Funktionierte eine solche Veränderung von Emotionen (und Gefühlen) nicht, wäre es um die Möglichkeit von Therapie geschehen. Dennoch muss man gleichsam aus philosophischer Sicht festhalten, dass der Einfluss auf diese sehr tief im Menschen liegenden emotionalen Verhaltensprogramme alleine durch Denken vermutlich eher gering ist. Einige dieser Systeme sind inzwischen sehr gut untersucht und weitgehend verstanden, insbesondere der sogenannte Angst-Kreislauf oder die Angst-Kaskade (FEAR system oder FEAR circuit). An diesem »Programm« sind drei unterschiedliche Systeme von Neurotransmittern beteiligt. Das GABA-erge System mit einem der wichtigsten hemmende Neurotransmitter im Zentralnervensystem; zweitens das noradrenerge System – gesteigerte noradrenerge Aktivität führt zu Panikattacken – und drittens das serotonerge System, dessen genaue Mechanismen bei der Entstehung von Angst noch nicht vollends erforscht sind. Eine verminderte Funktion des serotonergen Systems scheint Phobien zu erzeugen. Ein niedriger Serotonin-Spiegel führt zu Ängstlichkeit, aber auch zu gesteigerter Aggressivität. Angst jedenfalls ist eine solche sehr grundlegende Emotion, die eine wichtige Überlebensfunktion hat. Angst wird erst dann zum Problem, wenn sie unangemessen oder unangemessen häufig auftritt.

Tatsächlich steigt mit der Feinheit der Karten, der Registrierung von Umweltsignalen und der Verarbeitung der wichtigen (und das bedeutet: von uns selektierten) Information auch die Komplexität der Verhaltensweisen, die ein Lebewesen aktivieren kann. Auch die Mechanismen der Einflussnahme auf Emotionen wie Angst wird mit fortschreitender Komplexität der Informationsverarbeitung immer feiner. Fest steht, dass Emotionen höchst einflussreiche Prozesse sind und es wohl in unserem Leben auch bleiben werden. Emotionen beeinflussen nicht nur unsere Lebensqualität (ein Leben in Angst oder Depression verliert seine Qualität), sondern auch unsere geistigen (kognitiven) Fähigkeiten und unsere Körpersinne.[55] Wer laufend Angst hat, dem tut der Körper eher weh als jemandem, der entspannt ist. Es ist augenscheinlich, dass äußere Reize Emotionen auslösen können. Die Neurowissenschaften haben dabei entdeckt, dass wir die sehr grundlegenden Handlungsprogramme (wie der Angst-Kreislauf) mit anderen Säugetieren teilen. Oder anders formuliert: Diese Handlungsprogramme werden vor allem in dem Teil unseres Gehirns abgewickelt, das alt ist und den wir in vielen Aspekten mit anderen Tieren teilen. Komplexere Emotionen verlangen auch komplexere Gehirne – und haben sich deshalb erst im Laufe der Evolution entwickelt. Es wäre demnach durchaus möglich, dass auch wir noch neue Emotionen entwickeln oder bestehende verfeinern. Der amerikanische Mediziner, Physiologe und Gehirnforscher Paul MacLean brachte die These vom dreieinigen Gehirn (*triune brain*) ins Spiel – vielleicht so bezeichnet, weil sein Vater presbyterianischer Pfarrer war und theologische Begriffe in der Familie lagen. Diese These vereinfacht die Zusammenhänge zwar, wird aber aufgrund ihrer didaktischen Zweckmäßigkeit weitgehend von den Forschern anerkannt. MacLean unterschied drei verschiedene Gehirne (eigentlich funktionelle Bereiche des Gehirns), die ich nur andeutungsweise skizziere.[56]

74

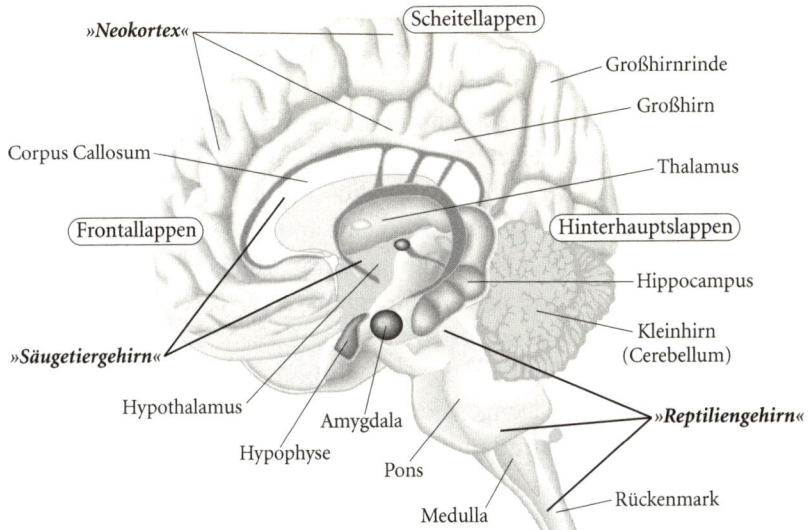

»Neokortex«
Scheitellappen
Großhirnrinde
Großhirn
Corpus Callosum
Thalamus
Frontallappen
Hinterhauptslappen
Hippocampus
Kleinhirn (Cerebellum)
»Säugetiergehirn«
Hypothalamus
Amygdala
»Reptiliengehirn«
Hypophyse
Pons
Medulla
Rückenmark

Abb. 1: Verschiedene Bereiche des Gehirns

Da wäre zum einen das sogenannte *Reptiliengehirn*, dessen Ursprünge etwa 248–206 Millionen Jahre zurückreichen. Es ist, wie der Name andeutet, ein alter Bestandteil und umfasst unter anderem den Hirnstamm, das Zwischenhirn und die Amygdala (Mandelkerne), die eine wichtige Rolle bei der Entstehung von Angst und Aggressionen spielt. Kein Wunder also, dass in diesem Bereich des Gehirns die Instinkte und damit die meisten emotionalen Reaktionen »verdrahtet« sind. Über diese Verhaltensprogramme verfügen wir recht früh (eben weil sie alt sind) – aber wir können sie nur bedingt durch Lernen verändern. Vermutlich wird man immer zusammenzucken, wenn etwas, das man nicht kennt, in einer nicht überschaubaren Situation auf einen zufliegt. Die nächste Schicht bildet das Limbische System – auch *paleomammalisches Gehirn* genannt, das sich während des Jura (engl. Jurassic Period, vor 206–145 Millionen Jahren) gebildet hat. Wenn Sie viel Zeit haben, können Sie ja einmal den Versuch

75

unternehmen, in der Forschungsliteratur eine eindeutige Definition des Limbisches Systems zu finden. Es wird Ihnen nicht gelingen. Diese Schicht des Gehirns enthält u. a. das sogenannte viszerale Gehirn. Der lateinische Begriff *viscus* bedeutet Eingeweide. Dieser Teil des Gehirns enthält demnach vor allem Informationen, die das Körperinnere und die Organe betreffen. Er enthält eine Vielzahl von Programmen, die mit sozialen Emotionen in Verbindung stehen, beispielsweise mütterliche Instinkte, Sorge für andere oder soziale Verbundenheit (*social bonding*). Ein wichtiger Aspekt des Limbischen Systems sind auch die Funktionen, die mit der Ausbildung von Gedächtnis und Gedächtnisinhalten zu tun haben. Allgemein kann man sagen, dass das Limbische System unsere Wahrnehmung der Welt – und auch unsere Gedanken – affektiv (also emotional) färbt und beim Triebgeschehen ein wichtige Rolle spielt. Die dritte und jüngste Schicht des Gehirns ist das sogenannte neomammalische Gehirn, d. h. das Neu-Säugetier-Gehirn, kurz *Neocortex* genannt. Diese Schicht entstand im Eozän und Oligozän vor etwa 55–24 Millionen Jahren, bevor die jüngste Periode der Erde begann, das Neogen, in der sich die Vögel, Säugetiere und die ersten Menschen entwickelten. Möglicherweise ist der Neocortex auch jünger als 24 Millionen Jahre. Die äußere Rinde des menschlichen Gehirns hat eine graue Farbe, die sich der sogenannten grauen Substanz (*Substantia grisea*) verdankt, die überwiegend aus Nervenzellkörpern besteht und beispielsweise auch im Rückenmark zu finden ist. Anders die sogenannte weiße Substanz (*Substantia alba*) des Großhirns, die unter der grauen Schicht liegt und weiß aussieht, weil sie überwiegend aus Leitungsbahnen (Nervenfasern) besteht, die von Myelinscheiden umgeben sind. Diese sorgen für die weiße Farbe. Die Leitungsbahnen (in der weißen Schicht) ermöglichen die Kommunikation der (grauen) Nervenzellen untereinander. Großhirnrinde und weiße Substanz (man spricht auch vom »Mark« bzw. »*Marklager*«) bilden zusammen den Großhirnmantel (*Pallium cerebri*). Der Neocortex macht beim Menschen rund 90 % der Oberfläche der Großhirnrinde aus und weist die größte

Differenziertheit aller Gehirnregionen auf. Wichtig ist dabei, dass der menschliche Neocortex sowohl in der Größe wie in der Komplexität seines Aufbaus alle anderen Säugetiergehirne weit in den Schatten stellt. Die Unterschiede zu anderen Tieren werden geringer, je mehr man sich den älteren Hirnstrukturen zuwendet. Innerhalb des Neocortex weist der Mensch jedoch einige Strukturmerkmale auf, die einzigartig sind – insbesondere was die Komplexität der Organisationsprinzipien und die neuronale Vernetztheit dieses Gehirnbereiches betrifft, die vermutlich die physiologische Bedingung dafür ist, dass wir auch im alltäglichen Leben eine große Komplexität von Gedanken, Gefühlen und Vorstellungen entwickeln können. Entscheidend ist, dass im Großhirnbereich die sogenannten sensorische Areale liegen, also die Verarbeitung der Sinneswahrnehmungen sowie der für unsere Bewegungen zuständige Motorcortex (der die »Motoren«, die Muskeln, anspricht und entsprechend unserer bewussten und unbewussten Programme bewegt). Weiter gehören zum Neocortex die sehr weiträumigen sogenannten Assoziationszentren. Der Begriff leitet sich aus dem lateinischen *associare* ab, also vom Wortstamm verbinden, verknüpfen, vernetzen. Man bezeichnet damit sowohl bei Tieren aber insbesondere auch beim Menschen all jene Regionen des zentralen Nervensystems, durch die Informationen von außen über die Sinne mit Verhaltensmustern und insbesondere mit Emotionen verbunden werden. Diese Verbindungen – d. h. Nervenfasern – sorgen ja wie oben erwähnt für die graue Farbe dieser Hirnschicht. Die Assoziationszentren arbeiten gleichsam wie Filter, die das, was wir sehen, hören, riechen etc., bewerten und durch unterschiedliche »Bewertungsprogramme« schicken, um auf diese Weise die internen und externen Wahrnehmungen (die immer über den Körper vermittelte Wahrnehmungen sind) auszuwerten und zu bewerten. Schließlich ist der Neocortex die Region, in der logisch-kognitive Prozesse und Strategien entstehen – die durch Affekte und Impulse aus den älteren Hirnschichten verändert werden, die gleichsam ihre eigene »Rationalität« haben.

Zusammenfassend kann man sagen, dass Emotionen oder »emotionale Kreisläufe« (*emotional circuits*) einen tiefgreifenden Einfluss auf unser gesamtes Verhalten und unsere mentalen (geistigen) Aktivitäten haben. Der Grund dafür liegt in der tief verwurzelten Verbindung der Emotionen zu unserem Körper und den »neueren« Teilen unseres Gehirns, ohne die alle Denk-Vorgänge in der Form, in der wir sie kennen, nicht möglich wären. Emotionen verändern unsere Sinneswahrnehmung (Angst macht »wach« und »hellhörig«), unsere kognitive Informationsverarbeitung, Gedanken und Vorstellungen. Und sie haben über komplexe physiologische Mechanismen – etwa Neurotransmitter oder das Zentralnervensystem – einen direkten Einfluss auf unsere Körperzustände – bis hinein in die (unbewussten) Prozesse unseres Immunsystems. Wer ständig »gestresst« oder »depressiv« ist, leidet nicht selten auch an einer Schwächung der sogenannten Immunantwort. Wer unter dem Eindruck starker Emotionen – Zorn, Wut, Traurigkeit – steht, wird auch eine Veränderung anderer Prozesse erleben. Verschiedene Experimente zeigen, wie sich unter dem Eindruck starker Emotionen auch das Denken – etwa die Fähigkeit, logisch richtige Schlüsse ziehen zu können oder Situationen unvoreingenommen zu bewerten – deutlich verändert. Man könnte vereinfacht sagen, dass in einem solchen Fall die höheren Gehirnaktivitäten zunehmend unter den Einfluss der evolutionsgeschichtlich älteren Gehirnschichten geraten, die sich immerhin in einer Hunderte von Millionen von Jahren zurückreichenden Zeit immer wieder bewährt haben. Wir – genauer unsere Vorfahren – haben aufgrund dieser Mechanismen überlebt. Ihre Emotionen haben ihnen geholfen, ihre Reaktionen auf eine durchaus feindliche Umwelt zu verfeinern und zunehmend ihr eigenes Handeln und ihre Planung als »autonome Systeme« in den Griff zu bekommen. Emotionale Informationen – die sowohl die klassische Philosophie als auch die eher kognitiv und auf Intelligenz fixierte Psychologie lange Zeit unterschätzt haben – sind von extremer Bedeutung, wenn es darum geht, neue Informationen zu bewerten oder auch Verhaltensmuster schnell abzurufen. Bestimmte Bilder (eine Spinne, eine Schlange etc.) lösen gleichsam emotionale Kettenreaktionen aus, die ohne nachzudenken ein bestimmtes Verhalten (etwa Angst und deshalb Flucht) bewirken. Diese Verhaltensmuster müssen keineswegs immer die »alten« sein, sondern können durch Information und Erfahrung veränderte oder sogar neue Verhaltensmuster sein, die dann wie die alten durch das affektive System »getriggert«, also ausgelöst und abgerufen werden.

Emotionen stellen demnach Problemlösungen bzw. Antworten auf Fragen der folgenden Sorte dar: Wie kann ich bestimmte Dinge oder Situationen erreichen? Wie kann ich sie behalten oder stabilisieren? Wie kann ich ihnen ausweichen? Wie bleibe ich intakt? Wie schütze ich meinen Körper – mich? Wie finde ich soziale Kontakte – und wie kann ich sie verbessern? All diese Fragen haben einen direkten Bezug zum Überleben. Denn wir alle sind Säugetiere und darauf angewiesen, dass wir in der Zeit der Kindheit von unseren Artgenossen pfleglich und gut behandelt werden. Emotionen sind also Antworten auf wichtige, seit Jahrmillionen immer wieder gestellte Fragen. Diese Antworten haben sich in einer ebenso langen Geschichte der Evolution herausgebildet – ohne dass es Lehrbücher oder Anleitungen zum richtigen Denken gab. Wären wir darauf angewiesen, hätten wir nicht überlebt.

Bisher haben wir allerdings nur von Emotionen gesprochen – und wenig vom Denken. Und noch weniger von Gefühlen. Wie unterscheiden sich Gefühle von Emotionen und Gedanken?

2.5 Gefühl

Ich glaube, ich muss nicht wiederholen, was ich bereits zur Eindeutigkeit bzw. Vielfalt der Definitionen gesagt habe. In Bezug auf Emotionen sind sich Naturwissenschaftler und Philosophen weitaus einiger als in Bezug auf Gefühle. Gefühle sind komplexer als Emotionen und leiten damit die nächste Stufe – die nächsten Möglichkeiten – der Entwicklung ein. Den nächsten Schritt nach der Entwicklung von Emotionen bilden daher »die Gefühle der Emotionen. Sie folgen der Emotion selbst auf dem Fuße und sind die legitime, konsequente, letzte Hervorbringung des emotionalen Prozesses: die zusammengesetzte Wahrnehmung all dessen – Handlungen, Gedanken, die Art des Gedankenflusses –, was während der Emotionen langsam oder schnell abgelaufen ist, bei einem Bild hängenbleibt oder schnell ein Bild gegen das andere eintauscht.«[57]

Wenn es im Abschnitt über Emotionen hieß, dass Emotionen größtenteils automatisch ablaufende Programme für Handlungen sind, die sich überwiegend in unserem Körper abspielen, dann fehlte noch etwas, das unsere Welt, unsere Welt mit Gedanken und Gefühlen, von dieser Welt der Programme unterscheidet. Die Handlungsprogramme müssen, um optimiert, umgestaltet oder gar neu entworfen zu werden, durch *kognitive* Programme erweitert werden, zu denen nicht nur, wie vielleicht erwartet, Gedanken gehören, sondern auch Gefühle. Gefühle machen uns Emotionen bewusst. Ich fühle mich bedrückt, weiß nicht warum – und erst dann wird mir klar, dass ich Angst empfinde oder Trauer. Wenn ich – oder besser Damásio – von kognitiven Erweiterungsprogrammen gesprochen habe, dann bedeutet das *nicht*, dass damit alleine Gedanken gemeint sind. Denn auch Gefühle können Informationen – kognitives Wissen – transportieren. Aus diesem Grund spricht man in der Psychologie gerne von »emotionaler Intelligenz«. Der Begriff bezieht sich – wenn man von der hier vorgeschlagenen Definition ausgeht – streng genommen weniger auf Emotionen (die Programme für automatisierte Handlungen darstellen), sondern vor allem auf Gefühle, die ein Wissen über die Emotionen beinhalten. Der amerikanische Pädagoge und Psychologe Howard Gardner hatte 1983 den Begriff der mehrfachen oder multiplen Intelligenz eingeführt und in diesem Zusammenhang vorgeschlagen, nicht nur wie bisher Formen der mathematischen, strategischen, verbalen oder räumlichen Intelligenz zu untersuchen, sondern auch das weite Spektrum der intrapersönlichen und zwischenmenschlichen hinzunehmen. Erst einige Jahre später (1990) sprachen der amerikanische Sozialpsychologe Peter Salovey und der Psychologe John Mayer in einer gemeinsamen Veröffentlichung von »emotionaler Intelligenz«. Sie beschrieben sie als eine Form der »sozialen Intelligenz, die die Fähigkeit mit einbezieht, die Gefühle und Emotionen von einem selbst und von anderen zu überwachen und unter diesen zu unterscheiden und diese Informationen zu verwenden, um das Denken und Handeln von einem zu leiten«. Der klinische Psychologe und amerikanische Wissenschaftsjournalist Daniel Goleman stieß erst später auf die Forschungen von Salovey und Mayer – und verdiente mit seinen Schriften (*Emotionale Intelligenz*, erschien 1995), in denen er das Konzept langsam weiterentwickelte, weltweit Geld.[58]

Gefühle sind also kognitive Prozesse: Prozesse, die Wahrnehmungen und Informationen darüber beinhalten, »was in unserem Körper und unserem Geist abläuft, wenn wir Emotionen haben«.[59] Gefühle stellen nicht (wie Emotionen) die Abläufe oder Handlungsprogramme selbst dar, sondern eine Art Metawissen – ein Wissen über diese Abläufe. Sie sind erste Bilder dieser Abläufe und somit auch der Welt, in der wir uns bewegen. Kurz: Diese Bilder sind *Wahrnehmungen*. Und deshalb ist die Welt der Gefühle auch die Welt der Wahrnehmungen. Gefühle sind eine wesentliche weitere Station auf dem Weg zum Bewusstsein. Sie geben uns eine über die Sinne und die Emotionen hinausgehende erste Erkenntnis der Welt – einer Welt, die sich schließlich einer immer komplexeren und schließlich bewussten Erkenntnis erschließt. Nach Damásio haben die Abläufe in unserem Körper und Geist einen »gefühlten« Aspekt. Sie *sind* nicht einfach oder laufen einfach ab (obwohl auch das zum Alltag gehört), sondern *werden* zu ersten Formen geistiger Verarbeitung. Die Abläufe nehmen für uns Bedeutung an – weil wir sie deuten![60] Wem solche Begriffe wie Metawissen, Deutung, Bedeutung etc. an dieser Stelle zu philosophisch vorkommen – es lässt sich auch anders sagen.

Gefühle sind Formen
der Informationsverarbeitung:
wichtige Formen!

Während Emotionen auftreten, wenn im Gehirn verarbeitete Informationen oder Muster (etwa der Sinneseindruck eines bedrohlichen Tiermauls) diese Informationen an emotionsauslösende Regionen weiterleiten (etwa an die Amygdala, die die Angst-Kaskade in Gang setzt), stellen Gefühle eine weitere Form der Verarbeitung von Reizen dar. Damásio sagt explizit: eine weitere, sehr bestimmte Form der »geistigen Verarbeitung«, nämlich mentale Affekte (ein Begriff, den Damásio an dieser Stelle von William James übernommen hat).[61] Die Gefühle der Emotionen stellen den nächsten Schritt in der langen Kette unserer Verarbeitung der Welt dar: im Denken, Empfinden, Wahrnehmen, Handeln – und nicht nur im Gehirn. Gefühle sind die »letzte Hervorbringung des emotionalen Prozesses«. Gefühle von Emotionen sind also »zusammengesetzte Wahrnehmungen aus erstens einem bestimmten körperlichen Zustand während einer tatsächlichen oder simulierten Emotion und zweitens einem Zustand veränderter kognitiver Ressourcen und der Anwendung bestimmter mentaler Drehbücher. In unserem Geist sind diese Wahrnehmungen mit dem Objekt verknüpft, das sie verursacht hat«.[62] Ich gebe zu, dass es dennoch etwas Seltsames hat, wenn von Körper (Emotionen) und Geist (Gedanken?) gesprochen wird – und den Gefühlen, die sich irgendwie dazwischen befinden. Überhaupt ist unklar, wo Körper und Geist eigentlich beginnen oder enden. Gehen sie allmählich ineinander über? Oder sind sie – ähnlich wie die Kategorien »Geist« und »Körper« in dualistischen Philosophien – rigide voneinander unterschieden? Und wenn ja – wie? Hat der Geist eine andere Morphologie als der Körper? Und wenn ja – welche? Es scheint, als führten all diese Fragen nicht wirklich weiter. Der Grund für diese Sackgasse liegt, wie ich gleich zeigen werde, in der unklaren Funktion der Sprache, der wir an dieser Stelle blind vertrauen – so, als wäre sie der einzig verlässliche Führer, der uns sicher von der einen Region in die andere leitet (falls man sich Geist und Körper überhaupt als Regionen vorstellen soll). Doch dazu später. Einstweilen sind Gefühle wichtige Formen der Erkenntnis, die unser Leben entscheidend bestimmen.[63] Sie variieren ursprüngliche (emotionale) Zustände des Körpers und spiegeln diese auf einer anderen Ebene der Erkenntnis, in einer weiteren, über die Sinne hinausgehenden Dimension wider. »Alle Gefühle von Emotionen sind komplexe Variationen der ursprünglichen Gefühle.«[64] Im Grunde müsste man für diese ursprünglichen Zustände, von denen Damásio spricht, ein anderes Wort finden. Es sind direkte, unmittelbare »Erfahrungen« von uns selbst – und nicht nur von unserem Körper –, die einsetzen, wenn wir wach werden. Sie sind direkt, schnörkellos, wortlos. Sie »sagen« uns, dass wir existieren – und leiten den komplexen Prozess ein, der mit der Bildung oder Repräsentation all dieser verschiedenen Zustände verbunden ist.

Vielleicht erscheint Ihnen zunächst allein die Vorstellung, dass Gefühle kognitive Prozesse darstellen – Prozesse, die Erkenntnisse beinhalten und Informationen bearbeiten – ein wenig seltsam. Widerspricht er Ihren Intuitionen? Hatten Sie angenommen, dass nur Gedanken »kognitiv« weiterführen, nur denken die Erkenntnis weiterbringt, und Gefühle unsere Erkenntnis von der Welt eher verwässern oder gar verfälschen? Sie mögen im einen oder anderen Fall damit durchaus recht haben. Denn wir haben ja bereits gesehen, wie starke Emotionen wie Zorn und die damit verbundenen Gefühle auch unsere mentalen Prozesse und Strategien überschatten und gleichsam in ihren Dienst nehmen und versklaven. Dennoch gilt es festzuhalten, dass auch und gerade Gefühle Erkenntnisse vermitteln. Und das macht es schwerer als gedacht. Denn wie verhalten sich Gefühle zu Gedanken? Tatsächlich sind Gefühle ein gutes (aber längst nicht das einzige) Beispiel dafür, dass es außer dem Denken noch andere *kognitive* Prozesse gibt, die Bewusstsein und Lernen beinhalten. Es gibt darüber hinaus auch unbewusste Prozesse der Kognition (wieder ein Begriff, der uneinheitlich verwendet wird, aber im weitesten Sinne soviel bedeutet wie auf Erfahrung bzw. auf Erkenntnis bezogen und einen Prozess der Informationsverarbeitung darstellt). Sie erkennen beispielsweise, dass vor Ihnen ein Hindernis ist, und bremsen augenblicklich. Haben Sie erst gedacht,»da ist ein Hindernis«, und daraus gefolgt»Ich fahre zu schnell« – Blick auf den Tacho –»tatsächlich! Und deshalb muss ich jetzt bremsen«? Vermutlich nicht. Denn wenn Sie so reagiert hätten statt unbewusst, wären Sie vermutlich tatsächlich Ihrem Vordermann (oder Ihrer Vorderfrau) aufgefahren. Es gibt also unbewusste Prozesse der Wahrnehmung und der Verarbeitung von Information. Aber es gibt kein unbewusstes denken, da denken immer auf die komplexe Zusammenführung einzelner Eindrücke und Gedanken im Bewusstsein, im Ich, angewiesen bleibt. Damásio definiert Bewusstsein als einen »*Geisteszustand, in dem man Kenntnis von der eigenen Existenz und der Existenz in einer Umgebung hat*«.[65]

Doch zurück zu den Gefühlen. Was kann man aus ihrer Existenz schließen? Erstens, dass»der« oder»das«, wer oder was in der Lage ist, Gefühle zu entwickeln, zu empfinden und bewusst zu machen, ein Organismus sein muss,»der nicht nur einen Körper besitzt, sondern auch die Mittel, diesen Körper in seinem Inneren abzubilden«. Pflanzen können mit Sicherheit empfinden. Sie haben sogar, wie es scheint, eine Art von Nervensystem. Und doch sind sie nicht in der Lage, Teile ihres Körpers und die Zustände, in denen sich ihr Körper befindet, darzustellen oder zu repräsentieren. Kurz: Pflanzen haben kein Gehirn – auch wenn sie auf Wärme und Wasser, Nahrung und vermutlich sogar auf Zuneigung reagieren. Zweitens benötigen Lebewesen, die Gefühle haben, nicht nur einfach ein Nervensystem, sondern darüber hinaus ein solches Nervensystem, das das Lebewesen in die Lage versetzt,»Körperstrukturen und Körperzustände in Kartierungen abzubilden und die neuronalen Muster dieser Kartierungen in mentale Muster und Bilder zu verwandeln«. Würde darauf verzichtet werden, gäbe es zwar Impulse – aber diese Impulse würden gerade nicht die Vorstellungen und weiteren Empfindungen hervorrufen, die wir zu Recht »Gefühle« nennen. Drittens lassen Gefühle darauf schließen, dass ihre Inhalte »dem Organismus bekannt sind, das heißt, ein Bewusstsein ist eine weitere Voraussetzung«.[66] Dass die Beziehung zwischen Bewusstsein und Gefühl komplex ist, versteht sich von selbst. Das Bewusstsein versetzt nach Damásio den Organismus in die Lage, seinen Körper und seine Erkenntnisvorgänge, seinen Geist, unmittelbar zu erleben.[67] Viele dieser Erkenntnisvorgänge sind tatsächlich unbewusst. Diese Einsicht Freuds muss keineswegs irritieren oder frustrieren. Im Gegenteil: Wie gut, dass vieles unbewusst abläuft und man sich nicht auch noch darauf konzentrieren muss. Worauf es ankommt ist die Möglichkeit, sich dessen bewusst zu werden. Dieses Bewusstsein vermittelt das Selbst, das kein äußerer Beobachter ist, sondern ein innerer – und das auch nicht einfach mit dem Gehirn identisch ist, sondern mit dem komplexen Prozess, den man Subjektivität nennt.[68] Es wäre falsch, den seiner selbst bewussten Geist *allein* als privat und von innen zugänglich zu verstehen (Mentalismus / Idealismus); es wäre ebenso falsch zu glauben, dieser Geist sei alleine von außen zugänglich, etwa durch die Beobachtung von Handlungen (Behaviourismus), oder drittens durch das Gehirn (neurowissenschaftlicher Reduktionismus), weil wir annehmen, dass sich eine Person gerade in einem bestimmten Zustand befindet, den wir dann untersuchen könnten. Auch die Definition durch Syndrome (physiologische oder psychologische Veränderungen und Reaktionen, Erlebnisse etc.) hilft also nicht weiter. Stattdessen muss ein vierter Weg beschritten werden, der das, was es zu verstehen gilt – Geist und Bewusstsein –, eingebettet sieht in eine menschliche Lebensgemeinschaft, in Sprache und Geschichte – kurz in das, was wir Intersubjektivität und Person nennen. Damásio räumt ein, dass es verschiedene Vorstufen – ein Proto-Selbst – gibt, die u. a. in Tieren auf unterschiedliche Weise verwirklicht sind.

Gefühle lassen noch einen fünften Schluss zu. Die Gehirnkarten, die das physiologische Substrat der Gefühle bilden, zeigen »Muster von Körperzuständen, die aufgrund des Befehls anderer Teile desselben Gehirns ausgeführt werden. Mit anderen Worten, das Gehirn eines fühlenden Organismus erzeugt eben die Körperzustände, die Gefühle hervorrufen, wenn der Organismus auf Objekte und Ereignisse mit Emotionen und Trieben reagiert«.[69] Gefühle leben also nicht nur von einem Körper (von dem nebenbei bemerkt natürlich auch das denken lebt), sondern auch davon, dass sich Verarbeitungsmuster und Strukturen der Informationsverarbeitung im Körper gebildet haben, die Lebensprozesse aller Art regulieren und steuern können. Gefühle verlangen einen kybernetischen Organismus. Und nur, damit ich nicht falsch verstanden werde: Genau das ist der Grund, warum Computer bislang (und vermutlich nie) in der Lage sein werden, zu denken. Denn wie der Psychiater und Psychoanalytiker Peter Hobson, ein Spezialist für Autismus, zu Recht betonte: Computer mögen ein Gedächtnis haben (mehr oder weniger analog zu unserem); sie mögen zwischen RAM- und ROM-Arbeitsweisen unterscheiden können – wie wir; sie mögen knifflige Berechnungen durchführen können (meist schneller und besser als wir); sie mögen sogar kombinieren und neue Dinge entwickeln und entdecken können; ja, sie mögen selbst mit Symbolen arbeiten können (wie wir). Doch eines können sie nicht: diesen Symbolen und den Ergebnissen ihrer Berechnungen selbständig *Bedeutungen* zuordnen. »Das Problem ist … daß diese Symbole nicht mit Emotionen verknüpft sind. Sie ›leuchten‹ nicht.« Ein Computer kann zu einem Ergebnis kommen (auf das wir möglicherweise nicht einmal kommen können). Und er mag auf eine festgelegte Weise mit diesem Ergebnis umgehen (ja sogar kreativ und auf neue Weise mit ihm weiter»rechnen« und bestimmte Aktionen in Gang setzen). Doch die Interpretation dessen, was er da tut, kann er nicht liefern. Er kann das, was er tut, nicht deuten – weil er nicht an unserer Lebensform teilnimmt. »Tatsache ist, daß Symbole nur nutzen kann, wer über ein Gefühlsleben verfügt, das ihn mit der Welt und mit anderen verbindet.«[70]

**denken kann nur,
wer auch über Gefühle verfügt.
Computer können deshalb
nicht denken.**

Die moderne KI-Forschung, die Erforschung Künstlicher Intelligenz, die das Ziel hat, autonome, sich selbst organisierende und handelnde Computersysteme (Roboter) zu entwickeln, hat daher längst den Weg der reinen Logik und der regelbasierten Expertensysteme verlassen und ist dabei, den Computern Körper zu verpassen, damit sich irgendwann auch Gefühle entwickeln. Falls dies gelingen sollte, wären diese Roboter wie Tiere zu betrachten – was eine Unmenge ethischer Probleme aufwirft, die bis heute kaum bedacht worden sind. Würden solche Computersysteme nicht nur Gefühle, sondern am Ende auch ein (Selbst-)Bewusstsein entwickeln, müsste man nicht nur überlegen, ob sie gleichsam mehr zu uns oder mehr auf die Seite der Tiere gehören: Man müsste ihnen am Ende möglicherweise sogar Menschenrechte zugestehen. Also abwarten. Am Ende wird sich die Frage, ob Computer denken können, empirisch beantworten lassen. Sie können in dem Moment denken, in dem sie fühlen und ihre Gefühle sprachlich und bewusst verarbeiten können. Doch das ist ein anderes Thema. Philosophisch gesprochen handelt es sich dabei lediglich um eine weitere Fußnote zu einer kryptischen Bemerkung Ludwig Wittgensteins am Ende seiner *Philosophischen Untersuchungen.* »Wenn ein Löwe sprechen könnte, wir könnten ihn nicht verstehen.«[71] Mit dem Löwen ist es nicht anders als mit einem Menschen oder einem Computer, der zu uns »spricht« – sich also akustisch, verbal uns gegenüber verhält. Und doch verstehen wir ihn nicht, weil wir die Sprache nicht sprechen. Den Schlüssel zu diesem Problem verrät Wittgenstein wenige Seiten weiter: »Das Hinzunehmende, Gegebene – könnte man sagen – seien die *Lebensformen.*«[72] Eine Lebensform beinhaltet ein ganzes Gewimmel von menschlichen

Handlungen, also nicht nur Worte. Als Mensch zu leben bedeutet, eine ganze Menge unterschiedlicher Dinge zu *tun* (die vermutlich weder Löwen noch Computer machen). Unter anderem bedeutet als Mensch zu leben auch, Gefühle zu haben und sie zu zeigen. Sich eine Sprache vorstellen und sie zu verstehen, heißt demnach immer auch »sich eine Lebensform vorstellen«.[73] In solchen Lebensformen sind wir – anders als Löwen und Computer – aufgewachsen. Das Handeln der Menschen verstehen wir deshalb nicht erst, wenn wir sprechen können. Wir haben vorher vieles bereits in uns aufgenommen, so dass es selbstverständlich für uns geworden ist. Im Gegenteil gilt sogar, dass sprechen zu können oft gerade erst in eine Sackgasse führt. Richtig verstehen Sie Menschen erst, wenn Sie mit ihnen leben. Damit wir einen Löwen verstehen könnten, müsste er also mit uns leben (oder wir mit ihm). Pech nur, dass selbst bei einem solchen Zusammenleben Sie weiter als Mensch und der Löwe als Löwe leben wird (und es womöglich nicht lassen kann, Sie zwar als netten Spielgefährten anzusehen, aber auch als leckere Mahlzeit). Der Löwe, der wie ein Mensch mit uns leben könnte, wäre kein Löwe mehr, sondern eben ein Mensch – so wie der Computer kein Computer mehr wäre. Wir müssten ihm in diesem Fall den Status eines sprechenden, fühlenden, sich seiner Existenz und seiner selbst bewussten, kurz: denkenden Lebewesens einräumen. Bis dahin ist, Gott sei Dank, noch ein weiter Weg, der vermutlich von einer Reihe von Science-Fiction-Filmen gesäumt wird, in denen als Computer verkleidete Menschen beweisen, dass Computer eigentlich auch nur Menschen und zuweilen, wie in *Blade Runner*, sogar die besseren Menschen sind. Philosophisch bemerkenswert ist, dass Ludwig Wittgenstein bei seinen Vorarbeiten zu den *Philosophischen Untersuchungen* (er befasste sich in den letzten Lebensjahren vor allem mit psychologischen Fragen und Begriffen) das Löwenbeispiel ebenfalls zitiert. Nur dass jetzt im nächsten Absatz von uns die Rede ist: »Wenn Einer auch alles aussprräche, ›was in seinem Innern ist‹, wir müssten ihn nicht verstehen. Er wird also zornig, wenn wir keinen Grund dafür sehen; was uns erregt, läßt ihn ruhig. Wäre der wesentliche Unterschied, daß wir seine Reaktionen nicht voraussehen können? Es ist als, wenn hier ein Rätsel wäre; aber es muß doch kein Rätsel sein.«[74] Es scheint also so zu sein, dass andere uns manchmal wie Löwen vorkommen. Und wenn ein Computer uns sein Innenleben erklären würde, würden wir ihn vermutlich nicht verstehen (was würde Hunger für ihn bedeuten? Verwenden wir das Wort auf dieselbe Weise? Verhalten wir uns genauso?). Es kommt also nicht einfach darauf an, sprechen zu können – sondern eine Lebensform zu teilen. Und dazu gehört weitaus mehr als eine Mitteilung über das Innenleben (das wir im Zweifelsfall eben nicht verstehen).

2.6 Ein Gefühl zum Thema Gedanken (Unruh enn dä Seel)

Bleibt die Frage, wie Gedanken und der Prozess des Denkens sich auf Emotionen und Gefühle beziehen. Seltsamerweise ist darüber in Damásios Büchern nicht allzu viel zu finden. Man erfährt viel darüber, wie sich Wahrnehmungen anfühlen. Aber kaum etwas über das Denken. Möglicherweise hängt dieser Mangel damit zusammen, dass Damásio sich auf physiologische und biologische Mechanismen und Zusammenhänge konzentriert – und weniger auf das Zusammenwirken all dessen mit Sprache. Es scheint, als ob diese Welt der Sprache – und mit ihr der Kultur und des begrifflichen Denkens – eine Art Eigendynamik entwickelt. Tatsächlich führt diese Dynamik, wie ich im kommenden Abschnitt zeige, von den biologischen Vorgängen weg – hin zu den philosophischen. Diese sind paradoxerweise ebenso wie Damásios Überlegungen sehr eng an den Körper gebunden. Nur ist die Sichtweise eine andere. Aber ich sollte den Gedankengang nicht vorwegnehmen. 2011 hatte ich Gelegenheit, mit Antonio Damásio selbst über die Rolle des Denkens zu sprechen. Auch das System der bewussten Gedanken lässt sich durchaus im Sinne Damásios als das Ergebnis eines Prozesses verstehen, in dem es darum geht, die Homöodynamik des Lebewesens Mensch weiter zu verbessern. Warum nicht also eine weitere Ebene an die der Emotionen und Gefühle anschließen, um sich auf diese zu beziehen und sie gegebenenfalls zu modifizieren? Natürlich haben alle derartigen Entwicklungen einen Grund, warum sie entstanden sind, sagte Damásio: Es geht um das Management von Lebensproblemen – um die Homöostase. Unser Körper habe dabei eine wesentlich bessere Leistung gezeigt als die oft lange überdachten Entscheidungen der Bankiers und Finanzfachleute. Es gibt eine Fülle von unbewussten Prozessen oder Gedanken, die auf einer bestimmten Ebene des Gehirns realisiert werden und die mitbestimmen, was wir im nächsten Moment tun werden. Diese Prozesse spielen vor allem bei kreativen Leistungen eine wichtige Rolle. Ich fragte nach, welche Rolle Gedanken in diesem komplexen Gefüge spielen. »Wissen Sie«, antwortete Damásio: »Im Grunde sorge ich mich wenig um diese Frage. Ich spreche viel lieber von Bildern oder Karten als von Gedanken. Natürlich weiß ich, dass das für viele Philosophen eine Häresie darstellt. Gedanken sollten dies oder das sein – je nach der philosophischen Tradition, aus der sie kommen. Aber ich weiche ja auch von der Meinung vieler Neurowissenschaftler ab, die glauben, dass Geist auf der Großhirnrinde erzeugt wird. Ich bin kein Substanzdualist. All das ist nicht die wirkliche Frage.« Worum geht es also? Damásio macht in *Das Selbst des Menschen* darauf aufmerksam, dass er früher den Begriff »Bild« streng als Bezeichnung für mentale Muster und Strukturen verwendete, während »neuronales Muster« oder »Karte« sich auf Aktivitätsmuster im Gehirn bezogen.[75] Gerade um die Einheit der Prozesse zu betonen, unterscheide er inzwischen nicht mehr derart streng zwischen den verschiedenen Begriffen. Karten, Bilder, neuronale Muster: All das sind lediglich Aspekte eines Vorgangs. »Wichtig ist doch, dass sich Bilder entwickeln, Muster, die sich unserem Bewusstsein zeigen und im Bewusstsein gegenwärtig – oder auch unterdrückt – werden können. Der gesamte Prozess, sich etwas bewusst zu machen, hat doch damit zu tun, die Bilder, die sich einstellen, gleichsam schärfer zu stellen. Und das, was wir dann sehen, vom Rest, einem verschwommenen, diffusen Hintergrund, zu unterscheiden.« Ich entgegnete, dass es doch in gewisser Weise ein sprachlicher Trick sei, immer nur von Bildern zu sprechen. Ein Bild ist eine visuelle Wahrnehmung – obwohl es doch im Sinne seiner Theorie auch Gefühlsbilder, akustische oder taktile Bilder gibt. Ja, gab Damásio zu: Der Begriff sei absichtlich sehr weit gefasst. Ob das daran liege, dass dieser Begriff wie kaum ein anderer geeignet sei, unter der Hand auch an die philosophische Diskussion anzuknüpfen? »Nun, ich verstehe sehr wohl, was Sie fragen. Und es handelt sich dabei in der Tat um eine sehr interessante Frage. Aber dennoch: Ich bleibe bei meiner Rede von Bildern. Es ist ja schon ärgerlich genug, dass wir, wenn wir über derartige komplexe Themen sprechen, immer wieder auf Bilder zurückgreifen müssen. Ich möchte nicht in noch mehr Schwierigkeiten geraten.« »Warum sprechen Sie nicht einfach von Muster?«, wollte ich wissen. »Das hätte ich durchaus machen können«, entgegnete Damásio. »Aber vielleicht tue ich es nicht, weil ich Spielfilme so mag.«

Bilder sind also Muster, die aus den Tiefen unseres Körpers aufsteigen und die wir in unserem Geist wahrnehmen können. Bilder sind keineswegs rein visuelle Abbildungen. Sie sind Eindrücke, geben Erfahrungen wieder – Muster, die sich in der Welt und in uns widerspiegeln. Mir selbst scheint, dass es sinnvoller wäre, anstatt von Mustern und Bildern im Fall des Denkens und der sozialen, institutionellen Welt, in der wir leben, von Symbolen zu sprechen. Damit ist keineswegs einem Mentalismus oder Idealismus das Wort geredet. Im Gegenteil. Der Ausgangspunkt ist und bleibt der Körper. Ganz im Sinn meiner Überlegung schreibt der amerikanische Philosoph John Searle: »Die biologische Fähigkeit, einen beliebigen Gegenstand etwas anderes jenseits seiner selbst symbolisieren – bedeuten oder ausdrücken – zu lassen, ist die grundlegende Fähigkeit, die nicht nur der Sprache, sondern ebenso allen anderen Formen der institutionellen Wirklichkeit zugrunde liegt. Die Sprache ist selbst eine institutionelle Struktur, weil sie die Zuweisung einer besonderen Art von Funktion an rohe physische Gebilde mit sich führt, die keinerlei natürliche Beziehung zu dieser Funktion haben. Gewisse Arten von Tönen und Zeichen *zählen* als Wörter und Sätze, gewisse Arten von Äußerungen *zählen* als Sprechakte.«[76] Tatsächlich können auch rein biologische Prozesse Gegenstände abbilden. Sie können Sie als Muster in einer anderen Form der Darstellung oder Repräsentation verwenden. Wenn mein Körper im Gehirn dargestellt wird, um seine Muskeln besser bewegen zu können, dann befindet sich im Gehirn keine 1:1-Zeichnung meines Körpers. Vielmehr werden die Strukturen des Körpers – der Welt – in einer anderen Form von Struktur – den Neuronen im Gehirn – wiedergegeben –, so dass ich mich bei dem Versuch, über die Straße zu gehen, zurechtfinde und nicht überfahren werde. Eine entscheidende Veränderung tritt jedoch ein, wenn ich Symbole gebrauche – Einheiten, die in einem Prozess des Miteinanders, in einer Lebensgemeinschaft entstehen. Bei Löwen sehen diese Prozesse anders aus als bei Menschen. Und weil sie bei uns so aussehen, wie sie aussehen, sind wir, anders als der Löwe, in der Lage, zu sprechen und uns zu verstehen. Unsere Interaktion unterscheidet sich von der der Löwen, weil sie – neben allen biologischen Aspekten, die uns mit dem Löwen durchaus verbinden und auf eine Stufe stellen – eine Interaktion mit Hilfe von symbolischen Formen ist. Mein Gefühl sagt mir, dass auch mein Hund gelegentlich an dieser Art der Interaktion beteiligt ist und mitwirkt; aber viellicht täuscht es sich ja auch. Und Damásio? Versteht er unter Bild also auch – Symbol? Kommt jetzt das denken ins Spiel? »Nein«, antwortete Damásio. »Gedanken spielen die ganze Zeit über eine Rolle, außer auf den untersten Stufen, wo es um die sehr ursprünglichen Emotionen geht. Dort kommen Gedanken im eigentlichen Sinn nicht vor. Aber sobald es so etwas wie ein rudimentäres Selbst, ein Kern-Selbst gibt, kommen Gedanken ins Spiel.« Laut Damásio bilden die relativ stabilen neuronalen Beschreibungen unseres Organismus ein »Proto-Selbst«. Wenn dieses Proto-Selbst durch eine Interaktion mit der Umwelt – also

zwischen dem Organismus, uns und einem Objekt in der Welt –
verändert wird, dann werden diese abgewandelten Bilder der Welt
zu einem (momentan) *zusammenhängenden* Muster oder Bild
verknüpft. Manche dieser Bilder sind Gefühle. Diese zusammenhängenden Muster bilden das Kern-Selbst. Diese Muster können
natürlich nur dann wahrgenommen werden, wenn wir unsere
Aufmerksamkeit auf sie lenken können! Insofern gehören zum
Kern-Selbst Prozesse, die es dem Bewusstsein / Gehirn ermöglichen,»sich« zu konzentrieren und die Aufmerksamkeit auf ein
zusammenhängendes Muster zu lenken. Wenn sich all die Ereignisse, die ich in den letzten Minuten erlebt habe, zu einem Gefühl
der Traurigkeit verbinden – dann bin ich traurig. Wie auch immer
man es dreht und wendet:»Das Selbst tritt in Form von Bildern
in den Geist ein, die unermüdlich eine Geschichte solcher Beschäftigungen [des Organismus mit der Welt] erzählen.«[77] Die
Wahl der Begriffe verrät es: Man dreht sich im Kreise. Man muss
– und dies ist ein philosophisches, kein naturwissenschaftliches
Problem, aber dennoch von genau demselben Realitätsgehalt wie
jedes Problem der Physik oder der Biologie – Sprache benutzen,
um etwas zu verstehen, das scheinbar außerhalb der Sprache liegt.
Genau an diesem Punkt wird Ludwig Wittgenstein ansetzen, um
eine falsche Vorstellung von Sprache und Wirklichkeit auszuhe-
beln. Das Problem ist lösbar – aber erst im nächsten Abschnitt.

Was Damásio betrifft, so kommen die Gedanken auf der Ebene
des Kern-Selbst ins Spiel, das im weiteren Prozess von einem
autobiographischen Selbst vervollkommnet wird. Dieses autobiographische Selbst tritt immer dann in Erscheinung, wenn Objekte der eigenen Biographie – Erinnerungen – auf das Kern-Selbst
einwirken: ähnlich dem Einwirken von äußeren Umständen auf
das Proto-Selbst. Die großen, zusammenhängenden Muster, die
dann entstehen, bilden das autobiographische Selbst. Doch bereits das Kern-Selbst lebt in gewisser Weise von einem Narrativ –
einer Aneinanderreihung von Bildern und Mustern.»Ich meine
damit keine Erzählung im Sinne von verbalem Erzählen«, erklär-
te Damásio.»Ich meine damit lediglich, dass etwas auf etwas

anderes folgt – und das kann durch akustische oder auch visuelle Bilder dargestellt werden. Wenn Sie das haben, dann haben Sie Gedanken. Oder Ideen.«»Und woraus bestehen diese Gedanken Ihrer Meinung nach?«, wollte ich wissen. »Gedanken sind Repräsentationen, die fließen und einander ablösen im Strom der Zeit.« Damásio nahm an dieser Stelle fast wörtlich Heraklits Bild vom Fluss des Lebens auf.»Diese Repräsentationen oder Darstellungen fließen manchmal eine nach der anderen, aber nicht notwendig in einer einzigen Spur« – man könnte wohl im Sinne Heraklits sagen: in einem einzigen Flussbett des Bewusstseins. »Manchmal sind es verschiedene Spuren gleichzeitig, die gelegentlich sogar springen. Für mich ist und bleibt die beste Analogie für diese Vorgänge einfach eine Partitur. Sie finden darin eine Unmenge von Ereignissen, die gleichzeitig stattfinden. Da wird eine Melodie in der einen Gruppe von Instrumenten, etwa in den Geigen, gespielt und eine andere gleichzeitig irgendwo anders, etwa im Bass. Genau so verhält es sich mit Emotionen und Gefühlen und Gedanken. All das begleitet sozusagen den Zug der Bilder, die Sie haben: Gefühle, Gedanken, was immer Sie wollen. Und all das ist die ganze Zeit über da, während wir jetzt miteinander sprechen. Sie können diese Prozesse nicht unterbinden – es sei denn, man pumpt Sie mit Valium voll oder aber Sie leiden an einer Krankheit, die es Ihnen nicht erlaubt, Zugang zu Gefühlen oder Gedanken zu haben, so, wie Sie es normalerweise gewohnt sind. Wenn alles normal verläuft, dann werden Sie auf diese Bilder, auf die Partitur reagieren. Man kann sich diese einzelnen Orchesterpartien also wie emotionale Reize vorstellen, die etwas hervorrufen und das restliche Geschehen begleiten. Auf diese Weise wird aus dem Zusammenspiel verschiedener Instrumente eine wunderbare, schöne Musik« – die Musik des Bewusstseins, obwohl manches auch, obwohl es von großer Bedeutung sein kann, unbewusst abläuft.»Das Selbst bildet dann das Zentrum all dessen, in dem unsere Gedanken und Gefühle zusammenlaufen. Wer sonst würde dafür sorgen? Wir müssen als lebende Organismen auf diese Quelle hin verbunden werden. Wir besitzen ja gleichsam unsere Körper, unsere Gehirne – Gehirne, die fortwährend all das, was auf uns einstürmt, samt diesem Fluss von Bildern in der Zeit, in Echtzeit verarbeiten. Wären all diese Gedanken und Bilder nicht verbunden mit unserem Organismus und den Repräsentationen dieses Organismus – wem würden sie dann gehören? Niemandem! Sie hätten Gedanken, die zwar vorbeiziehen würden, sich aber auf nichts beziehen.« Wieder endet alles bei Heraklits Bild des Flusses. Das Fließen, die permanente Veränderung, gehört zur Welt – zu Gefühlen, Gedanken, zur Sprache und zu Handlungen. Und selbst zum Ich. Oft genug wissen wir nicht, wo das Wasser, das den Fluss der Zeit hinunterfließt, eigentlich hinströmt. Wo münden die Gedanken und Gefühle? Haben sie überhaupt ein Ziel? Wir scheinen fest zu glauben, dass es hilft, wenn wir die Dinge denken können, statt Bilder zu bemühen. Wenn wir das, was wir sehen, genau messen und begrifflich fassen können. Man weiß dann: »Dies ist der Rhein – und der fließt bekanntlich Richtung Rotterdam.« Doch ist man weiter damit? Weiß man alleine durch das Benennen, wohin das Wasser, das man gerade sieht, fließen wird? Weiß man, wohin all das führt, dessen man sich gerade bewusst ist? Gewissheit hat man keine. Wohin das Wasser genau strömt, weiß man auch nicht, wenn man vor dem Fluss steht, zu dem man »Rhein« sagt. Denn kurz nach der niederländisch-deutschen Grenze gabelt sich der Rhein bei Millingen – und bildet mit dieser Teilung in drei Arme das Rhein-Maas-Delta, die bedeutendste naturräumliche Einheit der Niederlande. Und wohin fließen die Gedanken jetzt?

Drusse flüüß dä Rhing vorbei, Richtung Rotterdam,
Un dann endlich enn die See.

Noh all dänne Johre
Die Unruh enn dä Seel
Un dat Jeföhl wie op dä Durchreis,
Irjendwo zwesche Start un Ziel.[78]

3. Gedanken denken

3.1 Ein Gedanke fehlt

In den letzten Abschnitten haben Sie einiges erfahren über Emotionen und Gefühle (und zwar über sehr frühe oder ursprüngliche Gefühle, wie Damásio sagt, und über spätere, eher komplexere Gefühlszustände, die sich an Emotionen anschließen). Auf diese Darstellung folgten dann einige wenige Überlegungen zu Gedanken und ihrer Rolle. Meine Hoffnung war, dass Sie sich während des Lesens immer wieder an bestimmte Gefühle oder Gedanken erinnert fühlen, an Situationen und Eindrücke, die Ihnen geholfen haben, die Ergebnisse der Untersuchungen von António Damásio und anderen Neurowissenschaftlern mit mehr Leben zu füllen. Ich gebe zu, dass vieles ein wenig frustrierend erscheinen kann – zumindest am Anfang und aus der Sicht desjenigen, der gewohnt ist, den Menschen in erster Linie als »animal rationale« zu sehen, als ein durch Vernunft und den Gebrauch des Verstandes definiertes Lebewesen. Wenn man sich tiefer mit den Ergebnissen der Neurowissenschaften und der von ihr inspirierten empirischen Psychologie befasst, wird es oft noch überraschender, nicht nur weil auch die führenden Köpfe ihrer Disziplinen zugeben müssen, viele Phänomene längst nicht verstanden zu haben und erst recht nicht in einer einheitlichen und schlüssigen Theorie erklären zu können. So erfährt man beispielsweise, dass allein das kurze Betrachten der Gesichter von Kandidaten, die sich zur Wahl stellen, beste Prognosen für das politische Wahlergebnis bietet – und eben nicht die eigentliche (also: rationale und politische) Diskussion.[79] Ganz im Sinne der Untersuchungen von Damásio stellen Gesichter eben eine hervorragende Quelle von Informationen für uns dar. Das schnelle Erkennen von Gesichtsausdrücken ist ein entscheidender Faktor bei der sozialen Interaktion. Es hilft, augenblicklich Situationen und damit auch Entwicklungen einschätzen zu können.

Dieses Beispiel ist natürlich wahllos herausgegriffen aus dem ungeheuren Fundus der Experimente, die im Grunde alle – und das wird Sie nach dem bisher Gesagten nicht überraschen – zeigen, dass viele dieser (Erkenntnis-)Prozesse dem denken vorgelagert sind. Oft sind erste Informationen bereits nach 100 Millisekunden verarbeitet – und zuweilen sind wenige Hundert Millisekunden später bereits erste Entscheidungen getroffen (beispielsweise in den Angst-Modus wechseln). Diese Zeitproblematik in Bezug auf Verarbeitungsprozesse im Gehirn stellt ein spannendes, vielfältiges Forschungsgebiet dar, das sicher noch zu unerwarteten Ergebnissen führen wird: auch in Bezug auf das denken.

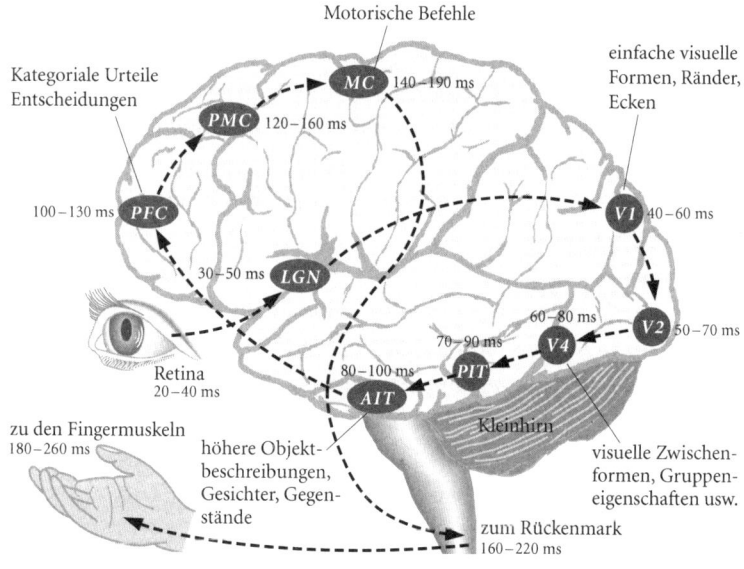

Abb. 2: Zeitliche Aspekte der Informationsverarbeitung im Gehirn.[80]

Das bewusste nachdenken folgt den Gefühlen häufig. Von einem Primat der Rationalität kann also keine Rede sein. Sollten Sie Rationalität und denken gleichsetzen, dann gilt ohne Zweifel: Das denken betritt meist erst nach dem Fühlen den Tatort (es sei denn, Sie haben sich zuvor, wie wissenschaftliche Experimente das in der Regel verlangen, in einen ausgeglichenen, scheintoten Zustand der Gefühlsferne und Gefühlsarmut gebracht).[81] In den ersten beiden Lebensjahren jedenfalls sind die *primären* seelischen Vorgänge – und dazu gehören insbesondere auch Vorgänge des Erkennens – *unbewusst*. Ein Grund dafür ist, dass wesentliche Netzwerke im Gehirn überhaupt noch nicht aufgebaut worden sind, darunter bestimmte Funktionen des Gedächtnisses, die notwendig sind, damit ich beispielsweise morgen noch sagen kann, dass ich gestern derselbe war, der ich heute bin und der diesen Satz jetzt schreibt. Was das Verstehen von (richtig formulierten) Sätzen angeht, so ist die semantische Verarbeitung – die Bearbeitung von Bedeutung und Sinn – bei Kindern erst ab dem 2. Lebensjahr vorhanden. Bis zum 12. Monat gibt es von Kindern auf falsche Sätze keine Reaktion. Die syntaktische Verarbeitung von Sprache ist hoch automatisiert und findet beim Erwachsenen mit sehr geringem Aufwand statt. Kinder können erst mit etwa 32 Monaten die Syntax so wie Erwachsene verarbeiten. Allerdings sind schon im Vorfeld, etwa ab dem 24. Monat, die Prozesse sichtbar, die sich später ausprägen – auch wenn es nicht die gleichen sind wie beim Erwachsenen. Fremdsprachen werden erst später automatisiert. Was die Verarbeitung der Semantik – also von Bedeutung und Sinn – im Gehirn betrifft, so wird diese vom *gesamten* Gehirn (und nicht nur von einzelnen Teilen) ausgeführt. Die Ermittlung von Bedeutung ist eine Gesamt-Hirn-Aktivität, die über das Gehirn und verschiedene Areale verteilt ist. So gibt es beispielsweise Bereiche des Gehirns, die sich allein mit der Analyse der Satzmelodie befassen. Die Verbindung all dieser verschiedenen – Ihnen in der Regel nicht bewussten – Informationen geschieht vermutlich mit Hilfe eines äußerst komplexen Systems, das sich nicht (wie bei Damásio) räumlicher Karten bedient, sondern zeitlicher Organisation. Deshalb findet die eigentliche Koordinierung all der verschiedenen Anteile, die unser Bewusstsein ausmachen, gleichsam in einer anderen Dimension statt. Zu der räumlichen Anordnung von Signalen (und deren Repräsentation, die bereits eine andere Ebene der Darstellung beinhaltet, sonst müsste das Gehirn ja 1:1-Abbildungen der Ereignisse in der Welt schaffen!) kommt also eine zeitliche hinzu – die wiederum in sich gegliedert ist. Kurzum: Das Gehirn kann die Leistungen, die wir Bewusstsein nennen, nur deshalb bewältigen, weil es auf andere (mathematisch-informationstechnisch) organisierte Prozesse und Dimensionen ausweicht – vergleichbar bestimmten mathematischen »Tricks« wie der Vereinfachung der Addition von 4 + 4 + 4 + 4 + 4 durch die Multiplikation 5 x 4. Die Frage ist also nicht nur, was ein bestimmtes Hirnareal tut – sondern auch wie es (und wodurch es) mit den anderen Teilen des Gehirns verbunden ist.

Etwas überspitzt könnte man sagen, dass Bewusstsein evolutionsgeschichtlich lange Zeit die absolute Ausnahme war. Das Bewusstsein, jedenfalls in dem Sinn, in dem wir es kennen und in dem es notwendig ist, um denken zu können, ist ein spätes, sehr spätes Phänomen – während es Emotionen und Gefühle schon lange gab. Die Zeit des Unbewussten ist jedoch mit dem Erwachsenwerden keineswegs vorbei. Auch jetzt, beim Lesen, laufen eine Fülle von informationsverarbeitenden Prozessen in Ihnen unbewusst ab (etwa die Regulierung Ihrer Linse in Abhängigkeit von den Lichtverhältnissen). Wäre uns alles bewusst, was uns überhaupt bewusst sein könnte, dann wären wir und unser Gehirn schlicht überfordert. Unsere Gehirne müssen filtern und selektieren, um uns inmitten der Informationsflut (die nicht erst durch das Internet auf uns einstürmt) zu schützen und überlebensfähig zu machen. Die Datenmenge, die bewältigt (und das bedeutet immer wieder zwischengespeichert, verarbeitet und zwischengespeichert) werden müsste, wenn uns alles bewusst wäre, übersteigt das Fassungsvermögen unseres Gehirns. Seine Grenzen sind notwendig, um uns als Menschen so agieren (fühlen, denken und

100

handeln) zu lassen, wie wir es im Alltag tun. Insofern ist das Bewusstsein – und mit ihm das denken – nur ein Teil (und viele Neurowissenschaftler würden sagen: ein kleiner Teil) der Vielzahl von Prozessen, die in uns allen ablaufen und in denen wir Informationen verarbeiten. Dieser Satz beinhaltet, dass bewusste Prozesse auch nur eine Teilmenge all der Prozesse sind, mit deren Hilfe wir Erkenntnisse sammeln. All das, was Sie gerade sehen, wird ständig gefiltert (abgesehen davon, dass Sie sowohl visuell wie akustisch ohnehin nur bestimmte Wellenlängen wahrnehmen können) – und das bedeutet: verarbeitet und aufgenommen, interpretiert und bewertet. Dass es in Ihrer unmittelbaren Umgebung vermutlich gerade, während Sie lesen, einigermaßen ruhig und nicht lebensbedrohlich zugeht, ist eine Information, die Sie vielleicht jetzt erst wahrnehmen in dem Moment, in dem Ihnen diese Erkenntnis bewusst wird. In jedem Fall war bzw. ist sie das Ergebnis einer Fülle von unbewussten Analysen und Bewertungen, die die ganze Zeit über abliefen, während Sie gelesen haben. Kognitionsnetzwerke und Verhaltenssysteme wie das Angstnetzwerk laufen in uns bis heute automatisiert ab – aus gutem Grund. Sie werden das Buch bei einer drohenden Gefahr vermutlich schneller beiseitelegen, als Sie genau wissen, was es eigentlich ist, das Ihnen Angst macht. Stellen Sie sich vor, Sie sind zu Fuß in einem subtropischen Regenwald unterwegs. Eine Menge von unbekannten Geräuschen und optischen Eindrücken strömt kontinuierlich auf Sie ein. Sie wissen, dass es hier viele giftige Tiere gibt. Dann sehen Sie etwas vor sich – und halten augenblicklich an, schneller noch als Sie denken oder das, was Ihren Weg gekreuzt hat, deutlich erkennen können. Erst beim zweiten Blick erkennen Sie bewusst, ob das seltsame Etwas vor Ihnen, das sich bewegt zu haben scheint, ein Ast war oder eben doch eine giftige Schlange. Die bewussten Bahnen – die Nervenbahnen, die bewusstes Erleben und Denken möglich machen – sind eben nur ein Teil Ihres Gehirns. In Versuchen kann man sogar die Zeitverzögerung messen, die bestimmte Gedanken auf die Bewältigung von Aufgaben haben, also auf Ihre Reaktionen und Verhaltensweisen im Alltag.[82] Krankheiten können diese Mechanismen – und damit Ihr Denkverhalten – verändern. So nehmen depressive Patienten beispielsweise Details von Gesichtern, genauer den Gesichtsausdruck, detaillierter wahr als andere, gesunde Menschen. In gewisser Weise ist zumindest an diesem Punkt ihr »Realitätssinn« besser ausgeprägt. Menschen, die an einem Korsakow-Syndom leiden (einer Form der Gedächtnisstörung), können sich nicht bewusst an etwas erinnern, das gerade geschehen ist oder das Sie ihnen gerade gesagt haben. Aber implizit können sie dennoch in ihrem *Verhalten* zeigen, dass sie sich etwas – was genau? Sie können es eben nicht sagen – gemerkt haben. Auch bei Demenzpatienten funktioniert dieses implizite Gedächtnis oft überraschend gut. Insofern ist auch das Gedächtnis – und nicht nur Emotionen und Gefühle – ein Faktor, der unsere Gedanken (mehr oder minder bewusst) beeinflusst und prägt.

Doch die Frage ist, was das alles eigentlich sagt. Beantworten diese und die vielen anderen Erkenntnisse, die man anführen könnte, die Frage, was denken ist? Sicher wird das gesamte – naturwissenschaftliche – Spektrum all der Vorgänge deutlicher, die mit denken zu tun haben: Eine solche Vielzahl von Vorgängen, dass ich all die Ergebnisse und Details nicht mehr in einem einzelnen Buch oder einer einzelnen Abhandlung bündeln kann. Was Sie bisher erfahren haben, ist in erster Linie, dass Bewusstsein immer an einen Körper gebunden ist und die Funktion hat, Leben in komplexen Umwelten möglich zu machen (Stichwort Homöostase). Bewusstsein – und bewusstes Denken – erhöhen die Überlebenschancen und erleichtern das Leben. Ständig ist der Organismus sowohl äußeren wie inneren Reizen ausgesetzt, die er kontinuierlich verarbeiten muss. Das Bewusstsein hilft auf einer komplexen, höheren Ebene bei der Verarbeitung und Bewertung all der Eindrücke, die zum Teil Resultat der im Gehirn selbst stattfindenden Prozesse sind. Ohne die Verarbeitung und Bewertung des Gehirns wäre es Lebewesen wie uns keine Sekunde lang möglich, sich selbst in einer so alltäglichen Umgebung wie an ihrem Arbeitsplatz zu bewegen oder sozial kompatibel zu verhalten. Ein Bewusstsein ermöglicht darüber hinaus die Bearbeitung *neuer* (komplexer) Aufgaben, die genaue Analyse, Planung und anschließende Umsetzung erforderlich machen. Und doch hat all das Sie vermutlich nicht wirklich überrascht. Etwas fehlt. Etwas ist bislang noch nicht richtig in den Blick geraten, ist übersehen worden. Falls Sie dieses Gefühl haben – gebe ich Ihnen 100 Prozent recht. Von Wittgenstein stammt der gute Satz, dass die Lösung philosophischer Probleme oft dem Geschenk im Märchen gleicht, »das im Zauberreich zauberisch erscheint und wenn man es draußen bei Tag betrachtet, nur ein Stück Eisen ist«.[83] In diesem Fall scheint auch die Lösung gewisser neurowissenschaftlicher und psychologischer Fragen diesen Effekt zu haben. Was Sie in der Hand haben, sind gewissermaßen ein paar Stücke Eisen. Oder, in diesem Fall, Wetware: einige Stücke eines imaginierten Gehirns. Die Frage, die es zu beantworten galt, ist jedoch noch nicht ausreichend beantwortet. Was macht den Prozess des denkens aus? Was ist denken? Immer, wenn man sich dem Problem nähert, scheint es sich zu entziehen oder die Gestalt zu wechseln. Gerade Naturwissenschaftler sind sehr gut darin, einen vergessen zu lassen, dass man sich trotz aller wunderbaren Versuche und empirischen Erkenntnisse dem Thema letztlich vor allem mit Hilfe der Sprache nähert. Es gibt ja keine sprachlose, unmittelbare (naturwissenschaftliche) Erkenntnis, die uns gleichsam abgelöst von aller Theorie und allen Annahmen über die Wirklichkeit – mögen sie auch noch so gut bestätigt sein – direkt an die Dinge heranbringen würde. Jedes Experiment verlangt nach einer Idee, die es hervorgebracht hat; nur wenn ich die Idee kenne, weiß ich überhaupt, was ich überprüfen und testen soll.

In meinem Buch über das Verhältnis von Glauben und Vernunft, *Der Ausweg aus dem Fliegenglas*, hatte ich darauf hingewiesen, dass Friedrich Nietzsche lange vor der modernen Wissenschaftstheorie gezeigt hatte, dass es keine reine Welt der Fakten geben könne. Es gibt keine Welt ohne Beimischung von Glauben (nicht im religiösen Sinn, sondern als Form eines grundlegenden, unbegründeten Vertrauens) oder Interpretation, die wir mit uns an die Welt herantragen. Zu glauben, dass es eine wertfreie, voraussetzungslose Sicht der Dinge gäbe, ist in Nietzsches Augen nicht nur plumper Positivismus, sondern eine falsche Annahme. Gegen diesen Positivismus, schreibt Nietzsche, »welcher bei dem Phänomen stehen bleibt, ›es giebt nur Thatsachen‹, würde ich sagen: nein, gerade Thatsachen giebt es nicht, nur Interpretationen. Wir können kein Factum ›an sich‹ feststellen: vielleicht ist es ein Unsinn, so etwas zu wollen. ›Es ist alles subjektiv‹ sagt ihr: aber schon das ist Auslegung, das ›Subjekt‹ ist nichts Gegebenes, sondern etwas Hinzu-Erdichtetes, Dahinter-Gestecktes [...] Soweit überhaupt das Wort ›Erkenntniß‹ Sinn hat, ist die Welt erkennbar: aber sie ist anders deutbar, sie hat keinen Sinn hinter sich, sondern unzählige Sinne ›Perspektivismus‹. Unsre Bedürfnisse sind es, die die Welt auslegen: unsere Triebe und deren Für und Wider.«[84] Die Welt, so wie wir sie verstehen, ist eine Interpretation – eine gedeutete Welt. Dies gilt auch für die Welt, wie die Naturwissenschaften sie uns vorstellt. Wissenschaftshistoriker bzw. Wissenschaftstheoretiker und Philosophen wie Paul Feyerabend, der ein genauer Beobachter nicht nur der Wissenschaft und der Tatsachen war, sondern auch der Methoden, mit denen die Wissenschaft am Ende ihrer Arbeit im Labor die Tatsachen erreichen, haben Nietzsches Analyse durch ihre Studien auf brillante Weise bestätigen können. Ludwik Fleck oder Thomas S. Kuhn beschrieben im Detail jene Voraussetzungen und Veränderungen des denkens (die »Denkstile« von Fleck und »Paradigmenwechsel« Kuhns), die im Sinne Nietzsches die »Theorie-Getränktheit« (Feyerabend) aller Erfahrungen deutlich zeigen. Eines der Probleme bei der Widerlegung von wissenschaftlichen Theorien besteht ja gerade darin zu wissen, welche Tatsachen eine Theorie wirklich zu Fall bringen kann und welche nicht. Viele Tatsachen, die zunächst gegen eine Theorie sprechen, können durch sogenannte Ad-hoc-Hypothesen, durch eine leichte Veränderung der Theorie, in diese integriert werden. Es sind nie nur die reinen Daten, die eine Theorie widerlegen. Neben den Daten spielen die Interpretationen und Einbettungen der Fakten in

Theorien – und darüber hinaus sogar die Einbettung dieser Theorien in kulturelle, gesellschaftliche oder weltanschauliche Annahmen über die Welt – eine wesentliche Rolle. Fleck zeigte mit aller Deutlichkeit, wie beispielsweise moralische Annahmen bei der Analyse und Behandlung der Geschlechtskrankheit Syphilis eine entscheidende Rolle spielten. Es geht also nicht nur um neue Fakten, um Daten und »gute Gründe«. Es geht immer auch um Interpretation. Eine Analyse der tatsächlichen Sachverhalte – d. h. die Verknüpfung von Daten mit Annahmen, mit theoretischen Strukturen – gelingt daher häufig erst im Nachhinein und dann, wenn eine Theorie bereits historisch geworden ist und man sie aus einer gewissen Distanz heraus betrachten kann.

Mit dem Problem des denkens ist es ähnlich. Sicher wird es naturwissenschaftliche Entdeckungen geben, die lange liebgewonnene philosophische Einstellungen widerlegen. Auch philosophische Theorien sind ja Theorien und unterliegen Prozessen der Veränderung und des Wandels. Auch in den Geisteswissenschaften gilt, dass sich die Anerkennung und damit (Neu-)Bewertung von »neuen« Tatsachen meist erst durch die Konstruktion einer neuen und »besseren« Theorie erreichen lässt. Wer durch ein Mikroskop schaut, muss in gewisser Weise wissen oder zumindest begründet ahnen, was er da sehen wird. Die physikalischen »Supermikroskope« wie CERN, die einen Blick in das Innere der Materie und der Entstehung des Universums bieten wollen, wären nicht ohne einen hohen Anteil von Theorie möglich. Ohne eine Theorie können Sie das, was Sie als Daten sehen, nicht interpretieren – und nehmen es, als Laie, möglicherweise nicht einmal als Daten wahr. Genau dieser Umstand erklärt, warum bestimmte Beobachtungen auch in der Astrophysik lange beiseitegeschoben wurden – etwa als Messfehler. Die Konsequenzen auf der Ebene der Theoriebildung wären einfach zu gravierend gewesen. Das nächst bessere Instrument, das neue Einblicke in die Natur – oder, wie in unserem Fall, in das denken – ermöglichst, ist zunächst immer nur ein *anderes* Instrument: gebaut auf Grundlage einer anderen, oftmals gerade erst entstandenen, »neuen« Theorie. Insofern leben wir tatsächlich in einer Komplexität, die nicht nur Theorien und Tatsachen, Werte, Anschauungen, Erkenntnisse und unser alltägliches Leben zuweilen bis zur Unkenntlichkeit vermischt, sondern auch in eine nicht reduzierbare, nicht vereinfachbare, unauflösbare Vielfalt der Interpretationen führt. Erschwerend kommt hinzu, dass sich inmitten dieser Vielfalt der Deutungen der Welt oft schwere Widersprüche ergeben. Daher hat Nietzsches Gedanke bis heute Bestand: »Die Interpretation ist die einzige Tatsache, von der wir sprechen können« – das Sein der Dinge ist untrennbar mit dem Dasein des Menschen verbunden.[85] Und somit mit der Sprache. In gewisser Weise sind Tatsachen also Fakten plus Interpretation (was die reinen Sinnesdaten zu verwertbaren Daten macht) plus Sprache. All das – das Wahrnehmen der Objekte und der Verhaltensweisen der Objekte in der Welt –, ihre Interpretation und unsere sprachliche Verständigung über beides, geschieht in einer Gemeinschaft, in einem sozialen Raum. Natürlich gibt es trotz des Gebrauchs von Sprache und der Absprachen zwischen den Personen oder Subjekten– man spricht in der Fachliteratur daher gerne von *Intersubjektivität* – Tatsachen. Äpfel fallen nach wie vor nach unten. Die Regeln der Addition gelten in der Schule wie an der Universität und auf der Straße, die im Übrigen nass wird, wenn es regnet. Dennoch erfolgt die Feststellung von Tatsachen bzw. von dem, was wir als Tatsachen anzuerkennen bereit sind, nicht voraussetzungslos, sondern setzt seinerseits eine Art von Gerüst voraus. Man webt die Muster einer Theorie nicht ins Nichts, sondern in einen Grund, ein bereits existierendes Gewebe hinein. Ich werde auf diesen Umstand, der eine große Rolle bei der Beantwortung vieler Fragen spielt, die mit dem Problem des denkens in Zusammenhang stehen, bald zurückkommen. Es reicht an dieser Stelle, sich klarzumachen, dass wir ein komplexes Netz über die Dinge werfen, ein Netz aus Gedanken und »Tatsachen«, um sie auf diese Weise einzufangen und das, was wir noch nicht verstehen, (er)fassbarer zu machen. Alles, was wir zunächst haben, sind die Formen des Netzes, nicht der Dinge selbst. Es ist ein wenig wie mit den verhüllten Gegenständen und Objekten durch einen Künstler wie Christo. Das Netz erfasst ein wie risshaftes Bild der Dinge. Die grundlegendste Form, auf der dieses Netz (und selbst das der reinen Mathematik) aufliegt, ist die der Sprache. Und dieses Netz, dieser Teppich ist vorgegeben, lange bevor wir den ersten Gedanken fassen. Alles ist ganz und gar in das Muster einer Kultur und einer Sprache hineinverwoben. »Es gibt keinen Weg, dieses Muster gleichsam von außen, vom Weltraum aus zu beschreiben und so zu tun, als gehöre man selbst einer anderen Spezies an. Wir sind die Tiere, die sich selbst beschreiben können, jedoch nur so, dass sie nie aufhören können, selbst in der grandiosesten Selbstbeschreibung noch diese Tiere zu sein. Wir sind und bleiben Menschen – keine Götter.« Wie Michael Hampe zu Recht bemerkt: »Biologische, soziologische und kulturwissenschaftliche Tatsachen sind das Resultat von Abstraktionen, die aus bestimmten explanatorischen Interessen und theoretischen Perspektiven auf das Leben entstehen. Wir sollten nicht den Fehler begehen, vor dem der Philosoph Alfred North Whitehead so eindringlich warnte und den er ›fallacy of misplaced concreteness‹ nannte: Um Dinge, die uns quälen, erklären zu können, produzieren wir Erklärungen und Theorien – und gewöhnen uns derart an sie, dass wir diese Konstruktionen schließlich mit den konkreten Tatsachen verwechseln.«[86]

Das Unbehagen, das Gefühl, dass etwas fehlt, hat also möglicherweise mit der Brille zu tun, die wir bislang auf der Nase gehabt haben – mit der Sprache. Und sehr zu Recht haben wir bei der Beantwortung dieser und anderer wichtiger Lebensfragen das Gefühl, im Kampf mit der Sprache zu stehen.[87] Schließlich ist sie das Mittel, das Medium, durch das wir Erkenntnisse formulieren und sie zuweilen erst machen. Zugleich stellen wir uns jedoch auch selber Fallen durch die Sprache, etwa durch die Art, wie wir fragen oder, ein anderes Lieblingsthema von Friedrich Nietzsche bis Ludwig Wittgenstein, durch unseren beharrlichen Glauben an Worte und an die Grammatik.

Doch bevor sich die Probleme wieder verschieben und eine andere Gestalt annehmen – als müsse man, bevor man überhaupt über das denken nachdenkt, zunächst einmal über die Sprache nachgedacht und dieses Thema zu einem (unmöglichen) Abschluss gebracht haben: Lassen Sie uns noch einmal den Faden aufnehmen, dass das denken durch einen Blick in den biologischen Apparat zu klären wäre. Dass sich dann, wenn wir nur gründlich genug geschaut hätten (Sie wissen inzwischen: Man schaut nie nur einfach, sondern hat immer schon ein ganzes Arsenal von Theorien im Gepäck), alles klären würde. Würde das nicht am Ende doch alle Fragen lösen, ja sie – in eine besonders clevere Art von Biologie oder neurowissenschaftlicher Psychologie – auflösen? Sollte das denken am Ende nicht diesem Zweck dienen? Was nutzt das ganze denken, wenn *das* dabei nicht möglich sein sollte? Ludwig Wittgenstein gab mal folgenden guten Tipp für Philosophen:»Man kann den Dieb nicht hängen, ehe man ihn hat, wohl aber schon suchen.«[88] Auch wenn der Dieb am Ende vielleicht die Sprache ist: Der einmal aufgenommenen Spur kann man dennoch folgen. Und die ist das Gefühl, dass Sie ein Stück Eisen in Ihrer Hand halten. Dieses Gefühl stellt sich übrigens, darauf sollten Sie gefasst sein, beim philosophieren immer wieder ein, auch wenn es zuweilen ein paar Tage dauert, bis der Zauber eines guten Gedankens verflogen ist. Hat dieses Gefühl eines Stücks Eisen vielleicht damit zu tun, dass die neurowissenschaftliche Sicht auf den Mechanismus von Emotion, Gefühl und Gedanken etwas Kaltes, allzu Technisches an sich hatte? Das mag richtig sein – wäre aber, wenn die Dinge nun einmal tatsächlich so sind, wie die Neurowissenschaftler sagen, kein wirklich guter Einwand. Tatsächlich halte ich das, was Sie bislang gelesen haben – auch wenn es an der einen oder anderen Stelle sehr vereinfacht worden ist von mir – im Wesentlichen für richtig. Es stimmt. Aber es ist eben nur ein Teil der Geschichte. Das liegt nicht nur daran, dass etwas fehlt (beispielsweise wäre eine genauere Analyse der Sprache, des Mediums, dessen wir uns kontinuierlich bedienen, sicher hilfreich). Aber noch etwas anderes fehlt, das nicht mit Tatsachen oder den Sachverhalten selbst zu tun hat. In gewisser Weise hat die Art der Betrachtung am Ende die Probleme nicht zufriedenstellend lösen können. Sicher brauchen wir das Gehirn unbezweifelbar, um Bewusstsein zu »haben« und denken zu können. Aber folgt daraus, dass das denken *im* Gehirn liegt? Dass wir, um das denken zu verstehen, also nur tief genug ins Gehirn schauen müssen? Zumindest die Alltagssprache legt nahe, dass es nicht die Gehirne sind, die denken, sondern wir. *Ich* oder *Sie* sind es, die denken – und nicht ihr Gehirn (auch wenn es Sie dabei unterstützt und sehr häufig Dinge tut und tun muss, die Sie nicht verstehen und vielleicht auch nie verstehen werden). Es ist, als hätten wir die richtige Perspektive noch nicht gefunden. Immer dann, wenn man die Dinge anders sehen und eine neue Perspektive einnehmen will, ist eine Unterbrechung gut. Es ist sinnvoll, sich zu bewegen, wenn man festsitzt. Wer sich bewegt, lässt los, verändert seinen Horizont – und seine Perspektive auf die Welt.

Eine gute Gelegenheit für eine solche Unterbrechung bieten häufig Beispiel und Gedankenexperimente, von denen es in der Geschichte der Philosophie viele gegeben hat. Das folgende Beispiel, das dabei helfen wird, den Dieb dingfest zu machen, ist zwar fast 400 Jahre alt, funktioniert aber immer noch bestens.

3.2 Die Gedankenmühle von Leibniz

Gottfried Wilhelm Leibniz (* 1. Juli 1646 in Leipzig, † 14. November 1716 in Hannover) teilt eine Eigenschaft mit einer Fülle von Männern und Frauen, die ihr Leben dem Verstehen der grundlegenden Fragen des Lebens gewidmet haben: Er wurde und wird maßlos unterschätzt. Dabei wäre ohne Leibniz der Prozess der Aufklärung, wie wir ihn zumindest in Deutschland heute kennen, nicht in Gang gekommen. Leibniz war Wissenschaftler, Philosoph, Mathematiker (er entwickelte u. a. das duale Zahlensystem und damit die Grundlage der modernen Informatik, eine Rechenmaschine und fand die Leibniz-Formel zur Berechnung einer allgemeinen Matrix), Diplomat (er entwickelte u. a. die Idee einer ägyptischen Expedition, die er Ludwig XIV. unterbreitete und die Napoléon Bonaparte später erst umsetzte), war Historiker (er reiste durch Europa, um eine Geschichte der Welfen zu schreiben), Bibliothekar, Doktor des weltlichen und kirchlichen Rechts, Biologe und Paläontologe, sprach mehrere Sprachen und war einer jener wenigen Denker, dem es gelang, in der trostlosen Zeit nach dem Dreißigjährigen Krieg (1618–1648), der Millionen von Toten hinterließ und tiefe Gräben zwischen den Konfessionen, auf höchster Ebene frei zu denken. Leibniz verband die alten griechisch-römischen Philosophien mit der damals modernen Mathematik und den neusten Einsichten der Naturwissenschaften (Kopernikus, Kepler, Galilei). Er war ein europäischer Denker – und half zugleich, die deutsche Geistesgeschichte und Weltanschauung, falls es so etwas gibt, zu entwickeln.

Eines seiner Hauptwerke, die *Monadologie*, wurde erst nach seinem Tod im Jahre 1720 veröffentlicht. Eine Ausgabe in lateinischer Sprache folgte erst 1737 und auf Französisch 1839. Seltsam ist das insofern, als Leibniz die *Monadologie* zwei Jahre vor seinem Tod auf Französisch verfasste. Die Schrift war als verständliche Einführung und Ergänzung seiner *Principes de la nature et de la grâce* (1718 in *L'Europe savante* veröffentlicht) und den *Essais de théodicée sur la bonté de Dieu* gedacht, die bereits 1710 erschienen waren. In seiner Monadenlehre schlug Leibniz einen neuen Denkweg ein und entwickelte, aus heutiger Sicht, die antike Atomlehre weiter, die nicht zuletzt um die Frage kreist, ob es auf einer allerunterstern Ebene der Konstruktion der Welt einfachste, ihrerseits nicht mehr zusammengesetzte Teile oder Elemente gibt. Bekanntlich sind die »unteilbaren« Atome (denn ἄτομος, Atom, bedeutet soviel wie das Unzerschneidbare, Unteilbare) in Wahrheit aus einer Fülle von Teilchen zusammengesetzt, deren Zahl vielleicht jetzt erst mit dem Nachweis des Higgs-Teilchens korrekt bestimmt worden ist. Und wer sagt, dass diese Elemente sich eines Tages nicht ihrerseits als teilbar erweisen? Leibniz' Thema vor Jahrhunderten war die bis in die Gegenwart virulent gebliebene Debatte um das Verhältnis des Vielen zum Einen, die in der heutigen Systemtheorie oder auch in der Biologie, Kybernetik und Komplexitätsforschung immer noch eine große Rolle spielt. Was macht aus den vielen Elementen in einem System, gleich ob es sich dabei um Atome oder Gene handelt, eine Einheit? Ich will nicht näher auf dieses Problem und Leibniz' Theorie der Monade eingehen. Nur soviel noch: μόν bedeutet im Griechischen soviel wie ein, eins. Ein Mon-Arch beispielsweise ist ein Allein-Herrscher. μοναδικός bedeutet einfach, allein, für sich (und auch einsam). Für Leibniz ist eine Monade schlicht eine einfache Sache oder Substanz – etwas, das ohne Teile und nicht ausgedehnt ist. Monaden sind insofern notwendige Teile von etwas, das (ähnlich den Atomen oder den Dingen, die aus Atomen bestehen) zusammengesetzt ist. Auf diese Weise versuchte Leibniz – in der damaligen Sprache, d. h. im Diskurs der damaligen Zeit durchaus erfolgreich – einige der Probleme zu lösen, die Descartes und Spinoza mit ihren Theorien über die Struktur der Welt und des Geistes, insbesondere auch des denkens, hinterlassen hatten. Eine Monade, so Leibniz, kann durchaus ohne denken existieren – aber denken nicht ohne Monade(n). Es ist ein zusammengesetzter Vorgang – eine Erkenntnis, die sich bestens mit den heutigen neurowissenschaftlichen Theorien deckt, bis hin zu der Tatsache, dass es auch im Gehirn eine Vielzahl elementarer biologischer Einheiten (die Nervenzellen) gibt, aus denen sich dennoch die Einheit des Gesamtsystems ergibt, die sich in unserem Gefühl der inneren Einheit (in der Ich-Erfahrung) widerspiegelt. Allerdings sind Leibniz' Monaden anders als Nervenzellen oder Atome keinen äußeren Einwirkungen zugänglich. Ein realer, mechanischer Einfluss der einen auf die andere Monade ist in Leibniz' denken nicht vorgesehen. Grundsätzlich sind Monaden nicht verschieden – können sich aber, wie im Fall von Geist, Wahrnehmungen, Seele, Gefühlen oder Körpern, auf verschiedene Weise zusammensetzen und entwickeln. Wenn Sie nun fragen, wie diese verschiedenen Entwicklungen entstehen oder sich so unterschiedliche Einheiten wie Körper und Geist aus den gleichen Monaden bilden – Leibniz' Lösung ist nicht wirklich befriedigend. Er verweist auf Gott, der ihre Einheit koordiniert und das harmonische Ineinander der Monaden »prästabiliert«. Was bleibt, ist ein ernsthafter und in vielem bis heute anregender Versuch, die Einheit der Welt angesichts von Gegensätzen zu denken.

Worauf es mir im Zusammenhang mit der Diskussion um Gefühle, Gedanken und das Stück Eisen in Ihrer Hand ankommt, ist Paragraph 17 der *Monadologie*. In ihr entwirft Leibniz ein Gedankenexperiment, das bis heute immer wieder aufgegriffen und weitergeführt wird. Angenommen, man hätte eine Maschine, heißt es bei Leibniz, »deren Einrichtung so beschaffen wäre, daß sie zu denken, zu empfinden und zu perzipieren vermöchte, so kann man sie sich unter Beibehaltung derselben Verhältnisse vergrößert denken, so daß man in sie wie in eine Mühle hineintreten könnte. Untersucht man alsdann ihr Inneres, so wird man in ihm nichts als Stücke finden, die einander stoßen, niemals aber etwas, woraus man eine Perzeption erklären könnte. Den Grund hierfür muß man also in der einfachen Substanz, nicht im Zusammengesetzten oder in der Maschine suchen. Auch läßt sich in der einfachen Substanz nichts weiter als eben dies: Perzeptionen und ihre Veränderungen, finden, und alle ihre *inneren Tätigkeiten* können nur hierin bestehen (*Theodicée*, Vorrede)«.[89]

Leibniz hat sich dieses Gedankenexperiment ausgedacht, um zu zeigen, dass man geistige Vorgänge (wie denken oder wahrnehmen, perzepieren) nicht mechanisch verstehen kann. Man blickt in die Mühle – und sieht doch keine Mühle. Also kann die Lösung des Rätsels nicht in der Verbindung der einzelnen Elemente liegen – dort sieht nichts so aus wie eine Mühle –, sondern muss in den einzelnen Elementen selbst gefunden werden. Die Lösung liegt gleichsam in den Monaden der Leibniz'schen Welt. Monaden sind wie eben erwähnt noch einfacher als die zusammengesetzten Atome. Entsprechend müsste es »Perzeptions-Monaden«, »Denk-Monaden« etc. geben, deren Entwicklung und wechselseitiges Verhältnis zueinander man heute sicher anders als durch göttliche Vorsehung erklären müsste. Die Wirksamkeit und Macht der Vernetzung, die aus gleichen Elementen – etwa den Neuronen im Gehirn – etwas qualitativ *Neues* hervorzubringen in der Lage ist, konnte Leibniz in der Form, in der wir heute Netzwerkstrukturen analysieren, nicht denken. Wichtig ist jedoch Leibniz' Hinweis auf die trügerische Hoffnung, die wir haben, wenn wir in eine Maschine oder einen Organismus schauen. Zwar können wir heute Nervenbahnen erkennen und Verbindungen zwischen den Neuronen. Dennoch ist es bislang unmöglich, das gesamte Netz der Verknüpfungen, das über die Leitungen und ihre Verbindungen hinausgeht und auch die logischen Räume umfasst, die durch beides aufgespannt werden, direkt zu *sehen* – ein Netz, das sich zudem noch in der Zeit verändert und seinerseits ausdifferenziert ist dadurch, dass es in jedem einzelnen Neuron verschiedene Schwellwerte etc. gibt, die die Qualität der Verknüpfungen bestimmen und sich je nach Situation verändern können. Im Grunde sagt Leibniz also, dass das, was man sieht, wenn man eine Katze seziert, keine Katze ist, sondern Teile einer Katze. Die Katze selbst hat man auf diese Weise aus der Welt befördert – man hat sie getötet.

Jahrhunderte später nahm der französische Philosoph, Lyriker und Schriftsteller Paul Valéry Leibniz' Überlegungen in seinen philosophischen Essays wieder auf. In *Philosophie* schreibt er: »Angenommen, man könnte die Gehirn-Mühle in Betrieb sehen. Noch würde nichts das ›Denken‹ zeigen. Wenn man aber das dort Gesehene vergliche – mit dem damit einhergehenden inneren Zustand, dann halte ich eine Entsprechung sehr wohl für vorstellbar; (zwar ohne Ähnlichkeit –) aber vergleichbar der Übereinstimmung von Wort und Geste, die ja ebenso verschieden sind wie ein Gedanke und eine Bewegung – oder wie eine (*fühlbare*) Temperatur und ein (*sichtbares*) Sieden oder Verdampfen. Wer nur das Brodeln und die Luftblasen sieht, könnte der auf eine thermische Sinnesempfindung schließen? – Man muß zunächst das Operationsfeld steril machen, d. h. die Vorstellung beseitigen, Bewußtsein und Denken seien höhere und geheimnisvollere Dinge als die Phänomene. Sehen, berühren sind in Materie und Bewegung eingeschlossen. Die Mühle sehen identifiziert die Erkenntnis und ein Objekt. Beim Besuch in der Mühle sehe ich nicht den *Gesichtssinn*. Ich sehe die Mühle, oder vielmehr … Dinge. Warum sollte ich darin mehr sehen? Der Anblick eines Muskels offenbart keine Kraft. Daraus folgere ich nicht, daß die Kraft ohne den Muskel existiert.«[90] Wenn man überhaupt etwas in den biologischen Prozessen sieht, das wie denken aussieht oder das denken erklärt, dann, so Valéry, nur unter Zuhilfenahme einer Analogie. Wort und Geste stimmen auch nicht überein: Das eine ist eine sprachliche Äußerung (ich *sage* »ja«), das andere ist eine Handlung (etwa die Bewegung mit dem Kopf, die dem »ja« entspricht, obwohl ich nichts sage). Ich kann nicht wirklich sagen, das Nicken mit dem Kopf sei doch »wörtlich« dasselbe wie »ja« sagen. Und doch besteht zwischen beiden eine Analogie: Ich kann in verschiedenen Zusammenhängen die Geste oder das Wort benutzen und damit dasselbe »aussagen« oder bedeuten. Denken und Bewusstsein, so argumentiert Valéry, sind als geistige Phänomene nicht vollständig von körperlichen Vorgängen (»Dingen«) verschieden – so wie Descartes und viele Wissenschaftler und Philosophen bis heute annehmen. Beides bewegt sich gleichsam im selben Raum. Erst wenn man Vorgänge wie das denken mit der Aura des Geheimnisvollen umgibt und beide trennt, sie radikal unterscheidet, weist nichts mehr auf das andere hin (so wie die Geste auf das Wort und ein Wort auf die Geste). Doch alles, was man sieht, wenn man in die biologische Anatomie des denkens und Fühlens dringt, sind – Dinge. Nicht aber der Prozess des denkens selbst. Andererseits gilt: Wenn ich das denken – die Kraft – erklären will, finde es aber nicht im Muskel – dem Gehirn: dann bedeutet das nicht, dass die Kraft – das denken – ohne den Muskel – das Gehirn – existiert.

114

3.3 denken und Geste

Einer vom Philosophen Norman Malcolm überlieferten Anekdote (mit wahrem Kern) zufolge setzt Wittgensteins entscheidende Denk-Wende zur späteren, zweiten Phase seiner Philosophie mit einer Überlegung zum Verhältnis von Wort und Geste ein. Ludwig Wittgenstein hatte während der Zeit seiner Tractatus-Philosophie, die ihn in philosophischen Kreisen weltberühmt gemacht hatte, hartnäckig darauf bestanden, dass ein Satz bzw. der Aufbau eines Satzes und der Sachverhalt, die Tatsache, die durch ihn beschrieben wird, dieselbe (logische) Struktur haben. Deshalb kann ein Satz auch etwas Zutreffendes über die Welt sagen. Zwischen Sprache bzw. Denken und Welt bestand in seinen Augen ein Verhältnis der Isomorphie. Beide haben dieselbe Gestalt – ισως μορφη. In einer gewissen Analogie zu Leibniz war auch Wittgenstein davon überzeugt, dass sich sogenannte Elementarsätze finden lassen, letzte, einfache Sätze oder Elemente, die auf die letzten, einfachen Tatsachen verweisen – auf das, was der Fall ist. Die Zusammengesetztheit der Sprache und der Welt, die Komplexität unseres Lebens, würde sich in den Augen Wittgensteins restlos erklären und durch die Einzelteile beschreiben lassen.[91] Das *Bild*, das in der Sprache entsteht (eine Formulierung, die an Damásio erinnert), »ist *so* mit der Wirklichkeit verknüpft; es reicht bis zu ihr. Es ist wie ein Maßstab an die Wirklichkeit angelegt.« Sätze spiegeln die logische Form der Welt wider. Sie *zeigen* sie. »Das Bild ist eine Tatsache«, schrieb Wittgenstein.[92] Nachdem Wittgenstein 1929 von Wien nach Cambridge zurückgekehrt war, führte er dort immer wieder Gespräche mit einem als genial und herausragend geltenden Wirtschaftswissenschaftler, dem Italiener (Marxist und Wortführer des Widerstands gegen den italienischen Faschismus) Piero Sraffa. Wieder einmal unterhielten sich beide über die logische Form von Welt und Sprache und stritten über Wittgensteins Überzeugung, dass die Sprache, wie der amerikanische Philosoph Richard Rorty gesagt hätte, ein Spiegel der Natur sei (die sie nicht ist). In diesem Gespräch machte Sraffa eine in Neapel sehr gebräuchliche Geste – er strich sich mit den Fingerspitzen über das Kinn. Wittgenstein verstand die Geste augenblicklich. »Und welche logische Form hat *dies*?«, frage Sraffa den Philosophen.[93] In der Folge öffnete sich Wittgenstein der Einsicht, dass die eigentliche Quelle der Sprache das Leben, der Strom des Lebens sei. Sprache, Gesten, Bedeutung, sogar Logik: All das wurzelt in den der Sprache vorausgehenden Lebensvollzügen, die lange vor dem denken den Körper als Medium von Sinn und Bedeutung in den Fluss des Lebens mit einbeziehen. Dabei machen wir unter anderem Gebrauch von Gebärden. Diese sind, wie Valéry formuliert hatte, keine höhere oder feinere »Sprache« – sondern einfach nur eine andere Form, ein anderer Modus, Bedeutungen mit dem Körper mitzuteilen. Sprache und Gesten dienen als Werkzeuge, um sich verständlich zu machen. Am 24. 8. 1930 notierte Ludwig Wittgenstein dann (und ich schließe eine Assoziation an die Leibniz'sche Mühle nicht aus): »Ich will sagen: denk nicht daß das denken im Kopf vor sich gehen muß (wie die Verdauung im Magen). Das Denken ist für mich nicht ein menschlicher sondern ein sachlicher Prozess ... Wenn man jemanden Naiven fragen würde, was ein Gedanke ist [wie ein Gedanke *vor sich geht*] so würde er sagen es ist eine Kette von Vorstellungen von Dingen, und Worten«.[94]

Man könnte mehr als 80 Jahre später sagen: Frage einen Neurowissenschaftler, wie er sich das denken vorstellt. Und dann wird er dir vermutlich sagen, dass das denken mit einer komplexen, noch nicht im Detail völlig verstandenen Kette von Vorgängen zu tun hat, mit Verbindungen zwischen den Gehirnzellen und etwas, das sich weiter in den Axonen, Dendriten und all den biochemischen Prozessen ereignet, die uns die Sichtbarkeit, die Fühlbarkeit und eben auch die Denkbarkeit der Welt so real erscheinen lassen. Es ist alles eine Frage der Muster, der Informationen. Insofern ist denken ein sachlicher (dinglicher) Prozess. Denken in diesem Sinn der Verarbeitung von Etwas (nämlich von den Dingen, den Informationen aus der »Außenwelt«, die wir in der »Innenwelt« deuten und uns zu eigen machen) ist kein (rein) menschlicher Prozess. Ist Verdauen ein menschlicher Prozess, nur weil Verdauung auch in einem menschlichen Körper stattfindet? Wittgenstein streitet das zu Recht ab. Doch seine Bemerkung beinhaltet noch mehr. Wenn wir den Magen öffnen und bei dem beobachten, was er tut, dann finden wir, dass der Magen das tut, was er tun soll: Er verdaut. Verdauung und Magen sind gewissermaßen eins. Wenn wir jedoch den Kopf betrachten, öffnen, und das, was wir sehen, wie Leibniz' Mühle vergrößern würden – was würden wir finden? Nichts, was auch nur im Geringsten auf denken schließen ließe (oder, was die Beschaffenheit des biologischen Materials angeht, auf einen Kopf). Das, was wir denken nennen, findet tatsächlich nicht in unserem Kopf statt. Warum? Weil es genauso gut in Gesprächen, in Büchern, in Filmen, im Fernsehen stattfindet. Weil Sprache und Gesten ebenso wie denken nichts ist, das in Köpfen zu finden wäre. Man kann ein Gehirn öffnen, sogar ein für Sprachverarbeitung zuständiges Areal (es sind in Wahrheit viele) finden: Aber man findet keine *Sprache*. Sprache ist etwas, was *zwischen* Menschen funktioniert und nicht an *einem* Ort zu finden ist. In gewisser Weise kann man sagen, dass Sprache demokratisch ist. Sie gehört allen – auch wenn sich Systeme wie der Faschismus immer wieder der Sprache bemächtigen und bestimmte Verwendungen von Wörtern und damit eine Haltung, eine Weltanschauung mit politischer und militärischer Gewalt durchsetzen können. Auch Lyriker und Schriftsteller arbeiten mit der allen gehörenden Sprache, indem sie sie umändern und, wie Wittgenstein sagen wird, das Flussbett verschieben, in dem die uns bekannte Sprache, die Mythologie der Dinge, die wir von Kind an übernommen haben, fließt. Der Strom des Lebens fließt dahin, wie die Sprache, und verändert sich.[95] Die Pointe liegt allerdings darin, dass diese Veränderungen nur möglich sind, weil sich nicht alles zur selben Zeit verändert; weil es, immer noch, in allem Fließen bestimmte Muster gibt, die zumindest für eine bestimmte Zeitlang bestehen bleiben. Der Rhein fließt nach Rotterdam. Bildhaft gesprochen: Wenn man auch nicht zweimal in denselben Fluss steigen kann, weil alles sich verändert –, so nimmt man doch, ob man will oder nicht, das (einigermaßen konstante) Ufer wahr, das dem Fluss seine Form gibt. Zwischen beidem sollte man unterscheiden – zwischen der Bewegung des Wassers und der Beständigkeit des Flussbettes.[96] Das Ufer eines Flusses besteht zum Teil aus hartem Gestein (auch wenn dieses sich im Laufe der Zeit auflösen kann und der Flusslauf durch die Veränderung des Ufers eine neue Gestalt annimmt). Zurück zur Sache bedeutet das: Mag sein, dass Sprache und Gesten sich permanent verändern wie das Leben selbst. Und doch gibt es im Leben bestimmte Strukturen, bestimmte Muster – Wittgenstein spricht häufig vom Lebensteppich –, die zumindest zeitweise als fest, als gesetzt erscheinen. Sie bilden den Hintergrund, vor dem wir überhaupt veränderliche Formen erkennen können. Wäre alles im Fluss, alles nur ein Fließen – wir könnten nicht einmal von einem Fluss sprechen, da wir nichts, keine Struktur – und das bedeutet immer: keine Unterschiede zwischen den Dingen und ihren Verhältnissen zueinander – wahrnehmen oder aussprechen könnten. Es gibt ein »System von Überzeugungen«, formulierte Wittgenstein später, das wir übernommen haben, das zumindest zeitweise »fest« ist. Seine Begründung findet es allerdings nicht in der (objektiven) Entsprechung zur Welt, auch nicht in den Dingen, Tatsachen oder inneren Zuständen – sondern in unserem Verhalten, unserem alltäglichen Handeln. Wir haben die Überzeugungen angenommen, weil wir so handeln, auch wenn wir anders handeln könnten (es aber nicht tun). Diese Überzeugungen bilden ein Gebäude, ein System, »was der Mensch durch Beobachtung und Unterricht aufnimmt. Ich sage absichtlich nicht ›lernt‹« – weil Lernen ein bewusster, zielgerichteter Prozess ist.[97] Was wir aufnehmen, sind Überzeugungen, ein »System des Wissens«. Wir bilden durch den Umgang mit anderen Menschen, durch Sprache, Gesten, Berührungen, durch all das, was menschliches Leben ausmacht, einen »Wissenskörper« aus, wie Wittgenstein häufig sagt.[98] Dass die Mauern, auf denen dieses Gebäude ruht, der sichere Grund (der Hinter-Grund) der

118

Rechtfertigung sei, ist zwar ein naheliegender, aber aus Wittgensteins Sicht falscher Gedanke. Es sind nicht die Grundmauern, die das Haus tragen. Tatsächlich verhält es sich anders herum: »von dieser Grundmauer könnte man beinahe sagen, sie werde vom ganzen Haus getragen«.[99] Auch mir kam dieser Zusammenhang seltsam vor. Bis ich bei einem Anbau, der am Haus gemacht und völlig falsch konstruiert worden war, sah, was Wittgenstein meint. Man hatte beim Bau vergessen, über der Bodenhöhe bzw. in die Mauer eine Isolierschicht einzubauen, die verhindert, dass das reichlich vorhandene Grundwasser allmählich durch die Kapillargefäße der Mauer nach oben gesogen wird und auf diese Weise die Mauern im Laufe der Jahre nass werden. Um das Problem zu lösen, wurde in den bereits fertig gemauerten Raum mit einer Flex über die gesamte Länge ein Stück herausgesägt, dass man dann mit der Folie füllte. In gewisser Weise »hing« der Anbau also kurzfristig in der Luft. Wittgenstein meint, dass das gesamte System nicht auf logisch fest zementierten Mauern aufruht, sondern all diese (scheinbaren) logischen Sicherheiten vom gesamten »Bau« unseres Lebens getragen werden. Wir befinden uns sozusagen auf einem fliegenden Teppich, dessen Muster wir erkennen; doch es wäre falsch, daraus zu folgern, dass alles auf diesen Mustern beruht. Sie entstehen in gewisser Weise genauso wie alles andere – können einmal Hintergrund sein, so als machten sie den Teppich aus, und sind dann wieder nur Muster auf dem Teppich, der sie trägt. Das Wissen, das wir haben, mag sich im Laufe der Zeit zwar ändern, ist uns aber gleichzeitig geradezu physisch präsent. Ich muss nicht nachschauen, ob ich zwei Hände oder Beine habe. »Wäre es nun richtig zu sagen: Niemand hat bisher meinen Schädel geöffnet, um zu sehen, ob ein Gehirn darin ist«, fragt Wittgenstein. Umgekehrt wäre es genauso merkwürdig zu sagen, »seltsamer Zufall, daß alle Menschen, deren Schädel man geöffnet hat, ein Gehirn hatten«.[100] Unser Wissen ist geradezu physisch. Aber nicht, weil es auf harte, unwiderlegliche Fakten (also auf ein »Richtig« oder »Falsch«) stößt, sondern wir von Kindheit an einen Hintergrund übernommen haben, auf welchem erst Unterscheidungen wie die zwischen »richtig« und »falsch« möglich werden. Es ist am Ende das *Handeln*, die Tatsache, dass wir einfach so und nicht anders *verfahren*, die unseren Überzeugungen zugrunde liegt – und nicht bestimmte, unwiderlegliche *Dinge* oder *objektive Sicherheiten*. Einen archimedischen Punkt der Erkenntnis gibt es nicht – erst recht nicht außerhalb unseres Lebens, zu dem denken, Fühlen, Handeln und vieles andere mehr gehört. Jede Rechtfertigung unserer Überzeugungen, die wir aufgrund von Zweifeln beginnen, muss irgendwo enden. Jede Prüfung setzt bereits den Gedanken des Endes dieser Prüfung, ein Ende der Begründungen voraus. »Aber das Ende ist nicht die unbegründete Voraussetzung, sondern die unbegründete Handlungsweise.«[101] Nicht in den Dingen oder in den Begründungen liegt die Sicherheit, die wir suchen, sondern darin, dass wir faktisch im Einklang mit anderen Menschen handeln.[102] Deshalb sind wir alle davon überzeugt, dass es Gehirne und den Mond gibt (statt die Köpfe aufzumachen und nachzusehen). Denn »nicht nur ich weiß oder glaube alles das, sondern die Anderen auch. Oder vielmehr, ich *glaube*, daß sie es glauben«. Das System der Überzeugungen, das Körperwissen, das den Wissenskörper formt, ist »das Lebenselement der Argumente« – und nicht umgekehrt.[103] Genau diese Denkrichtung gilt es, über die Neurowissenschaften und die Psychologie im engeren Sinne hinaus aufzunehmen und weiter zu verfolgen.

Fragt man allerdings, wie Wittgenstein formulierte, einen naiven Menschen – gleich ob es sich um einen Naturwissenschaftler oder einen Philosophen handelt –, so wird der zur Antwort geben, dass es sich beim Prozess des denkens um eine Kette handelt – eine Verknüpfung entweder von neuronalen Aktivitäten oder von Wörten. Doch die Sprache ist ebenso wenig wie eine Geste einfach nur eine Verknüpfung von Einzeldingen. Eine Geste etwa macht gerade die gesamte Gestalt *und* ihr Bezug zum Hintergrund aus (ich muss Italien kennen und zumindest einmal jemanden diese Kinn-Finger-Geste machen gesehen haben). Dennoch ist die »Ketten-Theorie« weit verbreitet. Wie naiv ist eine solche Vorstellung also tatsächlich? Klar ist, dass zunächst viel naturwissenschaftliches Know-how dazu gehört, überhaupt so weit zu kommen und die komplexen biologischen oder psychologischen Prozesse voneinander abzugrenzen und zu analysieren, um sie dann am Ende, mit Glück, zu einer Theorie zusammenzufügen und zu behaupten, man habe endlich den Dieb gefangen und sei nun in der Lage, ihn zu verstehen. Trotz all des Vorwissens und der naturwissenschaftlichen oder philosophischen Schulung bleibt es zunächst jedoch dabei, dass die *Idee*, man müsse nur tief genug in die Dinge (Gehirne, Zellen, DNA etc.) wie in eine Mühle hineinschauen und in Leibniz' Sinn die Auflösung unter Wahrung der Proportionen erhöhen, um das denken bzw. Denkprozesse zu verstehen, für Philosophen wie Wittgenstein ein Irrtum. Wer die Mühle vergrößert, wird entweder nur wieder dieselbe Mühle sehen oder Mühlenteile.

Die Unruhe bleibt. Was macht das denken aus? Wie macht das denken, wie machen wir es mit Hilfe des denkens, Auto zu fahren oder mehr noch, Autos überhaupt zu bauen? Wie können wir mit Hilfe der Sprache – und insbesondere mit Hilfe einer Kunstsprache wie der Mathematik – die Welt so beschreiben, dass sie unseren Beschreibungen zu entsprechen scheint und sich bereitwillig fügt? »Wenn man fragt«, so Wittgenstein, »›Wie macht der Gedanke / Satz / das, daß er darstellt?‹ So könnte die Antwort sein: ›Weißt Du es denn (*wirklich*) nicht? Du siehst es doch wenn Du denkst / ihn benützt.‹ Es ist ja nichts verborgen … Daß alles fließt scheint uns am Ausdruck der Wahrheit zu hindern, denn es ist, als ob wir sie nicht auffassen könnten da sie *uns* entgleitet.«[104]

In der Folge wird es jetzt darum gehen, das in den Blick zu bekommen, was uns zu entgleiten scheint. Denn es lässt sich durchaus sagen und darstellen – wenn auch anders, als Wittgenstein zu diesem Zeitpunkt vermutet haben dürfte. Das, was bislang bei aller Richtigkeit der naturwissenschaftlichen Erkenntnisse vergessen wurde, ist die Praxis des denkens. Oder, so seltsam das gerade angesichts der neurobiologischen Untersuchung des denkens klingen mag, der Körper des denkens – der Wissenskörper. Sie werden sehen, dass das Stück Eisen, das Sie in der Hand halten, allmählich seine Beschaffenheit verändert und zu leben beginnt.

3.4 Wie wir denken lernen

Nach dem Ersten Weltkrieg versuchte Wittgenstein, seine schrecklichen Kriegserfahrungen hinter sich zu lassen. Abgesehen davon glaubte er, mit seinem Frühwerk die Probleme der Philosophie endgültig gelöst zu haben – ein Irrtum, dem offensichtlich vor allem große Philosophen immer wieder aufsitzen. Was sollte er also tun? Er beschloss, sich zum Lehrer ausbilden zu lassen. Ab 1920 arbeitete er in mehreren kleineren Dörfern Nieder-Österreichs, zunächst in Trattenbach, das damals vier Stunden südlich von Wien lag. Wittgenstein war in dieser Zeit nicht nur ein überaus strenger und harter Volksschullehrer (insbesondere wenn es um Mathematik ging), sondern nach Aussagen ehemaliger Schüler und Eltern auch ein schlechter Lehrer. Wittgenstein gefiel zunächst das einfache Leben im Dorf. Doch das Leben dort hatte seine Tücken. Wittgenstein erwies sich den »unbegabten« oder »desinteressierten« Kindern gegenüber in diesem (und den beiden anderen Dörfern, die folgen sollten) immer wieder als Tyrann, der nicht nur mit den – vermutlich ganz normalen – Kindern in Konflikt geriet, sondern auch mit ihren Eltern. Wittgenstein gab in dieser Zeit ein Wörterbuch für Volksschulen heraus. Schließlich ereignete sich im April 1926 der »Vorfall Haidbauer«.[105] Der damals elfjährige Schüler, dessen Vater nicht mehr lebte (die Mutter arbeitete als Magd bei einem Bauern), starb mit 14 Jahren an Leukämie. Irgendwann im Unterricht riss Wittgenstein offensichtlich der Geduldsfaden, weil Josef Haidbauer Fragen wieder einmal langsam und widerwillig beantwortete. Wittgenstein »schlug dem Jungen mehrmals auf den Kopf, worauf dieser zusammenbrach«. Wittgenstein geriet in Panik, schickte die anderen Kinder nach Hause, rief den Arzt und wollte die Schule verlassen, als er Herrn Piribauer in die Arme lief, denn auch dessen Tochter Hermine hatte schon Wittgensteins Launen zu spüren bekommen. Piribauer schrie Wittgenstein an: Er sei kein Lehrer, sondern könne als Tierbändiger gehen!»Ich gehe jetzt zur Polizei und zeige es an!«Die Gendarmerie war allerdings nicht besetzt. Am nächsten Tag gelang es nicht, Wittgenstein zu verhaften – weil er über Nacht verschwunden war. Am 18. April 1926 lag sein Entlassungsgesuch dem Bezirksschulinspektor vor. Wittgenstein gab die Hoffnung auf, dass aus ihm in Österreich oder sonst wo noch ein guter Lehrer werde, widmete sich dem Bau des Hauses seiner Schwester, sammelte während dieser sehr praktischen, dem Leben zugewandten Phase eine Menge für sein späteres denken wesentliche Erfahrungen und zog 1929 schließlich wieder nach England, um sich von da an der Philosophie zu widmen (mit weitaus größerem Erfolg). Es ist also nicht zu erwarten, von Wittgenstein viel und Gutes zu lernen über die Art und Weise, wie Kinder lernen, auch wenn dieses Thema durchaus ein Schlüssel zu seiner späteren Philosophie geworden ist. Dennoch werde ich jetzt lieber zwei Wissenschaftler zu Wort kommen lassen, die helfen können, bestimmte Aspekte, die bei der Beantwortung der Frage, was denken ist, klären können. Dabei geht es vor allem um die Frage, wie Kinder eigentlich lernen. Allerdings begrenze ich das Thema auf die Aspekte, die für das Thema»denken« von Bedeutung sind. Das Erstaunlichste ist für mich, dass sich die Erkenntnisse der modernen Wissenschaft bestens mit Wittgensteins Philosophie vertragen, so dass es leichtfällt, diese für einen Augenblick zu verlassen, um später zu ihr zurückzukehren und den Faden»Was ist denken?« und»Was ist Philosophie?« wieder aufzunehmen.

Damásio und andere Forscher haben in den letzten Jahren die Entdeckung gemacht, dass wir das Bild von der Bedeutung der Emotionen für Lernen und Denken erheblich revidieren mussten. Emotionen und Gefühle erschließen nicht nur das subjektive Empfinden und entscheidende kognitive Prozesse, sondern prägen auch unser gesamtes Verhalten sowie Urteils- und Entscheidungsprozesse mit.[106] Damásio hatte in klinischen Studien festgestellt, wie stark Menschen, deren emotionales Empfindungsvermögen durch eine Verletzung im ventromedialen präfrontalen Cortex gestört ist, in Bezug auf ihre Fähigkeit, Informationen zu verarbeiten, verändert wurden. Zwar blieben die herkömmlichen intellektuellen Fähigkeiten völlig intakt. Doch die Fähigkeit dieser Patienten, die Relevanz und Bedeutung von Informationen (und dazu gehört alles, was wir erleben) einzuschätzen, hatte erheblich gelitten – ebenso wie ihre Fähigkeit, die Aufmerksamkeit zu richten. Auch wenn der Prozess des denkens nicht einfach aus einer Kette von »Dingen« – Gedanken – besteht, so sehr erfordern längere Denkprozesse immer wieder eine Gewichtung. Man muss entscheiden, was man bisher erreicht hat und in welche Richtung man nun, nachdem man einen Teil der Aufgabe gelöst hat, weiter denkt. Doch nicht nur rationale Erwägungen, auch moralische Entscheidungen und damit unser Verhalten im Alltag hängen von derartigen – im Idealfall ungestört ablaufenden – Entscheidungsprozessen ab (über deren Natur bislang allerdings wenig gesagt wurde, wie ich gerne zugebe). Denken ist stark an Gefühle und Emotionen gebunden. Ohne Emotionen würde Ihnen zudem die Motivation fehlen, über solche Themen wie »Was ist denken?« nachzudenken. Diese Beobachtungen über den Zusammenhang von Gefühl und denken haben weitreichende Auswirkungen – längst bevor wir rechnen, schreiben oder gar sprechen können.

»Die Grundvoraussetzung für die Entwicklung des Denkens«, schreibt Peter Hobson, Psychoanalytiker und Spezialist für Psychopathologie von Entwicklungsstörungen, darunter Autismus, »ist, daß das Kind in der Lage ist, sich emotional ›bewegen‹ zu lassen. Denn die Art und Weise, wie ein Kind ein Objekt oder ein Ereignis erfährt, ändert sich, wenn es auf die Emotionen anderer reagiert. Es vollzieht eine Bewegung von einer Sichtweise hin zu einer anderen. Ein Beispiel dafür ist, wie sich die Bedeutung der visuellen Klippe für das Kind durch die Signale der Mutter ändern kann. Infolgedessen wandelt sich auch die Art, wie das Kind andere Menschen erlebt, denn es entdeckt, daß es auch über ein Objekt eine Beziehung zu ihnen herstellen kann. Das einjährige Kind zeigt den Eltern ein Spielzeug nach dem anderen – und beobachtet, wie sie reagieren.«[107] In gewisser Weise stellt das Kind, das im Idealfall auf unsere elterliche Zuneigung und damit unsere Kooperationsbereitschaft hoffen kann, Experimente mit uns an.»Zeig denen mal die Rassel – und schau, wie die reagieren.« Diese Prozesse laufen selbstverständlich weder sprachlich noch in der Weise bewusst ab, mit der dieselben Kinder, wenn sie älter sind, sprachlich formuliertes intentionales, also zielgerichtetes Verhalten (und die entsprechenden Denkvorgänge) beherrschen.

Das Kind ist auf seinem Weg durch das Wohnzimmer immer auch auf dem Weg zu neuen Perspektiven. Das unterscheidet es in gewisser Weise von anderen Primaten – auch wenn Menschenaffen in gewisser Hinsicht den intellektuellen Fähigkeiten von Kindern in den ersten anderthalb Lebensjahren überlegen sind. Nur in einem Punkt unterscheiden sie sich maßgeblich von Menschen-Kindern – und dies ist der entscheidende Punkt: Die reagieren anders aufeinander.

Für mich ist das Buch *Die Ursprünge der menschlichen Kommunikation* des amerikanischen Verhaltensforschers, Experimentalpsychologen und Anthropologen Michael Tomasello eines der faszinierendsten und wichtigsten Bücher der letzten Jahre. Tomasello hat lange Primatenforschung betrieben und versucht, die Entwicklung der Sprache und der menschlichen (und soweit es geht, auch tierischen) Kommunikation zu verstehen. Seit 1998 ist er Co-Direktor am Max-Planck-Institut für evolutionäre Anthropologie in Leipzig, wo er sich mit vergleichender Entwicklungspsychologie befasst und das Wolfgang-Köhler-Primaten-Forschungszentrum leitet. Was ist nun das Besondere der Untersuchungen von Tomasello? In vielen Tests schneiden Menschenaffen und Kleinkinder ähnlich gut ab. Wenn es aber um sogenannte Kooperationsaufgaben geht – und Sie wissen alle, dass kleine Kinder am liebsten mit anderen Kindern spielen –, dann zeigen sich erstaunliche Unterschiede zwischen (von Menschen aufgezogenen) Schimpansen und Kleinkindern. Angenommen, das Spiel besteht darin, dass der Mensch etwas macht und der Schimpanse eine komplementäre Rolle spielt – beispielsweise einen Gegenstand auf ein Tablett legt, wenn der Mensch ihm das Tablett reicht. Auch Kleinkinder versuchen recht schnell, einen Rollentausch zu erzwingen. Sie wollen das Tablett halten (auch wenn das misslingen mag) – und der Mensch soll den Gegenstand auf das Tablett legen. Anders bei Schimpansen, die sich auf diesen Rollentausch gar nicht oder nur unzulänglich einlassen. Es ist, als ob sie das, was sie tun (den Gegenstand auf das Tablett legen) gleichsam völlig unabhängig vom Menschen vollziehen – während Kleinkinder erwartungsvoll den Erwachsenen animieren, das Spiel herumzudrehen. Tomasellos Deutung dieser und anderer Experimente mit Primaten (menschlichen und nichtmenschlichen Typs) zufolge»verstehen menschliche Kleinkinder die gemeinsame Tätigkeit aus einer ›Vogelperspektive‹, wobei das gemeinsame Ziel und die komplementären Rollen alle in einem einzigen Repräsentationsformat dargestellt werden, was es ihnen ermöglicht, die Rollen bei Bedarf zu tauschen. Schimpansen hingegen verstehen ihre eigenen Handlungen aus einer Erste-Person-Perspektive und die des Partners aus einer Dritte-Person-Perspektive, nicht aber aus der Vogelperspektive auf die Interaktion. Deshalb gibt es für sie in Wirklichkeit keine Rollen und keinen Sinn, in dem sie bei ›derselben‹ Tätigkeit die Rollen tauschen können.«[108] Forscher haben bei der Interaktion von Schimpansen, Bonobos und Kleinkindern – an den Versuchen waren also drei Arten von Primaten beteiligt – festgestellt, dass menschliche Kleinkinder»bei weitem mehr Zeit als Affen damit [verbrachten], zwischen dem Gegenstand und dem Erwachsenen hin- und herzuschauen, und ihre Blicke zum Gesicht der Erwachsenen waren im Durchschnitt fast doppelt so lang wie die der Affen. Zudem waren die Blicke der Kleinkinder manchmal auch von einem Lächeln begleitet, während Menschenaffen nicht lächeln.«[109]

Diese Ergebnisse sind in mehrfacher Hinsicht von entscheidender Bedeutung – vor allem für unser denken. Für Menschen geht es in ihrer Interaktion – ob als Erwachsene oder schon als Kinder – nicht nur darum, Dinge zu benutzen – also um den klassischen Werkzeuggebrauch. Auch Menschenaffen benutzten sehr wohl Werkzeuge – und das oft auch noch auf regional unterschiedliche Art und Weise, wie der Primatenforscher Volker Sommer mir anhand einiger von Affen gefertigten Löffel zum Ameisen-Essen gezeigt hat. Affen benutzen sogar bestimmte Pflanzen als Apotheke – Volker Sommer zeigte mir auch eine derartige (durchaus auch für menschliche Gesundheitsprobleme wirksame) Sammlung von Kräutern und Blättern. Viel entscheidender ist der Umstand, dass für Menschen das *Ziel, die Absicht* dessen, was jemand tut, zu dem, was er tut, hinzugehört. Es gibt also in der Welt der Menschen nicht nur die Verhaltensmittel an sich – die Dinge und Gegenstände –, sondern auch die Verkehrs- oder Kommunikationsmittel, durch die wir miteinander in Kontakt treten. Menschen neigen offensichtlich im Regelfall dazu, gerne und immer miteinander zu kommunizieren und Dinge zu erzählen oder zu zeigen. Kein Affe käme auf die Idee, einem anderen zu erzählen, was er die letzten Tage alles gemacht hat und wo er überall unterwegs gewesen ist. Affen verstehen also das instrumentelle Verhalten der anderen Affen anders als wir das Verhalten von Mitmenschen.[110] Es gibt, wie der Psychologe Hobson sagt, eine andere Verbundenheit der Menschen miteinander – und über dieses Miteinander auch mit der Welt. »Am Anfang erfährt das Kind die Welt nur so, wie sie sich zu seinem Handeln und Fühlen unmittelbar darbietet«, schreibt Hobson.[111] Man könnte sagen, Kinder und Affen gleichen sich darin wie ein Ei dem anderen. Der Blickwinkel auf die Welt ist vorgegeben. Etwas wird ergriffen, um daran zu saugen. Punkt. Dann aber beginnt eine Phase der Entwicklung, in der sich das Kind nicht nur wieder von den Dingen lösen kann (was Affen auch tun), sondern eine Art Wahrnehmung der Dinge einsetzt. Sie werden nicht nur *er*griffen, sondern gewissermaßen auch eingeschätzt und *be*griffen. Vielleicht beginnt das denken über die Dinge an diesem Punkt. Jedenfalls unterscheidet es sich als denken später doch weitgehend. Warum? Nach dem Entwicklungspsychologen Jean Piaget gehört zum denken (auch bei Kindern), dass man gelernt hat, auf ein Objekt oder Ereignis zuerst den einen und dann einen anderen Gedanken zu richten – ohne zu verkennen, dass es einerseits um dasselbe Ding geht und andererseits der Gedanke an das Ding nicht das Ding selbst ist.»Wenn es daran denkt, an einem Gegenstand zu saugen, ruft der Gedanke nicht sämtliche Empfindungen wach, die mit dem Saugen einhergehen würden, obwohl ihm bei dem Gedanken vielleicht das Wasser im Munde zusammenläuft. Einen Gedanken zu denken schließt ein, daß man sich des Gegensatzes zwischen Denken und Handeln bewußt ist. Wenn diese Unterscheidung versagt, denkt man nicht, sondern halluziniert«.[112]

Aber ich bin der Entwicklung vorausgeeilt. Wichtiger ist, lange vor der Entwicklung von Sprache und sprachlichem denken, was Tomasello und andere Forscher über den Umgang von Menschen miteinander herausgefunden haben. Dieser Umgang hängt mit dem bereits erwähnten Blick von Kindern zusammen, der sich nicht nur – wie der der Affen – auf die Gegenstände oder Ereignisse richtet, sondern auch auf andere Kinder (Erwachsene oder Lebewesen). In diesem Aufeinander-Sehen scheinen die eigentlichen Wurzeln des denkens zu liegen.

»Nur weil Menschen in der Lage sind, zusammen mit anderen verschiedene Formen eines gemeinsamen begrifflichen Hintergrunds zu konstruieren, können sehr einfache ikonische und Zeigegesten verwendet werden, um auf komplexe Weise zu kommunizieren; das geht weit über das hinaus, was Menschenaffen mit ihren Intentionsbewegungen und ihren Gesten der Aufmerksamkeitserheischung kommunizieren können. Wenn der gemeinsame Hintergrund besonders gut bestimmt ist, kann man in vielen Fällen mit einfachen Gesten durchaus so leistungsfähig kommunizieren wie mit Sprache. Damit grundsätzlich verbunden ist eine bestimmte Art von Perspektivenwechsel.«[113] Tomasello meint damit den auch von Wittgenstein häufiger untersuchten Sachverhalt, dass man auf ein Wasserglas *zeigen* kann – und damit längst noch nicht klar ist, was man *meint*: Deutet man auf den Umriss des Glases, auf den Umstand, dass es leider schon leer ist, auf seine Farbe oder seinen beschädigten Zustand? Menschen sind in der Lage, solche Perspektivenwechsel zu vollziehen. Wittgenstein hat in den letzten Lebensjahren vor allem die Frage beschäftigt, was sozusagen die Perspektivwechsel sind, die allesamt notwendig werden, um das Leben zu verstehen. Gibt es Perspektivwechsel, die notwendig wären, die jemand aber unfähig ist nachzuvollziehen, weil er einfach nicht von einer Perspektive in die andere wechseln kann – ein Umstand, den Wittgenstein Aspektblindheit nannte? An dieser Stelle ist von Bedeutung, was andere Primaten und uns unterscheidet. Sprache leistet viel, um insbesondere auf vergangene, gar nicht mehr präsente Gegenstände zu »zeigen«. Doch auch Zeigegesten selbst sind in einem abgesteckten Kontext überaus wirksam. »Das bedeutet, daß viele der besonders leistungsstarken Eigenschaften, die man oft der Sprache zuschreibt – einschließlich der Funktion, andere auf bestimmte Sichtweisen von Dingen und auf abwesende Referenten hinzuweisen –, tatsächlich auf elementare Weise in der kooperativen Kommunikation von Menschen durch sehr einfache Gesten gegenwärtig sind … Der kooperative Geist, in dem Menschen versuchen, ihre Botschaft zu übermitteln, hat seine eigentliche Grundlage in der einzigartigen kooperativen Motivation zum Kommunizieren, über die nur unsere Spezies verfügt.«[114] Tomasello zeichnet diese Besonderheiten im Detail nach, und es ist lohnenswert, sich in sein erkenntnisreiches Buch zu vertiefen.

Es ist wesentlich, sich klarzumachen, was die Ergebnisse von Tomasello und anderen Forschern einerseits und Psychologen andererseits bedeuten. Faktisch richten auch Kleinkinder bereits ihre Aufmerksamkeit nicht nur auf die Dinge, sondern auf die Dinge aus einer Vogelperspektive, in der sie wahrnehmen, wie andere Menschen auf diese Dinge reagieren. Das ermöglich es dem Kind, im Laufe seiner Entwicklung seine eigene Perspektive und die des anderen Menschen voneinander zu unterscheiden und einen Perspektivwechsel auszuführen.[115] Tomasello und auch Hobson zeigen, wie das Lernen von Sprache oder von Handlungen insofern nichts Geheimnisvolles an sich hat, als zunächst einzig und allein ausschlaggebend ist, wie das Kind andere Menschen wahrnimmt und sich in sie einfühlt.

**Worte wurzeln in
Haltungen und Emotionen.**

Sprache entsteht, wie denken auch, aus Interaktion – aus Kooperation und Miteinander-Sein. Dass es biologische Anlagen gibt – beispielsweise ist das FOXP2-Protein offensichtlich mit entscheidend für die genetische Grundausstattung der sprachlichen Kommunikation, denn sein Ausfall führt beim Menschen zu spezifischen Störungen der Entwicklung der Sprach- und Sprechfähigkeit –, bleibt dabei unbestritten. Nur können sie alleine nichts ausrichten. Ein Kind, das nicht sprechen lernt, lernt nicht sprechen – auch wenn es im Unterschied zu einem Affen die genetische Anlage dazu hat. Dass Menschen Symbole gebrauchen, ist keine Sache der Gene – obwohl diese eine Grundlage für die entsprechenden physiologischen Entwicklungen bieten –, sondern eine Frage der entsprechenden kulturellen (oder geistigen) Entwicklung, die ihrerseits nicht von der Sprache selbst, sondern von der Fähigkeit zur Kooperation geprägt ist. Kinder und Erwachsene beziehen sich auf eine *gemeinsame* Welt – in der es nicht nur Dinge gibt, sondern, gleichsam aus der Vogelperspektive, eine Einheit, die durch Kontakt mitbestimmt ist. Dieser Kontakt wird nicht nur durch die klassische Mutter-Vater-Kind-Triade der psychoanalytischen Beziehungstheorien gebildet – sondern mehr noch durch das Dreieck aus Kind, Welt und Mitwelt des Kindes, d. h. der ihm vorausgehenden Gemeinschaft und Kultur. Kinder haben die Fähigkeit und die Möglichkeit, durch Interaktion (Miteinander) mit anderen Menschen zu lernen, dass sie in Bezug auf ihr eigenes Fühlen und Tun eine andere Perspektive einnehmen können. Erst dadurch werden sich Kinder ihrer selbst bewusst. »Das Innenleben des Kindes hat sich von Grund auf verwandelt«, schreibt Hobson. »Die Verwandlung beruht darauf, daß es drei Dinge begreift: erstens, daß es Perspektiven gibt und daß sie von Menschen eingenommen werden; zweitens, daß es selbst ein Mensch mit einer Perspektive ist, die sich von den Perspektiven anderer unterscheiden kann; drittens, daß es die Möglichkeit hat, in die Perspektive eines anderen zu wechseln und dabei sogar die eigene Perspektive beizubehalten. Sein Bewußtsein kann nicht nur einer, sondern zwei Perspektiven Raum geben.«

3.5 Das Delta der Beziehung

Man kann sich diesen entscheidenden Sachverhalt gut durch eine Zeichnung veranschaulichen. Ich habe dabei eine Darstellung von Hobson abgewandelt:

Die schematische Darstellung entspricht in der Grundform einem Dreieck, das aus den zentralen Punkten Kind (unten links), der Lebensgemeinschaft (die Menschenwelt mit anderen Menschen und insbesondere mit den wichtigen Bezugspersonen oben) sowie der Welt (der Welt der Dinge und Gegenstände rechts unten) gebildet wird. Zwischen den drei Punkten herrschen verschiedene Formen von Bezugnahme. Zusätzlich gibt es – gekennzeichnet durch die gestrichelten Pfeile – Formen des Bezuges auf Bezüge oder Beziehungen, etwa der Erwachsenen zur Welt. Diese Beziehungen finden gleichsam nicht mehr auf der Ebene, sondern in einer weiteren (sozusagen dritten) Dimension statt, die ich mit *Perspektive 1* bzw. *2* bezeichnet habe.

Zunächst wird sich das Kind wie alle Kinder über lange Zeit mit der Welt der Dinge befassen. Der vom Kind auf die Welt

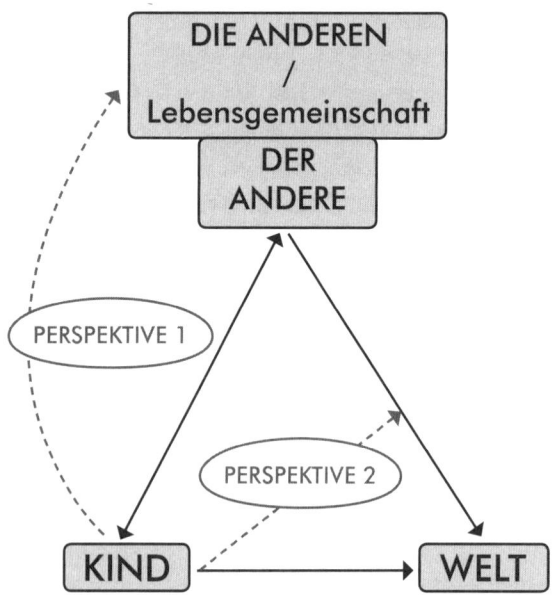

Abb. 3: Das Delta der Beziehung

gerichtete Pfeil soll diese Richtung der kindlichen Aufmerksamkeit wiedergeben. Diese Welt ist die Welt der Gegenstände, die ein Kind sieht, berührt, in den Mund nimmt und sinnlich erlebt. In der Welt des Kindes gibt es jedoch nicht nur Objekte, sondern immer schon andere Menschen, von denen die unmittelbaren Bezugspersonen am meisten hervorstechen. Diese Beziehung zur Mitwelt oder Lebensgemeinschaft insgesamt ist eine doppelte: Sie geht vom Kind aus und wird andererseits von den Erwachsenen erwidert oder umgekehrt von den Erwachsenen eröffnet und vom Kind erwidert. Beispielsweise bietet Ihnen das Kind sein Spielzeug an – und Sie, der Erwachsene, nehmen es und geben es dann dem Kind wieder zurück. Diese wechselseitige Beziehung ist durch einen schwarzen Pfeil gekennzeichnet, der in *beide* Richtungen weist und zwischen Kind und anderen Menschen eine Beziehungsebene aufspannt. Lange bevor ein Kind sprechen kann, ist es bereits in der Lage, beide Typen von Beziehungen (oder Perspektiven auf die Welt) einzunehmen: Es kann sich durchaus unterschiedlich auf Dinge *und* auf Menschen beziehen, wobei Kinder zuweilen »tote« Gegenstände (etwa ihr Kuscheltier) als mit menschlichen Qualitäten bzw. mit Qualitäten des Lebendig-Seins besetzt erleben können. Das ist einer der Gründe, warum sie eine für uns neutrale »Sache«, ein Ding, anzusprechen versuchen wie einen Menschen, es anlächeln oder küssen.

Im Dreieck der Beziehungen gibt es jedoch noch eine weitere, für das Kind maßgebliche Relation: die der Erwachsenen auf die Dingwelt (gekennzeichnet durch den schwarzen Pfeil, der von der Lebensgemeinschaft zur Welt hinzeigt). Das Kind beobachtet diese Beziehung, ihre Perspektive auf die Welt, sehr genau. Das Beobachten des Kindes ist zwar eine Beziehung – aber es ist keine wechselseitige Beziehung (dem Erwachsenen ist womöglich gar nicht bewusst, dass das Kind weniger den Gegenstand im Auge hat, sondern seinen Umgang, seine Reaktionen auf den Gegenstand). Mehr noch: Es handelt sich um eine Art innere Beziehung, die sich in einer anderen Dimension, einem anderen »Raum« ereignet. Deshalb habe ich diese Relation (Perspektive 2) mit einer gestrichelten Linie markiert. Beispielsweise könnte das Kind einem Erwachsenen eine rote Tasse zeigen – und dabei nicht nur den Gegenstand (schwarzer Pfeil) im Auge haben, sondern zugleich auch beobachten, wie der Erwachsene darauf reagiert, wenn es die Tasse fallen lässt (Pfeil von *Der Andere* zu *Welt*). Das Kind registriert mit großer Neugier immer wieder diese Haltung der Erwachsenen gegenüber der Tasse, anderen Gegenständen und ihm. Doch das Kind sieht noch mehr. Es kann, gleichsam aus Tomasellos Vogelperspektive heraus, allmählich lernen, seine eigene Perspektive in Bezug auf die Umgangsweise der Erwachsenen nicht nur wahrzunehmen, sondern auch zu entwickeln (gestrichelter Pfeil, Perspektive 1). Oft genug haben Kinder im Spiel gelernt, so »zu tun als ob«. Sie können spielerisch eine Haltung einnehmen – beispielsweise sich der Tasse wie ein Hund nähern oder so vorsichtig wie die Mutter. Der gestrichelte Pfeil im Bild markiert diese »Metahaltung« des Kindes, die den Perspektivwechsel anzeigt. Kinder sind anders als Menschenaffen hervorragend in der Lage, durch Kommunikation und genaues Hinschauen auf andere *Menschen*, die mit ihnen leben, neue Perspektiven wahrzunehmen. Und das bedeutet auch, dass sie allmählich beginnen, sich selber in ihrer Beziehung zur Welt oder zum Spiel wahrzunehmen und sich und ihre Interaktion aus der Perspektive bzw. aus dem Blickwinkel der Erwachsenen zu betrachten (gestrichelter Pfeil, Perspektive 1). Experimente haben gezeigt, dass Kinder dabei durchaus »wissen«, dass sich ihre eigene Perspektive von der des Erwachsenen unterscheidet. Und dennoch sind sie in der Lage, diese (andere) Perspektive in kooperativen Spielen anzunehmen. Kinder üben anders als Schimpansen in Spielen immer wieder ein, *alles* (das gesamte Dreieck der Beziehungen) wie aus der Vogelperspektive zu betrachten und auf diese Weise eine andere – die Erwachsenenperspektive – auch sich selbst gegenüber einzunehmen. Damit hat das Kind die Möglichkeit, seine Welt – und später auch sich – aus immer wieder anderen und folglich neuen Perspektiven zu betrachten. Dieses Können erweitert das soziale Spektrum, das Repertoire der Verhaltensweisen innerhalb der Gruppe erheblich. Mit der Fähigkeit, immer geschmeidiger in andere Perspektiven zu schlüpfen (eine Fähigkeit, die nach dem Spracherwerb beispielsweise durch Vorlesen einer Geschichte eingeübt wird, durch die das Kind in die Innensicht einer anderen – fiktiven – Person gerät) entwickelt das Kind in einem ersten, zunächst noch sehr rudimentären Sinn ein Gefühl, ein Wissen seiner selbst. Es selbst ist anders als andere, weil es sich anders auf die Dinge und auf andere Menschen bezieht. Auch wenn sich all das vorsprachlich ereignet, so stellt es doch die Grundlage für den weiteren Prozess des denkens dar. Der Beginn des Denkens liegt also in dem »kooperativen Geist«, den Michael Tomasello in seinen Untersuchungen immer wieder beobachtet hat.

Ich nenne dieses erste Dreiecks-Schema der Beziehung, aus dem sich noch weitere Zusammenhänge ableiten ließen – etwa Girards Theorie der Entstehung von Gewalt durch Mimesis –, das *Delta der Beziehung.* Der griechische Großbuchstabe Δ (ausgesprochen delta) bezeichnete schon Jahrhunderte vor Christus aufgrund seiner Form die zwischen den beiden Nilarmen liegende Landschaft Unterägyptens – das, was wir im Deutschen heute als Flussdelta bezeichnen. Sie werden später noch einem anderen Denk-Schema begegnen, in dem die Δ-Form die zentrale Rolle spielt: das Delta der begrifflichen und logischen Operation. In der Mathematik bezeichnet das Δ die Differenz, den Unterschied zwischen zwei und mehr Zahlen sowie den Differenzialoperator in der Differentialrechnung. Die Möglichkeit, logisch zwischen A und B unterscheiden zu können, scheint dabei eine gleichsam abstrakte Weiterentwicklung des Umstands zu sein, als Kind gelernt zu haben, unterschiedliche Perspektiven einnehmen zu können. Insofern kann man sagen, dass das Δ der Beziehung (das Beziehungsdreieck) eine Grundlage für das denken und seine weitere begriffliche und logische Entwicklung ist (das Δ der logisch-begrifflichen Operationen).

Zunächst aber ist das Kind eingebettet in eine sehr ursprüngliche Form der Unterscheidung, die innerhalb des Gesamtzusammenhangs einer *Lebensform* – durch ein Handeln, einen Umgang mit den Dingen und mit anderen Menschen – eingeübt wird. In diesem ursprünglichen Zusammenhang kann man durchaus eine »primitive« Form des denkens erblicken –, die den Untersuchungen von Tomasello und anderen Primatenforschern zufolge ein Spezifikum unserer Art darstellen. Einige der typischen kognitiven und sprachlichen Behinderungen sind Peter Hobson zufolge »zum größten Teil Folgeerscheinungen des weitgehenden Unvermögens, sich auf die Ich-Du-Bezogenheit mit anderen Menschen einzulassen. Das Unvermögen zieht Schwierigkeiten in verschiedenen Aspekten nach sich: im Verstehen der subjektiven Ausrichtung und inneren Zustände von anderen Menschen und im Identifizieren damit; im Erkennen von Wesen und Form zwischenmenschlicher Austausch- und Kommunikationsvorgänge; im Wahrnehmen des Spektrums an Perspektiven, die jemand gegenüber einer gemeinsamen Realität einnehmen kann. Dies be-

135

zieht sich nicht nur auf die Probleme, die Autisten mit den pragmatischen Aspekten der Sprache haben … oder auf ihre unflexiblen, eingleisigen Denkmuster, sondern auch auf das spärliche Fließen genau der Quellen, aus denen sich höhere kognitive Funktionen – der Fähigkeit zum schöpferischen Symbolgebrauch, zum ›Als-ob‹-Denken und zum selbst-reflexiven Denken.«[116] Tatsächlich scheint die Entstehung des symbolischen denkens – des denkens, das Symbole gebraucht statt Dinge oder Wörter für Dinge – eng mit der Fähigkeit verbunden zu sein, Perspektiven wahrzunehmen. Das Kind könnte gesehen haben, dass der Erwachsene die Puppe mit einem Papier zudeckt – so als sei das Papier eine Decke. Dieselben Dinge können für etwas anderes stehen – wenn ich sie einfach anders *sehe*. Doch um dahin zu gelangen, muss das Kind in der Lage sein zu unterscheiden zwischen dem, was das Objekt »in Wirklichkeit« ist – in der bisherigen, noch gewohnten Perspektive –, und dem, was es als »Symbol-Objekt« im Spiel bedeutet (eine Decke). Im Nachhinein kann auch das Symbol-Objekt wieder zu einem »normalen« Objekt der Welt werden. Im Spiel sind für Kinder Dinge »Wirklichkeit«, die für einen Erwachsenen nur insofern »wirklich« genannt werden können, als sie im Spiel des *Kindes* und dort auch tatsächlich eine bestimmte (andere) Funktion haben. Hobson weist darauf hin, dass diese Unterscheidung ein »doppeltes Unterscheiden von Haltungen« erfordert: »sich mit einer wirklichen Decke zu beschäftigen ist etwas anderes, als mit einem Objekt so umzugehen, als sei es eine Decke«.[117] In gewisser Weise könnte man sagen, dass Kinder Idealisten sind: Sie glauben durchaus, dass die Dinge, die sie sich vorstellen (der symbolische Gebrauch von Dingen), wirklich sind – allein deshalb, weil sie sie (eben im Spiel, symbolisch) *so* gebrauchen. Dieses »Als-ob« lernen Kinder nur im Zusammenhang mit dem Δ der Beziehung. Symbole erwachsen aus der Fähigkeit, ein und dasselbe Ding – und auch Wörter sind in diesem Sinn zunächst »Dinge«, verbale Gegenstände – *anders* zu sehen – aber so, dass dieses andere nicht vollkommen verschieden von dem Ding (oder Begriff) ist, sondern an ihm »klebt«. Philosophisch gesprochen sind Symbole eben keine Zeichen, die auf etwas anderes hindeuten (der Pfeil, der auf den Eingang deutet, ist ein Zeichen, das nicht mit dem Eingang selbst zu verwechseln ist), sondern Wirklichkeiten, die im Symbol *präsent* sind. Man könnte auch sagen: die am Symbol »kleben«. Das Symbol hat (anders als das Zeichen) Anteil an der Wirklichkeit, auf die es verweist. Wenn ich jemandem aus Liebe einen Ring schenke, dann ist (hoffentlich) klar, dass der Ring nicht die Liebe ist, sondern die Liebe größer als selbst dieses wertvolle Geschenk ist. Und doch hat der Ring (als Symbol) Anteil an der Wirklichkeit der Liebe. Er ist nicht »getrennt« von ihr, sondern »hineingenommen« in die Beziehungswirklichkeit. »Das einzelne Wort und seine Bedeutung sind in ein weites Geflecht von Wissen und Erfahrung eingebunden«, schreibt Hobson. »Das Wort dient dazu, eine bestimmte Perspektive auf ein Objekt in eine feste Form zu gießen, so daß die Bedeutung sich gegen den gesamten Hintergrund des Erfahrungswissens abheben kann.« Diese Bemerkung deckt sich inhaltlich völlig mit Wittgensteins Bemerkung, dass gewisse Wörter oder Sätze »von der Form der Erfahrungssätze« erstarren, während andere Teile der Sprache (und der Erfahrung) weiterhin »flüssig« sind.[118] Das denken kommt mit Hilfe von Wörtern und Symbolen – genauer: durch das Medium von Sprache und Symbol – in Bewegung und »hat die Wiege verlassen, in der es genährt wurde« (Hobson). Denken fußt auf Symbolen. »Symbole verankern Bedeutungen, und Bedeutungen sind etwas, das *Menschen* in Dingen sehen oder ihnen zuschreiben.« Und dieses *Sehen als* wird durch Beziehungen zu anderen Menschen gesehen und »gelernt« – ein »Lernen«, das auch vorbewusstes Lernen beinhaltet. Wörter verankern die Bedeutungen fest in uns und in unserem Gedächtnis, die wir bestimmten Lauten (»Stimmdingen«) gegeben haben. Zunehmend wird die Sprache zum eigentlichen Medium des denkens – auch wenn ihre Wurzeln unbestreitbar »in der vorsprachlichen Kommunikation liegen« (Hobson). Ich erwähnte bereits, dass auch Computer Symbole verarbeiten können – weil bestimmte logische Ausdrücke beispielsweise als Abkürzungen für andere Zusammenhänge genutzt werden können. Aber Computer fühlen nicht; sie können keine Beziehungen zu uns oder untereinander eingehen; jedenfalls keine Beziehungen, die über bloßes Verkabeln hinausgehen und auch nur im Geringsten dem ähneln, was sich in einer komplexen Mensch-Mensch-Begegnung ereignet.

3.6 Miteinander leben – miteinander denken: Vorsprachliches denken

Wie auch immer man die rudimentären, vorsprachlichen Formen der Kommunikation betrachten will – in ihnen finden sich die zentralen, sich später immer weiter entwickelnden und entfaltenden Anlagen des denkens. Menschliches denken wird immer und mit Notwendigkeit im Kontext des sozialen Raums, des alltäglichen Miteinander-Lebens erworben. Insofern mag es durchaus sein, dass es kein wirkliches Gegenargument gegen den Solipsismus gibt (also gegen die Ansicht, dass sich die Existenz der Welt nicht beweisen lässt und nichts außerhalb von einem selbst oder außerhalb des eigenen Bewusstseins existiert). Außer einem – einer gleichsam instinktmäßigen, sehr ursprünglichen Reaktion, die aus dem Lebenskontext kommt und uns »sagt«, dass wir uns die Welt nicht anders vorstellen können als eben so, dass der Stein, gegen den ich trete, so dass mir der Fuß weh tut, wirklich existiert. Es tut *mir* weh und nicht meiner Vorstellung (oder »in« meiner Vorstellung). Ich werde, wenn ich gefragt werde, sehr wohl sagen, dass der Schmerz, den ich empfinde, ein wirklicher und kein vorgestellter Schmerz ist und ich auch nicht absichtlich mit dem Auto gegen eine Mauer fahre, weil zumindest die Mauer wirklich ist. *Dass* ich sie für wirklich *halte*, ist kein Beweis im strengen Sinn. Aber es ergibt sich so aus den bisherigen Erfahrungen, die ich in meinem Leben gemacht habe. In analog skeptischer Weise mag es möglich sein, »dass wir kein

Wissen über fremde Seelenzustände [besitzen], aber das heißt gerade nicht, daß dieses für uns ungewiß ist. Es gehört zu unserer Lebensform.«[119] Weil all das so grundlegend, so weit unterhalb des »Niveaus« von denken liegt und in vorsprachlichen Erfahrungen und Perspektiven wurzelt, erscheint diese Übernahme der Lebensvorstellungen anderer gleichsam naiv, ja primitiv. Wittgenstein notierte zu diesem Thema:»Was aber will hier das Wort ›primitiv‹ sagen? Doch wohl, daß die Verhaltensweise *vorsprachlich* ist: daß ein Sprachspiel *auf ihr* beruht, daß sie das Prototyp einer Denkweise ist und nicht das Ergebnis des Denkens.«[120] Eine primitive Reaktion im Sinne Wittgensteins ist die unmittelbare Reaktion auf den Schmerz oder das Schmerzverhalten eines anderen Menschen (die sich sehr früh und auf eindrückliche Weise bereits bei Kindern nachweisen lässt). Mag sein, dass auch in einem zweiten Sinn die erste verbale Reaktion darauf (»aua«) primitiv zu nennen ist und in einem dritten, davon unterschiedenen Sinn auch das sich anschließende, noch »primitive« Verhalten. Wenn man die »primitiven« Ursprünge des denkens, die in der Lebensgemeinschaft erworben werden, verlängert auf die später mit dem Erwerb der Sprache (und damit des verbalen denkens) einsetzende Sprachgemeinschaft, die mit der Lebensgemeinschaft untrennbar verwoben ist, dann lassen sich einige entscheidende Erkenntnisse über unser denken gewinnen. Ganz entscheidend ist dabei vor allem die Einsicht, dass sich die zunächst auf der Ebene von Kooperation und Empfinden beruhende Einschätzung – das Kind, wir selbst, sind uns sicher, dass der andere Schmerzen hat – *nicht* bezieht »auf einen Erkenntnisgegenstand, nicht auf die ›wahre‹ Empfindung, sondern auf das im Einklang mit der Sprachgemeinschaft funktionierende Sprachspiel. Wenn man sie auf das verschiebt, *worüber* im Sprachspiel gesprochen wird, meint man, der Empfindung gewiß zu sein. Mit dieser Verschiebung macht man den entscheidenden Fehler, daß man die Gewißheit auf Objekterkenntnis bezieht. Ebenso wie bei der Annahme einer privaten Sprache begeht man den Irrtum zu glauben, man könne die eigenen Empfindungen wie private Objekte erkennen und bezeichnen. Tatsächlich sind wir unserer eigenen Empfindungen gewiß, aber dies sind wir nicht, weil wir eine sichere Erkenntnis von ihnen besitzen.«[121] Diese Aussagen scheinen der Intuition zu widersprechen. Warum sollte ich mir nicht meiner eigenen Empfindungen gewiss sein – *ich empfinde* sie doch! Doch dieser Sachverhalt ist wesentlich komplizierter, als es auf den ersten Blick scheinen mag. Es gilt die gerade angesprochenen Zusammenhänge gründlich und in aller Klarheit nachzuvollziehen. Von diesem Verständnis hängt meiner Ansicht nach entscheidend ab, wie wir denken (und philosophieren) und uns selber in diesem Prozess des denkens verstehen. In jedem Fall aber führt das nachdenken über eigene Empfindungen, die Möglichkeit einer eigenen, völlig privaten Sprache und die Frage der Gewissheit von Erkenntnis ins Zentrum der Frage, was das Phänomen des denkens ausmacht und womit Philosophie es zu tun hat.

Was die empirischen Untersuchungen zeigen, mündet in gewisser Weise am Ende in eine Art von philosophischem Common Sense. Wenn ich über mich selbst nachdenke oder Sie über sich, dann entwickeln wir in diesem Nachdenken eine Distanz zu uns. Mir, Ihnen gelingt das nur, weil wir eine andere Perspektive einnehmen können. Die meisten Menschen würden sagen:»Das nachdenken über dich selbst gelingt dir, weil du dich ganz nüchtern von außen betrachtest.« Diese Aussage ist sicher richtig. Und doch scheint es mir mehr zu sein, wenn ich erfahre, dass ich genau diese Außenperspektive, diese Fähigkeit, einen Schritt hinter mich (nämlich hinter das Ich, die erste Person) selbst zurückzutreten, bereits als Kind erlernt habe, lange bevor ich sprechen konnte. In dieser Zeit schon habe ich gelernt, anders wahrzunehmen – anders als Tiere und anders im Sinne von aus der Sicht eines (oder mehrerer) anderer Menschen. Ich gestehe, dass ich ein gewisses Faible habe für derartige Untersuchungen wie die von Tomasello, die offen und neu an die alten Probleme herangehen und mir mit frischem Blick und in überraschenden Versuchen *zeigen*, was vor sich geht. Gerade die akademische Philosophie neigt an heiklen Stellen dazu zu dozieren, zu erklären und zu behaupten – statt mich sehen zu lassen, wie sich die Dinge bei Kindern oder erwachsenen Menschen oder Menschenaffen tatsächlich verhalten. Mit dem großen Wort »tatsächlich« räume ich ein, dass ich in gewisser Weise an die Existenz einer Außenwelt glaube oder zumindest an Tagen, an denen ich daran ernsthafte Zweifel habe, immerhin noch der Überzeugung bin, dass es möglich sein wird, mich mit anderen, um nicht zu sagen mit den meisten Menschen relativ schnell darauf einigen kann, dass wir zumindest von denselben Halluzinationen sprechen und dieselben Vorstellungen in unserem Geist haben, auch wenn es sein könnte, dass wir diesen Geist nie verlassen. Dass denken und insbesondere Selbsterkenntnis Distanz voraussetzen – also das Setzen eines Unterschiedes zwischen sich und anderen, zwischen einer Form des Ichs und einer anderen, vielleicht früheren oder noch kommenden Form –, ist eine wesentliche Einsicht in die Phänomenologie des denkens. Vielleicht werden akademische Philosophen – Berufsphilosophen also – einwerfen, dies alles sei doch philosophische Vorschule. Jetzt beginne es doch erst! Das mag sein. Aber ist es nicht wichtig, gerade auch die einfachen Grundlagen gut – eben gründlich – zu verstehen? Zumal es einfach und auch wieder nicht einfach ist, denn wirklich einzuholen, was mit einer solchen Aussage (oder Behauptung) gemeint ist, und sie, wie es so oft heißt, »argumentativ und empirisch festzumachen«, erweist sich oft als wesentlich härteres und langwierigeres Geschäft als angenommen. Für mich ist eine der verblüffendsten Erfahrungen des denkens immer wieder, dass man an einem beliebigen Punkt, einfach mitten im Satz zwischen zwei Wörtern, beliebig in die Tiefe gehen könnte. Wenn man die sichere Oberfläche verlässt, zeigt sich schnell, dass für das denken gilt, was auch für die Meere gilt: Obwohl sie den größten Teil unserer Erde ausmachen, wissen wir über das Leben im Meer und insbesondere in der Tiefsee am allerwenigsten. Selbst einfachste Behauptungen solide zu begründen, kann zu einer Lebensaufgabe werden (und nicht wenige haben dabei tatsächlich aufgegeben). Auch Sachverhalte oder Zusammenhänge, über die man sich schnell bei einem guten Glas Wein einigen kann, können es erforderlich machen, bei eingehender Untersuchung tief in die philosophische oder empirische Klamottenkiste zu greifen. Manches, das sich einfach anhört, ist tatsächlich auch einfach – aber zuweilen erst, nachdem man sich durch Unmengen von Widersprüchen durchgearbeitet hat und dabei eine Fülle von Umwegen gegangen ist. Erst *dann* ist es wieder einfach.[122]

4. Phänomenologie des denkens (2)

4.1 Die Verwirrung von denken und Gefühl: Grübeln, Depression, Verstimmung, Achtsamkeit und Weisheit

Nach den Erörterungen über die neurowissenschaftlichen und vorsprachlichen Wurzeln des denkens würde ich gerne noch einmal auf die Phänomenologie des denkens zurückkommen. Im Alltag verschmelzen Gefühle, Gedanken, Körperempfindungen, Eindrücke und Stimmungen miteinander. Dieser Komplex aus verschiedenen Dimensionen unseres Lebens – der physischen, der mental-kognitiven, der emotionalen, der sozialen etc. – hat großen Einfluss auf unser Befinden. Dieser Zusammenhang – die psychosomatische Einheit von Körper und Geist – ist vielfach durch Experimente bestätigt worden, die zeigen, wie stark Gedanken unsere Körperhaltung und Körperwahrnehmung (und umgekehrt!) verändern können – zum Guten wie zum Schlechten. An der Ruhr-Universität Bochum beispielsweise wurde gezeigt, dass depressive Probanden den Körper beim Gehen weniger auf und ab bewegen und auch weniger die Arme mitschwingen lassen. Wenn Sie beim Lesen das Buch kurz weglegen, die Mundwinkel nach unten und die Schultern hochziehen und den Kopf senken, dann werden Sie feststellen, dass diese Körperhaltung Ihnen schon nach kurzer Zeit schlechte Laune macht. Was hat dies mit denken zu tun? Ganz einfach: Grübeln, ein in sich selbst vergrabenes, negatives denken ist, wie der klinische Psychologe Mark Williams schreibt, »das Problem, nicht die Lösung«.[123] Mark Williams, der in Oxford lehrt, hat maßgeblich die MBTC, die Achtsamkeitsbasierte kognitive Therapie (Mindfulness-Based-Cognitive-Therapy) entwickelt. Diese Methode basiert ihrerseits auf alten indischen und tibetisch-chinesischen Konzentrationsübungen, neueren neurowissenschaftlichen und psychologischen Erkenntnissen insbesondere aus der Emotionsforschung und der seit vielen Jahren weltweit erfolgreich angewandten, vielfach untersuchten MSBR-Methode, der Stressbewältigung durch Achtsamkeit, die von Jon Kabat-Zinn entwickelt wurde.[124] Mit Hilfe dieser Methode werden heute erfolgreich Schmerzpatienten oder an Depression erkrankte Menschen therapiert. Sie ist inzwischen eine weltweit standardisierte, aus verschiedenen Techniken bestehende Methode, die in einem achtwöchigen Training vermittelt und dann selbständig eingesetzt werden kann.

Die Details sind in diesem Zusammenhang nicht wichtig. Worauf ich hinauswill, ist der bereits angesprochene Umstand, dass das philosophische denken oftmals in Krisenzeiten einsetzt. Viele versuchen Philosophie allein aus diesem Grund zu vermeiden, weil es sie an Krisen und schwerere Zeiten erinnert. Wer will sich dem freiwillig aussetzen? Kein Wunder also, dass Philosophie für viele Menschen gleichbedeutend ist mit Grübeln und Grübeleien. In Zeiten von Unruhe und Stress setzen oft selbstvernichtende Gedanken ein, die in der Regel wenig dazu beitragen, die Probleme, die man zu lösen versucht, auch tatsächlich zu lösen. Grübeln ist, wie Williams sagt, das Problem, nicht die Lösung. Warum?

Unangenehme Erinnerungen, hyperkritische Gedanken über sich und andere, negative Werturteile über das eigene Leben, Verurteilungen von Gefühlen und Wünschen, ein pessimistischer Blick auf die Zukunft: All das werden Sie kennen und hoffentlich nicht chronisch darunter leiden. Rund 10 Prozent der Bevölkerung erkranken derzeit mindestens einmal im Leben an einer klinischen Depression, die der WHO zufolge in rund zehn Jahren weltweit das zweitgrößte Gesundheitsproblem darstellen wird! Philosophie hilft bei der Bewältigung solcher – klinischer – Beschwerden und Krankheiten nur peripher. Aber sie hilft, davon bin ich überzeugt, im Vorfeld: im Alltag. Ein allzu sorgengeplagter Geist gebiert Ungeheuer, die sich nicht nur im denken, sondern auch im Handeln, im Körper und im Umgang mit anderen Menschen festsetzen. Menschen, die darunter leiden, geraten in eine Art Rückkopplungsschleife. Überarbeitung ist ein gutes Beispiel. Früher oder später wird alles – auch das eigene Wohlbefinden – der Arbeit untergeordnet: Beziehungen, Gesundheit, Glück. Es entstehen auf diese Weise »Gedankenbündel«, in denen sich unverarbeitete Gefühle, körperliche Empfindungen, Emotionen und Impulse mit geradezu gebetsmühlenartig wiederholten Slogans und Einstellungen (»Das Leben ist Mist«) verbinden. Die geistige Verfassung eines solchen Menschen ist schlecht, zumal die schlechte Stimmung auf die Wahl der Gedanken Einfluss nimmt, während die Gedankenwelt unter negativem Vorzeichen auf die Gefühle bis hinein in das körperliche Empfinden Auswirkungen hat. Ich nehme an, ich muss Ihnen diesen Zusammenhang nicht weiter erläutern – Sie werden ihn aus dem eigenen Leben oder doch zumindest aus der Familie, von Freunden oder Arbeitskollegen kennen. Der Gedanke, dass einen all das, was man tut, nicht weiterbringt, verbindet sich mit einem Gefühl der Müdigkeit und Verspannung, mit Magenproblemen und Traurigkeit und führt zu dem Impuls, endlich die Probleme zu lösen, endlich etwas zu tun – oder sich zu verkriechen, all das zu vermeiden und zu fliehen. Die Flucht-Reaktion ist völlig normal. Sie ist eine während der Evolutionsgeschichte erworbene Verhaltensweise, die auch Tiere zeigen. Nur dass sich Tiere im Unterschied zu uns nach der unmittelbaren Bedrohung etwa durch ein Raubtier wieder beruhigen und weitergrasen, während Sie immer noch Ihren Chef im Nacken spüren oder an ihn (oder sie) denken. Stress und Verletzlichkeit (oder andere negative Gefühle) können zu Verstimmungen und Grübeleien führen: zu Gedanken, die sich ständig im Kreis drehen, anstatt die erhoffte Flucht wenigstens im denken in die Wege zu leiten. Angst intensiviert diesen Fluchtmechanismus – ein Mechanismus, der in verschiedenen neurowissenschaftlichen Abhandlungen über die Angstreaktion beschrieben wurde und über den heute Einigkeit besteht. Angst und Stress können zum Grübeln führen, dessen Sinn und Zweck eigentlich darin besteht, mit Hilfe von Gedanken zu ergründen, *warum* wir uns so fühlen, wie wir uns fühlen. Hinter dem Grübeln steht die Hoffnung, durch eine Klärung des »Warum« die Situation zu überwinden. Leider lässt sich das Warum häufig nicht genau klären, weil die Zusammenhänge zu komplex sind. Also suchen wir in der Erinnerungen nach ähnlichen Situationen, um von dort aus weiterzukommen. Deshalb stecken wir beim Grübeln so schnell in der Vergangenheit fest. Wir durchdenken Situationen, an die wir uns erinnern, in denen es schon ähnlich schlecht, ähnlich hoffnungslos, ähnlich traurig war. Leider verstärken derartige Erinnerungen die damit verbundenen Gefühle auch körperlich und setzen weitere negative Gefühle und Gedanken in Gang. Dieser Rückkopplungsprozess hinterlässt Spuren im Geist, die schlechte Laune, Panikreaktionen, Stressgefühle und negative, sich selbst verurteilende, allzu selbstkritische Gedanken (»Ich kann das einfach nicht. Ich bin ein Versager«) immer leichter auslösen können. Schließlich braucht es gar keinen realen Auslöser mehr, um in dieser negativen Stimmung zu versinken – die Erinnerung an frühere (oder ausgedachte zukünftige) ähnliche Szenarien oder Problemkonstellationen genügt.

Das Problem ist, wie Williams schreibt, dass »Anspannung, Verstimmtheit oder Erschöpfung keine ›Probleme‹ sind, die sich lösen lassen. Es sind Emotionen. Sie spiegeln geistige und körperliche Befindlichkeiten wider. Als solche lassen sie sich nicht *lösen*, sondern nur *spüren*.«[125] Um weiterzukommen, setzen wir auf das Instrument, dem wir so häufig vertrauen – warum nicht auch in diesem Fall. Rationales, kritisches denken soll das Problem des Unglücklichseins, der negativen Emotionen lösen. »Wir sehen uns in einer bestimmten Position (›Ich bin unglücklich‹) und wissen, wo wir gerne sein würden (›Ich bin glücklich‹). Daraufhin analysiert unser Verstand die Kluft zwischen beiden und sucht nach der effizientesten Möglichkeit, sie zu überbrücken. Um dies zu vollbringen, schaltet er den ›Tun-Modus‹ ein (so genannt, weil er bei der Lösung von Problemen und der Erledigung von Aufgaben gute Dienste leistet).«Leider ergeben sich aus dieser zunächst sinnvoll erscheinenden »Lösung« – zu denken – weitere Probleme. Tatsächlich ist weiteres denken in Form von Grübeln nicht die Lösung, sondern das Problem! Warum? Weil die Kluft zwischen »Ist-« und »Soll«-Zustand immer erdrückender wird. Gerade deshalb rennen wir auf dem einmal eingeschlagenen Weg (einen anderen haben wir noch nicht gefunden) wieder los – und sehen dabei kaum Alternativen. Der Verstand hält die Kluft bzw. deren Überwindung für das größte Problem. Wenn wir von einem Ort bzw. einer Zeit zur anderen wollen, wenn wir ein Haus bauen, eine Arbeit vollbringen oder ein Projekt stemmen wollen, brauchen wir diese Denkweise. Wir müssen ständig Ist (»Ich bin hier«) und Soll (»Ich will aber dorthin«) vergleichen, um anzukommen. Allerdings ist dieser Ansatz »wegen des komplexen Zusammenspiels von Gedanken, Gefühlen und Körperempfindungen … im Umgang mit Emotionen verheerend«.[126] Die Gedanken überschlagen sich, weil wir immer noch nicht da sind, wo wir hinwollen. Und dann geraten wir ins Grübeln.

Doch es gibt eine Lösung, diesen Teufelskreis zu unterbrechen. Sie hängt damit zusammen, dass wir nicht nur denken, wenn wir denken, als sei das ein rein technischer, logischer Akt, sondern zugleich auch unsere Aufmerksamkeit auf das denken lenken. Wenn wir denken, sind wir uns immer wieder bewusst, dass wir denken. Das können wir nutzen. Wir können unsere Aufmerksamkeit darauf lenken, dass wir uns bewusst sind, dass wir denken. Durch diesen Akt des Bewusstwerdens können wir einen Wechsel der Perspektive einleiten. Reines Gewahrsein »ermöglicht es uns, die Welt direkt zu erleben. Sie ist größer als das Denken. Sie ist nicht von Gedanken, Gefühlen und Emotionen verschleiert. Reines Gewahrsein transzendiert das Denken.«[127]

Damit sich das nicht zu esoterisch anhört, schlage ich vor, dass Sie sich auf ein weiteres Experiment einlassen, das man in vielerlei Form machen kann. Besonders geeignet ist dafür ein Stück Schokolade. Nicht nur, weil es nach dieser Lektüre und den schweren Gedanken glücklich macht (Schokolade wurde deshalb im 19. Jahrhundert als Stärkungsmittel in Apotheken verkauft). Der Geschmack der Schokolade setzt sich aus mehreren hundert einzelnen Komponenten zusammen (was dem Experiment zugute kommt). Schokolade enthält laut Wikipedia »Theobromin, das chemisch dem Koffein ähnlich ist. Es wirkt auf den Organismus mild und dauerhaft anregend und leicht stimmungsaufhellend. Für Menschen ist dieser Anteil – im Gegensatz zu Hunden, Katzen und Pferden – ungefährlich. Weitere Inhaltsstoffe, die in Zusammenhang mit der stimmungsaufhellenden Wirkung von Schokolade gebracht werden, sind unter anderem das molekulare Grundskelett des Amphetamins Phenylethylamin, die Serotonin-Vorstufe Tryptophan, ein natürliches Antidepressivum, und das Cannabinoid Anandamid.«

4.2 Das Schokoladenexperiment

Nun zum Experiment. Nehmen Sie möglichst eine Schokoladenart bzw. Geschmacksrichtung, die Sie noch nicht so gut kennen – das erhöht durch die Überraschung den Effekt. Machen Sie das, was Sie immer machen – nur mit großer Achtsamkeit. Nehmen Sie ein Stück Schokolade aus der Verpackung. Fühlen Sie die Konsistenz, inhalieren Sie den Duft, schauen Sie sich das Stück an mit seinen Bruchecken, Mustern etc. Dann legen Sie das Stück Schokolade (nicht zu groß) auf die Zunge. Und *lassen* es da. Versuchen Sie es einfach schmelzen zu lassen. Achten Sie auf den Schluckimpuls. Was schmecken Sie? Wie fühlt sich die Schokolade auf Ihrer Zunge an? Wie (und was) fühlen Sie dabei? Wie ist Ihr »Ist«-Zustand? Ahnen Sie einen »Soll«-Zustand? Sollten Ihre Gedanken bei derart vielen Möglichkeiten auf Abwege geraten und die Sinne verlassen, so lenken Sie sie wieder in die Gegenwart der Schokolade zurück. Sie ist jetzt das Wichtigste für Sie. Die Schokolade und das, was Sie in Ihnen auslöst, sollte im Zentrum Ihres Empfindens und Denkens stehen. Dann erst (den Zeitpunkt bestimmen natürlich Sie), wenn die Schokolade nach Möglichkeit ganz geschmolzen ist, schlucken Sie sie herunter. Langsam und bewusst. Wie fühlt sich das an? Spüren Sie Ihre Speiseröhre? Wenn Sie nicht zufrieden waren – wiederholen Sie das Experiment (wobei Sie nicht alles aufessen sollten). Dann erst kehren Sie zum Buch zurück.

Ich wünsche Ihnen viel Spaß dabei.

***

War etwas anders als sonst? Hat die Schokolade nicht nur anders, sondern auch besser geschmeckt? Wie hat sich das, was Sie gerade getan haben – etwas völlig Alltägliches: Sie haben ein Stück Schokolade gegessen –, von dem, was Sie sonst tun, wenn Sie ein Stück Schokolade (oder etwas anderes) essen, unterschieden? Keine Sorge – ich will keine Geschmacks- und Kochschule mit Ihnen machen (obwohl das ein, wie ich zugebe, sehr reizvoller Gedanke wäre).

Ich hoffe, Sie haben erfahren, dass die Aufmerksamkeit – das gezielte Richten des Bewusstseins auf einen bestimmten Punkt, eine Konzentration der Empfindungen – einen großen Unterschied gemacht hat. Sie können mit Hilfe dieser Übung gewissermaßen aus dem Alltag heraustreten. Die Aufmerksamkeit verändert die Blickrichtung, die Perspektive. Ihr Standpunkt hat sich verschoben (so wie Sie vielleicht nach einigen Wochen nicht mehr nachvollziehen können, warum Sie damals auf einen Kollegen oder eine Kollegin derart sauer reagiert haben). Sie haben also nicht darauf gewartet, dass andere etwas tun; dass die Sonne endlich durch die Wolken bricht und das Wetter besser wird (im wörtlichen wie im übertragenen Sinn); dass Sie endlich jemand anders sind etc. Sie sind einfach achtsam gewesen bei dem, was Sie tun. Williams nennt das den »Seins-Modus«: eine andere Ebene oder Perspektive, von der aus Sie die Dinge wahrnehmen. Mit einem Mal haben Sie nicht *geurteilt* über das, was geschah, sondern haben *gefühlt*, empfunden. Sie haben, etwas pathetisch ausgedrückt, die Welt versucht zu sehen, wie sie ist – aufmerksam, konzentriert, gesammelt, neugierig, aber eben ohne Urteil. Der »Tun-Modus«, in dem unser denken häufig operiert, ist wie gesagt in vielen Fällen äußerst wichtig und führt zur Lösung von bestimmten Typen von Problemen. Doch dieser Modus hat Grenzen. Wer im Tun-Modus ist, hat auf »Autopilot« geschaltet. Wir arbeiten ab, was eben getan werden muss. Weitgehend gedankenlos folgen wir längst erlernten denk- und Handlungsmustern. Wenn es jedoch darum geht, tiefer sitzende Probleme zu lösen, ist es wichtig, gelegentlich in den Seins-Modus zu schalten, um sich aus der Situation zu lösen und Alternativen zu entwickeln, andere, neue Standpunkte und Herangehensweisen. Geht es Ihnen häufig so, dass Sie einfach nur vor sich hin gehen auf dem Weg zum Einkauf, ins Büro, zu Ihrer Familie? Dass Sie gar nicht merken, wo Sie sind, weil Sie (wodurch auch immer) abgelenkt sind, und sei es die Vorstellung von dem, was sein wird? Sie *sind* dann buchstäblich in Gedanken. Mehr noch: Sie leben nicht nur in Ihren Gedanken, Sie sind in ihnen gefangen. Das Gefühl der Präsenz in Ihrem Körper ist Ihnen abhanden gekommen. Sie essen Schokolade, ohne wirklich dabei zu sein. Der Seins-Modus, die Übung der Achtsamkeit, »führt zu einer vollkommen anderen Art von Erkenntnisprozess. Es geht nicht darum, unsere Gedanken in andere Bahnen zu lenken. Achtsam zu sein heißt, wieder mit den Sinnen in Kontakt zu stehen, sodass wir alles sehen, hören, tasten, riechen, und schmecken, als wäre es zum ersten Mal.«[128] Kurz gesagt: Sie sind statt in Gedanken ganz bei Sinnen.

Es tut gut, immer wieder in diesen Modus umzuschalten. Es ist gut, zu denken. Aber sich zuweilen auch bewusstzumachen, dass man eben *denkt*. Und an eine Schokolade zu denken ist etwas anderes, als sie zu schmecken und den Geschmack zu erkunden. Je häufiger und besser es Ihnen auf Wunsch gelingt, ganz bewusst, das Urteilen auszusetzen und (wiederum klingt das etwas pathetisch) einfach zu *sein*, wird es Ihnen auch möglich werden, die Negativspirale der Stimmungen zu unterbrechen. Je weniger Sie urteilen, desto besser wird es Ihnen auch gelingen, sich der Welt zuzuwenden und somit auch Gedanken, Gefühlen, Erfahrungen und Situationen auszusetzen, die nicht angenehm für Sie sind, die Sie möglicherweise ängstigen, einengen, bedrohen und Ihnen schlechte Laune machen. Statt zu denken und darauf schnell in den Tun-Modus überzugehen (denn Sie wissen ja in gewisser Weise, wohin Sie wollen: nämlich fliehen und weg aus der Situation), halten Sie das, was ist, aus. Sie können es betrachten. Sie verwechseln dann nicht mehr einen *Gedanken* über das, was ist, mit dem, was tatsächlich vor Ihnen *ist*. Die Übung der Achtsamkeit »lehrt uns, dass Gedanken nichts sind als Gedanken«.[129] Das ist eine wichtige, sehr wichtige Lektion. Sie hilft Ihnen, die Gangart zu wechseln, die Lebens-Perspektive zu ändern und neue Möglichkeiten zu erkunden, statt sich weiter auf die Vergangenheit (oder Zukunft) und Ihre Vorstellungen zu fixieren. Ihrem Wohlbefinden werden diese Übung und die daraus erwachsene Zufriedenheit, die sich allmählich einstellt, sehr zugute kommen. Sie lernen, immer häufiger in der Gegenwart zu sein, präsent, klar und urteilsfrei. Sie nehmen dann Ihre Gedanken zwar wahr, nehmen sie aber nicht immer gleich wörtlich und springen los, wenn sich ein Gedanke rührt. Wer immer in Gedanken ist, hat die Welt verloren. »Anwesend sind sie abwesend«, wie Heraklit sagte. »Dingen, die zu sehen, zu hören, zu erfahren sind, gebe ich den Vorzug.«[130]

4.3 Achtsamkeit und denk-Sinn – Indische Philosophie denkt denken anders

4.3.1 Indische Eröffnung

Die Dinge und sich selbst möglichst unverfälscht zu erfahren: darum geht es in der Übung der Achtsamkeit. Sie erinnert in manchem an Husserls Idee der Epoché. Auch Husserl ging es ja nicht darum, einfach anders zu denken oder alte Gedanken durch »bessere«, neue Gedanken zu ersetzen, sondern im Gegenteil gleichsam völlig aus dem Prozess des denkens herauszutreten, um dem Leben unzensiert zuschauen zu können. Was Sie dabei verändern, wenn Sie sich dieser und anderen Übungen unterziehen, die man als Bewusstseins-Übungen und in gewisser Weise auch als denk-Übungen bezeichnen könnte, ist Ihre *Haltung*: die Einstellung Ihren Gedanken gegenüber. Gerade die Haltung gehört meiner Ansicht nach wesentlich zur Technik des denkens dazu, die eben nicht nur aus Logik und den Regeln des deduktiven Schließens besteht. Leider lernt man diese tief in anderen, sehr praktischen Kulturtechniken (Schulung der Achtsamkeit, Konzentration etc.) verwurzelten Techniken des denkens gegenwärtig weder in der Schule, noch zu Hause oder bei der Arbeit – und meist noch nicht einmal mehr in der Kirche, dem eigentlich religiösen Kontext. Dabei ermöglicht es Ihnen gerade die Übung der Achtsamkeit, die Welt in Ihrem Kopf genauer wahrzunehmen – aber als Welt *in* Ihrem Kopf. Sie wenden sich bei dieser Form der Aufmerksamkeit dem denken selbst zu und entdecken dabei, dass das denken in gewisser Weise wie einer der anderen Sinne betrachtet werden kann. Denken kann ähnlich einer Sinneswahrnehmung wahrgenommen werden. Denken wird gleichsam zu einem Organ, einem Modus, in dem Sie die Welt wahrnehmen. Sie können Schokolade fühlen, riechen, sehen (hören leider nicht, es sei denn, Sie brechen sie), schmecken. Und Sie können versuchen, sie zu denken. Tatsächlich neigen besonders sogenannte verkopfte Menschen dazu, eine Menge von Dingen statt zu erfahren oder zu tun, lediglich in der Vorstellung zu betrachten. Sie denken an Schokolade, statt sie zu essen. Nichts gegen denken. Aber auch dem denken hilft es entscheidend, wenn Sie Erfahrung gesammelt haben im Umgang mit dem, worüber Sie nachdenken. Das denken ist kein Ersatz für andere Sinneswahrnehmungen, auch wenn es ein »Organ« der Wahrnehmung ist, das ein Teil der Welt erschließt.

Genau diesen Aspekt, dass das denken phänomenologisch wie

ein Sinn, eine Sinneswahrnehmung erscheint, erschließt die indische Philosophie genauer – man könnte gewissermaßen von einer »indischen Eröffnung« sprechen. Im indischen Kulturraum zählt man das denken zu den Sinnen. Die Epistemologie Indiens, aber auch der buddhistischen Philosophie, die sich in Indien entwickelt und von dort in andere Länder Asiens verbreitet hat, spricht von sogenannten Āyatana, den Grundlagen der Sinne bzw. vom Medium der Sinne. Es gibt sechs interne »Organe« oder »Tore« und sechs externe »Sinnes-Sphären« oder »Sinnes-Objekte«, die sich jeweils entsprechen. Diese zwölf sind:

- Auge und sichtbare Dinge (Sehobjekt)
- Ohr und Klang (Hörobjekt)
- Nase und Geruch (Riechobjekt)
- Zunge und Geschmack (Geschmacksobjekt)
- Körper und Berührung (Körperberührung)
- Geist (mind, sanskr. manodhātu) und mentale (geistige) Objekte (sanskr. dhammadhātu)

Das denken ist dieser Sicht der Dinge entsprechend keine übergeordnete Qualität oder Eigenschaft der Wahrnehmung, sondern lediglich eine Form der Wahrnehmung durch das sechste Organ (Geist) analog zu den fünf anderen Sinneswahrnehmungen, von denen jede einen anderen Bereich der Welt erschließt. Denken ist insofern mit dem Körper verbunden und, obwohl ein mächtiger Sinn, dennoch ein Sinn wie jeder andere auch. Diesem Umstand versucht die europäische Philosophie durch den Begriff *sensus communis* (Gemeinsinn) gerecht zu werden. Man denkt so, wie man sieht: und man sieht (in der Regel) das, was die anderen sehen. Gemeinsinn bedeutet: Man denkt, wie man eben denkt. Das denken wäre diesem Verständnis nach eine Art gemeinsamer, uns verbindender (innerer) Sinn, über den wir uns verständigen können. Wenn wir uns genauer darüber verständigen, also über das denken nachdenken, dann werden wir dabei insbesondere von Argumenten und logischen Verfahren Gebrauch machen. Während es reicht zu sagen: »Das habe ich gehört« oder »Das habe ich gesehen«, bedarf es unter Umständen doch einiger Anstrengung zu erklären, was genau man gedacht hat. Auch wenn das denken wichtig ist, darf man nicht vergessen, dass auch die anderen Sinne ihre »Logik«, ihre Regeln, Gesetze und Strukturen haben.

Nach indischer und buddhistischer Lehre können sich die sechs inneren Sinnes-Organe mit den äußeren Sphären oder (sechs) Sinnes-Objekten verbinden. Dies geschieht durch einen spezifischen Kontakt des jeweiligen Sinnes mit einem Objekt und mit den entsprechenden (sechs) Typen von Bewusstsein (Hör-Bewusstein, Seh-Bewusstsein, Riech- und Schmeckbewusstsein, Körperbewusstsein und Geistbewusstsein). Diese insgesamt achtzehn Elemente oder Dhātu bilden eine wichtige, sehr zentrale Einheit in der buddhistischen Psychologie. Und um es nur für einen Moment noch komplizierter zu machen: Der materielle Körper, in dem auch die Sinnesorgane beheimatet sind, bringt auch die fünf Skandhas oder »Gruppen« hervor, die alles, was die Persönlichkeit ausmacht, konstituieren – also denjenigen, der denkt oder mit den anderen Sinnen empfindet. Diese fünf Skandhas sind: Körperempfindungen bzw. Körperlichkeit samt Sinnesorganen; Empfindungen bzw. Gefühle; Wahrnehmung; die Geistesformation bzw. die psychischem Formkräfte und schließlich das Bewusstsein. Nach buddhistischer Lehre sind die fünf Skandhas jedoch keine eigenen Entitäten. Sie sind nicht wesenhaft oder, in buddhistischer Terminologie: Sie sind »leer« und besitzen keine Substanz. Aus diesem Grund wird derjenige, der an ihnen haftet, sich ihnen ausliefert und sie begehrt – gierig nach ihnen –, leiden.

Ich will nicht tiefer in die Psychologie und Philosophie des Buddhismus dringen, weil sie Ihnen möglicherweise doch etwas fremd erscheinen und Sie sich fragen, warum Sie sich dafür interessieren sollten. Es reicht festzustellen, dass es Menschen gibt, die keineswegs dümmer sind als wir, jedoch den Aufbau auch der inneren Welt, zu der das denken an prominenter Stelle gehört, anders sehen, d. h. anders darstellen und deuten als wir es in der abendländischen Tradition gewohnt sind. Derzeit findet auf internationaler Ebene eine interessante, sehr fruchtbare Auseinandersetzung zwischen Neurowissenschaftlern, Medizinern, Psychologen, Philosophen und insbesondere tibetischen Buddhisten statt. Ein Punkt bei dieser interdisziplinären Auseinandersetzung ist die Frage, welche Erklärungskraft die psychologischen Konzepte des Buddhismus haben. Buddhisten selber betrachten ihre Theorien als Denkhilfen, nicht aber als Glaubensgegenstände. Insofern stehen ihre Aussagen über die Funktionsweisen und Zustände des Geistes der kritischen Prüfung offen. Zu beobachten ist derzeit eine starke Annäherung westlicher und buddhistischer Konzepte. Es würde jedoch zu weit führen, Ihnen einen umfassenden Überblick über die Forschung oder auch nur über die Denksysteme Indiens bzw. der buddhistischen Philosophie zu geben.[131] Was Sie wissen sollten, ist lediglich Folgendes. Die indischen Philosophien gehen weitgehend auf die Texte der Veden (veda bedeutet im Sanskrit Wissen) zurück, deren älteste Schicht bis etwa 1500 vor Christus zurückreicht. Diese Datierung bezieht sich auf die Verfügbarkeit der ersten Schriften, die leider häufig auf nur wenig haltbaren Materialien wie Palmenblättern fixiert wurden. Vor dieser schriftlichen Schicht der Veden gibt es eine andere mündliche Überlieferung der »Texte«, die über Jahrhunderte mit großer Präzision vonstatten ging. Eine genaue Datierung des Ursprungs dieser Traditionen entzieht sich also unserer Kenntnis. Im Detail sind die indischen Denksysteme ähnlich wie die abendländischen Philosophien sehr ausdifferenziert. Sie unterscheiden sich aber zum Teil dennoch stark von Schule zu Schule, aber auch innerhalb der Familiensysteme und der Kasten, in denen sie tradiert wurden.

Grundsätzlich unterscheidet man in der indischen Philosophie sechs orthodoxe Standpunkte oder Darsanas, die jeweils in Dreierpaaren auftreten. Neben diesen sechs Darsanas gibt es verschiedene nicht orthodoxe Systeme der indischen Philosophie (nastika, wörtlich im Sanskrit Verneiner, »ist nicht«), darunter auch

155

Logik- und Erkenntnisschulen von hoher Differenziertheit, den Jainismus und den indischen Materialismus. Die orthodoxen Systeme der sechs Darsanas (auch astika genannt, wörtlich Bejaher, womit die Bejahung der vedischen Texte gemeint ist) lauten: Samkhya – die dualistische Erlösungsphilosophie – und Yoga – der Erlösungsweg: Sie bilden das erste Paar. Die Überlieferung gerade der Yoga-Wege erfolgte zunächst mündlich, ehe sich allmählich schriftliche Kommentare und systematische niedergeschriebene Interpretationen anschlossen. Das zweite Paar bilden Uttara-Mimamsa (auch Vedanta) – ein System monistischer und theistischer Metaphysik – und Purva-Mimamsa – die Ritualistik und Erkenntnisphilosophie. Das dritte Paar stellen Nyaya – die Schule der Logik und Erkenntnistheorie – und Vaisheshika dar, eine naturphilosophische Lehre, die die Welt weitgehend atomistisch betrachtet.[132] Gerade dieses dritte Paar bildet den Kern dessen, was im Westen das Studium des denkens und der Logik wäre. Lutz Geldsetzer, Professor für Philosophie und Leiter der Forschungsabteilung für Wissenschaftstheorie an der Heinrich-Heine-Universität Düsseldorf, vergleicht die Entwicklung des Buddhismus in seinem eben erwähnten Skript mit der Reformation.[133] Mit Luther hatte eine ähnliche, Wiederbelebung älteren, neuplatonischen denkens im Rahmen der christlichen Philosophie stattgefunden. Ähnlich findet auch die buddhistische Revolution zunächst innerhalb der indischen Philosophie statt – insbesondere im Kontext des Streites zwischen idealistischen und materialistischen Vorstellungen von der Welt. In meinem Buch über Weisheit habe ich mich ausführlich mit dem Buddhismus und der für den Buddhismus zentralen Erfahrung der Erleuchtung befasst und sie mit westlichen Vorstellungen, etwa von Nicolaus von Kues, verglichen. Im Zusammenhang mit der Frage nach dem denken bleibt festzuhalten, dass es sowohl nach indischer wie nach buddhistischer Vorstellung nicht fünf, sondern sechs Sinne gibt. Das denken – in englischsprachigen Texten meist durch »mind« wiedergegeben – ist ein (internes) Sinnesorgan, das wie eben angedeutet mit den anderen aus der westli

chen Tradition bekannten fünf Sinnen in Wechselwirkung steht.
Ich überlasse es Ihnen, sich auszumalen, was passieren würde,
wenn man das Denken im Westen auf diese Weise betrachten
würde.

In der indischen und buddhistischen Philosophie ist das denken ein sechster Sinn.

Ich erwähne diese Unterschiede, weil die Sinne noch in einem
anderen Zusammenhang eine entscheidende Rolle spielen, den
man als die zwölf Ursachen (nidana) oder die zwölfgliedrige Kette
der bedingten Entstehung bezeichnet.[134] Damit ist vereinfacht gemeint, dass alle Dinge, alle Wahrnehmungen, alles, was geistiger
oder körperlicher Natur ist, in wechselseitiger Abhängigkeit besteht. Daraus ergibt sich, dass »etwas« nicht als Substanz in sich,
als Ding in sich definiert und verstanden wird, sondern immer
als eine Relation, eine Beziehung auf andere »Dinge« oder »Erscheinungen«. Die Lehre von der *Entstehung in Abhängigkeit*
– pratītya-samutpada, auch Lehre vom bedingten Entstehen genannt – ist eine der zentralen, auf Buddha zurückgeführten Lehren des Buddhismus. Sie besagt, dass all das, was ist (in der klassischen abendländischen Metaphysik also das Sein), »keineswegs
ein ›substantielles Sein‹ im Sinne der aristotelischen Substanz
oder eines kantischen ›Dinges an sich‹ sein kann«.[135] Die Erkenntnis dieses Zusammenhanges, der ein komplexes Gefüge von
Ursachen und Wirkungen umfasst, wird auf Buddhas Erfahrung
zurückgeführt. Sie ist jedoch keine Offenbarung im jüdischen
oder christlichen Sinn, sondern eine aus der Empirie gewonnene
Theorie. Sie besagt, verkürzt gesagt, dass alle Phänomene und
Dinge interdependent sind, d. h. in einer wechselseitigen Beziehung stehen, also nicht in sich selbst Bestand haben. Weil das so
ist, muss am Beginn dieser Kette auch kein unbewegter Beweger

oder Gott stehen. Alle Dinge sind »gleichursprünglich«. Hinzu kommt, dass man nach buddhistischer Auffassung durch eine genaue Kenntnis der »Kette« der (zwölf) Ursachen und Wirkungen auch diese Kette selbst und damit das Leben verändern kann, indem man an der richtigen Stelle einwirkt. Dass Erkenntnis das Leben verändert, ist auch eine in der abendländischen Philosophie häufig geäußerte These. Der Unterschied besteht darin, dass es letztlich in der philosophischen Auseinandersetzung nicht nur um Begriffe, sondern auch um eine für das Leben wesentliche Erfahrung geht. Es wird ein wenig dauern, bis ich Ihnen diesen Punkt verständlicher gemacht habe. Es lohnt sich jedoch, weil er auf einen wesentlichen Aspekt des denkens verweist, der im Westen eher vernachlässigt wird.

4.3.2 Achsenzeit

Der Gelehrte, Philosoph und Wissenschaftler Nagarjuna gehört zu den wichtigsten Philosophen Indiens und der buddhistischen Tradition. Seine genauen Lebensdaten sind nicht bekannt. Es wird heute angenommen, dass er im zweiten Jahrhundert, vielleicht bis ins dritte Jahrhundert nach Christus lebte. Nagarjuna ist deshalb für Asien von so großer Bedeutung – vergleichbar vielleicht mit Aristoteles oder Kant im Westen –, weil er erstens die Lehre Buddhas vor der ausufernden indischen Scholastik (der akademischen Philosophie) rettete, und ihr damit ab dem zweiten Jahrhundert nach Christus den entscheidenden Auftrieb gab, der bis heute anhält. Ähnlich wie zuweilen behauptet wird, dass es das Christentum ohne den Theologen Paulus nicht gegeben hätte, wird zuweilen behauptet, dass es die buddhistische Philosophie ohne Nagarjuna nicht gegeben hätte – jedenfalls nicht in der heutigen Form. Nagarjuna ist zweitens von großer Bedeutung für Asien, weil er, um die Lehre Buddhas wiederherzustellen, von einer besonderen Form der Argumentation, dem Catuskoti, Gebrauch machte, über den die Sie gleich mehr erfahren werden. Ein dritter Grund, sich mit Nagarjuna zu befassen, ist, dass er die

Philosophie des Mittleres Weges begründete, die bis heute in der Form des Mahayana-Buddhismus lebendig ist. Der Mahayana-Buddhismus, aus dem sich der Chan- oder Zen-Buddhismus und der tibetische Buddhismus entwickelte, speist sich zum einen aus Nagarjunas Lehre von der Leerheit (Shunyata) aller Dinge und zum anderen aus der Lehre Asangas, einem wichtigen Vertreter der Yogacara-Schule der buddhistischen Philosophie. Asanga betonte Bodhichitta (wörtlich Erleuchtungsgeist), die selbstlose Entschlossenheit, Erleuchtung zum Wohl aller Lebewesen zu erlangen. Dass Nagarjuna die Dinge für Nicht-Substanzen, für leer hielt, hängt mit seiner Interpretation der Lehre der Entstehung in Abhängigkeit ab, die ich eben erwähnte. Er formulierte seine Lehre in der Schule des Mittleren Weges (Madhyamaka), der zwischen Bejahung und Verneinung liegt und dem er in der logischen Form des Catuskoti Gestalt verlieh. Damit habe ich, glaube ich, genug Verwirrung gestiftet, um Sie jetzt mit einigen Gedanken von Aristoteles bekannt zu machen. Warum? Weil auch er sich – wie später Nagarjuna – an maßgeblicher Stelle auf die Lehre von Ursache und Wirkung bezieht. Sie ahnen vielleicht, dass es an diesem Punkt entscheidende Unterschiede zwischen der indisch-buddhistischen Philosophie Nagarjunas und der griechisch-abendländischen Denkweise des Aristoteles gibt. Diese Unterschiede haben die Kulturen im europäischen wie im asiatischen Raum bis heute entscheidend mitgeprägt. Zuweilen haben zunächst unscheinbare begriffliche Unterscheidungen an für die jeweiligen Traditionen wichtigen, neuralgischen Punkten weitreichende Konsequenzen. Richtig interessant wird es allerdings erst, weil die buddhistische Tradition in diesem Fall auf Aristoteles reagierte.

Doch es gibt auch Ähnlichkeiten und Bezüge zwischen den beiden Denktraditionen. Ich erwähnte eben, dass die indische Philosophie zwar einerseits idealistisch ist, indem sie (gewissermaßen gut platonisch) das Wirken des Geistes und des denkens stark betont. Sie hat jedoch auch, wie im Yoga, entscheidend pragmatische Züge. Gemäß der indischen Philosophie zeigt sich, was

Geist und denken sind, im Handeln. Erst dort, im Handeln, tritt all das, was der Geist ist, in sichtbare und wirksame Erscheinung und wird wirk-lich. Diese Anschauung ähnelt der von Aristoteles, dem sich ihrerseits die spätere mittelalterliche Lehre von Akt und Potenz verdankt – eine bis heute sehr wirksame philosophische Theorie. Aristoteles zufolge ist alles, was ist, ἐνέργεια (Energeia). Das, was existiert, wird als »wirkliche Tätigkeit« oder Wirklichkeit begriffen – also als das, was wirkt, so dass wir es mit den Sinnen erfassen und mit dem denken verstehen können.[136] Nach Aristoteles geht das zunächst nur der Möglichkeit nach Seiende (die Erde könnte trocken, aber auch nass sein) erst durch die Tätigkeit, das Handeln (in dem Fall Regen), in Wirklichkeit (nasse Erde) über. Die scholastische Philosophie – eine Bezeichnung für die christliche akademische Philosophie des Mittelalters – übernahm diesen aristotelischen Gedanken und baute ihn zu einer sehr umfangreichen Theorie des Zusammenhangs von actus und potentia, von Akt oder Handlung und Möglichkeit, aus. Seltsamerweise erwähnt Aristoteles bereits in diesem Zusammenhang den in der buddhistischen Philosophie und insbesondere später bei Nagarjuna so wichtigen Begriff der Leere (τό κένόν).[137]

Aristoteles bringt auch das denken als eine »wirkliche Tätigkeit« mit Energeia in Zusammenhang. Angesichts der Frage, wie sich Wirkliches und Mögliches verhalten, diskutiert er sogar die Frage, ob »die Erde der Möglichkeit nach ein Mensch« sei, womit er den Gedanken einer Entwicklung oder Entelechie anspricht. Entelechie (ἐντελεχεία) bedeutet etwas, das ein Ziel bzw. die Vollendung in sich hat und deshalb wie ein Samen, der in guten Boden kommt, seine Möglichkeiten entfaltet. Aristoteles verwendet die beiden Begriffe Energie und Entelechie beinahe in derselben Bedeutung. Denken ist eine Form der Energeia – des Handelns. Diese Konzeption ist gerade angesichts der neuen wissenschaftlichen Befunde sehr modern, die denken ebenfalls nicht als rein rationalen Vorgang verstehen, sondern als im Körper verankertes Handeln bzw. Informationsverarbeitung. Auch für Nagarjuna ist der Begriff des denkens wie des Seins mit Energeia verbunden – einer geradezu sinnlichen Kraft. Doch was kommt dabei zur Erscheinung? Während für Aristoteles dahinter eine Substanz steht, ist es für Nagarjuna nur Leere. »Hinter« den Erscheinungen – die durchaus »energetisch« sind – steht kein Träger, kein Ding an sich, keine »objektive Realität«. »Erkenntnistheoretisch kann man sagen: Die Erscheinungen verweisen bzw. referieren nicht auf Objekte oder Gegenstände außerhalb ihrer selbst und anderer Erscheinungen. Für Nagarjuna und den frühen Mahayana-Buddhismus entfällt zusätzlich auch jeder subjektive Träger, von dem man sagen könnte daß er sie hervorbringt oder dem sie Anteil hätten.«[138] Sie ahnen, dass all diese Gedanken am Ende mit der Erörterung der Lehre von den vier Ursachen bei Aristoteles zu tun haben werden. Diese Lehre ist, zusammen mit der Substanzenlehre des Aristoteles, das hauptsächliche Ziel der Kritik des Nagarjuna. Allerdings erspare ich Ihnen die Details dieser Auseinandersetzung wie auch weitere Verweise auf Ähnlichkeiten zwischen indisch-buddhistischer und aristotelischer Philosophie, also Lehre oder Frage nach der Weisheit.[139]

Vielleicht werden Sie an dieser Stelle fragen, warum ich überhaupt auf das Thema indische und buddhistische Philosophie an dieser Stelle eingegangen bin. Zwei Gründe haben für mich den Ausschlag gegeben: ein historischer und ein systematischer. Was den historischen Gesichtspunkt angeht, so dienten die kurzen Verweise dazu, überhaupt einmal auf Zusammenhänge zwischen indischer und frühgriechischer Philosophie aufmerksam zu werden. Dass ich diese Zusammenhänge für wichtig halte, wenn es darum geht zu verstehen, was denken und was Philosophie sind, hat nicht nur mit meiner eigenen bereits geschilderten Erfahrung mit einem Buch – Störigs *Kleine Weltgeschichte der Philosophie* – zu tun. Wichtiger ist mir der Umstand, dass nur selten (wenn auch in den letzten Jahren zunehmend) in Philosophiebüchern auf das asiatische oder arabische Erbe der westlichen Philosophie und Wissenschaft hingewiesen wird.[140] Immerhin sind die arabischen Wurzeln der Entstehung der Wissenschaften bzw. der wissenschaftlichen Methode im Zusammenhang mit arabischer Philosophie zunehmend ins allgemeine Bewusstsein gelangt. Dass dabei arabische Übersetzungen bestimmter Schriften des Aristoteles, die im westlichen Christentum lange verboten oder nicht zugänglich waren, eine zentrale Rolle spielen, entbehrt nicht einer gewissen Ironie. Noch unbekannter als das arabische Erbe ist und bleibt jedoch die Verwandtschaft, die es zwischen Denkfiguren der frühen griechischen und der indisch-buddhistischen gibt – sowohl in den Naturwissenschaften wie in der Philosophie.[141] Unstrittig ist, dass es bereits in frühantiker Zeit Handelswege gegeben hat, die Indien und Griechenland (vermutlich auch Ägypten) verbunden haben. Die ältesten bekannten Details über die Seidenstraße, die Ostasien mit dem Mittelmeer verbindet, finden sich bereits in antiker Zeit u. a. bei Herodot, der den Verlauf der Nordroute zusammen mit den Völkern, denen er begegnet ist, um 430 v. Chr. genau beschrieben hat. Herodot war es auch, der im Zusammenhang mit seiner Persienreise von einer Abwägung der Staatsformen berichtet, die in der Demokratieforschung eine Rolle spielt. Es ist eine nur allzu naheliegende Annahme zu vermuten, dass es entlang der Handelswege beim Reisen und Geschäftemachen auch zu einem Austausch von Wissen in unterschiedlichster Form gekommen sein dürfte. Der deutsche Philosoph und Psychiater Karl Jaspers (* 23. Februar 1883 in Oldenburg; † 26. Februar 1969 in Basel) hat für diesen Zusammenhang den nicht unumstrittenen Begriff der *Achsenzeit* geprägt. Wer sich die Mühe macht, einmal die genauen Daten technologischer, wissenschaftlicher, kultureller und ideengeschichtlicher Entwicklungen bzw. der damit verbundenen Forscher und Philosophen herauszuschreiben, wird immer wieder aufs Neue überrascht sein. Genau das war es, worauf Karl Jaspers aufmerksam wurde. In seinen geschichtsphilosophischen Betrachtungen bezeichnete er dann die Zeitspanne von 800 bis 200 v. Chr. mit dem Begriff »Achsenzeit«, weil in dieser Zeit mehr oder minder gleichzeitig in vier unterschiedlichen Kulturräumen entscheidende Fortschritte gemacht wurden. Diese Fortschritte legten nach Jaspers die geistige Grundlage für die weitere Entwicklung des

Menschen. »Im ersten vorchristlichen Jahrtausend fand im Bereich der Ideen und ihrer institutionellen Basis eine Revolution statt, die auf einige mächtige Kulturen und auf die Menschheitsgeschichte insgesamt unauslöschliche Auswirkungen hatte«, schrieb der israelische Soziologe Shmuel N. Eisenstadt in der Einleitung des von ihm herausgegebenen zweibändigen Werkes über die Kulturen und Revolutionen der Achsenzeit.[142] In dieser Zeit traten in den unterschiedlichen Kulturen einzelne Gestalten als Intellektuelle und Wissenschaftler hervor, die zusammen mit den Eliten, aus denen sie hervorgegangen waren, zu einer Transformation der gesellschaftlichen und kulturellen Ordnungen beitrugen. Dabei entwickelten sich »die Versuche, die Welt neu zu ordnen, auf den meisten Gebieten der menschlichen Existenz und des menschlichen Tuns«. Diese revolutionäre Reorganisation der Welt »hatte weitreichende Folgen für die Bildung der menschlichen Persönlichkeit und persönlichen Identität« – Folgen, die wir bis heute spüren und von denen wir profitieren.[143] Mit dieser Entwicklung geht nicht nur die zuweilen zeitgleiche Entwicklung neuer politischer und intellektueller Geo-Zentren einher, sondern auch die Ausdifferenzierung und allmähliche Herausbildung so unterschiedlicher Disziplinen wie die der Künste, Logik, Philosophie, Metaphysik, Naturwissenschaften (bzw. ihren Vorläufern), Mathematik, der moralischen Reflexion und andere mehr. Neue Visionen von der Welt und den Menschen, die kommen sollten, um diese Welt besser zu gestalten, entwickelten sich parallel in verschiedenen Kulturkreisen. Diese Evolution bzw. Revolution, was Politik, Gesellschaft, Religion und Moral betraf, ging mit thematischen Überlappungen von Ideen, aber auch von technologischen Entwicklungen einher. Mir scheint, dass diese Entwicklungen bis heute viel zu wenig zur Kenntnis genommen werden. Ich vermute, dass sich das im Rahmen eines allmählich verfeinerten Gespürs für die alten Wurzeln der scheinbar neuen Dimension der Globalisierung ändert (und ändern sollte). Ich konnte einen Zusammenhang zwischen Nagarjuna und Aristoteles hier kurz andeuten und habe mich dafür entschieden, weil beide Philosophen entscheidend mit der geschichtlichen Entwicklung des Denkens in den jeweiligen Kulturen zusammenhängen. Die von Nagarjuna verfasste Schrift *Die Lehre von der Mitte* macht deutlich, wie weit und bis in Details der Argumentation hinein es in Indien offensichtlich Kenntnis von der aristotelischen Diskussion gab, insbesondere von den vier aristotelischen Ursachen und dem Zusammenhang zwischen Wirkung und Ursache in der aristotelischen Philosophie und Logik.[144] Von Bedeutung ist das insofern, als damit die Konstruktion der im Buddhismus so entscheidenden, eben erwähnten Philosophie der bedingten Entstehung und der Leere bzw. des Nichts zusammenhängt. Gerade der letzte Begriff, das Nichts, ist seit Parmenides in der westlichen Philosophie negativ besetzt, da er »nichts« als Nicht-Sein, als Sinnesillusion und folglich auch Denkillusion kennzeichnet. Nicht wenige halten diese »Seinsphilosophie« und Seinsfixiertheit bis heute für »die entscheidende Abwehrposition gegen eine westliche Buddhismus-Mission«.[145] Sie strahlt in eine Vielzahl von anderen Begriffen wie Leere, Erscheinung, Wirklichkeit, Idee bis in logische Konzepte hinein, insbesondere in die Lehre vom Widerspruch und vom ausgeschlossenen Dritten.[146]

Damit verbunden ist für mich der zweite, systematische Aspekt, der es mir ratsam erscheinen ließ, auch in einem solchen Buch über die Erfahrung des denkens auf die Erfahrung aufmerksam zu machen, die in anderen Kulturen mit dem denken gewonnen wurde. Für Nagarjuna als einem der großen Gelehrten Asiens kam es bei der Suche nach der Mitte – zwischen einer Position des Realismus, des Idealismus und des Nihilismus – entscheidend darauf an, die Erfahrung des denkens (neu) zu verstehen. Wie im Zusammenhang mit Heraklit und Damásio bereits gesehen, ist denken eine *Erfahrung*, die unmittelbar mit den *Sinnen* und der Körperlichkeit des Menschen verbunden ist – und damit auch mit der Erfahrung des Fließens und der Veränderung aller Dinge, gleich ob sie sich in der »Wirklichkeit da draußen« oder in der »inneren Wirklichkeit« befinden. Eine entscheidende Bedeutung kommt dabei dem Verständnis von dem zu, was ist (Sein), und dem, was nicht ist (Nichts, Nicht-Sein) – denn beides scheint die Pole einer Erfahrung zu beschreiben, die vielleicht die alleralltäglichste, aber auch am besten verdrängte ist: die der Veränderung und des Werdens, die von der Geburt bis zum Tod die gesamte Spanne eines menschlichen Lebens umfasst. Von erheblicher Bedeutung ist daher die Frage, wie die Phänomene der Veränderlichkeit und der vorübergehenden Erscheinung der Welt beschrieben werden. Welcher Begriffe, welcher logischen Formen sollte man sich dabei bedienen? Während sich im Westen mit der klassischen Aussagenlogik und dem Satz vom ausgeschlossenen Dritten ein *Dreischritt* herauskristallisiert hat, wird im antiken Indien und im Buddhismus ein *Vierschritt* bevorzugt – die logische Figur des Tetralemmas, auch Catuskoti-Schema genannt, die vor allem Nagarjuna entwickelte und vorantrieb.[147] Peter Sloterdijk bemerkte dazu einmal ironisch, aber sehr treffend, dass die Angehörigen der theologischen Zunft im Westen eine Gliederung in drei Schritte bevorzugen, »da sie sich gerne ins Innenleben Gottes versetzten, wo die Dreizahl den Ton angibt«, während die Philosophen die klassische Quaternität bevorzugen, »der die Annahme zugrunde liegt, man müsse, um die Wahrheit zu sagen, bis vier zählen können«.[148] Die theologische Denkweise in der Gestalt der Trinität (Dreifaltigkeit) hat bis in die Moderne gewirkt und selbst in einer extremen säkularen Variante, in der (theologisch inspirierten) Philosophie und Logik Hegels, ihre Spuren hinterlassen. Es wäre durchaus möglich, dass die tatsächlichen Motive für die Wahl des Viererschritts anstelle der logischen Trinität tiefere, weit in der Geschichte zurückliegende Motive haben. Wenn ich Ihnen gleich eine einfache, klare Methode – die Methode der vier Perspektiven – vorstelle, mit der vermutlich jede philosophische Diskussion gut beschrieben und angegangen werden kann, dann hat diese Einfachheit einen kleinen Preis. Ich will Sie nämlich vorher etwas ausführlicher mit der logischen Figur des Catuskoti in der Version Nagarjunas bekannt machen. Allerdings will ich Ihnen dabei die sehr detailreiche, weitverzweigte und deshalb auch verzwickte Diskussion über logische Probleme weitgehend ersparen.

4.4 Einige logische Probleme auf dem Weg zur widerspruchsfreien Erfahrung

Für die meisten Menschen scheint Logik die entscheidende Dimension des denkens zu sein. Denken ist für sie als Tätigkeit gleichbedeutend mit »Logik« oder »logischem denken«. Die Erörterung der von den logischen Formen angesprochenen mathematischen und metaphysischen Fragen führt tief zu den Wurzeln der Erkenntnistheorie und Sprache. Tatsächlich müsste man diese Wurzeln ausgraben, um dem Thema des *Tetralemma* (wörtlich übersetzt aus dem Griechischen: vier Annahmen, vier Voraussetzungen) bzw. des *Catuskoti* (die Bedeutung im Sanskrit ist dieselbe: vier Aussagen) wirklich auf den Grund zu gehen.[149] Ich bin allerdings der Auffassung, dass das nicht unbedingt notwendig ist – vorausgesetzt, man ist, wie in diesem Fall, damit zufrieden, ein Gespür für die dahinter liegende Problematik zu bekommen. Ein vollständiges Durcharbeiten der Probleme – und es sind einige – ist dann nicht mehr nötig. Eine rudimentäre Kenntnis des Sachverhalts hilft bereits, den in der Sache sehr klaren, leicht verständlichen »Ansatz der vier Perspektiven«, den ich Ihnen versprochen habe, noch mehr zu schätzen. Was ist das Wesentliche am Tetralemma oder Catuscoti? Vielleicht das: die Art und Weise, wie Nagarjuna diese logische Form der Argumentation ausgearbeitet hat, rüttelt an den Grundfesten des griechisch-abendländischen Denkens. Warum das so ist, ist eine für mich äußerst spannende Frage, weil sie ins Herz des abendländischen Denkens zielt.

Unser denken definiert Erkenntnis häufig als das Vermögen, zu absolut sicheren, gewissen Sätzen zu gelangen oder gelangt zu sein. Sicherheit, gerade in unsicheren Fragen, beruhigt. Und so hat die Bewältigung logischer Probleme immer auch eine tiefe, emotionale Wurzel, die mit unserer seelischen Unruhe in Bezug auf Fragen wie die Existenz der Außenwelt, der Verlässlichkeit von Wahrnehmung, Wissen und Verstandeserkenntnis und anderen, damit verbundenen Fragen zu tun hat. Immer wieder sind in der Geschichte – und damit meine ich nicht nur die Ideengeschichte, sondern auch die der Politik, der Schlachten, der Religion und der Wirtschaft – denken und Handeln von der Idee – oder sollte man sagen: dem Wahn? – einer angeblich sicheren Methode der Erkenntnis angetrieben worden. Von solchen Methoden wurde dann exzessiv Gebrauch gemacht – oft zum großen Schaden der Menschen. Im Namen der Herstellung von sicherem Wissen, das immer auch Wissen der abgesicherten Herrschaft war, wurde häufig von Methoden Gebrauch gemacht, die keiner kritischen Prüfung standgehalten hätten. Denken Sie an die Hexenprozesse. Das sichere Wissen war in Wahrheit willkürlicher, rein dogmatischer Natur. Die Geschichte des kritischen denkens ist daher im Wesentlichen auch eine Geschichte der Entlarvung und Ausrottung derartiger willkürlicher Methoden. Ein Teil der Geschichte der Philosophie lässt sich als Kampf um Sicherheit beschreiben. Diese Sicherheit hatte und hat zuweilen einen hohen Preis. In jedem Fall ist sie in der abendländischen Denktradition untrennbar mit einer traurigen, leidvollen Geschichte verbunden. Zirkelschlüsse, willkürliche Setzungen, Abbrüche des Begründungsverfahrens – diese logischen Tricks haben ihre politischen, religiösen und weltanschaulichen (und zuweilen leider auch naturwissenschaftlichen und philosophischen) Entsprechungen. Macht drückt brutal durch, was ihr das Wissen suggeriert – wobei dieses Wissen häufig ein Wissen wider besseres Wissen war und ist. Wer versucht, eine Sicherheit zu garantieren, die im Grunde angesichts der vielen drängenden und ungelösten Fragen nicht herzustellen ist, wird häufig die Grenzen der Menschlichkeit überschreiten. Anders formuliert: Es war und wird immer wieder möglich sein, gerade in unsicheren Zeiten Sicherheit herzustellen; die Frage ist nur, um welchen Preis.

Bei der Suche nach dem archimedischen Prinzip der Erkenntnis, dem Verfahren, mit dem man alle Unsicherheiten vertreiben und das Unwissen aus den Angeln heben kann, spielte die alles beherrschende Rolle die Frage, ob es einen sicheren Weg gibt, zu absolutem Wissen zu gelangen – und wie man diesen Weg findet. Der Beantwortung dieser Frage kommt ein absoluter Vorrang zu. Wer die Suche nach dem Stein der Weisen zu Recht als Mythologie entlarvt, weil er sich dem Gedanken der Aufklärung verschrieben hat, kommt dem alten Ziel dennoch mit der Beantwortung dieser Frage, wie man sichere Erkenntnis gewinnt, am nächsten. Wie also soll es möglich sein, ohne Irrtum zu sicherem Wissen zu gelangen? Gibt es überhaupt solch ein absolut sicheres Prinzip? Aristoteles stellt diese Frage im vierten Buch seiner Metaphysik. Ein solches Prinzip sei nicht nur das sicherste unter allen, ein Prinzip, das allen sofort einleuchte – sondern es existiert auch. In der Formulierung von Aristoteles lautet es,»daß nämlich dasselbe demselben und in derselben Beziehung (und dazu mögen noch die anderen näheren Bestimmungen hinzugefügt sein, mit denen wir logischen Einwänden ausweichen) unmöglich zugleich zukommen und nicht zukommen kann. Das ist das sicherste unter allen Prinzipien.« Auf ihm beruht das griechisch-abendländische Denken.[150] Aristoteles diskutiert trotz dieser absoluten Sicherheit nur wenige Zeilen später bereits die gegenteilige Annahme einiger anderen Denker, die es in Bezug auf sich selber »für möglich erklären, daß dasselbe sei und nicht sei«. Eine solche Erfahrung scheint gewissermaßen aus dem Leben zu kommen und dürfte nicht zuletzt auf der Erfahrung beruhen, dass man sich selber oder anderen zunehmend fremd werden kann, so dass man einerseits sagen kann, dass man zwar das alte »Ich« ist, andererseits aber sich zugleich auch auf eine seltsame Weise fremd ist, so dass man das Gefühl hat, zugleich auch nicht man selber, »Nicht-Ich« zu sein. Das mag keine starke Begründung sein, aber immerhin ein Hinweis, dass es im Alltagsleben nicht nur die scharf umrissenen schwarzen und weißen Katzen der Logik und der klar definierten Begriffe gibt, sondern auch graue

Katzen und häufig auftretende Probleme der *fuzzy logic*, der unscharfen Logik und Vagheit.[151] Aristoteles weist solche Anschauungen jedoch von sich – zunächst mit dem schlichten Argument, dass diese Annahmen einen Mangel an Bildung verrieten. Bildung bedeutet in diesem Fall, dass sich jemand nicht auskennt – eben weil er nicht zu den Wissenden gehört und mit denen übereinstimmt, die sich (wie sie selber behaupten) am besten auskennen. Erst dann lässt sich Aristoteles darauf ein, die Argumente genauer zu prüfen (und am Ende zu widerlegen). Immerhin ist das »Nichts«, in das man sich durch Widersprüche begibt, für griechische Denker so wenig existent, dass es für dieses »Nichts« bzw. den Nicht-Zustand erst in römischer Zeit ein eigenes Wort gibt: nihil. Für die Griechen galt, seit Parmenides, die Festschreibung, dass das Sein das Primäre und das Nichts nur als das Nicht-Seiende, also als Verneinung von Sein, zu denken sei. Da in der Welt aber nur Dinge vorkommen und nicht keine Dinge, ist »nichts« eine Sinnestäuschung und »falsch«, während das Sein wahr, eines und gut ist.

Wie auch immer man den Sachverhalt sieht: Faktisch ist es seit Aristoteles mehr oder minder dabei geblieben, den Satz vom Widerspruch zu akzeptieren, der eigentlich ein Satz vom ausgeschlossenen Widerspruch ist und nicht mit dem Satz vom ausgeschlossenen Dritten verwechselt werden darf. Ausnahmen waren lediglich einige akademische Diskussionen in der mathematischen Logik und der Philosophie der Mathematik, die jedoch weitgehend in einem kleinen Kreis der Intellektuellen geführt wurden und die weitere Öffentlichkeit nicht erreichten. Für den allgemeinen »Körper des Wissens« also war und ist der Satz vom Widerspruch jedoch die zentrale, nicht weiter in Frage gestellte Grundannahme, die von der griechischen Philosophie aus über das Mittelalter hinweg bis in die neuzeitliche Bestimmung von Rationalität zum Kern unseres »wissenschaftlichen« Credos gehört. In der sogenannten Aussagenlogik – einem Teilgebiet der Logik, das sich mit Aussagen und ihren Verknüpfungen (Junktoren) befasst – wird der *Satz vom Widerspruch* so formalisiert:

¬(A ∧ ¬A)

Gelesen wird dies als: Es ist nicht der Fall – es geht nicht, soll nicht sein (¬) –, dass die Aussage A zutrifft *und* (∧) auf denselben Gegenstand zur selben Zeit zugleich auch nicht zutrifft (¬A). Ähnlich, aber damit nicht zu verwechseln, lautet der *Satz vom ausgeschlossenen Dritten* hingegen, dass für eine beliebige Aussage A die Aussage »A oder nicht A« immer richtig ist und gilt (A ∨ ¬A). Wenn A bedeutet, »Der Apfel ist rot«, dann heißt dies: Der Apfel ist rot *oder* er ist nicht rot (bzw. der Apfel ist rot oder es ist nicht der Fall, dass er rot ist). Doch zu sagen, »es regnet *oder* eben nicht« ist etwas anders als zu sagen, dass es nicht wahr ist, dass es draußen vor dem Haus regnet *und* zugleich auch nicht. Trotz der Einhelligkeit, mit der dieses Prinzip akzeptiert wurde und wird, gibt es immer wieder eine nicht zuletzt in der mathematischen Logik aufflammende Diskussion über den generellen Umgang mit Widersprüchen. Widersprüche sind in der westlichen Tradition nicht erwünscht. Die werden von Logikern vermieden, wie das Weihwasser vom Teufel. Faktisch aber sind Widersprüche seit jeher ein entscheidender Motor im Geschäft der Erkenntnis und haben insbesondere die Wissenschaften immer wieder vorangebracht. Kleine Abweichungen waren es, kleine Widersprüche der Daten und in der Theorie, die letztlich Einstein bewogen, *alles* neu zu bedenken. Dabei geht es um Widersprüche gegen bestehende Theorien aufgrund von Argumenten und Einsichten – nicht aufgrund eines willkürlichen Widerspruchsgeistes. Mit der Frage nach dem Umgang mit Widersprüchen hängt eng das Problem der Verbesserung von Theorien zusammen. Mit dem kritischen Rationalismus Sir Karl Poppers wurde das Prinzip der Falsifikation zur Grundlage wissenschaftlichen Forschens. Nach Popper geht es in der Wissenschaft nicht darum, endlos oft Bestätigungen zu suchen und zu zeigen, dass Schwäne weiß sind: Sondern es gilt aktiv den einen schwarzen

Schwan zu suchen, der die These widerlegt (falsifiziert), dass alle Schwäne weiß sind.

Während widersprüchliche Urteile grundsätzlich für falsch gehalten werden, und die Arbeit damit schnell als »mystisch«, »esoterisch« oder »unwissenschaftlich« abgestempelt wird, stellt sich dennoch die Frage, ob angesichts der faktischen Begrenztheit unseres Wissen nicht gerade Widersprüche dabei helfen können, die Fragwürdigkeit von Argumentationsketten deutlicher zu sehen.

Dass unser Wissen lückenhaft ist und aus grundsätzlichen Erwägungen heraus begrenzt, hat auf klare und präzise Weise der britische Philosoph Colin McGinn beschrieben.[152] Es leuchtet leicht ein, dass in einem System des Wissens, das nicht vollständig und hinreichend komplex ist, einem immer wieder Widersprüche begegnen – eben weil das, was man weiß, nicht restlos auf »einen Nenner« gebracht worden ist (und möglicherweise auch nie auf oder in eine Formel gebracht werden kann). Selbst ohne gründliche wissenschaftliche Argumentation kommt hinzu, dass wir alle die Erfahrung gemacht haben, dass zuweilen das, was in der Logik richtig sein mag, in der Realität nicht gilt. Wer Sätze der Logik eins zu eins auf Fragen der Liebe anwendet, wird vermutlich im richtigen Leben wenig Erfolg mit seinem rationalen Vorgehen haben. Selbst einfache Sätze wie der von der Addition (1 + 1 = 2) scheinen in der Liebe nicht immer Gültigkeit zu besitzen.

Aber noch eine weitere Frage ist bedenkenswert. Wenn Widersprüche wirklich sinn-los sind bzw. zu sinn-losen Aussagen führen, also in einen Bereich, in dem alles Reden und Argumentieren aufhört: Wie kommt es dann, dass auch widersprüchliche Aussagen zumindest als widersprüchlich *verstehbar* sind? Und selbst wenn auch diese »Verstehenskontrolle« zusammenbrechen sollte: Bliebe dann nicht die weitere Frage, ob denn das eigene »Nichtverstehen das richtige Nichtverstehen« ist?[153] Vielleicht hat man ja das, was nicht zu verstehen war, weil es einen Widerspruch in sich trug, falsch nicht-verstanden (aus den falschen Gründen oder man hat die Reichweite der Aussage nicht verstanden). In indischen und buddhistischen Systemen der Philosophie sind über die

Logik hinaus Verfahrensweisen – Handlungssysteme – entwickelt worden, die es, wie der Systemtheoretiker Niklas Luhmann formulierte, möglich machen, jemanden einerseits weiterhin in Kommunikation und wie im Zen-Buddhismus in eine entsprechende Verfahrensweise oder Übung zu verwickeln, ihn andererseits aber mitten in die Widersprüche und Paradoxien hineinzutreiben. Warum? Um ihn oder sie auf diese Weise zu einer Einsicht zu führen. Diese Einsicht hängt nicht mit einer neuen Erkenntnis zusammen, sondern damit, dem Betreffenden eine Erkenntnis oder Erfahrung zu ermöglichen, die gleichsam vor der Akzeptanz des Nichtwiderspruchsatzes liegt. Auf diese Weise wird der Blick freigegeben auf das »Prä-differentielle«: auf das, was vor allen Differenzen liegt.[154] Ich gebe zu, dass der Gedanke nicht ganz einfach ist. Stellen Sie sich vor, Sie haben eine Brille auf – die Brille des Nichtwiderspruchsatzes. Mit ihr sehen Sie die Welt in einer bestimmten Weise. Mir käme es dann gar nicht darauf an, dass Sie mit dieser Brille neue Erkenntnisse gewinnen – sondern lediglich darauf, dass Sie einmal den Blick auf die Welt riskieren, indem Sie die Brille einfach abnehmen. Begeben Sie sich gleichsam an den Ort, an dem Sie noch keine Brille aufhatten. Wie sah die Welt dann aus – eine Welt, in der noch keine begrifflichen Differenzierungen stattgefunden haben? Ich halte diese Frage nicht nur für legitim, sondern glaube, dass man aus ihr einigen Profit in Sachen Erkenntnis und denken schlagen kann.

Andererseits sind Differenzen die Grundfunktionen des denkens. Es schreitet fort, indem immer mehr Unterschiede gemacht werden. Ich sage nicht nur »Tier«, sondern »Tier mit Flossen« (womit ich Vier- und Zweibeiner ausschließe) und füge weitere Unterschiede an: ein Tier, das intelligent ist, gerne spielt und Held in mindestens einer Fernsehserie war. All das sind Auflistungen weiterer Unterschiede. Das denken entwickelt sich durch solche Differenzen. Doch was ist, bevor ich Unterschiede machen kann – wenn ich etwas sehe und wahrnehme, das noch nicht differenziert, noch nicht eingeteilt ist? Wichtig ist mir, dass es bei der Bewältigung des Themas »Widerspruch« in Wahrheit nie nur um die Lösung logischer Probleme geht, sondern immer auch um ein Handeln (eine Verfahrensweise). Weil uns Widersprüche quälen, wollen wir sie loswerden. Zuweilen aber können Widersprüche, etwa in der Gestalt von Paradoxien, dabei helfen, sich in der Welt besser zurechtzufinden und besser mit den Widersprüchen zu leben. Denn ob wir wollen oder nicht: Mit Widersprüchen müssen wir tagtäglich umgehen. Die Vielfalt unseres Handelns und unserer Kommunikation beinhaltet nicht nur Vagheit, sondern auch Widersprüchlichkeit. Wenn man versucht, diese Widersprüche zu lösen, stellt man häufig fest, dass sie, wie überhaupt jede Form der Kommunikation und des Handelns, verwoben sind. Eine Aussage ist mit einem ganzes Netz oder Netzwerk von Überzeugungen, Aussagen und letztlich auch von Handlungsweisen verbunden. Es ist wie wenn man an einem Spinnennetz zieht: Alles wackelt, und die Spinne ist in Alarmbereitschaft versetzt.

Ein Weg, sich über Widersprüche zu verständigen, ist der, den Nagarjuna vorschlägt. Dieser Weg wird im Westen gelegentlich bei der philosophischen Diskussion von Paradoxien eingeschlagen. Der indische, vor allem aber der buddhistische Kontext sieht ein ritualisiertes Gespräch zwischen Meistern oder Meistern und Schülern vor, die sich beide der Übung der Meditation unterzogen haben. Sie lebt davon, das denken gewissermaßen an den Rand der Verzweiflung zu bringen, um sich auf diese Art und Weise der Brille des Dualismus, die man bislang nicht bemerkt hat, bewusst zu werden und sie abzusetzen. Gerade der in eine Praxis eingebettete Umgang mit dem Satz vom Nichtwiderspruch ist (wie im Übrigen jede Form der Kommunikation, nur dass man das nicht immer spürt) in hohem Maße rekursiv, d. h. auf sich selbst rückbezüglich. Gedankenschleifen müssen immer wieder verarbeitet, immer wieder aufgenommen werden, um ihren Schwung schließlich ins Leere laufen zu lassen. Bei der Lösung von Widersprüchen spielt das Vertrauen auf jemanden, der sie gelöst hat, eine wichtige Rolle. Auch Vertrauen ist rekursiv. Wenn ich sage, dass ich jemandem vertraue, dann beinhaltet das nicht nur einen Rückgang auf bestimmte Handlungsweisen, die mit Vertrauen verbunden sind, sondern auch auf ähnliche Situationen, in denen ich mich (möglicherweise sogar zusammen mit meinem Gegenüber) befunden habe. Im Prozess der Klärung kann es dann möglich sein, in dem Widerspruch zusammen mit der Übung und der Kommunikation mit dem Meister eine Art von »Metasinn« oder »höheren« (in Wirklichkeit aber nicht höheren, sondern lediglich anderen) Sinn zu erkennen. Dass dies überhaupt möglich ist, wird in der abendländischen Philosophie mit Verweis auf den Satz vom Nichtwiderspruch gerne bestritten. Was aber, wenn diese ablehnende Reaktion lediglich eine »traditionelle und dogmatisch gewordene Konvention [ist], die … selbst dem Verdacht der Widersprüchlichkeit unterliegt«?[155]

Zu beachten ist, dass es bei den Widersprüchen, von denen ich rede, nicht um einfach zu erkennende und leicht zu behebende Kategorienfehler geht. Die im Mittelalter diskutierte Frage, wie viele Engel auf einer Nadelspitze Platz haben, wäre ein Beispiel für einen solchen Kategorienfehler: Nadelspitzen habe eine bestimmte räumliche Ausdehnung. Engel aber sind, als Geist wesen, raum- und zeitlos. Wie soll man diese verschiedenen Kategorien – Äpfel und Birnen – vergleichen? Was macht den Unterschied zwischen einem Auto und einem Vogel aus? Fragen dieser Art leiden an der Unklarheit der verwendeten Kategorien und sich daraus ergebenden Widersprüchlichkeiten. Dem indischen Philosophen Nagarjuna ging es in seiner Vier-Satz-Form nicht um die Lösung derartiger, leicht zu behebender Widersprüchlichkeiten, sondern um die Einsicht, dass widersprüchliche Aussagen zuweilen Antworten sind auf Fragen, die man nicht stellen kann. Auf ähnliche Weise behauptet auch Ludwig Wittgenstein, dass sich eine Menge bedrückender, rätselhafter Fragen insbesondere in der Philosophie aus dem Umstand ergeben, dass wir Begriffe grammatikalisch nicht korrekt bzw. Kategorien entgegen ihrem richtigen Gebrauch verwenden. Wenn wir sie auf die korrekte Verwendung zurückführen, verschwinden sie oft wie von selbst. Es ist häufig die Frage, die wir ändern müssen, um eine Antwort zu finden. Die Frage, auf die Nagarjuna abzielte, betraf in erster Linie die Natur unserer Wirklichkeit – und damit auch all unsere liebgewonnenen Ansichten zu diesem Thema.

Nagarjunas Catuskoti behauptet in den Worten seines Schülers:»Sein«,»nicht Sein«, beides:»Sein und nicht Sein« sowie »weder Sein noch nicht-Sein«. In diesen vier Schritten bestehe die Methode, die der Weise immer anwenden sollte in Bezug auf alle Thesen und Argumente.[156] In einer modernen symbolischen Schreibweise der Logik ergibt sich

$\exists$x A

$\exists$x $\neg$A

$\exists$x (A $\wedge$ $\neg$A)

$\exists$x $\neg$(A $\vee$ $\neg$A)

$\exists$x (der sogenannte Existenzquantor) bedeutet in der Schreibweise der Logik:»Es gibt mindestens ein Ding x, so dass gilt«, oder auch»Für ein Ding x gilt«. Wenn ich sagen will, dass einige Diamanten (D) teuer (T) sind, schreibe ich in der formalen Sprache der Logik: ($\exists$x) [Dx $\wedge$ Tx]. Es gibt einige Dinge x in der Welt, die sind Diamanten (Dx) und ($\wedge$) sind teuer (Tx). Einige Tiere (T) sind keine Raumtiere (R) würde symbolisiert als ($\exists$x) [Tx $\wedge$ $\neg$Rx]. Mit Hilfe dieser symbolischen Schreibweise sind eine Reihe weiterer Fälle (Jeder liebt jeden, Jemand liebt jeden etc.) darstellbar.[157] Nagarjuna schreibt beispielsweise:»Bezüglich des Wiederkehrenden (Buddha) sprach man nach seinem Verlöschen nicht von (seinem) Sein oder Nichts, und man sprach auch nicht von (seinem) Sein und Nichts bzw. (seinem) Nicht-Sein und Nicht-Nichts. Bezüglich des Wiederkehrenden spricht man (auch) gegenwärtig nicht von (seiner) Existenz (Sein) oder Nichtexistenz (Nicht-Sein), und man spricht auch nicht von (seinem) Existieren und Nicht-Existieren, bzw. (seinem) weder Existieren noch Nichtexistieren.«[158] Alles klar?

Die Vermutung liegt nahe, dass es vielleicht einen fünften, vielleicht entscheidenderen Fall, eine Form des denkens und der Darstellung gibt, mit die Probleme zu lösen wären.[159] Ich möchte daher die vier Fälle noch einmal klar formulieren. Sie lauten:

1. Nagarjuna behauptet nicht, S ist P (Buddha ist ein Ding).
2. Nagarjuna behauptet nicht, S ist Nicht-P (Buddha ist kein Ding).
3. Nagarjuna behauptet nicht, S ist P und Nicht-P (Buddha ist ein Ding und kein Ding).
4. Nagarjuna behauptet nicht, S ist weder P noch Nicht-P (Buddha ist weder ein Ding noch kein Ding).[160]

Mit der These, dass womöglich erst der fünfte, hier aber nicht ausgesprochene Fall logisch widerspruchsfrei darstellbar und damit sinnvoll wäre, wird dem Verdacht widersprochen, beim Catuscopi handele es sich lediglich um eine Strategie der Verwirrung, die am Ende in eine dogmatische Setzung mündet. Tatsächlich deutet die Unterscheidung der indisch-buddhistischen Philosophie zwischen »konventionellen« Wahrheiten und einer »letzten« Wahrheit in diese Richtung. Doch abgesehen von der Tatsache, dass die Rede von einer letzten Wahrheit jeden Skeptiker zur Weißglut treibt, ließe sich auch diese letzte Wahrheit laut Nagarjuna weder adäquat sagen noch darstellen. Sie entzieht sich sowohl positiven Aussagen (S ist ...) wie auch Verneinungen (S ist nicht ...) – und zwar durch die Widersprüche, die sich aus der notwendigen Verbindung der Aussagen ergeben. Dass dies überhaupt so ist, hängt mit der faktischen Vernetztheit der Sprache und aller Aussagen zusammen. Wie Muster in einem Teppich sind Begriffe, Bilder und Sprache, aber auch Gefühle, Erfahrungen und unser Handeln miteinander auf eine derart feine Weise verwoben, dass es schwer, wenn nicht sogar unmöglich ist, das eine vom anderen säuberlich zu trennen. Nagarjunas Argument mit dem Catuscoti lautet: Wer lange genug am Faden eines Argumentes zieht, wird aufgrund der Verwobenheit der Aussagensysteme und unserer aller Lebensformen zu einer anderen Aussage gelangen, die zur ersten in Widerspruch steht, aber notwendig ist. Genau diese Widersprüchlichkeit, die sich bei der Beschreibung der Welt einstellt, erschwert ein klares Verstehen. Es ist diese Erfahrung, dass man jedes Argument für sich genommen braucht, es aber nur konsequent weiterdenken und damit weitertreiben muss, um zu erkennen, dass es falsch wird oder in sein Gegenteil übergeht. Dies ist der eigentliche, sprachlich-logische Grund für die Widersprüche, die sich unweigerlich ein-stellen. Der Schriftsteller Robert Musil ließ seinen Mann ohne Eigenschaften, der seinem Hauptwerk, dem Roman *Der Mann ohne Eigenschaften* den Titel gab, die Lage so beschreiben. Es gibt heute »zu jedem Gedanken einen Gegengedanken und zu jeder Neigung gleich die entgegengesetzte. Jede Tat und ihr Gegenteil finden heute im Intellekt die scharfsinnigsten Gründe, mit denen man sie sowohl verteidigen wie verurteilen kann ... Dem gegen-wärtigen Zeitalter sind eine Anzahl großer Ideen geschenkt wor-den und zu jeder Idee durch eine besondere Güte des Schicksals gleich auch ihre Gegenidee, so daß Individualismus und Kollek-tivismus, Nationalismus und Internationalismus, Sozialismus und Kapitalismus, Imperialismus und Pazifismus, Rationalismus und Aberglaube gleich gut darin zu Hause sind, wozu sich noch die unverbrauchten Reste unzähliger anderer Gegensätze von gleichem oder geringerem Gegenwartswert gesellen.«[161]

Auch wenn es verwirrend sein mag: Nagarjuna ist der Ansicht, dass Sie beginnen können, wo Sie wollen. Sie können sämtliche ehrenwerte Begriffe der Tradition benutzen, alles, was Ihnen lieb und teuer geworden ist. Am Ende werden auch Begriffe wie »Sein« oder »Werden«, »friedvoll«, »immerwährend«, »beständig«, »ver-gänglich«, »Logik«, »Geist«, »Körper« und viele andere den im Kalkül der »Vervierfachung« (dem Catuscoti) ausgearbeiteten Wi-dersprüchen begegnen. Die verwirrten Grübler werden daraus zweifellos den Schluss ziehen, so Nagarjuna, dass es gar keinen Buddha gebe und vor allem dass das denken nicht nur zu mühselig ist, sondern auch zu nichts führt. Denn die Zuschreibungen und mit ihnen die Unterscheidungen, die in Bezug auf Buddha oder andere Begriffe gemacht werden müssen, scheinen am Ende völlig unzulässig und widersprüchlich zu sein. Doch genau diese resig-native, nihilistische Haltung ist es, wogegen Nagarjuna sich wehrt. Genau diese Haltung will er überwinden. Warum? Der amerikanische Lyriker Wallace Stevens hat es so formuliert:»La vie est plus belle que les idées.«[162] Das Leben ist schöner, ist weiter als jede Idee. Worum es Nagarjuna geht, die *Erfahrung des Lebens*,»entzieht sich theoretischer Spekulation, aber die Menschen produzieren theoretische Spekulationen. Spekulationen aber zerstören das (feine) Auge des Geistes, und so sieht keiner den Buddha.«[163] Den Buddha zu sehen ist keine religiöse Formulierung, auch wenn es sich zunächst so anhört. Es geht vielmehr darum, die Wirklichkeit und sich selbst wirklich zu verstehen. Wie aber, wenn man die Spekulationen hinter sich lassen soll?

4.5 Erfahrung im Sitzen und der Aspektwechsel

Indem man sie wieder frisch sieht und neu in den Blick nimmt. Den Buddha zu sehen bedeutet in diesem Kontext nicht, eine bestimmte»Entität«, ein Ding zu sehen, sei es nun einen Stein, ein Lebewesen, einen Engel oder was immer. Buddha zu sehen bedeutet in der Terminologie der buddhistischen Philosophie, zu erwachen und die Wirklichkeit und sich selbst ganz zu durchdringen – mit Körper und Geist. Es geht Nagarjuna also letztlich darum, eine bestimmte Erfahrung zu machen – eben die Erfahrung, die Buddha selbst gemacht, beschrieben und Erleuchtung genannt hat. Deshalb sind Buddha und diese Erfahrung synonym. Um diese Erfahrung zu machen, ist es, so Nagarjuna, sinnvoll, sich in das Gestrüpp der Worte und Widersprüche zu vertiefen. Dabei stößt man unweigerlich auf die Logik des Viererschrittes. Indem man eine Beschreibung der Welt versucht, entwickelt man eine Ahnung davon, dass es in einer solchen passenden Beschreibung weder ein Ich noch ein Nicht-Ich noch beides, aber auch nicht keines von beiden geben darf. Die Negationen machen darauf aufmerksam, dass die Erscheinungen, die Begriffe, leer sind. Erst wenn diese Leere realisiert ist, hört, wie Nagarjuna sagt, die Spekulation wirklich auf und man sieht mit dem feinen Auge des Geistes.[164]

Es lohnt, dabei auf die genauen Worte zu achten. Im Chinesischen wird »Erscheinung« oder »Phänomen« mit einem Wort übersetzt, dass Fa (法) ausgesprochen wird und zugleich Gesetz und Recht bedeutet. Gemeint sind damit Erfahrungen, die, obwohl sie seltsam (eben sehr »fein«) erscheinen mögen, dennoch von so großer Bedeutung sind, dass sie in einem normativen (gesetzmäßigen) Zusammenhang mit der gesamten Wirklichkeit stehen.[165] Anders gesagt: Diese Erfahrungen sind von entscheidender Bedeutung. Es gibt »relevante« Erscheinungen, sagt Nagarjuna. Nur leider können sie nur so beschrieben werden, dass sie vergehen und auch nicht vergehen, verlöschen und auch nicht verlöschen. Anders sind Erscheinungen, die alle in Wechselwirkung miteinander stehen, leider nicht zu denken. »Wahres und Falsches, auch Wahr-Falsches und was weder wahr noch falsch ist, heißt bei allen Buddhisten ›Erscheinung‹.«[166]

Mir geht es nicht darum, Sie für den Buddhismus zu begeistern. Das Thema, um das es geht, ist ja immer noch das Verstehen der seltsamen Erfahrung des denkens. Aber genau darum geht es auch in diesem Fall: um Denkmodelle, die einen Weg weisen, mit der Vielfalt und Widersprüchlichkeit der Welt und unseren Erfahrungen umzugehen. Nagarjunas nicht gerade leicht zu verstehender Text über die Lehre von der Mitte (die Position zwischen allen Widersprüchen) hat eine enorme Wirkung in Asien entfaltet. Dennoch werden vermutlich viele westliche Philosophen (allen voran sprachanalytisch geschulte) sagen, dass der Text schlichter Unsinn sei. Mag sein. Aber lernen lässt sich durch den Umgang mit den vier Beschreibungsweisen, die auch Mathematiker vor Probleme stellen, zweierlei.

Erstens kann man mit Widersprüchen so umgehen, dass man, statt an ihnen zu verzweifeln und das denken gänzlich einzustellen, auf eine *Erfahrung* verweist, die ihrerseits im Kontext einer bestimmten »Verfahrensweise«, eines Handelns und Übens (etwa in Form des Nur-Sitzens oder der Schulung der Aufmerksamkeit) gemacht werden kann. Die Lösung von Widersprüchen geschieht nicht schnell. Sie erfordert eine Übung, die mehr ist als nur ein Exerzitium der Logik. Zweitens scheint mir die besondere, in der abendländischen Philosophie weitgehend unbekannte Form der Beschreibung solcher Widersprüche durchaus weiterzuhelfen. Nagarjuna gelingt es mit dem Gebrauch der logischen Form des Catuscoti darauf hinzuweisen, dass die vier Formen der Beschreibung, die in Bezug aufeinander widersprüchlich sind, obwohl sie jede für sich Geltung beanspruchen können, womöglich eben nicht alle relevanten Möglichkeiten ausschöpfen, die Wirklichkeit zu beschreiben. Am Ende gilt, in einer Formulierung von Wallace Stevens, dass der höchste Wert die Wirklichkeit ist.[167] Darauf sollte man sich im Prozess des denkens besinnen. Oder präziser: Sie sollte man erfahren. Der logische Schluss in seiner Vierer-Widerspruchs-Form ist ein Plädoyer, vom reinen, logischen denken zur Erfahrung fortzuschreiten.

Tatsächlich gibt es in der buddhistischen Philosophie eine Praxis, die diesem Fortschreiten entspricht und es systematisch auszubauen versucht. Diese Praxis des Nur-Sitzens wird auch als »Denken aus dem Grunde des Nicht-Denkens« (Hishiryō, 非 思 量, wörtlich Nicht-Denken-Maß bzw. Maßstab) beschrieben.[168] Sie ist eine Übung, in der denken und Tun so ineinander überführt werden, dass sie als eins erlebt werden. Dieses Ineinandergreifen von denken und Tun bezieht sich nicht nur auf den Vorgang des Sitzens (denn auch beim Sitzen »tut« man etwas: man atmet, fühlt, denkt nach, spannt seine Muskulatur an und vieles andere mehr). Es geht darum, in allem Tun, in jeder alltäglichen Handlung diese Form der konzentrierten Aufmerksamkeit zu entwickeln. In einem Gedicht des bekannten Wandermönches und Dichters Ryōkan (1758–1831) heißt es:

»Wenn alle Gedanken
Erschöpft sind,
Gehe ich in den Wald
Und sammle
Eine Handvoll Kräuter.

Wie ein kleines Bächlein
Durch bemooste Felsspalten
Seinen Weg findet,
So, auf eine stille Weise,
Werde auch ich klar
Und durchscheinend.«[169]

Gedanken und Theorien sind gut, aber sie erschöpfen sich. Dann ist es notwendig, wieder ins Leben hineinzugehen so tief man kann, um klar zu werden. Man muss wieder einfache Dinge tun, um klar zu sehen. Vielleicht lässt sich dieser Zustand der Klarheit beschreiben als eine tiefe Ausgeglichenheit, eine Art alle Kampfzonen umfassenden Waffenstillstand zwischen Geist und Körper, Innen und Außen, der Welt der ersten und der Welt der dritten Person, dem Ich und den Dingen. Das denken verliert dann seine quälenden Eigenschaften. Es geht dabei jedoch gerade nicht um ein der Erfahrung enthobenes spekulatives denken, sondern um eine im realen, alltäglichen Handeln erreichte Balance zwischen körperlichen und geistigen Prozessen. Das denken, um das es geht, verdankt sich einer bestimmten Übung, einem Handeln, einer Praxis, die keineswegs religiös ist. Im Gegenteil. Es ist gerade die ganz alltägliche, bodenständige, aber äußerst verwirrende Erfahrung einer komplexen, sich ständig verändernden und im Fluss befindlichen Wirklichkeit, die es unweigerlich mit sich bringt, dass »alle Dimensionen der Wirklichkeit sich gegenseitig durchdringen und aufeinander einwirken« – so auch denken und Handeln, Logik und Erfahrung. Statt weiter Verwirrung Raum zu lassen, sollte es das Ziel sein, ein Gleichgewicht zu erreichen, in dem das »normale dualistische Bewusstsein von Körper und Geist überschritten und das Leben ganzheitlich und unmittelbar intuitiv erfahren [wird]. Dies ist nichts anderes als Tun und Handeln. Dieses Handeln … ist kein theoretisches Wissen, sondern eine konkrete Erfahrung«, die mit der jedem zugänglichen Praxis der Achtsamkeit und des Nur-Sitzens verbunden ist. Denken und Lebenspraxis lassen sich nicht voneinander trennen. Wenn das aber so ist und für alles denken gilt: Warum dann nicht eine neue Methode der Übung ausprobieren und sehen, wohin sie führt? Nagarjuna behauptet, dass sie dahin führt, sich von der »konventionellen« Wahrheit zu lösen und eine »letzte« Wahrheit als Erfahrung – und nicht als logische Schlussfolgerung! – zu finden. Diese Erfahrung ergibt sich durch den Zusammenhang mit bestimmten Lebensformen bzw. Übung, in der sich ein »Perspektivenwechsel« (Wittgenstein hätte gesagt: ein Aspektwechsel) ereignen kann. Es wird durch diese Erfahrung also nichts den Dingen hinzugefügt: aber sie erscheinen neu. Was man sieht, hat es schon vorher gegeben – aber man hat es nicht wahrgenommen. Wittgensteins »Hasen-Enten-Kopf«, den er in den *Philosophischen Untersuchungen* als Beispiel eines Aspektwechsels vorstellt, versinnbildlicht den Zusammenhang.[170]

Abb. 4: Der Hasen-Enten-Kopf

In einem Bild sind Hase und Ente sichtbar. Man kann zwar nicht beide *zugleich* sehen. Doch wer den Hasen (oder die Ente) noch nie gesehen hat und plötzlich die andere Figur zum ersten Mal wahrnimmt, hat ein Seherlebnis. Diese Seh-Erfahrung macht man, ohne dass durch diese Erfahrung dem Bild selbst etwas (Neues) hinzugefügt würde. Die Welt hat sich gewissermaßen nicht geändert – nur man selber. Stets sind in dem einen Bild zwei Bilder oder mögliche Bilder enthalten – auch wenn man jeweils immer nur eines sehen kann. Was man nach dem Aspektwechsel sieht, war vorher bereits da. Erstes und zweites Bild, Hase und Ente, teilen sich ein und dieselbe Fläche – ein und dasselbe Bild, das eine sogenannte Kippfigur darstellt. Ein weiteres Beispiel für eine solche Kippfigur ist der sogenannte Necker-Würfel[171], den Sie vermutlich schon in Zeitschriften oder Büchern gesehen haben.

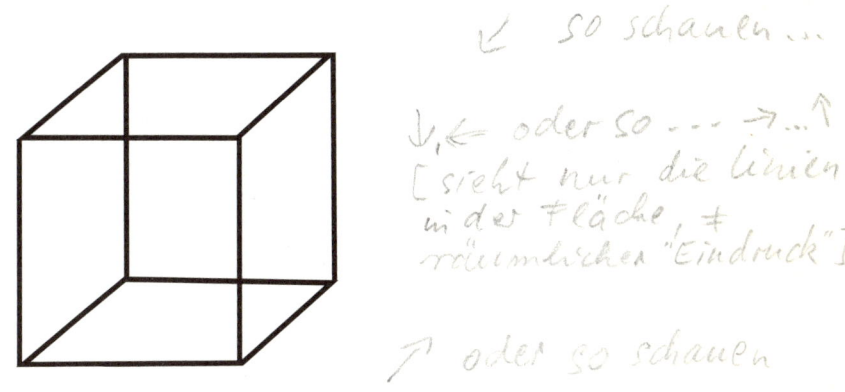

Abb. 5: Der Necker-Würfel

[handschriftlich: ↙ so schauen ...]
[handschriftlich: ↓, ← oder so ... →... ↑ [sieht nur die Linien in der Fläche, ≠ räumlicher "Eindruck"]]
[handschriftlich: ↗ oder so schauen]
[handschriftlich: Da kann der Seher 4 Seh-Erlebnisse erzeugen]

Interessant daran ist, dass wir ein und dieselbe »Wirklichkeit« einmal als dieses (Ente), einmal als jenes Ding (Hase) bzw. einmal als Würfel, der nach vorne und einmal nach hinten zeigt, deuten können. Der Ausdruck eines Aspektwechsels, sagt Wittgenstein, ist der Ausdruck einer neuen Wahrnehmung – einer neuen Erfahrung.[172] Da es sich um die Beschreibung einer Wahrnehmung handelt, kann man diese Wahrnehmung, zumal sie häufig in der Verbindung mit einem deutenden Wort wie »Jetzt sehe ich den Hasen«, »Ente«, »nach vorne zeigender Würfel« etc. auftritt, auch einen »Gedankenausdruck« nennen. »Und darum erscheint das Aufleuchten des Aspekts halb Seherlebnis, halb ein Denken«.[173] Diese Einsicht ist entscheidend:

**denken und Erfahrung
bilden eine Einheit,
die nicht zu trennen ist.**

[handschriftlich: ... geschickt lässt sich's auf 8 erhöhen]
[handschriftlich: ... sich die Figur "bewegen" lässt, ohne den Kopf zu bewegen.]
[handschriftlich: ... alles KLAR?]

Das Substrat dieses Erlebnisses, das aus einem Aspekt- oder Perspektivenwechsel besteht, schreibt Wittgenstein, ist »das Beherrschen einer Technik«.[174] Erst wenn jemand in der Lage ist, etwas anderes wahrzunehmen als das, was er bisher gesehen hat, wenn er »das und das kann, gelernt hat, beherrscht, hat es Sinn zu sagen, er habe das erlebt«.[175] Jemand, der einen Aspekt nicht zu sehen in der Lage ist – ist aspektblind. Diese Aspektblindheit ist »verwandt mit dem Mangel des ›musikalischen Gehörs‹« – und womöglich auch mit Phänomenen wie der religiösen Amusikalität.[176] Wittgensteins Analyse des Aspektwechsels ist von weitreichender Bedeutung, denn sie betrifft nicht nur einfache Gestalten der Wahrnehmung wie oben, sondern auch die komplexe Wahrnehmung eines Musikstückes (»hörst du jetzt auf einmal die Gelöstheit dieser Melodie?«»hörst du jetzt ihre Traurigkeit?« etc.), eines Gedichtes, aber auch eines Gesichtes und reicht bis hin zur Wahrnehmung eines ganzen Lebens oder seiner eigenen Lebenslage. Zu welchen Aspektwechseln müssen wir fähig sein, um wirklich sehen, um verstehen zu können? Es scheint, als habe Wittgenstein diese Frage, die in seiner Philosophie eine neue Gedankenlinie darstellte, so sehr beschäftigt, dass er gleichsam um sein Leben philosophierte.[177] Wann, so fragt sich, ist der philosophische Blick starr – und wann so flexibel, dass er alle notwendigen Aspekte sieht? Kann, ja muss man jemanden überreden, bestimmte Aspekte auf eine bestimmte Weise und womöglich völlig neu zu sehen? Sind wir am Ende möglicherweise in einer bestimmten Perspektive, in einem Bild von der Wirklichkeit und von uns selbst gefangen?

Fest steht, dass das denken äußerst eng mit dem Sehen zusammenhängt. Wir deuten auf etwas »als« etwas, wir zeigen auf etwas, das wir neu gesehen haben. Im Erleben, im Sehen hallt gleichsam ein Gedanke nach.[178] Deuten, sehen »als«, zeigen, denken – all das hängt mit einer Erfahrung zusammen und lässt sich schwer voneinander trennen. Der Philosoph Gunter Gebauer macht deutlich, dass wir, selbst wenn wir in einem Kippbild etwas »Neues« sehen, nichts sehen, was es nicht vorher schon gegeben hat. Man könnte also sagen, dass wenn wir die Welt anders sehen, das nicht mit Notwendigkeit beinhaltet, dass sich auch die Welt verändert hat. Wir werden vielmehr mit Hilfe einer körperlichen Erfahrung, durch Erlernen einer Technik und die Entwicklung einer Vorstellung, einer Einstellung oder eines Gedankens in die Lage versetzt, in einem Bild ein zweites oder womöglich drittes und viertes Bild zu sehen. Angewandt auf die Wirklichkeit bedeutet dies, dass wir in der Lage sind, durch Veränderung unserer Einstellung die Welt anders zu sehen. Diese Veränderung kann durch philosophische Schulung, durch denken, aber auch durch Erfahrungen oder Übungen wie die systematische Schulung von Achtsamkeit eingeleitet werden.

Genau auf eine solche Erfahrung zielt der gesamte Aufwand der komplexen logischen Viererform Nagarjunas ab. Doch viele Texte sprechen in diesem Zusammenhang von einer »letzten« Wahrheit – sozusagen von einem Aspekt, der die anderen einerseits relativiert, andererseits aber zusammenbringt. Doch kann eine Erfahrung überhaupt »wahr« sein? Liegen einem solchen Gedanken nicht ein elementarer Kategorienfehler und eine Verwechslung zugrunde?

Eihei Dōgen Zenji (1200–1253), der japanische Mönch, der den chinesischen Chan-Buddhismus mit dieser Methode des Nur-Sitzens nach Japan brachte, beschrieb diese Erfahrung des entscheidenden Aspektwechsels, die er selber nach langer Übung machte, als das »Fallenlassen von Körper und Geist« (Shinjin datsuraku, 身心脱落 wörtlich: Körper Geist sich befreiend fallen lassen).[179] Diese Erfahrung stellt laut Dōgen, der sich auf die buddhistische Tradition beruft, den natürlichen Zustand der Einheit von Körper und Geist dar. Seine Betonung beider Dimensionen erinnert stark an die neurowissenschaftliche These, dass denken und Fühlen in das Körpergeschehen eingebettet sind und nur so überhaupt funktionieren können. Aus der Sicht des Gehirns ist, was die »Verarbeitung« der Information angeht, kein Unterschied zwischen denken, Fühlen und Handeln zu verzeichnen. Immer geht es dem Gehirn um Informationen und ihre Verarbeitung, auch wenn die Informationen unterschiedlicher Art sein mögen. So unterschiedlich und widersprüchlich die Informationen auch sein mögen: Sie müssen verarbeitet und zusammengeführt werden, um im Sinne der Homöodynamik zu einer optimalen Reaktion des gesamten Lebewesens beitragen zu können. Dōgen beschreibt diese Erfahrung gemäß der buddhistischen Terminologie als die Verwirklichung der wahren Natur oder als Erleuchtung, eine Form des »Gewahrseins unseres Selbst und dem des Anderen« und der Natur, der es »an nichts fehlt«. In dieser Form der Erfahrung kommen auf einer ganz und gar alltäglichen Ebene das Ich mit seinen Fragen und Widersprüchen, seinem denken und Fühlen, aber »Gras, Bäume, Hecken und Mauern ... gewöhnliche und heilige« Dinge und Wesen zusammen.[180]

Ein wenig viel Poesie, denken Sie vermutlich. Wortgeklingel. Vielleicht ist auch das eine Frage der Sichtweise. Für einen Dichter ist der krude Realismus, den eine völlig nüchterne Beschreibung erfordert, eine Entstellung der Wirklichkeit.[181] Für einen Wissenschaftler, der tagein, tagaus in einem Labor arbeitet und nur selten Gelegenheit hat, ein Gedicht zu lesen, wird es sich vermutlich genau andersherum verhalten. Und doch steckt hinter Ihrem Unmut, dass es sich doch um Poesie handele, um Dichtung eben und nicht um denken und Wahrheit, eine richtige Einsicht. Ihr Unwohlsein nicht nur mit der fremden asiatischen Terminologie, sondern auch mit dem Verweis auf Übung (die es in analoger Weise auch seit der Zeit der Griechen gab) entstammt dem Gefühl, ins allzu Subjektive abgeglitten zu sein. Könnte es aber nicht auch sein, wie der amerikanische Philosoph Thomas Nagel schreibt, »daß wir es mit einer verfehlten Objektivierung eines Aspektes der Wirklichkeit zu tun haben, der aus einer objektiveren Perspektive gerade kein besseres Verständnis zuläßt«?[182] Ich hoffe, Sie werden gleich einsehen, dass es sinnvoll war, sich der Mühe zu unterziehen, in die fremde Terminologie einzusteigen. Denn worauf wir gestoßen sind, ist ein fundamentales Problem *jeder* Philosophie, ob sie östlich oder westlich, alt oder modern ist. Es handelt sich um eine der zentralen philosophischen Fragen überhaupt. Daher Ihr Unmut und möglicherweise auch Ihre Sorge. Aber mit beidem lässt sich gut arbeiten, denn Sie können daraus eine Zugangsweise zur Wirklichkeit entwickeln, die mit jeder philosophischen Problemstellung fertig wird – zumindest indem Sie sie wenigstens klar und von allen Seiten darzustellen in der Lage sind. Vorausgesetzt, Sie haben den jeweiligen Aspektwechsel klar vor Augen.

4.6 Eine Wirklichkeit aus vier Perspektiven

Nagarjunas Antwort auf die Frage nach der Verstrickung in Widersprüche war, dass die Antwort weniger auf der Ebene der Logik liege, als vielmehr in einer Erfahrung bzw. in Richtung eines schließlich aus dieser Erfahrung kommenden denkens. Nagarjuna versuchte dabei – wie viele Texte der indischen und buddhistischen philosophischen Traditionen –, mit Hilfe logischer Kniffe unser festgefügtes Bild der Wirklichkeit, unsere Verabredungen über die Realität, wenn nicht ins Wanken, so doch in Bewegung zu bringen. Unser erstarrtes denken soll wieder verflüssigt und ein Aspektwechsel möglich werden. Dieses Anliegen nimmt die Methode oder Theorie der *vier Perspektiven*, mit denen man Wirklichkeit und Probleme der Philosophie beschreiben kann, wieder auf. Ich selber neige dazu, die vier Perspektiven als eine Technik zu sehen, die sehr hilfreich ist bei der Lösung insbesondere von philosophischen Problemen. Die Einsicht, die hinter dieser Methode der vier Perspektiven steckt, ist höchst einfach: Es ist im Normalfall nicht möglich, die Komplexität und Widersprüchlichkeit der Welt gleichzeitig in einem System zu beschreiben und dem Denken alle Gedanken und Bilder gleichzeitig zugänglich zu machen – ohne dabei einen Aspekt zu verabsolutieren. Erinnern Sie sich an Hase und Ente: Beides steckt zwar in einem Bild – aber Sie können nicht beide Aspekte beider Bilder zugleich sehen. Die vier Perspektiven, die ich Ihnen jetzt vorstellen werde, sind eine Art systematische Anleitung zu einem wiederholten, aber in der Wiederholung notwendigen Aspektwechsel. Sie sind einer Landkarte vergleichbar, die zwar nicht das Land selbst ist, es aber in einer anderen Form oder Dimension wiedergibt. Beschrieben worden sind diese Perspektiven in verschiedener Weise in buddhistischen Texten, darunter denen von Buddha und Nagarjuna. Ich entnehme meine Darstellung weitgehend den Schriften und Übersetzungen von Gudo Wafu Nishijima, einem japanischen Zen-Meister, der in der japanischen und amerikanischen Öffentlichkeit vor allem durch seine Gespräche und Diskussionen im japanischen Hörfunk und Fernsehen sowie durch seine Übersetzung des Hauptwerkes von Meister Dōgen bekannt wurde.[183] Worin bestehen nun die vier Perspektiven, von denen ich glaube, dass man mit ihrer Hilfe jedes philosophische Problem bestens beschreiben (und gelegentlich auch lösen) kann?

Die *erste Perspektive*, die der Wirklichkeit gegenüber eingenommen werden kann, ist die des Subjektes. Sie hat ihren Ausgangspunkt im Ich, das denkt und die Welt von innen erfährt. Diese Perspektive ähnelt in gewisser Weise dem Ansatz von René Descartes. Nishijima, der sich in seinen Ausführungen auf Dōgen bezieht, nennt sie die Perspektive des Subjekts oder auch die idealistische Perspektive. Das denkende Subjekt, das gleichsam über der Welt zu schweben vermag, um sich mit Hilfe des denkens zu orientieren, entwirft eine Landkarte, in der die gesamte bekannte Welt abgebildet erscheint. Eine notwendige Folge dieses Verfahrens ist es, dass auch das Ich abstrakte Begriffe benutzt und insofern zwischen (denkendem) Subjekt und der Welt der (körperlichen) Objekte unterschieden werden muss. Zu den Begriffen und zur Sprache hat das Subjekt keinen privilegierteren Zugang als andere Menschen, auch wenn es sich so anfühlen mag. Dieser Dualismus, der mit der Perspektive des denkenden Subjekts, des Ich, gegeben ist, lässt sich nicht mehr überwinden. Die Unterscheidungen bringen daher auch eine Folge von Fragen mit sich, die oft die Form alter, klassischer Fragen annehmen wie etwa die nach der Seele. Wie verhält es sich angesichts der Vergänglichkeit und dem Weiterleben des Subjekts – seiner Seele –, die im Unterschied zu den vergänglichen Objekten der Welt nicht nur in der griechischen Philosophie als unvergänglich gedacht wird? Das Problem ist, dass alle vom Subjekt getroffenen Unterscheidungen zwar der Verfeinerung der Landkarte dienen – aber das eigentliche Terrain durch die dualistische Herangehensweise nur annäherungsweise beschrieben werden kann. Das Subjekt bleibt gefangen in seinen (subjektiven) Bildern und Vorstellungen über die Welt – und leidet daran, diese nicht »unmittelbar« erreichen zu können. Dazu müsste es die Perspektive grundlegend ändern.

Die *zweite Perspektive* nähert sich derselben Welt nicht mehr aus der Perspektive des Geistes (des Idealismus), sondern versucht sich im Gegenteil von subjektiven Vorstellungen zu lösen, um die Dinge zu beschreiben, wie sie sind. Dies ist der Standpunkt der Wissenschaften – eine objektive, materialistische Sicht auf die Dinge und auf das Subjekt. Leider hängt jedoch auch diese Beschreibung, wie wir bereits gesehen haben, ihrerseits von Subjekten ab. Die Frage, was ein wichtiger Aspekt des eigenen Lebens ist oder welche Rolle ein überpersönlicher Standpunkt im Leben spielen soll – bei der Beurteilung drängender eigener Fragen, aber auch bei Fragen nach Gesellschaft, Kultur oder Moral, die andere betreffen –, muss letztlich von einem persönlichen Standpunkt aus festgelegt werden.[184] Physische und psychische Welt, Innen und Außen lassen sich nicht voneinander trennen. Auch diese zweite Perspektive gründet daher auf einer dualistischen Sicht der Wirklichkeit, aus der es kein Entrinnen gibt. Der Geist, das Bewusstsein beispielsweise, wird bei der externen, »objektiven« Untersuchung zur Sache, zum Ding – obwohl die Erfahrung doch zeigt, dass es einen deutlichen Unterschied gibt zwischen der Welt der Erste- und der Welt der Dritte-Person-Perspektive. Auch mit dieser Perspektive, so schlüssig sie in sich auch sein mag, bleibt ein Unbehagen. Warum sollte die eigene Sicht, das eigene denken und Bewusstsein nur aus einer externen Perspektive, von außen, realistisch gesehen und richtig beurteilt werden können? Denken und Tun, Subjekt und Objekt, bleiben unversöhnte Gegensätze. Zumal die objektive Welt der Wissenschaften auf ihrer eigenen Ebene keine (wissenschaftlichen) Aussagen über Sinn oder Moral machen kann – obwohl gerade diese Fragen unbestreitbar zum Kern menschlichen Lebens dazugehören.

In der *dritten Perspektive* wird versucht, eine Synthese aus den beiden widersprüchlichen ersten beiden Positionen zu gewinnen. Sie werden nicht mehr isoliert, in sich betrachtet, sondern zueinander in Beziehung gebracht. In gewisser Weise stellt die dritte Perspektive ein Plädoyer in Richtung der jeweils anderen Weltanschauung oder Haltung dar, die Gegenseite besser zu verstehen und von ihr zu lernen. Das klingt selbstverständlich, ist es aber, wenn man die Geschichte der Ideen und ihrer Vertreter näher betrachtet, leider nicht. Man könnte sagen, dass diese dritte Perspektive den eigentlichen Kampfplatz zumindest der westlichen Philosophie darstellt. Wer auch immer eine eigene Philosophie entwickelt, wird diese in Abgrenzung zu anderen Denkern ausbauen und einen Teil seiner Bausteine aus den Trümmern der anderen Denkgebäude gewinnen, die er aufgrund ihrer tatsächlichen oder vermeintlichen Fehler zum Abriss freigegeben hat. Argument und Gegenargument – klassisch als Gegensatzpaar dargestellt – warten gleichsam auf eine neue Synthese und ein neues, drittes Denkmodell, dass das Beste der beiden anderen integriert und die Fehler behebt. Dass das denken und mit ihm die Philosophie als eine Abfolge von Konflikten verstanden werden kann, leuchtet ein, zumal manche dieser Konflikte (etwa die Frage, ob nun eine Hostie der Leib Jesus ist oder ihn symbolisiert oder ob Indianer eine Seele haben) enorme politische, direkt spürbare Auswirkungen hatten.[185] Der Kampf um Grundbegriffe und ihre Interpretationen war und ist immer auch ein Kampf um Macht und Deutungshoheit. Eine solche Deutungshoheit wird nicht selten gegen Kritik mit realer militärischer Macht, mit Terror und Folter durchgesetzt. Wem die Argumente ausgegangen sind, bevor er die neue Idee, die alles andere integriert, widerspruchslos hat formulieren können, gibt auf – oder gebraucht eine andere Macht, die die Schwäche der Argumente kompensieren soll. Doch auch innerhalb der akademischen Auseinandersetzungen gilt, dass derjenige Denker, der die unterschiedlichen Sichtweisen und Theorien herbeizitiert, um sie dann aufeinandertreffen zu lassen und selber als Sieger aus diesem Kampf hervorzugehen, zumindest heimlich die Hoffnung hegt, dass sich am Ende alle Gegensätze und Widersprüche auf eine klare, rationale Weise auflösen werden. Und das bedeutet, dass sie sich in eine einheitliche, übergeordnete Perspektive einordnen lassen. Nur wenige verabschieden sich ganz von dem Traum, den der Gedanke der Objektivität besser als alle anderen zu verwirklichen verspricht: dass man am Ende im Verständnis der Welt einen Standpunkt einnehmen könne, der sich so weit von allem Subjektiven befreit, dass sich alles – auch das, was uns einst unter der Perspektive der Subjektivität als wahr erschien – »in ein einziges umfassenderes Bild integrieren« lässt.[186] Dieser Traum gilt als der rationalste aller Träume. Ich fürchte, gerade er wird ein Traum bleiben. Nach wie vor gibt es nicht nur faktisch verschiedene, nicht miteinander versöhnte Perspektiven. Entscheidender aber ist, dass sich nach wie vor kein alle anderen Argumente schlagendes Argument finden lässt, das beweist, dass sich am Ende alle noch so verschiedenen Perspektiven tatsächlich unter einem Dach versammeln lassen. Mit keinem Argument kann gezeigt werden, dass a priori ab einem bestimmten Zeitpunkt die Welt nur noch von einer Perspektive aus gesehen werden kann – was in der Umkehr bedeutet, dass sich keinerlei andere Perspektive mehr finden ließe, die es legitimerweise zuließe, ebendiese andere Perspektive einzunehmen und die Welt anders zu sehen. Am Ende wäre also nur eine Perspektive die rationale. Etwas anderes kann dann einfach nicht mehr der Fall sein. Mit »rational« meine ich dabei in einem zunächst sehr weiten, lockeren Sinn eine Form des systematischen Denkens, bei dem »jeder, der mir dabei über die Schulter blickt, imstande« sein sollte, es als richtig zu erkennen«.[187]

Das zentrale Problem bei der Formulierung der dritten Perspektive besteht daher darin, überhaupt eine Position vorzustellen und zu denken, die »nicht zum Bereich des intellektuellen Subjektivismus oder des sensorischen Objektivismus gehört«. Da die beiden ersten Perspektiven beide auf der Trennung von Subjekt und Objekt beruhen (auch wenn beide Perspektiven diese Trennung unterschiedlich formulieren, begründen und deuten), müsste die dritte Perspektive folglich eine Sicht bieten, »die über die Gegensätze der subjektivistischen und die objektivistische Sichtweise hinausgeht, weil sie das Leben so darstellt, wie es im gegenwärtigen Augenblick gerade ist«. Worauf könnte sich eine solche Haltung gründen, die eine Art Koexistenz beider Perspektiven beinhaltet? In der Geschichte des denkens sind unterschiedliche Lösungen für dieses Problem vorgeschlagen worden – darunter so komplizierte logische und geschichtliche Modelle wie die Hegel'sche *Phänomenologie des Geistes.* Kann man faktisch sagen, eine Lösung hätte sich gegen alle anderen durchgesetzt?

Die Antwort, die Dōgen auf diese Frage gibt, klingt sehr schlicht und einfach: Die Lösung liegt letztlich im Leben, in der Erfahrung des Hier und Jetzt. Im Leben sind beide Sichtweisen – und zuweilen mehr als zwei – gegeben. Ich erfahre mich und meine Welt von innen – und ich kann mich gleichsam von außen zu sehen versuchen. Ich bin derjenige, der Auto fährt. Und kann doch zugleich mich von außen betrachten und sehen, dass die Art und Weise, wie ich Auto fahre, nicht den Verkehrsregeln entspricht. Ich kann sagen, dass ich Magenschmerzen habe – und gleichzeitig meinen Magen mittels einer Sonde außen auf einem Bildschirm sehen. Doch sehe ich damit auch meine Schmerzen? Im Leben, im Hier und Jetzt, sind beide Perspektiven vorhanden: Ich habe Schmerzen, und ich kann mich »objektiv« (in diesem Fall medizinisch) von außen betrachten – samt meiner Schmerzen, deren Herkunft ich vielleicht sogar erkenne, weil ich beispielsweise unter einer chronischen Gastritis leide. Worum es Dōgen geht, ist diese Haltung des »Hier und Jetzt«, die beide wesentlichen Perspektiven umfängt, gründlich zu verstehen. Er schlägt dabei eine Art immer dichtere, konzentriertere

Reduktion auf das gegenwärtige Handeln vor. Diese Reduktion entspricht der Übung, die ich eben bereits skizziert hatte. Dōgens Übung – ein waches Sitzen und Atmen – ermöglicht es, die Produktionsweise des denkens, meine Verknüpfungen von Vorstellungen, die Begriffe, Erinnerungen, Bilder und anderes immer deutlicher hervortreten zu lassen – um sie dann, ohne sie zu bewerten oder ohne daran hängen zu bleiben, gleichsam vorbeiziehen zu lassen –, so wie Wolken an einem Berg vorbeiziehen, ohne ihn wirklich zum Verschwinden zu bringen. Wenn diese Haltung den gesamten Alltag prägt und in all unser Handeln einsickert, wird es, so Dōgen, leichter zu verstehen, wie die unterschiedlichen Perspektiven entstehen und wie sie in ihrem eigenen Recht koexistieren können. Um diese Form der Klarheit und Konzentration im alltäglichen Handeln zu erreichen, empfiehlt Dōgen, das jeweilige Handeln zunächst auf ein Minimum zu reduzieren, um möglichst konzentriert und frei von Ablenkungen zu sein. Aber auch das stille Sitzen ist, genau betrachtet, ein körperliches und mentales Handeln, das sich in seiner Grundanlage nicht vom Einkauf in der Stadt, dem Rasenmähen, Kochen, Essen, dem Arbeiten oder anderen Aktivitäten unterscheidet. Die gemeinsame Basis all dieser Aktivitäten ist unser faktisches Handeln in der Welt, in dem der Einzelne tatsächlich beide (oder mehr) Perspektiven einnimmt und dabei mehr oder minder frei zwischen ihnen hin und her wechselt.[188] Gerade dieser Wechsel kann sich aber als quälend erweisen, weil er, sobald man ihn ins denken zurückholt, mit Widersprüchen einhergeht. Immer aber wird das Handeln im gegenwärtigen Augenblick zum Schnittpunkt, an dem sich die Perspektiven von »Ich (als Subjekt) und Welt (als Objekt) berühren und koexistieren. Die Wahrheit ist für Meister Dōgen kein Suchen nach etwas Jenseitigem, nach einer dritten Perspektive, die es gleichsam nur außerhalb des (normalen) Lebens in einem Reich der Ideen gibt, sondern sie verwirklicht sich in jedem Augenblick im Handeln selbst«. Nishijima bezeichnet diese schwer zu erringende Perspektive daher auch als die »realistische Perspektive«, die »in einer pragmatisch-realistischen Bewertung des Problems, die in der Philosophie des Handelns im gegenwärtigen Augenblick begründet ist«.[189]

Ich halte Dōgens Vorschlag, die dritte Perspektive in den realistischen bzw. pragmatischen Zusammenhang einer Handlungstheorie zu stellen, für sehr zielführend und, falls Sie das für einen angemessenen Begriff halten, für durchaus vernünftig. Es wird Sie vielleicht überraschen, dass ausgerechnet die Übung des Sitzens und Atmens als Handeln als »Paradigma« verstanden wird. Aber auch das Sitzen ist wie gesagt ein wenn auch reduzierter aktiver Vorgang, der körperliche, mentale, neuronale und muskuläre Anteile hat. Es würde zu weit führen, Dōgens und Nishijimas Vorstellungen vom Handeln im Hier und Jetzt, gleich in welcher Form, den Ausführungen der westlichen Philosophie, insbesondere des Pragmatismus, gegenüberzustellen. Doch ich vermute, dass daraus ein fruchtbarer Dialog entstehen würde, vor allem mit Blick auf den pragmatischen Ansatz von William James. Klar geworden ist hoffentlich, dass es sich nicht um eine esoterische Scheinlösung handelt – wohl aber um einen anderen, in der abendländischen Philosophie selten kultivierten Umgang mit Widersprüchen.

Was von diesem Pragmatismus im Alltag zunächst sichtbar wird, ist die naheliegende Einsicht, dass unser Leben (in der Formulierung von Thomas Nagel) faktisch aus der Innenperspektive gelebt wird. Insofern könnte es zunächst so aussehen, als müsse, ja dürfte uns der Versuch, eine externe, »objektive« Sicht einzunehmen – einen Blick der anderen bzw. der Menschheit – gar nicht stören. Kann uns die andere Perspektive nicht gleichgültig sein? Das eigentliche Problem tritt in dem Moment auf, in dem jede der beiden Perspektiven – die subjektivistische und die objektivistische Betrachtungsweise – jeweils Dominanz beansprucht. Die innere Perspektive kann daher nicht lediglich als Korrektur oder Ergänzung der anderen, »objektiven« Sicht erscheinen (und umgekehrt). Letztlich verlangt jede dieser Perspektiven, wenn man sie in aller Konsequenz denkt, die Verdrängung und Auslöschung der anderen. Wie beispielsweise wollen wir den Sinn des Lebens ausmachen? Wie entscheiden wir in dieser Frage? Aus der Innenperspektive (könnte es uns dann nicht wirklich gleichgültig sein, wie die andere, »objektive« Sicht aussieht)? Oder aus der Außenperspektive? Fest steht, dass Sinn aus der »objektiven« Sicht der Naturwissenschaften keine nachprüfbare Kategorie ist. Und doch wird das Subjekt, seine subjektive Perspektive, durch diese »objektive« Erkenntnis, dass Sinn nicht zu erkennen sei, unter Druck gesetzt. »Wir fliehen das Subjektive unter dem Druck der Überzeugung, daß alles, was es gibt, an sich, also unabhängig von jeder Perspektive« gesehen werden muss. Der Drang nach einem externen, objektiven Standpunkt wird gerade in entscheidenden Fragen – Fragen wie die nach dem Sinn des Lebens, nach der Identität des Selbst, nach dem Recht subjektiver Auffassungen von Recht und Unrecht – stärker und fordert ein Überschreiten des Selbst.[190] Das Problem, welche der beiden Perspektiven – die Innen- oder die Außenperspektive – anzuwenden sei, prägt nicht nur alle philosophischen Probleme, sondern jedes Individuum, sobald es sich, sein denken und die Welt zu erfassen sucht. Von welcher Perspektive aus soll dieses Erfassen geschehen, von wo aus die Arbeit des denkens begonnen und später abgeschlossen werden? Auf diese Weise durchzieht das Problem der Perspektiven, die das Kind bereits vermittelt über die Bezugspersonen in der vorsprachlichen Welt zu erkennen und anzunehmen gelernt hat, auch alle späteren Bemühungen um Erkenntnis. Wie sollte es auch anders sein? Unsere Welt, unser Leben ist gekennzeichnet durch eine »Koexistenz einander widersprechender Standpunkte«, wie Nagel formuliert. Für unser Leben ist das, außer in moralischen Fragen, in der Regel nicht so tragisch. Unser denken wird allerdings durch die Widersprüche an den Rand der Verzweiflung gebracht. Doch erst dort, wo es im Konflikt zwischen unterschiedlichen Standpunkten, die durchaus weltanschaulicher Natur sein können, um Gewalt und Tod, um Vernichtung und Ausrottung geht, spielt die Frage nach der Vereinbarkeit eine zentrale Rolle. Dann müssen Möglichkeiten geschaffen werden, in Frieden in einem Land zu koexistieren.

Wie schwierig das ist, zeigen die Krisenherde dieser Welt tagtäglich.

Im denken spielt sich die Auseinandersetzung in der Regel auf der Ebene von Argumenten und dem Austausch von Standpunkten ab. Allerdings passiert es nicht selten, dass im Streit um solche Standpunkte politischer, finanzieller, moralischer oder gesellschaftlicher und religiöser Druck ausgeübt wird. Perspektiven sind mit Herrschaft verbunden. Für das denken, sofern es unter freien Bedingungen stattfindet, besteht das größte Problem vermutlich darin, dem gegenwärtig meist besseren Ruf der Objektivität Raum zu geben. Das führt dazu, dass der objektiven Perspektive zunehmend gegen die der Subjektivität recht gegeben wird. Es ist ein wenig wie Kafkas sarkastische Empfehlung, im Kampf mit der Welt doch der Welt zu sekundieren. Bei genauem Hinsehen zeigt sich, dass die Innensicht nicht durch eine externe Sicht einholbar ist. »Und wenn es stimmt, daß die Art und Weise, wie die Dinge für diese Subjekte sind, nicht zu der Art und Weise gehört, wie die Dinge an sich sind, dann läßt das objektive Bild, was immer es auch zeigen mag, etwas aus. Also besteht die Wirklichkeit nicht bloß aus der objektiven Wirklichkeit, und das Streben nach Objektivität ist nicht in allen Bereichen eine gleichermaßen geeignete Methode, die Wahrheit zu ermitteln.«[191] Und dennoch fragen wir unter dem Druck der Einsicht, dass es *eine* Welt gibt und insofern vermutlich auch letztlich eine Perspektive geben müsse, in der wie in der Zentralperspektive alle anderen Linien der Argumentation zusammenlaufen, nach der Wahrheit. Wahrheit ist im Idealfall eine maßgebliche Einsicht, die sich dann in Form einer wahren Aussage darstellen lässt. Aber es ist wichtig festzuhalten, dass Wahrheit immer eine Eigenschaft von Sätzen ist – nicht aber von Gefühlen und Dingen.

Nur Sätze können wahr sein.

Ein Gefühl kann nicht wahr sein (es ist keine Aussage, sondern eben ein Gefühl) –, wohl aber wahrhaftig. Aussagen bzw. Sätze stehen immer schon im Kontext anderer Sätze, in dem die Thematik einer Überprüfung längst mitgedacht ist. »Objektivität ist ein Verfahren des Verstandes«, wie Thomas Nagel zu Recht schreibt. Wir gelangen zu Sätzen, die wir für wahr halten, indem wir unsere subjektive, »alte« Sicht in einen neuen und technischeren, zumindest dem Anschein nach verallgemeinerbaren Jargon fassen und versuchen, uns auf diese Weise selbst in die Sicht der Welt zu integrieren. »Es sind Überzeugungen und Erkenntnisse, die im primären Sinne objektiv sind. Die Wahrheiten, zu welchen man auf diesem Wege gelangt, nennen wir nur in einem abgeleiteten Sinn objektiv. Die alte Auffassung wird von nun an als eine Art Schein betrachtet, als eine subjektivere Auffassung als die neue.«[192] Die Frage ist, ob Subjektivität mit allem, was sie beinhaltet, voll und ganz in eine solche Sicht von außen integriert werden kann. Das Problem der Perspektive, das seit den Anfängen der Philosophie immer wieder angesprochen wurde, sei es in der griechischen oder in der asiatischen Tradition, taucht, wie Thomas Nagel in seinen philosophischen Untersuchungen überzeugend gezeigt hat, nicht nur in Bezug auf die Frage nach Subjekt (Ich) und Objekt (den Dingen, der Welt) auf, sondern ist ein gemeinsames Problem allen Denkens, aller philosophischen und letztlich auch wissenschaftlichen Entwürfe der Welt. Die subjektive *und* objektive Perspektive, die ein Einzelner oder eine Gruppe von Individuen einnehmen können – etwa wenn sie die universale Geltung von Moral mit dem Blick auf die Menschheit insgesamt zu begründen sucht –, ist keine Frage eines bestimmten Themas oder Problems, sondern eine Polarität, die grundsätzlich alles denken bestimmt. Die Dominanz, der Druck, der heute erfolgt, neigt sich dabei eindeutig dem Pol der objektiv-physikalischen Betrachtungsweise zu, d. h. der Sicht der Naturwissenschaften auf die Welt und auf das Subjekt. Sich ihr zu beugen ist aber nicht in jedem Fall sinnvoll, ja nicht einmal geboten. Doch selbst wenn sich im denken eine begriffliche Koexistenz unterschiedlicher, ja widersprüchlicher Standpunkte ausmachen ließe, so bleibt doch das Problem, das auch mit dieser dritten Perspektive besteht: Jede dieser Beschreibungen ist lediglich eine weitere begriffliche Erklärung, die sich auf andere begriffliche Erklärungen bezieht. Sie bleibt eine Karte, ein Finger, der zwar auf den Mond zeigt, aber nicht der Mond ist. Auch diese dritte Perspektive ist insofern »nur« eine Philosophie, ein Filter und theoretischer Rahmen, der dem Menschen helfen soll, die Wirklichkeit »durch die Raster seines eigenen Denkens und seiner Sinnesorgane« zu verstehen, auch wenn dieses Raster »die« Wirklichkeit dabei verzerren mag. Allerdings unterscheidet sich Dōgens Ansatz von einer Reihe anderer philosophischer Ansätze, weil er um eine Einbettung des Denkens in das konkrete Handeln bemüht ist und auf diese Weise einen stärkeren Realismus in der Argumentation zu erreichen sucht. Der Versuch, die Koexistenz einer idealistisch-subjektiven und einer objektivistisch-physikalischen Perspektive zu denken, dürfte vor dem Hintergrund des Handelns im tatsächlichen Leben helfen, den Blickwinkel zu verändern. Wer versucht, die Koexistenz der Perspektiven zu denken, wer selbst geschmeidig bleibt und mentale Ortswechsel nachvollziehen kann, der- oder diejenige wird ohne Zweifel ein besseres Gespür für all jene Verzerrungen bekommen, die jeweils spezifisch mit der ersten und der zweiten Perspektive verbunden sind. Robert Gernhardt formulierte den Zusammenhang einmal so:

»Die Innen- und die Außenwelt,
die warn mal eine Einheit.
Das sah ein Philosoph, der drang
erregt auf Klar- und Reinheit.
Die Innenwelt,
dadurch erschreckt,
versteckte sich in dem Subjekt.
Als dies die Außenwelt entdeckte,
verkroch sie sich in dem Objekte.

Der Philosoph sah dies erfreut:
indem er diesen Zwiespalt schuf,
erwarb er sich für alle Zeit
den Daseinszweck und den Beruf.«[193]

Und die *vierte Perspektive?* Dōgen entwickelt sie aus seiner täglichen Übung und dem Umgang mit alltäglichen Dingen heraus. Ihm geht es in der vierten Perspektive um ein Verstehen, »das sich nicht selbst behindert. Verwechselt die theoretische Spekulation [über Einheit und Verschiedenheit und andere Dinge] nicht mit der Kraft ihrer (direkten) Erfahrung und ihres (konkreten) Forschens.«[194] Dōgen erinnert damit an dem Umstand, dass alle Begriffe, die wir verwenden, um die Wirklichkeit zu beschreiben, Bilder sind. Leider kann aber »das Bild eines Reiskuchens den Hunger nicht befriedigen«.[195] Paradoxerweise, und das ist die Pointe und Eigenart der vierten Perspektive, wird die Bildhaftigkeit aller Bilder dadurch bewusst zum Ausdruck gebracht, dass Dōgen die konkreten Dinge (sprachlich oder bildlich) geradezu malt. Mit der vierten Perspektive kommt er zu einer lyrisch-poetischen Beschreibung der Welt zurück. Dieser in seiner Detailliertheit realistische, zugleich aber metaphorische Umgang mit der Welt dient dazu, die Begrifflichkeit selbst abzuschütteln, indem der Blick wieder auf die Dinge, auf das Leben gerichtet wird. Denn darum, um die Wirklichkeit, geht es Dōgen in erster Linie. Er gelangt zu dieser frischen Sicht zurück durch den bewussten Einsatz von poetischen, symbolischen und figurativen Mitteln, mit deren Hilfe versucht wird, »auf die subtile, unbeschreibbare Natur der Wirklichkeit selbst hinzudeuten«: auf das, was sich in allen Beschreibungen der drei Perspektiven bislang entzogen hat.[196] Mögen die Ansichten über die Dinge die Menschen auch verwirren, wie Epiktet formulierte: Die Dinge selbst sind von unseren Ansichten über sie wenig verwirrt. Sie sind in gewisser Weise wie sie sind, während sie für uns zuweilen unlösbare gedankliche Probleme darstellen, die unter anderem auf die Widersprüchlichkeit von Leben und Tod, Dauer und Veränderlichkeit,

Subjekt und Objekt, Körper und Geist, Materie und Energie verweisen. »Selbst wenn dies alles so ist«, schreibt Dōgen, »fallen die Blüten, obwohl wir es bedauern, und wächst das Unkraut, obwohl es uns nicht gefällt.« Mit dieser für die vierte Perspektive typischen, geradezu lyrischen Diktion wird der Blick auf das alltägliche Leben zurückgewendet. Was wir auch denken mögen: Die Dinge sind so und nicht anders. Was sich unserer Theorie (oder erst durch sie) versperren mag und unzugänglich bleibt, gerät wieder mit Hilfe einer poetischen, symbolischen Sprache in den Blick. Denn im Alltag teilen wir die einfache Sicht der Welt. Wir machen die Erfahrung, dass wir ein Essen mögen und ein anderes nicht. Dass wir bestimmte Menschen lieben, andere nicht. Und wir machen die Erfahrung, dass die Blüten, die wir lieben, verwelken – gleich ob wir das wollen oder nicht. Es spielt dabei keine Rolle, ob wir uns die Blüte als ewige Verkörperungen einer platonischen Idee (der Schönheit etwa, der Blüte an sich etc.) vorstellen oder als biologisches, rein materielles »Ding«. So oder so fallen Blüten – ob wir es mögen oder nicht. Umgekehrt müssen wir feststellen, dass das Unkraut im Garten wächst statt zu vergehen – ebenfalls ein Umstand, der uns in der Regel nicht willkommen ist. Tatsächlich stören uns oft negative Ideen und Vorstellungen, vielleicht weil wir sie meist aus Verneinungen konkreter Dinge und aus der Existenz von etwas gewinnen (aus der Beschreibbarkeit wird Un-Beschreibbarkeit, aber auch aus der Vorstellung des Endes, des Nichts oder Todes die Un-Endlichkeit als deren Verneinung). Wie auch immer wir denken – die Wirklichkeit selbst hält sich in diesem Fall nicht daran. Wir mögen uns als unsterbliche Wesen sehen – wir sterben doch. Die Blüten fallen – während das Unkraut, das wir am liebsten vernichten würden (und dazu gehört auch jede Menge mentales Unkraut), gegen unseren Willen weiter wächst.

Die vierte Perspektive ist vielleicht die schwierigste in der Vermittlung. Ich vermute, dass dies nicht zuletzt daran liegt, dass wir, gerade wenn wir uns mit Theorien befassen, ein gebrochenes Verhältnis zur Lyrik haben. Tatsächlich müssen wir die eher kalte, technische Sprache der Theorie verlassen, die doch wie selbstverständlich die Objektivität auf ihrer Seite weiß. Wie wenig das stimmt, haben nicht zuletzt Friedrich Nietzsche und Paul Feyerabend auf entlarvende Weise gezeigt. Um die vierte Perspektive einzunehmen, müssen wir uns auf die Sprache des Alltags, auf Poesie und die Möglichkeiten der Erzählung verlassen, die uns sprachlich zuweilen deutlich mehr abverlangt. Wer über das Leben und sich selbst schreibt, um seine Identität klarer zu fassen, »muß dazu die innere Zensur lockern und zur Sprache bringen, was das Erleben sonst nur aus dem wortlosen Dunkel heraus einfärbt. Das kann eine gewaltige innere Veränderung bedeuten. Man ist nach einem Roman nicht mehr ganz derselbe wie vorher.«[197] Wer das übertrieben findet, muss zugeben, dass zumindest die Sprache rissiger zu werden scheint bei dem Versuch, unsere Identitäten durch einen passenden narrativen Rahmen zu erfassen. Welche Worte passen, welche nicht? Nicht nur die Welt der Objektivität, auch die Sprache und die Welt der Vorstellungs- und Einbildungskraft können einen Sog entwickeln, dem man sich schwer entziehen kann.

Dōgen geht es mit dem vierten Anlauf um eine an der Realität orientierte feine Balance. Die Sprache der Poesie, die Dōgen in vielen seiner Texte meisterhaft beherrscht, ist weder »objektiv« noch »subjektiv«. Sie bringt die Welt zum Schwingen – und das Innere. Genau auf diese Balance, mit der wir dem Leben wieder näherkommen, zielt Dōgen ab. Der Aspektwechsel, den die vierte Perspektive mit sich bringt, bringt auch eine Einsicht in die Bildhaftigkeit aller Mittel der Sprache und Vorstellung mit sich. Dieses Verfahren deckt sich weitgehend mit der sogenannten Analogielehre (analogia entis), die eine zentrale Rolle in der gesamten mittelalterlichen Philosophie und Theologie des Westens spielt. Bei der Frage, welche Eigenschaften wir den Phänomenen und Dingen zuschreiben können, bieten sich der Analogielehre entsprechend drei Möglichkeiten:

– Der Weg der Bejahung (via affirmativa: diese Blüte ist rot; Gott ist Sein);
– Der Weg der Negation (via negativa: diese Blüte ist nicht rot; Gott ist unendlich);
– der Weg des Überstiegs (via eminentiae), der darin besteht herauszuarbeiten, dass alle Beschreibungen, die es zuvor gab, gleich ob es sich um Dinge, das Sein oder Gott handelt, am Ende eben nur Beschreibungen sind: Bilder, die es zu übersteigen und hinter sich zu lassen gilt.

Dōgen teilt diese Perspektive, die ins Schweigen und den Bildersturm mündet (westlich formuliert: in eine theologia negativa), nicht. Warum? Weil man dann in aller Konsequenz alles hinter sich lassen müsste. Oder in Dōgens eigenen Worten: »Weil die ganze Welt und alle Dinge und Phänomene nichts als gemalte Bilder sind, offenbart sich die menschliche Wirklichkeit durch Bilder.«[198] Statt den Gebrauch von Bildern lediglich als schlecht und »uneigentlich« zu brandmarken, sieht Dōgen die Tatsache, dass wir überhaupt Bilder verwenden können, positiv. Genau betrachtet gibt es nichts anderes als Bilder (ein Umstand, der nach Subjektivismus klingt, aber gehirnphysiologisch völlig korrekt ist und den auch Damásio betont). Zudem ist unser Gebrauch von Bildern wirklich – denn wir handeln, wir beschreiben und beziehen uns mit ihrer Hilfe aufeinander und auf die Welt. Die Bilder sind wie die Dinge wirklich, die in den Bildern zu beschreiben versucht werden, oder haben zumindest (wenn es sich um vorgestellte Dinge wie Einhörner handelt) eine Form von Wirklichkeit (eben als Gegenstand in unserer Vorstellung oder in einem Buch). Am Ende sind unser denken und die Welt durch den alltäglichen Umstand, dass wir in der Welt leben, auf vielfache und komplexe Weise miteinander verbunden. Die vierte Perspektive versteht sich daher als eine Aufforderung, den Aspekt noch einmal zu verändern und wieder zu erwachen zu einer frischen Sicht. Es geht darum, zu einer Lebendigkeit der Dinge zurückzufinden, die weder durch Fühlen noch durch denken getrübt wird.

Die Dinge zu beschreiben, die innere und die äußere Wirklichkeit darzustellen und sie zu verstehen – genau das war ja überhaupt der Ausgangspunkt des Versuches, die Welt philosophisch oder auch wissenschaftlich mit Hilfe der Sinne, der Sprache und des Denkens in Erkenntnissen »einzufangen«. Tatsächlich sind und bleiben Bilder Bilder. Aber zugleich gilt es zu verstehen, dass diese Bilder Teil der Welt sind, in der wir leben. Sie sind keineswegs nutzlos – und sie sind nicht einmal weniger »real« als die Dinge, die wir letztlich vermittelt über unsere Sinne und verarbeitet durch unser Gehirn auch nur als Bilder kennen. Bilder sind daher im Sinn der vierten Perspektive Werkzeuge, die wir gebrauchen sollten, um zu einer Haltung zu gelangen, die aus einem beruhigten, geklärten Geist hervorgeht, der sich frei zwischen den Dingen, der Wirklichkeit und den Bildern, den Gedanken und Gefühlen bewegen kann, ohne bei seiner Bewegung behindert zu werden. Wenn unser denken auf diese Weise ausgeübt wird, kommen »die langen Bambusrohre und die Bananenstauden in das Bild«, das wir damit malen.[199]

Für die Theorie und Anwendung der vier Perspektiven bietet Dōgens komplexes und umfangreiches Werk reichlich Material. Dennoch unterscheidet sich die Sicht der vier Perspektiven von der üblichen abendländischen Perspektive in einem wesentlichen Punkt. Die abendländische Philosophie lässt sich gleichsam als eine Übung im fortgesetzten Gespräch oder auch Kampf der Hauptperspektiven miteinander verstehen; sie bleibt theoretisch und wird selten lyrisch oder erzählend. Ihre Argumentation lebt von einer dualistischen Konstruktion und kultiviert dabei ein eher akademisches Verständnis der Welt, das sich zwar begrifflich immer weiter ausdifferenziert und an Genauigkeit zunimmt –, dabei jedoch eines verliert: den Blick auf die Alltäglichkeit und die tatsächliche Komplexität der Wirklichkeit. Wendet man die vier Perspektiven an – und man kann sie meiner Ansicht nach auf alle philosophischen Probleme anwenden –, dann gelangt man am Ende zu der altbekannten Einsicht, dass alles Leben von einem Augenblick zum nächsten fließt. Die Perspektiven können sich ändern, sind nicht ein für alle Mal in Stein gemeißelt, sondern verändern sich wie wir auch. Wir sind, auch mit unserem denken, in einen Strom der Veränderung hineingerissen, der uns unweigerlich bereits vom Augenblick der Geburt an dem Ende, der Zeit unseres Todes näher bringt. Am Ende wird es dem Denken bei aller Ablenkung durch abstrakte Fragen und Probleme und bei allen Höhenflügen in die Theorie immer darum gehen: das Leben angesichts des Todes zu denken. Es geht darum, im Wissen um die Veränderlichkeit und Vergänglichkeit aller Dinge, auch unserer selbst, dennoch in Harmonie mit sich und der Welt zu leben. Schön wäre es, wenn wir, wie wir hoffen, dieses Leben auch angemessen denken können. Zu diesem denken gehört, zu verstehen, dass Angemessenheit bedeutet, Bilder zu bemühen und sie trotz aller Begrenztheit wie die Blüten zu lieben, die fallen werden. Am Ende geht es um ein Handeln im Hier-und-Jetzt. Dieses Handeln, gleich ob es sich als augenblickliches denken oder als Tun ereignet (als Genießen des Geruchs einer Blume oder um das Jäten von Unkraut), ist eine andere Schicht, eine andere»Dimension« der Wirklichkeit als das begriffliche denken. Wer genau hinsieht, wird feststellen, dass Körper und Geist, Subjekt und Objekt, denken und fühlen als Einheit am Werk sind. Dies geschieht jeweils nur im gegenwärtigen Augenblick – und setzt sich im nächsten fort. Sie kennen dieses Motiv des Fließens bereits:

»Draußen fließt der Rhein vorbei, Richtung Rotterdam,
Und dann endlich in die See.

Nach all diesen Jahren
Die Unruhe in der Seele
Und das Gefühl wie auf der Durchreise,
Irgendwo zwischen Start und Ziel.«

4.7 Die Sache des denkens: waches Dasein und ein weiteres introspektives Experiment

Ich habe den kleinen Ausflug in die indische Gedankenwelt, der manchen vielleicht sogar als Umweg erscheinen wird, gemacht, um Ihnen zu zeigen, dass in einem anderen Kulturkreis das denken zwar hoch geschätzt, aber eben anders als im Westen nicht überbewertet wird. Ohne Zweifel hätte sich die Mathematik ohne indische (und arabische) Denker kaum so entwickeln können, wie wir sie kennen – und in manchen Richtungen des Buddhismus wird bis heute eine argumentative Diskussionskultur gepflegt, die bei uns seit den Zeiten der mittelalterlichen Disputation weitgehend untergegangen ist. Allen gemeinsam ist die Betrachtung des denkens als Form oder Typ der Sinneswahrnehmung – als eine Weise, ein Modus, Zugang zur Welt zu erhalten. Der Ansicht, dass dieser Zugang – wie tendenziell in unserer Kultur – von vornherein als unbedeutender, unwesentlicher und inferiorer Weg der Beantwortung der Frage nach dem denken angesehen wird, ist damit widersprochen. Sie erinnern sich an das Schokoladenexperiment. Wer Schokolade denken will, kann, ja soll das gerne tun. Wer sie allerdings mit Aufmerksamkeit schmeckt, wird besser dran sein, wenn es darum geht, Schokolade zu beschreiben und zu wissen, worum es sich dabei handelt. Dem widerspricht nicht, dass auch auf dem Weg der chemischen, physikalischen oder biologischen Analyse Wesentliches über Schokolade in Erfahrung gebracht werden kann. Doch es ist etwas anderes, in einem Buch nachzulesen, woraus Schokolade gemacht ist und wie sie wirkt –, und diese Wirkung selber zu erfahren um dann über sie nach-denken zu können.

Im Zusammenhang mit den Fragen nach dem, was denken ist, wird insbesondere in der indischen und buddhistischen Philosophie und Psychologie nicht nur auf Logik und die Bedeutung des schließenden denkens verwiesen, sondern immer wieder auf die Erfahrung des denkens, die in Übung der Achtsamkeit gemacht werden kann. In den Bemerkungen über Achtsamkeitstraining klang immer wieder an, dass Sie lernen können, Ihren Geist zu beobachten. Sie können trainieren zu beobachten, was Ihr Geist macht und wie »er« sich verhält, wenn Sie auf etwas reagieren, wenn Sie denken, fühlen oder handeln. Diese Beobachtung des Geistes in Reinform zu beherrschen, ist eines der großen Ziele der buddhistischen Meditationsübung, die nach Aussage der Meister eine Lebensaufgabe ist und insofern sicher länger braucht als das medizinisch-psychologisch gut entwickelte, standardisierte Manual der in genau acht Wochen erlernbaren Methoden des MBSR und MBTC. In diesen und in verwandten Übungen gründet die Einsicht in die Wirkweise des Geistes auf Erfahrung – die Sie wiederum nur machen können, wenn Sie kontinuierlich üben und lernen, das Bewusstsein auf die Bewegungen des Geistes zu lenken (so wie Sie das im ersten Experiment gemacht haben, das man dann im Laufe der Zeit immer weiter verfeinern und zu einer Technik der Achtsamkeit weiterentwickeln könnte). Sie können lernen zu sehen, wie Sie Gedankenmuster produzieren und wie sie entstehen – Muster, die wir mögen und lieben, aber eben auch ablehnen, weil sie uns gefangen halten, bedrücken oder ängstigen. Indem wir sehen, wie unsere Gedanken entstehen, können wir auf neue, frische Gedanken kommen. Und die Angst verlieren. Wir können die Bahnen der Gewohnheit unterbrechen. Und lernen, die Macht der Gedanken zu beschränken. Es ist insofern kein Wunder, dass Untersuchungen gezeigt haben, dass die Übung der Achtsamkeit und Meditation nicht nur empathischer macht (ihnen selbst und anderen gegenüber), sondern auch zu einer Abnahme negativer Stimmungen führt, Herz-Kreislauf Erkrankungen deutlich reduzieren und somit die Lebenserwartung erhöhen kann. Die Übung wird Sie auch kreativer machen –, weil Sie autonomer handeln können und nicht immer denselben Denk-, Gefühls- und Handlungsroutinen unterworfen sind.[200] Vielleicht wirkt diese Aussicht auch auf Sie befreiend: dass man nicht nur nach einem Buch über die Übung wie Peter Sloterdijks *Du musst Dein Leben ändern* anders über die Notwendigkeit von Übung denkt, sondern mit Übung tatsächlich und nachweisbar bereits nach einigen Wochen etwas verändern kann. Es ist schön, auf eine neue, frische Weise am Leben teilzuhaben und sich dem Augenblick zuwenden zu können, statt ihm immer nur die alte Decke der Gedanken und Gewohnheiten überzuwerfen. Wir machen, wenn wir wach und klar sind, auch unsere Gedanken klarer und wacher. Wir sind nicht mehr so vom »Stream of thought and consciousness« getrieben, den William James oder auch Schriftsteller und Dichter wie James Joyce beschrieben haben. Wir können unser denken und uns verändern. Mir scheint, dass all das wesentlich zur Philosophie gehört, auch wenn die akademische Philosophie wenig davon wissen will, weil es entweder zu neurowissenschaftlich klingt oder aber zu esoterisch. In Wahrheit hat uns das Nachdenken über Gefühle und Gedanken an einen Punkt gebracht, der ganz wesentlich mit dem ursprünglichen, uralten Verständnis von Philosophie zu tun hat. Philosophie ist, neben vielem gerade auch Lebenskunst, die aus der Liebe (φιλος) zur Weisheit (σοφία) erwächst (denn das heißt φιλοσοφία = Philosophie, wörtlich aus dem Griechischen übersetzt: weisheitsliebend). Weisheit ist kultivierbar. Allerdings nicht nur durch Lesen schlauer Bücher, sondern durch Übung; viel und kontinuierliche Übung. Doch zu wissen, dass das möglich ist (und es dann nach Möglichkeit auch zu tun), ist eine gute, befreiende Einsicht, wie ich finde. Weisheit ist der Ort, an dem denken und Gefühl, Übung und Erkenntnis, Erfahrung und Idee, Neurowissenschaften, Psychologie und Philosophie (und um es noch komplexer zu machen: Physik, Biologie und eine Reihe weiterer Disziplinen) zusammenfinden.[201]

Vielleicht erinnern Sie sich an Heideggers Satz, dass Philosophie eine Grundart des Daseins sei – ein waches Dasein. Heidegger wollte damit zum Ausdruck bringen, dass Philosophie keineswegs immer in einer fest definierten Form da ist. Sie muss sich und ihre Möglichkeiten vielmehr erst im jeweiligen Dasein entwickeln – in der Auseinandersetzung mit dem Seienden im Ganzen, wie er sagte. »Philosophieren ist ebensowenig ein nachträgliches Reflektieren über die vorhandene Natur und Kultur, ebensowenig ein Ausdenken von Möglichkeiten und Gesetzen, die nachher auf das Vorhandene angewandt werden. All das sind Auffassungen, die aus der Philosophie eine Beschäftigung und einen Betrieb machen, wenn auch in noch so sublimierter Form. Demgegenüber ist Philosophieren etwas, was vor allem Sichbeschäftigen liegt und das Grundgeschehen des Daseins ausmacht, was eigenständig und total andersartig gegenüber den Verhaltungen ist, in denen wir uns gemeinhin bewegen.«[202] Philosophieren ist, ebenso wenig wie wirkliches denken, eine rein akademische Tätigkeit. Und es ist weder langweilig noch fertig. Noch ist berechenbar, wohin es führt.

**»Die Sache des Denkens ist das,
was wir suchen,
von dem wir jetzt noch nichts wissen.«[203]**

Heraklit wollte den Dingen, die zu suchen, zu sehen, zu hören – zu erfahren – sind, den Vorzug geben. Genau das ist, wie mir scheint, auch die Einstellung der Philosophie. Es geht nicht darum, um jeden Preis zu denken – auf Teufel komm raus und auf Kosten der Details. Viel wichtiger ist es, zu verstehen, was das denken im Sinne einer Erfahrensweise des Lebens ausmacht, was es antreibt, formt, verursacht. Was ist es? Falls Sie immer noch nicht richtig überzeugt sind vom Wert des denkens und weiterhin annehmen, Philosophie sei eben doch eine Sache des »reinen« denkens, sei (weitgehend) leblos und könne ohne Experimente, ohne Erfahrung auskommen: Manchmal hilft ja eine andere Formulierung, um den Aspektwechsel zu vollziehen. Vielleicht halten Sie an der Vorstellung von der Philosophie als akademischer denk-Disziplin nur deshalb fest, weil Sie sich heimlich nach einer Alternative zum Empirismus und zur Experimentiersucht der Naturwissenschaften sehnen und statt zu philosophieren »objektiv« sein wollen. Warum sollte das aber nicht auch für die Philosophie möglich sein? Philosophie wäre dann etwas, das Sie gleichsam zu Hause, ohne Labor, ohne Biochemie, aber durchaus im Sinne einer objektiven Beobachtung haben können. Haben Sie Skrupel, wenn Sie im Garten Eichhörnchen beobachten, dass Sie nicht wirklich gut beobachten, weil Sie es ja sind, der oder die beobachtet – und Sie selber haben ja den Nachteil, »subjektiv« zu sein? Wenn es Sie nicht stört, dass Sie die Eichhörnchen beobachten – warum sollte es Sie dann stören, wenn Sie sich beobachten? Sie vermuten richtig, wenn Sie annehmen, dass ich bei aller Liebe zur Wissenschaft Ihre Ansicht nicht teile, gut beobachtet sei eben nur das, was die anderen machen, wenn sie das passende Gerät (den Feldstecher, das Mikroskop, die Gensonde, den Teilchenbeschleuniger) in der Hand haben. Warum nicht auch beobachten ohne Gerät? Warum nicht – sehen und denken? Warum nicht – experimentieren? Paul Valéry bemerkte in seinen *Cahiers*, in denen die Rubrik »Philosophie« einen großen Raum einnimmt, Folgendes: »Der Mensch hat damit aufgehört, sich einzig auf sein Denken zu verlassen, und auf die Analysen seines Denkens und die Hervorbringungen seiner ›Seele‹. Die Sinne sind wieder zu seinen Zeugen geworden. Man hatte sie als Agenten der Täuschung angefochten. Die gesamte Philosophie verlästerte sie. Aber unter dem Namen Experiment und Veranschaulichung beherrschen sie wieder die Erkenntnis. Die gewaltigen Errungenschaften von 4 Jahrhunderten sind aus dieser Wiederkehr hervorgegangen.«[204] Warum sollte das nicht auch für das denken gelten, das, wie Sie noch sehen werden, letztlich eine Erfahrung, ein Erlebnis ist? Insofern sollten Sie Erfahrungen damit sammeln. Je mehr, desto besser. Auch denken lebt von der Übung – die nicht nur in einer Verbesserung des logischen und schließenden Vermögens besteht, sondern auch in der Fähigkeit, das denken zu beobachten.

Mir scheint es daher sinnvoll, dieses Kapitel mit einem Experiment – einer Übung – zu beschließen, die hilft, diesen Sachverhalt des mit dem denken verbundenen Suchens und der Erfahrung besser zu verstehen. Je mehr wir verstehen, was das denken hervorbringt und wie Gedanken formiert werden, umso eher haben wir eine Möglichkeit, sie richtig einzusetzen und uns, gegebenenfalls, auch wieder von ihnen zu verabschieden. Die Übung ist weit verbreitet, stammt aber in dieser Form von Yongey Mingyur Rinpoche, einem tibetischen Meister. Nach einem langen und harten Meditationstraining bereits als Jugendlicher – Mingyur Rinpoche wurde in der Himalaja-Grenzregion zwischen Tibet und Nepal geboren – interessierte er sich für Naturwissenschaft und Psychologie. Er freundete sich mit dem Neurowissenschaftler Francisco Varela an, der nach Nepal kam, um dort Meditation von Mingyur Rinpoches Vater, Tulku Urgyen Rinpoche, zu lernen. 2002 wurden Mingyur Rinpoche und einige andere Meditierende mit langer Erfahrung (mehr als 30 000 Stunden) ans Waisman Laboratory for Brain Imaging and Behavior an die University of Wisconsin eingeladen. Dort machten Richard Davidson und Antoine Lutz Experimente, die nicht zuletzt die Meditationsforschung als einen der »heißesten« Bereiche der Neurowissenschaften etablierte.

Mingyur Rinpoche betont, dass es bei dieser Übung wichtig ist, nicht zu beurteilen und auch keine Erklärungen zu suchen. Wichtig ist es, offen zu bleiben – und zu *erfahren*, was wir noch nicht wissen. »Der einzige Unterschied zwischen der Meditation und dem üblichen alltäglichen Prozess des Denkens, Fühlens und Empfindens besteht darin, dass wir das simple nackte Gewahrsein anwenden, das eintritt, wenn wir unseren Geist einfach so ruhen lassen, wie er ist – ohne Gedanken nachzujagen oder durch Gefühle oder Empfindungen abgelenkt zu werden.«[205] In seinem (trotz des Titels) wirklich empfehlenswerten Buch *Buddha und die Wissenschaft vom Glück* beschreibt Mingyur Rinpoche einige Übungen, die man – wie die folgende, die ich Ihnen sehr ans Herz lege – als »eine Art introspektives Experiment« verstehen kann. Ich lege Ihnen dieses Experiment sehr ans Herz, weil es all das, was ich in diesem Kapitel zu sagen versucht habe, für Sie erfahrbar machen kann (und ein guter Grundstock ist, darüber hinaus zu gehen). Mingyur Rinpoche beschreibt das Experiment (mit dem Sie, wenn Sie es häufiger wiederholen, unterschiedliche Erfahrungen machen und es als einen Anreiz zum Wachwerden nutzen können) auf folgende Weise:

»Nehmen Sie als Erstes eine Körperhaltung ein, bei der das Rückgrat gerade aufgerichtet und der Körper entspannt ist. Befindet sich der Körper in einer bequemen Haltung, lassen Sie Ihren Geist etwa drei Minuten lang einfach ruhen. Lassen Sie los, so als hätten Sie gerade eine lange und schwierige Arbeit hinter sich gebracht. Was auch passiert, ob Gedanken oder Gefühle aufkommen, ob Sie der Sie umgebenden Laute oder Gerüche gewahr sind oder Ihr Bewusstsein völlig leer ist, bleiben Sie unbekümmert. Alles, was geschieht oder nicht geschieht, ist schlicht Teil der Erfahrung, den Geist ruhen zu lassen. Verweilen Sie einfach im ruhigen Gewahrsein dessen, was auch immer Ihren Geist durchzieht.«

***

Vielleicht werden Sie nach diesem letzten Experiment mit sich zu dem Ergebnis gekommen sein, dass es deutlich schwerer ist als erwartet, unbekümmert zu bleiben, gleich welche Gedanken und Gefühle in Ihrem Geist bzw. Körper erscheinen – ob in Form von gegenwärtigen Wahrnehmungen, Erinnerungen, also Vergangenem, und Projektionen in die Zukunft. Es wäre ein Glücksfall, wenn Sie zu den Menschen gehörten, die tatsächlich – vielleicht nach jahrelanger Übung – im ruhigen Gewahrsein verweilen können, »was auch immer Ihren Geist durchzieht«. Den allermeisten Leserinnen und Lesern wird es jedoch anders ergangen sein (mir selber übrigens in der Regel auch). Ein möglicher Pfad, der seinen Ausgang in dieser Erfahrung hat, folgt der Frage nach, was Sie eigentlich gehindert hat, ruhig zu bleiben. Schließlich ist nichts passiert. Sie sitzen geschützt zu Hause, im Büro, auf einer Couch oder einem Stuhl. Vielleicht lagen Sie auch auf einer Wiese im Garten, Schwimmbad oder Wald und nahmen in diesem Moment, wie Robert Musil sagen würde, die

Atemzüge eines Sommertages wahr: einen geräuschlosen Strom von Blüten und eine Stille, so sanft, dass sich kein Blatt regt. Alles, was sich ereignet und Sie beunruhigt hat, ist der Wirbel Ihrer eigenen Gedanken. Die Welt um Sie herum, in dem Moment, in dem Sie das Experiment gemacht haben, war weitgehend regungslos und einigermaßen ruhig – zumindest an dem Ort, an dem Sie sich befinden, hoffe ich jedenfalls. Würden Sie jetzt der Herkunft Ihrer Unruhe nachgehen und Ihre Unfähigkeit ausloten, auch nur für zehn Sekunden bei der bloßen Beobachtung und regungslosen »Teilnahme« an den (friedlichen) Geschehnissen um Sie herum zu bleiben, dann würden Sie möglicherweise auf größere Turbulenzen stoßen, aber Ihre Ablehnung verstehen, ganz im Augenblick zu verweilen. Die Deutung der Zone, in die dieser Pfad führt, überlassen wir gewöhnlich Therapeuten, Psychoanalytikern, Ärzten, Neurologen, Priestern, Lehrern oder Schamanen. Sie gehört aber vor allem zu Ihnen selbst. Sie kann nicht »outgesourct« werden. Diese Zone zu erkunden und den Fragen nachzugehen, ist das große »innere« Abenteuer, das in Romanen, Filmen und in vielen Religionen und Weltanschauungen »Reise zu sich selbst« genannt wird. Eine Frage, die Sie für den Moment im Kopf behalten sollten, lautet, ob es am Ende Ihre eigenen Gedanken waren, die Sie selbst daran gehindert haben, gelassen und »leer« zu bleiben, also bei dem was ist, unberührt von weiteren Gedanken, die immer wieder auftauchen. Wir werden diesen Faden, die Erfahrung dieses Experiments, später wieder aufnehmen.

Zunächst aber will ich Sie im zweiten Teil des Buches, in dem es vor allem um denken als nach-denken geht, mit einem Zugang zur Frage nach dem denken vertraut machen, der scheinbar die Untiefen, die sich gerade aufgetan haben, leicht umschiffen kann. Dieser Zugang ist Ihnen vermutlich bekannter, weil es der traditionelle westliche Zugang ist, der auf der Annahme beruht, dass denken im wesentlichen ein rationaler, von Logik geprägter Vorgang ist, der sich im Wesentlichen in unserem Innern abspielt.

II. denken als nachdenken:
Die Idee des reinen denkens

»The cradle rocks above an abyss, and common sense tells us that our existence is but a brief crack of light between two eternities of darkness.«

Vladimir Nabokov, Speak Memory (1967)

»Als Frau Glü von dem höchsten Aussichtsturme aus in die Tiefe hinabblickte, da tauchte unten auf der Straße, einem winzigen Spielzeug gleich, aber an der Farbe seines Mantels unzweideutig erkennbar, ihr Sohn auf; und in der nächsten Sekunde war dieses Spielzeug von einem gleichfalls spielzeugartigen Lastwagen überfahren und ausgelöscht. Aber das Ganze war doch nur eben die Sache eines unwirklichen kurzen Augenblicks gewesen, und was da stattgefunden hatte, das hatte doch nur zwischen Spielzeugen stattgefunden. ›Ich gehe nicht hinunter!‹, schrie sie, sich dagegen sträubend, die Stufen hinabgeleitet zu werden, ›ich gehe nicht hinunter! Unten wäre ich verzweifelt!‹«

Günther Anders, Der Blick vom Turm (1932)

Wir sind auf dem Zug in das Sichentziehende … Wenn ein Mensch eigens auf diesem Zug ist, dann denkt er, mag er noch so weit von dem Sichentziehenden entfernt sein, mag der Entzug wie immer auch verschleiert bleiben. Sokrates hat zeit seines Lebens, bis in den Tod hinein, nichts anderes getan, als sich in den Zugwind dieses Zuges zu stellen und darin zu halten. Darum ist er der reinste Denker des Abendlandes. Deshalb hat er nichts geschrieben. Denn wer aus dem Denken zu schreiben beginnt, muß unweigerlich den Menschen gleichen, die vor allzu starkem Zugwind in den Windschatten flüchten. Es bleibt das Geheimnis einer noch verborgenen Geschichte, daß alle Denker des Abendlandes nach Sokrates, unbeschadet ihrer Größe, solche Flüchtlinge sein mußten.

Martin Heidegger, Was heißt Denken (1954)

I wanna hear you when you call
Do you feel anything at all?
I wanna see your thoughts take shape
And walk right out

Of science and the human heart
There is no limit
There is no failure here sweetheart
Just when you quit …

I am you and you are mine
Love makes no sense of space
And time … will disappear
Love and logic keep us clear
Reason is on our side, love …

U2 / Bono, Miracle Drug (2004)

»Verraten Sie mir noch ein Letztes«, sagte Harry. »Ist das hier wirklich? Oder passiert es in meinem Kopf?« Dumbledore strahlte ihn an, und seine Stimme klang hell und stark in Harrys Ohren, obwohl der helle Nebel sich wieder herabsenkte und seine Gestalt verschwimmen ließ. »Natürlich passiert es in deinem Kopf, Harry, aber warum um alles in der Welt sollte das bedeuten, dass es nicht wirklich ist?«

Joanne K. Rowling, Harry Potter und die Heiligtümer des Todes (2007 / 2011)

1. Das Problem, den Anfang zu denken

1.1 Ein alter Streit: Natur oder Geist?

Wer denken kann, ist wie Gott. Dieser Glaubenssatz durchzieht die antike griechische Philosophie und steckt ihr Terrain ab. Wer denkt, hat die Mythen von Göttern und Halbgöttern hinter sich gelassen, weil er (oder sie) selbst etwas Göttliches in sich trägt. Doch wie jede Gabe der Götter ist auch das denken zweischneidig und gefährlich. Bislang war von einer *göttlichen* Gabe, außer vielleicht in einem metaphorischen Sinn, angesichts der Erfahrung des denkens keinerlei Rede. Warum also sollte das denken, hervorgegangen aus der evolutionären Notwendigkeit, in immer komplexeren Welten die Homöostase sich weiter entwickelnder Lebewesen aufrecht zu halten, eine göttliche und somit nichtbiologische Basis haben? Die Auseinandersetzung über diese Frage markiert ein altes, bis heute umkämpftes Gebiet. Den offensichtlichen Widerspruch zwischen einer naturalistischen und einer theologisch-kreationistischen, in jedem Fall nicht-naturalistischen Auffassung vom denken aufzulösen, heißt zu verstehen, was Bewusstsein und denken sind, wie sie entstanden sind, was es mit der göttlichen Gabe, aber auch mit der Gefährlichkeit des denkens auf sich hat. Wenn man die Worte nicht sofort auf die Goldwaage legt, dann fühlt sich das denken zuweilen tatsächlich »göttlich« an. Es ist wie ein Schweben zwischen den Sphären der Pflanzen und Tiere und dem Reich der Geistes und der Götter. Je nachdem, was wir denken und welche Ideen wir verfolgen, fühlen wir uns dem klaren Reich des Geistes näher als dem stür-

215

mischen Meer, in dem das Leben vielleicht entstanden ist, oder einem feuchten Regenwald mit seinen vielzähligen Arten, die vergehen mussten, ehe unsere Vorfahren entstehen konnten. Es macht den Eindruck, als könnten wir uns zuweilen zu Recht über unsere Herkunft und Körperlichkeit erheben und hoch hinausschweben, weit über alle Abgründe. Mit Hilfe des rationalen denkens erreichen wir ferne Sterne, die Lichtjahre von uns entfernt sind, und bestimmen Strukturen, die so klein sind, dass wir sie nie mit bloßem Auge sehen können. Allein mit unserem Körper würde uns das nicht gelingen.

Der alte Streit, der um das denken tobt, lässt sich gut an zwei unterschiedlichen Aussagen des Aristoteles festmachen, die gleichsam die extremen Pole des Nachdenkens über das denken markieren. Auf der einen Seite steht die Ansicht, dass der Mensch ein Säugetier sei, ein Tier durch und durch, das ganz auf die Seite der Biologie gehöre. Andererseits versteht Aristoteles den Menschen als das Lebewesen, das dank seiner Rationalität der Welt der Steine, Pflanzen, Hunde und sogar der Affen entfliehen kann. Mit den beiden Zauberworten »Rationalität« und »Logik« wird eine Welt des Menschen, eine geistige, unsterbliche Welt, geschieden von der vergänglichen Welt, in der die Gesetze von Materie und Körpern herrschen. Tatsächlich denken die meisten Menschen, wenn man sie um eine Beschreibung oder Definition des denkens bittet, zuallererst an diese zweite Bestimmung des Aristoteles. Zu denken heißt für sie in erster Linie »rational zu sein«. Wer denkt, ist in der Lage, logisch zu planen, Probleme zu lösen und rational zu handeln. Wer denkt, kann sich ungehindert und frei in einem weiten kognitiven Raum bewegen, der weiter scheint als die Welt selbst. Auch wenn diese Bewegung »nur« im Kopf stattfindet, erschließen sich dem denken Strukturen, Objekte und Subjekte, die in der Welt nicht unmittelbar wahrzunehmen sind: die Idee der Freiheit oder Gerechtigkeit, Differenzialgleichungen, unendliche Linien, Fallgesetze oder komplexe mathematische Strukturen. Wir können uns die Techniken des Gedankenflugs aneignen, weil wir das Wunderwerkzeug der Logik scheinbar in die Wiege gelegt bekommen haben. Kein Wunder, dass denken für die meisten Menschen weitgehend identisch ist mit der Fähigkeit des logischen Schließens und Deduzierens. Denken ist gleichsam die Kunst, sich schwerelos mit dem Geist zu erheben, indem wir unserer logischen Urteilskraft vertrauen. Denken ist Rationalität bei der Arbeit. Soll Rationalität, Kreativität, Intuition, all das, was zum denken gehört, tatsächlich vollständig eingebunden sein in die Naturgeschichte, so wie Frösche oder Plastikeimer?

Ein kurzer Blick zurück in die Geschichte des denkens zeigt schnell, dass die Annahme, denken sei »natürlich«, keineswegs eine moderne Marotte ist, die allein auf Wissenschaftsgläubigkeit oder den gegenwärtigen Materialismus zurückzuführen sei. Im Gegenteil. Die Vorstellung, den Menschen als Tier und seine Fähigkeiten ausschließlich als natürlich zu verstehen, reicht weit zurück hinter die Ursprünge des Christentums und wurzelt in den Anfängen der antiken, abendländischen Philosophie. Ich werde deshalb zunächst auf diese Tradition eingehen, um dann zu erläutern, warum Rationalität bzw. Logik als »geistiges« Gegengewicht zur Betonung der Natur und des Körpers zwar unbestritten ihren großen Wert haben, sich aber keineswegs mit der Gesamterfahrung des denkens zur Deckung bringen lassen. Plakativ formuliert: Denken ist mehr als die Anwendung von Logik. Auch wenn sich der vielleicht größere, »klassische« Teil der abendländischen Denktraditionen gegen diese Sicht gestellt hat, bleibt sie fehlerhaft. Die Formel, man müsse »logisch« oder »rational« *sein*, führte de facto zu einer Reihe von folgenreichen Verwechslungen, gegen die wir bis heute anzukämpfen haben. Wir *sind* nicht nur logisch, nicht einmal beim denken, weil wir *mehr* als rational sind (und häufig leider auch weniger). Die klassische Position neigt dazu, denken als »reines denken« zu verstehen – als einen von der Körperlichkeit mehr oder weniger losgelösten Prozess der Logik und Rationalität, der seine eigene Gesetzlichkeit hat. Zu ihr gehört es, nach den ersten Prinzipien und Anfängen zu suchen.

217

Den Ausgangspunkt für meine zweite Inblicknahme der Erfahrung des denken bilden zwei sehr unterschiedliche, widersprüchlich erscheinende, aber höchst traditionelle Definitionen des Menschen, die den Vorteil haben, beide von Aristoteles zu stammen. Die *erste* Aussage, dass der Mensch vor allem ein denkendes *Tier* sei, führt in die Richtung der modernen Naturwissenschaften. Sie verweist aber auch auf den am Ende ausweglosen existenziellen Kampf des Menschen gegen den Tod als die letzte Folge aus den Begrenztheiten des Körpers und Geistes. Die *zweite* Aussage, dass der Mensch vor allem ein *rationales* Lebewesen bzw. Tier sei, führt weg von den Bereichen des Körpers, der Sinne und der Empirie und hinein in die kühleren Welten der Logik und abstrakten mathematischen Unternehmungen. Rationalität, so scheint es, ist die eigentliche Welt des »Geistes« und damit des denkens. Über Jahrhunderte prägte vor allem dieses Bild über den Menschen und sein Gedankenwerk die westliche Zivilisation. Gerade weil der Mensch mit Vernunft und Rationalität begabt ist, war es seine Aufgabe, nach den ersten und wahren Prinzipien zu suchen, auf denen die Vernunft und mit ihr alles von Wert, einschließlich der Werte, gründet. Mehr noch: Vermittelt über die Einsicht in die Anfänge würde es dem Menschen gelingen, das Werk Gottes zu verstehen und seinem Willen besser zu folgen. Der Streit über die ersten Prinzipien des denkens war über Jahrhunderte hinweg zugleich auch ein Streit um die Prinzipien der Welt. Es ging um jenen Stoff und jene Prinzipien der Form, aus denen die Welt und schließlich der Mensch selbst gemacht sind. Die Suche nach den ersten Prinzipien von denken und Sein zeugt von einem ungeheuren Willen, den Streit über das Verhältnis von Idee und Realität endlich zugunsten der Idee und des Geistes zu schlichten. Wie Hans Blumenberg mit gekonnter Knappheit formuliert: »Die Frage nach dem, was den *Anfang* gemacht hat, steht über der Tradition unseres Nachdenkens.«[206] Mehr noch: Nachdenken ist der Tradition zufolge im Wesentlichen die Bestimmung des Anfangs und der ersten Prinzipien des Seins mit Hilfe von Logik und Rationalität.

1.2 Animal rationale I: Das Tier, das durch den Körper denkt

Ausgerechnet in der *Metaphysik* definiert Aristoteles (* 384 v. Chr. in Stageira; † 322 v. Chr. in Chalkis) den Menschen auf eine Weise, die geradezu verboten modern und naturwissenschaftlich klingt und wenig, wenn überhaupt, am Geist orientiert ist: als Säugetier. Der Mensch, schreibt Aristoteles, ist das »Lebewesen, das wieder einen Menschen erzeugt«.[207] Der Mensch »hat« also nicht nur einen Körper, sondern er bedarf notwendig anderer (menschlicher) Körper, um überhaupt zu entstehen und Mensch zu werden. Daran schließt sich der Gedanke an, dass dieses körperliche, vom Menschen erzeugte Lebewesen auch von seinesgleichen aufgezogen werden muss, um zu überleben. Der Mensch ist in der bekannten Formulierung von Aristoteles daher von Anfang an (nämlich durch Zeugung, Auf- und Erziehen) ein Lebewesen in Gemeinschaft. Das macht ihn zu einem ζῷον πολιτικόν, einem körperlichen und sozialen Wesen durch und durch. In dieser Bestimmung kommt Aristoteles' Ansicht zum Ausdruck, dass die Natur eines Dinges oder Lebewesens eben das ist, woraus bzw. wodurch etwas wird. Der Mensch ist das Lebewesen, das aus Menschen »gemacht« wird. In der Tradition wird diese Form der Definition »Realdefinition« genannt. Man versteht darunter eine Bestimmung durch etwas, das dem zu Definierenden (in diesem Fall »Mensch«) tatsächlich in der realen Welt (und nicht bloß in der Vorstellung, als reiner Begriff etwa) zugrunde liegt. Aus diesen »realen« Eigenschaften bauen sich durch Zusammenschluss immer genauere, differenziertere Bestimmungen auf. Diese fortschreitenden Definitionen ähneln einem sich nach unten verzweigenden Baum, auch »Baum des Wissens« genannt. Dieser baumartigen, auf Unterschieden beruhenden Darstellung des Wissens über die Welt liegt eine Vorstellung von Aristoteles zugrunde. Nach oben bzw. unten hin, Richtung Krone bzw. Wurzel des Baums, entwickeln sich die Gattungsunterschiede (beispielsweise der zwischen Lebewesen und unbelebten Dingen), während sich auf derselben, horizontalen Ebene die Artunterschiede entfalten (etwa zwischen Säugetieren und Insekten innerhalb der Gattung »Tier«). Petrus Hispanus, ein bedeutender Logiker des 13. Jahrhunderts und Autor der bis in die Neuzeit populärsten Einführung in die Logik, führte um 1240 für diese Auffächerung des Wissens durch Gattungs- und Art-Unterschiede den Begriff *Arbor porphyriana* (porphyrianischer Baum) ein. Wie so oft hängen logische und empirische Aspekte eng zusammen.

Was beinhaltet nun die Aussage, dass es Menschen braucht, um Menschen zu erzeugen?[208] Zunächst verweist die aristotelische Definition auf den engen Zusammenhang von Sexualität, Körper, Geburt und Säugen. Der Mensch gehört mit all diesen Eigenschaften zu den Tieren. Es klingt geradezu, als hätte Aristoteles bei diesen Überlegungen zur Definition des Menschen ins Regal gegriffen und direkt auf den Naturforscher Carl von Linné (* 23. Mai 1707 in Råshult bei Älmhult; † 10. Januar 1778 in Uppsala) Bezug genommen, für den die Fortpflanzungsorgane wesentliche Merkmale einer Art waren. Mehr noch: Als hätte Aristoteles Charles Darwins (* 12. Februar 1809 in Shrewsbury; † 19. April 1882 in Downe) Begriff der Art benutzt, der ebenfalls großes Augenmerk auf die Organe der Zeugung richtete. Allerdings gab Darwin zu, dass ihm die genauen Gesetze, die die Vererbung von Eigenschaften und im Falle des Menschen von Charakter regeln, nicht bekannt seien.[209] In diesem Sinn ist die Definition des Aristoteles modern und gut mit der Evolutionslehre vereinbar.

Im Unterschied zu den Annahmen von Aristoteles weiß man heute allerdings, dass der Begriff der Art keineswegs zeitunabhängig definiert werden kann. Arten verändern sich – und entwickeln sich weiter durch Mechanismen wie sexuelle Fortpflanzung, zufällige Mutationen, Adaption oder Selektion. Was also im Einzelfall als Gattung gilt (im *Arbor porphyriana* die Unterscheidung zum nächst höheren Gattungsbegriff, auch Genus proximus genannt, etwa Tier / Pflanze) bzw. als Art (der sogenannte artbildende Unterschied oder Differentia specifica, Säugetier / Insekt), ist also vom jeweiligen Wissensstand abhängig,

220

der sich wie die Dinge selbst, die es zu definieren gilt, mit der Zeit ändern kann. In jede Definition fließen Zeitbedingtheiten ein, aber auch unhinterfragte Voraussetzungen, kulturelle Annahmen, perspektivische und zuweilen ideologische Setzungen. Hinzu kommt, dass das, was heute als zwei Arten erscheinen mag, in der Vergangenheit durchaus eine Art gewesen sein kann, die sich beispielsweise auf verschiedenen Territorien getrennt voneinander weiterentwickelt hat.

Dennoch hat Aristoteles seinen Begriff des Menschen geradezu zoologisch im Sinne einer Biospezies gefasst: als jene einheitliche Gruppe von Lebewesen, die sich untereinander kreuzen kann und zugleich von anderen Gruppen »reproduktiv isoliert« ist. Kein Delphin kann sich mit einer Ameise kreuzen. Gerade deshalb stellen beide unterschiedliche Arten dar, denn sie sind reproduktiv isoliert. In Analogie zu allen anderen Lebewesen ist laut Aristoteles auch der Mensch als dasjenige Lebewesen bestimmt, das einen anderen Menschen hervorbringen kann – »wofern nicht etwas gegen die Natur geschieht«.[210] Aristoteles räumt mit dieser Einschränkung vorsichtig eine Möglichkeit ein, die für ihn und seine Zeit denkbar war, aber noch in weiter Ferne lag. Umso hellsichtiger erscheint die Vorsichtigkeit des Aristoteles, der aus der Sicht der heutigen Biotechnologien auf eine bemerkenswert moderne Weise mit der Möglichkeit gerechnet zu haben scheint, dass man anders als durch Verfahren der natürlichen Fortpflanzung künstliche Organismen (und künstliche Menschen) schaffen könne. Sofern das nicht der Fall ist, ist der Mensch ein biologisches und sexuelles Lebewesen, das sich fortpflanzt.

**Der Körper ist bei Aristoteles
die Grundlage für die Bestimmung dessen,
was der Mensch ist –
einschließlich des denkens.**

Zugleich anerkennt Aristoteles mit der Tatsache, dass der Mensch einen gezeugten Körper hat, dass es den einzelnen Menschen nicht gibt. *Der* Mensch erscheint im Plural. Denn um gezeugt zu werden, ist eine wie auch immer geartete *Gemeinschaft* von menschlichen Körperwesen nötig – mindestens jedoch zwei Menschen unterschiedlichen Geschlechts. Nur sie sind in der Lage, weitere Menschen zu zeugen, die eben durch sexuelle Fortpflanzung und nicht wie Bakterien oder Algen durch Zellteilung entstehen. Ihr gesamtes Leben verdanken Menschen einer sexuell organisierten Gemeinschaft anderer Menschen. Diese Ansicht deckt sich, wie mir scheint, auf überraschende Weise mit dem Gang der bisherigen Untersuchung über die Erfahrung des denkens, die versuchte, diese aus den natürlichen Wurzeln der Struktur von Erfahrungen überhaupt zu verstehen. Aristoteles steht, so scheint es, ganz auf der Seite einer evolutionären Sicht vom menschlichen denken.

**denken ist,
wie alles am Menschen,
ein Vermögen,
das sich aus der biologischen Herkunft ergibt.**

1.3 Die theoretische Energie: denken tröstet, ist aber nicht ungefährlich

Mit der Betonung der Körperlichkeit stößt Aristoteles sehr bald auf einen altbekannten, jeden einzelnen Menschen immer wieder bedrückenden Problemkreis: Endlichkeit und Tod. Folgt man Aristoteles, so ist der Mensch der Endlichkcit, dem Vergessen und Nicht-Sein auf eine doppelte Weise ausgeliefert. Er hat weder einen Anfang, dessen eigener Herr er wäre, noch ein Ende, dem er entkommen könnte. Und doch gehören beide, Geburt und Tod, wesentlich zum Menschen. Mit diesem entscheidenden, das denken bestimmenden Thema des Werdens und Vergehens, dem Aristoteles als einer der wenigen Gelehrten der Antike eine eigene Schrift widmete, nimmt er ein zentrales Thema der griechischen Mythen auf, das im Gewand seiner Philosophie allerdings neue Kraft entfaltet.[211] Hannah Arendt, die deutsch-amerikanische Philosophin und politische Theoretikerin (* 14. Oktober 1906 in Linden; † 4. Dezember 1975 in New York), machte in ihrem Buch *Das Denken* auf diesen Zusammenhang aufmerksam. Die griechischen Denker, so Arendt, haben mit dem denken, mit dem sie sich auch auf ihre Tradition – die Mythen der Götter und Helden – bezogen, schnell »den entscheidenden Mangel an der gerühmten und beneideten Unsterblichkeit der Götter« entdeckt. Die Götter »kannten nicht den Tod ... aber sie waren nicht ewig. Wie wir aus der *Theogonie* [ein Werk, in dem der Dichter Hesiod um 700 v. Chr. die Entstehung der Welt und der Götter schildert, G. S.] ziemlich genau erfahren, wurden sie alle geboren: ihre Lebensspanne hatte einen Anfang in der Zeit. Erst die Philosophen brachten eine absolute archē auf, einen Anfang, der selbst nicht anfängt, eine dauernde und selbst nicht entstandene Quelle des Entstehens.«[212] Die Leistung der Philosophen war es also, den Anfang zu erkunden – und im denken, in der philosophischen Arbeit, diesen Anfang zu erschließen. Hans Blumenberg und Hannah Arendt haben recht. Die Suche nach einem absoluten Anfang und den ersten Prinzipien, die ihm innewohnen, prägte über Jahrtausende hinweg das gesamte abendländische denken. Es liegt nahe, dass bei der Suche nach den Anfängen der Sucher selbst immer wieder in den Mittelpunkt der Untersuchungen rücken muss – und mit ihm die Frage nach dem denken selbst. Was den Menschen vom Tier unterscheidet, so die Philosophen, ist eben diese seltsame Erfahrung des denkens. Sie erhebt den Menschen aus der Gegenwart und erschließt ihm – anders als den Göttern – die Anfänge der Welt. Das denken ist es, das in einer Formulierung Ciceros den Menschen zu einem *mortalem deum,* einem sterblichen Gott, macht. Diese Aussicht beflügelt, buchstäblich. Wenn etwas Göttliches im Menschen liegt: Müsste es ihm dann nicht möglich sein, ähnlich wie die Götter der Hölle des Sterbens zu entrinnen und, was die andere Zeitachse, die Zukunft anbelangt, in die Unsterblichkeit vorzudringen? Eine weniger radikale Variante dieses Gedankens der Vergöttlichung durch das (erfolgreiche) denken bringt den Ruhm in Anschlag, der als Lohn für »große Taten und große Worte« (Homer) immerhin eine potentielle Unsterblichkeit verspricht. Doch auch Ruhm ist, wie alle anderen Früchte des menschlichen Tuns, nur ein endlicher Ersatz für die Unsterblichkeit, die sich allein im Andenken der anderen realisiert – nicht aber in der eigenen Unsterblichkeit. Zudem bringt Ruhm den Nachteil mit sich, bereits im Leben den Neid der anderen zu wecken. Nur im denken selbst scheint der Mensch etwas zu gewinnen, das größer als alles andere zu sein scheint: Er denkt das Sein, das anfangslos und ohne Ende ist. Auf diese Weise ersetzt das Sein (genauer: das denken des Seins) die Götter bzw. den Gott der Mythologie. Es wird, wie Hannah Arendt sagt, zur Gottheit der Philosophen und zum zentralen Impuls des denkens. Indem die Philosophie an die Stelle von Mythos und Religion tritt, befasst sie sich auf eine neue, »rationalere« Weise mit der Frage, wie denn der Anfang im denken und mit ihm der Anfang allen Seins zu finden sei. In gewisser Weise tröstet das denken also genau in dem Maße, in dem der Mensch bei seiner Suche nach dem Anfang erfolgreich ist. Indem er denkt – dem Anfang und den ersten Prinzipien nach-denkt –, entdeckt er das Göttliche sowohl in sich wie in der Welt. Er wird unsterblich.

**Der Weg des Geistes, des denkens,
ist der Weg, der Dauerhaftigkeit,
ein Bleiben im Sein verspricht.**

Die Belege für diese Ansicht finden sich bei nahezu allen antiken Philosophen. Das denken war sozusagen ihre Erfahrung, ihr Metier. Gerade die Denker waren sich der Einzigartigkeit des denkens bewusst, von dem sie, gleichsam beruflich, ununterbrochen Gebrauch machten. Das Verständnis der Logik war es, das den Weg des denkens zum Sein und damit zur Unsterblichkeit ebnete. Zu denken bedeutete, einen durch die Planken der Logik völlig abgesicherten Weg zu sich, zur Gemeinschaft (polis) und zum Verständnis der Welt zu finden. Wer denkt, der *ist* auch – und bleibt, zumindest solange er denkt.»Denn dasselbe ist, zu denken und zu sein«, lautet ein Kernsatz des Parmenides (* um 520 / 515 v. Chr.; † um 460 / 455 v. Chr).[213] Was ist, kann auch erkannt und ausgesprochen werden. Das Nichts kommt demnach im denken gar nicht vor. Für Parmenides hat das Sein den absoluten Vorrang vor dem Nichts, mit dem es eben nichts ist – eine Meinung, die auch Heraklit teilte. Hinzu kommt, dass selbst Dinge, die abwesend (und insofern nicht da) sind, im Geist»fest anwesend seien«, so Parmenides. Der Weg des denkens wurde damit weit über das Mittelalter hinaus vorgezeichnet. Das denken ist, in der Formulierung von Parmenides, der Weg des *ist* (ὡς ἐστιν), des Seins.[214] Und damit wurde die Philosophie zum Weg schlechthin, denn das denken war die eigentliche Bestimmung des Menschen auf dem Weg zur Unsterblichkeit. Die tröstende Wirkung des denkens ist überall zu spüren. Ich glaube, dass dies nach wie vor ein Hauptanziehungspunkt der antiken Philosophie ist. Im Philosophieren erkennt der Mensch, wie Plato im *Gastmahl* sagt, dass er der Freund Gottes ist.[215] Auch Aristoteles betont diesen Punkt. Im *Protreptikos*, einem der wirkmächtigsten Bücher der gesamten griechischen Philosophie überhaupt, weil es bis ins hohe Mittelalter zur Standardlektüre aller Philosophen und Wissenschaftler gehörte, beschreibt Aristoteles zwei Arten zu denken.»Die eine gebrauchen wir für den bloßen Lebensbedarf« – die andere aber»zur schönen Lebensgestaltung«. Diese Art zu denken ist»die Gabe der Götter«, die man nicht»verschleudern darf«.[216] Auch in der *Nikomachischen Ethik* entwickelt Aristoteles diesen Gedanken im Kapitel über das vollendete Glück der Denktätigkeit.[217] Und so beginnt Aristoteles, das Problem des Verfalls des Körpers und somit des biologischen Trägers des denkens zu lösen, indem er mit Plato erklärt, warum die Seele und die Vermögen der Seele einen höheren Wert als der Körper haben.[218] Der Körper ist wie die Dinge aus einer Vielzahl von Elementen zusammengesetzt. Funktioniert ein Element nicht und schert aus – das Herz etwa –, gefährdet es den gesamten Organismus. Die Seele hingegen ist wie das Sein eins. Indem der Mensch denkt, kehrt er zurück zu dieser Einheit, aus der sich ihm das Leben und alle ihm zugrunde liegenden Prinzipien und Strukturen erschließen. Deshalb ist denken eine Erfahrung von Glück und Glückseligkeit. Wörtlich schreibt Aristoteles: »Und so muß denn die Tätigkeit Gottes, die an Seligkeit alles übertrifft, die denkende Tätigkeit sein.«[219] Indem der Mensch denkt und Gebrauch macht von seiner theoretischen Energie (θεωρητική ἐνέργεια), ähnelt er dem Göttlichen.[220] Genau das ist der Trost und die große Versprechung des denkens: dem Tod zu entkommen in die Unsterblichkeit des denkens. Auch wenn die Unsterblichkeit, die zu beweisen ein Hauptziel von Platos Philosophieren war, nicht durch denken erreicht werden sollte – die neueren Untersuchungen über die Plastizität des Gehirns legen nahe, dass Aristoteles' Optimismus nicht völlig aus der Luft gegriffen ist. Wer aristotelisch gesprochen kontinuierlich »im Tun der Vernunft« lebt, fühlt sich häufig auch im hohen Alter frisch. Der Geist scheint wesentlich robuster, unvergänglicher zu sein als jeder Körper. Der Geist aber ist »entweder ausschließlich oder doch vor allem das Denken und Überlegen«.[221] Überlegen (wörtlich λογίζεσθαι, erwägen, urteilen, schließen, zusammenrechnen) ist in den Augen von Aristoteles *die* Alternative zum Tod. Im Unterschied zu seinem Lehrer Plato, der mit Blick auf das Jenseits der Ideen und das Gefängnis des Körpers die Tätigkeiten des denkens und Philosophierens eher noch als ein Sterben bezeichnete, weil es diesseitig ist und sich immer noch im Gefängnis des Körpers ereignet, ist Aristoteles optimistischer.[222]

Vielleicht weil er klarer als Plato sah, dass eine Haltung, die das Leben im Körper als Bestrafung ansieht, ein Relikt älterer, pessimistischer Mysterienreligionen war, von denen die Philosophen sich allmählich zu befreien begannen. Deshalb bedeutet zu denken und zu philosophieren für Aristoteles, im Körper zu leben und reale Freude und Glück zu finden.[223]

**denken ist
das Rettende für Aristoteles.
Man rettet sich,
indem man sich der
Erfahrung des denkens
hingibt und sie kultiviert.**

Ein solcher Satz erscheint als Flucht aus dem Alltag, aus Gebrechlichkeiten, kommenden Niederlagen in Kämpfen, die weder Körper noch Geist auf Dauer gewinnen können. Und doch ist das denken, wenn es überhaupt eine Flucht ist, keine kopflose Flucht, weil sich durch sie etwas verändert. Wer liest, wer denkt, trägt etwas von dem Gelesenen und Gedachten in die Welt hinein – und verändert sie. Zu denken bringt uns neuen Dingen näher, statt uns von ihnen zu entfernen. Insofern gilt, was Hannah Arendt über die antike Auffassung vom denken und Philosophieren bemerkte: »Der Weg zu dieser neuen Unsterblichkeit führt über die Nähe zu Dingen, die unvergänglich sind.«[224] Das »neue« Vermögen, mit dessen Hilfe man sich den Dingen nähern und sie vielleicht über ihren Tod hinaus am Leben erhalten konnte, bestand griechisch gesprochen im νοεῖν – im denken. Das griechische Wort »noein« klingt wie das Englische Wort »knowing«, wissen. Tatsächlich halten Denken und Wissen Dinge in Begriffen gegenwärtig. Vor allem aber bedeutet »knowing« einbezogen, lebendig zu sein in der Erfahrung des denkens. Wer das denken kultiviert, stellt sich daher nach Meinung der antiken griechischen Denker in das Licht einer noch größeren Sonne: ins Licht der ewigen, dauerhaften Prinzipien des Seins. Das klingt heute vielleicht ein wenig hochtrabend, wenig plausibel und fremd. Wenn man es auf die Ebene des Alltags herunterbricht, hat allerdings fast jeder von uns eine ähnliche Erfahrung machen können. Wer versucht, Probleme zu lösen, weiß, dass es zuweilen gut ist, sich ins denken zurückzuziehen. Mit einem Mal bietet sich eine neue, veränderte und womöglich dauerhafte Perspektive. Im denken sind die Probleme überwunden; man ist ihnen entkommen, indem man einen Schritt weiter gegangen und ihnen zuvorgekommen ist. Dies entspricht der seltsamen Erfahrung, dass man hin und wieder beim denken das Gefühl hat, mitten im Getümmel an einen anderen, ruhigeren Ort transportiert worden zu sein. Wo genau ist man, wenn man so denkt? Es fühlt sich an, als sei man für einen Moment tatsächlich allem Vergänglichen – der Sterblichkeit – entronnen. Eine geglückte Formulierung in einem Gedicht, eine Erkenntnis, ein Satz – all das kann ein solches Gefühl hervorrufen; und es ist einer der Gründe, warum wir gerne lesen, Geschichten hören und uns freuen, wenn wir Erkenntnisse sammeln. Genau diese Erfahrung ist es, auf die nicht nur antike Philosophen, sondern Philosophen bis in die Gegenwart immer wieder pochen. Indem man denkt, bewegt man sich auf einem Terrain, dessen Aussehen nicht alleine durch die Welt der Sinne vorgegeben wird. Dem Denker erscheint die Welt häufig flüssiger und transparenter, so, als dringe man im denken tiefer in die Welt ein und komme »hinter« die Dinge, um sich dann über sie zu erheben. Diese Überheblichkeit ist vielen Denkern gemeinsam. Und sie ist gefährlich. Nicht nur, weil sie die biologischen Voraussetzungen vergisst und das gesamte Ausmaß des Nicht-Wissens überspielt, sondern auch, weil das denken selbst gefährlicher ist, als man zuweilen denkt.

Warum? Allein schon aus dem einfachen Grund, weil die Kunstfertigkeit des denkens, das zeitweise Vergessen von körperlichem Leid durch Gedankenarbeit, den Mächtigen ein Dorn im Auge ist. Ihre Macht beruht auf der Kontrolle von Körpern und

228

Zeit. Wenn es stimmt, dass alle Politik immer auch Biopolitik und letztlich Kontrolle über das wertvollste Gut von allen, die endliche Lebenszeit, ist, dann muss gerade die Erfahrung des denkens einen tiefen Eindruck im Kollektiv der Gesellschaft hinterlassen. Denn denken befreit. Wer immer nur arbeitet, ohne bildhaft gesprochen seinen Kopf gebrauchen zu können, gerät zwischen die Räder des Machtgetriebes. Wer Zeitarbeit leistet und immer weiter arbeiten muss, um überhaupt über die Runden zu kommen, wer angewiesen bleibt auf mehrere unsichere Zeitverträge, wird wenig Gelegenheit haben, zu denken. Dieser Anti-denk-Effekt wird nicht nur in Kauf genommen – er ist in gewisser Weise systematisch und gewollt. Die Unruhe, die bleibt, wird, wenn überhaupt, mit direktem Konsumieren bekämpft – der schnellsten Belohnung für die unwiederbringlich eingesetzte und in einem Zeit-Job verlorene Zeit. Dass diese Belohnung selbst die Zeit kostet, ist eine oft zu spät kommende Einsicht. Es mag ein wenig pathetisch klingen, aber der Geist kann, wenn man ihn schult und diszipliniert, zum Bollwerk werden, zur letzten Zuflucht gegen die Macht anderer. Das macht ihn und die Übung im denken gefährlich.

In die Schriften von Plato und Aristoteles sind deutliche Spuren der Erinnerung eingegraben an solche Zeiten – Zeiten vor der Entstehung der ersten philosophischen Akademie. Vor allem Platos Werk zeugt von einem Pessimismus, der auf der Einsicht beruht, dass die Seele und mit ihr das denken viel zu sehr an die Macht des Körpers gekettet bleiben. Dennoch kaufte Plato um 387 v. Chr. in der Nähe eines »Akademeia« genannten Hains im Nordwesten von Athen ein Grundstück, um die Übung des denkens auf soliden Boden zu stellen. Er gründete die erste Philosophenschule. Und sie blieb die älteste und langlebigste Institution dieser Art in Griechenland. Platos Akademie lebte weit über den Tod ihres Gründers hinaus und setzte sich erfolgreich als Lern- und Lebensgemeinschaft fort. Und doch wurde nicht Platos Tod, sondern der seines Lehrers Sokrates, von dem keine einzige eigene Zeile überliefert ist, zur Ikone des abendländischen Selbstverständnisses – und zum Inbegriff der Gefährlichkeit des denkens. Plato setzt diesem denken wie seinem Lehrer Sokrates ein Denkmal. Offensichtlich führte ein Gewirr von verschiedensten Motivsträngen – politischen ebenso wie weltanschaulichen, moralischen, theologischen und höchst pragmatischen – zur Hinrichtung des Sokrates im Jahre 399 v. Chr. Sokrates galt als unerschrockener Denker und Staatsmann. 404 / 403 v. Chr. verweigerte er den Befehl der Oligarchen, einen Unschuldigen zu verhaften. Er war bekannt dafür, stets seiner These getreu zu leben, dass niemand gegen seine bessere Einsicht handeln solle. Zugleich war Sokrates auf dem belebten Marktplatz von Athen tätig – hatte gleichsam Medienpräsenz –, ließ sich aber dennoch für seine Lehrtätigkeit nicht bezahlen. Aufstrebende jüngere Politiker forderte er heraus und prüfte sie gerne mit seiner Dialogmethode auf ihre (meist nicht vorhandene) Tauglichkeit, die Belange der Polis zu vertreten, deren mythologisch-theologische Grundlagen er zugleich kritisierte. Gründe für einen Prozess gegen Sokrates gab es demnach viele. Plato, der nach der Hinrichtung seines Lehrers Athen verließ und vermutlich zunächst nach Ägypten reiste, verglich das denken seines Lehrers wie jedes wirkliche denken mit dem Wind, der selbst unsichtbar ist. Man sieht ihn nicht – spürt aber dennoch seine heilsame, zuweilen aber auch verheerende Wirkung. Der Wind weht nicht nur vollgeschriebene Blätter, sondern auch ganze Gebäude, Menschen und ihre Gedanken hinweg. Sokrates schien sich dessen völlig bewusst zu sein, nicht zuletzt, weil er viele Jugendliche in seinen Bann zog und sie, in den Augen der Mächtigen in der Stadt Athen, verdarb.

**denken und philosophieren sind,
auch wenn sie tröstliche
Rückzugsmöglichkeiten eröffnen,
zugleich auch gefährlich, ja tödlich.**

Heidegger zufolge hat sich Sokrates ganz in den »Zugwind des denkens« gestellt. Dies sei einer der Gründe, warum Sokrates anders als sein Schüler Plato, der ein großes Werk hinterließ, nichts geschrieben habe. Wer schreibt, so Heidegger, der flüchte vor dem Wind des denkens in den ruhigen Windschatten. Ob man Heideggers These zustimmt oder nicht: für seine Zeitgenossen, die Mitbewohner »seiner« Stadt, hatten denken und Lehre des Sokrates bei allem Respekt auch etwas Zerstörerisches an sich. Mit der sokratischen Methode ließen sich feste Begriffe und Gewohnheiten verflüssigen. Das denken war in der Lage, sie aufzulösen – und befähigte damit auch jüngere Menschen, die festen Grundlagen der Stadtgesellschaft, die Maßstäbe von Gut und Böse, aber auch von Wahrheit, in Frage zu stellen oder sogar außer Kraft zu setzen. Der Zugwind eines solchen denkens ist subversiv und gefährlich. Nicht zuletzt, weil er vor Augen führt, wie nackt die Mächtigen eigentlich sind, weil ihre Argumente Scheinargumente sind und ihre Macht nur getarnte Ohnmacht ist. »Wenn dich der Wind des Denkens, den ich jetzt in dir erwecken werde, aus dem Schlag geweckt und völlig wach und lebendig gemacht hat, dann wirst du erkennen, daß du nichts in der Hand hast als Ratlosigkeit«, schreibt Hannah Arendt.[225] Mit dem denken wird die Welt eine andere. Was vorher selbstverständlich und über jeden Zweifel erhaben schien, wird mit einem Mal bedenklich. Der Boden, auf dem man gerade noch sicher stand, bekommt tiefe Risse. Man kann nicht mehr gedanken-los leben, wenn man sie erst einmal wahrgenommen hat. Die Risse sind, wie das denken, allgegenwärtig. Eine solche Denkerfahrung schlägt leicht in Zynismus um, weil das, woran man lange gehangen hat, zerstört wird. Erst wenn sie sich mit Gelassenheit, mit der ruhigen Übersicht und Ruhe der Erkenntnis verbindet, tröstet Kritik. Deshalb braucht auch das wilde denken Erfahrung, um zu sich zu kommen und ruhig zu werden. Wenn nur der schmerzhafte Verlust erfahren wird, steigert sich die Wut, die Verhärtung und der Impuls, um sich zu schlagen. Kritische Gedanken haben es nun einmal an sich, falsche Sicherheiten zu enttarnen und ungeachtet

irgendwelcher Autoritäten Unwahrheiten hinwegfegen zu kön-nen.[226]
Tatsächlich zeugen viele Texte Platos von solchen argumentati-ven Verwüstungen. Der Sturm des denkens hat jedoch zur Folge, dass die platonischen Dialoge nicht selten ohne Ergebnis bleiben, weil es Plato nicht mehr gelingt, nach dem Austausch des Für und Wider klare Antworten zu finden. Mit Blick auf das letzte Kapitel könnte man sagen: Plato findet nur schwer die dritte und selten die vierte Perspektive. Diese Schwäche, dass die Ergebnisse des Streites um die Dinge häufig Nicht-Ergebnisse sind, ist häufiger bemerkt worden. Für Friedrich Nietzsche (* 15. Oktober 1844 in Röcken bei Lützen; † 25. August 1900 in Weimar), der ein großer Kenner der antiken Philosophie und der Lehren Platos war, stand fest, dass dies kein Mangel sein muss. Wer denkt, muss prüfen. Solche Prüfungen von Argumenten und Meinungen führen nicht notwendig zu neuen, unerschütterlichen Ergebnissen, dafür aber häufig von alten zu neuen Werten. Wer denkt, vollzieht zuweilen im Sog der neuen Erkenntnisse eine radikale Umwertung der Werte. Insofern ist denken gefährlich. Es stellt Konventionen, an die es notwendig gebunden schien, in Frage. Insofern müssen Denker auch gegen sich selbst grausam sein. Fallen die alten Wahrheiten und Werte, dann scheint das denken allerdings zu-nächst in ein Nichts zu führen. Nihilismus ist zunächst nichts anderes als die Kehrseite der Konventionen und willkürlichen Festlegungen. Nihilismus bedeutet mit Nietzsche,»daß die obers-ten Werte sich entwerten«.[227] Von dieser Entwertung wird das denken selbst betroffen, obwohl oder gerade weil es sie auf den Weg bringt. Hannah Arendt formulierte es so:»Das Denken ist gleich gefährlich für alle Glaubensbekenntnisse, und selber bringt es keinen neuen Glauben hervor. Der gemeine Verstand findet an ihm am gefährlichsten, daß das während des Denkens Sinnvolle sich auflöst, sobald man es auf das tägliche Leben anwenden möchte.« Am Ende fällt daher ein neues Licht auf die Ergebnislo-sigkeit mancher platonischer Denkbemühungen. Dass sie zu kei-ner eindeutigen Antwort führen, spiegelt die Einsicht wider,»daß

kein Mensch etwas weiß«. Das Nicht-Wissen trifft einen unerwartet, mitten auf dem Weg. Wenn das Wissen sich aufgelöst hat, hilft nur, neu zu denken. Hannah Arendt bezieht sich damit auf Sokrates' berühmten Satz. Ihre Schlussfolgerung lautet:

>**Denken heißt praktisch:**
jedesmal, wenn man in seinem Leben
auf eine Schwierigkeit stößt,
muß man neu überlegen«.[228]

1.4 denken und Nicht-Wissen

Der Ursprung der Diskussion über Weisheit und ihre Bedeutung im öffentlichen Leben ist eng mit dem Satz vom Nicht-Wissen und dem Namen Sokrates verbunden. Obwohl der Begriff »Weisheit« den Freunden der Weisheit, den Philosophen, direkt ins Stammbuch geschrieben wurde, will die akademische Philosophie gegenwärtig nur wenig bis gar nichts von Weisheit oder Nicht-Wissen hören. Sokrates' Haltung der Weisheit und dem philosophischen denken gegenüber ist vor allem durch einen Text seines Schülers Plato überliefert. In der sogenannten Apologie des Sokrates greift Sokrates, um sich bei der Verteidigung vor Gericht verständlich zu machen, auf einen alten Mythos zurück.[229] Er erzählt, dass sein Freund Chairephon einst zum Orakel von Delphi gegangen sei. Dort habe er die Seherin Pythia gefragt, ob denn jemand weiser sei als Sokrates. Nein, hatte diese ihm geantwortet. Dieses »nein« war eine göttliche und daher absolut verlässliche Antwort. Das Pech für Sokrates war, dass sein Zeuge inzwischen verstorben war. Ihm selber sei daher nichts anderes übriggeblieben, fährt Sokrates fort, als selber den Test zu machen, indem er in möglichst vielen Dingen erfahrene Männer befragte. Hatte

233

nicht Heraklit bereits gesagt, weisheitsliebende Männer – Philosophen – müssten vieler Dinge kundig sein?[230] Ich ging also zu einem jener Menschen, der als überaus weise galt, schildert Sokrates dem Gericht. Es war einer der athenischen Staatsmänner.»Im Gespräch mit ihm schien mir dieser Mann zwar vielen anderen Menschen, am meisten aber sich selbst sehr weise vorzukommen, es zu sein aber gar nicht.« Davon versucht Sokrates ihn auch noch zu überzeugen – kein Wunder also, dass sich der Philosoph Feinde machte. Dieser Mann, schließt Sokrates, der wie ich auch nichts »Tüchtiges oder Sonderliches« weiß, behauptet von sich jedoch im Unterschied zu ihm selbst, weise zu sein, weil er zu wissen meint. Dieser Mann sei ein Vielwisser. Ich aber, betont Sokrates, weiß, dass ich nicht weiß. Und »daß ich, was ich nicht weiß, auch nicht glaube zu wissen«. Dieses Wissen über das Nicht-Wissen ist deshalb ein so entscheidendes Wissen, weil es in Sokrates' Augen die Grenzen des Wissens markiert. Leider wird die berühmte sokratische Formel »Ich weiß, dass ich nicht weiß« (οἶδα οὐκ εἰδώς) oft falsch übersetzt durch »Ich weiß, dass ich nichts weiß« – was im Griechischen anders lauten würde (οἶδα οὐδέν εἰδώς). Sokrates fährt seine Verteidigung fort mit dem Hinweis, dass er weitere Menschen, die für weise gehalten werden, gefragt habe – immer mit demselben Ergebnis. Am Ende vertraue er doch lieber auf das – immerhin göttliche! – Orakel. Mit dieser Gewissheit bleibe er daher lieber »gar nichts verstehend von ihrer Weisheit, aber auch nicht behaftet mit ihrem Unverstande«. Wenn das Orakel von Delphi von den Ratsuchenden fordert, sie sollten sich selbst erkennen, dann bestehe diese Selbsterkenntnis wohl kaum in geschwätzigem Vielwissen – Sokrates spricht von Sophismus und Pansophismus.[231] Eigenes Wissen ist und bleibe defizientes Wissen – ein Nicht-Wissen.

Für Heidegger besteht ein enger Zusammenhang zwischen dem Satz des Sokrates und dem Zugwind, auf den auch Plato zu sprechen kommt – den Wind, den niemand sieht. Sokrates sei ein Denker gewesen, der sich hartnäckig auf etwas bezogen habe, das sich ihm entzieht. Wir alle, so Heidegger, sind »auf dem Zug in das Sichentziehende … Wenn ein Mensch eigens auf diesem Zug ist, dann denkt er, mag er noch so weit von dem Sichentziehenden entfernt sein, mag der Entzug wie immer auch verschleiert bleiben. Sokrates hat zeit seines Lebens, bis in den Tod hinein, nichts anderes getan, als sich in den Zugwind dieses Zuges zu stellen und darin zu halten. Darum ist er der reinste Denker des Abendlandes. Deshalb hat er nichts geschrieben. Denn wer aus dem Denken zu schreiben beginnt, muß unweigerlich den Menschen gleichen, die vor allzu starkem Zugwind in den Windschatten flüchten. Es bleibt das Geheimnis einer noch verborgenen Geschichte, daß alle Denker des Abendlandes nach Sokrates, unbeschadet ihrer Größe, solche Flüchtlinge sein mußten.« Daher bleibt das »flüchtige« denken – und mit ihm die Geschichte des abendländischen Denkens – in gewisser Weise nur eine weitere Fußnote zu Sokrates.[232]

Was bleibt vom denken, wenn es die Menschen nicht einmal mit Notwendigkeit weise macht und sogar in hohem Maße verunsichern kann? Auch wenn sich im denken nicht alle wichtigen Fragen beantworten lassen, so liegt sein Sinn dennoch, wie der des sokratischen Handelns, im Prozess des denkens selbst. Die Antwort auf die Frage nach dem denken ist die Erfahrung des denkens. Denken ist ein Prozess, ein Tun und eine Erfahrung, der Sokrates bis in den Tod hinein treu geblieben ist. Hannah Arendt leitet daraus eine Bestimmung des denkens ab, die zu den besten überhaupt gehört. »Denken und völlig lebendig sein ist dasselbe«, schreibt Arendt, »und daraus folgt, daß das Denken immer wieder neu anfangen muß; es ist eine Tätigkeit, die das Leben begleitet und sich mit Begriffen wie Gerechtigkeit, Glück, Tugend beschäftigt, die uns die Sprache selbst als Ausdruck für den Sinn all dessen bietet, was im Leben geschieht und uns zustößt, dieweil wir leben.«[233] Mir scheint, dass Hannah Arendt es offen lässt, ob es einen solchen Sinn überhaupt gibt. Klar ist nur, dass das denken zum Leben gehört so wie die Suche nach diesem Sinn. Um fündig zu werden, muss das denken immer wieder neu anfangen. Diese Form des Nicht-Wissens verbindet es mit der Weisheit.

1.5 Den Anfang denken

Das immer wieder Neu-Anfangen fällt schwer und muss geübt werden. Nur in dieser wiederholten Aus-übung, einem Handeln also, stellt sich die Erfahrung des denkens ein. Zu dieser Erfahrung gehört, dass es zuweilen retten und vor Verzweiflung bewahren kann, dann aber wieder in unvorhergesehene Krisen führt. Denken kann erschrecken und Abgründe auftun. Und doch muss man denken, wie Heidegger formulierte, muss denken lernen und üben, »weil die Fähigkeit zum Denken, ja sogar die Begabung für das Denken, noch nicht verbürgen, daß wir das Denken vermögen«.²³⁴ Denken ist immer auch Handwerk. Das war einer der Gründe, warum Plato eine Akademie gründen wollte, denn wie den meisten fällt auch dieses Handwerk nicht allen leicht. Aber man kann es lernen, etwa indem man die Hilfen der Logik verwendet. Was die antiken Philosophen, Wissenschaftler und Mathematiker mit dem Handwerk des denkens in erster Linie schaffen wollten, war, zur Erkenntnis des Ursprungs (αρχη) vorzustoßen. Aber wie sollte es überhaupt möglich sein, zum Anfang der Welt und allen Seins vorzustoßen? Wie sollte es gelingen, von dort aus zu den ersten, grundlegenden Prämissen zu gelangen, von denen aus alles »richtige« denken seinen Ausgang nehmen muss? Für die einen, wie Thales, schien die Erde selbst ein Lebewesen zu sein, das auf den Weltmeeren schwimmt. Während für Thales also das Wasser der tragende Ursprung war, fanden andere wie Anaximenes ihn in der Luft. Doch wie sollte man, selbst wenn die Differenzen über die stofflichen Anfänge beigelegt wären, zu den ersten Prinzipien der Logik selbst, zu den unerschütterlichen ersten Prämissen des Denkens gelangen? »Deutlich ist, dass für all diese frühen Denker die Erforschung der *arché* als der *phýsis* aller Dinge die Abkehr von den Plausibilitäten der Welt, wie wir sie in den Sinnen erfassen, erfordert. Dabei folgten sie der Grundüberzeugung, dass das, wovon alles in der Welt in seinem Entstehen, seiner Veränderung und in seinem Vergehen abhängt, nicht selbst entstanden, veränderlich und vergänglich sein kann; darin setzt sich der uralte Glaube an die Ewigkeit der Götter in neuer Gestalt fort. Unsere Alltagserfahrung aber kennt nur Veränderliches und Vergängliches, und deswegen verlangt die entstehende Philosophie einen entschlossenen Perspektivenwechsel, der sie vom gesunden Menschenverstand weit wegführt.«[235] Die Paradoxie, dass gerade das Verstehen der Welt von den Selbstverständlichkeiten und Gewissheiten wegführt, bleibt eine harte Nuss. Vielleicht waren daher die Römer, anders als die Griechen, weniger am Dauerthema der Unsterblichkeit interessiert, die man durch das denken der ersten Prinzipien und der Anfänge der Welt vielleicht würde erlangen können. Für die Römer war Philosophieren, wie Hannah Arendt feststellte, bald schon nichts Wesentliches mehr. Sie setzen das denken vor allem ein, um die »Gründung und Erhaltung politischer Gemeinschaften« zu fördern.[236] Diese Art des pragmatischen Einsatzes von denken – eine Art von republikanischer Problemlösung – galt ihnen als den Göttern entsprechendste Haltung. Während das denken die Römer vom Philosophieren weg und dem gesunden Menschenverstand zuführte, blieben die in der griechischen Tradition stehenden Denker der Vorstellung treu, denken nicht nur als Problemlösen, sondern auch als Entführung zu sehen – als Relativierung der Welt der Sinne und des Körpers.

Vielleicht kennen Sie dieses Gefühl der Entführung und partiellen Geistesabwesenheit der Welt gegenüber aus eigener Erfahrung. Für lange Momente weiß man nicht genau, wo man wirklich gewesen ist.[237] Die Ausklammerung der Welt um einen herum ist ein Erlebnis, das Sie vielleicht vom intensiven Lesen her kennen oder von der Erfahrung im Kino, wenn ein Film Sie packt und Sie vergessen lässt, wer und wo Sie sind, weil die Personen auf der Leinwand geradezu physisch von Ihrem Körper Besitz ergriffen haben. Wenn man das denken, wie die Römer, vorwiegend als Technik einsetzt, um die Lebensführung zu optimieren, dann ist aus griechischer Sicht ein Teil dieser Optimierung die Lebensentführung. Indem man denkt, entkommt man den Widersprüchen zwischen Welt und Selbst, zwischen Ist und Soll. Man denkt sich beispielsweise in die Versöhnung von Gegensätzen hinein, um sie dadurch, dass sie erst einmal erfolgreich gedacht ist, der Wirklichkeit einen Schritt näher zu bringen. Denken wäre dann eine »Zuflucht vor der Wirklichkeit« mit Hilfe »theoretischer Energie«, von der Aristoteles sprach. Immerhin besteht ein begründeter Anfangsverdacht anzunehmen, dass sich der Sieg des Christentums über die »heidnische« Welt nicht zuletzt seiner Fähigkeit verdankt, die theoretische Energie mitsamt den in der Philosophie angebotenen Ritualen der Tröstung, also die Erfahrung des denkens, in den Glauben zu überführen. So wie die Ideen im denken Platos gegenwärtig waren, ist das Reich Gottes im Glauben mitten unter den Menschen. Der Glaube nutzt die Schubkraft der theoretischen Energie, überführt sie in symbolische Vorstellungen und Wirklichkeiten und löst sie damit von der ursprünglichen Erfahrung des denkens.

In der aristotelischen, wissenschaftlich orientierten Vorstellung führte allein das denken, gleichsam im Kampf gegen den Glauben und die Sinne, mit der Logik ganz auf seiner Seite, in die tieferen, den Sinnen selbst noch verborgenen, hinter ihnen liegenden Strukturen. Pythagoras (* um 570 v. Chr.; † nach 510 v. Chr.) war einer der griechischen Denker, die Ordnung geometrischer Muster und Gesetzmäßigkeiten in der Vielfalt der Formen einer sich wandelnden Welt erkannte. Mit Hilfe der Mathematik ließen sich diese Ordnungen beschreiben. Weil sie überall anzutreffen waren, schienen sie auch in alle Ewigkeit zu gelten. Die Sätze vom Dreieck werden immer so sein, wie Pythagoras sie beschrieben hat. Pythagoras schreibt man daher auch die Idee zu, den Begriff des λόγος in die Mathematik eingeführt zu haben.[238]

Folgt man beispielsweise der Logik der Konstruktion und Berechnung von Dreiecken, dann befolgt man nach griechischem Verständnis nicht nur Sätze aus dem Schulunterricht, sondern erkennt tiefere, verborgene Strukturen der Welt. Durch die Anwendung der Logik – durch denken nach den Gesetzen der Logik – gelangt man zum Logos, dem Gesetz der Welt. Insofern erhält man durch denken Anteil an etwas Ewigem, Unveränderlichem und Haltbarem. Das Bindeglied zwischen göttlicher und menschlicher Welt sind die Gesetze, die Strukturen der Welt, die sich im denken erschließen. Es verrät wenig Menschenkenntnis, wenn moderne Philosophen behaupten, ihnen sei völlig unverständlich, wie man derart naiv Sein (die Strukturen der Welt) und denken miteinander identifizieren und verwechseln könne. Jeder Roman, der spannend ist, lebt jedoch von der partiellen Verwechslung von denken und Sein. Immerhin ist das denken *selbst* eine reale *Erfahrung* – auch wenn denken zuweilen eine Strategie ist, um sich von der Welt zu lösen oder Schmerzen besser zu ertragen. »Nihil admirari« lautet dann die Parole – »man soll sich über nichts wundern und nichts bewundern«.[239] Das Ergebnis kann eine Erfahrung stoischer Ruhe sein. Aus der Sicht heutiger Psychologie wird man einwenden, dass derjenige, der denkt, um der Welt zu entfliehen, im besten Fall sublimiert. Im schlimmsten Fall verdrängt er oder sie die Welt auf eine pathologische Weise. Diesem Verdacht geht eine Entzauberung, die Entkopplung von Sein und denken, voraus, die die Geschichte der Moderne wesentlich geprägt hat.

Dieser Gedanke führt auf den Ausgangspunkt, die erste aristotelische Bestimmung des Menschen als Säugetier, zurück. Auch für Nietzsche galt, dass der Mensch das noch nicht festgestellte und sich deshalb selbst verändernde, sich selbst steuernde Tier sei – sozusagen ein Tier auf dem Weg zu sich selbst. Die griechischen Denker, aber auch Theologen und Mystiker des Mittelalters wären über diese Einstellung entsetzt gewesen. Es wundert daher nicht, dass manche Schriften des Aristoteles bis ins hohe Mittelalter verboten waren und erst über den Umweg arabischer Übersetzungen wieder Eingang in die Geschichte des denkens fanden. Für die christlichen Denker waren die gläubige Kontemplation und das Gebet die geeigneten Mittel, um im Jetzt zu verharren und der Zeit zu trotzen. Für sie tritt erst durch gläubige Gedankenarbeit, die durch die Arbeit im klösterlichen Garten ergänzt wird, die Angst vor der Vergänglichkeit und vor dem Tod zurück. Die scheinbar zeitlose Vorstellung von Gott wurde in Ritualen gefeiert. Denken als körperliche Erfahrung diente paradoxerweise im Gewand einer Technik dazu, sich der Angst vor dem Ende des Körpers zu entledigen und körperlos zu werden. Ich vermute, dass dies bis heute der Kern aller erfolgreichen Unterhaltungsindustrien geblieben ist. Der Erfolg der Unterhaltung ist umso größer, je eher der Körper überhaupt nicht mehr oder wenn, dann nur als lustvoll vorhanden (Achterbahn) empfunden wird.[240] Das denken wird auf diese Weise zu einem Teil der Unterhaltungstechniken. Es geht darin unter und verflacht – ähnlich wie sich die ursprünglich anspruchsvolle Idee wirklicher Unterhaltung im bloßen Talk aufgelöst hat. Mit Blick auf den Körper gilt im Christentum, dass gerade *weil* der (göttliche) λόγος Fleisch, also Körper wurde, man von nun an diesen Körper »vergessen« kann. Man kann sorglos sein, weil er zur göttlichen Wirklichkeit geworden ist und damit kein Problem mehr darstellt. Der Anfang allen Seins – religiös formuliert: Gott – ist im denkenden Körper der Gläubigen angekommen.

1.6 Animal rationale II: Das Tier, das durch den Logos denkt

Ich erwähnte zu Beginn des zweiten Teils eine weitere Definition des Menschen, die Aristoteles gibt. In gewisser Weise ist sie die Voraussetzung für den theologischen Gedanken, der gerade anklang. Sie hat damit zu tun, dass in diesem Tier, das denkt, ein anderer λόγος, eine nicht-tierische Erkenntnisfähigkeit verankert ist. Wenn der Mensch denkt, dann leistet er theoretische Arbeit. Θεωρία bedeutet wörtlich übersetzt Sehen oder Betrachten. Das Betrachten der Welt im denken führt zu Entwicklungen von Theorien. Diese θεωρητική ἐνέργεια, die theoretische Energie, ist etwas spezifisch Menschliches.[241] Sie führt ihn über das bloße Betrachten, das Sehen und Wahrnehmen der Natur mit den Sinnen zu etwas, das nicht unmittelbar erkannt werden kann. Beispielsweise ist nicht sofort sichtbar, was Bären, Hunde, Wale und Gürteltiere verbindet, sie aber von Krokodilen unterscheidet (nämlich dass sie alle Säugetiere sind, Krokodile aber Reptilien). Die theoretische Energie treibt den Menschen geradezu in die Dinge hinein, um dann »in« ihnen etwas zu erkennen, das »hinter« ihnen, hinter ihrer mit den Augen sichtbaren Physis (φύσις bedeutet Natur, das Seiende, die Dinge) liegt. Das Ansammeln des Wissens, der Tatsachen und Zusammenhänge – das Ganze der Wissenschaften sozusagen – wurde daher zur Zeit der antiken philosophischen Akademie als Physik bezeichnet (ἐπιστήμη φυσικη, das Wissen von der Natur, den Dingen). Insofern gehörte dem damaligen Verständnis zufolge auch das Wissen über die Lebewesen zur Physik – ein Wissen, das wir heute nicht mehr der Physik zuordnen, sondern der Biologie (Bio-Logos = der Logos vom Leben bzw. von den Lebewesen). Wie lässt sich diese Energie, die Natur im Gesamt zu erfassen, verstehen? Was macht nach antiker Vorstellung den entscheidenden Unterschied zwischen Tier und Mensch mit Blick auf diese Energie aus?

Wer Tiere beobachtet weiß, dass sie zuweilen darauf warten, dass Früchte vom Baum fallen. Manche dieser Früchte sind, vor allem in Urwaldregionen, gegoren, so dass die Tiere betrunken werden. Wissen sie aber, dass Äpfel vom Baum nach unten fallen? Selbst Tiere, die weniger schlau sind als Affen, machen sich das Fallgesetz zunutze. Es ist häufig beobachtet worden, dass Elefanten oder Nashörner gegen einen Baum stoßen, damit die Früchte herunterfallen. Es handelt sich also um ein zweckgerichtetes Handeln. Ist es deshalb eine Frucht des denkens? Besteht denken also in der bloßen Anwendung allgemeiner Prinzipien, die offensichtlich bereits eine Reihe anderer Tiere gefunden haben? Was aber bedeutet »finden« hier? Tatsächlich hat kein Menschenaffe bislang eine Formel des freien Falls entwickelt, obwohl ihm und anderen Tieren offensichtlich eine gewisse Fähigkeit zur

Deduktion nicht abgesprochen werden kann. Aber sie äußert sich auf völlig unterschiedliche Weise. Was den Menschen ausmacht und unterscheidet, ist der λόγος, den er hat. Für Aristoteles ist der Mensch ein ζῷον λόγον ἔχον: das Lebewesen (zoon), das den Logos hat. Doch was macht diesen Logos aus, den die römische Tradition mit ratio übersetzt, dem Wort, von dem sich unser Begriff der Rationalität ableitet?

Zunächst scheint es, als gäbe es eine Art Vorfeld oder Vorstufe des Logos – eine Art pragmatische Dimension des Lebens, die unsere Rationalität mit den Tieren verbindet, nicht aber trennt. Wenn ein Lebewesen Durst hat, gleich ob Tier oder Mensch, dann erscheint es vernünftig – »rational« –, sich eine trinkbare Flüssigkeit zu suchen und zu trinken. Auch Tiere machen demnach wie wir von den Strukturen der Welt Gebrauch, wenn sie essentielle Probleme zu lösen haben. Diese Strukturen aber sind etwas, das man griechisch gesprochen mit Logos übersetzen kann. Diese Strukturen der Natur haben mit Physik und Biologie, mit dem Wetter und der Erde, mit Nahrung, Bewegung und anderen auf den Körper bezogenen Verhältnissen zu tun: Verhältnisse, die trotz aller Unterschiede Tiere und Menschen teilen. In diesem Sinn ist Rationalität in einem sehr körpernahen Verständnis *nicht* das, was uns vom Tier unterscheidet. Im Gegenteil: Der Nutzen der Strukturen der Welt (Wasser findet sich in Bächen, Früchte fallen vom Baum) ist etwas, das uns mit anderen Tieren auf der unteren Ebene der Lebensbewältigung verbindet. Erst die »höhere« Rationalität ist dann die unbestrittene Domäne des Menschen. Wie die Welt funktioniert oder wie wir, ihrem Logos entsprechend, für uns förderlich in der Welt handeln können und sollen – all das sind Fragen, die kein Menschenaffe je stellen oder beantworten konnte und kann. Ebenso wenig haben Affen komplexe Systeme wie das Geld oder das Börsengeschäft hervorgebracht (ein Geschäft, das 100 % menschengemacht ist, aber trotz seiner Künstlichkeit einen verheerenden Effekt auf die »natürliche« Welt haben kann, die der Mensch in keiner Weise gemacht hat, sondern deren Teil er statt-

242

dessen ist). Tiere sind, wie wir auch, eingebettet in eine Naturgeschichte. Doch unsere Naturgeschichte hat, durch welche komplexen Prozesse auch immer, zunehmend zur Entwicklung einer von der Natur unterschiedenen, wenn auch in sie eingebetteten Kultur geführt. Was diese Kultur auszeichnet, ist, so Aristoteles, dass wir Menschen zwar Tiere sind, aber Tiere, die den Logos haben. Inwiefern?

Den Schlüssel dazu bietet die Einsicht, dass die Natur – die Physis der Dinge – gerade nicht unmittelbar von uns erkannt wird. Die Physis ist in Wahrheit das, was uns zunächst verborgen ist. Die Natur verhüllt, wie Martin Heidegger schreibt, gerade »ihr Eigentliches, was nicht am Tage liegt. Dem entspricht es nur, daß in der späteren Zeit bis zu Aristoteles ... der λόγος die Aufgabe [hat], das was sich verbirgt und nicht zeigt, das sich Nichtzeigende, zum Sichzeigen zu zwingen und zum Offenbaren zu bringen.«[242] Der Logos ist also das, was die sich verbergende Natur erkennbar und zugänglich, begreifbar macht. Man könnte den Gedanken von Aristoteles und Heidegger aus heutiger Perspektive vielleicht so beschreiben: Indem Wissenschaftler aufgrund ihrer Theorien Experimente machen – sie bauen, nach logischen Gesichtspunkten, eine Apparatur wie CERN, die Milliarden von Euro kostet –, »zwingen« sie die Natur zu »Antworten« auf ihre Fragen. Dabei hoffen sie, dass die Ergebnisse (die Antworten der Natur) zu den Voraussagen »passen«, die sich »zwingend-logisch« aus ihren Theorien ergeben. In der älteren, etwas weniger zeitgemäßen Sprache der Philosophie formuliert: Das, was sich noch dem Erkennen des Menschen verbirgt, wird mit Hilfe des λόγος der Verborgenheit entrissen. Die Logik bringt »das Seiende zu seiner Wahrheit«, wie Heidegger schreibt. Logik bezeichnet damit allerdings etwas, das weit mehr umfasst als richtige Deduktion und die Anwendung logischer Gesetze im engeren Sinn. Tatsächlich war Heraklit (* um 520 v. Chr.; † um 460 v. Chr.) einer der Ersten, die eine Theorie des Logos entwickelten; und er war auch der Ansicht, dass der Logos zunächst vor allem genau das ist, was den Menschen gemeinsam ist. Die

Menschen haben den λόγος – und das definiert sie sowohl als Einzel- wie als Gemeinschaftswesen und Art.[243] Der Logos verbindet Menschen untereinander – und, wie Heraklit zeigte, auch mit der Natur, die der Mensch ohne den gemeinsamen Logos nicht verstehen könnte. Wenn Aristoteles den Menschen als das Tier versteht, das den Logos hat, dann meint er in einer ersten Annäherung nicht nur, dass alle Menschen die Logik im engeren Sinn – die Regeln der Verknüpfung von Urteilen – beherrschen können. Vor allem meint er, in einem zweiten Sinn, dass alle Menschen in der Erfahrung des denkens verstehen können, was diese Welt ausmacht. Mit Hilfe des Logos, den die Menschen haben, können sie das verstehen, was hinter der Physis steht und sie bewegt. Insofern erschließt sich dem denken nicht nur die »wahre« Welt, sondern auch ihr Ursprung und Gesamtzusammenhang.

**denken ist das Erschließen
der ersten Ursachen und
des großen Zusammenhangs.**

Wer denkt, macht vom Logos in ihm selbst Gebrauch. Ein Denker ist ein Mensch, der gleichsam mit Hilfe des Logos in seiner Vorstellung einen Teppich der Erkenntnis knüpft, auf dem genau die Muster sichtbar werden, die auch die Muster der Welt sind. Das Muster unserer Theorien entspricht dem Muster, das »hinter« den Dingen liegt und wie ein digitales Wasserzeichen in ihnen sichtbar wird für den, der es dechiffrieren kann. Wer »logisch« denkt – d. h. wer dem Logos folgt –, der folgt im denken der Logik der Welt.

Auch wenn das Beispiel hinken mag: Im Grunde ist es ein wenig so, als wäre die Welt ein Schachspiel, das wir vorfinden. Die Regeln dieses Schachspiels kennen wir. Wir teilen sie in unserem Inneren mit den realen Schachfiguren und ihren Bewegungen in der »äußeren« Welt, die sich nun Zug um Zug entfaltet. Am Ende haben wir mit Hilfe des Logos die gesamte Welt, das gesamte Spielfeld und all seine Möglichkeiten abgeschritten. Wir haben alle Positionen vollständig durchdacht und erfasst. Der Logos macht den Menschen zu einem König des Schachs, vorausgesetzt, er handelt logisch und kennt all seine Denkfiguren (d. h. die Definition und Bestimmung der Begriffe), alle Züge (die Regeln der Logik) und hat genügend Erfahrung mit den realen Gegebenheiten der Welt (den Eröffnungen, Stellungen etc.). Denken ist insofern ein richtiges logisches Handeln (und tatsächlich hängen nach Aristoteles' Logik und Ethik eng zusammen). Dass wir Menschen gleichsam im Kopf die Welt des Schachs erfassen können, hängt damit zusammen, dass wir alle den Logos haben, der auch die Welt des Schachs prägt. Wer mit dem Logos spricht, meinte Heraklit, wird sich »auf das stützen, was allen gemeinsam ist, so wie eine Stadt sich auf ihre Gesetze stützt, und noch viel stärker«.[244] Die Stadt oder Polis war für Heraklit ein Bild für den Zusammenschluss der Menschen nach sie bestimmenden Regeln. Diese Regeln können wie Verkehrsregeln jedoch sehr willkürlich getroffen werden: Wir könnten Links- oder Rechtsverkehr einführen, je nach Lust und Laune. Der Logos aber bindet uns noch stärker. Die Gesetze des Logos sind nicht willkürlich wie die Festlegungen der Verkehrsregeln. Der Logos ist das Gesetz der Welt, das uns zur Wahrheit führt, die wir uns mit Hilfe logischer Schlüsse erschließen. Es sind am Ende alleine diese Gesetze der Logos, so Heraklit, die alle Auseinandersetzungen, die es zwischen unterschiedlichen Menschen unweigerlich gibt, schlichten könnten. Heraklit spricht vom Streit oder Krieg als Vater aller Dinge – ein Grundmotiv des menschlichen Zusammenlebens. Doch selbst im Streit bleiben die Gesetze des Logos das Erste und das Letzte. Wir müssen uns auf sie stützen – stärker noch als sich eine Stadt auf ihre (zum Teil willkürlichen) Gesetze. Nur in diesem Sinn gilt:

**Richtig
denken heißt
logisch – dem Logos gemäß –
denken.**

Aristoteles war der erste Denker, der es schaffte, die Gesetze des Logos im Sinne einer umfassenden Logik des denkens zu erschließen. Mit einer Sammlung von insgesamt sechs Schriften – dem sogenannten *Organon* (ὄργανον bedeutet Werkzeug) – verfasste Aristoteles ein über mehr als zwei Jahrtausende hinweg geltendes, in vielem bis heute grundlegendes Werk des Argumentierens und denkens. Dass dieses Werk als eine umfassende Kunst der Logik sich so lange hat halten können, spricht für die Ansicht der griechischen Philosophen, mit dem denken des Logos auf etwas Unwandelbares gestoßen zu sein, das die Zeiten und Verschiedenheiten der Menschen übergreift und sie verbindet – und auf diese Weise allen die Natur erschließt.

Für die griechische Denktradition war der Logos eine Art Welt und denken übergreifendes Prinzip. Erst so wird verständlich, dass Logik etwas sein kann, das die gesamte (innere und äußere) Welt strukturiert und sie kennzeichnet. Die Logik ist gleichsam der rote Faden durch das Universum. Wenn wir denken, ereignet sich die Welt im Kopf, weil sich der Logos der Welt in uns abbildet.

**denken
ist die Erfahrung dieses Logos.**

Vor allem Cicero (* 3. Januar 106 v. Chr. in Arpinum; † 7. Dezember 43 v. Chr. bei Formiae) scheinen wir eine bis heute maßgebliche Übersetzung dieses Gedankens und der aristotelischen Definition des Menschen (ζῷον λόγον ἔχον) zu verdanken. Er war es, der den Menschen als das *animal rationale* bezeichnete. Der Mensch ist das Lebewesen, das sich von allen anderen Tieren durch die Ratio (die lateinische Übersetzung von Logos) unterscheidet. Diese Definition hat sich festgesetzt – und sie hat im Laufe der Jahrhunderte dazu beigetragen, aus dem Logos Logik und aus der Erfahrung ein bloßes Nachvollziehen von Regeln werden zu lassen. Für Cicero, der an diesem Punkt fast wie einer der späteren christlichen Theologen klingt, war *ratio* das Göttlichste, was es im Himmel und auf der Erde überhaupt geben konnte. Für ihn ist es die Ratio – und hier begegnet uns wieder der alte Gedanke von Heraklit –, die die Menschen miteinander und die Menschen mit den Göttern verbindet. Durch die Verbindung der Ratio sind wir alle Bewohner des gemeinsamen Hauses der Welt. Mit diesem Bild nimmt Cicero den alten Gedanken der Vorsokratiker, aber auch von Plato und Aristoteles auf, die sich das Haus als einen griechischen Stadtstaat vorgestellt haben dürften. Plato war entschieden der Ansicht, dass der Mensch von Natur aus ein Staaten bildendes Lebewesen (ὁ ἄνθρωπος φύσει πολιτικόν ζῷον) sei – wobei man den Staat, den der Mensch schafft, durch und durch als ein Werk der Natur verstehen müsse (φύσει πόλις ἐστί). Um einen Staat erfolgreich bilden zu können, muss der Mensch, der notgedrungen im Plural existiert, als Einheit denken und urteilen können – sowohl im logischen, die Erkenntnis betreffenden, wie im juristischen Sinn. Wäre das nicht möglich, würde die Vielheit der Menschen, ihre Pluralität, sowohl »innen« – in den Köpfen der Einzelnen – wie »außen«– im realen Zusammenleben – ins Chaos führen. Der Logos ist das Instrument, der Weg, auf dem Menschen zueinander und zu einem gemeinsamen Leben finden können, das sie auf der Grundlage der Logik in Form von Gesetzen definieren. Nicht nur Cicero, auch Seneca (* etwa im Jahre 1 in Corduba, † 65 n. Chr. in der Nähe Roms) übernahm diesen Gedanken. Die Ratio ist für ihn eins mit dem griechischen Logos, der göttlich ist und an dem der Mensch durch die Erfahrung des denkens (aber noch nicht durch den christlichen Glauben!) Anteil haben kann. Dass der Mensch in der

Lage ist, eine gute Ordnung zu schaffen, ist eine geradezu göttliche Leistung, die nur durch Vernunft (Ratio oder Logos) möglich ist, weil diese den Gesetzen des Kosmos bzw. der Götter oder Gottes folgt. Tatsächlich ist es von dieser Idee aus nur noch ein kleiner Schritt bis zur späteren christlichen Vorstellung, die das Mittelalter und damit Millionen von Menschen beherrschen wird. Auch das Christentum ist überzeugt, dass wir Gott ebenfalls mit Hilfe der Ratio zu erkennen in der Lage sind. Nur deshalb können wir die ewigen Ideen erkennen, die in Gott schlummern und zugleich Grund für das Sein der gesamten Welt sind. Laut Johannesevangelium *ist* Gott der Logos, durch den alle Dinge gemacht sind. Im Logos war das Leben, heißt es bei Johannes. Im Römerbrief wird gesagt, dass alles, was man von Gott erkennen kann, selbst sein unsichtbares Wesen, in Wahrheit seit der Schöpfung der Welt (seitdem der Logos Fleisch wurde) *in* dieser Welt erkennbar sei – vorausgesetzt, man nimmt sie richtig wahr (Röm 1,19 ff). Das Christentum nimmt den Gedanken des Heraklit auf, der nicht nur behauptet hatte, dass der Logos das Weltgesetz sei (also das, was der Welt zugrunde liegt, der Welturpsrung), sondern auch von allen Menschen erkannt werden könnte.

Logisches denken erschließt den Logos der Welt.

Denken heißt insofern für die spätere Tradition, *sprachlich* (in Theorien) zu erfassen, was in der Welt Sache ist und sie im Innersten zusammenhält.[245] Es ist diese griechische Idee der Übereinkunft von Denken, Erkennen, Welt und Gott – der sogenannte stoische Logos –, die im ersten Abschnitt des Johannesevangeliums wieder begegnet und sich Jahrhunderte später im Gewand wissenschaftlicher Theorien neu formuliert.

Wichtig ist festzuhalten, dass die aristotelische Definition mit dem Logos etwas ins Spiel bringt, das über den Körper hinaus geht, auch wenn es körperlich (in der Natur und in uns) verfasst ist. Der Logos ist etwas, das wir nicht von uns aus haben. Wir »haben« es, weil wir als Tiere Teil der Natur sind und diese Natur – und somit auch wir – den Logos beinhaltet. Ganze Bibliotheken sind über dieses Thema geschrieben worden. In der Idee des Logos schlummert ein latenter Dualismus – die Annahme eines anderen, von uns unabhängigen, geistigen Prinzips, das nicht einfach identisch ist mit der Natur, sondern sie durchzieht bzw. sogar verursacht hat. In dem Moment, in dem der Logos als ein geistlich-göttliches Prinzip gesehen wird und nicht als reine Struktur der Natur oder Welt selbst, sind die Konsequenzen die einer dualistischen Weltanschauung. Die aristotelische Definition trägt diesen Keim in sich – vor allem, wenn man das »Logos haben« allmählich begrifflich überführt in »Rationalität haben«. Wenn Rationalität etwas ist, das nur Menschen haben können, weil nur Menschen *geistbegabt* sind, ist klar, in welche Richtung der Hase der Theorie laufen wird. Wichtig ist festzuhalten, dass sich auch für die griechische Tradition denken im Sinn von »Logos haben« als ein Prozess der *Erfahrung* darstellt. Diese Erfahrung zeichnet sich unter anderem dadurch aus, dass im gemeinschaftlichen Gebrauch des λόγος (in der Anwendung der Logik und ihrer Gesetze in der Gemeinschaft) das eigene denken stets mit dem der anderen zusammenkommen muss. Mehr noch: Was Menschen denken, kommt, wenn sie richtig denken, mit den Gesetzen der Welt der Götter in Konflikt. Logik und Logos ermöglichen im denken eine Erfahrung, in der das Universum und mit ihm auch der Bereich Gottes erfasst werden kann.

**In der Erfahrung
des denkens erkennen
wir all das,
was wesentlich ist:
den Anfang und die Prinzipien
der Welt.**

Damit ist das ersehnte Ziel der Antike, die Unsterblichkeit, wieder in nächste Nähe des denkens gerückt. Im denken wird der λόγος, der laut Heraklit ewig ist, erkannt – und somit etwas in uns selbst, das ewig ist. Viele Jahrhunderte später entwickelte sich in der Philosophie der Aufklärung nach Hegel eine modernere, neue Fassung dieses Gedankens. Hegel kam auf die Vorstellung der Einheit von denken und Sein zurück und verband sie mit der Idee eines universellen Bewusstseins. Er entwickelte in der *Phänomenologie des Geistes* eine Theorie, die im Detail und mit größter Genauigkeit die Bewegung des Seins (das Werden) nachzeichnen sollte, so wie es sich geschichtlich im denken entfaltet und von Begriff zu Begriff weiterentwickelt hat. In dieser logischen Entfaltung der Denkfiguren versuchte Hegel die Erfahrung eines Bewusstseins freizulegen, das erst *in* diesem realen geschichtlichen Prozess des denkens allmählich zu sich selbst kommt und zu sich findet. Es hat lange gedauert, bis die Erfahrung des denkens wieder aus der idealistischen Weltanschauung herausgelöst und in den Körper zurückgeführt wurde. Die Anfänge der Künstlichen Intelligenzforschung (KI) beispielsweise standen noch ganz im Bann einer idealistischen Vorstellung von denken. Denken war für die Forscher in erster Linie eine vom Körper völlig losgelöste Form von Schachspiel. Erst Jahrzehnte später wurde die Idee der »rationalen« KI (der sogenannten regelbasierten Expertensysteme) durch eine Forschung ersetzt, die erstens auf die Interaktion von Robotersystemen setzte und zweitens auf die Bedeutung der Wahrnehmung eines »Körpers«. Dieses Thema wurde bereits im ersten Teil des Buches gestreift. Bewusstsein und mit ihm denken entwickelt sich nur, wenn der »Geist« in einen Körper »eingebettet« wird. In der wissenschaftlichen Fachliteratur spricht man daher vom »embodied turn«.[246] Die Erfahrung des denkens wird nur über den Weg der Körperlichkeit erreicht. Ein wie auch immer gearteter »mentaler« oder symbolverarbeitender Prozess ist angewiesen auf eine körperliche Interaktion zwischen ihm und seiner Umwelt. Wer denken will, muss, plakativ ausgedrückt, zunächst laufen lernen.

1.7 Rationalität, symbolisches denken und Kommunikation

Der Mensch, der die Phasen der körperlichen Entwicklung durchläuft, wird zum *animal rationale*. Er ist ein der Logik fähiges Lebewesen, das von seinem Verstand (seinem Vermögen zu logischen Urteilen) und seiner Vernunft (der Erkenntnis von Ideen) Gebrauch machen kann – wobei zwischen beidem, zumindest in der Philosophie Kants, deutlich unterschieden wird. Es scheint, als wären denken und Rationalität eins. An dieser Stelle scheiden sich die Geister. »Alle philosophischen Akte, alle Versuche, das Denken zu denken«, schreibt George Steiner in seinem Buch über den Zusammenhang von denken und Dichten, »sind – mit Ausnahme vielleicht der formalen (mathematischen) und symbolischen Logik – unweigerlich sprachlicher Natur«.[247] Der Logos wird, wie Steiner sagt, in Wörtern und Grammatik kodiert. Mit dieser Ansicht trifft er sich mit vielen Wissenschaftlern, darunter auch Ernst Cassirer (* 28. Juli 1874 in Breslau; † 13. April 1945 in New York), der eine Theorie der symbolischen Formen entwickelt hat. Die Frage ist, ob nicht auch mathematische Symbole eine Kunstsprache bilden, deren sich der Mensch wie der natürlichen Sprache bedient, um sich und die Welt besser zu verstehen. Man kann sicher über diese Frage streiten. Unbestritten aber bleibt, dass das, was ursprünglich mit Logos gemeint war, sich in verschiedenen Formen realisieren kann. Diese können, müssen aber nicht zwingend die der mathematischen Logik sein. »Von Beginn an«, bemerkt Steiner, »haben Philosophen und Metaphysiker die Mathematik gleich geprellten Falken umkreist, denen die Beute entging«.[248] Die Beute: Das sind die klaren Erkenntnisse und wahren Sätze, die man mit Hilfe der Logik erjagen kann. Wahrheit ist eine Eigenschaft von Aussagen. Insofern können Wahrheiten ohne Logik im engeren Sinne – ohne mathematisch formalisierbare Verfahren der Symbolverarbeitung – nicht entstehen. Die Frage ist, ob Wahrheiten dieser Art genügend Aufschluss über die großen Fragen geben, etwa über das Wesen des Menschen oder die Frage nach dem Sinn. Nach Heidegger verweist selbst die Logik im engeren Sinn »schon dem Namen nach auf der im griechischen Denken erlangten Erfahrung des Seins«.[249] Wenn Wahrheit eine Eigenschaft von Aussagen ist, dann können solche Aussagen nur entstehen im Kontext einer Lebenswelt, die körperliche Wesen voraussetzt. Zumindest Menschen ist reine Symbolverarbeitung ohne Erfahrung nicht möglich. Wie Heidegger es formuliert: keine Logik ohne Logos. Um zu verstehen, auf welche Sorte von Fragen Mathematik und Logik die Antwort darstellen, ist es notwendig, den Kontext dieser Fragen – ihre Lebenswurzeln – zu erfassen. Der Mensch ist nach Heidegger das Wesen, das dem Sein gegenüber offen ist. Diese Offenheit muss jedoch als Sorge gedacht werden – denn das Sein ist von der Zeit und damit, als Menschenzeit, vom Tode gekennzeichnet.[250] Auch ein Mathematiker, der sich der reinen Mathematik verschreibt, entkommt diesem Dilemma nicht. Rationalität muss daher in einen weiteren Kontext, den der Erfahrung des Lebens, gestellt werden.

Die Definition des Menschen als dem Tier, das mit dem Logos begabt ist, lässt daher eine weitere Auslegung von λόγον ἔχον zu, die ich kurz erwähnen möchte, nicht zuletzt weil sie als Theorie kommunikativen Handelns (Jürgen Habermas) eine wesentliche Rolle in der moderneren Philosophie gespielt hat. Der Mensch ist, mit dem Logos, das zur Kommunikation fähige, das sprechende und mit Sprache handelnde Tier. Sprache ist etwas wesentlich Menschliches. Sätze sind, wie Steiner formuliert, »das Organ, das unser Sein erst ermöglicht, jenen Dialog mit uns selbst und anderen, der unsere Identität schafft und festigt«.[251] Insofern eröffnet uns die Sprache unsere Welt, legt uns aber auch – ganz im Sinne Wittgensteins – fest. Die Grenzen unserer Sprache markieren auch die Grenzen unserer Welt. »Was wir nicht denken können, das können wir nicht denken; wir können also auch nicht *sagen*, was wir nicht denken können.«[252] So sehr ist der Mensch ein Wesen der Sprache, dass seine Welt begrenzt wird von dem, was die Sprache zu leisten vermag. Die Welt und

das Leben des Menschen sind eins, denn die Welt ist *seine* Welt –
eine Welt innerhalb der Grenzen der natürlichen Sprache. Dennoch bleibt der Mensch gerade in seiner Kommunikation ein
körperliches Wesen: ein Tier (ζῶον, animal), wenn auch ein Tier
unter anderen Tieren. Gerade aufgrund seiner kommunikativen
Struktur muss das »Tier Mensch« die Frage stellen, ob es zu einer
absolut artbezogenen Sicht der Dinge, zu einem ausgeprägten
Speziesismus (speciesism) berechtigt ist – mit der bekannten Folge, dass der Mensch glaubt, die Welt allein nach seiner Vorstellung formen und sie sich untertan machen zu müssen.[253] Dass
sich die christliche Tradition gegen die körperbetonte Definition
des Menschen gestellt hat, ist allzu deutlich. Das Christentum
schreibt die Linie der Körperfeindlichkeit nicht bloß aus moralischen Gründen fort, sondern aus viel fundamentaleren Beweg-
gründen. Indem der Mensch in erster Linie nicht Körper und
somit Tier ist, sondern Geist, kann er Sonderregelungen beanspruchen. Friedrich Nietzsche war der Philosoph der Neuzeit,
der mit der Körperlichkeit und der Sinnlichkeit als einer notwendigen Voraussetzung für das denken gegen die christliche Tradition das »Tier« wieder in den Vordergrund gerückt hat, das zu
erforschen inzwischen Genetik, Biologie, Medizin und Paläo-
anthropologie übernommen haben. Ein denken, das sich allzu
weit von der Biologie entfernt und seine Wurzel im Körper vergessen hat, ist keineswegs automatisch »besser« als eines, das sich
seiner leiblichen Bedingungen bewusst ist. Denn auch »der
Geist« entfesselt seine eigenen Bedürfnisse und mit ihnen Wünsche und eine Gier, die weit hinausgeht über das Maß der unmittelbaren Bedürfnisse. Die Plage der Heuschrecken ist nicht zuletzt auch ein Symbol für den Menschen selbst und für seinen
gefräßigen Wunschapparat. Das destruktive, heuschreckenähnli-
che Verhalten mancher Hedgefondsmanager lässt sich nicht alleine durch persönliche Spielsucht erklären, obwohl dies durchaus
eine zutreffende, von Psychologen immer häufiger bestätigte
Motivation sein mag. Es hat eine systemische, kollektive Dimension. Auf eine sehr abgekürzte Weise ist der Fluss des Geldes, als

ein Fluss von digitalen Informationen, eine Form von reduziertem menschlichen Austausch und von Kommunikation. Die Maßlosigkeit der Ansprüche wird umso grausamer, je mehr der Mensch meint, sich von der natürlichen, körperlichen Dimension seines Lebens abkoppeln zu können. Nicht die Dinge sind »böse«. Sie geschehen einfach. Viren sind, so desaströs ihre Wirkung sein mag, ebenso einfach da wie Erdbeben, Unwetter und andere Katastrophen. Oder wie Himbeeren. Ähnlich wie »Wahrheit« eine Eigenschaft von Aussagen ist, ist »böse« eine Eigenschaft des menschlichen Handelns – *unseres* Handelns mit den Dingen und miteinander. Analog zu Epiktets Formulierung, dass es nicht die Dinge sind, die uns verwirren, sondern unsere Meinungen über die Dinge, könnte man sagen, dass nicht die Dinge selbst böse sind, sondern unser Handeln miteinander »über« die Dinge (d. h. mit ihrer Hilfe).

1.8 denken definieren: denken kommt vom denken

Vielleicht sind Sie angesichts der Widersprüche in Bezug auf eine Bestimmung des denkens – für die stellvertretend die beiden Definitionen des Menschen von Aristoteles standen – inzwischen auch eher verwirrt. Tatsächlich neigen wir dazu, schrieb George Steiner, »die Bezeichnung, den Begriff ›Denken‹ mit gedankenloser Streuung und Freigebigkeit zu benutzen. Wir heften das Etikett des ›Denkprozesses‹ einer wimmelnden Vielfalt geistiger Tätigkeiten an, die vom unbewußten, chaotischen Strom selbst im Schlaf vorhandenen, verinnerlichten Treibguts bis hin zu rigorosesten analytischen Verfahren reichen können, die das ununterbrochene Geplapper des Alltags ebenso umfassen wie die fokussierten Meditationen eines Aristoteles über den Geist oder die Hegels über das Selbst … Ernsthaftes, wahres Denken – uns fehlt ein wegweisender, verantwortungsbewußt definierter Begriff – ist selten.«[254] Bedeutet das nicht, dass jetzt nur eine klare Definition weiterhelfen kann? Sollte man ihr nicht wesentlich größere Aufmerksamkeit widmen?

Der für Präzision bekannte Systemtheoretiker, Soziologe und Philosoph Niklas Luhmann (* 8. Dezember 1927 in Lüneburg; † 6. November 1998 in Oerlinghausen) rät genau davon ab. Definitionen dienen, so Luhmann, doch in erster Linie nur »der Abgrenzung, nicht der angemessenen Beschreibung (geschweige denn: Erklärung)«.[255] Sie verraten wenig oder nichts von der eigentlichen Arbeit (auch der, die noch zu erbringen wäre); und nichts von den gelegentlichen Zuständen des Zweifels und sogar der Verzweiflung, die der genauen Bestimmung vorausgehen mögen. Definitionen fangen aufgrund ihrer Natur in der Regel keine subtilen Nuancen ein – wie die gerade in einer Bestimmung der Erfahrung des denkens mitschwingenden Wünsche und Träume –, noch lassen sie Möglichkeiten offen. Definitionen schränken, wie Robert Musil meinte, den Möglichkeitssinn ein, der eben keineswegs nur die Träume nervenschwacher Personen umfasst, sondern wirkliche Möglichkeit und wirkliches Erlebnis beinhaltet. So ein Erlebnis ist »nicht gleich wirklichem Erlebnis und wirklicher Wahrheit weniger dem Werte des Wirklichseins«, sondern fasst etwas anderes, seltener Gesehenes ins Auge.[256] Aber was?

Mir scheint, dass denken vor allem auf zwei Weisen beginnt. Zum einen nimmt es seinen Anfang, wenn mich eine unmittelbare und frische, neue und eindrückliche Erfahrung ins *Staunen* bringt. Denken bezieht sich dann auf ein wie auch immer geartetes Ereignis, das einen plötzlich herausreißt aus allem und einem den Atem nimmt. Zweitens aber, und das ist der wesentlich häufigere Fall, beginnt das denken mit einem *anderen Gedanken,* einem Zitat – denn in 99 % der Fälle handelt es sich bei einem »eigenen« Gedanken in Wahrheit um einen Gedanken, der bereits von einem anderen gedacht worden ist. Während das Staunen eine Unterbrechung der »normalen« Aktivitäten sein mag, gilt in allen anderen Fällen:

**Das denken
führt
das denken
weiter.**

Dieser Satz ist im Grunde eine Variation eines Fragmentes von Heraklit, der behauptet hatte, dass die Seele nichts anderes ist als ein λόγος, der sich selbst mehrt.[257] Pointierter kann man die griechische Vorstellung von Seele, Welt, Erkenntnisprozess und Mensch kaum auf den Begriff bringen. So banal es klingen mag – das denken kommt fast ausnahmslos vom denken. Es sind Gedanken, die sich aneinanderreihen und »Ketten« bilden, deren Glieder mit Hilfe der Logik fest verschweißt werden, während Assoziationsketten nur lockere Bindungen zulassen. In jedem Fall ist es das denken, das sich weiterbringt und entwickelt. Das Nach-denken kommt, wie das Wort sagt, nach einem Ereignis oder Gedanken, das oder den es bereits gab und von dem es sich ableitet. Andere Gedanken gehen dem eigenen Gedankengang voraus.

**Auch das eigene denken
stammt im Wesentlichen
– und nicht selten ausschließlich –
vom denken anderer ab.**

Gedanken sind etwas völlig Alltägliches, etwas, das jeder »hat« und das überall anzutreffen ist: unterwegs auf der Straße, im Gespräch, im Autoradio – und überhaupt in den Medien –, überall! Es fällt ähnlich schwer, irgendwo auf der Welt einen gedanken-freien Ort zu finden, wie es schwer ist, einen Ort ohne Lärm zu finden. Gedanken haben sich im Medium einer Sprache formiert – und im Medium der Kommunikation schwimmen sie buchstäblich.

**Gedanken sind
das Medium
für andere und weitere
Gedanken.**

Man kann sich dieses Medium als ein Wasser vorstellen, in dem Fische schwimmen. Mal ist der Strom reißend und wild, dann wieder ruhig. Wie viele Fische man angelt, hängt nicht nur vom Medium (und der Angelausrüstung) ab, sondern auch davon, wie viele Gedanken sich dort halten, wo man gerade ist. Manche Gedanken sind langlebig – während sich andere bereits Augenblicke, nachdem man sie wahrgenommen hat, wieder auflösen. Mancher Gedanke wird von der Bewegung ans Ufer gespült, ein Tropfen auf einen heißen Stein, der schnell verdunstet und sich im Licht neuer Eindrücke und Erfahrungen (und weiterer Gedanken) auflöst. Vielleicht spielt dieser Prozess der Verdunstung eine wesentlich größere Rolle, als wir annehmen. In seinem scharfsinnigen, in seinem Todesjahr 2007 erschienenen letzten Werk *Philosophie als Kulturpolitik* bemerkte Richard Rorty: »Die Philosophie ist ein beinahe unsichtbarer Teil des heutigen Geisteslebens.«[258] Sofern man, in einem zunächst noch unscharfen Sinn, Philosophie mit der Suche nach wahren Gedanken zusammenbringt, stimmt Rortys Bemerkung mit dem Verdunstungseffekt gut überein. Während es viele Tatsachen, viele Erkenntnisse und Talkshows gibt, bleibt das denken selbst ein oftmals unsichtbarer, unauffindbarer, selten gewordener, flüchtiger Teil unseres heutigen Geisteslebens. Nie scheint es mehr Gedanken, mehr Meinungen, Meinungsaustausch und Präsentation von Ergebnissen gegeben zu haben. Und doch verschwindet das denken darin. Es sind die vielen Gedanken, die uns prägen. Der Prozess des

257

denkens ist ungleich schwerer zu beschreiben als die Fische, die sich im Wasser tummeln – selbst für Wissenschaftler, wie Steiner bemerkte. Trotz aller Fortschritte in den Neurowissenschaften und in den Mitteln der Darstellung wie MRT verstehen wir keineswegs, was denken ist. In den Theorien nicht nur der Hirnforscher »klaffen drastische Lücken, von denen unklar ist, ob sie je gefüllt werden können«.[259] Es ist unklar, was sich in uns und unserem Gehirn genau abspielt, wenn wir denken, sprechen, Bilder und Erinnerungen bemühen oder Prinzipien der Verknüpfung anwenden, eine Satzmelodie verstehen, assoziieren, zuhören oder etwas weiterdenken. Wenn all das mitsamt des Gebrauchs von Medien, Bildern, Symbolen, Träumen, Wünschen und Erfahrungen eine komplexe biochemische Reaktion unserer Gehirnzellen ist – wie sieht diese Reaktion dann aus? Ist das, was wir sichtbar machen, wenn wir das Gehirn untersuchen, das, was wir wirklich untersuchen wollen? Zur Zeit ist niemand – weder ein Philosoph noch ein Wissenschaftler – in der Lage, en détail zu erklären, was von all dem, das sich zeitgleich und verteilt über viele, auf komplexe Weise miteinander verknüpfte Areale im Gehirn in *allen* Zellen ereignet, *denken* ist. Wir denken, das ist unbestritten. Ebenso, dass das Gehirn arbeitet. Doch was denken genau ist, bleibt bislang ähnlich unbegriffen wie wir selber uns kaum begreifen, wenn wir, auf der Suche nach Selbsterkenntnis, »in uns« schauen. Die Aufgabe, das denken zu begreifen und zu definieren, ist gegenwärtig weitgehend aus der Kompetenz der sogenannten Geisteswissenschaften, aber auch der Künste herausgelöst worden. Die Vermutung, dass das Lesen von Literatur oder Lyrik – die Beschäftigung mit Metaphern, Bildern und Symbolen – helfen würde, das denken besser zu verstehen, teilen nur noch wenige. Die Aufgabe, das denken »wirklich« zu begreifen, ist von der Öffentlichkeit weitgehend an die empirischen Naturwissenschaften delegiert worden. Insbesondere die Neurowissenschaften gelten mehr noch als Physik, Biologie, Informatik, Linguistik oder Mathematik als die erfolgversprechendste Disziplin, das denken zu denken. Dass auch eine neurowissenschaftliche

Theorie letztlich eine physikalische Theorie sein müsste, die alle Erklärungen »des Geistes« in eine lückenlose Geschichte bringen müsste, die von der Quantenwelt bis zu den gegenwärtigen Erscheinungsformen reicht, wird dabei meist außer Acht gelassen. Die Neurowissenschaften sind die derzeit erfolgreichste Form der anthropologischen Untersuchung des denkens, auch wenn sich diese Entwicklung inzwischen deutlich verlangsamt hat und vielleicht wieder in das Gegenteil umschlägt. Schließlich ist der Mensch auch das Wesen, das sich selbst zu überraschen in der Lage ist.

1.9 denken, dichten und das Feiern der Sprache

Dichtung, schreibt George Steiner, ist pathetisch formuliert »Denken als Stimme des Seins«.[260] Nicht nur in der Mathematik oder in naturwissenschaftlichen Traktaten blitzt die Erfahrung des denkens auf, sondern auch in Lyrik und literarischer Prosa. Wenn Lyrik und Prosa gelingen, dann stellen sie nicht nur eine Erzählung, d. h. einen Sinn und Bedeutungen her, sondern erhellen auch durch (neue) Erkenntnisse unser Leben. Die folgenden Beispiele von Lyrik und Prosa wollen auf diese Qualität aufmerksam machen (und sind, indirekt, gute Beispiele für die These, dass denken von denken, in diesem Fall von anderen Texten und Metaphern, kommt). Auch wenn die natürliche Sprache gegenüber der weitaus präziseren Kunstsprache der Naturwissenschaften Mängel haben mag, so ist sie nicht nur das unvermeidliche Medium der Kommunikation über diese Kunstsprachen, sondern auch das »unvermeidliche Medium der Philosophie«.[261] Am Ende gibt es kein anderes Medium der genauen Mitteilung als die natürliche Sprache und den Kontext, in dem wir sie erlernt haben. Diese Sprache ist die Sprache, die uns allen zur Verfügung steht und die von uns allen tagtäglich genutzt wird – die natürliche oder Umgangssprache.

Das präzise wissenschaftliche und das
philosophische denken sind,
wenn sie sich in »natürlicher Sprache«
vermitteln,
nicht weniger bildhaft
als das literarische oder lyrische denken.

Im Wesentlichen muss daher am Ende, »abgesehen von Symbolismus formaler Logik, die Sprache genügen«. Dieser Umstand zeichnet weitgehend auch die philosophischen Bemühungen aus, die Erfahrung des denkens zu verstehen. Denn die Sprache der Philosophie ist, in der Formulierung des britischen Historikers und Philosophen Robin George Collingwood (* 22. Februar 1889; † 9. Januar 1943) »wie jeder aufmerksame Leser der großen Philosophen bereits weiß, keine Fach-, sondern eine literarische Sprache«.[262] Die literarische Sprache ist gewissermaßen Alltagssprache auf ihrer Höhe. Literatur und Lyrik loten die Grenzen der Sprache auf ihre je eigene Weise aus. Dabei zeigt sich, dass nicht nur Formeln präzise sind, sondern präzises denken sich auch in Metaphern, Bildern und Begriffen formulieren kann. Der Mensch als das Tier, das den Logos hat und als *animal rationale* sprechen kann, begegnet sich selbst vor allem durch die Sprache. Sie schafft und festigt unsere Identität. Im Ernstfall könnte das bedeuten, Dichtung genau so ernst, ja ernster zu nehmen als philosophische Abhandlungen oder Werke der Physik, die überraschend häufig immer dann, wenn sie der Öffentlichkeit erklärt werden müssen, in geradezu dichterischer Weise »übersetzt« werden (schwarze Löcher, Gottes-Teilchen, Welle, Quarks, String-Theorie, Urknall etc.). Auch präzise Metasprachen sind insofern parasitär – und leben, zumindest wenn man sie erlernt, von Analogien, die aus der natürlichen Sprache stammen. Im Idealfall finden im denkenden Dichten Genauigkeit der Logik und der Sprache zusammen. Dichtendes Denken kann blitzartig durch eine einzige Formulierung eine ganze geistige Landschaft erhellen, bevor diese Erkenntnis wieder vergeht oder, in der anderen Form der Umgangssprache, im nützlichen Gebrauch verhärtet. Im Gegensatz zu den geschlossenen philosophischen Systemen, von denen sich vor allem im letzten Jahrhundert viele Philosophen entschieden verabschiedet haben, stellen Werke der Dichtung und der Literatur ein Denken vor, das erzählt, während es noch in Bewegung ist. Es zeichnet die fragmentarischen Spuren einer Sache, einer Struktur oder Erkenntnis nach, die zuweilen atemlos in Aphorismen gefasst wird wie bei Nietzsche, Kafka, Musil, Valéry oder Wittgenstein, dennoch aber präzise und klar ist. »Alles begann mit Dichtung«, schreibt Steiner, »und hat sich nie sehr weit davon entfernt«. Doch wie klar auch immer die natürliche und die Umgangssprache sein mögen – sie werden nie die Lebenswelt, »nie die existentielle Gesamtheit ihres Referenten erschöpfen«.[263] Allerdings gibt es die Gefahr, dass die Sprache feiert und über die Stränge schlägt. Gerade philosophische Probleme entstehen auf diese Weise, vor allem, wenn aus einer Feierlaune heraus Wörter in einer seltsamen Weise gebraucht werden. Gegen diese »Verhexung unseres Verstandes« muss das denken dann angehen, wobei es den dabei entstandenen Kater einzig und allein mit den Mitteln heilen kann, der ihn verursacht hat – mit den Mitteln unserer natürlichen Sprache.[264] Aufklärung ist Aufklärung mit der Sprache, mit dem denken gegen das denken – gegen die Verhexung unseres Verstandes durch Vorstellungen, die tief in uns eingegraben sein mögen, aber allein deswegen noch nicht richtig sein müssen. Daran ändern weder Logos noch Logik etwas. Beide, Logik und Logos, mathematisches Kalkül und Dichtung, haben hier ihre Bedeutung und ihren Ort.

Im Nachlass eines meiner Lieblingslyriker, des amerikanischen Essayisten und Juristen Wallace Stevens (* 2. Oktober 1879 in Reading, Pennsylvania; † 2. August 1955 in Hartford, Connecticut), findet sich ein Gedicht mit dem Titel *Vom reinen Sein* – in Original *Of Mere Being*. Es enthält einige gute Hinweise auf den Zusammenhang von Denken, Dichten und Sein.

The palm at the end of the mind,
Beyond the last thought, rises
In the bronze distance.

A gold-feathered bird
Sings in the palm, without human meaning,
Without human feeling, a foreign song.

You know then that it is not the reason
That makes us happy or unhappy.
The bird sings. Its feathers shine.

The palm stands on the edge of space.
The wind moves slowly in the branches.
The bird's fire-fangled feathers dangle down.

Vom reinen Sein

Die Palme am Ende des Geistes,
jenseits des letzten Gedankens, ragt
in die bronzefarbene Ferne.

Ein Vogel mit goldenen Federn
singt in der Palme, ohne Menschensinn,
ohne Menschengefühl, ein fremdes Lied.

Du weißt dann, nicht die Vernunft ist es,
die uns glücklich oder unglücklich macht.
Der Vogel singt. Seine Federn glänzen.

Die Palme steht am Rande des Raums.
Der Wind bewegt sich langsam in den Zweigen.
Die flammenden Federn des Vogels
hängen herab.[265]

Was also ist denken? Haben Sie die Palme am Ende des Geistes gerade »gesehen«? Ich vermute, dass Sie zumindest eine Vorstellung von ihr gehabt haben. Ist sie »wirklich«? Oder eine »Fata Morgana« in der bronzefarbenen Ferne des denkens? Der Wind bewegt sich nur langsam in den Zweigen der Palme; und auch Platos Thema, denken und Wind, bewegt sich auf diese Weise durch das Gedicht. Die Federn eines seltsamen Vogels hängen von der Palme herab. Fast herrscht Windstille, absolute Ruhe. Diese Windstille, die es an manchen Tagen gibt, steht im Kontrast zu einem heftigeren Wind, zum Lärm und zur Bewegung der Gedanken. Die feineren Bewegungen – die Bewegungen der Sprache, die wir sonst nicht wahrnehmen – werden überhaupt erst durch eine solche Stille spürbar.[266] Es ist dieses »Stillerwerden und Wenigerwerden der Stimmen der Welt«, das sich, wie Franz Kafka (* 3. Juli 1883 in Prag; † 3. Juni 1924 in Kierling) schreibt, im dichten und denken vollzieht. Man läuft nicht mehr mit seinen Worten umher und versucht, mit dem »Käfig einen Vogel zu fangen«. Vielleicht meint Kafka einen solchen Käfig aus Worten, mit denen man einen wertvollen Vogel einzufangen versucht, dessen Gefieder man in der Ferne glitzern sieht. Mag sein, dass man den Vogel fängt. Meist wird das Gegenteil der Fall sein. Kafka wählte dafür folgendes Bild: Es sei »wie ein Weg im Herbst: kaum ist er rein gekehrt, bedeckt er sich wieder mit den trockenen Blättern« – und man muss von vorne beginnen, mit dem Besen oder einem anderen Käfig, mit dem man nun Blätter statt Vögel fängt.

Wallace Stevens deutet an, dass das denken in der Lage ist (wenn vielleicht auch nur an klaren Tagen), die Palme am Ende des Geistes zu sehen. Im denken schauen wir in Räume hinein, die bereits jenseits der letzten Gedanken liegen. Davor ragt die Palme empor, die in die bronzefarbene Ferne hineinreicht. Nicht nur das Sehen, die Theorie wird angesprochen, sondern auch das Hören. Der Vogel singt ein fremdes Lied, ohne Menschensinn und Menschengefühl. Wir nehmen Dinge wahr, die wir eigentlich gar nicht wahrnehmen, geschweige denn sagen könnten, weil sie ohne Menschensinn sind. Und doch scheinen wir all das wahrzunehmen, zu sehen, wie der Wind langsam die gefächerten Zweige der Palme bewegt, und etwas zu hören. »An diesem Ort war ich noch niemals«, schrieb Kafka: »anders geht der Atem, blendender als die Sonne strahlt neben ihr ein Stern.«

Gerade beim Lesen von Gedichten entstehen neue Gedanken, die zuweilen kurz aufblühen, ehe sie, wenn es gutgeht, Früchte tragen. Solche Gedanken drängen sich zuweilen wie der Gesang des fremden Vogels auf – eine Melodie, die plötzlich aus der lauten »Musikbox des Gedächtnisses« auftaucht. Man glaubt, sie sofort mitsingen zu können, so vertraut ist der Gedanke.[267] Aber dann verliert sich diese Melodie, ehe man sie richtig erkannt hat. Dann decken die Gedanken sie zu wie »ein geräuschloser Strom glanzloser Blütenschnees« einen Garten an einem Sommertag. Auch Robert Musil beschrieb dieses Vorgang, die sanften Atemzüge eines Sommertages, »so sanft, dass sich kein Blatt regt« metaphorisch.[268] Erst wenn sich der Abendwind erhebt, nehmen die verdeckten Gedanken wieder an Kraft und Volumen zu. Wie kleine Boote treiben die Gedanken dann von der leichten Brise getrieben unerwartet ans andere Ufer der Erkenntnis über einen Fluss, der vielleicht unbefestigt ist, an dem sie vielleicht aber auch Halt finden und festgemacht werden können. Solche Gedanken, die sich verfestigen, können schließlich Muster bilden auf der zerrissenen »Seide der Formulierung« oder der Folie einer Erinnerung, die uns vage bekannt vorkommt, weil wir immer wieder an ihr geschnitten und geklebt haben.[269] Der Schriftsteller Vladimir Nabokov (22. April 1899 in Sankt Petersburg; † 2. Juli 1977 in Montreux) bemerkte, dass das Muster am Ende vielleicht die Wirklichkeit ist, die bleibt, »gereinigt von all unseren seltsamen, verträumten Maskeradedeutungen, nun so rein … daß du … dich darüber amüsierst, wie wir den Traum ernst genommen haben (obwohl du und ich eine Ahnung davon hatten, warum alles bei flüchtigster Berührung in sich zusammenfiel – Wörter, Alltagskonventionen, Denkgebäude, Leute) – und weißt du, ich glaube, daß das Lachen ein Papagei der Wahrheit ist, den es in unsere Welt verschlagen hat«.[270] Zu Beginn, wenn sich ein Gedanke formuliert, ist es »vielleicht noch möglich gewesen, durch die Glasfenster einer erstaunlichen Prosa irgendeine menschliche Landschaft, einen alten Garten, eine wie aus einem Traum her vertraute Baumgruppe zu erkennen«. Mit jedem neuen, klärenden Gedanken oder Buch, so Vladimir Nabokov, werden »die Farben noch dichter, das Rot und das Purpur noch unheildrohender« – bis sie so viele sind, dass man »durch dieses heraldisch bemalte, gräßlich bunte Glas überhaupt nichts mehr sehen [kann], und es hat den Anschein, als müßte sich die schaudernde Seele einer völligen schwarzen Leere gegenüber finden, wenn man es zerschlüge«.[271]

Wie gesagt: All das sind Beispiele, die auf eine nicht wissenschaftliche, dennoch aber genau beobachtete Weise etwas über die Erfahrung(en) des denkens zum Ausdruck bringen. Das Kommen und Gehen von Gedanken, ihre gezielte Erzeugung (und Vernichtung), der Wind, von dem man nicht weiß, woher er weht – all das sind seit langem Themen literarischer, aber auch philosophischer Texte. Im Mittelalter wurden Gedanken beschrieben als Falten im Saum des Mantels, den Gott trägt. Sie bilden ein Skapulier, eine Art Überwurf, den Gott wie die Nonnen und Mönche über ihren Körpern seinerseits über der Welt trägt. Vor allem in der Literatur der Moderne spielen die Begriffe des denkens und Intellekts eine wichtige, vielleicht sogar die zentrale Rolle. In den zwanziger Jahren des letzten Jahrhunderts wurde für diese Form der Literatur, die sich selbst als mögliche Form klaren, exakten denkens begreift, der Begriff des *Denkromans* geprägt – ein Begriff, der ebenso kennzeichnend ist für Paul Valéry wie für Robert Musil, Thomas Mann, Marcel Proust oder Vladimir Nabokov (und es lassen sich leicht weitere, zeitgenössische Werke finden). Die Werke dieser Autoren haben, parallel zu ihrem literarischen Wert, immer auch einen gegenwartsdiagnostischen Wert. Sie sind ebenso Roman wie sie präzise Analysen der Gegenwart sind, indem sie Ideologien, Weltanschauungen, Denk- und Lebensweisen genau beschreiben, untersuchen, mit ihren Widersprüchen spielen und uns dadurch verständlicher werden lassen.[272] Doch immer sind die Gedanken eingebettet in Erfahrungen – etwa bei Marcel Proust (* 10. Juli 1871 in Auteuil; † 18. November 1922 in Paris). Bei ihm ist es beispielsweise das Gefühl eines Bordsteins, gegen den man aus Versehen stößt, der eine Kette von Gedanken und Erinnerungen an eine längst verloren geglaubte Zeit lostritt. Auf solche Weisen, aber auch auf viele andere, gewalttätigere, unpoetischere Weisen können Gedanken kommen und gehen, leise oder inmitten eines grellen Blitzlichtes der Erkenntnis entstehen, umgeben vom Theoriendonner, um sich dann, Tage später, in der Nacht einzufinden, im Schlaf oder im Gegenteil in einem Zustand klarsten und wachsten Bewusstseins. So ein Bewusstsein ist oft als Staunen (θαυμάζειν) beschrieben worden – ein Zustand, in dem nach Meinung vieler griechischer Philosophen das Denken seinen Anfang nimmt. Staunen oder Verwunderung, schreibt Aristoteles, »war den Menschen jetzt wie vormals der Anfang des Philosophierens, indem sie sich anfangs über das nächstliegende Unerklärte verwunderten, dann allmählich fortschritten und auch über Größeres Fragen aufwarfen, z. B. über die Erscheinungen an dem Mond und der Sonne und den Gestirnen und über die Entstehung des Alls. Wer sich aber über eine Sache fragt und verwundert, der glaubt sie nicht zu kennen.«[273] Staunen ist eine Erfahrung, in der sich Verwunderung, aber auch Befremden ausdrücken. Denn das gerade noch Selbstverständliche erscheint nun plötzlich in einem anderen Licht, als das Unverstandene, Unerklärte und insofern auch Unbekannte. Die Dichter mögen, wie Aristoteles bereits wusste, lügen (ein Thema, das Nietzsche und andere später aufnahmen).[274] Dass sie ins Staunen versetzen können, übertrifft ihre Kunst zu lügen und macht Hoffnung, dass nicht alles Lüge bleibt.

1.10 Nach-denken oder die Wiege schaukelt über einem Abgrund …

Am Ende verliert sich der Anfang des denkens, nach dem Denker und Philosophen (aber auch Wissenschaftler) im Rücklicht suchen, in einer bronzefarbenen Ferne – gleich einer Palme am Ende des Geistes. Insofern scheint es gleichgültig zu sein, womit wir beginnen, wenn wir denken. Zumal das, was vor uns liegt, aus verschiedenen Gründen unverstanden oder unbekannt sein kann. Vladimir Nabokov ließ seine großartigen Memoiren mit einem Satz beginnen, der dieses Thema in vielerlei Hinsicht aufnimmt:»Die Wiege schaukelt über einem Abgrund und der platte Menschenverstand sagt uns, dass unser Leben nur ein kurzer Lichtspalt zwischen zwei Ewigkeiten des Dunkels ist. Obschon die beiden eineiige Zwillinge sind, betrachtet man in der Regel den Abgrund vor der Geburt mit größerer Gelassenheit als jenen anderen, dem man (mit etwa vireinhalbtausend Herzschlägen in der Stunde) entgegeneilt.«[275] Das Staunen ist mit einer Art von Panik verbunden. Es ist geradezu ein Schock, schreibt Nabokov, wenn man später als Erwachsener beispielsweise in einem Film die praktisch unveränderte Welt zu sehen bekommt – die Welt bevor man existierte, bevor man geboren wurde, bevor man war und dachte. Diese Welt – eine Welt mit allem, was dazugehört, mit Ausnahme von einem selbst – wirkt auf eine Weise gedankenlos, als hätte eine existentielle Neutronenbombe zwar alles Leben, das eigene Sein und mit ihm alle Gedanken ausgelöscht, nicht aber die Dinge, die in ihrem grelleren, helleren Licht erscheinen. Die Wirklichkeit verzeichnet nicht die geringste Spur auch nur eines Schattens der eigenen Existenz, die war oder erst noch sein wird. Die Wirklichkeit ist leer. Menschenleer und gedankenlos. Der nagelneue Kinderwagen, noch vor der Geburt gekauft, steht selbstgefällig und anmaßend wie ein Sarg vor der Haustür, bemerkt Nabokov.»Auch er war leer, als hätte sich im umgekehrten Lauf der Dinge sogar sein [Nabokovs] Skelett aufgelöst«. Zugegeben, sagt Nabokov, diesen ersten (und letzten)

Dingen haftet oft etwas Pubertäres an. Aber dennoch: »die Natur erwartet vom erwachsenen Menschen, daß er die schwarze Leere vor sich und hinter sich genauso ungerührt hinnimmt wie die außerordentlichen Visionen dazwischen … Ich lehne mich auf gegen diesen Zustand. Ich verspüre den Wunsch, meine Auflehnung nach außen zu tragen und die Natur zu bestreiken. Ein um das andere Mal habe ich in Gedanken enorme Anstrengungen unternommen, um auch nur den allerschwächsten persönlichen Lichtschimmer in der unpersönlichen Dunkelheit auf beiden Seiten meines Lebens wahrzunehmen. Daß an dieser Dunkelheit nur die Mauern der Zeit schuld sind, die mich und meine zerschundenen Fäuste von der freien Welt der Zeitlosigkeit trennen, das ist meine Überzeugung, die ich freudig mit dem buntestbemalten Wilden teile. Ich bin im Geist in entlegene Gegenden zurückgereist – und der Geist ermattet dabei hoffnungslos –, auf der Suche nach irgendeinem geheimen Ausweg, nur um zu entdecken, daß das Gefängnis der Zeit eine Kugel und ohne Ausweg ist. Bis auf Selbstmord habe ich alles versucht.«

Das ist das Staunen, mit dem das denken zuweilen beginnt, kann ein panisches Erschrecken vor der Leere sein, vor dem Abgrund und der Gefangenschaft in der Zeit, die von beiden Enden her endlich und insofern bedroht ist. Das Staunen ist nicht zuletzt deshalb immer auch mehr als ein Staunen über das, *was* ist, ein Staunen darüber, *dass überhaupt* etwas *ist*. Es wäre einfacher, mit dem Nichts zu beginnen, bemerkte Leibniz. Doch damit kommt man nicht weit. Deshalb beginnt das denken gerne positiv, das heißt mit einer Setzung, einer Voraus-setzung, die alles andere logisch, inhaltlich und strukturell trägt. Am Anfang des denkens steht für die klassische Metaphysik stets die Affirmation: Die Anerkennung, *dass* etwas *ist*. Doch gerade diesen Umstand verstehen wir, bei genauerem Hinsehen, nicht. Wie können wir, fragt Immanuel Kant (* 22. April 1724 in Königsberg; † 12. Februar 1804 in Königsberg), daher angesichts dieser Tatsache unseren Drang nach Erkenntnis, unseren Verstand befriedigen und »ihn wegen dieses seines Unvermögens beruhigen?« Dem naheliegenden Ausweg, mit der Annahme eines Gottes zu beginnen – also bereits mit einer weit ausholenden Theorie über die Entstehung von allem, vorgängig zu uns selbst –, erteilt Kant eine Absage. Eine solche unbedingt notwendige Erklärung für das, was ist, »die wir als den letzten Träger aller Dinge so unentbehrlich bedürfen, ist der wahre Abgrund für die menschliche Vernunft … Man kann sich des Gedanken nicht erwehren, man kann ihn aber auch nicht ertragen, daß ein Wesen, welches wir uns auch als das höchste unter allen möglichen vorstellen, gleichsam zu sich selbst sage: Ich bin von Ewigkeit zu Ewigkeit, außer mir ist nichts ohne das, was bloß durch meinen Willen etwas ist; aber woher bin ich denn? Hier sinkt alles unter uns … Viele Kräfte der Natur, die ihr Dasein durch gewisse Wirkungen äußern, bleiben für uns unerforschlich; denn wir können ihnen durch Beobachtung nicht weit genug nachspüren.«[276]

Wenn die Geschichte des denkens über Jahrhunderte hinweg vor allem eine Geschichte der Suche nach dem einen, absolut sicheren Anfang des denkens war, nach dem archimedischen Punkt aller Erkenntnis – dann zeigt sich mit Erfahrungen wie denen, die Nabokov und andere beschreiben, dass damit nichts gewonnen ist.

Kein Gedanke
beginnt wirklich
mit dem Anfang.

Das denken beginnt mit anderen Gedanken und macht seinen Anfang nicht, wie die Mythologien behaupten, mit dem Anfang der Welt oder mit dem Allerersten, das entstanden ist. Im denken sind wir, wie Schriftsteller, immer angewiesen auf andere und anderes, und sei es auch »nur« auf die Sprache und die Gedanken, die in ihr liegen, bevor wir mit dem denken beginnen.

denken ist immer nach-denken
weil es,
wenn wir zu denken beginnen,
bereits begonnen hat.
nach-denken
kommt insofern immer zu spät.
Deshalb heißt es auch nach-denken:
ihm gehen Erfahrungen voraus.

Gedanken erscheinen im Rudel, nie einzeln. Sie sind viele.[277] Gedanken vermehren sich in der Denktätigkeit, weil man im Gespräch mit sich selbst gewissermaßen zu zwei oder mehr Stimmen wird. Daher Joan Fr. Caseys Buchtitel von 1993 *Ich bin viele*, dem Richard David Prechts *Wer bin ich und wenn ja wie viele* nachempfunden ist. Tatsächlich ist das Multiple der eigenen Persönlichkeit keineswegs automatisch krankhaft. Auch im Normalfall teilt man sich im denken in verschiedene Stimmen auf, etwa indem man pro und contra erwägt. Wer denkt, ist nicht allein. »Allein sein heißt mit sich selbst umgehen«, schreibt Hannah Arendt. »Einsam sein heißt allein sein, ohne sich in das Zwei-in-einem aufspalten zu können, ohne sich selbst Gesellschaft leisten zu können.« Denn gerade das macht denken aus: die Möglichkeit, auch dann, wenn andere Menschen abwesend sind, mit sich in ein Zwiegespräch zu geraten, in ein denken »zwischen mir und mir selbst«.[278] Allerdings muss das denken sich auch befrieden – eine Aufgabe, die mehr beinhaltet als nur den Satz vom Nicht-Widerspruch anzuwenden. Es zeigt sich, dass das, was im Gespräch mit anderen gilt, auch im Gespräch mit sich selbst Geltung hat. Denken zielt auf eine Erkenntnis und Weisheit ab, welche die »Idee vom gesetzmäßig-vollkommenen praktischen Gebrauch der Vernunft« verwirklicht. »Die Vorschrift, dazu zu gelangen, enthält drei dahin führende Maximen«, schreibt Kant in seiner Anthropologie: »1) Selbstdenken, 2) sich (in der Mittheilung mit Menschen) an die Stelle des Anderen zu denken, 3) jederzeit mit sich selbst einstimmig zu denken.«[279] Wie auch immer es geht: Das denken muss Gebrauch machen von den Gedanken anderer, die den eigenen meist bis zur völligen Unkenntlichkeit eines Unterschieds ähnlich sind. Insofern kann George Steiner zu Recht fragen: »In welchem Sinn läßt sich sagen, daß Metaphern erfunden worden sind, und von wem?«[280]

Wichtiger noch als die Pluralität der Gedanken ist, dass sie auf Erfahrungen zurückgehen. Vielleicht kann man es sich so vorstellen, dass der ursprüngliche Anlass für Gedanken Erfahrungen waren, die dann, im Nach-denken, in eine festere Form (eben Gedanken) gefasst wurden. Erfahrungen gleichen einer energiereichen, wertvollen, sich ständig im Wechsel befindlichen Flüssigkeit, die leicht verdunstet. Die Lebensdauer dieser Flüssigkeit kann nur mit einem Trick, einer Transformation des Mediums über die normale Haltbarkeit hinaus verlängert werden – indem man sie in einen anderen Zustand überführt. Dieses Gedanken-Extrakt bewahrt zwar die Essenz der Erfahrung vor dem Verdunsten, fixiert und verändert sie aber auch. Nietzsche verglich diesen Prozess mit einer Mumifizierung. »Alles, was Philosophen seit Jahrtausenden gehandhabt haben, waren Begriffs-Mumien; es kam nichts Wirkliches lebendig aus ihren Händen.«[281] Philosophen »töten« die Erfahrung, um sie dann in ihren Gedanken zu konservieren. Damit schützen sie sie gegen alle Veränderung, vor allem aber gegen das Vergehen. Der Glaube an die Götter oder Gott wird zu einem Glauben an die Grammatik und die Kraft der Sprache. Der »Ägyptizismus« ist ein Trick. Durch die Transformation des lebendigen Lebensflusses in ein starres Flussbett aus Gedanken verlieren die Erfahrungen ihre Lebendigkeit und ihre Energie.

Wer vom Nach-denken spricht, erkennt etwas an, das diesem denken vorausgeht. Gedanken entstehen, ebenso wie neues Wissen, aus bereits vorhandener (Er-)Kenntnis. Aristoteles beginnt mit dieser scheinbar nebensächlichen, in Wahrheit aber zentralen Einsicht seine Wissenschaftstheorie, die sich bis heute lebendig gehalten hat. Jede Unterweisung, schreibt Aristoteles, »und jedes verständige Erwerben von Wissen entsteht aus bereits vorhandener Kenntnis«.[282] Damit anerkennt Aristoteles, anders als in der Einleitung der *Metaphysik*, nicht nur die Vorgängigkeit von Sinneserfahrung, sondern auch die von Wissen, also Gedanken anderer. Der Mikrobiologe, Arzt und Wissenschaftstheoretiker Ludwik Fleck (* 11. Juli 1896 in Lemberg; † 5. Juni 1961 in Nes Ziona) beeinflusste die moderne Wissenschaftstheorie stark mit seiner Analyse der Denkstile, des Denkkollektivs und der daraus resultierenden Entstehung von Tatsachen. In einem Brief an den Philosophen Moritz Schlick schreibt Fleck 1933: »Der Satz, alle Erkenntnis entspringe den Sinneseindrücken, ist irreführend, denn die Mehrzahl der Kenntnisse aller Menschen stammt einfach aus Lehrbüchern. Und diese Lehrbücher stammen aus anderen Büchern oder Aufsätzen und so fort. Vorausgesetzt, dieser Weg führt schließlich zu Sinneseindrücken irgendeines Forschers – so sind aber noch nie ernstliche Untersuchungen angestellt worden, ob das Mitteilen eines Wissens, seine Wanderung von Mensch zu Mensch, vom Zeitschriftenaufsatz zum Handbuch nicht prinzipiell mit Transformation, und zwar mit besonders gerichteter Transformation verbunden ist.«[283] 40 Jahre später nahm der amerikanische Wissenschaftshistoriker und Wissenschaftstheoretiker Thomas S. Kuhn (* 18. Juli 1922 in Cincinnati; † 17. Juni 1996 in Cambridge) diese Gedanken Flecks in seinem Klassiker *Die Struktur wissenschaftlicher Revolutionen* (1962) auf und machte sie weltbekannt. Auch Tatsachen sind Transformationen und beziehen sich als Produkte von Wissens- und Denkprozessen auf andere, ihnen vorausgehende Gedanken.

Wie eng solche Variationen miteinander verwoben sind, lässt sich in der Wissenschaftsgeschichte leicht zeigen. Gleiches gilt für die Literatur – und zwar auch dort, wo der begründete Verdacht bestehen mag, dass der eine Autor den anderen gar nicht gekannt oder gelesen hat. Wie eng die Verwandtschaft von Gedanken über solche Kenntnis hinaus ist, möchte ich an drei Gedankenvariationen erläutern, die sich auf das Motiv Nabokovs beziehen,

272

dass das denken ein Wiegen über dem Abgrund sei. Die zeitliche Reihenfolge der Beispiele spielt dabei keine Rolle – denn es geht, wie gesagt, beim Nach-denken nicht notwendig um persönliche Kenntnis voneinander, sondern um ein Kennen der Motive und Gedankenkomplexe. Das Motiv, das hier im Vordergrund steht, ist die von Nabokov angesprochene erschütternde dunkle Leere vor und hinter sich, aus der Erfahrungen und Gedanken einerseits kommen – so wie wir unser Leben unseren Vorfahren verdanken – und in die sie andererseits wieder führen. Die erste Variation stammt von der Schriftstellerin Ingeborg Bachmann (* 25. Juni 1926 in Klagenfurt; † 17. Oktober 1973 in Rom), die zweite von Franz Kafka und die dritte von Friedrich Nietzsche.

In ihrer Erzählung *Alles* formuliert *Ingeborg Bachmann* die Idee, dass man der Wirklichkeit mit den Gedanken entgegengeht. Und in diesem Strom, der Tradition der Gedanken, stehen wir – eine Tradition, die sich beispielsweise in den Schriften der jüdischen, christlichen und islamischen Religionen in den sogenannten Genealogien ausdrückt. Auch wenn das denken sich bemüht, originell zu erscheinen und deshalb alles unnützerweise noch einmal von vorne aufrollen will – um sozusagen noch einmal bei Adam und Eva zu beginnen –, stellt dieses Bemühen laut Ingeborg Bachmann ein sinnloses Unterfangen dar. In ihrer Erzählung *Alles* geht es nicht zuletzt um die Bedeutung eines Kindes – sozusagen eines Neuanfangs von Bewusstsein und denken, der immer in einem langen biologischen und kulturellen Zusammenhang steht. »Ich probierte ein paarmal, diesen Prozeß zu durchdenken«, heißt es in ihrer Erzählung *Alles*, »bis zu Adam und Eva, von denen wir wohl kaum abstammen, oder bis zu den Hominiden, von denen wir vielleicht herkommen, aber es gibt in jedem Fall ein Dunkel, in dem diese Kette sich verliert, und daher ist es auch belanglos, ob man sich an Adam oder Eva oder an zwei andere Exemplare klammert. Nur wenn man sich nicht anklammern möchte und besser fragt, wozu jeder einmal an der Reihe war, weiß man mit der Kette nicht ein und aus und mit all den Zeugungen nichts anzufangen, mit den ersten und letzten Leben nichts. Denn jeder kommt nur einmal an die Reihe für das Spiel, das er vorfindet und zu begreifen angehalten wird: Fortpflanzung und Erziehung, Wirtschaft und Politik, und beschäftigen darf er sich mit Geld und Gefühl, mit Arbeit und Erfindung und der Rechtfertigung der Spielregel, die sich Denken nennt.«[284] So wie das Leben ein vertrauensvolles Vermehren ist, ist das denken ein vertrauensvolles Weitergeben und Aufnehmen von Gedanken.

Auf ähnliche Weise beschreibt auch *Franz Kafka* das Problem der Kette, der Abfolge von Gedanken, die sich nach vorne und nach hinten im Dunkel verlieren. Es ist, als befänden wir uns, wie Nabokov sagte, in einer Wiege, die über einem Abgrund schaukelt. Die Frage ist, wo das denken oder das denkende Ich selbst anzusiedeln sind in der Zeit, die sich sowohl in der einen wie in der anderen Richtung im Dunkel verliert. Insofern gleicht der Denker dem Menschen, über den Kafka im Januar 1912 in seinen Tagebüchern notiert: »Er hat zwei Gegner: Der erste bedrängt ihn von hinten, vom Ursprung her. Der zweite verwehrt ihm den Weg nach vorn. Er kämpft mit beiden. Eigentlich unterstützt ihn der erste im Kampf mit dem zweiten, denn er will ihn nach vorn drängen und ebenso unterstützt ihn der zweite im Kampf mit dem ersten; denn er treibt ihn doch zurück. So ist es aber nur theoretisch. Denn es sind ja nicht nur die zwei Gegner da, sondern auch noch er selbst, und wer kennt eigentlich seine Absichten? Immerhin ist es sein Traum, daß er einmal in einem unbewachten Augenblick – dazu gehört allerdings eine Nacht, so finster wie noch keine war – aus der Kampflinie ausspringt und wegen seiner Kampfeserfahrung zum Richter über seine miteinander kämpfenden Gegner erhoben wird.«[285] Das eigene denken ist eingekesselt von den beiden Zeit-Gegnern, der Vergangenheit und der Zukunft. In dieser »unaufhörlichen Wellenbewegung alles Lebens, der fremden und eigenen« quält sich das Ich und wird immer wieder erschüttert. Durch die Zeit, das Werden und Vergehen, ist das Sein hin und her geworfen, unruhig und einem »unaufhörlichen Zwang des Denkens« unterworfen.[286] Zwischen den beiden Polen oder Gegnern versucht sich das Ich zu behaupten. Es kommt der Augenblick, »in dem man vorgerufen Rechenschaft geben soll«. Plötzlich bringt man keinen Laut mehr hervor und wird »zurückgeworfen in die Betrachtungen u. s. w., jetzt aber mit der Aussichtslosigkeit vor sich unmöglich mehr darin plätschern« zu können. Das Ich wird schwerer und schwerer, es verliert seine Fähigkeit, auf den Wellen des Lebens zu schwimmen, und versinkt »mit einem Fluch«.[287] Es ist diese Szene der Rechtfertigung, der Stunde der existentiellen Wahrheit, die beim Pendeln zwischen den Polen über dem Abgrundes plötzlich eintritt. Es ist diese besondere Absurdität, die Unmöglichkeit, sich wirklich rechtfertigen zu können vor einem wie unsichtbar und ungerecht erscheinenden obersten Gerichtshof ohne weitere übergeordnete Appellinstanz, kurz die Unmöglichkeit, weiter denken und somit leben zu können, die zu Recht kafkaesk genannt wird, weil sie Kafkas Werk durchzieht. Der Mensch ist ein kurzer Augenblick zwischen einem Noch-nicht und einem Nicht-mehr. So hat das denken, wie jeder Mensch, zwar einen Anfang und Ursprung und somit einen Tag, einen Zeitpunkt der Geburt und ebenfalls ein Ende, den Tag des Todes. Doch die Gegenwart dieses denkens, die Zeit, die es im Leben, im Sein fordert, ist eine bloße Zwischenzeit. Dieses Dazwischentreten des Menschen in seiner begrenzten Lebensdauer, schreibt Hannah Arendt, macht »den stetig dahinfließenden Strom reiner Veränderung ... zur uns bekannten Zeit«.[288] Wir selbst erfahren uns im denken – aber das bleibt, wie Hannah Arendt sagt, ein Schlachtfeld des Zwischen: zwischen den Zeiten, zwischen Sein und Nichts, zwischen Entstehen, Werden und Vergehen, zwischen Ich und anderen, zwischen Möglichkeit und Wirklichkeit. Insofern ist die Gegenwart ein »lebenslanger Kampf gegen die Last der Vergangenheit ... und die Furcht vor einer Zukunft«, die uns im denken bewusst wird.[289] Auch das Gegenteil ist wahr: Die Gegenwart ist ein lebenslanger Kampf gegen die Versprechungen der Vergangenheit und die drohende Zerstörung durch das, was erst noch kommt.

Insofern sind wir überall und nirgends. Ich nehme an, dass diese Erfahrung einer der Gründe dafür war anzunehmen, dass der Geist – das denken – etwas Immaterielles ist. Im denken können wir uns schneller, lichtschnell bewegen und Räume überwinden, die zu überwinden uns in der Wirklichkeit versagt ist. Muss das denken nicht wie ein Geist sein, um derart durch Wände und Zeiten gehen zu können? Auch wenn wir nur von der Erfahrung der Körperlichkeit aus denken können – die Effekte, die das denken auf uns hat, lassen diese Herkunft zuweilen vergessen. Genau das ist die große Versuchung für jede Metaphysik und jede Theologie. Und sie ist der Kern vieler todbringender Ideologien. Tatsächlich können wir nicht aus der Geschichte, nicht aus der Zeit, nicht aus der Spannung von Anfang und Ende heraustreten. Insofern hat Heidegger recht: Die Sorge bestimmt Sein und Zeit. Nur der Trick des Ägyptizismus ermöglicht (scheinbar) ein Entkommen. Die Sprache schafft eine Illusion der Dauer. Indem wir Dinge benennen, scheinen sie der Zeit enthoben zu werden. Ist ein Tisch zu Platos Zeit nicht genau das, was er heute immer noch ist? Ist nicht die Idee des Tisches daher, wie Plato behauptet hatte, ewig? Ludwig Wittgenstein wie auch Hannah Arendt würden dem entgegnen, dass es keine losgelöste, ewige Idee des Tisches gibt. Was es gibt, ist lediglich die Tatsache, dass wir Wörter auf eine bestimmte Weise verwenden – die sich im Fall des Tisches über die Zeit hinweg offensichtlich weitgehend konstant gehalten hat.

Als letztes Beispiel möchte ich einige Gedanken aus *Friedrich Nietzsches Also sprach Zarathustra* anführen. Zarathustra, sagt Nietzsche, sei wie der »Stein der Weisheit«, den man wie jeden Stein hoch hinaus geworfen hat und der doch wieder auf die Erde zurückfallen muss. Nietzsches Zarathustra liebt die weiten Reisen, die Gedankengänge bis ans Ende der Welt, auch wenn sie gefährlich sind. Der Mensch, sagt er, »ist das mutigste Tier«.[290] Allerdings muss der Mensch, um mutig zu sein, gegen den Geist der Schwere kämpfen, der ihn daran hindert, sich aufwärts zu richten und bildhaft gesprochen in den Himmel vorzudringen. Der Mensch gelange nur zu sich, weil er den schmerzhaften Schwindel, der ihm beim Blick in die Abgründe seiner Existenz erfasst, »an den Abgründen« totschlägt. Dies – und damit der

Schmerz – unterscheidet ihn vom Tier (eine Bemerkung, die von Ferne an Wittgensteins Formulierung erinnert, dass wir uns, wenn wir den Verstand gebrauchen, Beulen holen im Anrennen gegen die Grenzen unserer Sprache). Mut, so Nietzsche, sei der beste Totschläger. Denn »so tief der Mensch in das Leben sieht, so tief sieht er auch in das Leiden«. Es ist diese Einsicht, die Zarathustra hilft, den drückenden Geist der Schwere, der ihm wie ein böser Zwerg auf der Schulter sitzt, abzuschütteln. In dieser Situation spricht Zarathustra Folgendes zum Zwerg:

»Zwei Wege kommen hier zusammen: die ging noch niemand zu Ende. Diese lange Gasse zurück: die währt eine Ewigkeit. Und jene lange Gasse hinaus – das ist eine andre Ewigkeit. Sie widersprechen sich, diese Wege; sie stoßen sich gerade vor den Kopf; und hier, an diesem Torwege, ist es, wo sie zusammenkommen. Der Name des Torwegs steht oben geschrieben: ›Augenblick‹. Aber wer einen von ihnen weiter ginge – und immer weiter und immer ferner: glaubst du, Zwerg, daß diese Wege sich ewig widersprechen?« – »Alles Gerade lügt«, murmelte verächtlich der Zwerg. »Alle Wahrheit ist krumm, die Zeit selber ist ein Kreis.« »Du Geist der Schwere!« sprach ich zürnend, »mache dir es nicht zu leicht! Oder ich lasse dich hocken, wo du hockst, Lahmfuß, – und ich trug dich hoch! Siehe, sprach ich weiter, diesen Augenblick! Von diesem Torwege Augenblick läuft eine lange ewige Gasse rückwärts: hinter uns liegt eine Ewigkeit. Muß nicht, was laufen kann von allen Dingen, schon einmal diese Gasse gelaufen sein? Muß nicht, was geschehn kànn von allen Dingen, schon einmal geschehn, getan, vorübergelaufen sein? Und wenn alles schon dagewesen ist: was hältst du Zwerg von diesem Augenblick? Muß auch dieser Torweg nicht schon – dagewesen sein? Und sind nicht solchermaßen fest alle Dinge verknotet, daß dieser Augenblick alle kommenden Dinge nach sich zieht? Also – – sich selber noch? Denn, was laufen kann von allen Dingen: auch in dieser langen Gasse hinaus – muß es einmal noch laufen! – Und diese langsame Spinne, die im Mondscheine kriecht, und dieser Mondschein selber, und ich und du im Torwege, zusammen flüsternd, von ewigen Dingen flüsternd – müssen wir nicht alle schon dagewesen sein? – und wiederkommen und in jener anderen Gasse laufen, hinaus, vor uns, in dieser langen schaurigen Gasse – müssen wir nicht ewig wiederkommen?«

Dieser Text ist in vielem eine äußerst verknappte, metaphorische Zusammenfassung einiger von Nietzsches philosophischen Hauptthesen. Zu ihr gehört die These der Unendlichkeit der Zeit in beide Richtungen (Vergangenheit und Zukunft) und von der Wirklichkeit der Zeit, die keine subjektive Anschauung ist und deshalb zur Endlichkeit aller Dinge beiträgt.[291] Wenn die Zeit aber einerseits unendlich ist, andererseits aber die Dinge vergehen, bleibt nur eine Möglichkeit: Es muss sich das, was bereits geschehen ist, wiederholen. Alles bewegt sich im Kreis. Deshalb ist das denken nirgends. Und deshalb macht es müde durch seine ewige Wiederholung von Begriffen, Denkgegenständen, Tätigkeiten, Vorstellungen und Bildern. In allem, was wir denken, steckt dieses Element der Wiederholung.

**Die Dinge sind
ebenso wie die Erfahrungen
im denken
unauflöslich miteinander verknotet.**

Wer an einem Faden des Spinnennetzes zieht, bringt das ganze Gewebe der Sprache und Gedanken in Schwingung. Im Prozess des denkens – und nur dort – kommt alles zusammen. Im Moment eines flüchtigen Jetzt stoßen die beiden Torwege – Vergangenheit und Zukunft – aufeinander. Und genau dieser Zusammenstoß, der alles enthält, was für einen Menschen ist, macht die Seltsamkeit, die verstörende Erfahrung des denkens aus. Die Zeitlosigkeit des »Jetzt«, die wir zu erleben scheinen, wenn wir denken, ist keine »wirkliche« Ewigkeit. Und doch stellt sich für uns das Gefühl einer »zeitlosen Zeit« ein, die das Mittelalter als *nunc stans,* als stehendes oder bleibendes Jetzt, bezeichnete.[292] Diese mittelalterlich-mystische Vorstellung vom *nunc stans* oder *nunc aeternitatis* war dem Repertoire der Theologie entliehen. In der kontemplativen Schau sollte die Erfahrung einer Ruhe möglich werden, die göttlicher Natur war – Abglanz einer Erfahrung der Erlösung, die im kontemplativen denken vorweggenommen werden konnte. Nahezu alle Kulturen, alle Philosophien und letztlich vor allem auch die Dichtung haben immer wieder behauptet, dass dies möglich sei. In der Kontemplation sei der Mensch bei sich – auf eine Weise, die seine mit der Geburt überwundene Herkunft aus einem Nichts ebenso vergessen macht wie seine tödliche Zukunft, in die er geht.

1.11 denken und Erlösung

Natürlich ist diese Zeitlosigkeit des Jetzt keine »wirkliche« Ewigkeit. Die als zeitlos empfundene Zeit des denkens hat ein Ende. Sie ist ein »Schlachtfeld des Zwischen« (Arendt). Und doch stellt sich im Prozess des denkens immer wieder eine weitgehend vom Alter unabhängige Erfahrung zeitloser Zeit ein. Diese Zeit umfasst nicht nur die Gegenwart, sondern auch alle anderen möglichen Gedanken. Der kognitive Raum des denkens reicht von der Vergangenheit über die Gegenwart in die Zukunft und umfasst alle Zeiten.

**In der Gegenwart
und auf der Höhe der Zeit zu denken
bedeutet,
zwischen Anfang und Ende
und insofern
mit allen Zeiten und Menschen zu denken.**

»Im Denken sind wir uns gegenwärtig«, schreibt George Steiner. »Das Erlöschen des Denkens ist, selbst im Fall der Geistesgestörtheit, gleichzeitig und tautologisch jenes des *Ichs*.«[293] Das Ich aber ist auf sich selbst gestellt im denken. Denken kann nicht delegiert werden. Man kann nicht denken lassen. Sind wir insofern nicht gerade im denken alleine? Tatsächlich schreibt Steiner: »Keine noch so große Nähe, sei sie biologisch (eineiige oder siamesische Zwillinge *mögen* einen Grenzfall darstellen), emotional, sexuell oder ideologisch, sei es ein lebenslanges häusliches Zusammenleben oder berufliche Zusammenarbeit, wird uns in die Lage versetzen, die Gedanken eines anderen zweifelsfrei zu entschlüsseln.«[294] Mir scheint, dass Steiners Pessimismus zwar durchaus verständlich ist, er aber den anderen Teil der Wahrheit verschweigt. Nicht nur können wir nicht immer zweifelsfrei die Gedanken eines *anderen* entschlüsseln – auch bei unseren *eigenen* Gedanken gelingt es uns nicht, sie bis auf den Grund zu verstehen, obwohl wir deren Produzenten zu sein scheinen. Doch auch die eigenen Gedanken sind, nicht selten, die der anderen. Und genau diese Kontinuität, die in allem wiederkehrende Regelmäßigkeit mancher Begriffe, Gedanken oder auch der Gesetze der Logik, erzeugt ein angenehmes Gefühl der Stabilität. Es hilft uns dabei zu vergessen, dass der Mensch, mit Hegel formuliert, ein Wesen im Werden ist, das im Prozess des denkens immer neu zu sich finden muss. Die Kontinuität der Sprache, aber auch bestimmter Gedanken und Gefühle, die uns unablässig zu begleiten scheinen, verwischen wie der Basso continuo des Ichs den Eindruck der Vergänglichkeit. Erst auf einer tieferen Ebene der Analyse geht diese Festigkeit der Dinge, der »Substanzen« und auch der Ideen vollständig verloren. Was *ist*, löst sich in ein bis heute nicht wirklich verstandenes quantenmechanisches Kontinuum auf, ein Vakuum oder »Nichts« – eine neben Begriffen wie Urknall häufig bemühte weitere Metapher, die nur für den Moment den Anschein einer Erkenntnis erzeugen kann. Es scheint also, als sei unser denken »in höchstem Maße unser Eigentum; verborgen im tiefsten Innern unseres Seins. Gleichzeitig ist es die gewöhnlichste, abgenutzteste, repetitivste aller Handlungen. Dieser Widerspruch läßt sich nicht auflösen.«[295] Was bleibt, ist lediglich der romantische Traum des denkens, irgendwann wirklich aus Raum und Zeit springen zu können und weitreichende, endgültige Lösungen für unsere Probleme zu finden.[296] Die Aussicht, alle brennenden Fragen eines Tages wirklich lösen zu können, ist angesichts der vielfach gebrochenen Endlichkeit unseres Erkenntnisvermögens ebenso illusorisch wie der Traum, im denken ernsthaft den Gesetzen von Raum und Zeit entkommen zu können. Das kritische denken muss diese Illusion immer wieder zerstören. Der Philosoph, Soziologe, Musiktheoretiker und Mitbegründer der sogenannten Kritischen Theorie bzw. Frankfurter Schule, Theodor W. Adorno (* 11. September 1903 in Frankfurt am Main; † 6. August 1969 in Visp) schloss seine *Minima Moralia* mit der Bemerkung (oder vielmehr Warnung):»Philosophie, wie sie im Angesicht der Verzweiflung einzig noch zu verantworten ist, wäre der Versuch, alle Dinge so zu betrachten, wie sie vom Standpunkt der Erlösung aus sich darstellen. Erkenntnis hat kein Licht, als das von der Erlösung her auf die Welt scheint.« Welches Licht sollte das sein? In ein solches Licht blicken zu wollen, ist für das denken eine naheliegende Gefahr. Doch solch ein Blick ist unmöglich, weil er»einen Standort voraussetzt, der dem Bannkreis des Daseins, wäre es auch nur um ein Winziges, entrückt ist ... Je leidenschaftlicher der Gedanke gegen sein Bedingtsein sich abdichtet um des Unbedingten willen, um so bewußtloser, und damit verhängnisvoller, fällt er der Welt zu. Selbst seine Unmöglichkeit muß er noch begreifen um der Möglichkeit willen. Gegenüber der Forderung, die damit an ihn ergeht, ist aber die Frage nach der Wirklichkeit oder Unwirklichkeit der Erlösung selber fast gleichgültig.«[297] Am Ende *ist* die Frage nach der Erlösung für das denken gleichgültig. Ihm muss es darum gehen,»ohne Willkür und Gewalt, ganz aus der Fühlung mit den Gegenständen heraus« eine Perspektive zu gewinnen, in der die Welt sich zeigt, wie sie in Wahrheit ist: verfremdet und»ihre Risse und Schründe« offenbarend. Dem entkommt das denken, insofern es ihm um wahre Erkenntnis geht, nicht. Es ist nicht »besser« als das Leben.[298] So bleibt dem denken nur, immer neu Perspektiven einzunehmen, die der Welt entsprechen. Wer sich auf diesen Prozess einlässt, wird häufig das Gefühl haben, sich nicht mehr auszukennen – eine Form, die philosophische Probleme typischerweise annehmen.[299] Dann beginnt erneut der Prozess der Suche nach einem neuen, besseren Anfang des denkens, der erfolgversprechender erscheint.

1.12 Der archimedische Punkt: Zurück auf Anfang …

Die Suche nach dem richtigen Anfang bestimmte das philosophische, aber auch das wissenschaftliche denken über Jahrtausende. Wem es gelingen würde, die ersten Prinzipien des Seins zu erkennen, hätte zweierlei in der Hand: einen Schlüssel zu den ersten Anfängen und Ursachen, durch die alles entstanden ist, und zu den damit verbundenen, im gesamten Universum geltenden Prinzipien. Die Suche nach dem Anfang wurde später zu einer Suche nach dem Stein der Weisen. Es ging darum, den Schlüssel zum Verstehen und zur Veränderung der Welt zu finden. Ihn zu besitzen hieß, den *archimedischen Punkt* gefunden zu haben. Dieser Begriff bezieht sich auf eine (angebliche) Aussage des Archimedes (* um 287 v. Chr. vermutlich in Syrakus auf Sizilien; † 212 v. Chr. Syrakus). Ihr zufolge hat Archimedes gesagt, man müsse ihm nur einen festen Punkt und einen Hebel geben, der lang genug sei, dann wäre er in der Lage, aus eigener Kraft die gesamte Erde anzuheben. Der archimedische Punkt steht für diesen Hebelpunkt der Erkenntnis – einen Punkt, von dem aus sich alle weiteren Erkenntnisse und Sätze, alle Wahrheiten ergeben würden. Es ist offensichtlich, dass ein solcher Punkt, falls er existiert, nicht einfach durch eine einzige begriffliche Koordinate beschrieben werden kann. Der Punkt steht für eine Theorie, ein Gefüge von Sätzen. Für die allermeisten Denksysteme und philosophischen Entwürfe gilt: »Philosophische Konzepte realisieren ihre Einheit nicht durch additives Aneinanderreihen einzelner Aussagen, sondern auf der Grundlage einer inneren Form, die in der Sequenz ihrer Sätze, Begriffe und Begründungen nach außen tritt.«[300] Diese Sequenz beginnt zwar mit einem ersten Satz oder Setzung. Doch sind es nicht die einzelnen Sätze bzw. Erkenntnisse, die ein philosophisches System auszeichnen, sondern die innere Entwicklung und Logik der Sätze, ihr stufenweiser Ausbau, der auf dem Fundament eines gesetzten ersten (in der Regel als unumstößlich geltenden) Prinzips beruht, das zugleich als erste Prämisse und als ontologisches Prinzip dient. Anders ausgedrückt: Der archimedische Punkt, der Anfang ist einerseits der richtige Beginn alles denkens – die erste und oberste Prämisse jedes schlüssigen Systems, das die Welt erklärt –, zugleich aber auch das erste oberste Prinzip aller Wirklichkeit und allen Lebens. Es ist ein Anfang nicht nur des denkens, sondern auch der Welt, die den Denker und sein denken hervorgebracht hat. Die Idee, einen solchen Anfang, ein erstes Wort zu finden, ist mythologischer Natur. In vielen Mythologien ist dieses erste Wort das entscheidende. Das erste Wort ist *das* Machtwort – umgeben von einer göttlichen Aura. Denn Gott als Schöpfer ist der oberste Macher, derjenige, der alles bewegt – von den Sternen und Planeten über die Erde, die Herzen der Menschen, ihr denken. Die mythologische Vorstellung, es gäbe ein solches Wort, eine Formel, feiert in der umstrittenen Idee einer »Physik« oder »Theorie von allem« (Theory of Everything) Auferstehung.

Plato ist die Geschichte von Thales zu verdanken, einem Mann, der, während er mit dem Himmelgewölbe beschäftigt war und deshalb nach oben blickte, einen Brunnen übersah, in den er prompt fiel. Die hübsche thrakische Dienstmagd, die Zeugin dieses Geschehens wurde, lachte Thales aus und spottete, dass er »mit aller Leidenschaft die Dinge am Himmel … wissen wolle, während ihm doch schon das, was ihm vor der Nase und den

Füßen läge, verborgen bleibe«. Dieser Spott, kommentiert Plato, »passt auf alle diejenigen, die sich mit der Philosophie einlassen, um die Sterne zu beschauen, den Blick nach oben gerichtet«.[301] Dass Philosophen wie Thales eher nach den Sternen als nach einer Frau schauen, erscheint vielen (Männern) äußerst seltsam. Thales ist der Prototyp eines (scheinbar) lebensuntauglichen Mannes, der besessen nach den Sternen sieht, weil er dort den Ursprung des Kosmos, den einen richtigen Anfang, die eine betörende Formel, den einen festen, unumstößlichen, durch keinen Zweifel zu verrückenden Punkt des denkens und der Welt zu finden vermutet. CERN könnte man, in mancher Hinsicht, als eine extrem moderne und teure Variante dieser Suche sehen.[302] Auch hier geht es um die Bestätigung, den richtigen Anfang für die vollständige Beschreibung der Welt gefunden zu haben.[303]

Philosophiegeschichtlich gilt die Suche nach dem einen Anfang, gleich wie man ihn sich vorstellen will, als Irrtum. Die Suche ist gescheitert. Ebenso wenig wie es *einen* Anfang des denkens gibt, gibt es eine *vollständige* und *widerspruchsfreie* Beschreibung der Welt.[304] Bereits in der Antike wurde der eine Anfang durch unterschiedliche Prinzipien, Elemente oder Zustände beschrieben, die Ursprung allen Lebens im Kosmos sei sollten. Wer an ein erstes Prinzip glaubt, kommt an der Pluralität unterschiedlicher Annahmen nicht vorbei. Sich hier gegen Kritik immunisieren zu wollen, kann keine vernünftige Strategie sein. Faktisch hat der Prozess des denkens immer schon begonnen, wenn wir zu denken anfangen. Damit müssen wir arbeiten – nicht mit einem abstrakten, ersten Prinzip, das (angeblich) allem vorausgesetzt ist. Auch die Frage, ob es ein höchstes Prinzip gibt, sozusagen das Prinzip aller Prinzipien, führt zu willkürlichen Setzungen. Richtig ist, dass die Frage nach dem Anfang der Welt und den Prinzipien des denkens nicht getrennt werden kann von der Frage, wie diese Prinzipien unser Leben bestimmen (bzw. welche Prinzipien es bestimmen sollten).[305]

Immer aber sind es die magischen Anfänge, die uns, wie Georg Wilhelm Friedrich Hegel formulierte, »metamorphosieren«.

Sie formen unseren Körper des Wissens um, lassen feste Theorien an die Stelle des Zweifels treten und umgekehrt. Neue Erfahrungen, aber auch der Prozess des kritischen denkens lassen sich mit Infektionen vergleichen, die den Körper erfassen. Er reagiert darauf mit einer Immunreaktion, die mal stärker, mal schwächer ausfällt und je nach Konstitution zu einer Bandbreite von Reaktionen führt. Völlige Immunität aber scheint es nicht zu geben – sie würde alles angreifen, was sich dem Wissenskörper überhaupt nähert. Geblieben ist bis heute die Vorstellung, dass derjenige, der die Kontrolle über den Anfang hat – der die ersten Prinzipien »wirklich« kennt – zugleich auch den Schlüssel zur Beantwortung aller Fragen in der Hand hält.

**In Bezug auf die Frage
nach dem Anfang des denkens
sind die Fragen nach dem richtigen Leben
und nach den ersten Prinzipien der Natur und des denkens
nicht voneinander zu trennen.
Ethik und Metaphysik, Lebensfragen und Wissenschaft gehören
von Anfang an zusammen.**

Aus den metaphysischen Bestimmungen des Anfangs sind inzwischen physikalische Bestimmungen geworden. Doch ähnlich wie bereits bei den Theorien der Vorsokratiker widersprechen sich die modernen Entwürfe bis heute. Immer schon hat das denken angefangen und wird seinen Anfang nicht einholen; immer wieder heißt es deshalb auch zurück auf Anfang – das denken muss sich neu bestimmen, indem es »von vorne« beginnt. Was das Nachdenken über den Anfang angeht, kann man heute einigermaßen präzise angeben, wie viele Jahre das denken in Bezug auf den Anfang der Welt zu spät kommt. Das Alter des uns bekannten Universums (und nur über dieses können wir Daten sammeln, nachdenken, Theorien bilden und spekulieren) beträgt

13,75 Milliarden Jahre – eine Zahl, die in vielen Untersuchungen genannt wird. Auch in einer relativ neuen Studie von Astrophysikern der Universitäten Bonn, Stanford (Kalifornien) und Groningen (Niederlande) wurde die Zahl bestätigt. Die Grundlage dafür waren Auswertungen von Daten und Bildern des Weltraumteleskops Hubble.[306] Diese Zahl entspricht also dem derzeitigen Stand des Wissens. 13,75 Milliarden Jahre – diese Zeitspanne kennzeichnet nicht nur das Alter der Welt, sondern auch die Zeitspanne, die es dauerte, bis unser heutiges Nachdenken einsetzte und es (soweit uns bekannt) überhaupt ein Bewusstsein im Universum gibt, das in der Lage sein könnte, den Anfang der Welt zu denken. Die Zeit, die biologisches Leben brauchte, um die Entstehung von Bewusstsein zu ermöglichen, bewegt sich in einer Zeitspanne, die angesichts des Alters von 13,75 Milliarden Jahren nicht groß ins Gewicht fällt, selbst wenn man die gesamte Entstehungszeit der Erde abziehen würde – was insofern kaum sinnvoll ist, als man selbst Einzellern das Vermögen eines Bewusstseins – jedenfalls eines Bewusstseins, das in der Lage ist, über den Anfang der Welt nachzudenken – absprechen muss. Das älteste nachgewiesene Bakterium ist geschätzte 250 Millionen Jahre alt – doch zu diesem Zeitpunkt gab es bereits Vielzeller.[307] Die ältesten Fossilien, die weitgehend übereinstimmend auf die Existenz von Eukaryoten, also Lebewesen mit Zellkern deuten, sind ungefähr 1,8 Milliarden Jahre alt. Mehrzellige Lebewesen scheinen allerdings bereits vor etwa 2,5 Milliarden Jahren im Proterozoikum (übersetzt: Zeit der frühesten Lebewesen) aufgetreten zu sein – aber dabei handelt es sich nur um eine sehr ungefähre Schätzung. Bei den mehrzelligen Organismen oder Metabionta soll es sich um trichombildende Mikroorganismen gehandelt haben – vermutlich Cyanobakterien und Grünalgen. Komplexere Mehrzeller treten ab einem Alter von etwa 600 Millionen Jahren im Neoproterozoikum auf. Die Vorfahren des Nautilus, die dieses Buch begleiten, sind etwa 100 (manche Forscher sprechen von 200) Millionen Jahre alt. Die Gattung selbst lässt sich durch Fossilienfunde auf etwa 38 Millionen Jahre bestimmen – eine unglaublich lange Zeit für eine Tiergattung, die im Durchschnitt der Evolutionsgeschichte meist nur einige Millionen Jahre lang überlebt. Demgegenüber erscheint die uns bekannte, mehrere tausend Jahre alte Denkgeschichte, deren genaue Anfänge wir nicht bestimmen können, weitaus kürzer zu dauern als ein Augenaufschlag. Auch wenn wir uns mit Begriffen wie Urknall, Singularität, Quantenenergie oder Big Bang über die Zeit hinweg denken und die Begriffe zugegebenermaßen beeindruckender, in jedem Fall aber wissenschaftlicher klingen als ein bescheidenes Wort wie »Anfang«, so ist doch auch mit diesen Begriffen – die im Grunde genommen Theorien sind – vieles eben immer noch ungeklärt. Es gibt bis heute keine *einheitliche* physikalische Theorie über den Anfang und den Beginn des Universums, seine Energien und Kräfte, keine *eine* Theorie, auf die *alle* sich geeinigt hätten, weil sie alle Kräfte des Universums in eine einzige Weltgleichung zu fassen vermag. Wie es derzeit aussieht, wird dies noch für geraume Zeit (und vielleicht für immer) unsere Situation in Sachen Erkenntnis über den Anfang bleiben. Aber lassen wir uns überraschen. Fest steht, dass beides – die Frage nach dem Anfang des Denkens und die nach dem Anfang der Welt – zusammengehört und viel miteinander zu tun hat. Denn unser denken ist ein indirektes »Produkt« und Resultat des Anfangs, gleich wie man diesen Anfang nun nennt. Aber so weit waren bereits die Philosophen der Vergangenheit, auch wenn sie nicht über unsere Methoden und Möglichkeiten verfügten, den Anfang empirisch zu ergründen. Was bedeutet das für den Traum, einen absolut sicheren Ausgangspunkt zu finden, an dem alles weitere Erkennen beginnen sollte? Kann es gelingen, diesen einen Punkt zu finden, an dem man den archimedischen Hebel ansetzen könnte?

2. Radikaler Neuanfang: Ego cogito – ergo sum, Privatsprache und der Zugang zur Welt im denken

2.1 Ego cogito – ergo sum: Zweifel und der radikale Neuanfang (Descartes)

Die Existenz der Welt geht dem denken voraus. Und doch ist es ein in der Geschichte der Philosophie revolutionärer Schritt gewesen, auf »die erste Person Singular« zurückzugreifen, »darauf, daß alle verifizierbaren Wahrheiten im disziplinierten Selbst ihren Ursprung haben«.[308] Und man muss hinzufügen – in einem bereits zum *denken* disziplinierten Selbst in einem sehr bestimmten, von der antiken Logik bestimmten Sinn. Was war passiert? Ist die erste Person, das Ich, das existiert und, indem es als Mensch existiert, denkt, der gesuchte archimedische Punkt?

Zunächst ist festzustellen, dass sich ein großer Teil der nachantiken Philosophie, d. h. des denkens in der Nachfolge der großen Vorbilder der Antike, als eine immer weitere Entfaltung der Annahme versteht, dass der Mensch sich vor allem durch seine Vernunft auszeichne. Im Denken und nur im denken kann der Mensch dem λóγος nahe kommen. Lange Zeit über – im Grunde bis zu Kant, der erstmals in großer Radikalität die Grenzen der Vernunft innerhalb der Vernunft aufzuzeigen vermochte – vertrat man die Ansicht, dass dieser Vernunft keine Grenzen gesetzt seien – außer vielleicht durch Gott. Doch Gott lief in gewisser Weise außer Konkurrenz. Wenn die Vernunft nur an Gott scheitern sollte – und der Mensch hatte nach mittelalterlicher Überzeugung ja noch den Glauben, dem auch ein Aufklärer wie Kant Platz machen wollte: sei's drum. Gott war in gewisser Weise nicht nur

Übervater, sondern auch eine Übervernunft. Wenn die Vernunft an etwas scheitert, das sie hervorgebracht hat und größer ist als sie – dann gereicht es ihr zur Ehre. Es handelt sich nicht um ein schmähliches Scheitern, zumal es die Mittel der Metapher und der Analogie gab. Es erschien gewissermaßen keine Beleidigung der Abteilung Vernunft zu sein, wenn der Chef dieser Abteilung entschieden hatte, einige der Akten für sich zurückzuhalten und gelegentlich das eine oder andere Geschäft der Erkenntnis abzuwickeln, ohne dass seine Untergebenen davon Wind bekommen. Hier und da gaben also die Behörden des Nachdenkens einen Denkfehler zu, bemühten sich aber, die Grenzen der vernünftigen Erkenntnis weiter zugunsten des Menschen zu verschieben. Es gab keinen ernsthaften Zweifel an den grundsätzlichen Möglichkeiten, an der Macht der Vernunft und ihrer Autorität – jedenfalls keine Zweifel, die auf Dauer die gesamte Behörde erfasst hätten und sich langfristig durchsetzten. Thomas Nagel bemerkte, dass man natürlich hier und da die Objektivität der Vernunft und mit ihr die Reichweite des Nachdenkens in Misskredit gebracht hatte, etwa indem man versuchte nachzuweisen, dass das gesamte Unternehmen sowohl orts- (also kultur-) wie zeitgebunden sei. Doch einerlei, ob und wie diese Einwände vorgebracht wurden – am Ende blieb nur der Weg des weiteren Nachdenkens und der Gebrauch der Vernunft, unterstützt in erster Linie durch die Muster logischen Argumentierens, die Aristoteles aufgedeckt und beschrieben hatte. Das galt sogar für die (moderneren) Varianten der Kritik, in denen man versucht hatte zu zeigen, dass die Vernunft keineswegs Herr im Hause der Erkenntnis sei, sondern die tatsächlichen Quellen unseres Nachdenkens woanders lägen – tiefer, in den Wünschen, Vorurteilen, Sehnsüchten, den liebgewonnenen Gewohnheiten, ungeprüften Voraussetzungen und allzu menschlichen Reaktionsweisen auf Probleme, die den Menschen immer schon in seiner Menschlichkeit bedrohten. Diese Menschlichkeit war zweifelsohne lange Zeit als ein besonderer Typ der Männlichkeit gedacht worden (und wird es, wenn auch in geringerem Umfang, bis heute). Man musste sich am Ende trotz aller

Kritik einfach wieder auf das denken verlassen: auf Urteile und argumentative Methoden, die, wie Thomas Nagel sagt,»nicht auch ihrerseits den gleichen Einwänden ausgesetzt sind, die also sogar im Falle des Irrtums etwas Fundamentaleres exemplifizieren und nur durch andere Verfahren der gleichen Art korrigiert werden können«.[309] Der gleichen Art – das bedeutet: von der Art des logischen denkens, des Vernunftgebrauchs und all dessen, was mit ihm verbunden ist. Und dennoch blieb der Wunsch, endlich ein solides, unerschütterliches Fundament der Erkenntnis zu haben. Immer wieder nagten die Zweifel und drangen sogar durch den Bereich der Vernunft in das Allerheiligste des Glaubens vor. Die Zweifel kosteten Nerven und Zeit. Immer wieder eroberten sie Raum, und zuweilen dauerte es Jahrzehnte und Jahrhunderte, ehe man sie wieder in die unteren Stockwerke verbannen konnte, um sie dort mit einem guten Argument in Ketten zu legen und in Schach zu halten. Es war absehbar, dass die Zweifel eines Tages bis in das Innerste des Schiffes gelangen würden, mit dem man sich auf offenem Meer befand. Sie würden bis in die Maschinenräume des denkens vordringen. Ließ sich das verhindern?

René Descartes (Renatus Cartesius; * 31. März 1596 in La Haye en Touraine; † 11. Februar 1650 in Stockholm) war es, der sich anschickte, das Meer zu erkunden und das gesamte bis dahin bekannte Deck des Geistes aufzuräumen und von allen Zweifeln zu befreien. Nach einem eigenen, gewaltigen Sturz in den Zweifel, den er wie einst Augustinus in einer Art biographischer Philosophie schildert, wollte Descartes alles beseitigen,»das auch nur den geringsten Zweifel zuläßt … Ich will solange weiter vorangehen«, schrieb er in den *Meditationes de prima philosophia*, »bis ich irgendetwas Sicheres erkannt habe, oder wenigstens dies als sicher, daß es nichts Sicheres gibt. Nichts außer einem festen und unbewegten Punkt verlangte Archimedes, um die gesamte Erde von ihrem Ort fortzubewegen, und es ist Großes zu erhoffen, wenn ich auch nur das Geringste herausfinden werde, das sicher und unerschütterlich ist.«[310] Descartes' Buch, das dies leisten sollte, erschien, obgleich zu diesem Zeitpunkt bereits über ein Jahr fertiggestellt, am 28. August 1641. Der Weg dorthin ist aufs engste verbunden mit Descartes' eigener Geschichte.

Es lohnt sich, diese Stelle der Geschichte des denkens genauer anzusehen, denn bis heute beziehen sich die meisten modernen Philosophen darauf – und auch Wissenschaftler, ohne es immer explizit zu machen. Wenn man vom denken spricht, dann kommt er – der berühmte Satz vom »ego cogito, ergo sum«. In Descartes' Werk klingen fast alle bislang angesprochenen Themen an, was meiner Ansicht nach die Weitsichtigkeit dieses Denkers zeigt. Zugleich bezeugen die Texte aber – möglicherweise gegen den Willen ihres Autors – zugleich auch, wie sehr Descartes Kind seiner Zeit war, unter dem Diktat der Kirche litt und mit der Vorstellung eines Gottes dachte und denken musste, die am Ende für ihn alles war. Bestimmte Schlüsse, die wir heute wie selbstverständlich ziehen, konnte er nicht ziehen. Was ihn hinderte, glaube ich, waren nicht sein Verstand und nicht seine Weitsichtigkeit. Es war vielmehr sein Lebensgefühl.

Ich glaube, dass es hilft, den biographischen Zusammenhang, die Lage zu beschreiben, in der Descartes mehr als zwanzig Jahre vor den *Meditationes* seinen berühmten Satz über das denken formulierte. Manchmal erhellt die Geschichte über die Geschichte – das heißt der historische, dabei durchaus nicht nur weltgeschichtliche sondern sehr private Kontext – ein Ereignis, das Geschichte machte. Den Lyriker Durs Grünbein inspirierte Descartes' *Erfahrung* – denn es handelte sich um die Erfahrung, obwohl sein *Satz* meist missverstanden wird als ein Votum für ein denken in Sinne eines rein rationalen, kognitiven Prozesses – zu dem Gedichtband *Vom Schnee oder Descartes in Deutschland.*[311] Er ist eine brillante, lesenswerte Parallellektüre zu Descartes' eigener spirituell-methodischer Autobiographie *Discours de la méthode pour bien conduire sa raison, et chercher la vérité dans les sciences*, also *Abhandlung über die Methode des richtigen Vernunftgebrauchs und der wissenschaftlichen Wahrheitsforschung.*[312] Für Descartes waren beide, richtiger Vernunftgebrauch und Wissenschaft, eines. Zumindest führten sie in seinen Augen zum selben Ergebnis.

»Le bon sens est la chose du monde la mieux partagée« – mit diesem Satz beginnt Descartes.[313] Der gesunde Verstand sei die bestverteilte Sache der Welt. Damit ist der Verstand auch in mir, in Descartes wirksam, sagt er. Man braucht davon nicht mehr zu wünschen, als man bereits besitzt. Descartes scheint sagen zu wollen, dass alles Werkzeug bereit steht – und dass es bereits eine Menge von Gedanken und Vorstellungen gibt, die durchaus tragen. Er gibt zu, dass sie nicht einmal falsch sind. Bevor er also selbst zu denken beginnt, gab und gibt es bereits ein anders denken, ein denken vor ihm, das er anerkennt. Doch dann wird Descartes persönlich und autobiographisch. Er selber bilde sich ja gar nicht ein, dass sein Geist (mon ésprit) besser oder vollkommener sei als der anderer Menschen. Aber immerhin: Er sei in eine besondere Lage geraten. Natürlich habe er studiert und manches gelesen, darunter auch Dichtung. Aufgewachsen sei er »inmitten von Büchergelehrsamkeit« und habe das Privileg gehabt, an einer der berühmtesten Schulen Europas zu lernen, sei jedoch unzufrieden mit der Wissenschaft geblieben. Also habe er weiter studiert, die antiken Bücher, Sprachen, historische Berichte, Erzählungen. Vor allem aber Mathematik und mechanische Technik. Die Gewissheit und Evidenz ihrer Begründungen habe ihm gefallen. Er verehre jedoch auch die Theologie und bemühe sich, wie alle anderen, »den Himmel zu verdienen«. Die Philosophie sei von den hervorragendsten Geistern betrieben worden, ohne Zweifel. »Dennoch findet sich nichts in ihr, worüber man nicht streitet und das folglich nicht zweifelhaft ist.«[314] Wenn er die Unternehmungen der Menschen mit dem Auge des Philosophen betrachte, so könne er dennoch um eine gewisse Genugtuung nicht umhin und müsse einen gewissen Fortschritt bei der Erforschung der Wahrheit feststellen. Und doch habe er erkannt, wie viel Unwissen, wie viel Irrtum es inmitten all des Wissens gebe. Gerade die Philosophie ermögliche es, leider, »über alle Dinge mit einem Schein von Wahrheit zu sprechen und sich von weniger sachkundigen Leuten bewundern zu lassen«. Sachkundig bedeutet: gelehrt. Er selber sei entschlossen, »keine andere Wissenschaft mehr zu suchen außer der, die ich in mir selbst oder im großen Buch der Welt finden könnte«.[315] In gewisser Weise bricht Descartes mit der Welt der Schulen, der Universitäten und der Bücher, um, bei aller Faszination für diese Art des Wissens, das zu finden, was er sucht – ein Mittel gegen seinen Zweifel.

Dann beginnt Descartes den zweiten Teil seiner Betrachtungen mit dem unerwarteten, überraschenden Satz: »J'étais alors en Allemagne.« Immerhin handelt es sich im Rückblick bei diesem Text um einen der bedeutendsten der französischen Weltliteratur. Und ausgerechnet dort, wohin es den Erzähler inmitten eines Krieges verschlagen hatte – es handelt sich um einen der blutigsten Kriege überhaupt, den Dreißigjährigen Krieg –, findet der Autor im Jahre 1619 einen ungeahnten Frieden. »Der Winter brach an und hielt mich in meinem Quartier fest«, schreibt Descartes. Und dann gerät er in einem Dorf in der Nähe von Ulm, inmitten des Schnees, der ihn festhält, in einen ungewohnten Zustand erregter Entspannung, der einer Offenbarung gleicht. Der Mann, der erst später von seinem Erlebnis berichten wird und es zusammen mit seinen revolutionären Gedanken anonym 1637 als »Discours de la méthode« erscheinen lässt, schildert diesen Zustand, »où, ne trouvant aucune conversation qui me divertît« (dort, wo ich ohne zerstreuende Unterhaltung war), so: Er sei inmitten des Schnees, »wo mich zum Glück außerdem weder Sorgen noch Leidenschaften plagten«, den »ganzen Tag allein« geblieben, »eingeschlossen in eine warme Stube, in der ich alle Muße fand, mich mit meinen Gedanken auseinanderzusetzen«.[316] Ausgerechnet kurz nach Ausbruch des Krieges, in Deutschland, in der Nähe Ulms, umgeben von hohem Schnee, findet Descartes die ersehnte Ruhe und beginnt, als einer der wichtigsten französischen Gelehrten, sein denken. Am Ende der Meditationen, die er dort beginnt, steht dieser berühmte Satz: »Je pense, donc je suis.« Mit diesem Satz wird, so die Meinung vieler Ideengeschichtler und Historiker, die Moderne eingeleitet und ein völlig neues Kapitel des denkens eröffnet.

Descartes habe sich in einem »Weiß, das schmerzt« befunden,

heißt es bei Durs Grünbein. Mitten im Krieg, umgeben von Kälte und tiefem Schnee. »Der Philosoph, ein Eisblock, der das Pflänzchen Leben tiefgefriert«, fragt Grünbein?[317]

»Jahrhundertwinter, melden später die Kalender.
Es kann noch Wochen dauern, eh die Erde schließlich taut.
Zurück in Platons Höhlen kriecht, vom Schnee geblendet,
Ein junger Philosoph. Er bleibt im Bett, sein Gegenüber
Mag sich der Freundin widmen in der letzten Nacht
Des alten Jahres. Ein Wink, ein Kuß, ein Nasenstüber –
Wenn er versagt. Dann sitzt sie rittlings auf ihm, lacht.
Vorbei die Zeit. Silvester sieht wie stets, was kommt, voraus.
Es schneit, es schneit. Und Flocken wirbeln um das Haus.«

Descartes geht spazieren durch sein Hirn – denkt, führt Gespräche mit sich. Die Gedanken, die sich im Schnee entwickeln, sind bewegend und elektrisierend. Mag die Ratio auch kalt sein – Descartes schürt ein Feuer mit Zweifeln. Es geht darum, sich selbst zu erkennen – und in diesem Erkennen nicht nur die Welt zu finden, sondern auch den sicheren Punkt der Erkenntnis.

»Ich sprach von Zweifel. Und der Zweifel meint die Kur,
Bei der du ausschwitzt, was da trübe in dir kocht.
Der Zweifel steht im Denken für die heiße Spur,
Die zeigt, wohin die Reise geht. Er ist das enge Loch.
Durch das du, Kopf voran, dich zwängst. Er ist der Grund –
Doch dort, statt Ja und Amen, steht nur: Und, und, und …
Ich bin nur Geist. Ich bin kein Mensch, der blind durchs Gras
Spaziert und seinen Weg dem Zufall überläßt.
Ich bin kein Dichter, kein Sophist. Auch kein Scholast,
Der alte Texte wiederkäut. Ich bin – ja was?
Nur was ich selber dachte, selber einsah, halt ich fest.
Am eignen Haar zieh ich mich aus dem eigenen Morast.
Wem soll ich traun? Mir selbst? Der Welt dort draußen?
Ich weiß nur, was mein Körper mir erzählt von ihr,

Was Nerv um Nerv mir übersetzt in Schrift. Zu Hause
Bin ich nur hier: in meiner Haut. – Papier, Papier.«[318]

Es ist der Gedanke, der Jahrhunderte zuvor auch Dschung Dsi in
seinem Schmetterlingsgedicht bewegt und der, im denken, früher
oder später, jeden aufs Neue erfasst. Was wäre, wenn dies alles
ein Traum ist, ein Traum im Wachen? Er sei ein Gefangener,
der im Traum eine Freiheit lebt, die bloß vorgestellt ist, schreibt
Descartes. Und deshalb entschließt er sich, »so zu tun, als ob
alles, was jemals in meinen Geist eingetreten war, nicht wahrer
wäre als die Illusion meiner Träume«.[319] Ein naheliegender Gedanke, ein gutes Gedankenexperiment – würde es nicht vergessen, dass auch dieser Gedanke, der alles wegwischt, eines, wenn
er weiter fortschreiten kann, nicht wird wegwischen können: die
Sprache selber, die nicht Produkt von Descartes' Geist ist. Descartes versucht daher auf eine Weise nicht zu denken und nicht zu
sein, die weniger den Methoden eines Zen-Meisters wie Dōgen
ähnelt, sondern einem sehr modernen, geradezu an Science-Fic-
tion erinnernden Experiment. Descartes versucht sich selbst zu
betrachten, »als ob ich keine Hände, keine Augen, kein Fleisch,
kein Blut, noch irgendeinen Sinn hätte«.[320] Descartes bedeutet,
ganz Geist zu sein – körperlos. Nicht zu denken bedeutet für ihn:
ganz vorne, ganz am Anfang, vor allem anderen zu beginnen.
Und vor allem selber zu erfahren, was dann passiert. »Gleich
darauf bemerkte ich«, schreibt er, »daß, während ich so denken
wollte, alles sei falsch, es sich notwendig so verhalten müsse, daß
ich, der dies dachte, etwas war. Ich bemerkte, daß die Wahrheit:
Ich denke, also bin ich (je pense, donc je suis), so fest und gesi-
chert war, daß auch die verrücktesten Voraussetzungen der Skeptiker nicht fähig waren, sie zu erschüttern, und deshalb urteilte
ich, sie ohne Bedenken als erstes Prinzip der von mir gesuchten
Philosophie annehmen zu können« – aus der dann alles Weitere
folgt.[321] Descartes schildert ausführlich, wie er da *sitzt*. Er beschreibt also zunächst ein Körpergefühl, eine Sinneswahrnehmung, mit der sein Nachdenken beginnt. Ich selber habe es im-

mer wieder erstaunlich gefunden, dass ausgerechnet die Moderne des westlichen Denkens da beginnt, wo auch die Weisheitstraditionen Asiens ihren Ausgangspunkt haben, nämlich im Sitzen. Descartes wird später selbst von Meditation sprechen, auch wenn es sich dabei um eine andere Form der Meditation als in Asien handelt. Und doch handelt es sich in beiden Fällen um eine durch und durch dringende *Erfahrung*. Descartes schildert, dass er sitzt. Er fühlt, dass er sitzt, und prüft seine Aufmerksamkeit (attention) – und mit ihr das, was er ist (ce que j'étais). Er bemerkt dabei, dass er einen Körper hat und weiß, dass er ihn hat, dass der Körper ihn trägt und wichtig ist. Und dass er zugleich dennoch so tun kann, »als ob ich keinen Körper hätte und es weder eine Welt noch einen Ort gäbe, an dem ich mich befand«. Descartes ist, so scheint mir nach all den Jahrhunderten, die vergangen sind, gar nicht so weit von Dōgens Erfahrung des Nicht-Denkens und des reinen Sitzens entfernt zu sein – bis hin zum Motiv des Schnees und des Krieges, das beinahe typisch japanisch genannt werden könnte. Es ist seltsam zu sehen, wie Dōgens »Hier und Jetzt«, das uns bereits begegnet ist und heute gerne als esoterischer Jargon abgetan wird, hier, in einem der zentralen Texte der abendländischen Moderne, im Raum steht und eine für Descartes zentrale Erfahrung ausdrückt. Descartes ist es, als habe er sich selbst und damit alles andere vergessen. Als sei die Welt versunken – und mit ihr das Ich, das Wissen, alles. Was aber bleibt? Eben das: dass man nicht so tun kann, »als ob ich nicht wäre«. Man kann an allem zweifeln, so Descartes. Aber nicht, dass man hier als der, der zweifelt, sitzt und deshalb, weil man sitzt, existiert. »Ich sitze, also bin ich«, wäre ebenso korrekt wie »ich denke, also bin ich«. Er hätte auch sagen können, dass er fühlt, empfindet, und weiß, dass er ist. Doch um was für eine Art von Wissen handelt es sich? Alles wäre gut – gäbe es nicht den einen Punkt, der Descartes irritiert – den Punkt, der ihn zu einem Kind seiner Zeit und nicht mehr zu einem Menschen unserer Zeit macht.

Descartes misstraut dem Körper. In Bezug auf die Sinne kann

ich mich irren – womit Descartes recht hat. Nur was ist die Alternative? Dass das denken sich nicht irren kann? Richtig, hätte Descartes wohl gesagt. Denn das Denken ist ein Prozess, den der Geist steuert. Und die Vernunft ist – ganz platonisch – nichts, sie kann nichts sein, was den Sinnen unterliegt. Descartes stellt sich vor, dass er, der mitten im Schnee mitten im Krieg in einem fremden Land sitzt, gar nicht mehr als Descartes da sitzt. Er sitzt da als reines Denken, als jemand, der in Wahrheit keinen Ort benötigt, »eine Substanz, deren ganzes Wesen (essence) und deren ganze Natur darin bestand, zu denken, und die, um zu sein, weder einen Ort benötigt, noch von irgendeinem materiellen Ding anhängt«.

Der Körper erscheint ihm als Ding. Als Unsicherheit. Als Täuschungsmöglichkeit. Körper, das hat er im Krieg gesehen, sterben. Körper wollen verrückte Dinge. Wollen immer mehr, wollen Lust, Leidenschaft, wollen Dinge, die es nicht gibt – und denen sie nachrennen, weil sie glauben, dass es sie gibt, nur weil sie eine Sehnsucht danach verspüren. Doch diese Sehnsucht, nach denen es sie so unendlich verlangt: Es gibt sie nicht. Nicht so. Es gibt sie nur im reinen denken, in dem alles, wie die Welt in der Stille des Schnees, zur Ruhe kommt. Grünbein dichtet:

> »Nach aller Reflexion blieb von mir nur – mein Geist.
> Der reine Spiritus, bis auch der noch verflog.
> Ich war erlöst. Ich war ein neuer Mensch. Erst jetzt
> War ich mir sicher: ja, René – du bist, du bist.«[322]

Der Gedanke, dass das »ich denke« zum Sein führt, taucht noch in anderen Werken Descartes', sozusagen in Variationen, auf. Doch sie alle sind Variationen über *ein* Thema: nicht in erster Linie über das denken, sondern über die *Erfahrung*. Denn was Descartes auszumachen sucht, ist eine Erfahrung, die ihn den Boden berühren lässt. Etwas, das ihm kein Krieg, keine Kirche, kein Skeptiker, kein wer auch immer wird wegnehmen können – weder jetzt noch irgendwann. Dass Descartes am Ende Gott brauchen wird, um überhaupt denken zu können, dass er sich nicht darüber täuscht, dass er derselbe ist, der von einem Moment, einem Augenblick im Hier-und-Jetzt zum nächsten auch noch derselbe ist: Das ist eine andere, komplizierte und theologische Geschichte. Nur so viel: Descartes hat die beinahe romanhafte, poe-eske Idee, nicht nur allem, was man noch glauben kann, die Zustimmung zu entziehen – es »gibt nichts, das nicht bezweifelt werden dürfte« –, sondern auch anzunehmen, dass selbst Gott nicht mit ihm ist, sondern ihn ein böser Geist quält, der zugleich allmächtig und verschlagen, bösartig ist – ein »genium aliquem malignum, eundemque summe potentem et callidum«.[323] Dieser böse Geist könnte nun selbst, durch »kosmische Unvernunft«, wie Steiner sagt, alle Schlussfolgerungen und abgeleiteten Einsichten als Illusionen entlarven.[324] Die Widerlegung *dieses* Zweifels basiert bei Descartes nicht auf einem philosophischen, sondern theologischen Argument: Gottes Vollkommenheit lässt eine solche Täuschung nicht zu. Gott will den Menschen nicht in den Wahn treiben, in dem er sich vielleicht befindet. Gibt es nicht die Sätze der Mathematik? Hat Gott diese Sätze – und vor allem die Welt, die den Sätzen der Geometrie und der Mathematik entspricht – nicht ebenfalls geschaffen? Täuschung wiegt leichter als Gottes Moral. Gott wird uns nicht täuschen –, so wie Gott am Ende auch die Kontinuität des Ichs, das von Sekunde zu Sekunde zweifelt, garantiert. Sosehr sich das Ich eines jeden Denkers bzw. jeder Denkerin, der oder die mit Descartes leidet, täuschen kann – so hat die Täuschung doch ein Ende an einem Punkt. Da nun Gott kein Betrüger und Schwindler ist, folgt (ex eo enim quod Deus not sit fallax), dass ich mich in all diesen Dingen nicht täusche (sequitur omnino in talibus me non falli), schreibt Descartes.[325] Weil Gott kein Betrüger ist, bin ich mir auch ganz gewiss, dass das, was ich erfahre, nicht im Träumen stattfindet, sondern im Wachen – und es zwischen beiden Zuständen einen Kontrast gibt, wie es ihn größer nicht geben könnte. Wäre Gott tot – Descartes bliebe in einem Zustand des Zweifelns und würde, mitten im Schnee des denkens, in einen Zustand der Verzweiflung geraten.

Es wäre sehr interessant, jetzt Descartes' in vielerlei Hinsicht äußerst moderne Gedanken über den Zusammenhang von Gehirn und Körper zu diskutieren, die sich daran anschließen. Wie auch immer man die Erkenntnisse im Detail beurteilt – und manches ist in der Tat äußerst hellsichtig –, ändert dies nichts daran, dass Descartes zwischen Geist (res cogitans) und Körper (res extensa) unterscheidet. Er ist Dualist. Eben dies, so António Damásio, ist Descartes' Irrtum: diese »abgrundtiefe Trennung von Körper und Geist, von greifbarem, ausgedehntem, mechanisch arbeitendem, unendlich teilbarem Körperstoff auf der einen Seite und dem ungreifbaren, ausdehnungslosen, nicht zu stoßenden und zu ziehenden, unteilbaren Geiststoff auf der anderen«. Der Irrtum ist Descartes' falsche Einschätzung der Körperlichkeit oder, wie man vielleicht besser gegen Descartes formuliert, der Ausdehnung der Körperlichkeit. Der Irrtum ist die »Behauptung, daß Denken, moralisches Urteil, das Leiden, das aus körperlichem Schmerz oder seelischer Pein entsteht, unabhängig vom Körper existiert«. Der Irrtum ist vor allem die »Trennung der höchsten geistigen Tätigkeiten vom Aufbau und der Arbeitsweise des biologischen Organismus«.[326] Descartes zweifelt an den Sinnen, am Körper und seiner Erfahrung – und entdeckt den Geist, indem er sich *vorstellt*, er habe keinen Körper mehr und sei reine res cogitans, etwas von der physischen Welt strikt unterschiedenes. Was Descartes also nicht gelang, ist seine (körperliche) Erfahrung in *einem* System zu denken –, einem System, das komplex genug ist, für Geist und Körper Raum zu lassen und beides als zwei Seiten einer Medaille zu denken.

Descartes stellt also fest, dass es in seinem Satz *ich denke, also bin ich* »nur eines gab, das mich versicherte, die Wahrheit zu sagen, nämlich daß ich sehr deutlich sah, daß es nötig ist zu sein, um denken zu können«.[327] Clever, könnte man sagen. Man muss sein, um zu denken. Ist es das, worauf Descartes hinauswill – eine Erkenntnis, die womöglich ein Kind haben kann? Einmal angenommen, man würde jemandem ein Wort beibringen – ein Wort wie denken oder ein anderes, das kognitive Akte beinhaltet.

Was würde jemand, der diese Vokabel gerade gelernt hat, mit ihr verbinden? Würde er nicht sagen, dass zum »denken« auch jemand gehört, der denkt? Eben, sagt Descartes. Doch die Frage ist, wo die Erkenntnis von Descartes eigentlich ihre Wurzel hat. In einem körperlichen Bewusstsein? Oder vielleicht in der Sprache, die, wie Heidegger sagen würde, »sagt«, dass es ein Sein, ein Ich geben muss, damit es jemanden gibt, der denkt? Wenn ich »denken« sage, dann handelt es sich nicht um ein isoliertes Wort – so wie auch Descartes nicht wirklich isoliert war, selbst als er alleine im Schnee dachte. In Wahrheit war er über die Sprache im Dialog mit jedem potentiellen Sprecher oder Denker. Kann man sich jemanden denken, der denkt, aber nicht existiert, während er denkt? Ist es überraschend, wenn jemand »das Auto fährt« sagt, daraus zu folgern: Es gibt einen Menschen, der es fährt (oder ein von Menschen gebautes Computersystem, das anstelle des Menschen das Auto fährt)? Ein Auto muss fahren können, um ein Auto zu sein – zumindest vom Prinzip her. Ein Auto hat einen Körper. Genau aus diesem Grund ist es Unsinn, danach zu fragen, wie viele Engel auf einer Nadelspitze sitzen können – denn Engel haben keine Ausdehnung und nehmen keinen Raum ein, während eine Nadel einen definierten Raum hat (auch wenn er noch so klein ist). Aladin mag ein Geist sein, der in der Wunderlampe sitzt: Aber selbst er nimmt, wenn auch unfreiwillig, einen winzigen, aber eben doch einen Raum ein. Und heißt einen Raum einnehmen nicht, Ausmaße haben? Und Ausmaße haben, einen Körper zu haben, also res extensa zu sein?

Descartes gibt etwas vor, was er, bei allem Zweifel, nicht vorgeben kann. Er gibt vor, nicht zu sein und »daß alles, was ich sehe, falsch ist« und nichts existiert, was mir »das trügerische Gedächtnis repräsentiert. Ich besitze überhaupt keine Sinne. Körper, Gestalt, Ausdehnung, Bewegung und Ort sind nichts als Chimären.«[328] Diese Vorstellung ist, gelinde gesagt, gewagt. Warum sollte der Geist, das denken, das sich auch nur irgendwie – und wie, weiß Descartes ja noch nicht – zeigt, verlässlicher, gründlicher, substantieller, wahrer sein als all das, was aus den

Sinnen kommt? Die Sache des Zweifels hat zu einem unvorher-
gesehenen Sturz geführt, wie Descartes schreibt. Hat ihn in einen
»tiefen Strudel« gerissen und so verwirrt, dass er »weder auf dem
Grund fest Fuß fassen, noch zur Oberfläche emporschwimmen
kann«.[329] Nur dieser eine Satz erscheine ihm, »sooft ich ihn aus-
spreche oder in Gedanken fasse, notwendig wahr«.

Doch was versteht Descartes unter dem, was ihn rettet – jenes
Verb »denken«, das seinerseits eine Chiffre, ein Wort ist, das
einen komplexen, bis heute nicht wirklich geklärten Prozess anzeigt – einen Prozess, der sich in ihm ereignet und den er erfährt
(während er den Ort um sich herum, wie das oft beim denken
geschieht, vergessen hat)? »Unter Denken verstehe ich alles, was
derart in uns geschieht, daß wir uns seiner unmittelbar aus uns
selbst bewußt seien.«[330] Diese Definition ist, vorsichtig formuliert, merkwürdig. Denn sie enthält neben dem denken (cogita-
tio) etwas, das uns in uns selbst bewusst ist (nobis consciis in
nobis) und das »in nobis conscientia est«. Conscientia bedeutet
vor allem Gewissen. Das denken hat demnach mit etwas zu tun,
das uns bewusst ist in dem Sinne, dass es in uns wie ein Gewissen ist. Doch *conscientia* bedeutet neben Gewissen – der lateinischen Übersetzung von σύνειδησις – auch Mitwissen und Bewusstsein. Wenn Descartes, wie er sagt, alleine ist, völlig alleine:
Wer oder was ist dann sein Mitwisser? Ist er der alleinige »innere« Zeuge des denkens – der einzige Zeuge seines denkens? Oder
ist nicht vielmehr mit dem denken schon ein anderes denken,
das sich wie Descartes einer gemeinsamen Sprache bedient, notwendig mitgedacht – oder, wie Descartes sagen würde, notwendig existent? Wer weiß hier, was Descartes bewusst ist und, wie
er sagt, nur ihm bewusst sein kann? Die Antwort ist einfacher
als es scheint. Jeder, der auch nur ein Wort gebrauchen kann,
weiß es – auch wenn er oder sie so tun mag, als existiere sein
oder ihr Körper nicht. Aber es wäre, gleichsam mit dem Wissen
der modernen Sprachphilosophie bewaffnet, vielleicht zu früh,
Descartes an dieser Stelle zuzurufen »erwischt«! Denn natürlich
weiß Descartes selber, was er tut – und gesteht es, heimlich

gleichsam, ein: »Ich erkläre hier viele andere Ausdrücke«, schreibt er und spielt damit auf Bewusstsein, Körper, Geist und anderes an, »deren ich mich schon bedient habe nicht näher; weil sie an sich genügend bekannt sind«.[331] Präzise das ist der Grund, warum Descartes weiß, was er tut, und das, was er erfährt, beschreiben kann! Der Versuch, an dieser Stelle von Anfang an, völlig neu aus dem Nichts heraus alles zu definieren – beispielsweise das denken durch etwas anderes oder den Geist durch einen bestimmten Prozess des Bewusstseins – gleicht dem irren (vielleicht auch nur übermütigen) Versuch eines Hundes, sich in den eigenen Schwanz zu beißen, weil er »denkt«, er hätte etwas mit etwas anderem, einem eigenen, von ihm abgetrennten Lebewesen zu tun. Tatsächlich sind die Begriffe »genügend bekannt« – denn sie sind Begriffe einer Sprache, die auch Descartes in allem, was er denkt und schreibt, *voraussetzt*. Damit ist, ob er will oder nicht, tatsächlich alles gesagt. Man muss nicht näher darauf eingehen. Es ist bereits da. Quod erat demonstrandum.

Für die Tradition, die auf diesen entscheidenden Punkt wenig oder nicht geachtet hat, ist ein Begriff hängengeblieben, der zu einer Folge von weitreichenden Irrtümern führte. Descartes' Definition lautete: »Unter Denken verstehe ich alles, was derart in uns geschieht, daß wir uns seiner *unmittelbar* aus uns selbst bewußt« seien. Was aber bedeutet »unmittelbar«, also in uns selbst bewusst? Descartes schreibt, und darin steckt in der Tat eine Eröffnung: deshalb (weil wir uns des denkens in uns selbst unmittelbar bewusst sind) »gehört nicht bloß das Einsehen, Wollen und Einbilden, sondern auch das Wahrnehmen hier zum Denken«.[332] Damit hat sich Descartes, wenn ich das einmal salopp sagen darf, als Inder geoutet. Denken gehört zum Wahrnehmen – zu den Sinnen! Und wenn es zu den Sinnen gehört, dann gehört es eben auch zum Körper – und zur Erfahrung. Weil es zur Erfahrung gehört, sind wir uns dessen bewusst. Doch Descartes verfolgt eine andere Linie – und ich würde sagen: die Linie *seiner* Zeit, die den Körper als Feind des Geistes, nicht aber als Garant und Gefäß des denkens zu verstehen gelernt hatte. Descartes bleibt nach wie vor der Ansicht treu, dass ihn nur der Körper, nicht aber der Geist in die Irre führen könne. Was man mit dem Körper versteht (quae corpore peragitur), das lässt keinen sicheren Schluss zu. *Deshalb* kann Descartes auch nicht sagen: »Ich sehe, oder: ich gehe, also bin ich.«[333] Jede Erfahrung, die einem anderen Sinn zuzuordnen ist als dem Denksinn, ist ihm weniger verlässlich und nicht geeignet, seinen Zweifel zu beruhigen. »Denn ich kann glauben«, schreibt er, »ich sähe oder ginge, obgleich ich die Augen nicht öffne und mich nicht von der Stelle bewege, wie dies in den Träumen oft vorkommt; ja, dies könnte geschehen, ohne daß ich überhaupt einen Körper hätte.« In dem Moment aber, in dem ich denke, geht dieses denken »von der Wahrnehmung selbst oder von dem Bewusstsein (conscientia) meines Sehens oder Gehens« aus. Denken ist »auf den Geist bezogen ... der allein wahrnimmt oder denkt, er sähe oder ginge«. Nur weil Wahrnehmen und Bewusstsein mit dem *Geist* verbunden sind, kann der Irrtum, für den die körperliche Erfahrung sorgt, ausgeschlossen werden. Gehen oder Sehen beispielsweise wären sozusagen verloren in den Sinnen; sie wären geistlos und damit ohne Sicherheit. Erst wenn ich mir der Sinne *bewusst* bin, wird etwas völlig anderes aus ihnen – etwas von Geist Beseeltes, etwas, das »da« ist, gleich ob ich wache oder träume. Denn auch im Traum bin ich mir ja, so Descartes, der Dinge, von denen ich träume, bewusst (ich nehme sie »in somnis«, im Schlaf, wahr).

Descartes *sagt* dies nicht ausdrücklich: Aber der Traum erscheint ihm, was die Wahrnehmung angeht, ähnlich wie der wache Zustand. Im einen Fall träume ich, dass ich gehe, und im anderen gehe ich tatsächlich. Mögen beide Fälle auch unterschiedlich sein: Immer gibt es doch ein Bewusstsein, das die Wahrnehmung im Traum und die Wahrnehmung der Wirklichkeit ermöglicht. Gäbe es dieses Bewusstsein nicht, ließe beides sich nicht vergleichen (ich wüsste schlicht nicht, dass ich gehe – weder im Traum noch in Wirklichkeit). Denken ist für Descartes, damit es wirklich denken ist und nicht ein Irrtum, den uns der Körper wie einen Traum vorspielt, Geist. Was aber, wenn ich *träume*, ein Schmetterling zu sein, wer bin »ich« dann? *Bin* ich der Schmetterling, der träumt, mich – sich? – wahrzunehmen? Das ist in gewisser Weise gleich, argumentiert Descartes. So oder so ist die Wahrnehmung, weil sie eine körperliche Wahrnehmung ist, irrtumsanfällig. Klar und irrtumslos wird es erst durch das Bewusstsein – den Prozess des denkens. In beiden Fällen nämlich *muss* ich denken. Und erst wenn ich denke –, *dann* kann ich mit Gewissheit sagen »bin ich«: entweder als jemand, der wach ist, oder als jemand, der träumt, dass er wach ist. Aber in beiden Fällen weist mir das denken einen Weg zu dem, der dieses denken denkt. *Ich denke, also bin ich* oder, wie es im Original heißt: *Ego cogito, ergo sum.* Es wäre doch schlicht »ein Widerspuch, daß das, was denkt, zu dem Zeitpunkt, wo es denkt, nicht existiert … Auch ist dies der beste Weg, um die Natur des Geistes und seine Verschiedenheit vom Körper zu erkennen. Denn wenn man prüft, wer wir sind, wir, die wir jetzt davon überzeugt sind, daß es nichts außerhalb unseres Bewußtseins gibt, das wahrhaft ist oder existiert, so sehen wir deutlich, daß weder die Ausdehnung, noch die Gestalt, noch die Ortsbewegung, noch ähnliches, was man dem Körper zuschreibt, zu unserer Natur gehört, sondern nur das Denken.«[334]

Diese Stelle, das »ego cogito, ergo sum« markiert den Anfang einer neuen Art von Philosophie. Vielleicht liegt, aus heutiger Sicht (die das Argument des Beweises der Existenz, die an den Geist gekoppelt ist, eher als problematischen, durchaus absehbaren Schachzug einer platonischen Eröffnung sieht), die Besonderheit am ehesten in einer Auffälligkeit der Formulierung selbst. Es hätte genügt, wenn Descartes geschrieben hätte (und so wird er meist ja auch zitiert) »cogito ergo sum«. Doch Descartes entscheidet sich für »Ego cogito, ergo sum«. Mit dieser Formulierung unterstreicht er den Aspekt der Subjektivität und Privatheit. Nicht einer Kirche, nicht einer äußeren Lehre, keiner Autorität, sondern der einmaligen Einheit, die er ist, seinem *eigenen* denken verdankt er die Gewissheit seiner Existenz. Ihm selbst ist sie geschuldet. Genau darin besteht vielleicht der größte Affront: dass Descartes nur eigene Gewissheiten als erkenntnisrelevant zulässt. Descartes geht es darum zu wissen (und zu erfahren), wer er, René Descartes, ist. Die Antwort auf diese Frage erhält er nur im denken – dort, wo nicht Empfindungen des Körpers vorherrschen. Ist das denken – der Geist – mit dem Körper vermischt oder vereinigt (unione et quasi permixtione), so handelt es sich um nichts anderes als Zustandsweisen eines verworrenen Bewusstseinszustandes (nihil aliud sunt quam confusi quidam cogitandi modi).[335] Und doch anerkennt Descartes, dass der Geist sich nicht etwa wie ein Seemann nur auf dem Schiff des Körpers befindet, sondern mit ihm so eng verbunden ist, dass beides eine Einheit bildet (adeo ut unum quid cum illo componam). Wie sonst sollte es möglich sein, Erfahrungen zu machen, deren ich mir bewusst werden kann und die daher auch augenblicklich meinem Denken gegenwärtig sind und es affizieren? Am Ende bleibt es dabei, dass Descartes sich als Person sicher ist. Endlich kann er den Zweifel, von dem er ausgegangen ist, beiseitelegen. Mag der verschlagene Dämon, der Betrüger, ihn auch täuschen »soviel er kann, niemals wird er bewirken, daß ich nichts bin, solange ich denken werde, daß ich etwas bin; so daß schließlich, nachdem ich es zur Genüge überlegt habe, festgestellt werden muß, daß dieser Grundsatz *Ich bin, ich existiere* (Ego sum, ego existo), sooft er von mir ausgesprochen oder durch den Geist begriffen wird (profertur vel mente concipitur), notwendig wahr ist.«[336]

Ego sum, ego existo.

Doch was folgt daraus? Ich möchte, ehe ich zu Wittgensteins Überlegungen einer falschen, aber bis heute aus Descartes' Ansatz gezogenen Konsequenz komme, kurz zwei wichtige Punkte hervorheben, die mit Descartes' Beweis der Existenz zu tun haben.

Zum ersten rekonstruiert Holm Tetens Descartes' Gedanken so:

1. Ich zweifele an allem.
2. Also existiere ich, der an allem zweifelt.

Vom Standpunkt der Logik aus sei gegen diesen Schluss nichts einzuwenden. In seiner allgemeinen Form lautet er:

1. Auf einen Einzelgegenstand a trifft F zu (auf mich, den Einzelgegenstand, trifft F zu, dass ich zweifle).
2. Also existiert jemand, der »a« genannt wird und auf den F zutrifft.

Das klingt nach (und ist) eine Tautologie. Hat Descartes sich im Kreis gedreht und statt wie bei einem Gottesbeweis bereits die zu beweisenden Prädikate in Gott (dass er ist, existiert) dieses Mal in das Ich gesteckt? Hat Descartes mit seinem »Beweis« also im Grunde gar nichts gesagt? Wie wenig er – vom Standpunkt der Logik – aus gesagt hat, wird deutlich, wenn man die allgemeine Formulierung anwendet.

1. Harry Potter (a) zweifelt an allem (F trifft zu).
2. Also existiert jemand, der Harry Potter (a) genannt wird und an allem zweifelt (auf den F zutrifft).

Genau diese Schlussfolgerung kann nicht im Sinne Descartes' sein. Es muss – wenn er radikal sein will – an allem zweifeln, also auch daran, dass Harry Potter überhaupt existiert. Aus der Tatsache, dass ich sage, dass Harry Potter zweifelt, folgt nicht, dass er auch wirklich existiert. Von außen – bezogen auf andere, dritte Personen – bringt Descartes' Argument also nichts. Es kommt darauf an, dass die Aussage aus der *Erste-Person-Perspektive* (ego dubio) gemacht wird.

Anders formuliert: Descartes' Überlegung scheint darauf abzuzielen, dass der Satz »*Ich* denke, also bin ich« für alle jene (Ichs) gilt, die darüber nachdenken. *Dann* bewahrheitet sich der Satz und kann nicht sinnvoll bezweifelt werden. Der Satz ist also ein sich selbst bewahrheitender Satz – der, als selbstbewahrheitender Satz, niemals bezweifelt werden kann (weil er sich sonst nicht bewahrheiten würde). Das Argument lautet also:

1. Die Aussage »p« ist ein sich selbst bewahrheitender Satz.
2. Der Inhalt eines sich selbst bewahrheitenden Satzes kann nicht sinnvoll bezweifelt werden.
3. Was nicht sinnvoll bezweifelt werden kann, ist notwendigerweise der Fall.
4. Also ist p notwendigerweise der Fall und kann nicht sinnvoll mit Gründen bezweifelt werden.[337]

Diese Variante hat Konsequenzen. Rudolf Carnap (* 18. Mai 1891 in Ronsdorf / Wuppertal; † 14. September 1970 in Santa Monica, Kalifornien), der Begründer des logischen Empirismus, wies darauf hin, dass sich die Schlussfolgerung der Existenz natürlich nur auf das Prädikat p beziehen kann, nicht aber auf das Subjekt a der Prämisse! Der Übergang vom »ich denke« zum »ich existiere« ist also ein kategorialer Sprung. Wenn ich sage »Ich bin ein Außerirdischer«, dann folgt daraus nicht, dass ich existiere, wohl aber, »dass es einen Außerirdischen gibt« – denn es gibt ja jemanden, der sagt, er sei ein Außerirdischer. Also existiert das Prädikat, die Zuschreibung in diesem Satz. Doch damit ist keinerlei Auskunft darüber gegeben, ob ich »existiere« in dem Sinne, dass der, der den Satz sagt (dem entsprechend ein Prädikat zugeschrieben werden kann), auch über den Satz hinaus eine (andere Form von) Existenz hat. Aus dem denken folgt also nur, dass es jemanden gibt, der denkt, nicht aber, dass der, der denkt, auch existiert. Wenn ein Einhorn dem Zwerg versichert, dass es denkt, dann folgt damit nicht, dass das Einhorn (und der Zwerg) auch im Wald oder irgendwo in der Welt existieren im Sinne von real anzutreffen sind.

Daraus ergibt sich eine *zweite wichtige Folgerung*, die für die weitere philosophische Reflexion von entscheidender Bedeutung war und ist. Um an dieser Stelle für einen Moment vorzugreifen:

Descartes zeigt auf seine Weise und aus seiner geschichtlichen Situation heraus eigentlich nur, was der britische Philosoph George Edward Moore (* 4. November 1873 in London; † 24. Oktober 1958 in Cambridge), einer der Gründerväter der analytischen Philosophie, fast 300 Jahre später die Verteidigung des Common Sense nennen wird. Es gibt Sätze – die sogenannten Moore'schen Sätze wie den, dass dies eine Hand ist oder die Erde schon seit vielen Jahren existiert –, die (scheinbar) unleugbar wahr sind und um die ich nicht umhinkomme.[338] Warum sind diese Sätze, die Moore Erfahrungssätze nennt, nicht wirklich bezweifelbar? Es war Wittgenstein, dem es erstmals gelang, die Struktur dieser Sätze (und damit in gewisser Weise auch Descartes' Problem) zu lösen – unter anderem indem er zeigte, dass diese Sätze keine Erfahrungssätze sind, auch wenn sie so aussehen.

Was also hat Descartes genau gezeigt? Geht man streng logisch an seinen Beweis heran, dann scheint Descartes zunächst nichts anderes gemacht zu haben, als letzten Endes etwas zu beweisen, das mit der logischen Struktur von Existenzannahmen innerhalb von Aussagensystemen und Sätzen zu tun hat. Insofern erinnert Kants spätere Unterscheidung zwischen analytischen und synthetischen Urteilen in den *Prolegomena zu einer jeden künftigen Metaphysik, die als Wissenschaft wird auftreten können* ein wenig an Descartes. Kant schreibt: »Analytische Urteile sagen im Prädikat nichts als das, was im Begriffe des Subjekts schon wirklich, obgleich nicht so klar und mit gleichem Bewußtsein gedacht war. Wenn ich sage: alle Körper sind ausgedehnt, so habe ich meinen Begriff vom Körper nicht im mindesten erweitert, sondern ihn nur aufgelöst, indem die Ausdehnung von jenem Begriffe schon vor dem Urteile, obgleich nicht ausdrücklich gesagt, dennoch wirklich gedacht war; das Urteil ist also analytisch. Dagegen enthält der Satz: einige Körper sind schwer, etwas im Prädikat, was in dem allgemeinen Begriffe vom Körper nicht wirklich gedacht wird; er vergrößert also meine Erkenntnis, indem er zu meinem Begriffe etwas hinzutut, und muß daher ein synthetisches Urteil heißen.«[339] Es mag nicht klar gewesen sein – aber wenn man über Wesen spricht, die denken, dann ist es im Begriff dieses Wesens bereits gedacht, dass es existiert.

Doch Descartes' Argument zielte auf mehr und eine andere Ebene ab, auf der er tatsächlich Entscheidendes erreicht hat. Descartes ging es um das, was er *macht*, indem er denkt und im denken zweifelt. Descartes' Leistung geht in diesem Punkt weit über die Lösung von Erkenntnisproblemen der damaligen Zeit hinaus und kann bis heute eine gewisse Gültigkeit reklamieren. Der Grund ist, dass er gezeigt hat, wie man den performativen Widerspruch löst, der mit radikalem Zweifel droht. Ein Beispiel für einen klassischen sogenannten performativen, also auf einem Tun, auf der Handlungsebene beruhenden (Selbst-)Widerspruch, ist der Satz »Es gibt keine wahre Aussage«. Dieser Satz enthält zunächst eine Sachaussage: die Behauptung, dass es keine wahren Aussagen gibt. Dies ist solange unproblematisch, bis die Frage nach dem Status dieses Satzes auftaucht. Was passiert, wenn man den impliziten Sprechakt dieses Satzes – Wahrheit zu behaupten – auf seine Sachaussage anwendet? Das Ergebnis ähnelt dem des *Lügnerparadoxes*. Wenn man annimmt, dass der Satz wahr ist, widerspricht dieser Sprech*akt* der Behauptung, die der Satz machen will (dass es keine Wahrheit gibt). Diese Behauptung kann der Satz also dann nicht machen, wenn er wahr *ist*. Darin beruht sein performativer Selbstwiderspruch. Ähnliches passiert Descartes mit der Anwendung des radikalen Zweifelns. Thomas Nagel formuliert es so: Das Ego cogito »läßt eine Grenze jener Art von Selbstkritik erkennen, die einsetzt, wenn man sich selbst von außen anschaut und die Art und Weise betrachtet, in der die eigene Überzeugung durch Ursachen hätte hervorgebracht werden können, die nicht ausreichen, um die Überzeugung zu rechtfertigen oder in ihrer Geltung zu erhärten. Was bei diesem Prozeß zunehmend destruktiver Kritik deutlich wird, ist die Unvermeidlichkeit des Vertrauens in ein Vermögen, das alle skeptischen Möglichkeiten erzeugt und versteht … Der eigentliche philosophische Witz besteht weder in Descartes' Schlußfolgerung, er selbst existiere (ein weit beschränkteres Resultat als

310

das im folgenden in Anspruch genommene), noch in der Entdeckung von etwas absolut Gewissem. Der springende Punkt ist vielmehr die von Descartes aufgezeigte Einsicht, daß es einige Gedanken gibt, aus denen wir nicht *heraustreten* können.«[340] Diese Gedanken, aus denen wir nicht heraustreten können (ohne uns in elementare Selbstwidersprüche zu verwickeln), bilden gewissermaßen einen Rahmen, in dem alles, was wir denken und folglich auch bezweifeln, angesiedelt ist. Diese Gedanken, die den Rahmen bilden (oder zum Rahmen gehören, um offen zu lassen, aus was der Rahmen sonst noch vielleicht bestehen könnte), können wir nicht vermeiden! »Für sie gilt, daß es im strengen Sinne unmöglich ist, sie bloß von außen zu betrachten, weil sie unweigerlich und direkt in jeden Prozeß der externen Selbstbetrachtung eingehen und es uns gestatten, die Vorstellung von einer Welt aufzubauen, in der wir und unsere subjektiven Eindrücke als objektive Fakten enthalten sind«. Wir können die Resultate dessen, was wir machen, wenn wir zweifeln – und wir zweifeln immer in einem bestimmten Rahmen, wie Wittgenstein später in *Über Gewißheit* zeigen sollte – nicht revidieren –, außer durch eine Fortführung des Prozesses selbst, der zu einer allmählichen Revision des gesamten Rahmens führt. Genau diesen Vorgang habe ich weiter oben bereits als Perspektivenwechsel beschrieben. Man kann ihm sicher auch mit hochtrabenderen Begriffen wie »Wechsel der Weltanschauung« oder »Weltbildänderung« beschreiben. Der Sache nach bleibt es bei einem Perspektivwechsel. Es geht darum, tiefsitzende Reaktionen, Gewohnheiten und Handlungsweisen, die den Rahmen unserer Welt und unserer Sprachspiele abstecken, zu verändern. Dass sich diese Gewohnheit – unser Handeln, d. h. die Tatsache, dass wir etwas so und nicht anders tun – durch Sprache verändern lässt, ist sicher einer der erstaunlichsten Aspekte unseres denkens – ein Aspekt, der mit der hohen kommunikativen Funktion selbst des als solipsistisch vorgestellten denkens und seiner Einbindung in Lebensform und Sprachspiele verbunden ist.

2.2 Cogito – ergo? Zweifel an der Privatsprache oder warum es keinen privilegierten Zugang zum Ich gibt (Wittgenstein)

Es scheint nahezuliegen, dass nach Descartes zu denken bedeutet, insbesondere zwei Erkenntnisse zu berücksichtigen. Zum einen hatte Descartes auf eine sehr persönliche, geradezu autobiographische Weise Zeugnis davon abgelegt, was es heißt, radikal zu zweifeln. Das Ergebnis war, dass man an bestimmten Aussagen nicht zweifeln kann, ohne buchstäblich verrückt zu werden. Die Frage, die später aufgenommen wurde, lautete, ob sich diese Aussagen, die bleiben, im Laufe der Zeit ändern.

Descartes legt noch eine zweite, wichtigere Erkenntnis nahe, die die weitere Philosophie stark beeinflusst hat. Geist und Körper sind nach Descartes zwar vollständig getrennte Entitäten (eine Haltung, gegen die sich zu Recht massive Einwände vorbringen lassen, die ich hier aber nicht weiter verfolgen will), werden aber beide *einheitlich* erlebt und *erfahren*. In seiner sechsten Meditation beschreibt Descartes beispielsweise, dass er selber zweifellos erfahren kann, dass er einen Kopf, Hände, Füße, Augen etc. hat. Diese *Erfahrung* hat Bestand auch gerade dann, wenn er denkt. Sie wird also nicht durch die Prozesse des Geistes (in Descartes' Sprache) verändert, gestört oder revidiert. Dass Descartes einen Körper hat und entsprechend eine Vielzahl weiterer, an den Körper gebundene Erfahrungen macht, ist für ihn ebenso evident wie der Umstand, dass all das, was er erfährt, Dinge ebenso wie Vorstellungen, sich seinem denken (cogitationi meae se offerebant) *zeigen*. Das denken hat deshalb einen Zugang zur Welt und zu den Dingen. Descartes anerkennt sogar, dass er sich seiner Sinne früher als der Vernunft bedient habe (prius usum fuisse sensibus quam ratione). Dies sei vermutlich auch der Grund dafür, mutmaßt Descartes, dass die sinnlichen Wahrnehmungen ausdrucksvoller sind als die im denken erzeugten Vorstellungen und Begriffe. Ja, er könne sich sogar einreden – und er benutzt dabei eine Formel, die auch John Locke und ein Jahrhundert später Immanuel Kant beschäftigt –, dass »nichts in meinem Verstand sei, das nicht vorher im Sinn gewesen wäre«.[341] Diese Formulierung, die auch Aristoteles und Thomas von Aquin bekannt war, macht der englische Philosoph John Locke (* 29. August 1632 in Wrington bei Bristol; † 28. Oktober 1704 in Oates, Epping Forest, Essex) in seinem 1690, nach Descartes' Tod erschienenen vierbändigen Werk *An Essay concerning Humane Understanding* zum Grundgedanken seines revolutionären Werkes. Nichts könne im Verstand sein, was nicht vorher in den Sinnen gewesen wäre (nihil est in intellectu quod non [prius] fuerit in sensibus) – das ist eine von Lockes Hauptthesen. Kant fasst den Zusammenhang 1781 in der *Kritik der reinen Vernunft* neu: »Alle unsere Erkenntnis hebt von den Sinnen an, geht von da zum Verstande und endigt bei der Vernunft, über welche nichts Höheres in uns angetroffen wird, den Stoff der Anschauung zu bearbeiten und unter die höchste Einheit des Denkens zu bringen.«[342] Dem denken kommt also die entscheidende Funktion zu, alles Erkennen zu einer Einheit zusammenzubinden. Kant unterstreicht damit, was Descartes bereits vorbereitet hatte: dass es eines Ichs bedarf, eines *Ego*, in dem alle Fäden zusammenlaufen, in dem »es« denkt. Man kann darüber streiten, ob im Begriff »denken« nicht bereits die Vorstellung bzw. der Begriff eines Subjektes, eines Wesens, das denkt, analytisch enthalten ist. Entscheidend und neu an Kants Ansicht ist jedoch etwas, das zunächst nicht weiter auffällt und im Grunde erst mit der modernen Sprachphilosophie richtig in den Blick gekommen ist. Kant sieht, dass es Empfindungen braucht und ein Ich, das diese Empfindungen im denken bündelt. Damit aber ist nicht alles – wie noch bei Descartes und Locke – Empfindung, sondern auch zu einem großen Teil Sprache. Kant rückt gleichsam vom Sensualismus von Descartes und Locke ab hin zu einem an der Pragmatik der Sprache orientierten Verständnis von Empfindung, Ich und denken. Doch das greift der Entwicklung um einige Jahrhunderte vor.

Für Descartes jedenfalls sind und bleiben es die Sinne, speziell Descartes' eigene Sinne, die ihm einen Zugang sowohl zur körperlichen Welt – der res exstensa – als auch zur geistigen Welt – res cogitans – ermöglichen. Dieser dualistischen Trennung sind, obwohl es überrascht, die meisten Philosophen und Wissenschaftler bis heute treu geblieben – ob es sich um idealistische, materialistische oder wie gegenwärtig um funktionalistische Modelle des Geistes handelt.[343] Descartes macht unter anderem am Beispiel des Schmerzes eindringlich klar, was er meint: Niemand wisse so gut wie er selbst, dass er und wann er einen wirklichen Schmerz empfinde. Gerade der Schmerz, so scheint es, ist eine primär körperliche und damit aber wie ureigenste, persönliche Wahrnehmung, die bis ins denken dringt. Was folgt daraus? Ein Gedanke, der ausgehend von Descartes und Locke prägend war für die weitere Entwicklung, scheint auf der Hand zu liegen. Wenn Erfahrungen wie Schmerz zunächst ureigene, damit lediglich rein private Empfindungen sind, dann haben wir zu diesen Empfindungen einen besseren Zugang als jeder andere. Es mag richtig sein, dass jeder andere genauso wie ich sagen kann »Dort fliegt ein roter Ball«. Diese Art von Sinneswahrnehmung ist also nicht privat, sondern im Gegenteil öffentlich. Doch mit Schmerz und anderen Empfindungen, die man nicht *sehen* oder *hören* kann wie einen Ball, jedoch auch nicht *empfinden* kann wie die Kälte im Raum, die alle gleichermaßen fühlen, verhält es sich anders. Ist uns im Grunde nicht der Zugang zu Gefühlen und »privaten« Empfindungen über die Außenwelt nicht nur erschwert, sondern unmöglich? Gerade weil diese Frage naheliegt und wir nur von innen, durch uns selbst einen wirklichen Zugang zu uns und unseren privaten Empfindungen erhalten, musste Descartes den Zweifel ja auch in einen inneren Prozess verlegen und ihn ins Zentrum des Ichs tragen, wo der Zweifel erst das denken, den Geist in Mitleidenschaft ziehen konnte. Genau das macht die geradezu romanhafte (und von Descartes stilistisch entsprechend präsentierte) Dramatik seines Entwurfes aus. Etwas anderes anzunehmen, etwa dass wir selbst keinen besseren Zugang zu unserer Innenwelt haben als andere Menschen, erscheint mit Descartes wenn nicht absurd, so doch höchst kontra-intuitiv zu sein. Es ist präzise diese entscheidende Annahme, die sich aus Descartes' Gedankengang ergibt – dass wir durch den Geist, durch denken und Bewusstsein einen privilegierten Zugang zu uns selbst und unserer inneren Welt haben – die Wittgenstein für falsch hält. Seine Thesen lauten: Es gibt weder eine Privatsprache und privates denken über innere Empfindungen, noch gibt es einen privilegierten Zugang der eigenen Person zur Welt, nicht einmal dann, wenn diese, wie die innere Welt, ausschließlich die »eigene« Welt wäre. Wittgensteins Argument scheint zunächst völlig absurd zu sein – und tatsächlich ist er der Erste, der eine Jahrhunderte mehr oder minder akzeptierte Vorstellung radikal in Frage stellte. In einem geplanten Vorwort zu den *Philosophischen Bemerkungen* schreibt Wittgenstein: »Ob ich von dem typischen westlichen Wissenschaftler verstanden oder geschätzt werde, ist mir gleichgültig, weil er den Geist, in dem ich schreibe, doch nicht versteht … Es interessiert mich nicht, ein Gebäude auszuführen, sondern die Grundlagen der möglichen Gebäude durchsichtig vor mir zu haben. Mein Ziel ist also ein anderes als das der Wissenschaftler, und meine Denkbewegung von der ihrigen verschieden.«[344] Dass jemand in der Lage ist, das, was eine immer stärker gewordene Tradition seit Jahrhunderten auf eine bestimmte Weise gesehen hat, anders zu sehen, verlangt große Stärke. Wittgensteins philosophieren ist in gewisser Weise das beste Beispiel für die Möglichkeiten, tatsächlich den Aspektwechsel im denken zu vollziehen, von dem im ersten Kapitel die Rede war. Wittgenstein ging es nicht darum, »neue Tatsachen aufzuspüren« – das sei für seine Untersuchungen nicht wesentlich. Wesentlich sei gerade im Gegenteil, »daß wir nichts *Neues* mit ihnen lernen wollen. Wir wollen etwas *verstehen*, was schon offen vor unseren Augen liegt. Denn *das* scheinen wir, in irgendeinem Sinn, nicht zu verstehen.« 1947 notiert Wittgenstein in diesem Zusammenhang: »Möge Gott dem Philosophen Einsicht geben in das, was vor allen Augen liegt.«[345]

Ich widme Wittgenstein an dieser Stelle Aufmerksamkeit, nicht zuletzt um zu zeigen, was philosophische Reflexion zu leisten und buchstäblich auf den Kopf – oder besser: auf die Beine – zu stellen in der Lage ist. Wie also funktioniert Wittgensteins Argument in diesem scheinbar ausweglosen, weil der Tradition und unserer Intuition derart widersprechenden Fall? Worin genau besteht Descartes' (zweiter) Irrtum – falls es einen gibt? Und was sind Wittgensteins Gründe dafür zu behaupten, dass denken nicht einen inneren, inkorporierten und durch Introspektion zugänglichen Prozess bezeichnet?[346]

Die Methode, die Wittgenstein verwendete, um seine Behauptungen zu beweisen, ist ebenso einfach wie sie wirksam und brillant ist. Wittgenstein geht davon aus, dass alles, was er tun muss, um zu zeigen, dass Descartes' Ansicht (die viele Wissenschaftler und Philosophen seit Descartes bis heute vertreten) nicht stimmen kann, darin besteht, die Widersprüche, Inkonsistenzen und Lücken dieser Ansichten und Theorien aufzuzeigen. Zunächst zielt Wittgenstein auf Descartes' Annahme eines Dualismus – d. h. auf die strikte Trennung und nicht bloß Unterscheidung von Körper und Geist, von ausgedehnten und mentalen »Dingen«. Diese Vorstellung Descartes' impliziert (mindestens) zwei Annahmen, gegen die Wittgenstein sich wendet. Die erste – mentalistische – Annahme ist, dass das Subjekt und nur das Subjekt sich selbst bei Empfindungen, Denk- und Bewusstseinsakten oder allgemein: bei Erfahrungen beobachten und diese Erfahrungen auch beurteilen kann. Die zweite Annahme ist die einer möglichen Privatsprache, die auf der privaten Empfindung aufbaut. Denn wenn das, was ich denke, nur mir zugänglich ist, dann kann auch nur ich selber, wenn überhaupt, das, was ich erfahre, auch bezeichnen, also »denken« oder in Sprache ausdrücken. Mit der Annahme einer Privatsprache wird »implizit behauptet, daß es möglich ist, Objekte, Ereignisse und Zustände, die sich außerhalb von Sprachspielen befinden, gedanklich zu erfassen und sprachlich zu bezeichnen. Es geht hier also um die Verlegung eines Vorgangs, der gewöhnlich in Sprachspielen stattfindet, in einen Raum außerhalb von Sprachspielen. Die Frage ist nur, ob ein solcher Raum überhaupt existiert.«[347]

Aus beiden Annahmen ergibt sich, dass denken (wie auch Bewusstsein) als eine Art von innerem Sinn verstanden wird, als eine Art innere Taschenlampe des Bewusstseins, die sich auf das, was innen (und damit nur mir zugänglich ist), richten kann. Damit einher geht die Vorstellung, dass ich etwas denken, sagen und »begreifen« kann, obwohl es rein privat ist und ich es mit der Sprache, die mir gewöhnlich zur Verfügung steht, nicht sagen kann. Das aber bedeutet, dass es möglich sein müsste, gleichsam nur mit der Taschenlampe zu operieren und geistig zu sehen, ohne überhaupt von Sprache, Kategorien, Begriffen und dergleichen Gebrauch zu machen. Eine konkrete Frage, die sich für Wittgenstein daraus ergibt, ist die, ob es also tatsächlich möglich wäre, dass jemand »seiner inneren Erlebnisse – seine Gefühle, Stimmungen etc. – für den eigenen Gebrauch aufschreiben, oder aussprechen könnte? … Die Wörter dieser Sprache sollen sich auf das beziehen, wovon nur der Sprechende wissen kann; auf seine unmittelbaren, privaten, Empfindungen. Ein Anderer kann diese Sprache also nicht verstehen.«[348] Was für einen anderen gilt, gilt möglicherweise sogar für alle. Könnte es also sein, dass jeder Mensch derartige private Empfindungen hat, sie »kennt« und über sie nachdenkt und innere Monologe über sie hält, weil jeder nur von sich selbst weiß, ob er oder sie wirklich Schmerzen hat, während man es bei (allen) anderen nur vermuten kann?[349] Diese Vorstellung, scheint mir, ist vollends zu einer direkten Erblast Descartes' geworden, nachdem die Vorstellung eines Gottes, der seine schützende Hand noch über den letzten Zweifel, den bösen Geist im eigenen Geist hätte legen können, nicht mehr als Argument in einer philosophischen Diskussion zugelassen ist.

2.2.1 Das E-Tagebuch – warum es keine Privatsprache geben kann

Wie also argumentiert Wittgenstein? Ich will Ihnen zwei Schlüsseltexte für den Gang der Argumentation vorstellen und erläutern: das Gleichnis von der Käferbox (*Philosophische Untersu-*

chungen § 293) und das sogenannte E-Tagebuch (*Philosophische Untersuchungen* § 258). Bei diesem Tagebuch handelt es sich um ein privates Tagesbuch über die eigenen Empfindungen (E). Wittgenstein nimmt gemäß der Überzeugung vieler Menschen von der Existenz oder Möglichkeit einer solchen Privatsprache an, dass jemand, der als einziger Mensch Zugang zu seinen inneren Gefühlen und Erfahrungen hat, eine Art Tagebuch schreibt, in dem er vermerkt, wann er eine bestimmte private Empfindung E hat. Er notiert dann das betreffende Zeichen »E«. Das erste Problem besteht darin, dass E eigentlich nicht gesagt werden kann. Denn jede Sprache, die etwas abbildet, bildet es so ab, dass alle anderen es verstehen können. Gerade das ist ein Merkmal jeder Sprache, die den Schlüssel zum Gebrauch ihrer Wörter und damit auch zum Verständnis aller Bedeutungen gleichsam durch Praxis allen Sprechern mitliefert. »Ich will zuerst bemerken, daß sich eine Definition des Zeichens nicht aussprechen läßt«, bemerkt Wittgenstein daher in § 258. Weiter schreibt er: »Aber kann ich sie doch mir selbst als eine Art hinweisende Definition geben! – Wie? Kann ich auf die Empfindung zeigen? – Nicht im gewöhnlichen Sinne. Aber ich spreche, oder schreibe das Zeichen, und dabei konzentriere ich meine Aufmerksamkeit auf die Empfindung – zeige also gleichsam im Inneren auf sie … das geschieht eben durch das Konzentrieren der Aufmerksamkeit; denn dadurch präge ich mir die Verbindung des Zeichens mit der Empfindung ein. ›Ich präge sie mir ein‹ kann doch nur heißen: dieser Vorgang bewirkt, daß ich mich in Zukunft richtig an die Verbindung erinnere. Aber in unserem Fall habe ich ja kein Kriterium für die Richtigkeit. Man möchte hier sagen: richtig ist, was immer mir als richtig erscheinen wird. Und das heißt nur, daß hier von ›richtig‹ nicht geredet werden kann.«

Wittgenstein bezieht sich zunächst darauf, dass eine *sagbare* und damit kommunikable Definition nicht die Definition einer rein privaten Empfindung sein kann. Denn diese soll ja gerade rein privater Natur und nicht sagbar sein – wie sonst könnte sie etwas rein Privates beschreiben? In dem Moment, in dem eine

Empfindung sagbar wird – beispielsweise die Empfindung, die ich intern Zorn nenne –, gibt es auch Kriterien für ihre Beurteilung, die ich selber verwende, wenn ich »Zorn« in mir wahrnehme. Diese Kriterien kann ich mitteilen (denn ich kann durchaus über die Kriterien zur Beurteilung sprechen, ohne damit bereits über die Beurteilung selbst sprechen zu können). Wenn ich milde mit jemandem umgehe, der mich absichtlich verletzt hat, bin ich offensichtlich nicht (nur) »zornig«. Genau für solche Fälle lassen sich Kriterien in unserer Sprache angeben. Ich kann sagen, wann ich Zorn empfinde und wann nicht. Diese Kriterien aber fehlen bei einer reinen Privatsprache. Ich kann mich gewissermaßen noch nicht einmal mit mir selber verständigen und mich mit mir einigen, wann ich »E« als Beschreibung für das Gefühl, das ich habe, richtig anwende. Um mich einigen zu können, müsste ich die private Sprache auf die normale (öffentliche) Sprache beziehen, sozusagen ein Lexikon erstellen, dass mir eine Art Übersetzung ermöglicht. Doch wenn ich mir selbst eine Übersetzung in die öffentliche Sprache möglich machen würde – dann ermögliche ich sie auch jedem anderen, der in der Lage dazu ist, mein Lexikon zu gebrauchen, das ich ja durchaus kommunizieren kann. Es verhält sich im Grunde wie mit dem ersten Erlernen einer völlig neuen Sprache. Zwei Menschen aus völlig anderen Kulturen und Sprachhorizonten begegnen sich und müssen sich nun zu verstehen lernen. Tatsächlich sind die ersten Lexika auf diese Weise entstanden. Bei einem ausschließlich *inneren*, wie auch immer funktionierenden rein *mentalen* Vergleich einer Empfindung mit einer anderen kann es keine Kriterien geben – denn Kriterien gälten auch für andere und wären damit öffentlich einsehbar. Tatsächlich, so Wittgensteins Argument, liefe es in diesem Fall also darauf hinaus, dass ich selbst auch mir gegenüber völlig willkürlich – ohne Kriterien – entscheiden müsste, ob ich E habe oder nicht. Was aber sollte dann das Kriterium dafür sein, dass ich selber *mich* richtig erinnere, wenn ich mich mit »E« auf meine rein private Empfindung beziehe, die ich vielleicht zum letzten Mal vor fünf Wochen gehabt habe? Die Regel für die Kriterien liegen *im* Sprachspiel selbst, *in* der Sprache und nicht außerhalb! Wittgensteins Argument greift daher gleichsam von zwei Seiten an. Zum einen zeigt er in den *Philosophischen Untersuchungen*, dass es, wenn es Kriterien für den Gebrauch eines Wortes gibt, es dann auch *öffentliche* Kriterien dafür geben muss.[350] Zum zweiten zeigt er, dass die mentalistische Position, also die Annahme, dass es einen ausschließlich inneren Zugang zu Empfindungen gibt, zu einem beliebigen, willkürlichen Umgang in der Bezeichnung dieser Empfindungen führt. Die mentalistische Annahme bleibt gleichsam in der Luft hängen. Wenn ich behaupte, dass es keine äußeren Kriterien gibt, um zu verstehen, ob ein bestimmter Ausdruck meinen eigenen Empfindungen entspricht oder nicht, verhalte ich mich auch in Bezug auf mich selber beliebig. Warum? Weil ich selber nicht in der Lage bin, einer Regel zu folgen, die mir helfen würde, E korrekt zu bezeichnen. Anders als Descartes und Locke gemeint hatten, bestehen Sprechen und denken nicht darin, gewissermaßen mentale Zettel und Zeichen an Empfindungen zu heften, die wir zunächst einzig und allein für uns, privat, haben. Sprache und denken beruhen, so Wittgenstein, gerade *nicht* ausschließlich auf einem inneren Prozess. Wäre es so, könnten Begriffe und Wörter niemals eine Bedeutung erlangen bzw. erlangt haben. Sprechen und denken zu können – obwohl es sich dabei um zwei verschiedene Tätigkeiten handelt – hat damit zu tun, dass *wir* in der Lage sind, bestimmten Regeln zu folgen bzw. bestimmte Regeln anzuwenden und auf eine bestimmte Art und Weise (mit Sprache, mit Gedanken) zu handeln. Natürlich haben wir alle sinnliche Wahrnehmungen – eine Tatsache, die Wittgenstein selbstverständlich anerkennt. Die Frage ist nur, was damit gewonnen ist. Befähigt die sinnliche Wahrnehmung allein zum denken? Oder die Begriffe, die wir – angenommen wir könnten sie alle selbst erfinden – wie Gedankenhaftes an die Empfindungen kleben? Es muss, so Wittgenstein, die Öffentlichkeit hinzukommen – d. h. die gesamte Lebensform und Sprach- bzw. Denkpraxis, in der wir groß geworden sind und leben. Die Regeln selbst fügen der

Tatsache, dass wir nach ihnen handeln, zwar nichts hinzu – insofern sind die Regeln auch keine *Begründungen*, sondern nur eine Umschreibung dafür, dass wir bestimmte Dinge eben *so* tun. Wichtig ist jedoch, dass es »*öffentliche* Kriterien dafür gibt, ob ein Handelnder einer Regel folgt oder nicht«.[351] Vor allem aber gilt, dass das Regelfolgen kein bloßer mentaler Akt ist – ein innerer, rein geistiger Vollzug – sondern ein *Handeln*.

denken ist einerseits eine Erfahrung,
andererseits ein Handeln –
aber kein rein innerer, ausschließlich mentaler Vollzug.

Auch wenn es zunächst den Anschein haben mag. Doch der Kampf gegen den Anschein ist ja gerade eine der wesentlichen Eigenschaften, die philosophisches Arbeiten auszeichnet.

2.2.2 Der Käfer in der Schachtel – warum es keinen privilegierten Zugang zu unserem Inneren gibt

Wittgenstein hat noch ein weiteres, vielleicht überzeugenderes Argument bereit, um zu zeigen, dass wir keine Privatsprache und keinen privilegierten Zugang zu unserem Inneren haben. Den Unterschied zwischen einem gesunden und einem abgebrochenen Zahn kann man jedem zeigen. Man deutet auf den abgebrochenen Zahn – und die meisten Menschen werden unmittelbar verstehen, dass man weder auf die Farbe, noch auf das Material noch (weil man nicht genau, sondern nur ungefähr zeigt) auf den Hintergrund verweist. Würde man das Gleiche in einer privaten Vorführung versuchen – der privaten Vorführung einer inneren Empfindung, etwa Schmerz, die niemand anders, wohl aber man selber »sehen« kann –, so »brauchst du dir garnicht Schmerzen hervorzurufen, sondern es genügt, wenn du dir sie *vorstellst* ... Und weißt du, daß, was du dir so vorführst, Schmerzen sind, und nicht z. B. ein Gesichtsausdruck? Wie weißt du auch, was du dir vorführen sollst, ehe du dir's vorführst? Diese *private* Vorführung ist eine Illusion.«[352] Wenige Paragraphen zuvor, in denen er unter anderem angibt, was das Ziel seines Philosophierens ist – der Fliege den Ausweg aus dem Fliegenglas zeigen –, kommt Wittgenstein auf die Frage zu sprechen, was es bedeutet, im Sinne von Descartes und Locke private Empfindungen zu haben.

»Wenn ich von mir selbst sage, ich wisse nur vom eigenen Fall, was das Wort ›Schmerz‹ bedeutet: – muß ich das nicht auch von den Andern sagen? Und wie kann ich denn den einen Fall in so unverantwortlicher Weise verallgemeinern? Nun, ein Jeder sagt es mir von sich, er wisse nur von sich selbst, was Schmerzen seien! – Angenommen, es hätte jeder eine Schachtel, darin wäre etwas, was wir ›Käfer‹ nennen. Niemand kann je in die Schachtel des Anderen schaun; und Jeder sagt, er wisse nur vom Anblick seines Käfers, was ein Käfer ist. – Da könnte es ja sein, daß Jeder ein anderes Ding in seiner Schachtel hätte. Ja man könnte sich vorstellen, daß sich ein solches Dinge fortwährend veränderte. – Aber wenn nun das Wort ›Käfer‹ dieser Leute doch einen Gebrauch hätte? – So wäre er nicht der der Bezeichnung eines Dings. Das Ding in der Schachtel gehört überhaupt nicht zum Sprachspiel; auch nicht einmal als ein Etwas: denn die Schachtel könnte auch leer sein. – Nein, durch dieses Ding in der Schachtel kann ›gekürzt werden‹; es hebt sich weg, was immer es ist. Das heißt: Wenn man die Grammatik des Ausdrucks der Empfindung nach dem Muster von ›Gegenstand und Bezeichnung‹ konstruiert, dann fällt der Gegenstand als irrelevant aus der Betrachtung heraus.«[353]

Bezogen auf den Schmerz oder jede Art rein privater Erfahrung, argumentiert Wittgenstein, ist es falsch zu glauben, sie käme so zustande, dass man sich auf eine rein subjektive, private Erfahrung bezieht. Tatsächlich kann nicht nur der andere nicht in meine »Schachtel«, meinen gesamten kognitiven und sprachlichen Apparat, in dem ich die Erfahrungen halte, hineinschauen; ich selber kann es auch nicht. Ich kann im strengen Sinne nicht wissen, was sich in der Schachtel der anderen und in meiner eigenen befindet. Ich kann auch nicht auf die innere Empfindung *zeigen*, wie ich möglicherweise auf ein Lebewesen zeigen und sagen kann:»Das ist Ally, mein Hund!«»Es gibt nichts außerhalb der eigenen privaten, subjektiven Erfahrung, das als Standard für die Richtigkeit des Gebrauchs eines Wortes dienen könnte«, schreibt der britische Philosoph Ben Dupré. Es ist ein bisschen so,»als riefe jemand laut und beharrlich: ›Ich weiß aber, wie groß ich bin!‹ – und legte zum Beweis die Hand auf den Kopf.«[354] Es braucht den gemeinsamen, öffentlichen Maßstab, um der Aussage einen Sinn zu geben.

Wenn man eine private Empfindung hat, so Wittgenstein, und beschreibt diese für *sich* – denn ein anderer wäre dazu der Annahme zufolge ja nicht fähig –, was *macht* man dann tatsächlich? Wie *beschreibt* man etwas? Immerhin würde man, wenn man darüber spräche oder eine Aussage über seine eigene Empfindung machte, eine *bestimmte* Empfindung ansprechen. Das aber bedeutet, so Wittgenstein, dass man sie näher beschreiben und sagen kann, was man darunter versteht – sonst wäre sie nicht bestimmt. Angenommen, ein anderer beschreibt mir seine Empfindung – muss ich dann nicht zugeben, keine Ahnung zu haben von dem,»was er vor sich hat, sein könnte, – was verführt dich dann dennoch zu sagen, er habe etwas vor sich? Ist das nicht, als sagte ich von Einem: ›Er *hat* etwas. Aber ob es Geld, oder Schulden, oder eine leere Kasse ist, weiß ich nicht.‹«[355]

Der Gedankengang, den Wittgenstein aus der Analyse der Privatsprache entwickelt, läuft darauf hinaus zu zeigen, dass der Körper, wie Gunter Gebauer sagt, eine fundamentalanthropologische Bedingung für Sprechen und denken ist. Obwohl es einen anderen Eindruck macht, befindet sich der Körper als Körper nicht außerhalb der Sprachspiele – des Sprechens und denkens –,»sondern ist, als Umgangskörper, selbst Teil ihrer symbolischen Welt«.[356] Dass dies so ist, hängt mit der *Umgangsqualität* sprachlicher Praxis zusammen. Zu sprechen ist eine in die Sinne, in den Körper aufgenommene Form des Handelns. Weil es so ist, sind bestimmte Sätze – etwa die Moore'schen Sätze, die ich eben erwähnte – so fest verankert. Sie beruhen auf einer gemeinsamen Praxis. Sie drücken also nicht, wie die klassische Philosophie dachte, ein Verhältnis zu den Dingen, zur Welt aus (nämlich eine lautliche Darstellung der durch inneres denken an die Dinge gehafteten Zettel), also kein Wissen *über* die Welt – sondern entsprechen der einfachen Praxis, *dass wir so und nicht anders handeln.* Die Sätze sind fundamental, weil sie zum Fundament unserer Lebensweise gehören. Erfahrungssätze gehören deshalb wesentlich zum denken. Moore'sche Sätze wie »Ich glaube, dass die Erde schon viele Jahre existiert hat« oder »ich habe zwei Hände« bilden, zusammen mit unserer Lebensform und unserer Sprache, ein System. Solche Sätze gehören zum Fundament unseres denkens. Nur auf dem Boden dieser Sätze können wir auch zweifeln. Insofern sind die Sätze nicht wahr, weil sie auf einer *richtigen* Übereinstimmung unseres denkens mit der Welt beruhen, sondern nur, weil sie mit zu unserem *Handeln* gehören.[357] Das System des denkens, wie man es nennen könnte, ist, zusammen mit unserem Körper, »nicht so sehr der Ausgangspunkt«, sondern vielmehr »das Lebenselement der Argumente«.[358] Wer an allem zweifeln würde, auch am Fundament, könnte nicht zweifeln. Das Spiel des Zweifels setzt, wie Wittgenstein formuliert, bereits eine Gewißheit voraus. »Der Zweifel kommt *nach* dem Glauben« im Sinne von: nach einem Handeln, auf das wir vertrauen. Dieses Handeln *ist*, wie es ist. Insofern besteht die größte Schwierigkeit darin, »die Grundlosigkeit unseres Glaubens einzusehen«. Wittgenstein redet an dieser Stelle nicht von einem religiösen Glauben, sondern vom Vertrauen auf eine bestimmte Praxis – darauf, dass wir bestimmte Dinge auf eine bestimmte Weise tun, etwa in dem wir sie benennen. Auch was als Prüfung gilt – Prüfung dafür, ob ein Zweifel berechtigt ist oder wann er ein Ende hat –, beruht auf einer nicht weiter zu begründenden Handlungsweise. Es geht also – und auch darin liegt ein Fehler der Tradition, das Nachdenken als korrekte Angabe der ersten Prämissen, des Anfangs des denkens, zu verstehen – *nicht* darum, bestimmte richtige *Prämissen* ausfindig zu machen.

324

Der Körper steht in unserem Leben sozusagen im Übergangs-
feld zwischen innen und außen – er ist ein Umgangskörper.
»Was ihn dazu befähigt, ist seine *Zweiseitigkeit*, seine Ausrichtung sowohl nach außen als auch nach innen; er ist einerseits
auf die Welt, andererseits auf das Subjekt selbst gerichtet. Dabei
bleibt er ein und derselbe Körper, der von außen als Objekt
wahrgenommen und behandelt, dabei gleichzeitig vom Subjekt
erfahren und gespürt wird ... Der Körper ist ein Resonanzboden
der Sprache.«[359] Sprache und denken sind in unser Leben einge-
woben wie ein Muster in einen Teppich. Der Teppich lässt sich
nicht ohne die Muster beschreiben. Er existiert nicht einmal ohne die Muster, die ihn ausmachen, denn die Muster sind zugleich
die Fäden, aus denen der Teppich gewebt ist.

**denken ist die Suche nach,
aber auch die Produktion von
Mustern.**

Liest man, mit Wittgenstein im Gepäck, Descartes noch einmal,
fällt auf, wie deutlich die Hinweise von Descartes auf den Körper
sind. Was ihm vielleicht klar war, jedoch nicht explizit von ihm
bedacht wurde (und auch in der Folge von den meisten Philosophen bis Wittgenstein kaum gesehen wurde), war der Umstand,
dass zum denken nicht nur ein Körper, sondern auch die Sprache
gehört – die eine Art gemeinsame Praxis darstellt. Auch wenn
ich alleine im Schnee denke, bleibt die Sprache eine *gemeinsame
Praxis*, auf die ich mich, selbst im Zweifel, verlasse. In Bezug auf
die (scheinbar) rein privaten Empfindungen lässt sich demnach
festhalten, dass die Gewissheit einer solchen Empfindung sich
zusammensetzt aus einer Objekterkenntnis (»Dort, an dieser
Stelle, tut mein Arm weh«), einer Empfindung und dem sie ver-
bindenden, sie begleitenden Ego cogito, dem denkenden (und
in diesem Fall auch sprechend-schreibenden, also die Sprache

325

gebrauchenden) Ich. Allgemein kann man sagen, dass sich eine Erkenntnis unter anderem zusammensetzt aus Objektkenntnis (über die ich mich bekanntlich täuschen kann), aus einer Empfindung (über die ich mich ebenfalls täuschen kann; wäre sie rein privat, könnte ich sie nicht benennen und mich bei einem möglichen Wiedererkennen dieser Empfindung ebenfalls täuschen) und der Spracherkenntnis (der Fähigkeit, eine Sprache zu benutzen – eine Fähigkeit, in deren richtiger Ausübung ich mich ebenfalls täuschen kann). Der Weg des denkens zur Erfahrung läuft also nicht über einen verborgenen, nur mir selber zugänglichen inneren Zugang, einen verborgenen Akt des mentalen Zeigens, sondern über eine gemeinsame, sozial verankerte Erfahrung im Kontext einer Lebensform bzw. Lebensgemeinschaft, die immer auch eine Sprachgemeinschaft ist.

Wer oder was ich selber bin,
kann ich letztlich also nicht durch Introspektion
und nicht durch die Sinne alleine erkennen.
Ich kann es nur
im denken,
in der Erfahrung des denkens, erfassen.

Dies ist einer der wesentlichen Gründe, warum wir nicht nur denken, sondern auch dichten und philosophieren müssen. In der Literatur bieten sich uns Beschreibungen unserer Innenwelt – potentielle Formen unseres Selbst. Dass uns die Sprache dabei oftmals zu schwach vorkommt, um zu sagen, wer wir sind, und dass uns zuweilen die Worte fehlen, deutet nicht auf ein grundlegendes Unvermögen des denkens und Sprechens hin, sondern lediglich darauf, dass die zur Verfügung stehenden Wörter nicht zu passen scheinen. Denken ist, wie sich im nächsten Kapitel zeigen wird, wesentlich unterscheidendes denken. Neue Sichtweisen, neue Gefühle können neue Beschreibungen unserer selbst notwendig machen. Empfindungen aber existieren nicht wie Dinge (die in Wahrheit ebenfalls mit der Sprache verbunden sind, denn was ein Ding »ist«, können wir nur sagen durch eine Beschreibung), »sondern werden in Sprachspielen geformt«.[360] Das ist der Grund, warum wir sie denken und über uns selbst sprechen können. Wenn wir eine solche Erfahrung im denken erfassen (was gleichfalls eine Erfahrung ist), dann greifen wir dabei nicht auf wirkliche Ereignisse zurück, sondern auf sprachliche Zeichen und Bilder, die uns oft genug den Verstand verhexen, weil wir uns nicht mehr von ihnen lösen können und sie auch dort verwenden, wo wir sie nicht verwenden sollten. Unser denken ist wie das, was wir im denken erfassen, durch und durch kulturell und sozial strukturiert.

Erkenntnis im denken findet, entgegen der weit verbreiteten Vorstellung, dann statt, wenn wir nicht richtig im Kopf sind – wenn wir in Körper und Sprache, Empfindungen und Begriffen, bei uns und bei den anderen sind: wenn wir uns also auf die ganze Erfahrung des denkens konzentrieren.

In unserer Lebenswelt und Sprachgemeinschaft finden sich, im Unterschied zur Kunstsprache der Mathematik, keinesfalls nur scharfe, klare Begriffe, sondern viele unscharfe Zeichen, Bilder und Metaphern, ohne die wir nicht denken können. Denken wird, wie Wissenschaft oder Philosophieren auch, von menschlichen Wesen betrieben, die über eine Vielzahl von sprachlich-kognitiven Systemen verfügen, von denen sie ausgiebig Gebrauch machen und innerhalb deren sie sich verständigen können. Vieles hängt also davon ab, welche Sprache, welches kognitive System wir benutzen. Wie immer, wenn wir handeln, ist auch dies eine Frage der Entscheidung – wobei neben der Entscheidung für eine bestimmte Sprache oder ein bestimmtes kognitives System auch die Fähigkeit zur Imagination, also zur Erfindung neuer Metaphern und Bilder innerhalb des Systems ebenfalls eine wesentliche Rolle spielt.[361] Insofern teile ich im wesentlichen die Analysen von George Lakoff und vor allem des Pragmatismus von Richard Rorty, dem ich in Sachen Nachdenken das vorerst letzte Wort überlassen möchte (wobei mir bewusst ist, dass Pragmatismus für viele ein Schimpfwort und Rorty nicht unumstritten ist, aber vor dem Zitat ist nach dem Zitat – und das denken muss ja, vermutlich ganz in Rortys Sinn, weitergehen ...).

»Die Behauptung, dass es keine Weise gibt, wie die Dinge an sich sind, teilt die pragmatische Tradition der englischsprachigen Philosophie mit der post-nietzscheanischen Tradition in der europäischen Philosophie, die manchmal wenig hilfreich als ›postmodern‹ bezeichnet wird. Diese beiden Denkrichtungen betonen, dass jede Untersuchung – in der Physik ebenso wie in der Politik – einfach darin besteht, so lange ein Gespräch zu führen, bis wir herausgefunden haben, was zu sagen oder zu tun ist. Den Versuch, Wahrheit als Korrespondenz zur natürlichen Ordnung der Dinge zu definieren, haben sowohl die Erben von William James als auch die Nachfolger Nietzsches als metaphysischen Dogmatismus verworfen. Unter ›Pragmatismus‹ verstehe ich im Folgenden die Ansicht, dass die Idee einer natürlichen Ordnung der Dinge aufgegeben werden sollte. Ich werde einige Vorschläge machen, in welcher Weise Ausdrücke wie ›die Liebe zur Wahrheit‹ und ›die Liebe zur Weisheit‹ zu interpretieren sind, wenn man die Idee aufgibt, dass die Naturwissenschaft die einzige bestimmte Weise entdeckt, wie die Welt wirklich ist. Ich werde argumentieren, dass diese Begriffe ebenso nützlich und inspirierend sind, wenn wir zur Ansicht übergehen, das Ziel der Erkenntnissuche sei das Finden von zahlreichen Beschreibungen der Welt, die jeweils einem unserer zahlreichen menschlichen Zwecke entsprechen.«[362]

III. Denk-Mittel oder die Werkzeugkiste(n) des denkens (und der Philosophie)

»Die Philosophen glauben, daß Wörter – wie *Realität* – etwas Wichtiges enthalten, das man aus dem Wort extrahieren muß, als ob das Wort nicht ein aufs Geratewohl, durch Bilder, durch Diskussionen und unkoordinierte Verwendungen fabrizierter Gegenstand wäre – und als ob es gottgegeben wäre. So die ›Zeit‹, so die ›Welt‹ und der Geist und die Dinge ... Und sie glauben an die LOGIK.«

Paul Valéry, Cahiers / Hefte 2, S. 116

»Denk an die Werkzeuge in einem Werkzeugkasten: es ist da ein Hammer, eine Zange, eine Säge, ein Schraubenzieher, ein Maßstab, ein Leimtopf, Leim, Nägel und Schrauben. –
So verschieden die Funktionen dieser Gegenstände, so verschieden sind die Funktionen der Wörter. (Und es gibt Ähnlichkeiten hier und dort.)
Freilich, was uns verwirrt ist die Gleichförmigkeit ihrer Erscheinung, wenn die Wörter uns gesprochen, oder in der Schrift und im Druck entgegentreten. Denn ihre *Verwendung* steht nicht so deutlich vor uns. Besonders nicht, wenn wir philosophieren!«

Ludwig Wittgenstein, Philosophische Untersuchungen § 11

»Jeder Gedanke hat eine Größe, und die meisten sind ungefähr einen Meter groß und besitzen das Komplexitätsniveau eines Rasenmähermotors, eines Feuerzeuges oder jener Zahnpastatuben, die, indem sie mehrere verborgene Pasten und Gele zusammenmischen, ein angenehm gestreiftes Produkt erzeugen. Ab und zu kommt vielleicht mal ein Gedanke, der in seinem wirren, geschichteten Aufbau ungefähr so groß wie der eigene Dielenwandschrank erscheint. Ein richtig *großer* Gedanke dagegen, ein Gedanke, angesichts dessen ganze Stadtzentren aufstehen und lauthals ihre Dankbarkeit und Verbundenheit zum Ausdruck bringen würden; ein Gedanke voller Erhabenheit, voller alles durchweichender, faßverachtender Katarakte und voller Detonationen geballter Hoffnung, untermalt von Hunderten von Celli; ein Gedanke, der Telefonbücher zerreißen kann und an den Eisenknoten der Erfahrung klopft, bis es von jedem blauen Strang widerhallt; ein Gedanke, der eines Tages alles Edle und Gute in seine Aktenmappe packen, sich an den Verwaltern der Vergeblichkeit vorbeidrängen, über Nacht zur Wahrheit gelangen und sie an den gleichgültigen Marmorschultern rütteln könnte, bis sie endlich ihre kühle Zustimmung wispern – dessen Größe ist des Nachdenkens wert.«

Nicholson Baker, Wie groß sind die Gedanken, Reinbek bei Hamburg 1998, S. 217 f.

1. denken ist denken

Ich hatte Ihnen versprochen, einige Mittel oder Werkzeuge des denkens vorzustellen und Sie zu informieren über das, was ich etwas salopp den »Werkzeugkasten« nenne. Vielleicht glauben Sie aber auch, dass es verschiedene Werkzeugkästen gibt: einen beispielsweise für Kernphysiker und einen anderen für Philosophen. Vielleicht ist es nur eine Frage der Benennung – aber ich bin davon überzeugt, dass es nur einen einzigen Werkzeugkasten gibt. Denn der Werkzeugkasten des Kernteilchenphysikers enthält im Grunde nicht mehr als der des Philosophen, einfach eines *jeden* Menschen, der versucht, mit den besten Mitteln, die ihm zur Verfügung stehen, die Welt und sich selbst zu verstehen. Überrascht Sie das? Kernteilchenphysiker gelten häufig als schlauer, kompetenter, »logischer«, »methodischer« und »wissenschaftlicher« als Philosophen, wobei ich zunächst dahingestellt lasse, was genau mit »methodisch« oder »wissenschaftlich« gemeint ist. Ich bin der Ansicht, dass der Werkzeugkasten des denkens, um den es geht, im Grunde einer ist. Warum? Weil im Prinzip jeder, der über eine im medizinisch-psychologischen Sinne »gesunde« Denkstruktur verfügt (also physisch und psychisch in der Lage ist, zu denken und gewisse Kognitions- und Abstraktionsleistungen zu vollbringen), im Prinzip auch in der Lage wäre, sich in das, was ein Kernteilchenphysiker oder ein Philosoph macht, hineinzudenken. Natürlich gebe ich sofort zu, dass sich allein die Mathematik, mit der sich ein Quantenphysiker befasst, buchstäblich in astronomischen Entfernungen von dem befindet, was mir mit der Schulmathematik zugänglich ist. Und doch leben auch die sogenannten exakten oder empirischen Naturwissenschaften davon, dass im Prinzip *jeder*, der sich auf ihr Studium einlässt, die jeweiligen Erkenntnisse nachvollziehen und überprüfen kann. Damit ist nicht ausgeschlossen, dass es erstens immer wieder Wissenschaftler gibt, die das bestehende, akzeptierte Wissen für falsch oder zumindest sehr lückenhaft halten und dann eine eigene Theorie entwickeln. Aber nicht jeder, der behauptet, so etwas wie eine neue Relativitätstheorie entwickelt zu haben, wird mit dieser Behauptung auch recht haben. Falls diese Behauptung allerdings ernst zu nehmen ist, dann muss sie im Prinzip nachvollziehbar und überprüfbar sein. Zweitens räume ich gerne ein, dass das, was über bestimmte Mathematiker gesagt wird, auch für einige andere Fälle gilt: dass es derart auf bestimmte Bereiche spezialisierte Denker (Künstler, Schriftsteller, Bioinformatiker, Astrophysiker, Philosophen) gibt, dass man auf der gesamten Welt vielleicht nur 10 oder 20 Menschen finden wird, die auf demselben Gebiet forschen und sich entsprechend gut auskennen. Ich werde bereits weit vorher passen müssen – aber jemand, der sich gut auskennt, wird die jeweiligen Behauptung auch eines solchen Spezialisten im Prinzip überprüfen können. Worauf ich hinauswill, ist, dass sich im Werkzeugkasten des denkens gleichsam völlig demokratisch all die Werkzeuge befinden, die man braucht. Sie stehen *jedem*, der sie gebrauchen will, zur Verfügung. Es gibt dabei kein Geheimwissen, keine Bevorzugung, keine Vorteile (auch wenn Wissenschaftler, die an mit Geld gut ausgestatteten Universitäten arbeiten, zweifellos bessere Karrierechancen haben, aber das ist ein anderes Thema). Worauf es ankommt, ist, dass jeder von uns sich, im Prinzip jedenfalls – wenn auch im Schweiße unseres jeweiligen Angesichtes –, mit Hilfe der Denkwerkzeuge neue Kenntnisse erarbeiten und sich auf den Stand eines Forschungsgebietes bringen könnte. Alles, was uns daran hindert, abgesehen vom Zeitaufwand, ist mangelnde Neugier oder eine Neugier, die sich schlicht einer anderen Disziplin oder Fragestellung zuwendet. Hinzu kommt, dass wir faul sind. So oder so aber gilt:

Keiner, der einen Werkzeugkasten hat,
wird alle Werkzeuge, die
sich im Keller befinden, dort hineinpacken wollen.
Man arbeitet nur mit dem,
»was man so braucht«.

Als ich dieses Kapitel heute Morgen zu schreiben begann, klingelte es an der Tür, und ein Handwerker kam, um die Türe, die in den Garten führt, zu reparieren. Ich hatte vorher mit meinem Vermieter und dann auch mit dem Handwerker über das Türproblem gesprochen. Entsprechend war der Werkzeugkasten vorbereitet. Der Handwerker – ein erfahrener Mann, der zugleich der Vater meines Vermieters ist – sah sich die Türe an, blickte auf seinen Werkzeugkasten und sagte: »Genau für diesen Typ von Schloss habe ich kein Werkzeug dabei. Um den Mechanismus zu reparieren, muss ich ein Ersatzteil besorgen.« Tatsächlich kam er nachmittags wieder – diesmal mit Ersatzteil und dem passenden Werkzeug. Er brauchte keine drei Minuten, und die Tür in den Garten tat ihren alten Dienst und machte wieder das, was ihre Bestimmung war. Der Vorgang an sich erscheint schrecklich banal. Und jeder von uns hat häufig schon die Erfahrung gemacht, genau den Schlüssel, die Datei, das Buch, das Gewürz, kurz das entscheidende fehlende Ding nicht dabeizuhaben. Dies ist nicht etwa der Fehler desjenigen, der den Werkzeugkasten eingerichtet hat (meist wir selber) – denn man kann, wie gesagt, nicht alle Werkzeuge für alle Eventualitäten mit sich herumschleppen. Das erinnert an das Problem, beim Versuch, die Welt zu verstehen, eine genaue Kopie oder Simulation der Welt herzustellen. Was ist damit gewonnen? Man braucht nicht die ganze Welt, um die Welt zu verstehen. In ähnlicher Weise braucht man nicht alle Werkzeuge dieser Welt, um eine Gartentüre zu reparieren. Es kommt darauf an, die richtigen, also passenden Werkzeuge bei sich zu haben.

Man muss nicht alles
kennen, wissen oder haben,
um das, was man verstehen will,
zu verstehen.
Man muss nicht alle Denkwerkzeuge
aktivieren, um richtig
denken zu können.
Es genügt, zum richtigen Zeitpunkt
das richtige Werkzeug
bereitzuhaben.

Diese Einsicht brachte mich auf die Idee, Sie zunächst mit der Idee der sogenannten *adaptiven Werkzeugkiste* vertraut zu machen und Sie von ihrer Notwendigkeit zu überzeugen (buchstäblich!, denn sie wendet Denknöte ab). Außerdem will ich Sie in einem zweiten Schritt davon überzeugen, dass zur anpassungsfähigen, flexiblen Werkzeugkiste auch bestimmte Dinge gehören, die Sie nicht unbedingt dort vermutet hätten. Ich nenne das die *erweiterte adaptive Werkzeugkiste*. Beides werde ich Ihnen gleich erklären.

Zunächst aber will ich Ihre Aufmerksamkeit auf die Überschrift dieses Kapitels lenken. Hinter dem scheinbar inhaltslosen Satz – denken ist denken – verbirgt sich ein keineswegs selbstverständliches Problem, das viele Forscher lange Zeit beschäftigt hat. Die Frage lautet vereinfacht gesagt: Ist der Prozess des denkens einer, oder gibt es verschiedene Arten des denkens? Die Antwort auf diese Frage lautet: Es gibt zwar verschiedene Denkstile, das ist wahr. Aber gleich welchen Stil man bevorzugt, denkt man, wenn man denkt. Das denken selbst ist ein einheitlicher Prozess, auch wenn er in sich vielfältig ist. Beim denken benutzen wir durchaus unterschiedliche Werkzeuge – und es gibt Menschen, die einen Hammer immer einem Bohrer vorziehen würden. Sie würden nie auf die Idee kommen, ihren Hammer zu Hause zu lassen, denn sie sind sich sicher, dass sie ihn brauchen werden. Ansonsten gilt: Wer denkt, der denkt – unabhängig davon, welches Werkzeug, welche Methode er oder sie benutzt. Ein Naturwissenschaftler beispielsweise denkt vielleicht in Formeln, d. h. in mathematischen Formen, während Mozart in Melodien, Harmonien oder musikalischen Formen dachte. Und doch wäre es falsch zu sagen, nur der Naturwissenschaftler, der das Universum oder die genetische Struktur der Maus erforscht, denkt – während Mozart, während er komponiert, nicht denkt. Was auch immer man gerade tut: Man weiß, ob man denkt oder nicht. Aber es gibt eine Fülle unterschiedlicher Formen des denkens. Man kann ein Kreuzworträtsel lösen, einen Satz von der einen in die andere Sprache übersetzen, eine mathematische Aufgabe lösen, eine moralische Entscheidung treffen, über die richtige Wahl einer Farbe in einem Bild oder einer Tonart in einem Musikstück nachdenken. Man kann aber auch einen Gedanken ausprobieren, kann zu sich selber sprechen, eine neue Methode anwenden, bei der ersten Fahrstunde über das richtige Schalten nachdenken oder über die richtigen Bewegungen der Beine beim Schwimmenlernen. Man kann über den richtigen Weg nachdenken, über eine Wahl, die man zu treffen hat, über die Reihenfolge der richtigen Abläufe beim Kochen oder bei einem Wettkampf. Und doch weiß man immer, was man tut: Man denkt oder denkt nach und übt selber eine Tätigkeit aus, die niemand für einen ausüben kann. Denken ist unvertretbar. Ich kann mich zwar entscheiden, Gedanken anderer Menschen einfach zu übernehmen, ohne weiter darüber nachzudenken – so wie die Resultate einer Rechnung, die ich nicht mehr überprüft habe: Aber auch das ist letztendlich nur eine weitere Form des denkens. Es wäre beispielsweise lächerlich zu behaupten, dass ich nicht nachdenke, nur weil ich die Formel »Geschwindigkeit = Weg durch Zeit« anwende, die ich (wie der Lehrer, von dem ich sie gelernt habe) aus einem Lehrbuch übernommen habe. Ebenso absurd wäre es zu sagen, dass zwar im Physik- und Mathematikunterricht gedacht wird, nicht aber im Latein- oder Philosophieunterricht.

335

Manche finden es verwirrend, dass man beim denken eine Vielzahl unterschiedlicher Werkzeuge verwenden kann. Und doch ist es beim denken nicht anders als beim Handwerken. Je nachdem, was man macht, braucht man unterschiedliche Werkzeuge – ähnlich wie man nicht jeden Tag dasselbe essen möchte. Wenn man sich unser Verhalten ansieht – den Gebrauch der Werkzeuge, aber auch einiges andere –, dann scheint Paul Valéry wirklich recht zu haben, wenn er feststellt: »Ein und derselbe Kopf kann nicht ohne ein halbes Dutzend widersprüchlicher und wechselnder Philosophien denken. Gott, der Determinismus, die Ideen, das Ich, die Freiheit usw. sind Werkzeuge, die unsortiert auf unserem Arbeitstisch liegen. Es genügt zu wissen, daß es so ist. Nicht versuchen, *in Einklang zu bringen*, auch nicht die Säge mit der Zange. (*Darin* steckt der Fehler des Eklektizismus.)«[363]

Denken ist also vielfältig – aber dabei unvertretbar. Man kann, wenn man denkt, nicht jemand anderen für sich denken lassen – obwohl man durchaus nachlässig sein und ungeprüft die Schlüsse oder Urteile anderer übernehmen kann. Wenn ich jedoch nachdenke, denke *ich* nach – oder ich *denke* überhaupt nicht. Denken ist mit einem bewussten Akt verbunden, gleichsam mit einem bewussten Einsatz von Werkzeugen zu einem bestimmten Zweck. Ich kann analysieren, vortragen, etwas proben, zitieren, sogar singen, grübeln, etwas murmeln oder schreiben – immer aber denke ich. Dieses denken kann ich laut oder leise ausüben. Ich kann einen Gedanken herausschreien oder ihn für mich behalten (ja sogar abstreiten, dass ich ihn je gehabt hätte, und lügen). Ich kann rechnen, zählen, etwas überprüfen, studieren, mich mit einem Problem rumschlagen, eine Unterhaltung führen, fluchen oder versuchen, ein Gefühl zu beschreiben. Ich kann sogar Gedanken metaphorisch gesprochen hin und herwälzen, um eine Lösung eines Problems zu finden oder mich aus einem Zustand der Unwissenheit zu befreien: Immer sind diese Handlungen eine Form von denken, d. h. sie beinhalten Gedanken und eine *bewusste* Beschäftigung mit ihnen. Aber ist das alles?

Tatsächlich neigen viele zu der Ansicht, dass denken etwas sei, das erst noch zu etwas anderem (etwa dem Gebrauch von Denkwerkzeugen) »hinzu«kommen müsste, um da zu sein. Diese Ansicht hat einer der einflussreichsten britischen Philosophen des letzten Jahrhunderts, Gilbert Ryle (* 19. August 1900 in Brighton; † 6. Oktober 1976 in Oxford) bereits vor Jahrzehnten treffend ad absurdum geführt.[364] Während Reduktionisten dazu neigen, denken als einen Prozess zu betrachten, der »nichts anderes als …« ist (beispielsweise nichts anderes als das Feuern von Neuronen, nichts anderes als inneres Sprechen), neigen sogenannte Duplikationisten dazu, dem denken weitere Eigenschaften zuzusprechen. Rechnen beispielsweise sei zwar denken – aber denken sei »außerdem noch etwas anderes«, etwas, das zum Rechnen gleichsam als innere Tätigkeit hinzukommen müsse. Ryle verdeutlicht seine Kritik dieses Standpunktes mit einem Vergleich. Stellen Sie sich einen Rekruten vor, der einen Befehl ausführt und salutiert, und einen Schauspieler, dessen Aufgabe es ist, den Soldaten zu imitieren. Während der Reduktionist im Idealfall eine absolut identische Handlung beobachtet und insofern keinen Unterschied zwischen Schauspieler und Rekrut feststellen kann, behauptet der Duplikationist, dass der Schauspieler neben den Handlungen, die denen des Soldaten exakt gleichen, noch etwas anderes getan haben müsse, das sich der äußeren Beobachtung entziehe. Es sei eben innerlich und unsichtbar. Tatsächlich unterscheiden sich beide Handlungen nicht dadurch, dass der Schauspieler den Soldaten einerseits imitiert, andererseits aber darüber hinaus noch etwas Inneres, Zusätzliches und »Unsichtbares« tun muss. Doch was den Schauspieler unterscheidet, ist keineswegs etwas Geheimnisvoll-Inneres, sondern schlicht und ergreifend die andere *Intention* seiner Handlung. Während der Soldat durch das Salutieren zu gehorchen versucht, geht es dem Schauspieler darum, die Bewegungen des Soldaten möglichst genau nachzumachen. Insofern wendet er völlig andere Fähigkeiten (skills) an als der Soldat – auch wenn von außen betrachtet das, was er tut, dasselbe ist. Der Soldat mag zwar gut in der Lage sein, einem Befehl gehorchen zu können, ist aber wahrscheinlich nicht in der Lage, die Bewegungen eines anderen Menschen so exakt und perfekt nachzuahmen wie der Schauspieler. Während der Reduktionist also ein eifriger (und manchmal eifernder) Empirist ist (er lässt nur gelten, was er sieht, ohne dabei allerdings auf die ebenfalls im Prinzip beobachtbaren unterschiedlichen Intentionen zu achten, die nicht mit Hilfe einer Fotografie oder einer reinen Beobachtung der Arm- und Beinbewegungen festgestellt werden können), ist der Duplikationist jemand, der unnötigerweise neue Entitäten und Zustände erfindet. Er gleicht damit einem Mann, der behauptet, dass sich ein König, der in einem Schachspiel matt gesetzt wird, verändert. In Wahrheit ändert der König jedoch weder seine Farbe noch seine Form oder sein Gewicht. Dennoch ist das »Schachmatt-Setzen« bzw. der matt gesetzte König ohne Zweifel eine Handlung bzw. Tatsache, die im Gesamtkontext des Spiels durchaus für alle Teilnehmer beobachtbar und somit eindeutig feststellbar ist. Es bedarf keiner zusätzlichen »inneren Zustände« oder »unsichtbaren Qualitäten«, um einen einfachen König von einem schachmatt-gesetzten König zu unterscheiden. Stark vereinfacht argumentiert Ryle, dass dasselbe für den Prozess des denkens gelte. Man müsse weder Transzendentalist noch Dualist oder Duplizist werden (also von einer Verdopplung der Handlung ausgehen), um denken zu verstehen oder erklären zu können. Analoges gilt für die reduktionistische These, denken sei »nichts anderes als« inneres Sprechen. Wenn Bach komponiert – spricht er dann innerlich zu sich und sagt: »An diese Stelle muss ich ein B, dort ein A und hier ein C und H notieren«? Bach denkt, indem er komponiert – aber nicht (oder nur ausnahmsweise), indem er zu sich oder anderen spricht.

Zurück zum Ausgangspunkt. Jeder von uns weiß, ob er denkt oder beispielsweise nur döst oder träumt. Träumen ist eben kein denken. Und doch bedeutet zu denken keineswegs automatisch, dass man gerade dabei ist, logische Schlüsse zu ziehen, die Verfahrensweisen eines Syllogismus anzuwenden oder mit der Welt mehr oder minder mathematisch in seinem Kopf zu verfahren. Wenn ich mich beispielsweise in einem Gerichtsprozess frage, ob dieser junge Mann dort tatsächlich den Mord begangen haben könnte, denke ich zweifellos nach. Ich betreibe in diesem Fall im denken sozusagen ein Experiment, indem ich mir Möglichkeiten vorstelle und sie durchspiele – vielleicht sogar auf eine eher sprunghafte, wenig systematische Art und Weise. Zu denken bedeutet also nicht notwendig, ein strenges, von Schritt zu Schritt fortschreitendes logisch-mathematisches Kalkül anzuwenden. Dies ist lediglich eine besondere – vielleicht besonders genaue – Form des denkens. Worauf ich hinaus will ist, dass es wenig Sinn macht, zwischen künstlerischem denken, wissenschaftlichen, philosophischem, literarischem oder »schreiner-ischem« denken zu unterscheiden. Der Schreiner denkt, wenn er einen Tisch zimmert, ebenso wie der Musiker, der, metaphorisch gesprochen, eine Sonate »zimmert« – oder ein Mathematiker, der versucht, einen Beweis (ähnlich einem komplexen Möbel) »zusammenzufügen«. Denken ist denken – auch wenn im Englischen »thinking« und »reasoning« unterschieden werden können. Denken beinhaltet eine Fülle verschiedener kognitiver Prozesse und (bewusster) Aktivitäten: logisches Schließen, die Benutzung von Analogien und Metaphern, das Testen und Entwickeln von Hypothesen, den Gebrauch von Symbolen, Zeichen oder Sprache, von induktiven und deduktiven Verfahren, verschiedenen Formen von Problem-Lösen und anderen Tätigkeiten. Diese Ansicht, dass all diese verschiedenen kognitiven Handlungsweisen (Anwendungen von Denkwerkzeugen) denken seien, lässt sich erstaunlicherweise sogar aus neurowissenschaftlicher Sicht untermauern. Denken nimmt weite Teile des gesamten Gehirns in Anspruch. Wäre es anders, so ließe sich das zeigen. Wenn beispielsweise die mentale Bildtheorie des denkens recht hätte – also die Ansicht, dass wir beim Bewältigen selbst von einfachen logischen Schlüssen (Alle Hunde sind Tiere; Ally ist ein Hund. Also ist Ally ein Tier) vor allem mentale Bilder benutzen –, müsste sich das zeigen lassen. Wir müssten dann insbesondere vom visuellen Kortex (dem sogenannten »visuospatial system«) Gebrauch machen. Gilt die andere Theorie, der zufolge denken in erster Linie allein auf sprachlichen Aktivitäten beruht, so müssten wir vor allem mit einer Aktivierung der linken Frontal- und Temporal-Regionen des Neocortex rechnen. Tatsächlich aber benutzen wir nachweislich beides, wenn wir denken – und darüber hinaus eine Fülle anderer Areale.[365]

Vielleicht hängt dieser Umstand damit zusammen, dass wir immer dann, wenn wir beim Nachdenken nicht weiterkommen, versuchsweise andere Strategien anwenden. Klappt es mit der stringenten logischen Dekuktion und der strengen begrifflichen Analyse nicht – dann kommen wir vielleicht weiter, indem wir versuchen, dem Sachverhalt mit Hilfe von Analogien auf die Spur zu kommen. Indem wir Analogien (er)finden, verstehen wir Zusammenhänge auf eine andere Weise als mit Hilfe exakter formaler Deduktionen.[366] Selbst strenges wissenschaftliches denken bzw. denken im Kontext wissenschaftlichen Arbeitens lässt sich nicht eindeutig allein auf eine bestimmte Form des denkens reduzieren. Es wundert daher nicht, dass im Laufe der Geschichte der Denk-Forschung zum Thema »wissenschaftliches denken« verschiedene Erklärungsmodelle vorgeschlagen wurden. Denken, hieß es, sei das Testen, also Verifizieren oder Falsifizieren von Hypothesen. Andere sagten, dass denken vor allem im Sammeln von Daten bestünde. Wieder andere sehen denken als einen Vorgang des Sammelns und anschließenden Testens von Daten mit dem Ziel herauszufinden, ob ein »etwas« (mein Hund Ally) zu einer bestimmten Kategorie (Säugetier) gehört oder nicht. Schließlich wird in einem sehr engen Sinn denken allein als Problemlösen verstanden, d. h. als Prozess der Anwendung wohldefinierter Verfahren und Heuristiken. Tatsächlich tragen all diese genannten Aspekte zu dem bei, was man umfassend »wissenschaftliches Arbeiten« nennen kann. Eine Reihe weiterer Aspekte kommen hinzu, beispielsweise all die Fähigkeiten, die notwendig sind, um relevante Daten überhaupt sammeln zu können. Damit das gelingt, braucht man zuweilen einen »guten Riecher«, wie es heißt. Auch das scheinbar denkfreie Sammeln von Daten beinhaltet bei genauem Hinsehen die Fähigkeit, Wichtiges von Unwichtigem unterscheiden zu können – was ebenfalls eine wesentliche Grundfunktion von denken ist.

Wo immer also gedacht wird, wird, wenn auch auf verschiedene Weise, eben dies getan: es wir *gedacht*, gleich ob man einen Lateintext übersetzt, eine Rechenaufgabe löst, überlegt, in welche Ecke man den Ball schießt oder aber eine komplexe Frage stellt wie die, worin eigentlich die Natur von Raum und Zeit besteht. Dem denken stehen je nach Aufgabe eine Fülle unterschiedlicher Werkzeuge zur Verfügung. Die Vorstellung, dass es für alle Fälle nur einen einzigen Werkzeugkasten gibt, dürfte nach dem bereits Gesagten vom Tisch sein – es sei denn, man meint einen Werkzeugkasten, in dem alles enthalten ist, was überhaupt relevant werden könnte. Aber das ist wohl kaum ein gewöhnlicher Werkzeugkasten, der eher für bestimmte Zwecke – Bohren und Schrauben, aber nicht zugleich auch Anstreichen – zusammengestellt wurde und auf sie ausgerichtet ist.

2. Begrenztes denken – Der adaptive Werkzeugkasten

Im Normalfall ist das mentale Werkzeug, das wir mit uns herumtragen, dazu geeignet, die Situationen zu bewältigen, in denen wir uns in der Regel befinden. Ein Automechaniker wird andere Denkwerkzeuge bei der Hand haben als ein Astrophysiker, ein Bioinformatiker oder ein Zahnarzt. Dieser Umstand hängt damit zusammen, dass unser denken wie unsere gesamte Erkenntnis begrenzt ist. Wir können den Raum unseres denkens jedoch erweitern, indem wir lernen und neue Werkzeuge oder Methoden verwenden. So bringen neue theoretische Modelle neue Praktiken mit sich. Aus Einsteins Theorie über die Proportionalität von Materie und Energie ergab sich der Bau von Bomben und Atomkraftwerken, die ihrerseits neue Technologien und somit neue Theorien hervorbrachten. Wahrheit bzw. Erkenntnis und Methode bedingen sich gegenseitig. Die Bewegung des denkens verläuft wie die des Verstehens von einem Aspekt zum anderen, von einem Detail zum andern und von dort zum Gesamtzusammenhang und wieder zurück. Der deutsche Philosoph Hans-Georg Gadamer (* 11. Februar 1900 in Marburg; † 13. März 2002 in Heidelberg) nannte diese Form der Rückkopplung des denkens den »hermeneutischen Zirkel«. Das Verstehen eines Textes oder Kunstwerkes beispielsweise bedeutet, das, was man bereits weiß, auf eine neue Situation anzuwenden. Diese Anwendung führt zu einer Beschäftigung, einer Auseinandersetzung und zuweilen auch Infragestellung des Textes oder durch den Text, dessen Bedeutung sich erst in diesem Prozess des Hin und Her, in der Reifung des Vor-Urteils zum kritischen Urteil erschließt. Welche

Werkzeuge man dabei braucht, lässt sich nicht immer vorhersehen, zumal es sich dabei nicht nur um »kognitive Werkzeuge« (etwa ein gut sortiertes logisches Besteck) handelt, sondern beispielsweise auch um die Fähigkeit, sprachliche oder emotionale Nuancen wahrnehmen zu können. Das denken selbst lässt sich nicht durch die Begrenzung der Aufgabenstellungen oder der Disziplinen begrenzen. Es führt nicht weit, mathematische Logik gegen literaturwissenschaftliche Verfahren auszuspielen – so, als käme die Logik ganz ohne Sprache aus und die Literaturwissenschaft ohne Logik! Wirtschaftsmanager und Wirtschaftswissenschaftler, Physiker und Philosophen, Künstler und Kardiologen, Bioinformatiker und Botaniker, empirisch arbeitende Psychologen und Psychotherapeuten – sie alle analysieren, vergleichen, denken – und kommen zu Schlüssen. Der Sozialwissenschaftler Herbert Alexander Simon (* 15. Juni 1916 in Milwaukee, Wisconsin; † 9. Februar 2001 Pittsburgh, Pennsylvania), der 1978 mit dem Nobelpreis für Wirtschaftswissenschaften ausgezeichnet wurde, prägte den Begriff der »begrenzten Rationalität«. Während Aristoteles noch streng zwischen klar beweisbarem Wissen und dem Bereich der bloßen Wahrscheinlichkeiten oder Vermutungen unterscheiden konnte, setzte sich in der Neuzeit immer mehr die Ansicht durch, dass alle Formen von Wissen historisch und prinzipiell begrenzt sind. Das Wissen von heute muss nicht das Wissen von morgen bleiben. Hinzu kam, dass sich in den Wissenschaften statt der streng logischen Deduktionen immer mehr statistische Angaben und ein probabilistischer (auf Wahrscheinlichkeiten beruhender) Wahrheitsbegriff durchsetzten. Kognitive Prozesse und Entscheidungen – und damit auch das denken – erschienen nicht mehr als eine eindeutige, gleichsam logisch-formalisierbare Angelegenheit. Simon plädierte in den 1950er Jahren dafür, denken vor allem als Problemlösen zu verstehen (ein Ansatz, der für spätere Mathematisierung offen war, sich daher für die Anwendung auf Informationsverarbeitungsprozesse in Computern eignete und erheblich zur Entstehung der damals neuen Disziplin der »künstlichen Intelligenz-Forschung« beitrug). Vor allem aber sah er im denken einen endlichen, begrenzten Prozess. Simon prägte den Begriff der *bounded rationality*, der begrenzten Rationalität. Rationales menschliches Verhalten, so Simon, ähnelt einer Schere. Die beiden Schneiden, mit denen man die nötige Aufgabe bewältigt, sind auf der einen Seite die Struktur der Umgebung bzw. des speziellen Kontextes, in dem die zu bewältigende Aufgabe steht – und auf der anderen Seite die rationalen – Simon sprach von »computational« – Fähigkeiten der Person, die die Aufgabe lösen will. Die beiden Scherenblätter (die beiden Quellen der Begrenzung unseres denkens) müssen gut zusammenpassen, wenn wir Probleme lösen wollen. Es kann beispielsweise sein, dass das eine Scherblatt, das die externen Bedingungen repräsentiert, völlig unbeweglich ist und festsitzt. Dann hilft nur, das andere Blatt so beweglich wie möglich zu machen und gegebenenfalls der speziellen »Form« der Umstände anzupassen. Begrenzte Rationalität, schreibt Gerd Gigerenzer, Psychologe und einer der Direktoren des Max-Planck-Instituts für Bildungsforschung in Berlin, kann dann verstanden werden als das positive Resultat der Zusammenarbeit und des Zusammenpassens zweier Begrenzungen (zweier passender »Scherblätter«). Wir können deshalb erfolgreich denken und Probleme lösen, weil wir in der Lage sind, unsere mentalen Werkzeuge (unsere eigene »Schneide«) den jeweiligen Umständen anzupassen. Mit Hilfe des denkens sind wir in der Lage, trotz aller eigenen Beschränkungen allein durch eine optimale Verwendung unserer kognitiven Werkzeuge durchaus optimale Ergebnisse zu erreichen, beispielsweise indem wir die externen Strukturen genau analysieren und eine entsprechende Anpassung an die Umwelt erreichen, d. h. an die andere, mit uns zusammenarbeitende »Schneide«.[367] Daraus ergeben sich drei wichtige Einsichten.

Erstens ist begrenztes denken im Wesentlichen ein Prozess der Optimierung – auch wenn diese durch Grenzen und die Umweltbedingungen erzwungen ist. Realistisch zu sein bedeutet, sich der Begrenzungen bewusst zu sein und mit ihnen zu arbeiten. Begrenztes denken ist optimierendes denken unter Bedingungen von Grenzen. Genau dies entspricht dem (zuweilen sehr langsam fortschreitenden) Prozess der Evolution von Erkenntnis. Und doch ist gerade unter Wirtschaftswissenschaftlern und Ökonomen immer noch die weit verbreitete Annahme zu finden, dass Menschen in wirtschaftlichen Prozessen wie durch und durch rationale Akteure zu verstehen seien. Dies ist ebenso falsch wie die damit verbundene theoretische Annahme, dass es möglich sei, alle Parameter eines wirtschaftlichen Systems präzise zu kennen und genau zu beschreiben. Eine solche Präzision wäre nötig, wenn man gewährleisten will, dass innerhalb eines solchen Systems wirklich durch und durch rationales Handeln stattfinden solle, das auf vollständige Information angewiesen ist. Doch genau diese Annahme entbehrt jeder Realität.

Zweitens ist begrenztes denken gewissermaßen der natürliche Feind kognitiver Illusionen – gerade weil es mit Fehlern und Irrtümern rechnet und sich nicht in trügerischer Sicherheit wähnt. Denken ist prinzipiell – wie jede Form von Erkenntnis – fehlbar. Die Begrenztheit der Erkenntnis anzuerkennen bedeutet gerade, damit zu rechnen, dass unser denken begrenzt ist. Tatsächlich zeigt eine Vielfalt von Untersuchungen, wie unsere Vorurteile, individuelle Einstellungen und kulturelle Haltungen unsere Urteilskraft beeinflussen und verzerren. Kognitive Begrenzungen, Irrtümer im Urteilen und Ziehen von Schlüssen – all das spricht sehr für Simons Modell der begrenzten Rationalität bzw. des begrenzten denkens. Wir müssen, auch wenn wir versuchen, die Wahrheit zu erkennen oder gerechte Urteile zu fällen, immer davon ausgehen, dass wir im Kontext nicht-rationaler oder sogar irrationaler Eingebungen und Handlungsweisen agieren, die die Grenzen unseres denkens bestimmen. Wir haben es nicht alleine in der Hand, die Welt mit perfekten kognitiven Scheren zu bearbeiten. Zumindest eine der beiden Schneiden ist vollständig abhängig von dem, was die Umwelt unseres Systems uns, dem System selbst, liefert.

Drittens ist begrenztes denken immer auch die Anwendung einer komplexen, auf die Umwelt des jeweiligen Systems bezogenen

»Ökologie«. Mit internen (systembedingten) und externen (umwelt- und nicht systembedingten) Begrenztheiten umzugehen bedeutet, sich immer wieder neu zu justieren und anzupassen. Die beiden Komponenten der (inneren) Begrenztheit des denkens (des »Geistes«, der am Werk ist) und der externen (äußeren) Umgebung müssen zu einem gut funktionierenden Werkzeug zusammenwachsen. Dieses Passen (this fit) zwischen interner Denkstruktur und extern vorgegebener Umwelt bzw. Informationsstruktur macht aus der begrenzten Rationalität einen ökologischen Prozess. Simon legte nahe, das eine Scherblatt möglichst flexibel zu gestalten, um es den jeweiligen Bedingungen optimal abzupassen. Wenn dies geschieht, kann im Zusammenspiel mit dem zweiten Scherblatt trotz mancher Begrenztheiten dennoch ein Optimum erreicht werden. Anders formuliert: Mit einem optimalen Werkzeugkasten, der sich der jeweiligen Situation – der Umwelt – anpasst, kann es dem System trotz seiner Begrenzungen gelingen, optimal zu arbeiten – sofern es Gebrauch macht von der Information, die die Umwelt ihm bietet.[368]

**Begrenztes denken erfordert
einen adaptiven Werkzeugkasten –
den stets neu angepassten Einsatz
aller Denkwerkzeuge.**

3. Erweitertes denken (Extended Mind)

Bevor ich Ihnen ohne Anspruch auf Vollständigkeit einige der Werkzeuge vorstelle, die sich in diesem Werkzeugkasten des denkens befinden, möchte ich Sie mit der wichtigen Vorstellung des »erweiterten denkens« bekannt machen. Der australische Philosoph David Chalmers (* 20. April 1966) veröffentlichte 1998 zusammen mit Andy Clark, der inzwischen den Lehrstuhl für Logik und Metaphysik an der Universität Edinburgh innehat, ein einflussreiches philosophisches Paper, in dem die beiden die These vom erweiterten Geist (*extended mind*) entwickelten.[369] Man könnte sie auch These vom erweiterten Werkzeugkasten nennen. Der Grundgedanke ist einfach zu verstehen. Schwierig daran ist nur der Umstand, dass er vorherrschenden Vorstellungen widerspricht. Eine dieser Vorstellungen ist die, dass alles, was zum denken gehört, im Kopf stattfinden muss. Clark und Chalmers führen in ihrer Argumentation einen Gedanken des amerikanischen Philosophen Hilary Whitehall Putnam (* 31. Juli 1926 in Chicago) weiter. Diesen Gedanken muss ich Ihnen zunächst erklären.

Putnam wendet sich gegen eine Auffassung vom denken, die das denken an einen bestimmten Ort verdammt. Eine häufig vertretene These des sogenannten Internalismus ist es beispielsweise, zu glauben, dass denken nur im Kopf stattfindet. Aber ist das so?

Betrachten Sie die Bedeutung eines Wortes wie »Wasser«. Hätten die Internalisten recht, dann wäre ihrer Idee zufolge die Bedeutung eines Wortes allein von den inneren (psychischen) Zuständen oder »propositionalen Einstellungen« im Kopf abhängig. Um zu verstehen, was es bedeutet, wenn jemand (oder ich selber) von »Wasser« spricht, müsste ich also lediglich wissen, in welchem psychischen Zustand er (oder ich mich) befinde, wenn er (oder ich)»Wasser« denkt oder sagt.[370] Putnam veranschaulicht die Widersprüchlichkeit dieser Idee durch ein Gedankenexperiment. Angenommen, es gäbe eine zweite, mit unserer Erde durchaus identische Erde, Zwerde genannt. »Eine der zwirdischen Eigentümlichkeiten besteht darin, daß die Flüssigkeit, die dort ›Wasser‹ genannt wird, nicht H_2O ist, sondern eine andere Flüssigkeit mit einer sehr langen und komplizierten Formel, die ich hier einfach mit XYZ abkürzen will.« XYZ lässt sich bei normalen Druck- und Temperaturverhältnissen auf Zwerde von Wasser nicht unterscheiden. Für Bewohner der Zwerde hat XYZ genau die Funktion, die Wasser für einen Erdenbewohner hat. Die beiden werden das Wort also auch entsprechend gleich benutzen. Wenn Erdenbewohner mit einem Raumschiff auf Zwerde landen, werden sie sagen, dass die Bewohner dort Wasser trinken. Wenn wir Erdenbewohner allerdings erkennen, dass die Flüssigkeit auf der Zwillingserde nicht H_2O, sondern XYZ ist, würden wir sie nicht weiter »Wasser«, sondern eben »XYZ« nennen. Es wäre dabei sogar möglich, dass wir Erdenbewohner noch nicht die Mittel haben, XYZ überhaupt richtig zu analysieren, so dass uns unser Irrtum zunächst nicht auffällt. Und doch haben die beiden Begriffe eindeutig eine unterschiedliche Extension. Unter Extension versteht man in der traditionellen Logik den Umfang eines Begriffes, also all die Dinge, die einem Begriff zugeordnet werden. Die Extension des Begriffes »Mensch« beispielsweise umfasst alle Menschen – die, die gelebt haben, die, die jetzt leben, und die, die leben werden. Es wäre absurd, argumentiert Putnam, anzunehmen, der *psychische Zustand* bei den Bewohnern der Zwerde, wenn sie »XYZ« sagen, unterscheide sich von dem unseren, wenn wir »Wasser« sagen. Und doch ist die *Extension* beider Begriffe verschieden. »Man kann's drehen und wenden, wie man will«, folgt Putnam: »Bedeutungen sind einfach nicht im Kopf« – ein

Gedanke, der auch eine zentrale Rolle bei Wittgenstein spielt und auf den ich noch einmal zurückkommen werde. Putnams Position bezeichnet man heute als sogenannten »semantischen Externalismus« und meint damit, dass die Bedeutung eines Wortes nicht ein für alle Mal durch innere Zustände definiert wird – sich also in unserem Kopf befindet. Stattdessen gibt es einen externen Einfluss (die Beschaffenheit der realen Welt), von der die Bedeutung ebenfalls abhängig ist. Anders formuliert: Bedeutungen sind nicht Teil des *Benutzers* eines Begriffes; sie »gehören« weder ihm allein noch sind sie mit einem Kopf identisch oder auf die »lokale neuronale Maschinerie eines kognitiven Systems beschränkt«.[371]

Chalmers und Clark knüpfen an diese Erkenntnis von Putnam an. Angenommen, ich spiele Tetris – ein Computerspiel, bei dem es darauf ankommt, geometrische Figuren so im Raum zu drehen, dass sie möglichst dicht ineinander passen. Dabei spiele ich unter hohem Zeitdruck. Statt mir lange zu überlegen, wie ich eine Figur wohl drehen könnte – ein Prozess, den wir zweifelsohne denken nennen würden –, teste ich die Drehungen gleich aus, indem ich den virtuellen Gegenstand auf dem Computerbildschirm durch Drücken der geeigneten Tasten drehe. Genau dies tun erfahrene Spieler.[372] Angenommen weiter, ich könnte ein Gehirnimplantat (oder eine Droge) verwenden, die mich so leistungsfähig macht, dass ich alleine in meiner Vorstellung den Gegenstand rasend schnell in die richtige Position drehen kann (und diesen Gedanken dann auch entsprechend über die Computertastatur erfolgreich anwende). Was folgt daraus? Sicher würden die meisten Menschen den ersten Fall – ich denke selber – und den dritten Fall – ich denke mit einem Hilfsmittel, einem Implantat oder einem Aufputschmittel – so verstehen, dass sie von einem Denkprozess reden. Was aber ist mit dem zweiten Fall? Hier laufen die Denkprozesse über die Tastatur – sie sind gleichsam teilweise in die Außenwelt ausgelagert. Unser Geist ist mit einem externen Mechanismus verbunden, mit dem er sich in einem Rückkopplungsverhältnis befindet. Alle Komponenten des

Systems haben teil an der Bewältigung bzw. Lösung der Tetris-Denkaufgabe. Im Unterschied zu Putnams Beispiel ist der Externalismus jedoch nicht passiv (ich glaube, dass das, was ich auf Zwerde sehe, Wasser ist – während es sich in Wahrheit um XYZ handelt), sondern dieses Mal in ein *aktives Handeln* eingebettet: Ich tue aktiv etwas auf dem Bildschirm des Computers, das mir hilft, meine Aufgabe zu lösen. Die »externen Eigenschaften« des mit meinem (»internen«) denken gekoppelten Systems spielen eine wesentliche, nicht eliminierbare Rolle. Dann aber gilt das sogenannte Paritätsprinzip: »Wenn, sobald wir einer Aufgabe gegenüberstehen, ein Teil der Welt wie ein Prozess funktioniert, der, würde er im Kopf vollzogen, von uns ohne zu zögern als kognitiver Prozess anerkannt würde, dann ist (so behaupten wir) dieser Teil der Welt, Teil des kognitiven Prozesses.«[373] Natürlich hängt die kognitive Erweiterung des denkens von Güte, Qualität und Umfang der Kopplung ab. Das ändert nichts daran, dass »verschiedene funktional äquivalente Realisierungen paritätisch zu behandeln sind« – sie fallen in dieselbe Äquivalenzklasse.[374] Denken – man könnte auch vom Gehalt kognitiver Zustände sprechen – hängt also nicht nur von inneren Zuständen ab, sondern auch von externen Komponenten. Sie gehören unbedingt zum adaptiven Werkzeugkasten. Denken ist nicht nackt – es ist eingebettet in einen Körper und mit dem Körper in erweiterte Systeme, die zum Vorgang des denkens dazugehören. Es gibt keinen Grund, ihnen diese Qualität abzusprechen. In gewisser Weise ist Sprache nichts anderes als ein solches externes System. Im Laufe der Evolution, so Chalmers und Clark, haben wir und unsere Gehirne gelernt, die Möglichkeiten unserer Umwelt (Laute und die Fähigkeit, Laute kontrolliert zu produzieren) zu nutzen und uns zutiefst zu eigen zu machen. Wir entwickelten Sprachzentren, die dazu dienten, diese (externen) Laute zu verstehen bzw. zu produzieren. Auf diese Weise hängt unser denken vom »Vehikel« der Sprache ab. Der kognitive Prozess des denkens ist in die Welt hinein ausgeweitet worden. Die Vehikel, die unser Erkennen transportieren, können sich »in« uns, aber auch »außerhalb« von uns befinden. Für den Prozess des denkens spielen sie beide eine unersetzbar wichtige Rolle. Chalmers und Clark machen diesen Sachverhalt an einem weiteren Beispiel klar. Angenommen, eine Person leidet unter Alzheimer in einem mittelschweren Stadium. Um sich orientieren zu können und soziale Verabredungen aufrechtzuerhalten, führt der Patient ein Notizbuch. Er geht nie ohne dieses Notizbuch aus dem Haus, auf das er sich verlässt, weil er selber und nur er die Notizen anfertigt. Wenn er um 15.00 Uhr eine Verabredung hat, dann kann er nachschlagen und lesen:»15.00 am Museumsufer vor dem Städel«. Die Freundin des Patienten, mit der er sich trifft, ruft dieselbe Information ohne Notizbuch aus ihrem Gedächtnis ab: Sie hat sich gemerkt, dass sie um 15.00 Uhr vor dem Städel verabredet ist. Fazit: Wenn wir das eine für einen kognitiven Vorgang halten (die Erinnerung im Kopf) – warum nicht auch das andere (die Erinnerung über ein Notizbuch, eine Festplatte, ein Hörgerät, ein Mikroskop, einen Organizer, Implantate, Schwarmintelligenz etc.)? Vorausgesetzt ist dabei allerdings, dass die externen kognitiven Systeme zugänglich sind, sich stabil und robust verhalten (also nicht plötzlich unvorhergesehene Dinge im Notizbuch stehen: Aber wer sollte die schreiben?) sowie zuverlässig und valide sind. Der These der erweiterten Kognition zufolge (ich ziehe es vor, von einem erweiterten Werkzeugkasten des denkens zu sprechen) besitzen»kognitive Systeme« – beispielsweise ein Mensch, der denkt, aber auch eine Ameise, die sich im freien Gelände orientiert – keine festen Grenzen zur Umgebung. Diese Sichtweise ist, im Sinne Gerd Gigerenzers,»ökologisch«, beruht sie doch auf einer einheitlichen Sicht von System und Umwelt, die ja immer die Welt ist, in der das System zu Hause ist und in die hinein es sich adaptiert hat. Eine der Folgerungen, die sich daraus ergibt, ist, dass wir selbst (wenn man so will unsere Identität) keineswegs alleine von inneren Zuständen abhängig ist, sondern zunehmend auch von externen Gegebenheiten abhängt. Jeder Drogensüchtige ist ein gutes Beispiel für diesen Sachverhalt. Es könnte also durchaus, wie

Holger Lyre argumentiert, berechtigt sein, jemanden, der das Notizbuch eines Alzheimerpatienten stiehlt, nicht wegen Diebstahls, sondern wegen Körperverletzung anzuklagen. Denn für den Alzheimerpatienten ist die Verwendung seines Notizbuches ein notwendiger, geradezu körperlicher Bestandteil seiner eigenen, sehr persönlichen kognitiven Prozesse. Anstelle seines nicht mehr voll funktionsfähigen Kurzzeitgedächtnisses (das sich intern, im Gehirn, also im Körper befindet), verlässt er sich auf die externe Funktion seines Notizbuches, die den kranken, nicht mehr voll funktionstüchtigen Teil seines Gehirns ersetzt. Dieses und andere ähnliche Beispiele zeigen:

**denken ist ein Prozess,
der sich keineswegs
allein in unserem Kopf abspielt.**

Denken spielt sich in der Welt ab; unsere Gedanken ragen in die Welt hinein, so wie sich die Umwelt auch in uns widerspiegelt und unsere Denkvorgänge prägt. Jeder, der versucht, *einen* Gedanken in *verschiedenen* Sprachen zu formulieren, weiß, wie sehr unser denken vom Gebrauch des »Vehikels« der Sprache abhängt und von ihm geprägt ist. Manches lässt sich in einer anderen Sprache nur schlecht und manchmal gar nicht sagen – einer der Gründe, warum gute Lyrik, die stets sehr eng an den genauen Gebrauch einer Muttersprache gebunden ist, so schwierig zu übersetzen ist.

Die nicht unumstrittene These von Chalmers und Clark erhält aus der neurowissenschaftlichen Forschung unerwarteten Beistand. Soweit ich weiß, ist das Argument allerdings noch nicht mit der seltsamen neurologischen Besonderheit der sogenannten Split-Brain-Patienten in Verbindung gebracht worden, die vor allem durch den amerikanischen Psychobiologen und Neurowissenschaftler Michael Gazzaniga erforscht wurden. Seine Forschung belegt auf eindrucksvolle Weise, dass wir mit Hilfe der externen Welt denken. Für den Zweck hier genügt es zu wissen, dass bei Split-Brain-Patienten der sogenannte Balken – eine dicke Verbindung zwischen der linken und der rechten Gehirnhälfte – durchtrennt ist. So sitzt beispielsweise in der linken Gehirnhälfte das Sprachzentrum. Gegenstände, die mit der linken Gehirnhälfte gesehen werden (die man also in das rechte Sehfeld, also vor das rechte Auge hält, weil der Sehnerv sich im Gehirn kreuzt), können von solchen Patienten auch benannt werden. Was aber passiert, wenn man dem Patienten einen Gegenstand in das linke Sehfeld hält – so dass die Information von der rechten Gehirnhälfte verarbeitet wird? Wenn man den Patienten fragt – also eine verbale Antwort verlangt, die mit der linken Hirnhälfte gegeben wird –, dann sagt er:»Ich habe nichts gesehen.«[375] Der Patient war nicht nur unfähig zu beschreiben, was er gesehen hatte – er wusste nicht einmal, dass es etwas zu beschreiben gab. Dennoch können viele Patienten einen solchen Gegenstand zeichnen, obwohl sie nicht *sagen* können, was sie da sehen (bzw. was sie zeichnen). Um diese Schwierigkeiten zu überbrücken, wenden viele der Split-Brain-Patienten häufig den Kopf, um die Bildinformation in beiden Sehfeldern zur Verfügung zu haben und entsprechend besser verarbeiten zu können. Bei einem Patienten von Gazzaniga war ebenfalls die Verbindung zwischen den Gehirnhälften durchtrennt. Der Mann kannte sich gut mit Autos aus, an denen er sehr interessiert war – und er war ein guter Zeichner. Gazzaniga und sein Team zeigten dem Mann das Wort *Auto* im rechten Sehfeld (so dass er sagen konnte, was er sah). Dem linken Sehfeld zeigten sie die Zahl *1928*. Was passierte, war, dass der Patient »mit seiner linken Hand (die nur von seiner rechten Hirnhälfte informiert wird, die die Jahreszahl 1928 gesehen hatte) daraufhin einen Oldtimer von 1928« zeichnete. Da beide Gehirnhälften also miteinander zu kooperieren scheinen, es aber auf direktem Weg nicht können, gab es für Gazzaniga nur eine einzige Erklärung für den merkwürdigen Befund: Die beiden Gehirnhälften kooperierten »in ihrer motorischen Aktivität und erzeugten das Bild, aber die Zusammenarbeit fand außerhalb des Körpers auf dem Zeichenpapier statt. Während die linke Hand des Patienten zeichnete, sah die linke Hirnhälfte, was da entstand, und beeinflusste den Prozess, aber nicht im Gehirn, sondern als Ergebnis der äußeren Handlung der anderen Hemisphäre.«[376] Auch dies ist also ein, wenn auch sehr spezieller, Beleg für den Umstand, dass wir nicht nur über, im oder durch den Kopf denken, sondern externe, ausgelagerte Hilfsmittel benutzen müssen, um – in diesem Fall bei einer Hirnschädigung – kognitive Leistungen zu erbringen und das zu erreichen, was im Fall eines gesunden Menschen innerhalb des Gehirns stattfindet. Da keiner von uns wirklich sicher sein kann, wann er oder sie »Fehlfunktionen« hat oder gleichsam »zu belastet« ist, bauen wir Sicherheiten ein, zu denen die externen Denkwerkzeuge gehören. Auch bei uns variieren von Mensch zu Mensch die Verbindungswege im Gehirn. Unser Denken und Fühlen wandelt sich wie die Aktivität des Gehirns ständig und befindet sich in einem ständigen Fluss, der das gesamte Gehirn in Anspruch nimmt. Split Brain-Patienten arrangieren sich mir ihren Störungen, indem sie externe Werkzeuge benutzen: das gelegentliche laute Zu-sich-selbst-Sprechen zum Beispiel, mit dessen Hilfe beide Ohren hören können – und insofern nicht nur eine, sondern beide Hirnhälften aktiviert und auf diese Weise auf den gleichen Informationsstand gebracht werden. Aus vielerlei Gründen – und nicht nur aufgrund sprachphilosophischer Erwägungen – ist es daher falsch zu sagen, dass allein der Kopf denkt. Wir gebrauchen die äußere Welt, um uns in der inneren zurechtzufinden und das, was wir denken wollen, tatsächlich auch denken zu können.

Um auf das Thema der Werkzeugkiste zurückzukommen: Es ist das eine, einen Gedanken richtig darzustellen (sozusagen perfekt zu schmieden), und etwas anderes, diesen Gedanken zu kommunizieren (den geschmiedeten Gedanken an einen anderen so weiterzureichen, dass der weiß, was er da in den Händen hält und es zu schätzen weiß). Ein Gedanke für sich ist noch keine Kommunikation. Zu sagen $E = mc^2$ mag ein richtiger Gedanke sein – kommuniziert und verstanden ist er deswegen längst noch nicht. Gilbert Ryle verglich den Gedanken mit einem Kürbis, den man auf einem Karren transportiert.[377] Der Kürbis ist nicht der Karren. Man kann den Karren weder essen noch kochen. Umgekehrt kann man den Kürbis nicht steuern. Man kann sich nicht auf ihn setzen und ihn bewegen wie einen Pferdekarren. Kürbis und Karren passen zueinander – aber sie dürfen nicht miteinander verwechselt werden. Es wäre ein Fehler, den Kürbis auf den Karren reduzieren zu wollen (oder umgekehrt). In genau diesem Sinn ist es ein Fehler zu sagen, ein Gedanke sei nichts anderes als Sprache. Diesem Verständnis vom denken liegt eine Unkenntnis oder mangelnde Unterscheidungsfähigkeit zugrunde in Bezug auf das, was man transportieren will, und die Mittel, mit deren Hilfe man es transportiert. Das richtige Denkwerkzeug zu haben ist längst noch keine Garantie dafür, richtig zu denken. Man sollte denken und die Werkzeuge des denkens unterscheiden. Aber welche Werkzeuge gibt es? Ohne Anspruch auf Vollständigkeit will ich Ihnen einige nennen. Manche werden Ihnen bekannter vorkommen, andere vielleicht noch weitgehend unbekannt sein. Vielleicht sagt Ihnen beispielsweise das Prinzip der Vergrößerung durch Verkleinerung, auch Prinzip der virtuellen Erzeugung von Unendlichkeit im denken, bislang wenig.

4. Vergrößerung von Gedanken durch Verkleinerung oder das Prinzip der virtuellen Unendlichkeit beim Denkstrahl

Sie alle kennen quälende Fragen philosophischer Natur, die ausgelöst werden durch ein trauriges oder schmerzhaftes Ereignis. Vielleicht ist Ihnen aber auch etwas zugestoßen, das im Gegenteil plötzlich ein Gefühl der Befreiung auslöst, der Freude oder des Glücks, und die Routine des Alltags für lange Zeit unterbricht. Richtige, also akademische Philosophen – anerkannte Handwerker, die Professoren der Philosophie – werden vielleicht anmerken wollen, dass diese Fragen zwar ernsthaft sein mögen, damit aber lange noch keine ernsthaft philosophischen Fragen sind. Mag sein. Das hängt ja nicht zuletzt von der Definition von Philosophie ab, die man möglicherweise weiten sollte. Der amerikanische Essayist und Schriftsteller Nicholson Baker, von dem das Zitat zu Beginn von Kapitel III stammt über die Frage, wie groß große Gedanken eigentlich sind, meinte, dass große Gedanken viel stärker von kleinen Gedanken abhängen, als man meinen könnte.[378] Es ist so ähnlich wie mit Samt. Warum erscheint er uns glatter als andere Oberflächen? Weil unsere Fingerspitzen verwirrt sind (und man könnte sagen, dass das eine Verwirrung ist, die vor allem auch Philosophen befällt, insofern sie mit kategorialem Samt hantieren). Die Verwirrung basiert auf der Wahrnehmung vieler kleiner, sehr kleiner, flüchtiger Rauheiten, die nur buchstäblich einen kurzen Eindruck hinterlassen. So wenig drücken sie sich ein und so schnell laufen sie vorbei, wenn wir über Samt streichen, dass sie alle wie eins erscheinen, wie ein einziger, glatter Verlauf, widerstandslos. Zieht man den großen Gedanken ihren Samtüberwurf weg – die vielen schönen, kleinen Gedanken –, dann werden sie rau, widerständig und manchmal geradezu undenkbar, unansehnlich und unfühlbar. Die kleinen Gedanken sind es, die das Volumen und die Fühlbarkeit bewirken. Man kann es, trotz des Themas der Schönheit, mit unserem Darm und Gehirn vergleichen. Diese vergrößerten im Lauf der Evolution ihr Volumen nicht etwa dadurch, dass sie sich ausdehnten wie ein Luftballon, den man aufbläst. Stattdessen schlugen sie, samtartig, die Strategie ein, Falten zu werfen, kleine Verwerfungen, Spalten und Furchen, Schlingen und Windungen, Buchten und Einkerbungen. Die Faltung ins Kleine vergrößert paradoxerweise die Oberfläche. Durch die sogenannten Darmzotten etwa, die blatt- und fingerförmigen Erhebungen der Darmschleimhaut, dehnt sich die Oberfläche des Darms bei einem erwachsenen Menschen auf rund $180\,m^2$ aus. Die Großhirnrinde eines Erwachsenen hat rund 0,18 bis $0,22\,m^2$, was in etwa einem Quadrat von 0,45 m Kantenlänge entspricht. Keine großen Gedanken ohne kleine. Und ohnehin ist dahingestellt, ob akademische Gedanken immer auch gleich die großen sind.

Es gibt noch einen anderen Weg, über den Gedanken ihre Vergrößerung durch Verkleinerung erreichen. Ich nenne es das Prinzip der virtuellen Unendlichkeit des philosophischen denkens oder, wie man auch sagen könnte, des erzählerischen Fadens in der Philosophie, der dem entspricht, was einst Systematik genannt wurde. Wie funktioniert dieses Prinzip?

Die Vergrößerung durch Verkleinerung habe ich Ihnen ja bereits erläutert. Sie finden dieses Prinzip vor allem an Lebensmitteln mit fraktaler Oberfläche wie dem Romanesco Brassica oleracea, einer der wenigen Pflanzen, »die in ihrem Blütenstand gleichzeitig Selbstähnlichkeit und damit eine fraktale Struktur sowie Fibonacci-Spiralen aufweisen«.[379]

Es gibt im denken, abgesehen von der Strategie der Erzeugung fraktaler Oberflächen von Begriffen, noch eine weitere, der Mathematik verwandte Strategie, die dazu beiträgt, dass Gedanken immer weiter wachsen können, ohne dabei so groß zu werden, dass man sie nicht mehr erfassen kann. Dieses Prinzip – ich

Abb. 6: Der Romanesco, ein fraktales Lebensmittel

nenne es das Prinzip vom unendlichen Denkstrahl – ist für die schier unendliche Flut von Texten verantwortlich, die es bereits gab, heute gibt (ihre Produktion zeigt exponentielles Wachstum, wenn man an Artikel in Fachzeitschriften denkt) und geben wird. Um es Ihnen deutlich zu machen, benutze ich das Bild vom Zahlenstrahl, das Sie aus der Schule kennen.

Vielleicht erinnern Sie sich: Der Zahlenstrahl heißt in Wahrheit korrekt Zahlengerade und ist die Veranschaulichung der reellen Zahlen als Punkte auf einer Geraden. Die sogenannten reellen Zahlen stellen eine Erweiterung des Bereichs der rationalen Zahlen dar, also der Zahlen, die als Verhältnis (lateinisch ratio) ganzer Zahlen dargestellt werden können. Diese Menge ist überabzählbar, wie die Mathematiker sagen, d. h. nicht endlich und nicht auf die Menge der natürlichen Zahlen abbildbar (wäre das der Fall, wäre sie endlich).

Wie viele Zahlen befinden sich zwischen Null und eins? Falls Sie jetzt eine Zahl nennen, werde ich Sie in jedem Fall überbieten: denn es sind unendlich viele Zahlen. Zwischen zwei Zahlen lassen sich unendlich viele weitere, kleinere Zahlen unterbringen.

Zwischen Null und eins können Sie 0,5 unterbringen. Zwischen 0,5 und 0,6 aber auch 0,55 und 0,555 – und so weiter. Sie konstruieren Unendlichkeit, indem Sie immer weiter teilen, d. h. im Grunde immer wieder verkleinern. Auf analoge Weise können Sie zwischen zwei Wörter unendlich viele andere Wörter – und damit auch Sätze, die Aneinanderreihungen von Wörtern sind – packen. Ein Beispiel:

Leben. Tod.

Dazwischen können sich Dramen und Glücksmomente, Geburten, Hochzeiten, Todesfälle, Ereignisse voller Humor und Tragik ereignen. Alles, was Sie zu machen brauchen – und das ist der Schlüssel für die allermeisten Romane und Abhandlungen, gleich welcher Art –, ist, zwischen Leben und Tod einzutauchen. Sie vergessen den Punkt und grätschen zwischen die Begriffe. Natürlich ist die Idee der Unendlichkeit in dieser Form nicht auf die physikalische Welt übertragbar. Eben deshalb ist sie virtuell. Denn wenn es zwischen zwei Zahlen 0 und 1 nicht nur unendlich viele Zahlen, sondern auch unendlich viele und damit unendlich viele kleiner werdende, immer kleinere Objekte oder reale physikalische Dimensionen geben würde, würde diese Dimension irgendwann die sogenannte Planck-Länge l_P unterschreiten. Diese Länge ergibt sich aus einer Kombination der grundlegenden Naturkonstanten, die für eine Welt mit Raum, Zeit, Gravitation und Quanten existieren. Sie beträgt 1,616 199 mal 10^{-35} Meter und ist um einen Faktor von etwa 10^{20} kleiner als der Durchmesser des Protons. Sie ist daher jenseits aller direkten experimentellen Zugänglichkeit, denn sie unterschreitet die Wellenlängen des Lichts, das nötig wäre, um überhaupt etwas »sehen«, wahrnehmen und messen zu können. Während es also physikalisch unmöglich wird, einen solchen Raum nachzuweisen, zu sehen oder wie auch immer *wahrzunehmen*, ist es möglich, Größenordnungen dieser Dimension (und noch kleinere) zu *denken*. Der entsprechende kognitive Raum existiert also, während der physikalische Raum passen muss. Man kann daher von virtueller Unendlichkeit sprechen. Es ist so ähnlich wie mit dem Gehirn, das über 10^{11} Neuronen verfügt, die im Schnitt mit jeweils 1000 bis 10 000 anderen Neuronen »kommunizieren«. Der logische Raum, der Raum der Verbindungen, der sich auftut, hat 10^{14}, vielleicht sogar 10^{15} Verbindungen, mehr als es nach Aussagen von Astrophysikern – diesmal im wirklichen Leben – Sterne im Universum gibt. Natürlich hat das Gehirn keine Ausdehnung wie das Universum. Aber es hat die Kapazität, einen Raum mit entsprechenden Dimensionen abzubilden.

Für die Philosophie bedeutet das, dass es nie zu Ende ist. Zwischen zwei Erkenntnisse schiebt sich eine neue; und noch eine – bis man vielleicht eines Tages genötigt ist, den gesamten Bereich der Phänomene, den man bislang zu verstehen versucht hatte, neu zu ordnen und völlig neu zu beschreiben – und das Spiel beginnt von vorne. Es gibt – virtuell – unendlich viele Möglichkeiten zu denken, zu schreiben und zu philosophieren.

5. Regeln

Kein denken ohne Regeln. Wobei Sie vermutlich sofort an die Regeln der Logik und ihre Anwendung denken – doch so weit sind wir noch nicht. Denn beim denken kommt es nicht nur auf Logik an, sondern unter anderem auch darauf, überhaupt das richtige Objekt, die richtige Fragestellung ins Auge zu fassen und eine Antwort zu suchen. Man sollte wissen, was man sucht und in welche Richtung man sich aufmacht, um es zu finden. Das hat zunächst nur bedingt mit Logik zu tun. Denn wenn Sie sich nicht auskennen und mitten im Wald zwischen Tausenden von Bäumen stehen, buchstäblich – was hilft Ihnen dann die Logik? Ein Baum sieht aus wie der andere, eine Waldschneise wie die nächste. Wo haben Sie Ihren Schlüssel nun verloren? Sie müssen suchen. Vielleicht erinnern Sie sich, dass die Sonne genau vor ihnen stand. Ein Blick auf die Uhr zeigt ihnen, dass diese Richtung Süden gewesen sein muss. Sie müssen also einerseits – und das sind die ersten Regeln, die Suchregeln – Alternativen (in der Fachsprache: *the choice set*) für Ihre Suche erarbeiten, um dann, in einer nächsten Phase, nach Hinweisen und Schlüsseln zu suchen, d. h. die Alternativen zu evaluieren und einige von ihnen auszuschließen.

Gerd Gigerenzer spricht von zwei Dämonen, denen man auf dem Weg durch den Wald begegnet. Der Erste ist der der unbegrenzten Rationalität (*unbounded rationality*) – eine Situation, mit der Sie vermutlich in Ihrem richtigen Leben nie zu tun haben werden. Man geht dabei davon aus, dass man unbegrenzte Zeit, unbegrenztes Wissen und unbegrenzte Denk- oder Rechenkapazitäten zur Verfügung stehen hat. Ich muss Ihnen nicht sagen, dass Sie unter normalen Umständen Ihren Schlüssel innerhalb der nächsten paar Stunden brauchen, nicht aber in zwei Jahren. Bei der Idee einer unbegrenzten Rationalität oder Denk-Power muss man eine enorme Leistungsfähigkeit annehmen, die nie versiegt. Man muss sich sozusagen durch den ganzen Wald fräsen, Schritt für Schritt, so, als gehörte einem die Ewigkeit. Der zweite Dämon ist der der »Optimierung unter Zwang« oder mit Randbedingungen (*optimization under constraints*).[380] Der Begriff wird oft mit begrenzter Rationalität verwechselt, meint aber etwas völlig anderes. Auch in diesem Fall geht man von unbegrenzten Denkleistungen und unbegrenztem Zugang zu Information aus, baut aber zusätzlich darauf, dass man rechtzeitig den optimalen Punkt berechnen kann, ab dem die aufwendige Suche zu teuer wird und die Kosten den Nutzen überwiegen. Anders ausgedrückt hofft man, rechtzeitig erkennen zu können, wann man mit der Suche in die Richtung, die man eingeschlagen hat, aufhören muss. Optimierung mit Randbedingungen liegt die Idee einer Stopp-Regel zugrunde. Leider kann die Berechnung der Stopp-Regel (»berechne den Punkt, ab dem die Kosten den Nutzen überwiegen«) mehr Zeit in Anspruch nehmen und aufwendiger sein als die Suche selbst. Doch rechtzeitig stoppen zu können ist eine wesentliche Regel beim denken. Man sollte aufhören, bevor das, was man denkt, einen in den Ruin treibt. Stellen Sie sich ein Lebewesen vor, das einmal auf eine Insel gebracht wird, auf der die Nahrung völlig zufällig verteilt ist – und das andere Mal auf eine Insel, auf der die Nahrung nach einem ganz bestimmten Muster verteilt ist. Das Beste wäre natürlich für das Lebewesen zu wissen, auf welchem Typ von Insel es sich befindet. Dieses Problem beschäftigt uns Menschen dauerhaft seit es uns gibt. Befinden wir uns in einer Welt, in der es Sinn gibt – oder liegt der Sinn außerhalb unserer Welt, jenseits unserer Grenzen? Gibt es vielleicht gar keinen Sinn in dieser Welt? Sie ahnen, worauf ich hinauswill. Für das Lebewesen ist es auf der einen Insel sinnvoll, aufs Gratewohl hin zu suchen: Es gibt keine Regel, die in einer völlig zufälligen Welt einen bei jedem Versuch sofort das Richtige gezielt und schnell finden lässt. Zufällige Informationen sind nutzlos: Ich kann sie nicht systematisch einsetzen. Im zweiten Fall ist es für das Lebewesen ratsam, bestimmte Muster bei der Suche zu berücksichtigen und aufzuhören, in einer bestimmten Richtung zu suchen, wenn in dieser Richtung absehbar nie eine Futterstelle angelegt und keine Nahrung zu finden ist. Wer sucht, muss wissen, wann er aufhört zu suchen. Diesen Punkt herauszubekommen ist ein Teil des Problems. Manchmal ist es schwerer zu wissen, wann man aufhören soll, als einfach weiter zu suchen. Ich könnte Ihnen dazu einige Geschichten erzählen und Sie auf einige spannende Romane hinweisen, die genau das zum Thema haben – aber das ist eine andere Geschichte. Sie sollen sich ja nur die Werkzeuge anschauen, nicht aber gleich mit ihnen losrennen und ein Haus bauen.

Suchregeln sollten realistisch sein. Oder wie Simon sagte: Sie sollten sich der Umgebung (*environment*) anpassen. Gute Denkregeln sind deshalb gute Werkzeuge, weil sie realistisch sind und zu der jeweiligen Umgebung – sozusagen zur kognitiven Umwelt – passen. Insofern sind gute Denkwerkzeuge ökologisch. Sie passen zur jeweiligen Nische und führen bei ihrer Benutzung nicht zur Zerstörung des Lebensraums, in dem man seine Suche durchzuführen plant. Dass wir Menschen die Risiken, die mit der Anwendung bestimmter Suchen – Bohrungen nach Öl und Gas im Meer – systematisch unterschätzen und verharmlosen, gehört zu den düsteren Kapiteln unserer libidinösen Ökonomie der Wünsche. Wer immer mehr Geld mit immer risikoreicheren Anlagen verdienen will, läuft, wie mehrfach bereits passiert, Gefahr, das gesamte System aus den Angeln zu heben. Man sollte wissen, wann man aufhört. Die Stopp-Regel gehört zu den essentiellen Such-Regeln. Angenommen, Sie wollen wissen, wie sich ein Unternehmen entwickelt, und studieren das Industrieportfolio. Die Daten, die Sie finden, unterteilen sich in zwei Kategorien: »Informationen, die geeignet sind, die Zukunft vorherzusagen, und zufällige Schwankungen, die nutzlos sind. Da die Zukunft unbekannt ist, ist es unmöglich, zwischen diesen beiden Kategorien zu unterscheiden, so dass die komplexen Strategien notwendigerweise irrelevante Informationen einbeziehen.«[381] Mehr ist also keineswegs immer die bessere Suchregel – im Gegenteil. Das gilt übrigens auch für die Menge der Information, die man verarbeiten will. Man braucht nicht alles zu wissen, um die Frage zu beantworten, warum der Himmel blau erscheint. Wollte man diese Frage bis ans Ende aller Fragen beantworten (also die Stopp-Regel außer Kraft setzen), müsste man alles, was ist, erklären. Die gesuchte Erklärung, die in der Welt bislang nicht zu finden ist, ist also möglicherweise komplexer als die Welt selbst. Derartige Theorien helfen nicht unbedingt. Wenn Sie den Ball, den man Ihnen zugeworfen hat, fangen wollen, sollten Sie nicht anfangen, mit Hilfe der Regeln von Newtons Physik den Flug, den Impuls und den Weg des Balls zu berechnen. Glauben Sie mir – Sie schaffen das auch ohne einen Abschluss in Physik. Und falls Sie es nicht glauben: Mein Hund hat keine Physik studiert. Aber Ally kann den Ball wunderbar fangen! Vielleicht liegt das daran, dass mein Hund beschlossen hat, die Suche nach den grundlegenden Prinzipien des Universums abzubrechen und die Stopp-Regel zu beherzigen. Es lohnt sich für meinen Hund nicht, die Grundlagen der Kühltechnik zu untersuchen, solange ich den Kühlschrank aufmache und etwas Essbares liefere.

Es gehört also zu den Such- und damit Denkregeln, ein nützliches Maß an Unwissenheit nicht nur zu akzeptieren, sondern aktiv zu erhalten. Zu diesem Unwissen rechne ich auch den Umstand, dass wir Menschen vergessen. Vergessen ist nötig, um neu denken und leben zu können. Fachleute sprechen vom adaptiven Vergessen.[382] Doch bevor ich beim Anblick des Werkzeugkastens frühzeitig ins Philosophieren komme, möchte ich Ihnen ein Beispiel geben für die Vorzüge der Einfachheit. Eine solche einfache, sehr unkomplizierte Regel, die bei einem bestimmten Typ von Problem schnell zu richtigen Lösungen führt, lautet: »Wenn du ein Objekt wiedererkennst, aber das andere nicht, ziehe den Schluss, dass das wiedererkannte Objekt einen höheren Wert hat.«[383] Derzeit suche ich ein bestimmtes Paar Manschettenknöpfe (meine Lieblingsmanschettenknöpfe). Angenommen, ich würde in ein Fundbüro gehen, um dort zu suchen: diejenigen Manschettenknöpfe, die ich nicht wiedererkenne, haben keinen Wert für mich. Wert bezeichnet damit nicht etwas objektiv Messbares – ich könnte im Fundbüro ja per Zufall ein Paar Platin-Manschettenknöpfe entdecken, das wesentlich wertvoller ist als das, das ich gesucht habe.»Wert« bezieht sich also lediglich auf meine Absicht und den vorher von mir definierten Zweck. Andere Manschettenknöpfe sind nicht die, die ich suche – und insofern wertlos. Die Manschettenknöpfe, die ich suche und die mir etwas bedeuten, sind zugleich diejenigen, die ich unter Tausenden wiedererkenne. Was ich wiedererkenne, hat Wert. Ich wende also eine einfache heuristische Regel an, die zur Elementarausstattung des Werkzeugkastens gehört.

Noch ein weiteres Beispiel, ehe ich Ihre Aufmerksamkeit auf andere Werkzeuge lenken will. Gerd Gigerenzer stellt im Rahmen der Untersuchungen über die Frage, wie unser adaptiver Werkzeugkasten des denkens zusammengesetzt ist, unter anderem die einfache, RTL-taugliche Frage:»Welche Stadt hat mehr Einwohner: Detroit oder Milwaukee?« Er tat dies sowohl bei deutschen wie bei amerikanischen Studenten. Während in Amerika rund 40 % für Milwaukee stimmten (und damit für die falsche Antwort), lagen die deutschen Studenten zu fast 100 % richtig.[384] Warum? Kannten sich die amerikanischen Studenten schlechter in ihrem eigenen Land aus als die deutschen? (Ich gebe zu, dass dies leider hin und wieder möglich ist, nicht nur in Bezug auf Fragen der Geographie.) Was machten also die deutschen Studenten besser? Ganz einfach. Sie konnten sich auf eine Regel verlassen, die als Rekognitionsheuristik bezeichnet wird und definitiv zu den Regeln im Werkzeugkasten gehört. Sie ist erstaunlich einfach und lautet:»Wenn du den Namen der einen Stadt, aber nicht den der anderen erkennst, dann schließe daraus, dass die wiedererkannte Stadt mehr Einwohner hat.«[385] Etwas anders formuliert (und insofern vielleicht tauglich für eine zukünftige Teilnahme bei *Wer wird Millionär*?):»Gehe in die Richtung, in der du glaubst, dich bereits auszukennen, und nimm das Ergebnis, das du in dieser Richtung findest. Das, was dir bereits bekannt vorkommt, weil du davon gehört hast, ist vermutlich das richtige.« Ich muss Ihnen nicht sagen, dass diese Regel definitiv kein Patentrezept ist, das Ihnen helfen würde, unbeschadet durch's Leben zu kommen. Sehr oft werden Sie die Lösung Ihres Problems gerade *nicht* in der Richtung finden, die schon tausendmal eingeschlagen worden ist. Wenn Sie immer dazu neigen, zu viel zu trinken, wenn Sie wirkliche Probleme haben, oder sich im Gegenteil völlig zurückziehen, dann sollten Sie irgendwann die Lösung in einer anderen Richtung suchen. Und dann heißt die richtige Antwort auch nicht mehr Milwaukee, sondern Detroit.

Kurz zusammengefasst (und ohne auf das knifflige, philosophische Problem der Regelfolge einzugehen): Es gibt Suchregeln, Stopp-die-Suche-Regeln, Entscheidungsregeln – und einige weitere Regeln. Sie alle braucht man je nachdem, welches Problem man lösen möchte. Eines der erstaunlichsten, inzwischen vielfach empirisch belegten Ergebnisse der Erforschung unserer Problemlösungsstrategien ist, dass komplexe Probleme keineswegs immer komplexe Lösungen verlangen. Wäre es so, dann wären wir nicht nur gelegentlich, sondern auf eine sehr prinzipielle Weise überfordert. In realen Situationen fehlt uns die Zeit, auf die Dynamik komplexer, aus vielen Elementen und ihrer Interaktion bestehender Systeme einzugehen. Bis wir alles analysiert haben, hat uns das Problem überrollt (was, wie Fukushima zeigt, leider immer wieder passiert, weil wir selbst uns zu sehr auf unsere Fähigkeit verlassen, sogenannte Restrisiken zu bewältigen). Gigerenzer konnte zeigen, dass es viele Klassen von komplexen Problemen gibt, in denen sehr einfache, für das jeweilige Problem spezifische Heuristiken (ähnlich dem Detroit-Milwaukee-Beispiel) zu denselben und meist sogar zu besseren Lösungen (in viel kürzerer Zeit) führen, als sogenannte komplexe Lösungen. Leider lassen sich solche Heuristiken nicht unbedingt auf ein anderes Gebiet übertragen. Was beispielsweise noch aussteht, ist die Erforschung guter politischer Heuristiken, die Politikern und damit uns allen helfen würden, in dem komplexen System, das die Politik darstellt, bessere und nachhaltigere Entscheidungen zu treffen.

Und falls Sie die zugegeben sehr philosophische Sache mit der Regelfolge jetzt doch noch interessiert: Der amerikanische Logiker und Philosoph Saul Aaron Kripke (* 13. November 1940 in Bay Shore, Long Island) ging von der Idee aus, dass wir uns bei Regeln, also bei der Suche nach geeigneten Denkwerkzeugen, darauf verlassen, dass diese Regeln eisern angewendet werden und sich die Werkzeuge nicht verändern, während wir sie in Gebrauch nehmen (so dass aus einem Hammer beispielsweise ein Nagel würde).[386] Diese Ansicht ändert sich jedoch, wenn man das Werkzeug einem Skeptiker aushändigt. Sehr vereinfacht ausgedrückt ist jede endliche Folge von Zahlen (4, 6, 8) mit einer Vielzahl (vielleicht sogar unendlichen Zahl) von mathematischen Reihen vereinbar. Die Regel für die Bildung von 4, 6, 8, könnte lauten: führe die geraden Zahlen fort, aber führe auch die ungeraden Zahlen fort, addiere eins und beginne mit 3. Vielleicht lautet die Reihe auch 4, 6, 8, 36 – je nachdem welche Regel zur Bildung dieser Reihe angewendet wird. Wie können wir uns also sicher sein, dass wir *wirklich* einer Regel folgen – und dies nicht fälschlich tun? Woher *weiß* ich, dass ich tatsächlich der Regel der Addition folge? Sicher, wenn Sie 5 + 10 rechnen, dann scheint der Fall klar. Wie Addition funktioniert, haben Sie bereits in der Schule gelernt. Nun rechnen Sie bitte 2 589 + 8 945 (eine Aufgabe, die Sie vermutlich noch nie gelöst haben oder sich nicht mehr daran erinnern, es getan zu haben). Bevor Sie mir das richtige Ergebnis nennen: Mit Kripkes Skeptiker könnte ich jetzt mit Fug und Recht behaupten, es käme 5 555 dabei heraus.[387] Sie werden mir vermutlich empfehlen, die Schule noch einmal zu besuchen und »richtig« rechnen zu lernen. Worin aber besteht das »richtige« Rechnen, wenn noch niemand das Ergebnis kennt? Welche Regel wenden Sie an? Wer sagt Ihnen, dass Sie die richtige Regel anwenden und bislang zwar in allen Fällen, die Sie gerechnet haben, das Ergebnis herauskam, das Sie »normalerweise« errechnen (11 534) – nicht aber in diesem Fall? Beispielsweise könnte die Additions-Regel auch besagen, dass Sie zwar bei allen Zahlen, die kleiner oder gleich 2 589 sind, so rechnen wie bisher – aber bei allen weiteren Additionen über diese Zahl hinaus immer 5 555 als Ergebnis angeben (ähnliche Funktionen gibt es in der Mathematik durchaus). Der Skeptiker wird Ihnen gerne zugeben, dass Sie bislang – angenommen, Sie haben mit kleineren Zahlen gerechnet – durchaus richtig gerechnet haben. Ab einer bestimmten Größenordnung aber müssen Sie anders rechnen (und werden wieder nicht wissen, ob Sie bei der Anwendung dieser Rechnung der Regel wirklich folgen). Ludwig Wittgenstein, auf den Kripke sich bezieht, formulierte es so: Das Regel-Folgen ist zwar eine Praxis. Aber glauben, dass man der Regel folgt, bedeutet längst nicht, ihr wirklich zu folgen. Das Paradox, das sich ergibt, ist dies: »eine Regel könnte keine Handlungsweise bestimmen, da jede Handlungsweise mit der Regel in Übereinstimmung zu bringen sei«.[388] Die Katze beißt sich also in den Schwanz: Ich muss, um einer Regel zu folgen, meine Handlungsweise mit ihr in Übereinstimmung bringen – ohne eindeutig zu wissen, worin die Regel genau besteht, denn es bleibt immer die Möglichkeit eines Interpretationsspielraumes. Vermutlich werden Sie den skeptischen Einwand (der bei Kripke im Detail viel überzeugender und vor allem tatsächlich logisch konsistent ist) vom Tisch wischen wollen und sagen: »Ich mache einfach das, was ich in der Schule gelernt habe.« Die Frage ist nur, *was* Sie damals *wirklich* gelernt haben. Wenn Sie sich auf diese Frage ernsthaft einlassen, werden Sie allmählich bemerken, wie Ihr gesamtes Denk-Fundament ins Wanken gerät. Ich vermute, dass Sie spätestens dann entweder aufhören werden, sich auch nur ein einziges Mal weiter mit einem Skeptiker zu unterhalten und beschließen, das gesamte Unternehmen der Philosophie ab sofort zu vergessen (präziser wäre: zu verdrängen). Oder Sie werden früher oder später wissen wollen, wie man dieses Problem löst. Spätestens dann werden Sie anders über Philosophen denken und Leuten wie Kripke und Wittgenstein dankbar sein für die Probleme, in die Sie durch diese Denker geraten sind. Immerhin gibt es ja Hoffnung. Und diese Hoffnung lautet: Vergesst die Philosophen. Zum Glück gibt es ja die Logik.

6. Logik und Syllogismen

In der Tat scheint in der Logik alles in Ordnung zu sein. Logik ist clean und eines der schärfsten, saubersten und nützlichsten Werkzeuge. Und dennoch muss ich Ihren Glauben an die Logik ein wenig erschüttern. Nur damit Sie mich nicht falsch verstehen: Die Ausarbeitung der Logik stellt eine unglaubliche Verbesserung des denkens dar, und zwar generell und nicht nur mit Blick auf Anwendungen in der Mathematik, Informatik oder den Ingenieurswissenschaften. Die Logik ermöglicht es, im Dschungel der Argumente und Schlüsse die wahren Aussagen zu finden. Oft widersprechen diese der Intuition, auf die man sich in Sachen Logik leider nicht immer verlassen kann (und oftmals am wenigsten, wenn man sich so sicher ist). Das Problem mit den verschiedenen Formen der Logik ist, dass sie zwar eine höchst präzise Kunstsprache oder Struktur darstellt, die kulturübergreifend ist – selber aber weitgehend losgelöst von den Fragen des Lebens und insbesondere von der Frage nach den Bedeutungen, nach dem Sinn. Natürlich gehen auch die formalen Systeme der Logik immer wieder über in semantische Bestimmungen. Eine völlige Trennung zwischen beiden Bereichen gibt es nicht. Oft genug ist versucht worden, diesen Traum Wirklichkeit werden zu lassen – vergeblich. Es gibt aber noch ein anderes, viel entscheidenderes Problem mit der Logik, das nicht ihre einzelnen Sätze betrifft, sondern gleichsam das gesamte System. Obwohl es in sich geschlossen und vollständig, vor allem aber auch widerspruchsfrei sein sollte, hat der Mathematiker Kurt Gödel zeigen können, dass dies nicht der Fall ist. In gewisser Weise genügt die Logik ihren

375

eigenen globalen Ansprüchen nicht – so perfekt und unbezweifelbar sie im Detail auch ist.[389] Im Übrigen gilt, wie für alle komplexen Systeme, dass auch die formale Logik ein sehr vielschichtiges Gebilde ist. Ich verzichte dennoch auf die detailreichen Unterscheidungen innerhalb der formalen Logik – auch auf die Gefahr hin, damit erheblich das Missfallen strenger Logiker zu erregen.[390] Erinnern Sie sich an das Zitat von Paul Valéry, das ich dem Kapitel vorangestellt habe? Es lautet: »Die Philosophen glauben, daß Wörter – wie *Realität* – etwas Wichtiges enthalten, das man aus dem Wort extrahieren muß, als ob das Wort nicht ein aufs Geratewohl, durch Bilder, durch Diskussionen und unkoordinierte Verwendungen fabrizierter Gegenstand wäre – und als ob es gottgegeben wäre. So die ›Zeit‹, so die ›Welt‹ und der Geist und die Dinge … Und sie glauben an die LOGIK.«[391]

Auch »Logik« ist zunächst ein Begriff – ein Wort für eine Fülle von unterschiedlichen Verfahren. Über Logik sind Hunderte von Büchern und sicher Zehntausende von Essays und wissenschaftlichen Abhandlungen geschrieben worden. Allein dieser Umstand weist darauf hin, dass es mit der Logik keineswegs ein und für alle Mal zu Ende ist, sondern sich auch die Logik entwickelt. Tatsächlich hat die Logik eine Geschichte, die zumindest im europäisch-abendländischen Sprachraum mit Aristoteles' sogenannter *Erster Analytik* oder *Analytica Priora* ihren Anfang genommen hat. Damit ist die Logik historisch zu einem Zweig der Philosophie geworden und weitgehend geblieben (manche sagen, dass es sich um den wichtigsten und einzig brauchbaren Zweig der Philosophie handelt). Tatsächlich geht die Logik als ein wichtiges Instrument im Werkzeugkasten des denkens über die Philosophie im engeren Sinne hinaus – auch bereits bei Aristoteles. Der Zusammenhang ließe sich mit Blick auf die Bedeutung der Philosophie auch so formulieren: Die Logik als Grundwerkzeug des denkens ist ein Gebiet der Philosophie, und man lernt das genaue Argumentieren sonst nirgends so gut wie in der Philosophie. Deshalb ist Philosophie bis heute notwendig, um – wie bereits zu Aristoteles' Zeiten – Wissenschaft und Forschung betreiben zu können. Aus dieser einheitlichen Perspektive der Logik verkleinern sich die immer wieder behaupteten (Verfahrens-)Unterschiede zwischen Geistes- und Naturwissenschaften immens. Ich würde sogar behaupten, dass sie nahezu gegen null gehen, zumal wenn man in Rechnung stellt, dass die Philosophie wie alle Geistes- aber auch wie die Naturwissenschaften mit allen anderen Bewegungen des denkens eines gemeinsam hat: Immer geht es darum, in der Welt, gleich ob diese innen oder außen, sozial oder physikalisch, metaphysisch oder empirisch vorgestellt wird, Muster zu entdecken und Muster zu verstehen. Selbst der Unterschied zwischen Wissenschaft und Kunst schmilzt dahin, wenn man bedenkt, dass in allen Bereichen Muster produziert werden – ob nun in Form von Theorien, Bildern, Tonkompositionen, Architektur, Teppichen oder Gedichten.

Festzuhalten ist, dass die Theorie der Syllogismen und der logischen Verfahren, die Aristoteles in dieser Schrift, in der *Zweiten Analytik* und in der *Topik* (Organon Band 1) entwickelt, bis heute Gültigkeit behalten haben. Immanuel Kant brachte diese Einsicht vor fast 250 Jahren so auf den Punkt:»Dass die Logik diesen sicheren Gang schon von den ältesten Zeiten her gegangen sei, lässt sich daraus ersehen, dass sie seit dem Aristoteles keinen Schritt rückwärts hat tun dürfen … Merkwürdig ist noch an ihr, dass sie auch bis jetzt keinen Schritt vorwärts hat tun können, und also allem Ansehen nach geschlossen und vollendet zu sein scheint. Denn, wenn einige Neuere sie dadurch zu erweitern dachten, dass sie teils psychologische Kapitel von den verschiedenen Erkenntniskräften (der Einbildungskraft, dem Witze), teils metaphysische über den Ursprung der Erkenntnis oder der verschiedenen Art der Gewissheit nach Verschiedenheit der Objekte, teils anthropologische von Vorurteilen (den Ursachen derselben und Gegenmitteln) hineinschoben, so rührt dieses von ihrer Unkunde der eigentümlichen Natur dieser Wissenschaft her. Es ist nicht Vermehrung, sondern Verunstaltung der Wissenschaften, wenn man ihre Grenzen in einander laufen lässt; die Grenze der Logik aber ist dadurch ganz genau bestimmt, dass sie eine Wissenschaft ist, welche nichts als die formalen Regeln alles Denkens (es mag a priori oder empirisch sein, einen Ursprung oder Objekt haben, welches es wolle, in unserem Gemüte zufällige oder natürliche Hindernisse antreffen) ausführlich darlegt und streng beweist.«[392] Kant zufolge hat sich die Logik deshalb so gut gehalten, *weil* sie eingeschränkt ist und versucht, von allen Objekten der Erkenntnis zu abstrahieren. Der Logik geht es um die formalen Regeln des denkens. Der Verstand hat es, in Kants Formulierung, in der Logik mit nichts anderem als mit sich selbst und seiner Form zu tun. Aristoteles jedenfalls verwies durch den Begriff der Analytik auf die Logik und eben jenes Verfahren bzw. jene Theorie der Analyse, die ihrerseits auf vielfältige Regeln, Methoden und eine Vielzahl von unterschiedlichen Werkzeugen zurückgreift. Die Analytik spielt sowohl in der Syllogistik, d. h. in der Lehre der Arten und der Regeln von logischen Schlüssen, die bis heute das Kernstück der Logik geblieben ist, als auch in der Theorie des Wissens und der Wissenschaften eine entscheidende Rolle.[393] Immer dann, wenn es darum geht, einen komplexen Gegenstandsbereich zu verstehen und genauer auf seine universellen Strukturen wie Ursache und Wirkung hin zu untersuchen, sind die Verfahren der Analyse (der Zerlegung des Bereiches in seine unterschiedlichen Elemente) und der logischen Urteilsbildung oder Schlussfolgerung (die Verbindung dieser Elemente zu logischen Ketten und Sätzen) unerlässlich. Die Logik, die Aristoteles in der *Ersten Analytik* entwickelt, ergab sich aus seinem Verständnis von denken und Wissenschaft, die für ihn eine Einheit darstellten. Sowohl beim denken im Allgemeinen als auch bei der wissenschaftlichen Untersuchung im Speziellen geht es immer wieder darum, sich mit einzelnen Fakten, zugleich aber auch mit allgemein gültigen Strukturen und Zusammenhängen zu befassen. Dies Tier hier hat einen Magen. Haben alle Tiere einen Magen? Sind alle metallenen Statuen wie diese hier schwerer als hölzerne Statuen derselben Größe? Welche Eigenschaften kommen Tieren und Statuen im Allgemeinen zu? Fragen dieser Art – und es sind bis heute die entscheidenden Fragen der Naturwissenschaften, der Philosophien und des denkens im weitesten Sinn geblieben – laufen darauf hinaus, die Erkenntnisse oder Antworten in allgemein verständlichen, nachvollziehbaren *Sätzen* zu formulieren. Sätze transportieren die Wahrheit oder Wahrheitswerte über bestimmte Verbindungen (Junktoren) von einem Begriff zu einem anderen. Auf diese Weise werden komplexe Aussagen möglich. Erst sie ermöglichen es uns, in richtigen Ausdrücken und auf eine universal verbindliche Weise von der Welt zu sprechen und sich diese zu erschließen. Für Logiker spielt es daher keine Rolle, mit welchen Emotionen solche Sätze verbunden sind. Dass die Emotionen mit uns durchgehen, ist einer von vielen Gründen, warum wir immer wieder zu Fehlern beim Urteilen neigen. Die Sätze, mit denen es die Logik zu tun hat, sind sogenannte Prädikationen – Sprechakte oder Feststellungen, dass ein bestimmter Gegenstand, ein bestimmtes Objekt (der Computerbildschirm vor mir auf dem Tisch) bestimmte Eigenschaften hat. Mit Prädikationen klassifizieren wir also Gegenstände. Und so beginnt das Geschäft der Logik, über das viele hervorragende Bücher geschrieben worden sind, in denen Sie die Zusammenhänge weit über die bloßen Hinweise hinaus, die ich hier gebe, weiter verfolgen können.[394] Wichtig ist nur zu verstehen, dass nicht alles mit der Logik beginnt oder alles Logik ist. Vielmehr kommt die Logik erst spät ins Spiel – nämlich dann, wenn wir schon eine Sprache und gewisse Verfahren des Argumentierens und Verbindens von Wörtern erlernt haben und, wie im vorausgehenden Kapitel, dazu in der Lage sind, nach bestimmten Dingen oder Fragen zu suchen, indem wir Regeln anwenden. Die Regeln der Logik sind eine besondere und besonders wichtige Form dieser Regeln – aber nicht die einzigen.

Zurück zur Prädikatenlogik. Wir sagen beispielsweise, dass das hier ein Computer, aber das daneben mein Hund ist, neben dem ein Buch liegt, das zudem aufgeschlagen und rot ist. In diesem Raum gibt es also mindestens ein Lebewesen und einen roten Gegenstand. Derartige Aussagen sind quantifizierbar, d. h. sie alle genügen einer bestimmten (logischen) Form, deren bekannteste vermutlich eine Art von Grundmodell einfacher Schlüsse und logischer Verfahren ist:»Alle Vögel haben Federn. Das Rotkehlchen vor meinem Fenster ist ein Vogel. Also hat das Rotkehlchen Federn.«Wörter wie»einige«(»Einige Tiere haben Flügel«) oder »alle«(»Alle Tiere haben einen Magen«) bezeichnet man als Quantoren. Ein Satz wie»Wer wollte bezweifeln, dass Ally ein Hund ist«, ließe sich umformulieren in:»Es gibt keinen Menschen, der die Aussage ›Ally ist kein Hund‹ für richtig hält.« Alle Menschen halten also die Aussage, dass Ally ein Hund ist, für wahr. Diese Aussage gilt es zu überprüfen. Die aristotelische Logik ist in erster Linie also eine Logik der Quantoren, der Prämissen und der (richtigen) Konklusionen – eine Logik für quantifizierbare Sätze, die heute gerne Prädikatenlogik (erster Stufe) genannt wird. Die Prädikatenlogik befasst sich damit, Aussagen oder Argumente zu formalisieren und auf ihre Gültigkeit hin zu überprüfen. In der ersten Stufe geht es darum, durch die korrekte Darstellung von (mathematisierbaren) Ausdrücken und (richtigen) logischen Verfahren zu Schlüssen zu gelangen, d. h. von einem Ausdruck korrekt zu einem anderen zu gelangen. Die zweite Stufe erweitert dieses Verfahren, indem sie bemüht ist, alle Relationen zu»quantifizieren«. Das ist dann der Fall, wenn ich diese Sätze mit Hilfe von Quantoren (wie»alle« oder»einige«) formulieren kann. Die einzelnen Elemente einer Aussage werden dann mit Operatoren, d. h. durch Verfahren bzw. mathematische Vorschriften, verbunden. Sogenannte Junktoren (logische Verknüpfungen wie»und«,»oder« etc.) verbinden dann innerhalb der Möglichkeiten der Aussagenlogik die Ausdrücke oder Variabeln miteinander und erlauben es auf diese Weise auch neue Aussagen zu bilden. Worum es also geht, ist, kurz gesagt, Begriffe richtig zu definieren, richtig zu verwenden und mit Hilfe des folgerichtigen denkens zu richtigen Argumenten oder Schlüssen zu verbinden.

Um zu verstehen, wie bahnbrechend und wegweisend die Arbeit des Aristoteles bis heute ist, muss man sich vor Augen führen, dass Aristoteles mit Hilfe des Studiums aller logischen Verfahren und Schlussmöglichkeiten Irrtümer und falsche Schlüsse abwenden wollte. Wie schwer das bis heute geblieben ist, zeigen so unterhaltsame Bücher wie die des Mathematikers Christian Hesse oder die des Psychologen Gerd Gigerenzer.[395] Aristoteles sagte mit seiner Lehre von der Analytik – seiner Logik – den falschen Schlüssen den Kampf an. Damit stand er aufseiten des vernünftigen Argumentierens und derjenigen, die sich ihres Verstandes bedienen wollten, um die Welt zu verstehen, und nicht nur ihrer Eindrücke oder mythischen Vorstellungen. Aristoteles wollte Aberglauben und wissenschaftliche Erkenntnis durch denken voneinander unterscheiden und auf diese Weise Aberglauben und falsche Vorstellungen aus dem Körper des Wissens entfernen. Die Methoden der Absicherung, aber auch der Erweiterung von Wissen sind die der Logik, die es auf eine formalisierbare, mathematische Weise möglich macht, die Wahrheitswerte von Aussagen über ganze Abhandlungen und Argumentationsketten (Beweise) hinweg zu überprüfen. Nun sollte man annehmen, das sei ein für alle Mal gleich. Tatsächlich gelten die aristotelischen Annahmen für die Syllogismen bis heute. Große Denker und Mathematiker wie Blaise Pascal, René Descartes, Gottfried Leibniz, aber auch Mathematiker wie Georg Cantor, Henri Poincaré, David Hilbert, Gottlob Frege, Bertrand Russell, Kurt Gödel und viele andere haben die Logik im Laufe der Jahrhunderte jedoch weiterentwickelt.[396] Nach wie vor ist bei aller Präzision, die die Logik beinhaltet, eines ihrer Hauptprobleme, dass sie zumindest als Aussagenlogik im Unterschied zu rein mathematischen Verfahren wie der Algebra oder Analysis in Worten dargestellt werden muss (es sei denn, man verwendet beispielsweise mehrwertige Logiken, die wenig oder nichts mit der Alltagswelt zu tun haben und gleichsam »gerechnet« werden müssen). Im Grunde ist die Sprache der Mathematik »eine der schriftlichen Texte … Mathematik ist eine Sprache und die Arbeit an ihr, darum kann sich die Identität [der Mathematiker, G. S.] nicht an einem ›Gegenstand‹ herstellen, und darum bleiben die ›Grundlagen‹ so unklar und umstritten«.[397] Mag die Mathematik noch so rein oder erhaben erscheinen: Sie ist und bleibt immer bis auf ihre Knochen eine kulturelle Produktion, genau wie Literatur, Kunst, Philosophie oder Naturwissenschaft. Der berühmte Mathematiker David Hilbert (* 23. Januar 1862 in Königsberg; † 14. Februar 1943 in Göttingen) war der Ansicht, dass die Grundidee seiner Beweistheorie und Logik nichts anderes sei »als die Tätigkeit unseres Verstandes zu beschreiben, ein Protokoll über die Regeln aufzunehmen, nach denen unser Denken tatsächlich verfährt. Das Denken geschieht eben parallel dem Sprechen und Schreiben, durch Bildung und Aneinanderreihung von Sätzen.«[398] Auch Logik ist nur eine – wenn auch besonders strenge – Aneinanderreihung von Begriffen oder Symbolen durch bestimmte Verfahren der Verknüpfung. Wie auch immer man es wenden mag – Mathematik und Logik bleiben Formen des denkens. Als solche sind sie, wie jedes bewusste denken, symbolische Konstruktionen der Welt, die eine Geschichte haben, sich entwickeln und möglicherweise sogar von Kultur zu Kultur variieren. Jedenfalls kann man aufgrund ihrer geschichtlichen Kontingenz die Vernünftigkeit der Verfahren immer wieder in Frage stellen (wobei dann die entscheidende Frage dabei die nach dem Standpunkt sein wird, von dem man über Vernunft und Unvernunft entscheiden will). Logik definiert Diskursgrenzen: Dinge, die wahr, falsch oder möglich sind und entsprechend gesagt und gedacht werden können. Selbst die Geltung eines derart grundlegenden, das gesamte logische Folgern bestimmenden Prinzips wie des *Tertium non datur* (etwas ist entweder A oder ¬A) ist immer wieder in Frage gestellt worden. Ein Beispiel dafür sind die sogenannten parakonsistenten Logiken. Die so bezeichneten Logiksysteme akzeptieren den grundlegenden Satz »ex contradictione sequitur quodlibet« (aus einem Widerspruch folgt Beliebiges) nicht. In solchen Systemen ist es also nicht möglich, aus den beiden widersprüchlichen Aussagen A und ¬A jede beliebige Aussage herzuleiten. Bis heute viel diskutiert bleiben auch diejenigen Abweichungen von den sogenannten nichtklassischen Logiken, die auf bestimmte Axiome der klassischen Logik verzichten und als *fuzzy logic* bezeichnet werden. Diese Logik befasst sich mit der Modellierung und Berechnung von Unschärfen (nicht zu verwechseln mit Wahrscheinlichkeiten!) und stellt eine Grundlage für moderne Computersysteme dar, die beispielsweise benutzt werden, um die Steuerung moderner U-Bahn-Systeme zu gewährleisten.[399] In der *fuzzy logic* gibt es nicht nur zwei scharfe Pole – richtig und falsch, ja oder nein wie in der zweiwertigen Logik –, sondern zusätzliche Grauwerte – Funktionen wie »ein bisschen«, »stark« oder »sehr stark«. Selbst wenn die Logik möglichst streng angelegt ist, genügt sie nicht, um die Welt zu beschreiben. Der französische Mathematiker, Physiker und Philosoph Henri Poincaré (* 29. April 1854 in Nancy; † 17. Juli 1912 in Paris) war der Ansicht, dass Logik und mathematische Wissenschaft, »indem sie streng wird, den Charakter des Künstlichen annimmt, der alle Welt befremdet; sie vergißt ihren historischen Ursprung; man sieht, wie die Fragen gelöst werden können, man sieht nicht mehr, wie und warum sie gestellt wurden. Das beweist uns, daß die Logik nicht genügt, daß die demonstrative Wissenschaft nicht die ganze Wissenschaft ist, und daß die Intuition ihre Rolle als Ergänzung, ich möchte sagen als Gegengewicht oder als Gegengift, beibehalten muß.«[400]

Dennoch gebe ich gerne zu, dass die Logik ein wesentlicher Teil dessen ist, was den Werkzeugkasten des denkens füllt. Und ich gestehe auch, dass man beim Anblick all der wunderbaren Denkwerkzeuge – des deduktiven und des induktiven Schlusses, der Wahrheitstafeln, Konjunktionen, Disjunktionen, Negationen, Kettenschlüsse und all der aussagenlogischen Kalküle des natürlichen Schließens samt De Morgan'schem Gesetz, Modus ponens, Modus tollens und den sich daraus so häufig ergebenden Verwechslungen und Fehlschlüssen (die ganze Bücher füllen) –, die herrlich glänzen können, wenn die Sonne des Denkens auf den Werkzeugkasten fällt und seinen Inhalt erleuchtet …, dass man schlicht und einfach wie beinahe bei diesem langen Satz vergessen kann, was man eigentlich denken und bewerkstelligen wollte. Mit einem Mal steht das Werkzeug und nicht das, was man damit tun wollte, im Zentrum der Aufmerksamkeit. Es macht

Spaß, sich mit den typischen Fehlschlüssen zu beschäftigen oder philosophische Argumente in rein logische Symbolsprache zu übersetzen. Allerdings muss ich zugeben, dass ich bei seitenlangen formalen Darstellungen von Argumenten passen muss. Eine der klarsten, verständlichsten und schönsten Einführungen in die Logik findet sich bei Jens Soentgen.[401] Soentgen benutzt dabei einen wunderbaren Trick, von dem als Erster der berühmte Mathematiker Leonhard Euler (* 15. April 1707 in Basel; † 18. September 1783 in Sankt Petersburg) Gebrauch machte.

1768 versuchte Euler in seinen *Lettres à une princesse d'Allemagne* die Grundzüge der aristotelischen Logik der »Prinzessin von Preußen«, eine Nichte Friedrichs des Großen, zu erklären, die mit vollem Namen Friederike Charlotte Leopoldine Louise von Brandenburg-Schwedt hieß. Euler, der vermutlich der Lehrer der Prinzessin war, sparte dabei auch physikalische Probleme nicht aus. Worin bestand sein Trick, Logik so leicht und verständlich werden zu lassen? Er zeichnete logische Schlüsse – und zwar, indem er sie als Mengen und Verhältnisse von Mengen illustrierte. Stellen Sie sich beispielsweise einen Kreis vor, der »Süße« repräsentiert, und einen anderen, der »Kekse« darstellt – oder wie die Logiker sagen: das Universum der Süße und das der Kekse. Nun können Sie Aussagen leicht bildlich darstellen – und auch logische Schlüsse zeichnen. Wenn alle Kekse süß sind, aber nicht alles Süße auch ein Keks ist (denn auch Bananen sind süß), dann muss der Keks-Kreis innerhalb des größeren Süße-Kreises liegen.

Der große Kreis mit dem Prädikat »süß« umfasst den kleinen Kreis, zu dem alles gehört, was ein Keks ist. Auf einfache Weise haben Sie eine sogenannte universell bejahende Allaussage dargestellt. Auf ähnliche Weise lassen sich auch verneinende Aussagen (zwei Kreise, die nichts gemeinsam haben), partikulär affirmative Aussagen oder partikulär negative Aussagen darstellen. Beispielsweise sind im Universum der Kekse zwar alle süß, aber nur einige der Kekse enthalten Haselnüsse. Wenn Sie das zeichnen wollen, so zeichnen Sie zwei Kreise, die sich nur teilweise berühren: Die Schnittmenge ist genau jene Menge von Keksen,

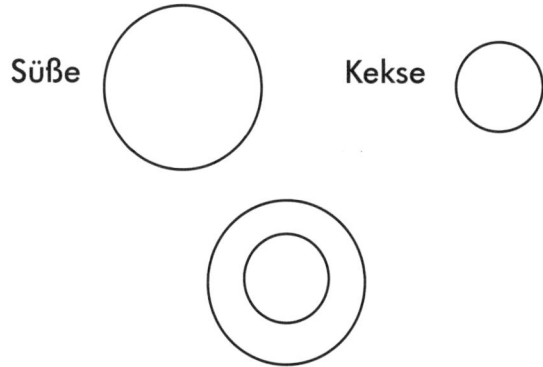

Süße   Kekse

die Haselnüsse enthalten. Wenn Sie beispielsweise sagen: Alle A sind B. Und alle C sind A – dann folgt daraus, dass alle C auch B sind. Das ist einfach zu zeichnen: Denn offensichtlich liegt der gesamte A-Kreis (das Universum mit allen A) innerhalb des B-Kreises (alle A sind B) – und der C-Kreis wiederum innerhalb des A-Kreises (alle C sind A). Damit liegt der C-Kreis aber auch innerhalb des B-Kreises. So einfach kann Logik sein – wenn man es über Mengen veranschaulicht vor sich sieht. Insgesamt lassen sich mit A, B und C, den Verneinungen, Bejahungen und den Quantoren »Alle« und »Einige« 20 verschiedene Formen von Schlüssen ableiten, wobei es genau genommen nur 19 sind, weil die 16. Form und die 5. Form austauschbar sind.[402]

Beispielsweise gilt:

Alle A sind B
Alle C sind A
Also sind alle C auch B

Die Mengenlehre im wörtlichen Sinn wurde zwar erst von Georg Cantor in den Jahren 1874 bis 1897 begründet. Dennoch scheint mir Euler zumindest ein würdiger Vorfahre einer Idee gewesen zu sein, die die Mathematik und die Logik revolutioniert hat.

Mengen sind für Mathematiker einfach zu beherrschen, weil sie klar definierte Gruppen von beliebigen Elementen darstellen. Diese Elemente können Kekse sein, aber auch die Zahlen zwischen 0 und 1 oder alle rationalen Zahlen. Dann werden über die in diesen Mengen enthaltenen Elemente unterschiedliche Operationen ausgeführt. Dieses Baukastensystem aus Mengen, Elementen und Operationen kann im Laufe der Zeit immer komplexer werden. Tatsächlich haben sich Mathematiker wie Gottlob Frege in der Folge die Frage gestellt, ob nicht die Mengenlehre das Fundament der gesamten Mathematik darstellen könnte. Erst Bertrand Russell zeigte dann, dass es mit der Mengenlehre ernsthafte Probleme gibt. Sein Gedanke – die Russell'sche Antinomie und ihre Lösung – führte zu einem abrupten Ende der »naiven« Mengenlehre und zur Etablierung der sogenannten Typentheorie. Die Frage, die Russell zum Ausgangspunkt seiner Überlegungen nahm, gibt es in verschiedenen, mehr oder weniger mathematisierten Varianten. Eine der gebräuchlichsten und bekanntesten ist die Form des Lügnerparadoxes. Ist der Satz »Ich lüge jetzt« wahr? Wenn er wahr ist – dann lüge ich aber nicht und sage daher die Unwahrheit. Wenn der Satz aber falsch ist – ich also nicht lüge –, dann widerspreche ich mir ebenfalls, denn ich sage ja, dass ich jetzt lüge. So oder so führt der Satz in einen Widerspruch. Russell hatte eine ähnliche Frage gestellt, nämlich die nach der Menge aller Mengen, die sich selbst nicht enthalten. Ist diese Menge nun in sich enthalten oder nicht?

Den Ausgangspunkt bildet die Überlegung, dass es ja wahr ist, dass alle *Teelöffel* zur Klasse der Teelöffel gehören. Doch was ist mit der *Klasse aller Teelöffel*? Russells Antwort war, dass die *Klasse* sämtlicher Teelöffel natürlich selber kein Teelöffel ist. Andererseits gilt aber, dass die Klasse sämtlicher Dinge, die keine Teelöffel sind, ersichtlich selber eines von den Dingen ist, die keine Teelöffel sind.[403] »Wie mir schien«, schreibt Russell, »gab es im letzteren Fall auch Klassen, die nicht – wie unser Beispiel – nur mit Hilfe der Verneinung definierbar waren, z.B. die Klasse sämtlicher Klassen, die ihrerseits wiederum eine Klasse ist ... Ich [stieß] nun auf die Klassen, die sich nicht selbst als Element enthalten, dafür aber – wie ich meinte, und was ja auch einleuchtend genug erscheint – ihrerseits wiederum eine Klasse bilden mußten. Und ich fragte mich nun, ob diese Klasse (also die Klasse sämtlicher Klassen, die sich nicht selbst als Element enthalten) sich selbst als Element enthält oder nicht. Wenn man annimmt, daß sie sich selbst als Element enthält, muß sie natürlich der Definition dieser Klassen entsprechen, nach der sie sich nicht selbst als Element enthalten darf. Und wenn man annimmt, daß sie sich nicht selbst als Element enthält, entspricht das genau der gegebenen Definition, d. h. sie gehört zu den Klassen, die sich nicht selbst als Element enthalten, und muß sich folglich selbst als Element enthalten. Aus beiden Annahmen folgt also zwingend das genaue Gegenteil der Annahme, und wie wir uns auch drehen und wenden, wir kommen aus diesem Widerspruch nicht heraus.«[404] Ein Weg aus dem Dilemma – das ein Kernstück der berühmten *Principia Mathematica* darstellt, die Russell zusammen mit dem britischen Philosophen und Mathematiker Alfred North Whitehead (* 15. Februar 1861 in Ramsgate; † 30. Dezember 1947 in Cambridge, MA) zwischen 1910 und 1913 veröffentlichte – besteht darin zu berücksichtigen, dass es eine Fülle von Eigenschaften gibt, die nicht auf sich selbst angewendet werden können.»Die Eigenschaft, ein Mensch zu sein, ist eine Eigenschaft und kein Mensch, also trifft sie nicht auf die Eigenschaft zu, ein Mensch zu sein.«[405] Heute weiß man, dass Fragen der Russell'schen Art also insofern falsch gestellt sind, als es bestimmte Formen einer»*Menge* aller Mengen« zwar nicht immer gibt – wohl aber definierte *Klassen* aller Mengen. Die meisten Klassen sind nicht Element ihrer selbst – und das löst bereits den größten Teil der Probleme. Immerhin ist vielleicht deutlich geworden, warum Logik in weiten Teilen (wenn auch nicht durch und durch) eine Form von Mengenlehre ist oder als Mengenlehre dargestellt werden kann. In meinem Leben hatte diese Überzeugung vieler Mathematiker und offensichtlich auch einiger Politiker die Konsequenz, dass ich in der Schule mit einer

Form der Mathematik begann, die der Generation meiner Eltern nichts, aber auch gar nichts sagte – Mengenlehre.

Aber ich will nicht abschweifen und Ihnen noch einige andere Schlüsse vorstellen. Einer, der etwas schwieriger ist als der letzte, lautet:

Einige A sind B
Alle B sind C
Also sind auch einige C in A

Analog die Negation:
Einige A sind nicht B
Alle C sind B
Also sind einige A nicht in C

Mit Hilfe dieser logischen Darstellungen eines richtigen Schlusses lassen sich Fehlschlüsse deutlicher erkennen – vorausgesetzt, man übersetzt die sprachlichen Argumente in ihre richtige logische Struktur. Angenommen ich sage: »Wenn alles stimmt, was die Kanzlerin sagt, dann ist der Aufschwung nicht mehr weit.« In Symbole übersetzt ergibt sich aus »Wenn alles stimmt (A) was die Kanzlerin sagt (B) – dann ist der Aufschwung (C) nicht weit (D)« folgendes Schema:

Wenn A B ist, dann ist C D.
Nun ist A B.
Also ist auch C D.

Wenn tatsächlich alles, was die Kanzlerin auch sagt, stimmt – na, dann muss die Aussage über den Aufschwung, der kommt, auch stimmen.

Noch eine zweite Form ist möglich:

Wenn A B ist, dann ist C D.
Nun gilt aber nicht, dass C D ist.

Also ist A auch nicht B.

Alles, was die Kanzlerin sagt, soll stimmen. Die Sache mit dem Aufschwung, die sie gesagt hat, stimmte aber nicht. Also stimmt auch nicht alles, was die Kanzlerin sagt.
Wie aber ist es mit folgender Form?

Wenn A B ist, dann ist C D.
Nun ist C D.
Also ist auch A B.

Stimmt die Schlussfolgerung? Natürlich nicht. Es handelt sich um einen Fehlschluss. Warum? Aus der einmaligen Tatsache, dass der Aufschwung kommt, folgt keineswegs, dass *alles*, was die Kanzlerin sagt, auch wahr ist. Beispielsweise kann ihre Aussage über das Wetter gestern falsch gewesen sein – obwohl ihre Aussage über den Aufschwung richtig war.

Noch eine weitere Form ist denkbar:

Wenn A B ist, ist C D.
Nun gilt aber nicht, dass A B ist.
Also gilt auch nicht: C ist D.

Ein weiterer Fehlschluss. Warum? Ich weiß, dass nicht alles, was die Kanzlerin sagt, auch stimmt. Denn ich habe sie bereits einmal dabei ertappt, dass sie eine falsche Aussage über das Wetter machte. Folgt daraus, dass es keinen Aufschwung geben wird? Natürlich nicht. Denn der wirtschaftliche Aufschwung ist (soweit ich weiß) nicht allein vom Wetter abhängig – und in jedem Fall nicht davon, dass die Kanzlerin sich einmal in Bezug auf das Wetter geirrt hat.

Sie sehen – Fehlschlüssen sind Tür und Tor weit geöffnet, und es lohnt, darüber nachzudenken. Das Werkzeug der Logik hilft, falsche Schlüsse zu entlarven.

Alle Betrüger gehören hinter Gitter.
Einige Politiker betrügen.
Also gehören alle Politiker hinter Gitter.

Dieser Schluss ist weit verbreitet und entspricht gelegentlich den Aufforderungen gewisser Zeitungen im In- und Ausland. Eine weitere Variante dieses Schlusses ist die folgende:

Alle Terroristen sind Extremisten.
Alle Extremisten sind radikal.
Also sind alle Radikalen Terroristen.

Diese Schlüsse sind offensichtlich klare Fehlschlüsse. Warum? Weil sie einen falschen Gebrauch von All-Aussagen machen.

Alle A sind B
Alle B sind C

Diese Prämissen lassen einzig und allein die Schlussfolgerung zu, dass einige C auch A sind. Der Kreis der Terroristen (A) liegt in dem größeren Kreis der Extremisten (B) – denn es gibt ja auch Extremisten, wie einige Künstler beispielsweise, die keine Terroristen sind. Der Kreis der Extremisten wiederum (B) liegt im Kreis der Radikalen (C). Daraus folgt aber nicht, dass der Kreis der Radikalen (C) auch im Kreis der Terroristen (A) liegt. Tatsächlich decken bzw. überschneiden sich nur einige C mit A.

Die Klarstellung von Prämissen und ihrer logischen Verbindung hilft, Fehlschlüsse relativ leicht zu erkennen. Der Philosoph Stephen Law, der u. a. Herausgeber von *Think* ist, dem Magazin des *Royal Institute of Philosophy* in London, fasst einige von ihnen sehr bündig zusammen.[406] Ein Klassiker ist das sogenannte *falsche Dilemma*: Entweder Israel führt Krieg oder der Iran (A oder B). Israel sollte und wird es nicht tun (nicht A). Also wird es der Iran tun (also B). Falsch daran ist, dass es nicht nur zwei Alternativen A und B gibt, sondern auch etliche andere, die man

in Erwägung ziehen muss. Es ist so ähnlich, als wenn man ernsthaft sagen würde: Menschen sind entweder schwarzhaarig oder
blond. Ich bin nicht schwarzhaarig – also blond. Es liegt auf der
Hand, wann die Argumentation des falschen Dilemmas verwendet wird – um Menschen in eine bestimmte Richtung zu steuern
und ihnen dann eine (nicht notwendige) Entscheidung abzuver-
langen. Ein weiterer klassischer Fehlschluss ist das »Du magst
vielleicht nicht an das Karma glauben, aber ich«. Der *relativisti-
sche Fehlschluss* dieser Art ist weit verbreitet. Seine Grundform
lautet: Ich glaube an A. Aus der Tatsache, dass ich faktisch an A
glaube, ziehe ich den Schluss, dass es A auch *gibt*. Dass dies nicht
stimmen kann, lässt sich leicht an einem Beispiel zeigen. Ich
glaube, dass das, was Sie jetzt in der Hand halten, ein iPad ist.
Sie nicht? Ich glaube aber dran. Es ist ein iPad (und kein Buch).
Natürlich können *Meinungen* von Person zu Person variieren.
Der eine glaubt an das Karma oder an Außerirdische, der andere
glaubt nicht daran. Nur lässt sich aus der Tatsache, dass man
diese Meinung hat, nicht schließen, dass es auch so wäre. Ein
weiterer, häufig anzutreffender Fehlschluss liegt vor, wenn ich
»post hoc« und »propter hoc« nicht richtig unterscheide, d. h.
den Zeitpunkt »nach« einem Geschehen von »deswegen«, und
insofern unterstelle, dass, nur weil A vor B liegt, A auch der
Grund für B ist und eine kausale Verbindung zwischen beiden
besteht. Weil ich als Kind Angst vor einer Prüfung habe, gibt
mir meine Mutter eine Hasenpfote – denn Hasenpfoten bringen
Glück, wenn man sie bei sich trägt und streichelt. Tatsächlich
habe ich die Prüfung gut bestanden. Also hat die Pfote geholfen – und ich werde nie mehr ohne Pfote Prüfungen machen!
Die Tatsache, dass zwei Ereignisse eintreten (hier regnet es – und
in New York auch), ist kein ausreichender Grund dafür, dass das
eine die Ursache des zweiten ist (ganz abgesehen davon: Wäre
nun Frankfurt die Ursache für den Regen in New York oder
umgekehrt?). Auszuschließen ist nicht, dass die Hasenpfote einen
beruhigenden Einfluss hat. Doch das ist, bei Licht besehen, etwas
anderes. Und man müsste, um zu prüfen, ob es sich wirklich so

verhält, einige Tests machen. Vielleicht stellt sich dann heraus, dass ein bestimmtes Verfahren der Beruhigung mir hilft, bessere Prüfungen zu machen. Doch das ist eine andere Behauptung als die, zu sagen, die Hasenpfote habe mir geholfen, die Prüfung zu bestehen.

All das sind Beispiele für die Anwendung der Logik, die Sie im Alltag vorfinden, beim Zeitungslesen, aber auch im philosophischen Debattieren. Trugschlüsse und Irrtümer kommen vor – und nicht nur solche, die auf einer Fehlinterpretation von Daten (oder auf falschen Daten) beruhen wie die Meldung, dass es angeblich im CERN gelungen sei, überlichtschnelle Teilchen nachzuweisen – womit die Relativitätstheorie widerlegt sei. Die meisten Wissenschaftler, die ich kenne, waren vorsichtig und hielten die Meldung für das, was sie war – nämlich für einen Irrtum. Als man versuchte, die Daten zu reproduzieren, stellt sich heraus, dass das nicht gelang. Der Fehler lag in einem defekten Glasfaserkabel, das die Datenströme nicht korrekt weiterleitete. Andere Irrtümer entstehen nicht etwa aufgrund falscher oder mangelhafter Daten, sondern weil die Schlussfolgerungen, die man innerhalb sehr komplexer Theorien (die meist nur eine andere Umschreibung für komplizierte mathematische Annahmen sind) gezogen hat, den Gesetzen der Logik widersprechen. Ein wie ich finde sehr beeindruckendes und frustrierendes Beispiel liefert die jüngste Forschung von Gerd Gigerenzer und anderen Mitarbeitern seines Forschungsprojektes.[407] Viele Mediziner lesen statistische Daten völlig oder stark fehlerhaft. So sind viele der Ärzte, die in den USA getestet wurden, nicht in der Lage, ausreichend zwischen relevanten und irrelevanten Testergebnissen zu unterscheiden. Entsprechend wurden unnötige, manchmal sogar riskante Screenings bis hin zu Über-Untersuchungen empfohlen. Der Grundgedanke ist einfach. Man stelle sich vor, dass eine Gruppe von Patienten im Alter von 67 Jahren Symptome von Krebs entwickelt. Alle Patienten sind drei Jahre später, mit 70 Jahren, tot. Die Gruppe derjenigen, die fünf Jahre überleben, ist also gleich null. Nun stelle man sich vor, dieselbe Gruppe von

Patienten unterzieht sich rechtzeitig einer Vorsorgeuntersuchung, was zu einer früheren Diagnose und einer früheren Behandlung führt. Angenommen, dass bei allen erkrankten Patienten bereits im Alter von 60 Jahren die Krebsform diagnostiziert wird. Dennoch sterben die Patienten mit 70 – obwohl die Quote derer, die 5 Jahre überleben, von 0 auf 100 % angestiegen ist. Die Aussage, dass durch rechtzeitige Untersuchungen die Überlebenschancen steigen (in diesem Fall die für fünf Jahre), ist zwar richtig – aber das ändert nichts an der Tatsache, dass alle Patienten zur selben Zeit tot sind. Ein weiteres Beispiel ist die Einschätzung eines Aidstests.[408] Mit welcher Wahrscheinlichkeit ist jemand, der auf Aids getestet wird, wirklich mit HIV infiziert? Stellen Sie sich 10 000 Männer vor. Statistisch ist einer von ihnen (0,01 %) infiziert – der sogenannte Grundanteil. Die sogenannte Sensitivität des Tests (die Zuverlässigkeit des Testes, wenn HIV-Viren im Blut sind) beträgt 99,9 %. Was bedeutet das? Von 10 000 Männern sind 9 999 nicht infiziert. Von diesen wird aber einer positiv getestet – ein sogenannter falsch-positiver Test: Der Test fällt positiv aus, obwohl keine HIV-Infektion vorliegt. Das bedeutet, dass bei 10 000 getesteten Männern zwei positiv getestet werden, aber nur einer ist tatsächlich auch HIV positiv. Wie hoch also ist das Risiko, bei einem Aidstest ein falsches Ergebnis zu haben? Es liegt nicht etwa bei 99,9 %, wie viele annehmen, sondern bei genau 50 % – denn nur einer von zwei Männern, bei denen der Test positiv war, ist tatsächlich HIV-infiziert.

Anders sieht der Fall in einer *Risikogruppe* aus. In solchen Gruppen sind von 10 000 infizierten Männern im Schnitt 150 tatsächlich HIV positiv. Auch diesmal gibt es einen falsch-positiven Test bei 9 850 nicht infizierten Männern. Diesmal werden also 151 Männer positiv getestet – von denen auch tatsächlich 150 infiziert sind. Die Wahrscheinlichkeit, dass Sie diesmal bei einem positiven Aidstest nicht infiziert sind, liegt bei 1 : 151 – und damit unter 1 Prozent. Es spielt bei der Beurteilung des Testergebnisses mit ein und demselben Verfahren also eine große Rolle zu wissen, ob man zu einer Risikogruppe gehört oder nicht! Entscheidend ist die Abschätzung der falsch-positiven Tests. Je nachdem, ob Zahlen wie gerade eben in natürlichen Häufigkeiten angegeben werden (Anzahl von Menschen) oder in bedingten Wahrscheinlichkeiten (Prozentzahlen), wird es schwer, die Bedeutung richtig abzuschätzen. Bedingte Wahrscheinlichkeiten erfordern eine Menge Rechnerei, denn man muss die Testergebnisse (Ja / Nein) in Betracht ziehen, die Sensitivität sowie die mögliche falsch-positive und die falsch-negative Rate. Hat man im Fall der natürlichen *Häufigkeit*, an die wir meist gewöhnt sind, wie im Fall oben eine klare Zahl als Antwort (1 Mensch von 10 000), so muss man bei der Rechnung mit *Wahrscheinlichkeiten* aufwendig die Wahrscheinlichkeiten der Ereignisse mit den entsprechenden Grundanteilen multiplizieren – und läuft, wie Gigerenzer zeigt, häufig Gefahr, bei der Abschätzung grob danebenzuliegen. Zugegeben – all das hat mit Logik wenig zu tun und stattdessen mit der Darstellung und insofern leider auch Beurteilung von Wahrscheinlichkeiten. Beides spielt im Alltag – und in den Wissenschaften – eine entscheidende Rolle.

Abschließend stellt sich die Frage, warum Denker (und nicht nur Philosophen) selten die klare Form der Darstellung von Argumenten wählen – die sogenannte Standardform, die Prämisse und Konklusion schnell erkennen lässt und übersichtlich ist. Der Grund ist ein ähnlicher wie bei der schlechten Aufbereitung in der Darstellung von Wahrscheinlichkeiten. Wer ein Verfahren der natürlichen Häufigkeiten wählt, statt in bedingten Wahrscheinlichkeiten, hat weitaus mehr Chancen, zu richtigen Einschätzungen zu kommen. Dies spielt etwa bei der Überlegung, ein Mammographie-Screening zu machen, eine wichtige Rolle. Viele Denker sind keine Logiker – und entwickeln ihre Argumente »on the go«. Natürlich hat ein Argument letztlich nur der verstanden, der es in der Standardform reformulieren kann.[409] Aber viele Denker haben nicht nur logische, sondern auch ästhetische Ambitionen und wollen überzeugen. Emotionale Einstellungen, aber auch Eigenheiten und Vorlieben des Formulierens spielen eine weitere Rolle. Und abgesehen davon neigt die logische Reformulierung zu einer Knappheit und Kargheit, die zuweilen schlecht für das Verständnis ist. Redundanzen (die Sie auch in meinen Texten immer wieder finden) sind notwendig, um Texte besser zu verstehen und beim Lesen einen Überblick zu bekommen. Redundanzen »verflüssigen« den Text. Wer immer nur mit Neuem konfrontiert wird und nichts wiedererkennen kann, wird leicht frustriert. Noch einen letzten Grund gibt es. Viele Fragen, mit denen wir es zu tun haben, sind komplexer Natur. Die formale Logik untersucht zwar die Schlüssigkeit von Argumenten – kann aber wenig dazu sagen, ob (oder wie) ein Argument überzeugt. Diese Aspekte liegen außerhalb der Logik. Das ideale Handwerkszeug hat man zwar in der Werkzeugkiste des denkens liegen – aber das alleine garantiert keineswegs, dass es auch sofort verwendet wird. Manchmal besteht die erste Aufgabe des denkens darin, einige Zeit darauf zu verwenden, die richtigen Werkzeuge zusammenzustellen. Die Geschichte des denkens besteht nicht zuletzt zu einem wesentlichen Teil in der Entwicklung neuer Denkwerkzeuge, mit deren Hilfe es dann gelingt, (neue) logische Spielräume auszuloten. Dies gilt insbesondere für die philosophische Denkarbeit. Logik und Phantasie müssen sich also verbinden. Immer wieder muss man sich fragen, ob die Prämissen, von denen man ausgegangen ist, stimmen – und ob sie sparsam genug sind. Denn wer alles bereits in seine Prämissen hineingesteckt hat, wird wenig Spaß dabei haben, neue, bahnbrechende Schlussfolgerungen zu ziehen. Führt das nicht aber zu einer Flucht in immer neue Argumente? Nein, sagt der Logiker, Wissenschaftstheoretiker und Philosoph Holm Tetens nicht zuletzt mit Blick auf die Philosophie, der man häufig den Vorwurf macht, unkonzentriert, gedankenflüchtig, wenig präzise und vor allem wenig ergiebig in den Konsequenzen zu sein. »Die ständigen Themen- und Problemwechsel liegen in der Natur des schlussfolgernden Nachdenkens. Sich dem zu entziehen hieße, das Denken, also das Philosophieren zu beenden. So entfernen sich die Philosophen beim intensiven Philosophieren immer weiter von den großen Fragen der Philosophie … Trotz ihrer Kontroversen können Philosophen etwas voneinander lernen. Im Streit von These und Gegenthese, von Argument und Widerlegungsversuch wird jeder Philosoph gezwungen, Voraussetzungen, Unterstellungen und Konsequenzen seiner eigenen Thesen immer deutlicher herauszuarbeiten. Schließlich überblickt niemand von uns alle inferentiellen [das Schließen und den Gebrauch von Begriffen betreffend, G. S.] Beziehungen zwischen seinen Überzeugungen. Es bedarf immer wieder auch des Widerspruchs der anderen, damit ein Nachdenken in Gang kommt, das unvermutete Konsequenzen oder Voraussetzungen der eigenen Überzeugungen ans Licht bringt.«[410] Gleich ob man Philosoph ist oder nicht – denken lotst häufig nicht in die sicheren Häfen (von denen viele ja bekannt sind), sondern oft ins Unbekannte, das erst allmählich ausgelotet werden kann. Denken Sie an die Ozeane, die für uns bis heute und trotz aller Technik weitgehend unbekannt geblieben sind, jedenfalls dann, wenn wir in größere Tiefen vorstoßen. Denken kann unvermutete Konsequenzen haben – wozu nicht zuletzt auch die Paradoxien gehören, zu denen es führt.

7. Paradoxien

Ich gebe zu, dass Paradoxien vielleicht nicht zu den gebräuchlichsten Werkzeugen des denkens gehören. Aber sie gehören zu den wirksamsten. Wer in der Lage ist, eine Paradoxie zu lösen, ist im denken einen entscheidenden Schritt weiter, denn Paradoxien scheinen das gesamte denken lahmzulegen. Sie stören unser Vertrauen in etwas, das wir im Alltag ständig benutzen, ohne weiter darüber nachzudenken. Einer antiken Überlieferung zufolge führte das Lügnerparadox, das man inzwischen vielleicht als gelöst ansehen kann, während es noch im Mittelalter schlicht als »das Unlösbare« bezeichnet wurde, zum Tod des griechischen Dichters und Grammatikers Philetas (* 340 − † 285 v. Chr.). Philetas schrieb gerne erotische Elegien, die seiner Geliebten Battis gewidmet waren, arbeitete aber immerhin doch als erster Bibliothekar an der berühmten Bibliothek von Alexandria. Zudem war er Lehrer des damaligen Pharaos von Ägypten Ptolemaios II. (* 308 − † 246 v. Chr.). Der Überlieferung zufolge bereitete Philetas das Lügnerparadox derart viel Kopfzerbrechen, dass er nicht mehr essen konnte und schließlich an Entkräftung starb. Tatsächlich können Paradoxien in hohem Maße beunruhigend sein. Warum das so sein kann, lässt sich an der Lügnerparadoxie klarmachen, die dem Philosophen, Logiker und Aristoteles-Kritiker Eubulides aus Milet (Mitte des 4. Jh. v. Chr.), einem Vertreter der megarischen Schule, zugeschrieben wird. Insgesamt soll Eubulides sieben Paradoxien entwickelt haben.[411] Die erste wirklich erhaltende Form des Paradoxes befindet sich allerdings erst bei Cicero (* 106 − † 43 v. Chr.).[412] Es lautet: »Wenn du sagst, dass

397

du lügst und das die Wahrheit ist, lügst du dann oder sprichst du die Wahrheit?« Über 200 Jahre später bringt der Peripatetiker Alexander von Aphrodisias die Frage noch einmal zugespitzt auf den Punkt: »Der Mann, der sagt ›Ich lüge‹, sagt gleichzeitig die Wahrheit und lügt« – eine Feststellung, die, wenn sie stimmen würde, das fundamentale Prinzip des Nicht-Widerspruchs aushebeln würde.

Angenommen ich würde Ihnen sagen: »Alle Kreter lügen!« Wie würden Sie mit diesem Satz umgehen? Sie würden vielleicht lachen über die Übertreibung oder aber vermuten, dass ich ein Problem mit Griechenland habe und zu einer derart übertriebenen Meinung neige, dass sie nicht ernst zu nehmen ist. Der Kontext – dass *ich* es bin, der diese Aussage macht – hilft Ihnen aus der Verlegenheit raus: denn ich bin kein Kreter. Angenommen aber, der Mann, der denselben Satz »Alle Kreter lügen« sagt, ist ein Kreter: Dann haben Sie ein Problem. Wenn das wahr ist, was er sagt, dann lügt er. Wie aber kann er lügen, wenn er gleichzeitig behauptet, die Wahrheit zu sagen? Im anderen Fall, wenn er lügt, sagt er die Wahrheit, nämlich dass er lügt. In diesem Fall gilt, dass er dann, wenn er das Falsche sagt (und lügt), sein Satz dennoch wahr ist. Manche der Paradoxien, die nicht nur die antiken Denker auf Trab gehalten haben, sind leichter, andere schwerer zu erklären. Eine der sieben Paradoxien von Eubulides ist die sogenannte Elektra-Paradoxie. Elektra weiß nicht, dass sich ihr der eigene Bruder Orest nähert. Elektra kennt ihren Bruder. Kennt sie also den Mann, der sich ihr nähert? Ein weitaus berühmteres Paradox, das Eubulides zugeschrieben und über das bis heute gestritten wird und Bücher geschrieben werden, ist das Sorrites-Paradox.[413] Σωρείτης bedeutet auf Griechisch Haufen. Angenommen, Sie haben einen Sandhaufen vor sich und nehmen jetzt ein einziges Sandkorn weg. Haben Sie es immer noch mit einem Sandhaufen zu tun? »Na klar«, werden Sie sagen, »schauen Sie sich doch den Haufen an.« Und doch wird irgendwann die Wegnahme eines Sandkorns dazu führen, dass auch Sie zugeben, dass es sich nicht mehr um einen Sandhaufen handelt.

Von einem Sandkorn zum anderen ist Schluss. Irgendwann sagen Sie: »Das hier ist kein Sandhaufen mehr.« Nehmen wir diesen Punkt. Das eine Korn weniger bringt, um mit einem anderen Bild zu sprechen, das begriffliche Fass zum Überlaufen. Was vorher noch klar war, ist ein Sandkorn später etwas anderes. Wenn sich nun zwei Ansammlungen von Sandkörnern nur durch ein einziges Korn unterscheiden (denn vorher haben Sie ja noch gesagt, dass es sich um einen Sandhaufen handelt) –, dann sind, so könnte man argumentieren, in Wahrheit beide Ansammlungen von Sandkörnern kein Sandhaufen. Denn es macht wenig Sinn, Sein oder Nichtsein eines Sandhaufens von einem einzigen Sandkorn abhängig zu machen. Oder sind am Ende alle Ansammlungen von Sandkörnern Haufen – auch wenn im Extremfall dieser Haufen von nur einem einzigen Sandkorn gebildet wird? Sie können auch anders argumentieren. Sagen wir, der Haufen bestehe aus 10 000 Sandkörnern. Nun nehmen Sie eines weg. Auch die verbleibenden 9 999 Sandkörner (10 000 Sandkörner minus einem einzigen) bilden einen Haufen. Warum? Weil Sie vermutlich wie ich nicht der Ansicht sind, dass ein einziges Sandkorn den Unterschied zwischen einem Haufen und keinem Haufen macht. Wieder entfernen Sie eines. Auch 9 998 Sandkörner bilden noch einen Haufen – bis Sie am Ende bei nur einem einzigen Sandkorn landen, das einen Haufen bildet.[414] Sie ahnen: Diese Paradoxie entsteht, weil wir mit vagen Begriffen operieren. Vage Begriffe zwingen uns, wenn wir genau werden, zu Absurditäten. Doch folgt daraus, dass es diese Begriffe nicht gibt (oder geben soll) – wenn es doch im wirklichen Leben durchaus Haufen gibt und wir auch »Haufen« zu dieser Ansammlung von Sandkörnern sagen? Wann ist ein Berg ein Berg? Können Sie den exakten Punkt angeben, an dem ein Berg aufhört, ein Berg zu sein, und in eine Ebene oder ein Tal übergeht? Und ab wann wird das Tal dann zum Tal? Sie werden genau wie ich diese Begriffe, auch wenn sie vage sein mögen, weiterhin gerne verwenden. Die Frage ist nur – wie? Die Paradoxien des Sorrites-Typs lassen sich jedenfalls nicht mit dem Hinweis beseitigen, man solle doch gleich die Ursachen beseitigen, die zu ihrer Existenz führen – indem man alle vagen Begriffe gänzlich aus der Sprache streicht. Es scheint also so zu sein, dass nicht die Dinge selbst vage sind (ein Berg ist ein Berg ist ein Berg), sondern dass es wieder einmal die Meinungen oder in diesem Fall die begrifflichen Bezeichnungen sind, die uns verwirren, weil wir sie gleichsam an die Dinge heften und uns dann von den Zetteln und Beschriftungen in die Irre führen lassen. Die Frage ist, ob wir überhaupt eine gute Beschreibung von der Wirklichkeit geben könnten ohne vage Begriffe. Es scheint, als ob die Puristen mit ihrer Forderung, alle vagen Begriffe auszulöschen (und solche Bestrebungen hat es sowohl in der Logik als auch in der Mathematik und Philosophie durchaus gegeben), die Grundlage des denkens überhaupt zerstören. Sicher können wir Wörter wie »Berge« und »Tal« durch Angaben von Maßzahlen von Höhenlinien ersetzen. Allerdings wird das nichts daran ändern, dass Sie wissen wollen, ob eine Erhebung (wieder so ein vager Begriff, den man ausschalten müsste) von 687 Höhenmetern – so hoch wohne ich in etwa – rechtmäßig als ein XYZ (der Ersatz für Berg) genannt werden kann. Vielleicht ist es aber in Wahrheit noch viel komplizierter. Vielleicht kommt man aus der Sache gar nicht dadurch raus, dass man behauptet, unser denken, unsere Sprache, kurz die Art und Weise, wie wir die Welt beschreiben (eben zu vage), sei schuld an dem Problem. Vielleicht gibt es ja in der Welt selber vage Gegenstände. Wenn Sie »vage Gegenstände« ablehnen: Wollen Sie dann ernsthaft behaupten, alle Gegenstände, die in der Welt existieren, seien präzise, wohl definiert, klar umrissen und strukturiert? Die Tatsachen selbst sind nicht präzise in der Weise, in der Sie es fordern. Und selbst wenn es so wäre: Sind sie auch über die Zeit hinweg, also während der unaufhaltsamen, langsamen Veränderung präzise? Denken Sie an Heraklit. Oder den Alzheimer-Patienten aus dem Kapitel über den ausgedehnten Werkzeugkasten. Wann ist der Punkt erreicht, an dem jemand aufhört, ich zu sein?

Was Paradoxien so besonders macht, bringt der Logiker Mark

Sainsbury folgendermaßen auf den Punkt:»Unter einer Paradoxie verstehe ich Folgendes: Eine scheinbar unannehmbare Schlussfolgerung, die durch einen scheinbar annehmbaren Gedankengang aus scheinbar annehmbaren Prämissen abgeleitet ist. Der Schein muss trügen, denn das Annehmbare kann nicht mit annehmbaren Schritten zum Unannehmbaren führen. Also haben wir allgemein die Wahl: Entweder ist die Schlussfolgerung gar nicht wirklich unannehmbar, oder aber der Ausgangspunkt bzw. der Gedankengang hat eine Schwäche, die nicht offen zutage liegt.«[415] Bertrand Russell jedenfalls, von dem immerhin die eben bereits angesprochene Russell'sche Antinomie und auch der erste wirkliche Lösungsansatz dieser»Kernparadoxie« stammt – sie bildete tatsächlich ein Kernstück seiner Überlegungen über die Prinzipien der Mathematik – war der folgenden Ansicht: Das Wesen der Philosophie und die seltsame Tätigkeit des Philosophierens haben damit zu tun, mit etwas zu beginnen, das ganz leicht, ganz einfach aussieht, so leicht, dass es völlig selbstverständlich und eigentlich nicht erwähnenswert erscheint – um dann mit etwas zu enden, das derart paradox, derart unerwartet und überraschend ist, dass man es niemals glauben wird.[416] Wie auch immer man die Arbeit des Philosophierens bestimmt: Die Beschäftigung mit Paradoxien kann buchstäblich schlafraubend sein und führt tief hinein in das dunkle Herz der Mathematik. Es gibt eine Fülle von Paradoxien, die historisch von großer Bedeutung waren: Zenons Paradox von Achill und der Schildkröte, Newcombs Paradoxie, die Rabenparadoxie, die Wissensparadoxie und weitere Dilemmata.[417] Vielleicht ist es am Ende so, dass Paradoxien viel mehr über uns und unsere Sprache sagen als über die Dinge selbst. In der Logik von Alfred Tarski (* 14. Januar 1901 in Warschau; † 26. Oktober 1983 in Berkeley) beispielsweise lässt sich ein paradoxer Lügner-Satz gar nicht erst formulieren.»Die Paradoxie tritt in unserer Sprache auf, also muss eine angemessene Auflösung etwas über unsere Sprache sagen und nicht bloß einen Ersatz anbieten.«[418] Das Lügner-Paradox führt tief hinein in die Verwendung selbstbezüglicher (sich auf sich selbst beziehender) Begriffe. Liegt die Lösung also außerhalb der Sprache, sozusagen in der Welt der Dinge? Wohl kaum. Denn um sie zu verstehen, müssen wir Sprache benutzen. Was also wäre gewonnen durch den Hinweis, die Dinge zu betrachten statt mit dem Werkzeug der Sprache zu arbeiten? Nicht nur in der Mathematik, Logik oder Philosophie gibt es daher weiterhin eine Fülle von verblüffenden Paradoxien. Sie sind Teil unseres Alltags. »Haben Sie endlich aufgehört, Ihre Frau zu schlagen?« Falls nicht – sollten Sie es endlich tun. Und wenn Sie sagen, Sie hätten aufgehört – dann haben Sie sie also vorher geschlagen? Ähnlich verhält es sich mit dem folgenden Satz. Sie unterhalten sich mit jemandem. Weit und breit ist kein Elefant zu sehen. Da sagt Ihr Gesprächspartner: »Der Elefant greift gleich an.« Sicher ist der Satz nicht wahr. Es kommt einfach kein Elefant, auch wenn Sie eine Zeitlang zusammen mit Ihrem Gesprächspartner darauf warten. Folgt daraus aber, dass der Satz »Der Elefant greift gleich an« falsch ist? Dann müsste ja das Gegenteil, also der Satz »Der Elefant greift *nicht* gleich an«, wahr sein. Auch dieser Satz wird kaum Ihre Zustimmung finden, vermute ich. Also? Was rät ein Logiker? »Jede nicht-mangelhafte Darstellung dessen, wie sich die Dinge in der Welt verhalten, muss entweder richtig oder unrichtig sein, wahr oder falsch. Einige Sätze, wie Fragen oder Befehle, sind nicht dazu geschaffen, die Welt darzustellen, es stellt sich also nicht die Frage, ob sie diese richtig oder unrichtig darstellen. Anderen Sätzen, auch wenn sie dazu geschaffen sind, die Welt darzustellen, gelingt es aufgrund eines semantischen Mangels nicht, überhaupt als Darstellung zu gelten, richtig oder unrichtig.« Der Fall des Elefanten zeigt dies. Der Satz ist, im gegebenen Kontext, semantisch mangelhaft – er ist weder wahr noch falsch. »Zusammengefasst ist die natürlichste und unmittelbarste Reaktion auf die Lügnerparadoxie, den Gedankengang zu akzeptieren, der zu dem Schluss kommt, der paradoxe Satz … sei weder wahr noch falsch.«[419] Es kommt also darauf an, genau hinzusehen und – zu unterscheiden.

402

8. Δenken – die Macht der Unterscheidungen

Wenn man die Augen zukneift und sich mit diesem leicht unscharfen Blick, mit dem man viele Details kaum oder nur unzureichend wahrnimmt, den großen Denktraditionen nähert – was sieht man dann? Ich habe zunehmend den Eindruck gewonnen, dass man auf diese Weise – bei allen Begrenztheiten, die das Verfahren hat – einige klare, deutliche Linien inmitten der vielen Bewegungen innerhalb der Philosophie, der Religion und der Naturwissenschaften erkennen kann. Eine von ihnen ist das Verständnis unseres denkens, das über Jahrhunderte einigermaßen konstant blieb, vielleicht weil seine Definition noch ausschließlich in den Händen einiger weniger prägender Philosophen und Theologen lag. Erst in der Neuzeit wurde diese klare philosophische Denkweise allmählich durch naturwissenschaftliche Methoden und Theorien zunächst ergänzt, dann ersetzt. Doch die Linie, die ich meine, zieht sich bis heute durch. Sie beginnt im Grau der Vorzeit, dort, wo irgendwann zugleich mit der Bewusstseinsdämmerung auch das denken begann, das sich bis heute fortsetzt. Wie könnte man diese Linie, diesen roten Faden, der sich durch die vielschichtige, wechselhafte Geschichte des denkens zieht, benennen? Auf den ersten Blick scheint die Antwort erstaunlich einfach und leichtzufallen. Man sieht:

**denken ist nichts anderes als
zu unterscheiden.**

Doch was ist dieses »unterscheiden«? In der Mathematik gibt es ein seit Jahrhunderten gebräuchliches Symbol für Unterschied oder Differenz, das bereits im alten Ägypten bekannt war. Es sieht aus wie eine Pyramide oder wie das Nildelta, von dem sich das Zeichen und die griechische Benennung *delta* vermutlich auch ableitet: Ich meine den vierten Buchstaben des griechischen Alphabets, das Delta, Δ geschrieben. Dieses Symbol Δ dient in gewisser Weise als *das* Symbol für denken und für Denkwerkzeuge schlechthin. Je feiner die Werkzeuge sind, mit denen ich arbeite, umso feiner ist auch die Genauigkeit oder Auflösung dessen, was ich erreiche. Diese Feinheit ist nichts anderes als ein Maß für die Zunahme von Differenzen, von Unterschieden. Das griechische Wort für unterscheiden lautet κρίνειν. Aus diesem Wort leitet sich das deutsche Wort Kritik, aber auch das Wort Krise ab. Beide Begriffe haben denselben griechischen Wortstamm und leiten sich von einem Prozess her – dem Δ-Prozess oder dem Unterscheiden. Kritisches denken ist also, in einer ersten Bestimmung, nichts anderes als unterscheidendes, also immer genauer werdendes denken. Führt man diesen Prozess der immer größeren Genauigkeit weiter, dann führt das möglicherweise in eine Krise, die erst durch weiteres denken, zumindest im Idealfall, überwunden wird. In einer Krise steht etwas auf der Kippe. Ein kleiner Tropfen (der sonst keinen Unterschied macht) bringt auf einmal das Fass zum Überlaufen. Festhalten kann man den einen, wichtigen Gedanken, der sich wie ein roter Faden von Sokrates über das Mittelalter und Kants *Kritik der reinen Vernunft* bis hinein in die immer genaueren, immer feineren, immer mehr Unterschiede wahrnehmenden Methoden in den modernen Laboratorien entwickelt:

**Kritisches denken ist
unterscheidendes
denken – Δenken.**

Dieses Δenken – die Anwendung und Erfindung von Differenzen und ihr systematischer Ausbau – ist eines der wichtigsten adaptiven Denkwerkzeuge. Im Grunde ist, gleich welches Werkzeug man benutzt, denken immer kritisches denken, Δenken also. Kritik bringt ausgehend von alten, nicht ganz wahren oder konsistenten Gedanken auf neue Gedanken. Sie produziert überraschende Wendungen, nie dagewesene Theorien. Deshalb gilt: denken dekonstruiert. Indem es sich notwendig auf Gedanken beziehen muss, die bereits vorliegen (also Gedanken der Vergangenheit oder der unmittelbaren Gegenwart sind), ist denken einerseits traditionell, denn es bezieht sich notwendig auf Traditionen des denkens und Wissens. Denken kommt von denken und ist gewissermaßen systematischer, wenn auch im Dienst der Erkenntnis stehender, bewusster Klau. Zugleich bewahrt denken aber nicht nur, sondern destruiert durch Kritik das, was war, um im nächsten oder übernächsten Schritt dann etwas Neues zu konstruieren. Daher der Begriff der Dekonstruktion. Es wird etwas durch Kritik freigelegt. Insofern ist der Prozess der Kritik konstruktiv, auch wenn er durch Krisen führt.

Die Überlegungen begannen mit zusammengekniffenen Augen. Wenn das Licht sehr blendet und verwirrend hell ist, sieht man auf diese Weise das Wesentliche deutlicher. Dabei lässt sich nicht nur die Linie des denkens ausmachen, sondern weitere Entwicklungen, von denen ich eine wenigstens kurz erwähnen möchte – immerhin rückt das Kapitel über die Philosophie näher. Was ich meine, ist der Umstand, dass über Jahrhunderte, genauer bis zur Zeit Hegels und noch kurz danach, die Einheit von Philosophie und Wissenschaft nie prinzipiell in Frage gestellt wurde. Dieser Umstand hatte Auswirkungen auf das Verständnis von dem, was unter denken verstanden wurde. Natürlich war (und ist) denken denken, gleich ob man sich mit der Methode des Δenkens metaphysischen oder physikalischen, moralischen oder morphologischen Fragestellungen zuwendet. An der Werkzeugkiste konnte man damals kaum erkennen, wer am Werk war. Erst im Laufe der Zeit fand man bei den Wissenschaftlern zunehmend spezialisierteres mathematisches oder statistisches Gerät als bei den Philosophen. Aber das war lange Zeit anders. Zudem findet man bis heute die Denkwerkzeuge der Logik passend für alle Formen von Denkarbeit in jedem Werkzeugkasten. Jürgen Habermas wies, hier stellvertretend für viele andere zitiert, wiederholt darauf hin – und auch das ist ein roter Faden in der Ideen- und Realgeschichte der westlichen Zivilisationen –, dass erst mit den Anfängen des philosophischen denkens, gleichsam in Abrückung von den Mythen und religiösen Vorstellungen (nicht nur der Antike!), der Begriff des theoretischen Wissens und die dazugehörigen Methoden des denkens (und später der Wissenschaften) ausgebildet wurden.[420] Lange Zeit und weit über die Antike hinaus waren Philosophie und Wissenschaft fraglos eins. Angeregt durch neue Ideen zur Methode der Befragung der Natur (und des Menschen) setzte dann im Mittelalter eine zunehmende Spezialisierung einzelner Wissensgebiete ein, zunächst als interne Differenzierung innerhalb der Philosophie. Sie galt als die eigentliche Wissenschaft, die höchste Erkenntnisse lieferte. Doch die einzelnen Gebiete standen zunehmend auf eigenen Füßen und warfen jede Menge neue Erkenntnisse ab. Zunächst aber blieben die Disziplinen »soweit sie, wie Mathematik oder Physik, einen theoretischen Anspruch stellen konnten, Teil der Philosophie«.[421] Die Wissenschaften mussten sich vor diesem Hintergrund de-finieren, d. h. unterscheiden. Im Grunde war das, was sie ausmachte, eine negative, sich absetzende Beziehung zur Philosophie. Die Wissenschaften teilten mit ihr die wichtigsten Anliegen, ihren Anspruch, ihre theoretischen Erkenntnisse, an denen niemand ernsthaft vorbeidenken konnte. Und doch wollten sie zunehmend etwas anderes, eigenes. Erst mit der Entstehung der modernen Naturwissenschaften gelang die wirkliche Emanzipation, die vielleicht der entspricht, die die Philosophie einst von der Religion mit Hilfe des kritischen denkens erreichte. In der Moderne kehrte sich das Verhältnis zwischen Philosophie und Wissenschaft um. Inzwischen machen die Naturwissenschaften der Philosophie nicht nur den alten »Anspruch des Logos« streitig, sondern auch den Anspruch, überhaupt etwas Gültiges über die Welt (das Sein) im Ganzen sagen zu können. Kein Wunder, dass sich das philosophische denken nach Hegel in der Auseinandersetzung mit den Naturwissenschaften zu verändern begann. Auf der anderen Seite blieb die Auseinandersetzung mit den Religionen bestehen, die allen gegenteiligen Behauptungen der philosophischen Aufklärer und auch der frühen Soziologen zum Trotz zäh überlebten.

Wie die Philosophie(n) sich heute in dieser Gemengelage zwischen den beiden »Felsen« der Naturwissenschaften auf der einen und der Religionen samt Begleitphänomenen wie Esoterik, Sektenbildung und »new paganism« verhalten soll, ist präzise eines ihrer größten Probleme, zumindest als akademische Disziplin an staatlichen Hochschulen. Dort machen ihr inzwischen auch Fächer wie Medienwissenschaften, Publizistik, Ideengeschichte, Soziologie, Linguistik und andere Bereiche, die zwischen den Disziplinen wandern, zusätzliche und ernsthafte Konkurrenz. Nicht vergessen sollte man auch die (moderne) Kunst, zu der heute wie selbstverständlich ein hohes Maß an Selbstreflexion gehört – die ursprünglich eine klassische Domäne philosophischer Theorienbildung war, nicht nur in der Ästhetik. Die Kunst und ihre Selbstreflexion haben gleichsam den heißen emotionalen Kern der Religionen, das Potential an Sehnsüchten, Wünschen und Gefühlen, hinübergerettet in die säkularisierte Gegenwart. Dort angekommen, sieht sich die Philosophie immer noch wie einst im Mittelalter – wenn auch in einer völlig veränderten gesellschaftlichen Situation – verpflichtet und zuweilen genötigt, sich mit Hilfe der Denkwerkzeuge der Zeit vom religiösen Glaubensmodus und Diskurs zu unterscheiden. Wissenschaft, Religionen, gefühlte Lebenshaltungen und nicht zuletzt eine durch und durch medial geprägte geistige Umwelt setzen dem philosophischen Arbeiten dabei zu. So wird beispielsweise beklagt, dass journalistische Arbeit einen Teil des philosophischen Geschäfts übernommen hat. Der Arbeitsmarkt, der ohnehin (nicht nur für Philosophen) eng genug ist, beschneidet, wenn auch nicht immer zum Schaden der Philosophie, deren große Gesten und Ansprüche. So finden sich die Philosophen zunehmend als Teilzeitarbeiter im Weinberg der wissenschaftlichen Forschung wieder, beispielsweise der Neurowissenschaften, wo sie versuchen, deren Erkenntnisse aufzuarbeiten, indem sie sie aus sprachlicher Unklarheit und Verwirrung zu befreien versuchen (was zuweilen noch mehr Verwirrung stiftet).

Was heute in der Rückschau vielleicht sichtbarer denn je geworden ist, ist der Umstand, dass die Geschichte des denkens sich als eine Geschichte der zunehmenden Differenzierung, der Unterscheidungen der Arbeitsgebiete, Methoden und Ziele beschreiben lässt. Der rote Faden in der Geschichte des denkens ist das Sich-Ausdifferenzieren des denkens. Dieser Prozess läuft, trotz seiner sehr komplexen, in sich vielfältigen und vielstimmigen Geschichte, immer wieder in einem Punkt zusammen: in dem Versuch, die Erkenntnisse zu bündeln und mit ihrer Hilfe die schlichte Realität der Alltagserfahrungen besser zu verstehen und zu bewältigen. Auch der Denker oder die Denkerin, die sich primär im Kontext wissenschaftlicher Arbeit erfährt, findet sich nach dieser Arbeit mit der Analyse der politischen oder finanziellen Situation konfrontiert, mit der Erziehung der Kinder oder Problemen der Ernährung, die selbst eine Wissenschaft für sich geworden ist. In jüngsten Veröffentlichungen zum Thema Ernährung, die zu Recht auf die ökologischen, ökonomischen, biologischen, ethischen, kulturellen, gesellschaftlichen und weitere Faktoren unserer Ernährung hinweisen, ist wie in der Kernteilchenphysik oder Bioinformatik inzwischen die Rede von »komplexen ernährungsassoziierten Problemen«, die tatsächlich mit Hilfe der Methoden der Theorie komplexer Systeme beschrieben werden.[422] Auch hier zeigen sich die Auswirkungen eines Prozesses der Ausdifferenzierung des denkens und den damit verbundenen Tätigkeiten wie Problemlösen, Daten analysieren, Hypothesen und Theorien aufstellen und testen und allgemein der Versuch, Welt, Kultur, die gesellschaftliche und politische Gegenwart und alle anderen lebensweltlichen Zusammenhänge in ihren Grundstrukturen und Wirkmechanismen zu verstehen. Zusammen mit der Ausdifferenzierung des denkens entwickeln sich auch die Denkwerkzeuge weiter. Das gilt auch für eines der ursprünglichsten, rustikalsten und ständig gebrauchten Werkzeuge des denkens überhaupt: die Definition.

Wo und wie auch immer das denken einen (neuen) Anfang nimmt, geschieht dies auf der Grundlage von Definitionen. Je komplexer ein Sachverhalt ist – d. h. je mehr Elemente oder Faktoren eine Rolle spielen, die auf sehr vielfältige, dynamische Weise miteinander verknüpft sind –, desto schwerer fällt es, die beteiligten Begriffe präzise zu definieren. Definieren bedeutet dabei: den einen Begriff vom anderen zu unterscheiden. Dies ist ein Apfel, das dort eine Birne. Beides zusammen bildet eine Menge, nämlich die des essbaren Obstes. Doch ganz so einfach ist es nicht. Wenn man sagt, man beschäftige sich mit Lebewesen – was genau meint man dann mit Leben? Es zeigt sich bei genauerem Hinsehen fast immer, dass man sehr schnell in den Sümpfen der Ungenauigkeit und Vagheit landet. Es scheint beispielsweise ausgemacht zu sein, dass die als materialistisch geltenden Naturwissenschaften »natürlich« wissen, was Materie ist. Das ist schließlich ihr täglich Brot. Fragen Sie mal einen Physiker oder Biologen, der sich mit der Frage befasst hat, nach einer klaren Definition von »Materie«. Ist die geniale Formel E = mc² wirklich eine Hilfe und Klarstellung? Nach vielen Gesprächen mit Naturwissenschaftlern über diese und andere Fragen scheinen mir zwei Einsichten des Nobelpreisträgers Erwin Schrödinger (* 12. August 1887 in Wien-Erdberg; † 4. Januar 1961 in Wien) immer noch in hohem Maße zutreffend zu sein: »*Erstens* kann der Physiker heute innerhalb seines Forschungsgebietes nicht mehr in sinnvoller Weise zwischen Materie und irgend etwas anderem unterscheiden. Der *zweite* Punkt ist der: Dieses Bild der materiellen Wirklichkeit ist heute so schwankend und unsicher wie es schon lange nicht gewesen ist.«[423] Heute – das bezieht sich ebenso auf 1952, als Schrödinger seinen Vortrag in Genf hielt, wie auf das gegenwärtige Heute.

Es fällt immer wieder, damals wie heute, schwer, in komplexen Zusammenhängen oder Systemen eindeutig die unterschiedlichen Elemente auszumachen (sieht nicht zunächst eine Nervenzelle wie eine andere, ein Stern wie ein anderer, ein Elektron wie das andere aus?) und dann ihre Verbindungen und Wechselwirkungen klar und präzise zu bestimmen, d. h. zu definieren. Manchmal gehen die Naturwissenschaften auch einen anderen Weg: Sie definieren ein lange Zeit rein hypothetisches Teilchen, das Higgs-Teilchen, um es dann in einem höchst komplexen (und teuren) Prozess nachweisen zu können. Definitionen sind nötig. Je präziser sie sind, desto besser. Und selbst wenn sie nicht präzise sind – dann sind sie doch geltende Verabredungen. Man weiß, worüber man spricht, weil man sich, trotz aller möglichen Vagheiten, darauf geeinigt hat, wo das Tal aufhört und der Berg beginnt. Zu definieren ist eines der Hauptwerkzeuge des denkens. Je genauer, je klarer und einfacher – desto besser. Der Nagel, mit dem man ein Ding an die Wand der Theorie nagelt, sollte möglichst spitz sein, vor allem, wenn die Dinge, die man festzumachen sucht, sehr klein oder widerspenstig sind. Dihairesis – von διαίρεσις, auseinandernehmen, Trennung, Einteilung – nennt man das methodische Werkzeug, mit dem man Begriffe buchstäblich so lange auseinandernimmt und unterteilt, also unterscheidet, bzw. Δenkt, bis man eine für den jeweiligen Zweck genügend gute Definition erreicht hat. Eine weit verbreitete Methode ist es dabei, allgemeinere Begriffe immer weiter in Unterbegriffe zu unterteilen, bis am Ende der systematischen Unterscheidung eine klare Definition absehbar ist. Der Schlüssel zur Dihairesis ist das fortschreitende Unterscheiden: Kritisches denken mit Hilfe von Aufzählung, Klassifikation, Einteilung, Trennung, Zusammenfassung und anderen methodischen Schritten. Präzise dieses Verfahren verwendete Sokrates und machte ihn berühmt. Sokrates entwickelte Definitionen in Dialogen und betonte damit, vermutlich als erster Wissenschaftler und Philosoph, die systematische Bedeutung der gemeinsamen Begriffsarbeit. Das Verfahren der Definition geschieht nicht in Isolation

410

und in einsamer Denkarbeit, sondern im Dialog, aus dem heraus sich die Logik (sozusagen als Struktur dieses Dia-Logos zwischen den Denkenden) entwickelt hat. Damit holte Sokrates damals schon die Denkarbeit (und mit ihr die Philosophie) aus dem entrückten Himmel der Ideen auf den Marktplatz zurück. Seine »Was ist das denn wirklich?«-Fragen verstand er als Anlass und Ausgangspunkt einer gemeinsamen Denkarbeit. Mit Hilfe der Werkzeuge des im Dialog fortschreitend-unterscheidenden denkens versuchte die »scientific community« der griechischen Stadtstaaten sich über das zu verständigen, was bedeutsam war und das man besser verstehen wollte. Rede, Gegenrede, Frage, Antwort, These, Antithese, Synthese und neue Formulierungen, die sich aus dem Gespräch ergaben – all das ist später als kommunikatives Handeln und logische Struktur methodisch ausdifferenziert und auf seine Prinzipien hin untersucht worden. Im Grunde aber gehört es von Anfang an zum sokratischen Geschäft. Plato hat in Erinnerung an die Gespräche des Sokrates dessen Idee des (auf)klärenden Gespräches und der offenen, dialektischen Suche mitten in der Gesellschaft, im Alltag auf dem Marktplatz, umgeben von den täglichen Dingen, in seinen frühen Dialogen schriftlich einzufangen versucht.[424] Es scheint, dass auch Sokrates auf eine Tradition des denkens zurückgegriffen hat. Immerhin galt in der griechischen Antike das sokratische Verfahren bereits als so alt, dass man sich darüber amüsieren konnte. Der Dichter Epikrates, ein Zeitgenosse Platos, über dessen genaue Lebensdaten wenig bekannt ist, schrieb eine Komödie, in der er Platos Methode persiflierte.

»Person A:
    Wie steht's mit Platon, Speusippos und Menedemos?
    Was ist jetzt ihr Geschäft? Welch' Problemen,
    welch' Themen gilt jetzt ihre Untersuchung?
Person B:
    Ich sah die Schar der Burschen … am Übungsplatz
    der Akademie, hörte Reden,

unsagbar, sinnlos: Definitionen über Natur.
Das Wesen der Tiere teilten sie ein,
die Arten der Bäume, der Gemüse Gattungen.
Sie prüften auch den Kürbis, welcher Gattung er wohl sei ...
Zuerst, da standen alle schweigend,
beugten sich nieder, meditierten ...
Auf einmal sagte einer: Ein rund' Gemüse!
Der andre: Kraut! Der dritt': Ein Baum. –
Dies hörend ließ ein Arzt aus Sizilien
mit einem Furz sich vernehmen: Die sind ja verrückt!
Person A:
Da wurden sie wohl mächtig bös? Und schrien sie nun nicht:
Das ist Beleidigung! Denn nicht geziehmt sich's,
im Hörsaal derart sich zu äußern!
Person B:
Nein, den Jungens macht' das gar nichts aus,
und Platon, der dabeistand, sagte
ganz sanft und ohne Zorn:
Versucht's noch mal von Anfang an zu definieren:
Was ist ein Kürbis? – Und die teilten weiter ein ...«

Es ist eine Art von Malen mit Begriffen: Ist das, was man benennen will, gut getroffen? Wenn nicht – beginne von vorne! Aristoteles hat diese hier persiflierte Praxis in der berühmten Topik systematisch zu erfassen und auf den Begriff zu bringen versucht. Immerhin hat er mit seinem Werk auf sehr universale Weise die methodische Formulierung jeder Denkarbeit, gleich ob in den Natur- oder in den Humanwissenschaften, erfasst und über Jahrtausende bestimmt. Aristoteles kommt, nach einer knappen Einleitung über die Ansicht seiner Untersuchung – »ein Verfahren zu finden, vom dem aus wir werden Schlüsse ziehen können über jede aufgegebene Streitfrage« – schnell zum Punkt. Eine Begriffsbestimmung oder Definition (ὅρος) ist derjenige Logos (λόγος), also dasjenige Wort bzw. diejenige Rede, die das, was das Sein ist oder sein soll, bedeutet (σημαίνων).[425] Man bestimmte also ein

Wort, einen λόγος, durch einen anderen λόγος. Das erscheint zirkulär, ist aber nicht anders möglich. Denn schließlich bewegt man sich auf dem Meer der Sprache – und hat nur diese zur Verfügung. Aristoteles spricht in diesem Zusammenhang von der Pragmatik der Definition.

Wer meint, dass diese Überlegungen zur Definition von Sokrates, Plato und Aristoteles samt der Parodie ihres Vorhabens eher historisch-anekdotischen Charakter hätten und heute sicher nicht mehr angemessen seien, irrt. Ein Beispiel? Angenommen, Sie wollen wissen, ob ein Pilz nun ein Tier oder eine Pflanze ist. Sie fragen also nach dem »Wesen« eines Dinges (Pilz), von dem Sie den Eindruck haben, dass es lebt und das Sie jetzt bestimmen und verstehen wollen. Um das zu tun, müssen Sie ein Wort durch ein anderes erläutern – und es dann (kritisch, also unterscheidend) definieren. Was müssen Sie also tun? Sie müssen sich zunächst die Definitionen von »Tier« und »Pflanze« ansehen und werden feststellen, dass die Antwort auf Ihre Pilz-Frage lautet – weder noch. Pilze sind eukaryotische (einen Zellkern besitzende) Lebewesen, die neben Tieren und Pflanzen ein eigenes »Reich« bilden – die höchste Klassifikationskategorie von Lebewesen. Haben Sie damit das Wesen erfasst, sozusagen ein für alle Mal? Wohl kaum, denn Definitionen bieten keineswegs klare Antworten auf die Fragen nach dem »ewigen Wesen« eines Dinges oder Lebewesens. Warum lässt sich aus der schlichten Tatsache ableiten, dass statt der zu Ernst Haeckels (* 16. Februar 1834 in Potsdam; † 9. August 1919 in Jena) Zeiten üblichen Einteilung in drei Reiche – Tiere, Pflanzen, Pilze –, die ich eben benutzt habe, heute eine Unterteilung in sechs sogenannte Supergruppen üblich ist? Mit einem Mal gehören die einst getrennten Tiere und Pilze ihrem »Wesen« nach zu *einer* Gruppe: den Opisthokonta. Diese Gruppe bezeichnet Lebewesen mit Zellkern (Eukaryoten), zu denen neben allen vielzelligen Tieren (Metazoa) eben auch die Pilze (Fungi) und weitere Gruppen einzelliger Organismen gehören. Dazu zählen die Choanoflagellata (Kragengeißeltierchen) und die Mesomycetozoa, für die es bislang noch nicht einmal einen deutschen Begriff gibt. Sie sehen: Unterscheiden ist eine hohe Kunst. Manchmal ist noch nicht einmal klar, was es eigentlich bedeutet, *richtig* zu unterscheiden. Denn mit dem »richtigen« Begriff muss ja zugleich auch der Vergleichsmaßstab geschaffen werden, von dem aus die Wertungen »richtig« oder »falsch« überhaupt Sinn ergeben. Faktisch sind Unterscheidungen historischen Änderungen unterworfen – denn jede Begriffsbestimmung ist, wie Aristoteles sagte, eine Rede. Und die kann aus gegebenem Anlass auch anders geführt werden.

Um noch einmal auf die wichtige Frage nach der Materie zurückzukommen: Wenn Sie ernsthaft die Frage nach dem »Wesen« von Materie stellen und eine Antwort erwarten, die »wirklich« des Pudels Kern treffen würde, wie Faust gesagt hätte – was wäre dann die »richtige« Antwort? Offensichtlich hat jede Antwort, auch eine (scheinbar) endgültige, eine Art *Zeitindex*. Vor dreihundert Jahren hätte Newton Ihnen die Frage völlig anders beantwortet als Einstein vor hundert. Welche Antwort ist die richtige? Das hängt offensichtlich weniger von der Sache selbst ab – der Materie, die sich vermutlich seit Newton wenig verändert hat –, sondern von ihrer Definition. Sie erinnern sich an Wittgensteins Argument: Was etwas ist, lässt sich nicht dadurch herausfinden, dass man es auseinandernimmt oder darauf starrt. Man kann auf die *Frage* nach dem, was etwas ist, nur einen λόγος, ein Wort erwarten. Also muss man genau darauf achten, wie das Wort verwendet wird. Natürlich weiß auch Wittgenstein, dass das genauere Hinschauen unter Umständen zu einer Veränderung des Gebrauchs dieses Wortes führen kann, weil man etwas Neues entdeckt. Heute weiß man beispielsweise, dass es Bakterien gibt, die bei großer Hitze in den sogenannten »schwarzen Rauchern« im Meer leben können. Diese Entdeckung hat den Begriff von dem, was ein Bakterium ist, verändert – und nebenbei zu dem Verfahren geführt, mit dessen Hilfe man genetische Fingerabdrücke bestimmen kann. Die derzeitige Antwort auf die Frage nach dem »Wesen« von Materie lautet, dass Materie nur eine Form von Energie darstellt. Was die Pilze angeht, gibt es inzwischen sechs statt drei Reiche oder Supergruppen. Was geblieben ist, ist die Notwendigkeit der Arbeit an der Definition. Allerdings ist die Vorstellung, dass man die Welt allein durch das Werkzeug der Definition in den Griff bekommen würde – und auch der Teilchenbeschleuniger CERN stellt in gewisser Weise eine gigantische, technisch hochkomplexe Definitionsmaschine dar –, eine Illusion. Auch wenn ich zugebe, dass viele Menschen und zuweilen auch Wissenschaftler genau diese Illusion haben.

Da das Werkzeug der Definition so grundlegend für das denken ist, will ich kurz noch einmal die Funktionsweise des Definierens erklären und damit auf einen grundlegenden Mechanismus des denkens aufmerksam machen, der universal ist. Auch wenn es nach Philosophie klingen mag – es geht nicht um eine philosophische Einsicht oder Haltung, sondern um einen Zusammenhang, der die Humanwissenschaften ebenso betrifft wie die Naturwissenschaften, das Ingenieurswesen oder einen Musiker, der gerade dabei ist, ein neues Klavierkonzert zu schreiben. Der Ausgangspunkt ist die Frage, was Sie eigentlich genau machen, wenn Sie etwas definieren. Sicher, Sie erklären ein Wort durch ein anderes. Aber was machen Sie genau? Mit etwas Abstand wird es deutlicher. Im Wesentlichen begrenzen Sie eine Fülle. Sie wählen aus all dem, was für Sie existiert, *etwas* aus. Sie ziehen gewissermaßen eine Linie, markieren eine Grenze und sagen: »Das hier ist ein Tier – und ich nenne dir jetzt die Merkmale; und das hier ist eine Pflanze. Und das« – Sie zeigen auf ein Auto –»gehört gar nicht hierher, denn es ist kein Lebewesen, obwohl es sich bewegen kann.« Im weiteren Verlauf werden Sie dann vermutlich testen, was Ihre Definition leisten kann, und sie möglicherweise hier und da verändern, bis sie »steht«. Wie auch immer Sie weiter vorgehen: Sie ziehen immer wieder eine Grenze. Wie Sie das tun – durch Worte, mit Hilfe von Messgeräten oder Formeln –, kann sehr unterschiedlich aussehen. »Legendär ist die Geschichte jenes Schülers«, schreibt Jens Soentgen, »der eine Abiturklausur zum Thema ›Was ist Mut?‹ anzufertigen hatte, nach fünf Minuten aber aufstand und dem Lehrer ein lee-

res Blatt reichte, auf dem unten der Satz stand: ›Das ist Mut‹.
Was die Benotung der Arbeit angeht, so sind zwei Versionen
überliefert. Nach der einen erhielt der Schüler fünfzehn Punkte.
Nach der anderen erhielt er nur vierzehn Punkte, weil es gram-
matisch richtig heißen muss: *Dies ist Mut*.«[426]
Sie können also auch, wie in diesem Beispiel, durch eine
Handlung etwas (Mut) definieren. Mehr noch: Ich glaube, dass
jede Definition – und damit *jeder* Beginn eines *jeden* (erst beginnenden oder schon fortschreitenden) Denkschrittes – eine *Handlung* ist. Und weil es sich um eine Handlung handelt, machen
Sie damit eine *Erfahrung*.

**Definieren ist Sprachhandeln.
denken ist häufig
nur ein anderes Wort für
Handeln bzw. für die
Erfahrung
einer Unterscheidung.**

Welche Handlung ist damit nun gemeint? Die des Unterscheidens – das sehr vielfältig umgesetzt werden kann. Wie immer
man es auch drehen und wenden mag: Wir können nichts erkennen, nichts bezeichnen, nichts benennen, nichts definieren,
nichts sagen, ohne zuvor eine *Unterscheidung* getroffen und *etwas*
festgelegt zu haben. Dieses *Etwas* ist anders als das, was es umgibt. Es ist dieses erste, fundamentale Handeln – das »Machen«
und Festlegen eines Unterschiedes –, mit dem alle Sprache, alle
Logik, alle Erkenntnis und ich vermute alles denken beginnt. Es
ist daher kein Zufall, dass die große Entstehungsgeschichte des
Abendlandes, der Schöpfungsbericht, damit beginnt, dass Gott
beginnt, Unterscheidungen zu treffen. Gott zieht eine Linie –
durch Sprache. Am Anfang war der λóγος, der nicht nur einen,
sondern den entscheidenden Unterschied macht. Statt des undif-

ferenzierten Chaos werden – ebenfalls in Unterscheidung voneinander – Himmel und Erde. Zunächst ist alles wüst und leer –, das heißt ohne Leben, ohne Unterscheidungen. In der Leere gibt es nichts, was es zu erkennen gibt. Erst das Wort Gottes in die Leere hinein – »und Gott sprach« ist die Formel, die dafür stereotyp im Schöpfungsbericht verwendet wird – macht aus der Leere *etwas*. Gott *macht* etwas, indem er *unterscheidet* – Licht von Finsternis, Wasser von Land. Dieses Prinzip ist universal – und steht daher, durchaus »logisch«, am Anfang der Geschichte, die erzählt, wie es zum Anfang von allem kam. Sie ist »logisch« mit Blick auf alle Verfahren der Erklärung, die wir kennen – auch wenn die Geschichte selbst noch mythologisch ist. Was bleibt, ist die Einsicht, dass es die Unterschiede sind, die den Anfang machen – und die Geschichte bewegen. Immanuel Kant, dessen Karriere mit naturwissenschaftlichen Arbeiten begann und der einer der großen Vordenker der Chaostheorie ist, befand, dass es die Verschiedenheit der Elemente sei, die zur Regung der Natur beitrage. Die erste Differenz, der Unterschied – ob nun von Elementen, Kräften oder Begriffen – führt im Gang der weiteren Entwicklung zu weiteren Differenzierungen. Dieser Gedanke ist offensichtlich genauso einfach wie zeitlos. Er ist biblisch, kantianisch, mathematisch, biologisch und systemtheoretisch. Wenn man sagt, dass Wissenschaft und Philosophie nichts anderes sind als ein Versuch, Muster und Strukturen durch Begriffe und andere Denkwerkzeuge zu verstehen (und selber zu produzieren): Dann ist klar, dass sich Muster nur dort bilden können, wo Unterschiede existieren. Wo alles gleich ist, herrscht eben unterschiedslose Einheit, ist weder Anziehung noch Abstoßung, keine Bewegung, kein Werden, sondern – Leere. Erst der Unterschied setzt Werden in Gang. Das Werden beginnt – und ich gebe zu, dass das in der Tat philosophisch klingen mag – mit dem Setzen, dem Ziehen einer Grenze, dem Machen einer Differenz. Im Weiteren besteht es dann in einer Wiederholung des Gleichen – einer immer weiter fortschreitenden Ausdifferenzierung eben dieser anfänglichen Differenz. Indem man weitere Unterschiede setzt, findet Entwicklung statt. Aus einem Seetier wird ein Landsäuger, nichts anderes ist Evolution.

**Zu unterscheiden
ist die grundlegendste
Operation allen Erkennens und denkens.
»Am Anfang war der Unterschied.«**[427]

Georg Wilhelm Friedrich Hegel versuchte in seiner 1807 erschienenen, groß angelegten *Phänomenologie des Geistes* und in seiner posthum 1832 erschienenen *Wissenschaft der Logik* diesen Prozess des Unterscheidens genauer zu verstehen. Seine Idee war es, das Werden im Bewusstsein und im denken als einen geschichtlichen Prozess zu verstehen – als eine faktische Entwicklung von Begriffen, die sich logisch wie historisch nachzeichnen lässt. Doch wie auch immer man den allerersten Anfang des denkens *machen* will (und man *muss* ihn setzen, muss handeln, um mit dem denken beginnen zu können), klagt Hegel, sei es eben eine enorme Schwierigkeit, einen Anfang der Wissenschaft und der Philosophie zu finden.[428] Auch Hegel setzt bei seiner Reflexion über den Anfang natürlich bereits die Sprache voraus. Im Grunde beginnt also alles keineswegs absolut und von vorne wie am ersten Tag der Schöpfung. Das denken macht den Anfang irgendwo, beginnt mit einer Erfahrung, einer Wahrnehmung der Welt, findet einen Begriff. Indem diese erste Definition verwendet wird, *tut* man etwas: Man setzt oder markiert einen Unterschied, der weitere Unterschiede zur Folge hat. Wenn Sie über den Anfang hinaus, also weiterdenken – überhaupt: wenn Sie Δenken –, dann *machen* Sie von immer weiteren Unterscheidungen Gebrauch. Sie finden oder erfinden im weiteren Fortschreiten Ihres denkens neue Unterscheidungen und Begriffe. Δenken ist insofern nichts anderes als ein Prozess des zu Immer-weiteren-Unterscheidungen-Gelangens.

Kritisches denken
ist das Δenken,
das in immer weitere
Unterscheidungen treibt.

Der vielleicht klarste und brillanteste Versuch, dieses Prinzip allgemein zu formalisieren und in einer Logik zu beschreiben, stammt von dem Mathematiker George Spencer-Brown (* 2. April 1923 in Grimsby, Lincolnshire), der zusammen mit Bertrand Russell gearbeitet hat. Alles, was Sie machen, wenn Sie denken, sagt Spencer-Brown, ist, irgendwo eine Linie zu ziehen. Indem Sie das tun, haben Sie drei Dinge: eine Grenze und zwei (getrennte) Seiten. Auf der einen Seite der Grenze steht Ihr Begriff. Auf der anderen entsteht ein weiterer, unmarkierter Raum, den Sie sich erst durch weitere Unterscheidungen erschließen können. Sie stellen gleichsam durch eine Grenze oder Unterscheidungen *dies hier* allem anderen gegenüber (und müssen nicht einmal vollständig sagen können, was dieses andere alles beinhaltet).

Unmarkierter Raum (Umwelt)
_____ Grenze

Markierung (*dies*)

Insofern sind alle Begriffe – die Dinge, die bezeichnet werden – *relational*. Durch die Grenzziehung sind die beiden Seiten der Grenze aufeinander bezogen. Denken beruht daher auf einem relationalen, aber fundamental dualistischen Akt des Unterscheidens, der im denken selbst nicht rückgängig gemacht werden kann. Lassen Sie mich ein einfaches Beispiel geben. Angenommen, Sie sagen: »Da – ein Eichhörnchen!« Mit diesem Satz unterscheiden Sie innerhalb Ihres Erfahrungshorizontes oder Ihrer Beobachtung *etwas* (ein Eichhörnchen) von allem anderen, nicht Bezeichneten bzw. von diesem einen Ding oder Lebewesen Unterschiedenen. Im Garten mögen sich Katzen, Menschen, Tische und ein Karton befinden: Das Eichhörnchen ist genau das, was all das *nicht* ist. Insofern ist es all dies nicht – ist aber dennoch auf das, was es nicht ist, bezogen. Das Eichhörnchen ist auf der einen Seite der Unterscheidung – ist nun Teil des Systems, wie Luhmann sagen würde –, während alles andere, noch unmarkiert, zum Außen, zur Umwelt gehört. Dann, in einem zweiten Akt der Unterscheidung, können Sie weiter fortschreiten. Sie können *innerhalb* Ihres Systems das Eichhörnchen von einem Hasen unterscheiden. Ein anderes Beispiel. Angenommen, Sie unterscheiden »Mann« innerhalb Ihres Systems. Sie können Mann von Tisch oder Stuhl unterscheiden – also in einem sehr weiten Feld von »Dingen«. Sie können aber auch »Mann« als eine Unterscheidung innerhalb eines bereits von diesen Dingen unterschiedenen logischen Raumes einführen, der »Mensch« heißt. Sie haben innerhalb des begrifflichen Raumes »Mensch« eine Unterscheidung eingeführt. Es steht Ihnen nun frei, die andere Seite der Grenze weiter zu bezeichnen, indem Sie den unmarkierten Raum mit »Frau« benennen. Beide Begriffe sind unterschieden – so wie Mann und Frau unterschieden sind. Aber sie sind dennoch relational, d.h. ein Begriff bleibt notwendig auf den anderen bezogen, auch wenn Sie sich das nicht jedes Mal verdeutlichen. Die Begriffe, die Sie auf diese Weise gewinnen, sind die »festen« Ergebnisse oder Kondensate Ihrer Unterscheidungspraxis. Sie *machen* einen Unterschied. Allerdings ist dabei zu beachten, dass Sie sich als Beobachter noch Denker immer nur auf der *einen* Seite der Grenze, nämlich im System, befinden können. Alles andere »jenseits« der Grenze ist für Sie Umwelt. Das Ganze, das Niklas Luhmann »Welt« nennt – also das Gesamt von System, Umwelt und Grenze –, können Sie weder sehen noch denken, weil Sie sich immer *innerhalb* Ihrer bereits getroffenen Unterscheidungen bewegen. Die gesamte Welt wäre jedoch die Einheit aller Differenzen (System, Umwelt, Grenze) – etwas, das Sie nicht denken können.

Wichtig ist, sich daran zu erinnern, dass das, was wie ein rein logisches Faktum erscheint, in Wahrheit Resultat eines Handelns, einer Unterscheidung und Grenzziehung ist. Sie haben etwas markiert durch einen Akt der Spaltung oder Teilung. Nur so können Sie Begriffe herstellen und denken. Indem Sie etwas tun, machen Sie eine Erfahrung, die keineswegs ein auf Logik reduzierter Prozess ist. Tatsächlich stehen Sie in Kontakt mit der Welt, die Sie umgibt: Mit Ihren Sinnen, Gefühlen, Beobachtungen, Ihrem Körper und all dem, was Sie an kognitivem Vorrat, an Sprache, symbolischen Formen, Erinnerungen und anderen Gedanken bereits mit sich tragen. Dieser einfache Gedanke, den Spencer-Brown in seinem Hauptwerk *Gesetze der Form* entfaltet, übte eine magnetische Wirkung auf eine Reihe wichtiger Denkrichtungen (Systemtheorie, Konstruktivismus, evolutionäre Erkenntnistheorie), auf Wissenschaftler und Philosophen aus, darunter Heinz von Foerster, Louis Kauffman, Niklas Luhmann, Humberto Maturana und Francisco Varela.[429]

Zurück zum Δenken und zu Aristoteles' Definition einer Definition – der Bestimmung eines Wortes durch ein Wort. Ist denken also reden? Es ist in jedem Fall müßig zu überlegen, ob wir immer sprechen, wenn wir denken. »Wir denken keineswegs immer, wenn wir sprechen«, notierte Hannah Arendt – und ich fürchte, sie hat recht.[430] Wenn umgekehrt denken bedeutet, Unterscheidungen zu machen – dann kann denken durchaus nichtsprachlich sein. Ich kann durch eine Geste klarmachen, wo ich eine Grenze ziehe. Insofern kann ich etwas unterscheiden, ehe ich es zur Sprache bringen kann – vielleicht, weil ich das entscheidende Wort vergessen habe oder es noch zu kompliziert zu benennen ist. Erinnern Sie sich an die Warnung von Gilbert Ryle? Man sollte sich hüten vor reduktionistischen »Nichts anderes als …«-Schablonen. Es ist falsch zu sagen »denken ist nichts anderes als Sprechen«. Vielleicht meinte Hegel deshalb, dass sich im Akt des denkens das denkende Ich in der Welt wiederfinden könne. Es findet seine Spuren, seine Gedanken und Unterscheidungen, die sich im Laufe der Geschichte verändern und weiterentwickeln, in der Welt vor. Insofern begegnet der Mensch im denken immer sich selbst. »Aber gibt es nicht vielleicht etwas anderes, Urspüngliches, das wir erkennen können?«, werden Sie vielleicht fragen. Ich fürchte nein. Denn das »Ursprüngliche« wäre ja das Nicht-Unterschiedene. Das zu *denken* ist nicht möglich. Sie können es erst dann denken, wenn Sie einen Begriff des Nicht-Unterschiedenen hätten – was bei näherem Hinsehen bereits eine Fülle weiterer Unterscheidungen voraussetzt, die Sie aber gar nicht anführen wollen, weil Sie ja nur das Ursprüngliche, den Anfang, ohne irgend einen Zusatz denken wollen. Sie merken, dass man leicht in höchst luftige Gegenden gerät. Auch Hegel und Heidegger erging es nicht anderes. Sie sprachen – reichlich mythologisch – vom Grund, dem Ursprünglichen, dem Ereignis, dem »Seyn«. Sind Sie damit weiter? Auch wenn Sie einen wunderbaren Begriff (er)funden haben, wird der nächste Schritt darin bestehen, Ihr Δenken, Ihr Denkwerkzeug anzuwenden. Und dabei lösen Sie, ob Sie wollen oder nicht, Ihren wunderbaren Begriff – das reine Seyn und nichts als das Seyn –, das Resultat Ihrer Denkarbeit auf! Warum? Weil Sie weiter denken müssen, um zu verstehen, was Seyn denn *genau* meint. Das denken ist, so Hannah Arendt, »immer das sich selbst vernichtende Denken«.[431] Indem Sie das, was Sie bereits gedacht haben, besser verstehen, müssen Sie es noch differenzierter betrachten. Denken, scheint es, ist nur dann denken, wenn es fortschreitet und in Bewegung bleibt, um auf diese Weise das zu verstehen, was irgendwann am Anfang stand. Dieser Prozess ist durchaus kritisch.

Sie erinnern sich, das Kritik und Krise denselben Wortstamm haben. Auch in der Physik kennt man sogenannte kritische Zustände, in denen ein System seine Homöostase, sein Gleichgewicht verliert. Das System kommt, bildhaft gesprochen, an einen Punkt, an dem sich »entscheiden« muss, in welche Richtung es sich entwickelt. Das kann harmlos sein, weil ein Ball viele Wege hat, einen Berg herunterzurollen und an jedem Stein neu »entscheidet«, wie er sich weiter nach unten bewegt. Eine Krise kann aber auch eine letzte Differenz setzen – die zwischen Leben und Tod. Dass im sogenannten nachkritischen Stadium, wie die Physiker den Zustand nach der Krise nennen, mit Sicherheit ein neues Gleichgewicht einsetzt, ist zumindest für den, der gestorben ist, von keiner Bedeutung mehr. Das neue, nachkritische Gleichgewicht ist eines, das kein Leben mehr in sich trägt – ein totes Gleichgewicht, das nur noch physikalischen, nicht aber mehr biologischen, psychischen oder seelischen Gesetzen folgt. Diese Differenz macht den entscheidenden Unterschied. Das Unterscheiden, κρίνειν, ist nicht nur ein geistiger, sondern ein geschichtlicher, sogar politisch und gesellschaftlich wirksamer, immer aber fundamental körperlicher Vorgang. Damit ich leben kann, muss ich ein Innen gegen ein Außen verteidigen. Eine Zelle würde sich ohne die sie schützende Zellwand in ihre Umgebung hinein auflösen. So wie einzelne Zellen schützen sich auch Körper durch eine Begrenzung, etwa durch Haut und Knochen. Diese Differenz liegt auch jeder Sinneswahrnehmung zugrunde. Empfinde ich etwas oder nicht? Gibt es ein Signal oder keines? Damit ich *etwas* sehen kann, muss ich ein Signal wahrnehmen, das sich vom Rauschen unterscheidet. Ich muss beispielsweise Hell und Dunkel sehen können. Nervenzellen sind nichts anderes als biologische Differenzmaschinen – Systeme, die unterscheiden zwischen Signalen, die weitergegeben werden, und solchen, die nicht weiter transportiert werden. Damit hängt zusammen, dass es keinen unmittelbaren Kontakt oder Zugriff zur Wirklichkeit gibt, weil alle Wirklichkeit durch einen Filter – den Filter der Differenzierung und Unterscheidungen, oder, wie Kant gesagt hätte: der Kategorien – geht. Man kann daher vom Gedanken der Unterscheidung aus ebenso gut eine Theorie der Begriffe und der Wahrnehmung entwickeln wie eine Theorie der Evolution oder eine Kritik der reinen Vernunft. Kritik – das ist nicht zuletzt die Aufklärung des denkens und des Menschen über sich selbst, die ihn in die Krise führt. Und doch wohnt dem Gedanken der Selbstaufklärung, der Aufklärung über die Aufklärung, eine radikale, nicht vor Wünschen und Lügen haltmachende Energie bei, die bis in die Neuzeit hinein wirkt. Theodor W. Adornos *Negative Dialektik* wäre eines von vielen Beispielen, das versucht, etwas das sich dem denken entzieht, im denken dennoch habhaft zu werden, um das denken selbst über seine Prozesse aufzuklären. Das kritische, aufklärerische Potential des Werkzeuges Δenken zeigt sich aber auch in der Analyse von Sprachspielen. Der Philosoph Herbert Schnädelbach warnt in seinem jüngsten Buch vor sogenannten Diskursvermengungen.[432] Grammatisches Wissen ist nicht empirisches Wissen; eine Übung in Grammatik und Sprachanalyse ist kein Experiment. Deshalb gehört es zum methodologischen Wissen der Philosophie, dass der »Weg eines direkten Zugriffs auf die Tatsachen, und seien es die des Bewusstseins selbst, nicht gangbar ist ... Hier handelt es sich um ein unverlierbares Erbe der sprachanalytischen Philosophie; es verpflichtet uns, alle philosophischen Probleme zunächst von ihrer sprachlichen Gestalt her aufzugreifen, ihre Grammatik genau zu untersuchen, um dann nach den Methoden und Kriterien zu fragen, die eine befriedigende Lösung ermöglichen. Es bleibt dabei: ›Der kritische Weg ist allein noch offen‹«, wie Kant am Ende der der *Kritik der reinen Vernunft* schreibt. Δenken – kritisches Denken – ist also ein Werkzeug allererster Güte.

Vielleicht interessiert Sie am Ende dieses Blicks auf das Werkzeug des Δenkens eine praktische Anwendung. Erinnern Sie sich an die Diskussion über Willensfreiheit, die so lange Zeit die Feuilletons beherrscht hat? Eine Grundlage dieser Diskussion war die Methode der Gehirnscans, einer Methode, durch die ein Sauerstoffanstieg im Blut in der betreffenden Region des Gehirns sichtbar gemacht und auf eine Aktivität in diesem Bereich geschlossen wird. Natürlich ist immer das ganze Gehirn aktiv. Insofern ist das, was man sieht, lediglich eine statistisch ermittelte und keine exakte Darstellung. Hinzu kommt, wie der Neurowissenschaftler Gazzaniga zu Recht bemerkt, dass das Ergebnis eines Gehirnscans nicht spezifisch ist für eine Einzelperson. Es handelt sich um bildliche Veranschaulichungen statistischer Daten, die nicht einmal eine allzu genaue Auflösung haben. Ein Mensch mit einem – gemessen am statistischen Mittel –»abnormalen Gehirn muss weder abnormales Verhalten zeigen noch ist er automatisch unfähig zu verantwortlichem Handeln«.[433] Wie bereits geschildert, gibt es aus neurowissenschaftlicher Sicht nicht *eine* Tätigkeit des Denkens, die man als »denken« beschreiben könnte. Ich habe Denken bei »Tätigkeit des Denkens« ausnahmsweise groß geschrieben, um darauf hinzuweisen, dass denken in diesem Fall reduktionistisch wie ein Ding, ein konkretes, sichtbar zu machendes, mehr oder minder scharf umrissenes »Phänomen« verstanden wird – und nicht als verteilter dynamischer Prozess, der im Kopf, aber auch außerhalb des Kopfes und insbesondere in der Interaktion zwischen Menschen stattfindet. Wie auch immer – es bleibt dabei, dass »Gehirntätigkeiten« und »denken« verschiedene Beschreibungen sind. Es handelt sich um verschiedene Sprachspiele, die es zu unterscheiden gilt. Die »Differenzen zwischen konkurrierenden Beschreibungen vermeintlich identischer Gegenstände lassen sich nicht semantisch überbrücken«, bemerkte Jürgen Habermas zu recht.[434] »Wie Wittgenstein beharrlich zeigt, verkörpern sich semantische Gehalte nur in symbolischen Äußerungen, Artefakten oder Zeichensystemen, deren Bedeutung uns verschlossen bleibt, solange wir die entsprechenden grammatischen Erzeugungsregeln nicht beherrschen, sondern nur das physische Substrat beschreiben … Die Schwierigkeit besteht darin, daß sich die Sprachspiele, Vokabulare und Erklärungsmuster, deren wir uns in solchen Fällen jeweils bedienen müssen, nicht aufeinander reduzieren lassen.«[435] Das Problem besteht vor allem in unserem Wunsch, eine *einheitliche* Sicht auf die Welt haben zu wollen, die möglichst *alle* Standpunkte integriert – die Ich-Perspektive ebenso wie die Dritte-Person-Perspektive, die Neurowissenschaften ebenso wie die Hermeneutik, die Evolutionstheorie oder die Geschichtswissenschaften – die Reihe ließe sich fortsetzen. Es gibt jedoch (derzeit) keinerlei Begriff, keinerlei Theorie, die all das genau leistet. Vielleicht ist es sogar aus prinzipiellen Gründen unmöglich, eine solche Theorie zu finden. In jedem Fall müssen auch die empirischen Erkenntnisse, so wunderbar und beeindruckend sie auch sein mögen, immer *auch*»im Kontext ihrer eigenen Entstehungsgeschichte *interpretiert*« werden; sie müssen im Kontext der Praktiken des Wissenserwerbs verstanden werden, die sie allererst hervorgebracht haben. Insofern sind auch die Naturwissenschaften ein Teil unserer Lebenswelt und damit Teil eines anderen Beschreibungssystems.[436] Auch die Wissenschaft bewegt sich letztlich innerhalb der »lebensweltlichen Perspektive« – wie sollte es auch anders sein, denn sie stellt eine bestimmte Form menschlichen Handelns dar.[437] »Wir sind Menschen, Personen, keine Gehirne«, schreibt Gazzaniga.[438] Dieses Festhalten an einem Unterschied hat – wie im Fall der Debatte um die Willensfreiheit – erhebliche juristische Konsequenzen. In den Augen von Gazzaniga determiniert uns unser Gehirn im juristischen oder moralischen Sinn deshalb nicht, weil »Verantwortlichkeit letztlich ein Vertrag zwischen zwei Menschen und nicht eine Eigenschaft des Gehirns« ist.[439] Denken ist, gleich auf welcher Ebene man dieses »Bündel« von Prozessen angeht, ein *bewusster* Vorgang, der am Ende einer komplexen Interaktion vieler unbewusster Prozesse steht. Genau aus diesem Grund gibt es viele Möglichkeiten der Intervention – auf verschiedensten Ebenen. Unsere bewusste Erfahrung ist lediglich »die Spitze eines wahren Eisberges unbewusster Verarbeitungsprozesse. Unterhalb unserer Bewusstseinsebene ist das unbewusste Gehirn pausenlos voll beschäftigt.«[440] Bis heute wissen wir nicht genau, was und wie das Gehirn all das tut, was es tut, wenn wir uns bewusst sind, wenn wir denken, fühlen oder automatisch reagieren. Fest steht, dass wir selbst durch *denken* auf uns – und unser Gehirn! – einwirken können. Das, was wir Geist nennen, steuert durchaus unser Gehirn. Der Geist unterliegt seinerseits vielen Einflüssen und Veränderungen, die sich aus unserem Umgang miteinander ergeben, aus Kultur, Gesellschaft und zuweilen auch aus sehr persönlichen, uns manchmal tief verändernden Erfahrungen. Ich erwähne dies, weil auch das Neuroproblem, so kompliziert es im Detail auch sein mag, ein Anwendungsbeispiel des kritischen Δenkens ist und sich auf Unterscheidungen bezieht. Wenn wir genau unterscheiden, zeigt sich, was die Werkzeuge der Dihairesis und mit ihr verwandter Methoden bewerkstelligen können. In diesem Fall der Auseinandersetzung mit den Naturwissenschaften handelt es sich in Bezug auf das denken um eine wichtige Erkenntnis. Sie lautet:

Gehirne denken nicht.
Wir sind es, die denken.

9. Der Faustkeil – oder einiges über den Rest der adaptiven Werkzeugkiste(n)

Es wird Sie kaum erstaunen, wenn ich Ihnen sage, dass die bisherigen Griffe in die Werkzeugkiste keineswegs einen vollständigen Einblick gewährt haben. Die Liste der Werkzeuge, die ich bislang aufgeführt habe, ist in hohem Maße unvollständig (und wird es auch bleiben). Das ist zum einen der bewussten Begrenzung dieses Kapitels geschuldet, aber mehr noch einem systematischen Zusammenhang. Der Grund dafür, die Liste immer wieder neu schreiben und erweitern zu müssen, hängt mit der grundlegenden Eigenschaft der Werkzeugkiste des denkens zusammen – mit ihrer Adaptivität. Das denken und mit ihm die Werkzeuge, die uns zum denken befähigen, haben sich in einem Prozess der Evolution entwickelt. Mehr noch: Das denken selbst ist ein komplexer, dynamischer und adaptiver evolutionärer Prozess. Wie bei allen evolutionären Prozessen fällt es schwer (oder ist sogar unmöglich), das Ende einer Entwicklung genau vorherzusagen. Hätten Sie vor drei Milliarden Jahren wirklich darauf gewettet, dass aus einigen Zellen am Ende Schnecken, Löffelstöre, Fledermäuse, Wale und Menschen entstehen würden? Ich jedenfalls bin mir nicht sicher, ob ich vor nur drei Millionen Jahren darauf gewettet hätte, dass diese noch etwas kleinwüchsigen schimpansenartigen Lebewesen eines Tages in der Lage sein werden, Gedichte zu schreiben, Theorien über die Entstehung des Weltalls und wärmegedämmte Häuser zu erfinden, die mit Solarenergie betrieben werden, oder in der Lage sind, über das denken nachzudenken. Die Relativitätstheorie war zu Beginn des letzten Jahrhunderts eine großartige denkerische Leistung, deren Bestätigung und Übersetzung in technische Produkte jedoch noch weit bis in das Jahrhundert dauern sollte. Ohne Relativitätstheorie würde es beispielsweise kein GPS-System geben. Aber war aus der Entwicklung oder Evolution der Theorie ablesbar, dass es so etwas (und wann) geben würde? Ähnliches gilt für jeden CD-Spieler, der ohne Einsteins Lasertheorie und die Grundlagen der Quantenphysik nicht hätte konstruiert werden können. Bis es so weit war – Einstein hatte seine Theorie zur stimulierten Emission von Licht 1916 veröffentlicht –, sollte es noch rund 44 Jahre dauern. Und doch war selbst für jemanden wie Einstein nicht vorhersehbar, dass sich gegen Ende des Jahrhunderts nicht zuletzt aufgrund seiner theoretischen Überlegungen die Menschen eines Mittels bedienen würden, das ihre Lebensgrundlage ähnlich verändern sollte wie Atomkraft und Atombombe. Das Internet hat unsere Fähigkeit zur Kommunikation, aber auch zur Verarbeitung von Information in eine ungeahnte Dimension geführt. Auch das Internet ist, so komplex und umfassend es sein mag, Teil der adaptiven Werkzeugkiste des denkens. Es hat sich, wie viele Evolutionsprozesse, erst allmählich aus bereits bekannten Grundlagen und Werkzeugen (Technologien) entwickelt. Es ist wie das Innere einer Nautilus. Kammer um Kammer wird das bestehende Konzept erweitert, das in nichts anderem besteht als darin, weitere Kammern zu bauen, die durch eine Öffnung und ein röhrenartiges Organ, Sipho genannt, miteinander verbunden werden. Auf diese Weise können die einzelnen voneinander getrennten Kammern mit Gas versorgt werden, so dass der Auftrieb ermöglicht und gesteuert werden kann. Allerdings gehört zum »Programm« des Baus der Nautilus auch die Stopp-Regel, die angibt, wann der Bau beendet werden muss.

Auf analoge Weise baut auch das Internet auf den einzelnen »Kammern« der Computer und ihrer Vernetzung auf. Computer entstanden ihrerseits in einem längeren Prozess der Kooperation und beruhen auf der Anwendung zunächst rein mathematisch-philosophischer Konzepte, die dann in den Bereich der Technik

»übersetzt« wurden. Ohne die Entwicklung von Computern
– und die damit verbundene Hard- und Software der Kommunikation von Computern – wäre auch das Internet nicht möglich
gewesen. Informations- und Computertechnologie sind weitere,
wichtige Werkzeuge, ohne die man die zukünftige Evolutionsgeschichte des Menschen wohl kaum wird verstehen können. Immer wieder bedurfte es der Erfindung kleinerer und größerer
neuer Werkzeuge – beispielsweise der Einführung des Internet-
protokolls –, um all das zu ermöglichen, was heute für uns »Alltag« ist.

Man kann es nicht oft genug betonen: denken ist ein komplexer, evolutionärer Prozess. Genau das macht es so schwer, genau
zu sagen, was denken ist. Wie jeder komplexe Prozess kann denken auf verschiedenen Ebenen beschrieben werden – auf der Ebene der Neurobiologie, der kulturellen Entwicklung, der Logik –,
ohne dass auch nur eine einzige dieser Ebenen das Gesamtbild
ergeben würde. Man braucht die Neurobiologie, um den Prozess
des denkens zu verstehen. Aber man braucht ebenso die Kultur,
in der die Neurobiologie entstanden ist, um denken zu verstehen.
Um Gedichte oder Wissenschaft zu studieren, sind gewisse neurobiologische Prozesse nötig, die wir bislang nicht wirklich verstanden haben. Seltsamerweise aber können wir Gedichte verstehen
und Wissenschaft betreiben, auch ohne die Grundlagen unserer
eigenen Neurobiologie verstanden zu haben. Das war jedenfalls
über Jahrtausende hinweg so. Abgesehen davon, dass man berechtigte Zweifel daran haben kann, ob wir je in der Lage sein
werden, ein System von der Komplexität des Gehirns zu verstehen – um leben zu können, müssen wir es nicht einmal. Wer
also denken will, benutzt zweifellos genetische neurobiologische
Werkzeuge (meist ohne es zu wissen). Aber vor allem wird er
Sprache benutzen müssen und andere kulturelle Techniken, um
ein Gedicht oder eine physikalische Gleichung verstehen zu können. Auch das denken baut sich, wie die Nautilus, kammerartig
auf. Die Nautiliden haben wie die Haie seit über 400 Millionen
Jahren nahezu unbeschadet überlebt – und sie werden es weiter-

hin, falls wir sie nicht vorher ausrotten. Worauf ich hinauswill ist, dass selbst die ehrenwerten und auf Hochglanz polierten Werkzeuge des denkens wie die Logik am Ende nur eines von vielen Produkten sind, die innerhalb eines hochkomplexen, hochgradig interaktiven *evolutionären Prozesses* entstanden sind. Immer wieder ging und wird es darum gehen, sich in neuen kognitiven Umwelten zurechtzufinden, neue Probleme zu lösen und auf diese Weise zu überleben. Die kognitiven und mentalen Strategien, dies zu tun, sind ebenso vielfältig wie andere Mechanismen der Evolution auch. Man muss keine sogenannte »evolutionäre Erkenntnistheorie« entwickeln, um zu verstehen, wie die Evolution der Natur und die Evolution des denkens zusammenhängen – ganz abgesehen davon, dass darüber hinaus noch über die Evolution von Gesellschaft, Kultur, Technik und anderen Systemen zu sprechen wäre. Was bleibt ist die Einsicht, dass es keine abschließende Liste des Inhalts der Werkzeugkiste geben kann, weil diese selbst sich weiterentwickelt und immer neu adaptiert. Ich habe in diesem Abschnitt, ohne es eigens zu sagen, bereits von weiteren Werkzeugen Gebrauch gemacht, die gar nicht auf der Liste aufgeführt waren. Sie werden sich vermutlich an Putnams Argument von der Zwillingserde erinnern. Sein Argument ist ein gutes Beispiel für ein Gedankenexperiment, das die Funktion hat, ein bestimmtes Problem, das im Zusammenhang des Gebrauchs von Begriffen aufgetaucht ist, zu lösen. Es wird weitere Gedankenexperimente geben – und auch weitere Beobachtungen wie die von Chalmers und Clark -, die zu einer Neuorientierung des denkens führen. Die Werkzeugkiste weitet sich unmerklich aus und ergreift Besitz von Gegenständen, die sich außerhalb von ihr befinden. Wahrnehmen, denken und handeln sind eingebunden in *einen* Prozess – den Prozess des Lebens, das uns in immer weiter fortschreitenden *Erfahrungen* bewusst wird. Das denken ist dabei eine für unser Leben unerlässliche und entscheidende Erfahrung, auch wenn sie uns, wie George Steiner richtig bemerkte, hin und wieder (aber nicht immer) traurig macht. Es kann jedoch durchaus auch eine Erfahrung des Glücks sein, jene Sätze und Gedanken zu finden, die uns etwas klar machen. Es sind nicht zuletzt die Gedanken, mit denen wir leben und in denen eine Möglichkeit der Erfahrung von Glück liegt. Denn Worte, Gedanken und Sätze zu (er)finden, mit denen wir leben können, vielleicht sogar besser leben können, ist nicht nur eine Erfahrung des denkens, sondern auch des Glücks.[441] Vielleicht kommt es vor allem darauf an, eine Balance zu finden zwischen den so unterschiedlichen täglichen Erfahrungen und der bis weit in die Vergangenheit (und manchmal auch in die Zukunft) reichenden Welt des denkens. Welche Gedanken sind es, die uns helfen, anders, besser zu leben? Gibt es sie? Und wenn es Wendungen gibt, mit deren Hilfe wir das, was wir als Dunkel erleben, in etwas Helleres überführen können, ohne uns selbst dem Vorwurf auszusetzen, dass wir (uns selbst oder andere be-)lügen: Wie können wir diese Wendungen immer wieder neu erreichen?

Wichtig bleibt die (alte) Einsicht, dass denken alleine keineswegs zwingend und in allen Fällen weiterführt. Denken befähigt uns nur dann, so beweglich zu sein, wie wir es geworden sind, wenn wir beständig unser denken mit unseren anderen Erfahrungen – mit der Welt – abgleichen. Diese Fähigkeit des Abgleichens hat es uns, gleich ob man sie als Fluch oder Segen verstehen will, ermöglicht, die anderen Säugetierarten weitgehend zu verdrängen oder in unsere Dienste zu stellen. Die Mobilität des denkens ergibt sich jedoch nur zu einem Teil aus dem denken selbst. Eine wesentliche Triebkraft ist die Interaktion des denkens mit der Welt, genauer: die Internaktion der Erfahrung des denkens mit den Erfahrungen, die wir im Leben sammeln – denn zweifelsohne ist denken nicht unsere ständige und häufig nicht einmal unsere primäre Erfahrung. Damit fällt vielleicht ein neues Licht auf einen sehr alten Zusammenhang: dass das denken nicht durch denken allein fortschreitet, sondern die Anwendung anderer Erfahrungen, anderer Werkzeuge erfordert. Ein klassisches Beispiel dafür ist die Diskussion um den Gottesbegriff gewesen. Die Annahme, dass man allein aus dem Begriff »Gott« seine Wirklichkeit erschließen könnte, hat sich als irrig erwiesen, zumal es sich bei der Wirklichkeit, die sich allein durch den Begriff erschließen lassen würde, um die Wirklichkeit handelt, die die Welt und mit ihr die Begriffe allererst geschaffen hat. Man kann vom denken nicht notwendig auf die Existenz von dem schließen, was man sich ausgedacht hat. Einhörner kann ich mir ausdenken – ich werde sie als biologische Wesen im mir bekannten Universum nicht finden, außer in Büchern, Filmen und anderen kulturellen Hervorbringungen.

Ich will Ihnen zum Schluss wenigstens noch einige Werkzeuge nennen, die ich nicht berücksichtigt habe und die doch eine genauere Analyse und Würdigung verdient hätten. Und dann möchte ich Ihnen noch von einer Erfahrung berichten, die mich tief geprägt und mein Verständnis vom Zusammenhang zwischen denken, Wahrnehmen und Handeln verändert hat. Zunächst zur Liste der noch fehlenden Werkzeuge. Zu nennen wären: Gedankenexperimente, Analogien, Denkautoritäten (und unser Umgang mit ihnen), das (Er-)Finden von Beispielen, die Parodie, die Erschließung von Ursachen und Wirkungen, der Gebrauch von Geschichten und Erzählungen – ein sehr wichtiger Aspekt des denkens –, die Analyse und Produktion von Mustern, Heuristiken, der Perspektiv- oder Gestaltwechsel, das Vergleichen von Gegenständen, Gedanken, Bildern und Gefühlen, das Definieren, die Kombination (ein sehr wichtiges Werkzeug), die Begriffsanalyse, das Miteinander-Sprechen (Kommunikation) und vieles mehr. Sie können die Liste sicher fortsetzen und denken gerade an etwas, das wichtig ist, das ich zu nennen aber vergessen habe. Das Gute daran ist, dass Sie mehr wissen, aber durchaus darauf vertrauen können, dass ich im Laufe meines Lebens auch von dem Denkwerkzeug, das ich zu nennen vergessen habe, durchaus Gebrauch machen werde. Bleibt noch Ihnen von einem Erlebnis zu erzählen, das mich tief beeindruckt hat.

Vor einigen Jahren hatte ich in meiner Sendung den in England evolutionäre Anthropologie lehrenden Primatenforscher Volker Sommer und den Paläoanthropologen Friedemann Schrenck zu Gast, der durch seine Ausgrabungen in Malawi bekannt wurde, wo er unter anderem den Unterkiefer UR 501 fand – das Relikt eines Hominiden (genauer eines *Homo rudolfensis*), der vor über 2,4 Millionen Jahren gelebt hat. Der Unterkiefer gilt als das älteste bisher der Gattung Homo zugeordnete Fossil. Volker Sommer brachte in die Sendung, in der es unter anderem um die Frage der Kultur ging – haben Affen Kultur und wie ist unsere entstanden? – einige Werkzeuge mit, die Affen benutzen. Beispielsweise stellen Affen aus harten Gräsern Löffel her, mit denen sie dann genüsslich Termiten und Ameisen »löffeln« – was verständlicherweise tatsächlich besser geht, als mit den Fingern zu essen. Volker Sommer zeigte unter anderem auch eine Sammlung von Kräutern, die Affen einsetzen, um medizinische Probleme zu kurieren – also eine Art Primatenapotheke. Was mich jedoch besonders faszinierte, war etwas, das Friedemann Schrenck mir zeigte. Ohne groß zu erklären, sagte er »Nehmen Sie mal«, und drückte mir einen Stein in die Hand. Dieser Stein lag nicht nur auf eine einzige Art und Weise gut in der Hand – nämlich wenn man ihn so drehte, dass das längere Ende über den Daumen hinausragte. Dieser Stein setzte auch etwas in Bewegung. Ohne nachzudenken, einfach durch Fühlen und den Kontakt mit ihm war mir augenblicklich klar, was ich da in der Hand hielt: Ein Werkzeug, das dazu gedacht war, mit ihm zu hämmern, vielleicht sogar zu töten. Der Stein war gleichzeitig Hard- und Software. In dem Augenblick, in dem ich die unbekannte Hardware, die vor Zehntausenden von Jahren entstanden war, in die Hand nahm, lieferte mein Körper mir ohne Nachdenken immer noch die richtige Bedienungsanleitung – und die passende Software. Wer auch immer in einer Zeit der Dämmerung des Bewusstseins diesen Stein (vermutlich mit Hilfe eines anderen Steins) bearbeitet hatte, hatte in diesen Stein zugleich sein Betriebssystem hineingelegt. Es gibt Gegenstände, die auf überraschende Weise beides sind – Hard- und Software. Apple ist heute sehr nahe daran, intuitiv zu bedienende Hardware herzustellen, also Geräte, die sozusagen danach schreien, richtig bedient zu werden, ohne dass man viele Fehler machen kann. Dies gilt allerdings wie beim Faustkeil nur dann, wenn solche Geräte mit dem System »Mensch« oder einem sehr ähnlichen System, innerhalb dessen sie auch entstanden sind, physisch verbunden werden. Anders formuliert: Die Hardware des Faustkeils beinhaltet zwar eine Idee – nämlich die Idee, ihn auf eine bestimmte Weise zu gebrauchen. Doch diese Idee muss »freigesetzt« werden. Die Frage ist, wie weit eine Idee (das Programm, den Stein zu gebrauchen) in den Stein selber »implementiert« sein kann. Gehört die Software sozusagen automatisch zum Wesen dieser Hardware? Vermutlich hängt die Antwort davon ab, wie »weit« man vom Stein und dem Prozess seiner Herstellung entfernt lebt, d. h. mit dem Kontext seiner Entstehung in Berührung kommt. Für eine Schnecke wäre der Stein lediglich eine Herausforderung, insofern sie über ihn hinwegklettern oder um ihn herumkriechen müsste. Sie würde den Stein in keiner Weise als Programm verstehen im Sinne von »Nimm mich in die Hand und bearbeite diese Nuss, um ihre Schale zu zerstören«. Wie aber verhält es sich mit anderen, sogenannten »höheren« Tieren? Ich bin mir nicht sicher, wie andere Primaten reagieren würden. Ich weiß, wie ich reagiert habe. Wie aber reagieren die Primaten, die Volker Sommer regelmäßig in Afrika in der freien Natur untersucht? Leider leben weltweit nur noch rund 300 000 Menschenaffen – und es spricht vieles dafür, so traurig es ist, dass wir die Ahnen, von denen wir uns vor Millionen von Jahren getrennt haben, in 30 oder 40 Jahren restlos ausgelöscht haben werden. Dummerweise habe ich Volker Sommer damals die naheliegende Frage nach den Affen und dem Faustkeil nicht gestellt. Ich bin mir relativ sicher, dass auch einer der heute noch lebenden Ahnen über kurz oder lang »wissen« würde, was er mit dem Faustkeil machen könnte, auch wenn er selber nicht dazu fähig war, ein solches Werkzeug herzustellen. Und doch zeigen sich sehr schnell die Grenzen der Kommunikation durch Gegenstände – selbst bei solchen, die uns vor nicht allzu langer Zeit beim denken halfen. Erinnern Sie sich an die alten 5 ¼ Zoll-Disketten? Heute kann sie niemand mehr benutzen, es sei denn, er geht in ein Museum für Computertechnik, findet einen Computer mit Diskettenlaufwerk, findet das passende Betriebssystem und erhält die Erlaubnis, die Diskette dort einzulegen und »lesen« zu lassen. So wie die Hardware »Stein« erst in der Hand des Menschen zu einem Faustkeil – einem Stein mit impliziter Handlungsanleitung bzw. eingebauter Software – wird, so wird die Diskette erst in einem passenden Computersystem zu einem lauffähigen Programm. Für jemanden, der einen solchen Computer mit Diskettenlaufwerk noch nie gesehen und noch nie Erfahrungen im Umgang mit einem solchen gesammelt hat, ist sie ein sinnloser, nicht verwendbarer Gegenstand, von dem man sich nicht einmal ansatzweise seine potentielle Verwendung richtig vorstellen kann – denn sich die Verwendung richtig vorzustellen hieße ja, bereits zu wissen, was ein Computer mit Diskettenlaufwerk ist. Kontext und Verwendung, Handeln und denken sind nicht voneinander zu trennen: weshalb adaptive Werkzeugkisten Gebrauchsgegenstände sind, die uns verändern.

Eines von Marshall McLuhans Mediengesetzen besagt: »Wir formen unser Werkzeug, und danach formt unser Werkzeug uns.«[442] Diese Einsicht von McLuhan gilt für Faustkeile, ist aber beispielsweise auch entscheidend für das Fernsehen der Zukunft: denn das real existierende Fernsehen, das wir derzeit haben, prägt durch uns seine Zukunft mit. Karl Marx hatte, darin einer Idee von Hegel folgend, darauf hingewiesen, dass man die Produktion nicht unabhängig von der Konsumtion betrachten kann. Ein Produkt wird zum Produkt erst dadurch, dass es konsumiert wird. Ein Kleid, schreibt Marx, wird erst wirklich Kleid durch den Akt des Tragens. Der zukünftige Gebrauch in der Konsumtion ist somit eine treibende Kraft der Produktion. In der Einleitung zur *Kritik der politischen Ökonomie* heißt es: »Nicht nur der Gegenstand der Konsumtion, sondern auch die Weise der Konsumtion wird daher durch die Produktion produziert, nicht nur objektiv, sondern auch subjektiv. Die Produktion schafft also den Konsumenten.«[443] Anders formuliert: Das Fernsehen wird die Zuschauer haben, die es jetzt gerade heranzüchtet. So wie der Faustkeil … aber das ist eine andere Lektion adaptiven, evolutionären Verhaltens, die nicht hierher gehört.

IV. Was Philosophie ist

»Was ist Dein Ziel in der Philosophie? – Der Fliege den Ausweg aus dem Fliegenglas zeigen.
Die Philosophie ist ein Kampf gegen die Verhexung unseres Verstandes durch die Sprache.
Es gibt nicht *eine* Methode der Philosophie; wohl aber gibt es Methoden, gleichsam verschiedene Therapien.«

Ludwig Wittgenstein, Philosophische Untersuchungen § 309, 109, 133

1. Sich entfernen und den Überblick bekommen

Thomas Stearns Eliot (* 26. September 1888 in St. Louis, Missouri, USA; † 4. Januar 1965 in London) studierte an der Pariser Sorbonne Mathematik und Philosophie, ehe er 1911 als Doktorand an die Harvard University zurückkehrte, wo er sein Studium ursprünglich begonnen hatte. 1922 veröffentlichte er *The Waste Land*, eines der einflussreichsten Gedichte des letzten Jahrhunderts. *The Love Song of J. Alfred Prufrock*, das 1915 veröffentlicht wurde, beschreibt wie das Werk seines Freundes James Joyce einen Strom des Bewusstseins, eine Mischung aus Gefühlen, Wahrnehmungen und Gedanken, großen und kleinen. Es beginnt mit den Worten:

»Let us go then, you and I,
When the evening is spread out against the sky
Like a patient etherized upon a table.«[444]

Eine meiner Lieblingsstellen in dem Gedicht sind die Zeilen:

»For I have known them all already, known them all:
Have known the evenings, mornings, afternoons,
I have measured out my life with coffee spoons;
I know the voices dying with a dying fall
Beneath the music from a farther room.
So how should I presume?«[445]

Man muss die Abende, den Morgen, die Spätnachmittage kennen, sie ausschöpfen und messen mit Tee- und Kaffeelöffeln, Gesprächen, beim Essen, manchmal allein, mit einem Glas Wein oder im Gegenteil völlig nüchtern und klar und in guter Gesellschaft. Man muss die Musik des Lebens verstehen, scheint Eliot sagen zu wollen, bis hin zu ihrem Verlöschen. Erst dann erschließt sich uns etwas. Viele Jahre nach seinem Gedicht äußerte sich Eliot, der inzwischen Engländer geworden war und sich zeitweise sogar einen englischen Akzent zulegte, über die Philosophie. Man sprach ihn, den ehemaligen Philosophen, darauf an, ob denn die Philosophie noch etwas zu sagen habe. Das sei doch offensichtlich nicht mehr der Fall. Eliot entgegnete, es sei keineswegs geklärt, womit dieses Versagen zu tun habe. Lag es an einer Erkrankung der Philosophie selbst, an einer Art innerer Erschöpfung? Lag es an dem Umstand, dass viele junge, kluge Köpfe sich anders als früher lieber den mehr Erfolg versprechenden Studien zuwenden, also schlicht an einem Mangel guter Philosophen? Man bringe diese verschiedenen Aspekte der Frage, zu der noch andere, komplexere hinzukämen, leicht durcheinander. »Zu der Zeit, da ich selbst Student der Philosophie war«, sagte Eliot, »begann der Philosoph zu leiden unter einem Gefühl der Inferiorität gegenüber den exakten Wissenschaftlern. Man hatte das Gefühl, der Mathematiker sei der zum Philosophieren bestgeeignete Mann. Jene Philosophiestudenten, die nicht von der Mathematik her zur Philosophie gekommen waren, machten wenigstens an der Universität, an der ich meine Studien absolvierte, den Versuch, den Mathematiker zu imitieren … Darüber hinaus rühmte man ferner eine gewisse Vertrautheit mit der zeitgenössischen Physik und mit der zeitgenössischen Biologie.«[446] Das beklemmende Gefühl ist geblieben, wie viele Philosophen wissen. Die Auseinandersetzung mit den Naturwissenschaften gehört, neben der traditionellen Ethik, zu der man ohne Philosophie überhaupt nicht weiterkommt (denn in Sachen Moral zu argumentieren bedeutet, gleichsam per Definition, zu philosophieren), heute zum Kerngeschäft der akademischen Philosophie. Im Grunde aber gehört die Kenntnis all der Bereiche, der Erkenntnisse und Fakten, die unsere Zeit ausmachen – inklusive der Bewegungen der Kunst, der Kultur, der Medien – nicht nur zur Philosophie, sondern zum wachen Umgang eines jeden Menschen mit seiner Gegenwart, kurz zum denken. Dabei ist klar, dass es niemanden, absolut niemanden mehr geben kann und geben wird, der in der Lage wäre, *alles* zu überblicken. Auch keinen Philosophen – ein erster Grund, vor übertriebenen Erwartungen in Sachen Philosophie zu warnen, als käme beim Philosophieren ein kognitives Rundum-sorglos-Versicherungspaket gegen Zweifel und Unwissen heraus. Auch Philosophen sind nur Menschen, die sich um einen Überblick bemühen – ihn aber nie, wie alle anderen auch, erreichen werden.

Schon bei den Griechen brauchte es eine Frau, um auf diese Einsicht zu kommen, die den Männern gar nicht behagte. Diotima – die einzige Frau, die in einem platonischen Dialog auftritt und abgesehen von ihrer Weisheit beim Trinkgelage, beim Symposion, in Sachen »Was ist erotische Liebe?« zu Wort kommt – bemerkt zu Sokrates, dass es zwar eine Menge Leute gibt, die ein Leben lang philosophieren, sich darunter aber eine Menge von Giftmischern und Sophisten befänden. In diesem Zusammenhang kommt sie auf die Götter zu sprechen, also jene Wesen, die durch den Vorteil, die Welt geschaffen zu haben, auch über ihre ersten Ursachen einigermaßen Bescheid wissen und damit eine gute Übersicht über das Geschehen der Welt haben. »Kein Gott philosophiert oder begehrt weise zu werden«, sagt Diotima, »sondern ist es, noch auch wenn sonst jemand weise ist, philosophiert dieser.«[447] Nun sind Menschen keine Götter – auch wenn manche das zuweilen meinen. Der Affront liegt vielmehr im Widerspruch zu der landläufigen Meinung, dass Philosophie doch eben das bedeute – Liebe (φιλοσ) oder Leidenschaft, Freundschaft wenigstens und eine gewisse Vorliebe für die Weisheit (σοφία). Diotima zeigt auf diese Weise subtil ihr Einverständnis mit Sokrates, der sich mit dem Begriff der Weisheit gerade gegen die Arroganz der Vielwisser und Sophisten zur Wehr gesetzt hatte. Er war es, der immer wieder darauf aufmerksam gemacht hatte, dass unser Wissen im Grunde Nicht-Wissen sei (ich bin auf diese Stelle, die sogenannte Apologie des Sokrates, bereits ausführlicher eingegangen). Wenn wir etwas wissen, dann wissen wir auch um seine Grenzen – also um das, was wir nicht wissen. Um diese Grenzen zu wissen ist weise, denn es schützt uns nicht nur vor Überheblichkeit und Dummheit, sondern auch vor einer Menge falscher Schlüsse. Genau das ist das Problem mit den Pseudophilosophen und Sophisten, die Plato in seinem Dialog mit dem Sophisten Protagoras kritisiert. Entweder benutzen sie die Philosophie, um jemanden, der bislang etwas wusste, durch gezieltes Fragen völlig konfus zu machen – oder aber um Philosophie als eine Art von Ausbildungswissen für die Arbeit im Staat zu benutzen. »Das ist eben das Arge am Unverstande«, fährt Diotima in ihrem Gespräch mit Sokrates fort, »daß er ohne schön und gut und vernünftig zu sein, doch sich selbst ganz genug zu sein dünkt.« Die Pointe ihres Arguments allerdings richtet sich nicht zuletzt auch gegen Sokrates. Mit der Philosophie sei es im Grunde wie mit der Erotik. Sie sei durchaus ein großer Dämon. »Denn alles Dämonische«, so Diotima, »ist zwischen Gott und dem Sterblichen.«[448] Der Philosophie – der Liebe zur Weisheit – ergehe es da wie der Erotik. Sie habe (und mir scheint, dass Diotima mit der Wahl des Vergleichs dem Mann in Sokrates schmeicheln will) »einen weisen und wohlbegabten Vater, aber eine unverständige und dürftige Mutter. Dies also lieber Sokrates ist die Natur dieses Dämons.« Der Dämon sei eben das Zwischenwesen, der Umstand, dass – wie Nietzsche später beipflichtend sagen wird – der Mensch das noch nicht festgestellte Tier ist, ein Wurf nach dem Besseren. Auf Sokrates' Frage, wer denn die Philosophierenden seien, wenn es weder die Weisen noch die Unverständigen seien, antwortet Diotima, dass die Antwort doch wohl einem Kind klar sein müsse. Die philosophieren, sind »die zwischen beiden«. Als komme es nur darauf an: die Dummheit, das Tier, den Körper völlig abzuwerfen, um endlich ein Gott zu werden. Und dann mit dem Angebeteten, in der

Gestalt des Schönen, Wahren und Guten, zu verschmelzen. Ein großer Irrtum, warnt Diotima. Denn mit dem Philosophieren verhalte es sich, wie gesagt, wie mit dem Eros und der Liebe. Sie stehe dazwischen und sei ein Kind von beidem, von Weisheit und Unverständnis. An Sokrates gerichtet sagt sie, dies Thema abschließend: »Du glaubtest nämlich, wie ich aus dem was du sagst vermuten muß, Eros sei das Geliebte, nicht das Liebende. Daher meine ich erschien dir Eros so wunderschön.« Was Sokrates vergessen hat, war die andere Seite der Medaille – die Erfahrung des Liebens selbst. Diese Erfahrung hat, wie Diotima sagt, »ein anderes Wesen« – das durchaus einiges mit Weisheit zu tun habe.

**Zu philosophieren bedeutet,
auf eine liebende Weise zu suchen.**[449]

Die Philosophin Gillian Rose, die in Oxford, New York und Berlin Philosophie studierte und sich 1989 habilitierte, hat über dieses Thema eines meiner Lieblingsbücher geschrieben. Es erschien 1995, im Jahr ihres Todes – sie starb mit 48 Jahren an Krebs – und hat den Titel *Die Arbeit der Liebe*.[450] In diesem Buch zeigt sie nicht nur, dass Liebe Arbeit ist – die wie jede Arbeit Höhen und Tiefen hat –, sondern diese Arbeit zutiefst mit der Philosophie verbunden ist. Oft erwächst Philosophie aus einem Zustand der Trauer, häufig aber auch aus einer unbändigen Erfahrung des Lebens, einer Euphorie, die als Staunen am Anfang der Geschichte der Philosophie steht. Ein seltsamer, zuweilen komischer Zustand, so Gillian Rose. Wie auch die Liebe so häufig in einer unvermeidlichen Diskrepanz befangen ist, zwischen ehrenwerten Absichten und immer wieder überraschenden Folgen unseres Tuns. Der Weg, den das Philosophieren weist, ist »der ewig abhandene, aber wunderbar vorstellbare leichte Weg«.[451] Das Staunen, das Aristoteles und anderen zufolge die Ausgangs- und An-

445

fangserfahrung des Philosophierens, ja des denkens überhaupt sei, bedeutet überwältigt zu sein und doch zugleich auch zu wissen, dass man nicht begreift, nicht versteht, nicht weiß, was da geschieht. »Wer begreift, staunt nicht«, sagt der Philosoph Josef Piper.[452] Wer wirklich philosophiert, macht jedoch nicht halt, lässt sich nicht abschrecken, auch nicht durch die Gefahr, lächerlich zu erscheinen, sondern begibt sich sehr bewusst in Grenzbereiche, Unsicherheiten, in noch nicht Ausgelotetes, nicht Begriffenes. Nietzsche spricht in diesem Zusammenhang vom offenen Meer. Insofern lebt Philosophieren trotz möglicher Angst und Denkhemmungen vom unbeirrten Weiterdenken, Weiterfragen und Befragen dessen, was Anlass zum Staunen im Positiven wie Negativen gibt. Philosophieren steht dem tastenden Dichten an diesem Punkt oft näher als den exakten Naturwissenschaften. Weiter kommt das Δenken allerdings nur mit Hilfe des adaptiven Werkzeugkastens. Oder, in der klassischen Terminologie formuliert – durch den Gebrauch der Vernunft, der die Aufklärung der Vernunft über sich selbst und ihre Fehler und Untaten beinhaltet. Würde man die Tätigkeit des Philosophierens vernichten, würde eine »kritische, sich ihrer selbst bewußte Vernunft abgeschafft oder verdrängt«, schreibt Rose, »dann blieben uns keine Mittel mehr, den Unterschied zwischen Illusion und Wirklichkeit wahrzunehmen, die Verdrehung von Ideen im Prozeß ihrer Verwirklichung zu erkennen. Das würde jeden Lernprozeß verhindern – die Korrigibilität der Erfahrung.« Mit der Abschaffung der Philosophie, so sie möglich wäre, ist also nichts gewonnen. Man wird die drängenden, fundamentalen Fragen auf diese Weise nicht los. Im Gegenteil: Der Wunsch, die Philosophie abzuschaffen, resultiert aus einer Voreingenommenheit gegen die Philosophie, die »die Autorität der Vernunft [missversteht], die nicht Spiel eines abergläubischen Dogmas, sondern Wagnis ist. Die Vernunft, das kritische Kriterium, bleibt für immer ohne Grund.«[453] Ohne Grund bedeutet, wie Wittgenstein ausführte, dass am Grunde all unseres denkens, unsers Handelns, unserer Kriterien und unserer Urteile selbst ein Handeln liegt: der Umstand, dass wir bestimmte

Dinge so machen, wie wir sie machen – und nicht anders. Nach dem Grund des Grundes zu fragen ist sinnlos. Es gibt keine weitere Begründung, wie Wittgenstein ausgeführt hat. Jeder Zweifel, der sich nicht selbst ad absurdum führen würde, kommt irgendwann an ein Ende. Was aber bedeutet dann liebende Suche? Wonach?

So seltsam es klingen mag – nach dem, was direkt vor uns liegt. Denn das scheinen wir nicht zu verstehen. Gerade deshalb müssen wir sorgsam auf die Art unseres Umgangs mit der Welt achten. Und das bedeutet: Wir müssen gerade die alltäglichen Erfahrungen verstehen lernen. Die Antworten auf die Fragen, die uns bedrängen – Fragen wie die nach dem Sinn des Lebens, nach der Wahrheit, nach dem richtigen Handeln – liegen nicht in einem fernen Jenseits. Sie dort (wann und wo eigentlich?) finden zu wollen, wäre nicht nur wenig befriedigend, sondern eine Verdrängung dessen, was jetzt ist und sich jetzt als Problem aufdrängt. Das Geschäft der Philosophie begann einst auf den Marktplätzen. Dort befindet es sich in gewisser Weise immer noch und ist, trotz systematischem Unterlaufen des bereits erreichten Niveaus, heute in den Medien zu finden – und nicht nur in privaten Gelehrtenzirkeln, Salons oder an den Universitäten.

**Worum es beim Philosophieren geht,
ist die systematische Befragung
der alltäglichen Erfahrung.**

Der Gebrauch der Philosophie als Rhetorik, kluge Rede vor Gericht oder gutes Urteilsvermögen in politischen Fragen – all das zog auch Häme und berechtigte Kritik auf sich. Normalbürger sahen im Geistestraining der Philosophen häufig nur eine Befähigung zu belangloser Haarspalterei. Je mehr die verschiedenen philosophischen Schulen bereits in der Antike in Konkurrenz zueinander traten, desto mehr kam es auch darauf an, nicht nur im Spekulativen Schlagfertigkeit zu entwickeln, sondern handfeste Technik und pragmatisches Wissen zu verkaufen. Ein politischer Pragmatiker wie Kallikles warnt in Platos *Gorgias* den Sokrates vor allzu langer Befassung mit der Philosophie. Diese ist eine ganz artige, nette Sache, sagt er,»wenn jemand sie mäßig betreibt in der Jugend, wenn man aber länger als billig dabei verweilt, gereicht sie den Menschen zum Verderben«.[454] Leute, die zu viel Philosophie studiert haben, machen sich lächerlich, so Kallikles. Sie seien im Grunde unerfahren, nicht nur in politischen Dingen, sondern vor allem auch im Umgang mit Menschen. Und Geschäfte? Davon verstünden sie gar nichts. Insofern sei es für einen jungen Mann nicht unbedingt ein Fehler, zu philosophieren.»Wenn aber ein schon älterer noch philosophiert«, sagt er an Sokrates gerichtet,»so wird das ein lächerliches Ding … Wenn … ein Alter noch philosophiert, und nicht davon loskommen kann, solcher Mann, o Sokrates, dünkt mich, müßte Schläge bekommen.«[455] Deutlicher kann man es kaum ausdrücken. Kritik wie diese ist häufig in Platos Dialogen anzutreffen, und man darf annehmen, dass sie einen höchst realen Hintergrund hatte. Es war damals nicht anders als heute. Philosophie gilt nicht nur als brotlose Kunst – falls es überhaupt eine Kunst ist –, sondern auch als eine Beschäftigung, die zur Geschäftsuntauglichkeit führt, zum Rückzug, zur Unmännlichkeit, zur Unbrauchbarkeit für Militär und Staatsdienst. Berühmt ist die oben schon erwähnte Geschichte Platos von Thales im *Theaitetos*.[456] Weil er die Sterne beschaut und den Blick nach oben richtet, findet Thales den Weg zum Markt nicht und fällt dann noch in den Brunnen. Ein lebensuntauglicher Denker, über den nicht nur»die thrakische Magd lacht«, sondern auch»das übrige Volk«. Gerade diese idealtypische Episode ist wie kaum eine andere im kollektiven Gedächtnis geblieben, eignet sie sich doch, mit nur wenigen Strichen einen lebensuntauglichen Intellektuellen zu skizzieren. Jeder weiß sofort, wer oder was gemeint ist. Der Topos zieht sich durch die gesamte Literatur des Abendlandes, bis zu *Pnin*, dem traurigen (Anti-)Helden aus Nabokovs gleichnamigem Roman. Damals wie heute ist an dieser Kritik zweifelsohne etwas Richtiges. Und doch trifft sie nur die Peripherie, das Drumherum, die Fehlhaltungen und die schiefgegangene Sache des Philosophierens. Und warum sollte nicht auch in der Philosophie etwas schieflaufen, so wie in der Politik, im Geschäft, im Staat, in der Wissenschaft, in der Liebe? Plato versucht die Philosophie mit dem Hinweis auf das Wissen zu verteidigen, das nur ein Philosoph erwerben könne, erstklassige Kenntnisse zudem in Logik, Staatskunde und vor allem in der Unterscheidung von Sein und Schein. Im Anschluss an Platos Verteidigung der Philosophie gegen die Kritik der Bürgerschaft, gegen Geschäftsleute und Politiker und vor allem gegen jeden Erwachsenen mit gesundem Menschenverstand gab und gibt es Hunderte von Abhandlungen und Büchern, die die Philosophie nicht nur in Schutz nehmen, sondern sie offensiv zu verteidigen suchen, als seien Philosophie und denken, Philosophie und Bildung immer eins. Doch das ist nur das eine, abschreckende Gesicht der Philosophie. Es gibt noch (mindestens) ein weiteres.

Wenn Philosophie vor allem aus der liebenden Befragung des Lebens erwächst, aus den Fragen also, die sich aus dem alltäglichen Umgang mit anderen Menschen und der Welt ergeben –, dann hat dieses Befragen zuweilen auch Folgen, die man, mit einem Begriff der Moderne, Entfremdung nennen könnte. Durch Befragung zeigen die Dinge ein anders, unbekanntes, manchmal fremdes und erschreckendes Gesicht.[457] Sie verlieren ihre Vertrautheit. Philosophieren heißt, so Josef Pieper, »sich entfernen – nicht von den Dingen des Alltags, aber von den gängigen Deutungen, von den alltäglich geltenden Wertungen dieser Dinge. Und dies nicht auf Grund irgendeines Entschlusses, sich zu unterscheiden, ›anders‹ zu denken, als die Vielen; sondern auf Grund dessen, daß plötzlich ein neues Gesicht der Dinge zutage getreten ist.« In der Geschichte der Philosophie ist in diesem Zusammenhang von Angst, dem Riss oder Spalt, der Fratze des Lebens, vom Abgrund (des Seins), der Leere, dem Ekel und in vielen anderen Metaphern gesprochen worden. Sie alle sind Um-

schreibungen für das, was einem entgegentritt, wenn man die
»gängigen Deutungen«, den gesamten gewohnten, anerzogenen
und erworbenen Apparat der Interpretation, der uns zugleich das
Gefühl der Normalität liefert, hinter sich lässt. Dem Blick auf das
Alltägliche tritt dann das Unalltägliche entgegen – eine Erfahrung
des denkens, die zuweilen erschreckt, sich aber dennoch auf
nichts anderes als die Wirklichkeit bezieht und das Erstaunen, in
das sie zu versetzen vermag.

**philosophieren ist eine
Erfahrung.
Zuweilen eine Erfahrung,
die das Selbstverständliche
fremd werden
lässt.**

Diese Erfahrung des Fremd-Werdens der vertrauten Dinge und
Deutungen kann in einen großen Zweifel münden, der alles mit
sich zu reißen droht. Dieser Zweifel, den Descartes ein für alle
Mal beheben wollte, wurde zum Ausgangspunkt der Philosophie
der Moderne. Das Motiv der Verfremdung bleibt zunächst zwar
im Hintergrund, tritt aber in Wahrheit mit dem Zweifel auf die
Bühne des denkens, wo es ihn wie ein dunkler Schatten des denkens begleitet. Dieses Motiv taucht schon früh in den platonischen Dialogen auf. Hegel beschreibt es in seinen Vorlesungen
über die Geschichte der Philosophie anhand des Verfahrens des
Sokrates: die Hebammenkunst, die Sokrates von seiner Mutter
übernommen hat, eine Art von Geburtstechnik des denkens und,
gemessen an den Erfolgen der Dialoge, überaus produktiv. Doch
neben ihr verwendet Sokrates noch ein zweites Verfahren: Ironie.
Sokrates »hilft« denjenigen, die er trifft und mit denen er sich
unterhält, auch »andere«, ungewollte Erkenntnisse hervorzubringen, die entfremden und »normalen« Menschen die Tätigkeit des

Philosophierens suspekt macht. Der Schlüssel liegt in Sokrates' Art und Weise zu fragen – nämlich so zu fragen, »daß der Redende dadurch zu Zugebungen veranlaßt werden sollte, die das Gegenteil desjenigen enthielten, von dem sie ausgegangen waren. Es entstehen also Widersprüche, indem sie ihre Vorstellungen zusammenbringen. Das ist der Inhalt des größten Teils der Unterredungen des Sokrates. Sokrates hat also solche Gesichtspunkte entwickelt, die dem entgegengesetzt waren, was das Bewußtsein zunächst hatte; die nächste Wirkung davon war mithin die Verwirrung des Bewußtseins in sich, so daß es in Verlegenheit kam. Diese anzurichten, das ist Haupttendenz seiner Unterredung. Dadurch will er Einsicht, Beschämung, Bewußtsein erwecken, daß das, was wir für wahr halten, noch nicht das Wahre ist … Diese Verwirrung hat nun die Wirkung, zum Nachdenken zu führen; und dies ist der Zweck des Sokrates. Diese bloß negative Seite ist die Hauptsache. Es ist Verwirrung, mit der die Philosophie überhaupt anfangen muß und die sie für sich hervorbringt; man muß an allem zweifeln, man muß alle Voraussetzungen aufgeben, um es als durch den Begriff Erzeugtes wiederzuerhalten.«[458] Falls der Begriff, der am Ende die Frucht der Verwirrung und des Zweifels ist, tatsächlich hält. Zunächst ist die Vertreibung aus dem Paradies der Sicherheiten, der gewohnten Deutungen und des Selbstverständlichen ein harter »Fall ins Denken«, wie George Steiner formulierte.[459] Es ist keineswegs ausgemacht, ob wir den Fall rechtzeitig bremsen können, statt weiter zu fallen und in einen dunklen Strom zu geraten, der uns immer machtloser macht. Die sokratischen Szenarien des denkens und die vielen Zweifel, von denen die Geschichte der Philosophie übervoll ist, kann man auch als Versuche verstehen, der letzten Machtlosigkeit des denkens, dem Tod, durch geschickte Begriffsfindung, durch ein neues, zweites Paradies des richtigen, wahren Gedankens, zu entkommen. Doch manchmal verhüllt das denken den Abgrund mehr als es ihn erkennt. Es wirft den Mantel der Begriffe und der neuen Gewohnheiten darüber, statt zu enthüllen. Die wiedererlangte Selbstverständlichkeit im Umgang mit der Welt erscheint dann wie ein rettender Engel. In Wahrheit aber vergehen uns Hören und Sehen, wenn der Engel, wie Rilke dichtete, uns »plötzlich ans Herz nähme … Denn das Schöne ist nichts als des Schrecklichen Anfang, den wir noch grade ertragen, und wir bewundern es so, weil es gelassen verschmäht, uns zu zerstören«.[460]

Dies ist die zweite, verstörende Seite eines denkens, das vor nichts haltmacht und sich darauf konzentriert, erbarmungslos von seinen Werkzeugen Gebrauch zu machen. Josef Pieper spricht in diesem Zusammenhang vom »unbürgerlichen Charakter der Philosophie«, denn auch das positive Staunen und Erwachen ist, in seinen Augen, etwas Unbürgerliches in dem Sinne, dass es nicht einem unmittelbaren Lebenszweck dient und einer unmittelbaren Verwertbarkeit zugeführt werden kann; beides hilft enorm dabei, die Dinge und Geschehnisse des Alltags möglichst normal, harmlos und transparent erscheinen zu lassen.[461] Philosophie hingegen ist etwas anders. Sie ist »kein Funktionärs-Wissen, sondern, wie John Henry Newman gesagt hat, *gentleman*-Wissen; nicht ›nützliches‹ Wissen, sondern ›freies‹ Wissen«.[462] Diese Freiheit ist es auch, die der ursprüngliche Begriff der sieben *artes liberales* meint. Die freien Künste, von denen die Philosophie sich als die führende der freisten Künste verstand, unterscheidet sich von den *artes serviles* bzw. *vulgares*, den dienenden, oft körperlichen Tätigkeiten, die auf reinen Nutzen hingeordnet sind. Obwohl philosophieren Arbeiten ist, übersteigt diese spezielle Denktätigkeit in gewisser Weise die Arbeitswelt. Eine der damit verbundenen Fragen ist, inwieweit die Definition der technisch-industriellen Welt die Arbeitsdefinition der Philosophie im Raum der Universitäten nicht längst bestimmt.

In diesem Zusammenhang lohnt es, noch einmal auf T. S. Eliots Gefühl der Inferioriät zurückzukommen, das viele Philosophen nicht nur im universitären Kontext plagt. Dieses Gefühl kann, wenn überhaupt, nur besänftigt werden, indem Philosophen sich systematisch mit möglichst vielem vertraut machen, insbesondere mit den Naturwissenschaften, Kunst, Gesellschaft und Religion. Aber wie sollte das möglich sein in einer Zeit, in der das Wissen uneinholbar wird, weil es selbst auf eng umrissenen Fachgebieten exponentiell zunimmt? Jedes Wissen bringt uns zugleich näher an Unwissen heran, schrieb Eliot; und Unwissenheit näher an den Tod.»Wo ist die Weisheit, die wir im Wissen verloren haben? Wo ist das Wissen, das wir in der Information verloren haben?«[463] Doch sosehr heute die Generalisten vergangener Jahrhunderte fehlen mögen und so notwendig es bis in die völlig verschulten Studiengänge hinein wäre, den Trott zu durchbrechen und den Tunnelblick zu weiten, indem man beispielsweise den Überblick durch ein Studium fundamentale wenigstens in Ansätzen schult: Erreichen wird man den Überblick der Generalisten vergangener Jahrhunderte, die noch in der Lage waren, alles Wissen zu überschauen, niemals mehr. Das ist allerdings kein Grund zur Resignation (vielleicht gelegentlich), sondern auch eine Chance. Denn der übertriebene Respekt vor dem vielen Wissen der Einzelwissenschaften kann nur abgebaut werden, indem man sich das Recht herausnimmt, sich auch als Laie mit dem zu beschäftigen, was sie tun. Detailversessen und genau, zuweilen – manchmal aber auch, indem man einen Schritt zurücktritt und fragt, was da gerade eigentlich geschieht. In beidem liegt kritisches Potential. Bei näherem Hinsehen wird der Respekt vor etwas oftmals deutlich kleiner. Mit einem Mal ist man nicht mehr vor der Leinwand, sondern auf dem leeren Set, in das später Bauten und Raumschiffe hineinprogrammiert werden. So beobachtet man die Tricks des akademischen Films. Man sieht in der Maske der Entstehung einer Kinoschönheit durch das Schminken zu. Auch Wissenschaftler kochen, bei aller Großartigkeit ihrer Erkenntnisse, mit dem normalen Wasser des denkens, das wir alle trinken, in dem wir ein Bad nehmen oder unser schmutziges Geschirr waschen. Worauf Eliot zu Recht hinwies – und dabei ist er nur stellvertretend einer von vielen – ist, dass das Philosophiestudium einen Schritt in Richtung Überblick darstellt. Jenseits aller universitären Rangeleien – die oft nichts anderes als krampfige Kämpfe um intellektuelle Anerkennung, Geld, Studenten und Prestige sind – stellt philosophieren einen Versuch dar, sich systematisch einen größeren Überblick zu verschaffen in der Hoffnung, dadurch besser zu verstehen, in welcher Zeit und wie wir leben. Auch wenn wir niemals mehr die großen Generalisten von damals werden. Aber es stellen sich eben Fragen wie diese: Was macht uns aus? Wie und aus was sind die Muster unserer Zeit gewebt? Aus welchen Stoffen, Themen, Erkenntnissen, Bedürfnissen und Sehnsüchten? Was sind die politischen, sozialen, ökonomischen oder ökologischen Fäden, die gesponnen werden? Gibt es einen Gott? Wenn nicht – macht das einen Unterschied für mein Handeln? Gibt es in all dem einen Sinn – und lässt er sich formulieren?

Ludwig Wittgenstein vertrat die Ansicht, dass die Philosophie wissenschaftliche Forschung weder bestätigen noch widerlegen kann.[464] Sie macht keine Experimente. Sie klärt, kritisiert, benutzt Sprache. Eine ihrer Methoden, dies zu tun, neben der Anwendung von Logik, ist der Vergleich der Verwendungen von Wörtern, Begriffen und Sätzen. Der Philosoph trägt Sätze wie Erinnerungen oder Daten zu einem bestimmten Zweck zusammen – dem Zweck, sich eine Übersicht zu verschaffen.[465] Die Erklärung im Sinne der Bildung einer wissenschaftlichen Hypothese ist nur *eine* Art, Erfahrungen oder Daten zusammenzufassen, um sich ein Bild ihrer (zeitlichen) Entwicklung zu machen.[466] Ein anderes Verfahren – und dies ist für Wittgenstein in erster Linie das Verfahren des philosophierens – besteht im Vergleich der Daten und Erkenntnisse. Dies geschieht, indem man sie in einer *übersichtlichen Darstellung* gruppiert. »Der Begriff der übersichtlichen Darstellung ist für uns von grundlegender Bedeutung«, schreibt Wittgenstein. »Er bezeichnet unsere Darstellungsform, die Art wie wir die Dinge sehen. Diese übersichtliche Darstellung vermittelt das Verständnis, welches eben darin besteht, daß wir die ›Zusammenhänge‹ sehen. Daher die Wichtigkeit des Findens von *Zwischengliedern*. Ein hypothetisches Zwischenglied soll in diesem Falle nichts tun, als die Aufmerksamkeit auf die Ähnlichkeiten, den Zusammenhang, die *Tatsa-*

chen lenken. Wie man eine interne Beziehung der Kreisform zur Ellipse dadurch illustriert, daß man eine Ellipse allmählich in einen Kreis überführt; *aber nicht um zu behaupten, daß eine gewiße Ellipse tatsächlich, historisch, aus einem Kreis entstanden wäre* (Entwicklungshypothese), sondern nur um unser Auge für einen formalen Zusammenhang zu schärfen.« Ich bin Wittgensteins Rat häufig gefolgt und habe beobachtet, wie Vorlesungen über Kunst und Literatur beispielsweise in erster Linie davon leben, ein Bild mit einem anderen, eine Metapher, einen Plot mit einem anderen zu vergleichen. Im Vergleich werden Ähnlichkeiten und Unterschiede sichtbar. Man verändert die Perspektiven, indem man sich in das eine, dann in das andere hineindenkt, -fühlt oder -sieht. Und mit einem Mal wird ein Zusammenhang, eine Art drittes Bild sichtbar, das weder das eine noch das andere, sondern etwas Neues ist, das es dann, im weiteren Gang des denkens, anderen Vergleichen auszusetzen gilt. Mir hat Wittgensteins Rat häufig geholfen, und ich vermute, dass er recht hat – dass die Form der übersichtlichen Darstellung, die sich ebenso aus Zusammentragen wie aus Vergleichen ergibt, eine der zentralen Methoden philosophischen denkens (vielleicht allen denkens) ist. Es lag nahe, Wittgensteins Methode anzuwenden, um die Frage nach dem, was philosophieren ist und warum wir diese Tätigkeit möglicherweise auf eine sehr grundlegende Weise brauchen, zu beantworten.

2. Das Apfelmännchen des Geistes und die Sprachspiele des »philosophierens«

Ich weiß nicht, ob es eine Doktorarbeit gibt, die die Anfänge von philosophischen Büchern vergleicht und daraus Schlüsse zieht. Meine Privattheorie über Anfänge von Büchern – ebenso wie über Vorspänne von Spielfilmen – ist, dass sie in nuce alles sagen. Ich weiß in der Regel nach fünf Sekunden in einem Film – und dieser Eindruck wird nicht nur durch Bilder, sondern vor allem durch die Musik und die Geräusche erzeugt –, ob ich einen Film mag oder nicht. Denken Sie an den Anfang – ich meine nicht die erste Szene, sondern lediglich den Vorspann – von Matrix und was mit dem üblichen Warner-Logo passiert. Hier ist alles im Kern bereits angedeutet. Ähnlich verhält es sich mit Anfängen von Romanen. Ich hatte einmal die Gelegenheit, mich darüber länger mit Marcel Reich-Ranicki zu unterhalten, wie er Bücher zur Lektüre auswählt (abgesehen von den Klassikern). Wie erkennt man schnell, ob etwas gut ist? Erkennt man es überhaupt? Marcel Reich-Ranicki antwortete damals wörtlich in seinem unnachahmlichen Ton: »Wissen Sie: Es gibt in der Regel zunächst die einfachste Möglichkeit. Man liest aus einem Buch 10–20 Zeilen, manchmal 40, und das genügt. Es genügt nicht, um zu sagen, dies sei ein gutes Buch, keineswegs, aber oft genügt es um zu sagen: ›Dies Buch kommt nicht in Betracht, weil es sprachlich so kümmerlich, so schlecht ist.‹ Wenn ein Buch gut geschrieben ist, wenn diese erste Stichprobe von 20–40 Zeilen gut ausfällt, ist noch gar nicht gesagt, dass das Buch was taugt, aber man muss sich dann die Mühe machen und das Buch eben lesen. Aber bei der Lektüre ist es so: Ich habe immer das Prinzip gehabt, wenn 10 % des Buches mich nicht recht interessiert haben, also ein 300-Seiten-Roman, und ich habe 30 Seiten gelesen, nein, wenn das noch immer nicht mich zu interessieren imstande war, dann habe ich resigniert, kein Wort darüber geschrieben, Schluss. Sehr persönlich muss ich das so sagen: Wenn es mich interessiert – oder noch bescheidener ausgedrückt: Wenn es mich nicht langweilt –, dann ist es gut. Wenn ein Buch mich nicht langweilt, finde ich immer Argumente, um es zu verteidigen, um es zu loben und zu rühmen. Ein Buch ist gut, wenn es ungefähr die Aufgabe erfüllt, die der Autor sich gestellt hat. Man muss ja ein Buch aus sich heraus interpretieren. Jedes Buch, über das man schreibt.« Wir haben uns damals nicht darüber unterhalten, inwieweit diese Regel auch auf Werke der Philosophie übertragbar sein könnte. Gibt es die Doktorarbeit, das Buch, das diese Frage beantwortet? Auch in *How to read a Novel* fand ich keine Antwort.[467]

Was also ist philosophieren? Gibt es einen Weg, eine direkte Antwort auf diese Frage zu finden? Die meisten Bücher beschreiten den klassischen Weg und zeichnen den Lauf der Geschichte der Philosophie(n) nach. Eine derartige Geschichte stellt einen jeweils nur aus einem bestimmten Blickwinkel erscheinenden Mittelwert aller Geschichten dar. Eine wahre Summe all dieser Geschichten müsste auch ihre ungeschriebenen Dimensionen, all die verlorenen Gedanken und Einsichten, all die Gespräche oder verlorengegangenen Briefe berücksichtigen, ebenso aber auch Taten und andere Handlungen, die zum Weg der Philosophie gehören. *Eine* Geschichte, *eine* Chronik – das wäre die Abbildung eines ungeheuer verzweigten Musters im Medium der Sprache, ein Muster, das sich aus allen historischen Bewegungen des denkens ergibt, die zur Entwicklung des Bewusstseins beigetragen haben. Immanuel Kant gehört zu den Philosophen, die vor diesem Zugang warnten. Solches Vorgehen, das notwendig Verkürzungen in Kauf nimmt, führe zur geschichtlichen Etikettierung und habe zu allen Zeiten viele Verdrehungen zur Folge gehabt.[468] Anders Hegel, für den die Geschichte des philosophierens eine Geschichte der weiterwirkenden »Taten des Denkens« ist. Warum sollte man diese Taten nicht beschreiben und aufzeichnen können? Zumal die Geschichte nur scheinbar eine bloße »Sache der Vergangenheit und … jenseits *unserer Wirklichkeit*« ist, denn die »Taten« prägen uns bis heute. Wir sind, gerade auch in unserem denken, alles, was wir jeweils sind, immer erst *geworden*. Unser denken muss, um wirklich verstanden zu werden, geschichtlich gedacht werden – wobei Hegel offenlässt, ob dies im Sinne einer Rekonstruktion der *Historie* auf dem Stand der neuesten Forschung geschehen sollte oder im Sinne einer *Begriffs*geschichte. Beide Ansätze sind nach Hegel weiter verfolgt und präzisiert worden. Doch wie immer man es angeht – im Sinne einer Rekonstruktion der geschichtlichen Entwicklung oder der Begriffe und Themen: Bei jedem unserer Versuche, die Gegenwart und unser denken zu verstehen, ist bereits ein älteres, uns vorausgehendes und nicht von uns stammendes Erbe präsent. Erkenntnis ist ein »*Resultat* der Arbeit … aller vorhergegangenen Generationen des Menschengeschlechts«. Es lohnt sich, dieser Arbeit nachzugehen und sie gelegentlich zu reaktivieren. »So gut als die Künste des äußerlichen Lebens, die Masse von Mitteln und Geschicklichkeiten, die Einrichtungen und Gewohnheiten des geselligen und des politischen Zusammenseins ein Resultat von dem Nachdenken, der Erfindung, den Bedürfnissen, der Not und dem Unglück, dem Wollen und Vollbringen der unserer Gegenwart vorhergegangenen Geschichte sind, so ist das, was wir in der Wissenschaft und näher in der Philosophie sind, gleichfalls *der Tradition* zu verdanken … Diese Tradition ist aber nicht nur eine Haushälterin, die nur Empfangenes treu verwahrt und es so den Nachkommen unverändert überliefert. Sie ist nicht ein unbewegtes Steinbild, sondern lebendig und schwillt als ein mächtiger Strom, der sich vergrößert, je weiter er von seinem Ursprunge aus vorgedrungen ist.« Auch die aktuelle Produktion des Geistes, wenn man das so formulieren kann, hat eine bereits bestehende, in unterschiedlichen Medien aufgehobene geistige Welt zur Voraussetzung, die wir uns aneignen, umbilden und weiterführen. »Unsere Philosophie [ist] wesentlich nur im Zusammenhange mit vorhergehender zur Existenz gekommen und daraus mit Notwendigkeit hervorgegangen; und der Verlauf der Geschichte ist es, welcher uns nicht das *Werden fremder* Dinge, sondern dies *unser Werden, das Werden unserer Wissenschaft* darstellt.«[469]

Hegel glaubte, in der Rekonstruktion dieses Werdens einen einzigen roten Faden, eine einzige große Erzählung finden zu können – die Geschichte des Geistes, die zugleich die Geschichte der Philosophie ist. 1830 behauptete Hegel in seiner *Enzyklopädie der philosophischen Wissenschaften*, dass die Geschichte der Philosophie»an den verschieden erscheinenden Philosophien teils nur Eine Philosophie auf verschiedenen Ausbildungs-Stufen« aufzeige. Mehr noch: Die verschiedenen Prinzipien, die die einzelnen Philosophen und ihre Philosophien so unterschiedlich zu machen scheinen, sind nur Teile eines Systems und »*Zweige* eines und desselben Ganzen. Die der Zeit nach letzte Philosophie ist das Resultat aller vorhergehenden Philosophien und muß daher die Prinzipien aller entfalten … Dieselbe Entwicklung des Denkens, welche in der Geschichte der Philosophie dargestellt wird, wird in der Philosophie selbst dargestellt, aber befreit von jener geschichtlichen Äußerlichkeit, *rein im Elemente des Denkens* … Jeder der Teile der Philosophie ist ein philosophisches Ganzes, ein sich in sich selbst schließender Kreis.«[470] Dieser Kreis, das denken, das zu sich selbst kommt, ist das Absolute Denken – der»Weltgeist«, der in den Bewegungen des Bewusstseins zu sich selbst kommt. Hegel entwarf damit eine wahrhaft große Erzählung und einen Bildungsroman, dessen Held keine einzelne Person, sondern»die« Vernunft selbst ist, die mit ihrer Entfaltung Kapitel für Kapitel die Flügel erhebt und dem großen Ziel, der Sonne der Selbsterkenntnis und der Erkenntnis des Absoluten näher zu kommen. Eine der großen Fragen, die von den sogenannten postmodernen Philosophen aufgeworfen wurden, ist die, ob es»die« Vernunft eigentlich gebe und man nicht in Wahrheit von vielen ›Vernünften‹ sprechen müsste. Vor allem aber äußerte die Postmoderne berechtigte Zweifel an der Idee, dass man diese große Erzählung heute noch fortschreiben könnte. Hatte Hegel nicht selbst angedeutet, dass sie an ein Ende gekommen sei? Die sogenannte Postmoderne war die Entdeckung und radikale Enthüllung der unaufhebbaren Pluralität, der Vielstimmigkeit der Welt und des denkens. Damit enden die großen Erzählungen. Was aber geht dann weiter? Denn fest steht, dass auch die Geschichte des denkens, wie die richtige Geschichte auch, keineswegs auf der Stelle tritt, auch wenn es erkennbar Wiederholungen gibt. Aber dass alles, wie Nietzsche formulierte, eine ewige Wiederholung und Wiederkunft des Gleichen wäre, weil, wie Zarathustra sagt, die ewige Sanduhr des Daseins immer wieder umgedreht wird?

Ich muss gestehen, dass Hegels *Enzyklopädie* für mich nicht nur einen grandiosen, immer wieder lesenswerten Versuch darstellt, alle Inhalte, Formen und Prozesse des denkens zu beschreiben. Hegel scheint in seinem Buch – ohne es je so formuliert zu haben – eine Art begrifflicher Theorie fraktaler Muster entwickelt zu haben. Je weiter man in einen bestimmten Detail-Ausschnitt des gesamten denkens der Weltgeschichte eintaucht – gleich an welcher Stelle, in welcher Kultur oder Epoche –, wird man auf alle anderen Muster stoßen und sie früher oder später entdecken. Das Apfelmännchen des absoluten Geistes kommt, früher oder später, immer wieder in allem denken zum Vorschein.[471]

Es wird Sie nicht wundern, dass diese Denkfigur, diese Struktur einem anderen, einfacheren und Ihnen bekannten (lebenden!) Muster ähnelt: Dem Nautilus.

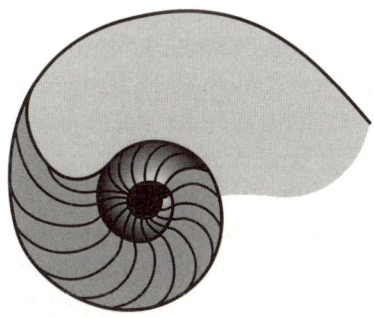

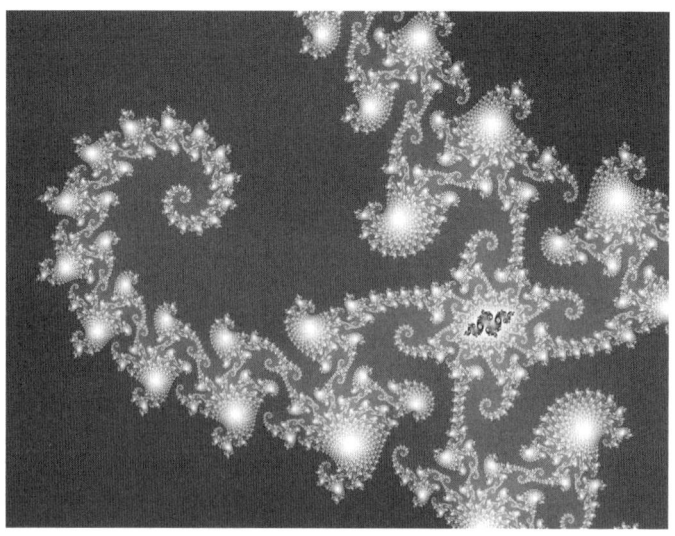

Abb. 7: Die Struktur des Apfelmännchens

Unabhängig davon, ob Hegel ohne die mathematischen Einsichten von Gaston Maurice Julia, Pierre Fatou, Wacław Sierpiński und vielen anderen den Begriff des Fraktals überhaupt denken konnte, den der Mathematiker Benoît Mandelbrot (* 20. November 1924 in Warschau; † 14. Oktober 2010 in Cambridge, Massachusetts) erst Ende der 1970er Jahre des letzten Jahrhunderts einführte: Die Struktur kannte er.[472] Wolken, Küstenlinien, Sternhaufen, Lungenbläschen, Blätter und Verästelungen von Pflanzen, Muster auf den Fellen von Tieren, Flüsse und Flussmündungen, Muster in Steinen, Dünen, Wellen – all das ist über Jahrhunderte gesehen, zuweilen beschrieben, aber noch nicht in seiner tieferen Struktur begriffen worden. Ist es erlaubt, die Idee der fraktalen Struktur des denkens an Hegel anzulegen – eine Idee, die in ihren Grundgedanken der Selbstähnlichkeit, der Wiederholung und der Unabhängigkeit von allen Skalen und Messbereichen vermutlich viel älter ist, aber erst in der Neuzeit mathematisch präzise beschrieben werden konnte? Mir erleichtert sie in jedem Fall die Arbeit. Man kann viel über die fraktalen Muster und rekursiven

Strukturen von Denkprozessen spekulieren, nicht zuletzt auch mit Blick auf komplexe Muster der Selbstorganisation, die bei vielen Prozessen im Gehirn entstehen; hin und wieder ist das auch getan worden. Was bleibt, ist zumindest die Idee, dass Philosophie nach Hegel ganz allgemein die »*denkende Betrachtung* der Gegenstände« ist – eine Betrachtung, in der das denken sich auf Schritt und Tritt seine Wege kreuzt und sich notwendig selber begegnet, weil es sich beim Gebrauch seiner Denkwerkzeuge kritisch selbst beobachten muss. Denkend betrachtet das denken nicht nur Gegenstände und die Welt, sondern sich selbst, d. h. die Art und Weise, wie es sich auf die Gegenstände, auf sich selbst, auf Sprache, Logik und vieles andere bezieht. Zu denken heißt in diesem Sinne auch – sich zu beobachten und rekursiv zu sein: ein Grundgedanke, den Hegel mit der Systemtheorie teilt. Dieses Sich-selbst-Beobachten, das zu einer Strukturierung des denkens führt, ist eine essentielle *Erfahrung*. Denn der (Selbst-)Bezug des denkens – Hegel ist mit diesem Gedanken äußerst modern – erscheint »zunächst nicht *in Form des Gedankens* …, sondern als Gefühl, Anschauung, Vorstellungen, – *Formen*, die von *dem* Denken *als Form* zu unterscheiden sind«.[473] Mögen die Formen auch vom Prozess des denkens unterschieden werden müssen: In einem sind sie sich notwendigerweise ähnlich – sie alle sind Formen der *Erfahrung des denkens*.

Von diesen Erfahrungen kann man jedoch verschieden sprechen. Jede Philosophiegeschichte stellt in gewisser Weise eine Art Roman vor, der die Entwicklung dieser Erfahrung von der Phase nach der Geburt über die Pubertät des denkens bis in seine letzten, manchmal tödlichen Verzweigungen hinein darstellt. Nun gibt es, wie bereits zu Anfang des Buches erwähnt, eine Fülle hervorragender, spannender und brillant geschriebener Geschichten der Philosophie – einfachere und schwerer zu lesende. Je näher man den Originaltexten kommt, desto komplexer und somit schwerer darstellbar wird eine solche Geschichte verständlicherweise. Aber auch unabhängig vom Komplexitätsgrad der Darstellungen werden Sie, wenn Sie eine solche Geschichte durcharbeiten, nach wie vor auf eine Fülle von widersprüchlichen Antworten auf die Frage stoßen, was philosophieren ist und worin genau diese Tätigkeit besteht. Würde es daher nicht vielleicht genügen, sich mit den Anfängen der Bücher zu befassen, die das philosophieren selbst zum Thema haben, um diese Tätigkeit zu verstehen und die *Erfahrung* des denkens in den Blick zu bekommen? Ich glaube, dass es tatsächlich keiner vollständigen Liste aller Definitionen von »Philosophie« bedarf (falls es eine solche Liste überhaupt abschließend geben kann), um zu verstehen, worum es geht und warum philosophieren etwas ist, das notwendig zu uns gehört. Es reichen – wie beim Apfelmännchen und den fraktalen Strukturen – einige wenige Muster, um zumindest aus einer gewissen Entfernung auf die gesamte Struktur zu schauen, in der Sie dann, bei näherer Analyse, immer wieder selbstähnliche Muster finden werden. Dass Ihnen diese Ähnlichkeiten begegnen werden, wenn Sie sich mit der Frage nach der Tätigkeit des philosophierens befassen, hängt damit zusammen, dass diese Tätigkeit immer wieder auf Erfahrungen und der Anwendung von Denkwerkzeugen beruht, die Sie kennen und bereits selbst verwenden. Im Grunde ist der Zusammenhang ebenso einfach wie einleuchtend. Ob Sie Philosophie-Profis sind oder nicht – Sie alle haben in Ihrem Leben bereits philosophiert. Sie alle haben sich, aus gegebenem Anlass, mit Fragen wie den folgenden befasst (und die folgende Liste ist wirklich nur ein kleiner, eher willkürlich zusammengestellter und ausschnitthafter Katalog).

Gibt es einen Sinn? Wenn ja – kann ich ihn erkennen? Wie wäre das möglich? Wenn es keinen Sinn gibt – ändert das etwas an meinem Leben? Was? Kann man diese Veränderung rückgängig machen, wenn man es wollte? Wie?

Können wir die Welt, wie sie ist, erkennen? Wie ist das möglich? Wie nahe kommen wir mit unserem denken, mit unserer Sprache, mit unseren Gefühlen den ganzen Methoden und Apparaten der Wissenschaft an die Wirklichkeit heran? Welche Rolle spielen dabei Sprache und denken?

Kann alles erkannt werden? Wenn nicht – woran liegt das? Könnte es sich ändern? Und was bedeutet es, dass wir nicht alles erkennen können? Wie groß ist »nicht alles«? Ist unser Unwissen in Wahrheit größer als unser Wissen? Könnte es sein, dass wir das, was wir sehen, nicht sehen wollen? Sehen wir es dann?

Wenn erst die Liebe das Leben lebenswert macht: Können wir dann sagen, was sie ist? Können wir Liebe finden wollen? Oder fällt sie, immer wieder einfach nur hin, wohin sie will (und manchmal gar nicht)?

Gibt es überall geltende Normen, die sich in jeder Kultur, jeder Religion, jeder Weltanschauung durchsetzen ließen? Wenn ja – mit welchen Mitteln? Wie lauten die Argumente für derartige universale Welt-(UN-)Normen? Hilft es dabei, wenn man argumentiert – oder zählt am Ende nur die Macht, die als geltend anerkannten Normen mit Gewalt oder Geld durchzusetzen? Wie weit reichen Argumente überhaupt? Wenn man die Grenzen von Argumenten betrachtet, aber beispielsweise einer Norm wie »Du sollst die rechtliche Gleichheit aller Menschen achten« oder »Du sollst nicht töten« dadurch Geltung verschafft, dass man sie mit Gewalt durchsetzt: Widerspricht man sich dann nicht? Ist also die Konsequenz, dass eine solche Norm zwar überall gelten mag, aber auch überall mit den Füßen getreten werden kann? Ist man also, wenn man von der Universalität der Menschenrechte überzeugt ist, zur Ohnmacht verdammt? Oder können demokratische Prozesse am Ende doch eine bessere Welt erreichen? Wie werden diese Prozesse am besten erreicht?

Gibt es ein, ein einziges, Fundament aller Moral?

Ist die Welt vernünftig? Und wenn nicht – was ist sie dann?

Wenn wir die einen Tiere verhätscheln, die anderen aber essen – gibt es in unserem Verhalten dann irgendein System, irgendeine Rationalität? Müssen wir Tieren, die im selben Prozess der Entwicklung mit uns entstanden sind, nicht auch Rechte zugestehen? Wenn wir nicht menschlich mit Tieren umzugehen brauchen – müssen wir dann angemessen mit ihnen umgehen? Was bedeutet das?

Angenommen, wir könnten uns in eine Fledermaus hineinversetzen. Wie sähe die Welt aus? Und wie sähen wir, von der Fledermaus aus betrachtet, aus? Sind wir für Gott, falls es ihn gibt, eine solche Art von Fledermaus?

Was ist der Mensch? Was macht ihn aus? Sind alle Menschen tatsächlich gleich? Ist Hitler, Stalin mir gleich? Worin unterscheiden wir uns – abgesehen von zufälligen Geschehnissen, etwa wer von wem in welche Zeit hineingeboren wurde? Ist der Mensch eher gut? Oder böse? Warum eigentlich? Wie kann man erreichen, dass das Gute im Menschen überwiegt? Gibt es eine ideale Erziehung? Wie lauten deren Prinzipien?

Gibt es einen Gott? Wenn ja – macht es einen Unterschied für mich? Wenn nein – habe ich dann Probleme zu leben, zu lieben, moralisch zu handeln, zu sterben? Und angenommen, es gibt keinen Gott: Wie ist das alles dann entstanden? Ist es nicht ebensolcher Unsinn von einem unbewegten Beweger, einer ersten Ursache, Gott oder einer kosmischen Schildkröte zu sprechen wie vom Urknall oder einer Quantenvakuumfluktuation? Warum ist das eine wirklich besser als das andere? Erklärt es etwas? Wenn ja – kannst du es sagen?

Dient all unser Wissen am Ende nur dazu, dem Glauben Platz machen? Aber was ist Glaube dann? Gibt es etwas, worauf wir wirklich vertrauen können? Immer?

466

Was kommt nach dem Tod?

Was kommt im Leben?

Kann man Hoffnungen begründen? Gibt es immer Hoffnung? Kann man auf bestimmte Dinge hoffen dürfen, auf andere nicht?

Was ist eigentlich Wahrheit? Und da wir gerade dabei sind – was ist Schönheit? Was ist das Gute? Und wie hängt all das zusammen? Wenn es zusammenhängt – können wir herausbekommen wie? Können wir Grenzen unseres Erkennens sehen, sie verstehen? Kommen wir über sie hinaus, indem wir sie immer weiter ausweiten? Wie weit geht dieser Prozess? Wann ist Schluss?

Ist Wahrheit etwas, das für immer und alle Zeiten gilt? Wenn nicht – wissen wir, wie lange Wahrheit jeweils gilt? Woran machen wir das fest? Gilt die Wahrheit bestimmter Sätze immer – die Wahrheit anderer aber nur relativ? Wenn es wahr ist, dass Raupen und Heuschrecken gut schmecken – gilt das dann auch für mich? Warum nicht?

Können wir Menschen uns eigentlich verstehen? Wissen wir, was der andere denkt, fühlt, wenn er oder sie Schmerzen hat, rot sieht, sich die Finger verbrennt oder sagt: »Ich liebe dich«? Muss Liebe etwas Ewiges sein? Was bedeutet das? Gibt es die eine, wirkliche Form der Liebe – oder verschiedene? Und wenn sie verschieden sind – kann man sie verstehen? Was hat Sexualität mit Liebe zu tun? Wenn Liebe Grenzen kennt – wie ist es mit Sexualität? Gibt es, angenommen niemand wird gegen seinen Willen verletzt, sexuelle Tabus? Kannst du sagen, warum?

All diese Fragen gehören zur Erfahrung des denkens – und zum philosophieren. Sie haben über diese Fragen vielleicht nicht lange, nicht systematisch nachgedacht. Aber es ist auch nicht so, dass Ihnen diese Fragen völlig fremd wären. Im Gegenteil. Sie kommen Ihnen zuweilen näher, als Ihnen lieb sein mag. Wenn ich behaupte, dass Sie längst wissen, was philosophieren ist, weil Sie es immer schon getan haben – nicht dauernd, vielleicht nicht systematisch, aber eben immer wieder? Ich meine damit keineswegs die naheliegende Tatsache, dass Sie dieses Buch in der Hand halten und sich offensichtlich mit dem Thema »philosophieren« beschäftigen oder zumindest beschäftigen wollten. Es geht um etwas viel Allgemeineres, das auch mit Lesen und im Grunde mit Bildung wenig zu tun haben muss.

**Es geht darum, zu Hause
sein zu wollen und
uns selbst zu verstehen.**

Dabei geraten wir zwingend ins philosophieren, auch wenn wir es häufig vielleicht nicht einmal zur Kenntnis nehmen. Wir bemerken zunächst keinen Unterschied in dem, was wir alltäglich und andauernd tun, wenn wir empfinden, hören, sehen, erfahren, uns unterhalten und dabei ständig in Gedanken sind bzw. uns Gedanken machen. Irgendwann ereignet sich ein Übergang, der uns häufig erst dann bewusst wird, wenn wir bereits auf eine bestimmte Art und Weise ins denken geraten sind – Hegel würde sagen: bestimmte Formen des denkens verwenden –, die etwas Grundsätzliches, das Ganze Betreffendes an sich haben. Wenn Sie kein professioneller Philosoph sind oder von Berufs wegen zur Philosophie neigen (vielleicht als Lehrer, Richter, Germanist, Krankenpfleger, Polizist, Arzt, Busfahrer), dann ist diese Form, grundsätzliche Fragen zu stellen und zu denken, meist besonderen (und oft wenig erfreulichen) Umständen geschuldet.

philosophieren hat häufig, aber nicht immer, einen besonderen Anlass.

Sie sitzen im Auto, sehen, dass sich auf der gegenüberliegenden Fahrbahn ein schwerer Unfall ereignet hat – und denken mit einem Mal ans Sterben; an Ihr eigenes Sterben und das von Menschen, die Sie kennen und lieben. Ihnen wird die unglaubliche Beleidigung bewusst, die darin besteht, dass Sie, ohne etwas dagegen tun zu können, irgendwann nicht mehr sein werden, während selbst die dämliche Landstraße, auf der Sie fahren, mit ziemlicher Sicherheit noch existieren wird. Ist das gerecht? Aber Gerechtigkeit scheint in diesem Fall keine Rolle zu spielen. Warum müssen wir sterben? Und wenn es schon so unvermeidlich ist: Wie können, wie sollten wir, Sie, ich, damit umgehen? Ein Freund oder eine Freundin ist tödlich erkrankt; die Arbeit ist Ihnen genommen worden oder durch Veränderungen am Arbeitsplatz derart langweilig, leer, sinnlos, dass Sie sich die Frage nach einem anderen Leben, einem Sinn von all dem stellen – denn es ist Ihre Zeit, die Sie dort Tag für Tag »totschlagen« müssen. Arbeit ist zweifelsohne eine der besten Voraussetzungen dafür, Sinn im Leben zu finden. Aber mal ehrlich: Ist Arbeit alles? Ihr Job mag viel retten, Ihnen vieles ermöglichen. Aber ist Ihr Job Ihr Leben? Wenn Sie im Leben ein Unglück sehen, weil Ihnen immer wieder ein Unglück zustößt: Wie geht man damit um? Gibt es jemanden, der Schuld trägt? Könnte man das wirklich erkennen – oder bilden wir uns so etwas am Ende nicht einfach ein? Kann man Schuld wiedergutmachen? Immer? Und dann kommen Sie nach Hause, und Ihr Kind fragt Sie zum wiederholten Mal, warum Sie den Hasen, Ihren Hund, die Katze nicht essen, wohl aber Schweine, Kühe, Schafe und Hühner? Und wo die, die gestorben sind, die Menschen und die Tiere, eigentlich bleiben? Wohnen sie noch irgendwo? Wie? Ich halte es für

wenig wahrscheinlich, dass Sie sich angesichts solcher Fragen –
und erst recht aufgrund tragischer Geschehnisse, die Ihnen wi-
derfahren sind – zu Hause wirklich noch zu Hause fühlen.

Philosophie, schrieb Martin Heidegger, »ist ein Heimweh, ein
Trieb, überall zu Hause zu sein, ein Verlangen, nicht blind und
richtungslos, sondern das in uns aufwacht zu solchen Fragen
und ihrer Einheit ... Jede dieser Fragen fragt in das Ganze ...
Philosophie läßt sich nicht auf Umwegen und als etwas anderes
denn sie selbst fassen und bestimmen. Sie verlangt, daß wir nicht
von ihr *weg*sehen, sondern sie aus ihr selbst gewinnen ... Sie
selbst *ist* nur, wenn wir philosophieren.«[474]

Philosophie *ist* philosophieren.

Zu philosophieren ist bereits notwendiger (wenn auch nicht immer aktivierter) Teil unserer Erfahrung. Es gehört zu unserem
denken, das wir, ob wir wollen oder nicht, nicht lassen können.
Aber wir können es präzisieren, verbessern, daran arbeiten. Lässt
sich sagen, warum wir philosophieren müssen? Im Grunde wissen Sie es bereits. Es geht nicht darum, ob Sie es tun wollen oder
nicht. Sie werden es ohnehin tun, immer wieder. Die Frage ist,
ob man dieses Fragen kultivieren kann – und ob man es sollte.
Ob man dem philosophieren eine Chance gibt und das Experiment eingeht, erst im philosophieren zu erfahren, wohin es einen
trägt. Dabei helfen klassische Definitionen von Philosophie vermutlich kaum weiter. Denn mit dem philosophieren ist es wie
mit dem denken. »In das, was Denken heißt, gelangen wir, wenn
wir selber denken. Damit ein solcher Versuch glückt, müssen wir
bereit sein, das Denken zu lernen.«[475] So lauten die ersten Sätze
von Martin Heideggers vielzitiertem Buch *Was heißt Denken?*.
Was mich auf die Anfänge zurückbringt und meine Absicht, Ihnen statt Geschichte(n) der Philosophie Anfänge vorzustellen
oder, wie Wittgenstein gesagt hätte, einige Sprachspiele des phi-

losophierens, um durch ihren Vergleich eine gewisse Übersicht zu erreichen. Woran mir liegt, ist, deutlich zu machen, dass philosophieren eine Denk-Erfahrung ist, die weitgehend mit einer »normalen«, alltäglichen Lebenspraxis nicht nur vereinbar ist, sondern sich aus ihr ergibt. Philosophieren ist eine Tätigkeit, die zum Leben wesentlich dazugehört – so wie essen, trinken, schlafen, Gespräche, Sex (Sie können die Liste gerne in Ihrem Sinn erweitern). Sind Sie bereit für einige Anfänge?

3. Sprachspiele des philosophierens

3.1 Qu'est-ce que la philosophie? (1)

Beginnen wir mit einem Klassiker aus Frankreich, der im Original 1991 erschien und den einfachen Titel *Qu'est-ce que la philosophie?* trägt.[476] Geschrieben haben das Buch Gilles Deleuze (* 18. Januar 1925 in Paris; † 4. November 1995 ebenda) und Félix Guattari (* 30. April 1930 in Villeneuve-les-Sablons; † 29. August 1992 in Paris), die zu diesem Zeitpunkt bereits mehrfach sehr erfolgreich und gerne zusammengearbeitet hatten. Eines der großen, gemeinsam entstandenen Werke, das weit über Frankreich hinaus Beachtung fand, war ihr gesellschafts- und kulturkritisches, zweibändiges Buch *Anti-Ödipus. Kapitalismus und Schizophrenie I* und *II*. Pierre-Félix Guattari war Psychiater und Psychoanalytiker, der im Kontext der Ereignisse im März 1968 an der Universität Vincennes auch Deleuze kennenlernte. Vincennes wurde bereits ein Jahr später, 1969, zur Reformuniversität Université Paris VIII – eine Modellhochschule, in der Professoren und Studenten zusammenarbeiteten. Neben Deleuze lehrte dort auch Michel Foucault (er war Mitbegründer der Universität), Jacques Lacan, Hélène Cixous sowie Jean-François Lyotard, der wohl bedeutendste Denker der sogenannten Postmoderne. 1980 wurde die staatliche französische Hochschule nach Saint-Denis nördlich von Paris verlegt. Gilles Deleuze war ein vielseitig interessierter Philosoph, der jedoch nicht nur zu philosophischen Themen arbeitete, sondern auch über Film, Literatur oder Kunst hervorragend und kenntnisreich schrieb. Die beiden Männer, Guattari und Deleuze, wurden gute Freunde. In den frühen 1970er Jahren beteiligten sie sich an Foucaults Projekt über Strafgefangene in Frankreich und rassistische Gewalt. Guattari starb 1992 – und Deleuze beging nur drei Jahre später, vermutlich wegen einer Erkrankung, an der er Jahrzehnte gelitten hatte, Selbstmord. *Was ist Philosophie?* war ihr letztes gemeinsames Buch – und es beginnt so:

»Vielleicht läßt sich die Frage *Was ist Philosophie?* erst spät stellen, wenn das Alter naht und die Stunde, um konkret zu werden. In der Tat ist die Bibliographie dazu sehr schmal. Es ist dies eine Frage, die man in einer verhaltenen Erregung stellt, gegen Mitternacht, wenn es nichts mehr zu fragen gibt. Zuvor stellt man sie, man stellte sie immer wieder, allerdings allzu mittelbar oder schief, zu künstlich, allzu abstrakt, man legte sie dar, man beherrschte sie eher im Vorübergehen, als daß man sich von ihr mitreißen ließ. Man war noch nicht nüchtern genug. Man hatte allzu große Lust daran, Philosophie zu betreiben, man fragte sich nicht, was sie war, es sei denn in Stilübungen; man war noch nicht an jedem Punkt von Nicht-Stil gelangt, an dem man schließlich sagen kann: Was war das denn nun, was ich während meines ganzen Lebens gemacht habe?«

Selbst wer professionell philosophiert, sagen Deleuze und Guattari, braucht Zeit. Denn man kann die scheinbar so einfache Frage, was man da ein Leben lang gemacht hat, nicht so schnell und abschließend auf den Punkt bringen, wie man es, gerade von einem Profi, erwarten würde. Zu oft hat man die Frage nach dem, was man macht, wenn man philosophiert, nur im Vorübergehen gestellt. Es kann lange dauern, bis man wirklich nüchtern ist, sich nichts mehr vormacht und klar sieht. Ohne Illusion, ohne Wunschvorstellungen, gleichsam erwachsen zu denken, ist eine alte Vorstellung, die Sigmund Freud durch die Psychoanalyse wiederbelebt und vehement ins öffentliche Bewusstsein gebracht hat. Freud hat wie kein anderer nicht nur die logischen Winkelzüge entlarvt, die den Rhetorikern, Sophisten und Philosophen seit langem schon bestens bekannt waren, sondern auch die verdeckten, gerade ihnen noch verborgenen Strategien offengelegt, die unser Wunschdenken hinter dem Rücken unseres Bewusstseins einsetzt, um sich gegen die Realität zur Wehr zu setzen. Dieses nüchterne denken hat, wie das philosophieren, seine Zeit. Mitternacht, sagen Deleuze und Guattari – die Zeit, bevor alles neu wird, aber eben auch nur wenig, fast nichts, vom Tage übrig bleibt. Damit bemühen die beiden ein Bild, das Nietzsches Vorstellung vom hellen Mittag genau gegenüber liegt, an dem die Sonne der Erkenntnis am höchsten steht und der Augenblick der Selbsterkenntnis gelingt und mit ihm der Blick auf das Ganze und die Vollkommenheit der Welt, wie sie ist. Erst Mitternacht fällt die Künstlichkeit weg. Und auch die Abstraktion liegt nicht mehr so schief und obenauf wie sonst. Die Nacht ist, wie Nietzsche formulierte, kühl und nachdenklich. Mitternacht ist die Zeit zwischen Vergangenheit und Zukünftigem. »Die Welt schläft, der Hund heult, der Mond scheint«, schrieb Nietzsche. »Die Welt ist tief, und tiefer als der Tag gedacht!« Insofern ist »Mitternacht auch Mittag« – ein Gedanke, dem Nietzsche das »trunkne Lied«, »Zarathustras Rundgesang« folgen lässt:

»O Mensch! Gib acht!
Was spricht die tiefe Mitternacht?
Ich schlief, ich schlief –,
Aus tiefem Traum bin ich erwacht: –
Die Welt ist tief,
Und tiefer als der Tag gedacht.
Tief ist ihr Weh –,
Lust – tiefer noch als Herzeleid:
Weh spricht: Vergeh!
Doch alle Lust will Ewigkeit –,
– will tiefe, tiefe Ewigkeit!«[477]

Wenn philosophieren zu der Erkenntnis führt, was alle Lust will, tags und nachts, fragen Deleuze und Guattari – was war und was ist das denn nun, was ich während meines ganzen Lebens gemacht habe? Wie sieht die Antwort auf diese Frage aus? Sie zu finden bedeutet, weiter philosophieren zu müssen – es sei denn, man bräche den Gedanken, aus bewussten oder unbewussten Gründen, ab.

3.2 Orientierung

Auch ein anderer Philosoph, Herbert Schnädelbach (* 6. August 1936 in Altenburg, Thüringen), der bei Adorno habilitierte, war lange Jahre Professor für Philosophie an der Humboldt-Universität zu Berlin (zuvor in Frankfurt am Main und Hamburg). Er beginnt sein erst vor kurzem erschienenes Buch *Was Philosophen wissen und was man von ihnen lernen kann* mit einer Bestimmung der Philosophie. Schnädelbach hat sich insbesondere durch seine methodisch-rationale Gesprächsphilosophie und seine Beiträge zur Entwicklung von Vernunft, Rationalität und Rationalitätstheorien einen Namen gemacht. Eine seiner zentralen Erkenntnisse ist, dass Philosophie nie als Philosophie – im Singular – existiert, sondern immer nur im Plural, als ein Gespräch der Philosophien. In einem großen Teil seines Werkes setzt er sich mit dem Werden und der Entwicklung der Philosophie(n) und der damit zusammenhängenden Rationalität auseinander, wobei er einer an der Pragmatik der Sprache geschulten Erkenntnistheorie treu bleibt. In seinen Augen sind Theoriemonopole selten gut. In der Philosophie sind die häufig kontraproduktiv – kommt es doch darauf an, die Fragen und Probleme der Gegenwart möglichst flexibel und phantasievoll anzugehen. Schnädelbach beginnt sein Buch folgendermaßen:

»Philosophie ist eine Kultur der Nachdenklichkeit; wir philosophieren, wenn wir über unsere Gedanken, Meinungen, Überzeugungen und Handlungen nachdenken, ihnen hinterherdenken und dabei grundsätzlich werden. Anlass dafür sind in der Regel plötzlich auftretende Unsicherheiten und Zweifel, ob es bei dem allen seine Richtigkeit hat und wie es zueinander passt. Theodor W. Adorno meinte einmal, als Kinder philosophierten wir alle, aber das würde uns später ausgetrieben. In der Tat passt das Innehalten und Sichbesinnen nicht zum Alltagsbetrieb und gilt vielen als pure Zeitverschwendung. Gleichwohl hat das philosophische Interesse in den letzten Jahrzehnten beständig zugenommen, was man an der Nachfrage nach Philosophieunterricht an Schulen, Universitäten und in der Erwachsenenbildung sowie an der Fülle philosophischer Einführungen auf dem Buchmarkt ablesen kann. Dabei scheint es nicht primär um Bildung oder Fachausbildung zu gehen, sondern um ein wachsendes Bedürfnis nach gedanklicher Orientierung im Bereich der Grundsätze unseres Denkens, Erkennens und Handelns. So lauten die einschlägigen Fragen: ›Gibt es Wahrheit oder ist alles bloße Meinungssache?‹, ›Was ist Moral und warum sollte man moralisch sein?‹, ›Was ist Glück und wie kann man glücklich werden?‹, ›Wo verlaufen die Grenzen der Toleranz?‹, um nur wenige Beispiele zu nennen.«[478]

Man kann darüber streiten, ob das Interesse an Philosophie zugenommen hat. Mir scheint manchmal, dass es sich so ähnlich verhält wie mit der sogenannten Wiederkehr der Religion – die nie wirklich weg war. Was sollte also wiederkehren? Allein das mediale Interesse an Religion hat sich verändert. Doch was sagt das über die Sache selbst aus? Tatsache ist – und darauf wies Schnädelbach wiederholt hin –, dass philosophieren maßgeblich am Reflexivwerden von Kultur Anteil hatte. Es ist dem philosophieren zu verdanken, dass sich Menschen innerhalb einer Kultur über die Grundsätze dieser Kultur Gedanken machen und sich, so weit es geht, über diese Grundsätze und ihre Anwendungen klarwerden. Die Entwicklung der Moderne ist ohne dieses Element der Selbst-Bezüglichkeit oder Reflexivität, das dem philosophieren eigen ist, nicht zu denken. Die beiden Haupt-Gesprächsrichtungen des philosophierens – Schnädelbach nennt sie die theoretisch-spekulativen und die praktisch-kulturkritischen Diskurse – prägen den Verlauf der Geschichte, insofern sie es verbieten, ein für alle Mal stabile Zentren zu definieren. Wer Diskurs will, wer statt Stillstand und Beharrung Entwicklung, Evolution des denkens will –, der kommt um die Vielstimmigkeit des denkens und auch um Kontroversen nicht herum, auch wenn diese kaum zu schlichten sein sollten.[479] Zweifelsohne gibt es eine universitäre Fachausbildung für Philosophen. Doch was für eine Ausbildung ist das – wenn die Philosophie doch, anders als noch bis ins Mittelalter hinein, identisch war mit Wissenschaft und Wissenschaftlichkeit? Wenn die Philosophie als fest umrissenes Fach mit Studienordnung im pluralen Chor der wissenschaftlichen Fächer als Geisteswissenschaft (so vermutlich die gängigste Einordnung heute) gesehen wird: Was bedeutet das? Wie unterscheidet sie sich von anderen Fächern, die sich ebenfalls nicht in Logik erschöpfen, über einen gut sortierten Werkzeugkasten verfügen, aber keine Naturwissenschaft sind? Ist es das Moment der möglichst vollständigen (Selbst-)Reflexion – nicht nur der Kultur, sondern aller menschlichen Tätigkeiten und Lebensvollzüge? Sicher ist in einer Zeit der extrem gesteigerten Pluralität die Dringlichkeit gewachsen, die Unübersichtlichkeit zu beseitigen, klar Schiff zu machen und zu sagen, zu denken, wie sich das alles aufeinander bezieht und möglicherweise zu versöhnen ist. Genau das ist ja die Funktion der Orientierung, die häufig im Zusammenhang mit dem philosophischen Arbeiten genannt wird. Aber besteht diese Dringlichkeit nicht nur unter der Voraussetzung, dass man überhaupt Kohärenz will? Dass man sich besser fühlt, wenn man die Widersprüche, die man in sich hat, nicht nur benennen kann – dafür wäre eine klassische Therapie oft erfolgversprechender als zu philosophieren –, sondern auch beseitigt? Ist die Frage nach dem Ganzen, nach dem Zusammenhang – und gesellschaftlich-libidinös auch nach dem Zusammenhalt – tatsächlich noch eine Frage? Faktum ist, dass diese Fragen viele Menschen nicht nur beschäftigt haben, sondern auch weiterhin beschäftigen. Ich selbst bin mir nicht sicher, ob diese Fragen wirklich zugenommen haben. Vielleicht sind sie nur artikulierter geworden. Faktum ist, wie Schnädelbach schreibt, dass »viele

Menschen philosophieren, ohne zu wissen, daß sie dies tun«.[480]
Wie auch immer – Schnädelbach ist der Ansicht, dass es im philosophieren um die Grundsätze geht oder, wie er früher formulierte, darum, dass in unserer Nachdenklichkeit das Ganze in den
Blick gerät. Damit bedeutet zu philosophieren etwas zu tun, das
in der Moderne gewissermaßen bereits durch die Definition dessen, was die Struktur der Moderne ausmacht – nämlich radikale
Pluralität – ganz natürlich aus dem Blick geraten muss. Heißt zu
philosophieren also, nicht modern, antimodern, traditionalistisch
zu sein? Zunächst heißt es nur, so Schnädelbach, eine Frage offen-
zuhalten – die nach dem Ganzen, nach dem Zusammenhang und
den Grundsätzen unseres Lebens und unseres Tuns. Es geht um
die Frage, um die es seit der Antike geht: darum, wie wir leben
sollen. Zu klären, wie wir faktisch leben, ist das eine. Zu sagen,
wie wir leben sollen, etwas ganz anderes – und eine originär philosophische Aufgabe. Denn wie anders können wir über Moral
nachdenken als – philosophisch (was beinhaltet, um naheliegenden Missverständnissen vorzubeugen, alle, wirklich alle Werkzeuge zu nutzen, die zur Verfügung stehen, um an dieser Frage zu
arbeiten). Wer Orientierung will, gleich ob auf hoher See oder in
Fragen unserer Grundsätze, muss sich auf ein relatives Ganzes,
auf eine Idee, eine wenigstens große Landkarte der Welt beziehen.
Über die genaue Lage der Dinge kann (und muss) man streiten.
Auch über die Auflösung, mit der man etwas betrachten will. Die
Festlegung der Denktiefe, der Genauigkeit der Analyse kann ein
Problem sein. Doch selbst die Anwendung höchster Denkgenau-
igkeit verlangt, zur Orientierung, den Blick auf einen Zusammenhang, auf einen Kontext, in dem sie steht – auf eine wie auch
immer geartete Karte. Mit Hilfe der Mittel des denkens, mit interpretativen Mitteln, wie Schnädelbach sagt, nähern wir uns zumindest einer groben Skizze des Ganzen, die grundsätzlich notwendig
ist für alle Diskurse, die wir führen – logische, theoretische, ethische, praktische, ästhetische, religiöse, gesellschaftlich etc. Wir
müssen Landmarken, Orientierungspunkte, Landkarten, Skizzen
anfertigen, um Orientierung im Bereich der Grundsätze zu fin-

den. Deshalb ist philosophieren nötig. Wir müssen philosophieren – auch wenn philosophieren ein ganzes Bündel verschiedener Tätigkeiten ist. An den Diskursen, die sich daraus entwickeln, beteiligen sich »nicht nur Philosophieprofessoren; Philosophie findet nicht nur in der Universität, sondern auch an Schulen, Institutionen der Erwachsenenbildung und in der Publizistik statt« – auch wenn Philosophie als Fach gut beraten ist, so Schnädelbach, ihre innere Pluralität nicht zu verleugnen und zugleich ihr Eigenstes »in der interpretativen Orientierungsaufgabe« zu sehen und »ihren vielgestaltigen professionellen Diskurs in ›Forschung und Lehre‹ an dieser Priorität« auszurichten.[481] Festzuhalten bleibt, dass das reflexive, nachdenkliche, sich auf sich selbst beziehende Verfahren des denkens notwendig ist, damit es – wie Heidegger sagen würde – sich selber vollständig denken kann.[482] Dieses denken, mit dem Blick auf das Ganze und der Absicht, in der Unübersichtlichkeit zu orientieren, ist – philosophieren.

3.3 Qu'est-ce que la philosophie? (2) Was ist das – die Philosophie?

Am 28. August 1955 hielt Martin Heidegger im französischen Cerisy-la-Salle in der Normandie einen Vortrag mit dem Titel *Qu'est-ce que la philosophie? Was ist das – die Philosophie?*[483] Das Thema hatte Heidegger immer wieder beschäftigt – gerade auch in Form verschiedener Bücher und Essays, die das denken zum Thema haben. Im Anschluss an das Gespräch, das sein Vortrag vorbereiten sollte, lernte Heidegger den französischen Dichter René Char kennen. Char ist in Frankreich nicht nur als Lyriker bekannt gewesen, sondern auch als Partisanenführer der Résistance. Die beiden Männer werden schnell Freunde. Ich bin mir dessen bewusst, dass dieser Abschnitt über Heidegger, der jetzt folgt, erstens nicht immer klar ist (was natürlich an mir, vielleicht aber auch an Heidegger liegt) und zweitens (zumindest für

Nicht-Profi-Philosophen) durchaus an der Grenze des Zumutbaren operiert. Dennoch scheinen mir der Text Heideggers (und die Zitate, die folgen) durchaus in dieses Buch zu passen, weil sie belegen, dass es etwas gibt, um das selbst Meisterdenker wie Heidegger immer wieder kreisen, es aber kaum einzufangen vermögen. Und wenn, dann in Metaphern und in einer Sprache, von der nicht nur analytische Philosophen der angelsächsischen Schule nicht zu Unrecht behaupten, sie habe mehr mit Dichtung als mit denken gemeinsam und damit meinen, Heidegger sei schlicht unverständlich. Es ist kein Zufall, dass Heidegger sich im Laufe seines Lebens mehr und mehr mit diesem Thema, dem Zusammenhang zwischen Sprache und Dichtung, Welt und Wort befasst hat. Man sollte allerdings nicht meinen, Heidegger sei immer nur dunkel. Seine verschiedenen Vorlesungen über die Geschichte der Philosophie gehören zu den klarsten und kreativsten Darstellungen, die in der Philosophiegeschichte überhaupt zu finden sind. Wenn Sie also Mühe mit den folgenden Texten Heideggers (und meinen Bemerkungen zu Heidegger) haben – es handelt sich tatsächlich, wie Heidegger sagen würde, um einen steinigen Denkweg. Eine gute Biographie wie die von Rüdiger Safranski hilft, diesen Denkweg besser zu verstehen.[484] Aber es ist Zeit, Heidegger selbst zu Wort kommen zu lassen.

»Was ist das – die Philosophie? Mit dieser Frage rühren wir an ein Thema, das sehr weit, d. h. ausgedehnt ist. Weil das Thema weit ist, bleibt es unbestimmt. Weil es unbestimmt ist, können wir das Thema unter den verschiedenartigsten Gesichtspunkten behandeln. Dabei werden wir immer etwas Richtiges treffen. Weil jedoch bei der Behandlung dieses weitläufigen Themas alle nur möglichen Ansichten durcheinanderlaufen, kommen wir in die Gefahr, daß unser Gespräch ohne die rechte Sammlung bleibt. Darum müssen wir versuchen, die Frage genauer zu bestimmen ... Nehmen wir einmal an, wir können einen Weg finden, die Frage genauer zu bestimmen, dann erhebt sich sogleich ein schwerwiegender Einwand ... Wenn wir fragen: Was ist das – die Philosophie?, dann sprechen wir über die Philosophie. Indem wir auf diese Weise fragen, bleiben wir offenbar auf einem Standort oberhalb und d. h. außerhalb der Philosophie. Aber das Ziel unserer Frage ist, in die Philosophie hineinzukommen, in ihr uns aufzuhalten, nach ihrer Weise uns zu verhalten, d. h. zu ›philosophieren‹.«

So weit der Anfang von Heideggers Vortrag, der ein anschließendes Gespräch vorbereiten sollte. Heideggers Vortrag lässt ahnen (und ich gebe zu, dass das ein wenig kleinkrämerisch klingt gegenüber einem wie ich finde ansonsten grandiosen Buch gleichen Titels), dass die beiden französischen Philosophen Deleuze und Guattari gleich zu Anfang ihres Buches zumindest in einem Punkt irrten. Sie hatten, mit Blick auf die Frage, was philosophieren sei und welche Literatur es zu dieser Frage gebe, geschrieben: »In der Tat ist die Bibliographie dazu sehr schmal.« Tatsächlich gab es natürlich bereits das eine oder andere Werk zum Thema. Nicht nur Heideggers Vortrag mit demselben Titel, sondern beispielsweise auch die beiden Bücher der amerikanischen Kollegen Jay F. Rosenberg und Thomas Nagel (Letzteres, bis heute, ein philosophischer Bestseller).[485] Ich will Deleuze und Guattari auch nicht vorwerfen, eines der großen deutschen Standardwerke der Philosophie nicht gekannt zu haben, das wichtige *Historische Wörterbuch der Philosophie*. Band 7 P–Q dieses Nachschlagewerks zur Begriffsgeschichte erschien 1989. Darin ist auch der Eintrag über »Philosophie« enthalten – der bei weitem längste und umfangreichste Artikel, den es im gesamten Wörterbuch gibt.[486] Dieser Artikel hat den Umfang eines eigenen Buches. Wie auch immer – ganz recht haben sie nicht. Aber auch nicht wirklich unrecht. Und auch das zeigt Heidegger, der zunächst zu sagen scheint: Diese Frage, das ist wirklich ein weites Feld. Dazu ist viel gesagt worden. Dazu gibt es massenhaft Stimmen. Eben ein weites, zu weites Feld. Egal, was man sich rausnehmen will – irgendetwas Richtiges wird schon dabei sein. Es ist klar, dass *das* nicht der richtige Zugang zum Thema sein kann. Deshalb scheint Heidegger in seinem Vortrag über die Frage, was Philosophie ist, sagen zu wollen, dass die Frage eben viel zu allgemein sei. »Stellt sie präziser«, fordert er. »Denkt nach! Und vergleicht!« Was man an Heideggers Vortrag von Anfang an gut erkennen kann, ist die für ihn und viele andere Philosophen typische Methode, die ursprüngliche Frage durch weitere Fragen genauer zu bestimmen, zur Not auch zu kritisieren und völlig neu und gegen alle Erwartungen zu wenden. Zum denken gehört eben nicht nur der Wille, Probleme zu lösen, sondern auch die Kunst, richtig zu fragen.

So stellt Heidegger seine Überlegungen in den Kontext einer großen (seins)geschichtlichen Frage. Das Problem, was Philosophie ist, lässt sich nicht ohne Rückgriff auf die Tradition, den Kontext der historischen Entwicklung des philosophierens behandeln. Und doch ging es Heidegger keineswegs um rein historische Fragen, bei denen man haltmachen und sich ausruhen könnte, sondern vor allem um die Zukunft des philosophierens. Worin besteht diese? Im Laufe des Vortrages wird immer deutlicher, was Heidegger unter philosophieren versteht – nämlich den (beinahe religiös zu nennenden, nicht aber religiös von ihm gemeinten) Versuch, »auf die Stimme des Seins zu hören«.[487] Über diese Metapher – denn es handelt sich um eine Metapher, kaum um einen Begriff – ließe sich viel sagen. Heidegger erfordert eine intensive Beschäftigung mit derartigen Metaphern, die in der Tat eher an Dichtung denn an klassische Formen akademischen philosophierens erinnern. Was Heidegger meint (und ich erhebe keinen Anspruch auf exklusive Deutungen), scheint ein Aufruf zu sein, sich statt dem Seienden – den Dingen, dem, was man immer sieht und erkennt – wieder dem zu nähern, was zunächst völlig undefinierbar ist – nämlich dem Sein. Dieses »Sein« findet sich zwar in allem Seienden. Und wir meinen, es bereits verstanden zu haben. Aber das wäre falsch, so Heidegger, wenn man Sein wiederum im Sinne eines (unter vielen anderen) Seienden verstünde.[488] Das Sein ist kein Seiendes. Mehr noch: es ist sogar fraglich, ob das, was »Sein« bezeichnet, überhaupt so »ist« wie ein Tisch oder Stuhl »sind«. Heidegger will mit diesen sprachlichen Umschreibungen darauf hinaus, dass es darum geht, etwas Neues, Grundlegendes, in allem zwar »Existierendes«, aber noch

Unverstandenes in den Blick zu nehmen. Hinsehen ist sein Motto, um endlich das »Sein des Seienden«, d. h. den Sinn von Sein genau zu bestimmen. Natürlich weiß auch Heidegger, dass wir verstehen, was wir sagen, wenn wir sagen »Der Computer steht auf dem Tisch«. Aber was genau, fragt Heidegger, ist es, was wir da *denken*? »Ratlos bleiben wir«, schreibt Heidegger in *Der Satz vom Grunde*, »wenn wir darin übereinstimmen sollen, daß wir trotz verschiedener Vorstellungs-, Erfahrungs- und Ausdrucksweisen geschichtlich das Selbe denken. Dieser Ratlosigkeit weichen wir gerne aus und retten uns in das geläufige Meinen. Zur Ratlosigkeit gesellt sich das Ausbleiben einer Ahnung davon, daß jenes, was wir im Wort ›Sein‹ ohne Gedanken denken, das Denkwürdigste ist … Dies weist auf einen Unterschied zwischen den Wissenschaften und der Philosophie. Dort das Anregende und Anreizende des immer Neuen und der Erfolge, hier das Bestürzende des einfach Selben, das keine Erfolge zuläßt, da nichts folgen kann, weil das Denken, insofern es dem Sein nachdenkt, in den Grund zurück, d. h. dessen Wesen als die Wahrheit des Seins denkt.«[489] Ich gebe nicht vor, wirklich zu verstehen, was »Wahrheit des Seins« ist – und was es bedeuten würde, sie zu denken. Was ich verstehe oder ahne, ist, dass Heidegger versucht, etwas freizulegen, um das wir wie Fliegen immer wieder im denken kreisen, von dem wir angezogen werden, etwas, das wir zwar, wie Wittgenstein formulierte, vor unseren Augen haben – aber irgendwie nicht verstehen. Wir kommen in der Klärung dieser Frage nur weiter – und an diesem Punkt scheint zumindest eine vage Ähnlichkeit zwischen Heidegger und Wittgenstein auf, auch wenn sich beide Philosophen sonst deutlich unterscheiden –, wenn wir über die Sprache nachdenken. Warum?

Weil Sprache mehr ist als nur ein Instrument der Information. »Unsere Sprachen sprechen geschichtlich«, schreibt Heidegger.[490] Die Mannigfaltigkeit der Bedeutungen, die sich in der Sprache immer wieder auftun, spiegelt eine geschichtliche Entwicklung wider. Diese resultiert daraus, dass wir vom »Sein des Seienden« jeweils anders »angesprochen« sind. Und wer spricht, wenn die

Stimme des Seins uns anspricht? Es ist am Ende die Sprache selbst, die spricht, sagt Heidegger, und nicht der Mensch. Mit dieser scheinbar leeren, tautologisch klingenden Aussage will Heidegger zum Ausdruck bringen, dass es hinter die Sprache kein Zurück gibt. Sprache lässt sich nicht auf etwas anderes reduzieren oder auf etwas anderes, Grundlegenderes zurückführen. Die Sprache, sagt Heidegger wenige Zeilen später, ist »das Haus des Seins«.[491] Weil kein Ding ist, wo das Wort fehlt. Deshalb hat das Sein – das Sein all des Seienden – sein Zuhause nur in der Sprache. Das Sein wohnt deshalb im Wort – eine Formulierung, die mehr als deutlich an den Prolog des Johannes und an die biblische Schöpfungsgeschichte erinnert. Mit dem Wort werden die Dinge geschaffen. Für mich ist bezeichnend, dass Heidegger nur zwei Seiten, nachdem er in *Das Wesen der Sprache* den Begriff der Sprache als »Haus des Seins« eingeführt hat, erklärt, was *Erfahrung* ist. Beides hängt bei Heidegger fundamental zusammen. Denn die Erfahrung des Menschen (nicht nur im denken) hat für Heidegger vor allem mit dem Wort, mit Sprache und insofern mit denken zu tun. »Erfahren«, schreibt Heidegger, »heißt nach dem genauen Sinn des Wortes: eundo assequi: im Gehen, unterwegs etwas erlangen, es durch den Gang auf einem Weg erreichen«.[492] Und was wird erreicht oder erlangt, wenn man im denken unterwegs ist? Das Verhältnis des Wortes zum Ding, sagt Heidegger. Dem dient denken. »Dieses Verhältnis ist nicht eine Beziehung zwischen dem Ding auf der einen und dem Wort auf der anderen Seite. Das Wort selbst ist das Verhältnis, das jeweils in sich das Ding so einbehält, daß es ein Ding ›ist‹.«[493] Auch das ist kryptisch und zeigt mehr auf ein Problem, als es das Problem löst. Aber es ist erkennbar, dass Heidegger sich an einem fundamentalen Problem abarbeitet, das seit je zum Kern des philosophierens gehört (und auch Wittgenstein ein Leben lang nicht losgelassen hat, wobei ich den Eindruck habe, dass Wittgenstein durchaus eine Lösung des Problems gefunden hat). Diese (alte) Frage lautet: Wie genau verhalten sich Sprache und Welt zueinander? Was machen wir, wenn wir denken und im denken von

Sprache und Logik Gebrauch machen? Welche *Erfahrung* ist es, die wir da denken? Und wie kommt es, dass wir durch das *denken* Erfahrungen machen können, die uns sonst verschlossen bleiben? Heidegger traut dem denken durchaus eine Wirkung zu. Denken beeinflusst Wirklichkeit, denn durch denken und philosophieren (beides ist für Heidegger weitgehend eins) wird es möglich, unsere Haltung, unsere Einstellung zum Leben zu ändern. Oder, wie Heidegger sagen würde: unser Verhältnis zum Sein, das dann mit einem Mal aufbricht.

Wenn philosophieren für Heidegger also bedeutet, auf die Stimme des Seins zu hören und sie im denken, durch alle Gedanken hindurch zu vernehmen und zu ihr durchzudringen: Was für eine Stimme ist das? Und in welche Stimmung bringt dieses Hören das heutige Denken? »Die Frage ist kaum eindeutig zu beantworten«, schreibt Heidegger. »Vermutlich waltet eine Grundstimmung. Sie bleibt uns aber noch verborgen. Dies wäre ein Zeichen dafür, daß unser heutiges Denken noch nicht seinen eindeutigen Weg gefunden hat. Was wir antreffen, ist nur dies: verschiedenartige Stimmungen des Denkens. Zweifel und Verzweiflung auf der einen, blinde Besessenheit von ungeprüften Prinzipien auf der anderen Seite stehen gegeneinander. Furcht und Angst mischen sich mit Hoffnung und Zuversicht. … Was das ist – die Philosophie, lernen wie nur kennen und wissen, wenn wir erfahren, wie, auf welche Weise die Philosophie ist.«[494] Es ist Heideggers altes Thema – man sollte nicht über das denken, nicht über Philosophie sprechen, so, als handele es sich um herzeigbare Dinge wie Autos oder Fernseher. Man kann über das Lösen philosophischer Fragen auch nicht so sprechen wie über ein Kochrezept. Philosophiebücher sind weder Kochbücher noch Ratgeber. Entsprechend ausweichend beginnt Heidegger zunächst seinen Vortrag. Er ist, wie so oft, auf verhaltene Weise scharf, ist ein wenig beißend, betrachtet aber zugleich alles erst einmal aus weiter Ferne, um sich dann erst immer mehr von der Peripherie ins (vermeintliche oder tatsächliche) innere Zentrum zu begeben, um dort angekommen die »Stimme des Seins« zu hören. Doch was ist diese

Stimme des Seins? Wie wird sie – falls sie erklingt – greifbar? Ändert sich etwas, wenn wir sie hören (also: wenn wir philosophieren)? Und was ändert sich dadurch? Genau das sind die Fragen, um die es ging, als am 23. September 1966 ein Gespräch zwischen Rudolf Augstein, dem Gründer des *Spiegel*, einem der angesehensten Medienvertreter seiner Zeit, und Martin Heidegger stattfand. Anders als Heidegger wohl ursprünglich erwartet hatte, kreiste das Gespräch auf dem Rötebuck im Freiburger Haus Martin Heideggers tatsächlich um philosophieren und denken – und nicht nur um seine umstrittene Haltung zum Nationalsozialismus und sein bis heute für viele unverständliches und zu Recht kritisiertes Schweigen. »Moralische Instanzen« wie Günter Grass hatten Heidegger und seine Philosophie bereits als »deutsche Ideologie« (Adorno) vollmundig und fortlaufend angegriffen. Braunau am Inn und Meßkirch, so Grass 1963 in *Hundejahre*, das liege ja dicht beieinander. Und geboren seien Hitler und Heidegger zudem im selben »Zipfelmützenjahr« 1889.[495] Für Adorno war Heideggers dichtendes denken schlicht billige Heimatkunst – und nicht weit entfernt von Blut-und-Boden-Ideologie.

Trotz der Angriffe und einer weit verbreiteten Anti-Heidegger-Stimmung in der deutschen Philosophie (an die ich mich noch während meines eigenen Studiums in Frankfurt am Main gut zwei Jahrzehnte später erinnere) fällt auf, dass Heidegger in diesem Interview in das gleiche Horn stößt wie zwei andere große deutschsprachige Gegenwartsphilosophen der damaligen Zeit, Arnold Gehlen und Theodor W. Adorno. Alle drei Philosophen kommen aus höchst unterschiedlichen Richtungen und vertreten in vielem einander widersprechende Positionen. Und doch sind sich die drei Denker in einigen zentralen Punkten auffallend einig – der Kritik der modernen Rationalität. Es ist, als variiere das denken der damaligen Zeit auf den verschiedensten Wegen immer wieder dieses zentrale Thema – und käme dort zum Stehen. Heidegger, Adorno und Gehlen stellen der Moderne eine folgenschwere Diagnose aus: Sie sei krank und leide an schweren Verfallserscheinungen. Das Projekt der Aufklärung, das den Menschen doch laut Kant aus seiner selbst verschuldeten Unmündigkeit befreien sollte, sei aus dem Ruder gelaufen. Die drei Philosophen beklagen, dass statt wahrer Aufklärung und Befreiung lediglich ein kaltes Machtprinzip und ein wissenschaftlicher Szientismus am Werk sei, der uns in einer entfremdeten Welt zurücklasse. An die Stelle des denkens sei eine kalte, in sich defiziente Form der Rationalität getreten. Damit nicht genug: Die zunehmende Bedrohung nuklearer Gewalt drohe alles zu zerstören und buchstäblich zu atomisieren. Heidegger war einer der ersten deutschen Philosophen, die sich überhaupt öffentlich und wiederholt mit der Atomkraft und ihren Folgen kritisch auseinandersetzten. Mit der atomaren Macht füge der Mensch nicht nur sich selber, sondern auch der Natur schweren Schaden zu. Alle drei Philosophen diagnostizieren an der Zeit eine seltsam verbogene Ideologie und Unaufgeklärtheit – trotz der Fortschritte der Wissenschaft, die sich jedoch – wie die Vernunft – trotz angeblicher Aufklärung über sich selbst fundamental täusche und ihre wahre Grundstruktur verkenne. Theodor W. Adorno und Max Horkheimer hatten diesen Zusammenhang in der *Dialektik der Aufklärung* ausgiebig analysiert und bezeichneten mit dem Begriff eine fehllaufende Aufklärung, die sich selbst verrät und zerstört, weil sie längst in eine neue Mythologie umgeschlagen ist und sich, ähnlich dem Faschismus, ins Totalitäre verwandelt hat. Hinter der sich ausbreitenden Herrschaft des Szientismus der funktionalen Wissenschaft, von der alle drei Philosophen sprechen, ist eine abgründig tiefe, aber verschleierte Angst zu spüren. Auch darin sind sich die Philosophen weitgehend einig. Diese Angst könne, zumal mit den technischen Mitteln der Zeit, erneut leicht in eine kollektive Zwanghaftigkeit umschlagen und die verblendete Idee einer rationalen Weltbeherrschung befürworten. Als sei, so Horkheimer und Adorno, das menschliche Leben dann von Angst und Furcht befreit, »wenn es nichts Unbekanntes mehr gibt«.[496] Diese Art der Aufklärung sei selbst ebenso totalitär wie viele der Mythen, die auszulöschen die Aufklärung einst angetreten sei. In Wahrheit werde unter der Herrschaft eines platten, undifferenzierten, mathematisch-empirischen Positivismus der Logos, der Geist des Menschen, zerstört. Gerade das schwer Fassbare, Einzelne, Individuelle, Nicht-Kommensurable sei das, was schützenswert sei. Man dürfe nicht alles, was sich nicht gleich wissenschaftlich fassen lässt, alles von der Wissenschaft Unterschiedene, derart in Formeln und Zahlen aufweichen, verflüssigen und dann in Modelle gießen,»daß alles in der einen Materie untergeht«.[497] Auf diese Weise wird Geist, wird das Individuelle, Persönliche, das, was einen Unterschied macht, rücksichtslos ausgeschieden, kommensurabel gemacht, vernichtet. Als Heidegger seinen Vorstoß gegen Technik und Wissenschaft vorträgt – die nicht denke, wie er formuliert, sondern lediglich rechnen könne –, ist die Debatte um beide Themen bereits im Gange.[498]

Augstein und Heidegger kommen überein, ihr gemeinsames Gespräch von 1966 nicht zu Heideggers Lebzeiten zu veröffentlichen, auch wenn die Zeitdiagnose treffend sei. Tatsächlich erschien das Gespräch, gleichsam als Heideggers Testament, leicht verändert erst in der Ausgabe des *Spiegel* vom 31. Mai 1976, fünf Tage nach Heideggers Tod. Was antwortete Heidegger nun auf die Frage Augsteins, was die Philosophie mache angesichts der Macht der Technik und anderer Prozesse, die immer mehr an Einfluss über das alltägliche Leben gewinnen?»Die Philosophie wird keine unmittelbare Veränderung des jetzigen Weltzustandes bewirken können«, räumt Heidegger ein.[499] Da sitze der Philosoph im selben Boot wie alle anderen auch. »Nur noch ein Gott kann uns retten«, fährt Heidegger fort. »Die einzige Möglichkeit einer Rettung sehe ich darin, im Denken und Dichten eine Bereitschaft vorzubereiten für die Erscheinung des Gottes oder für die Abwesenheit des Gottes im Untergang; daß wir nicht, grob gesagt, ›verrecken‹, sondern wenn wir untergehen, im Angesicht des abwesenden Gottes.« Der englische Philosoph Bertrand Russell, der wie viele englische Philosophen in solchen Dingen in der Sache gleich drastisch, aber in der Form viel mehr Form bewahrt und als Gentleman spricht, sagte es der Überlieferung zufolge folgendermaßen (und wie ich finde unübertroffen cool):»In the long run we are all dead.« Bleibt die Frage, ob Heideggers »Stimme des Seins« am Ende eine – *die* – göttliche Stimme ist? Es gehe nicht um Religion, meint Heidegger. Zunächst müsse man verstehen, dass der Mensch gestellt sei, d. h. aufs Letzte beansprucht und herausgefordert »von einer Macht, die im Wesen der Technik offenbar wird«.[500] Diese Macht sei wie ein Gestell, das den Menschen einenge. Die Rolle, die die Philosophie einst hatte, hätten laut Heidegger längst die Wissenschaften übernommen. »Die Philosophie löst sich auf in Einzelwissenschaften ... Die Denkweisen der überlieferten Metaphysik, die mit Nietzsche abgeschlossen ist, bietet keine Möglichkeit mehr, die Grundzüge des erst beginnenden technischen Weltalters denkend zu erfahren.«[501] Ein neues, ein anderes denken müsse her. Ob Heidegger damit den Zen-Buddhismus meine?, will Augstein wissen und bezieht sich auf ein Gespräch, das Heidegger drei Jahre zuvor mit einem buddhistischen Mönch führte. Heidegger verlangte darin eine »ganz neue Methode des Denkens«. Erreicht werden sollte sie durch »Gespräch von Mensch zu Mensch«, vor allem aber durch eine »lange Einübung und durch eine Übung, gewissermaßen des Sehens im Denken«.[502] Heidegger antwortet eher ausweichend auf Augsteins Frage. »Ich weiß darüber nichts, wie dieses Denken ›wirkt‹«, sagt er. »Es kann auch sein, daß der Weg eines Denkens heute dazu führt, zu schweigen, um das Denken davor zu bewahren, daß es verramscht wird innerhalb eines Jahres.«[503] Es ist auffallend, dass Heidegger, ohne es direkt zu sagen, die Medien in diesem Zusammenhang kritisiert. Wie sonst sollte das denken verramscht werden – als über den Ramsch, der sich als Denken getarnt an den Kiosken verkauft (oder im Fernsehen, im Radio, im Internet)? Wenn man davor zurückschreckt, will Augstein wissen: Solle man dann also die Hände in den Schoß legen und wieder 300 Jahre warten? »Denken ist nicht Untätigkeit«, antwortet Heidegger, dabei die *Spiegel*-Leser der Zukunft im Blick, »sondern selbst in sich das Handeln, das in der Zwiesprache steht mit dem Weltgeschick. Mir scheint, die aus der Metaphysik stammende Unterscheidung von Theorie und Praxis und die Vorstellung einer Transmission zwischen beiden verbaut den Weg zur Einsicht in das, was ich unter Denken verstehe.«[504] Es gehe in Zukunft vor allem darum, dem Menschen zu helfen, ein zureichendes und freies Verhältnis zur Technik zu erlangen. Das sei schwer zu erreichen. Man benötige dafür ein neues Denken, das über philosophieren zu erreichen sei – vorausgesetzt, man gehe nicht unbedarft an die Sache heran. »Meine Überzeugung ist«, fährt Heidegger fort, »daß nur von demselben Weltort aus, an dem die moderne technische Welt entstanden ist, auch eine Umkehr sich vorbereiten kann, daß sie nicht durch Übernahme von Zen-Buddhismus oder anderen östlichen Welterfahrungen geschehen kann. Es bedarf zum Umdenken der Hilfe der europäischen Überlieferung und ihrer Neuaneignung. Denken wird nur durch Denken verwandelt, das dieselbe Herkunft und Bestimmung hat … Soweit ich sehe, ist ein einzelner vom Denken her nicht imstande, die Welt im Ganzen so zu durchschauen, daß er praktische Anweisungen geben könnte und dies gar noch angesichts der Aufgabe, erst wieder eine Basis für das Denken selbst zu finden. Das Denken ist, solange es sich selber ernst nimmt angesichts der großen Überlieferung, überfordert, wenn es sich anschicken soll, hier Anweisungen zu geben … Im Bereich des Denkens gibt es keine autoritativen Aussagen. Die einzige Maßgabe für das Denken kommt aus der zu denkenden Sache selbst. Diese aber ist das vor allem anderen Frag-Würdige.«[505]

Ganz abgesehen davon, dass der buddhistische Mönch, mit dem Heidegger Jahre zuvor diskutierte, diesen bat, doch seinerseits in seine Heimat zu kommen, um einen anderen Ort des denkens kennenzulernen und auf diese Weise das denken zu bewegen und besser zu verstehen: Für Heidegger ist es außerordentlich wichtig, dass die Philosophie vor allem ihr Verhältnis zu den Einzelwissenschaften und zur wissenschaftlichen Methode kläre. Dann erst könne man sich abmühen, »an schmalen und wenig weit reichenden Stegen eines Überganges zu bauen«.[506]

Ist dies der Weg zu einem Gott, der rettet? Oder eher zu Nietzsches Übermensch? Der Mensch, hatte Nietzsche gesagt, sei ein Seil, geknüpft zwischen Tier und Übermensch. Der Mensch sei eine Brücke – nur wohin? Im Zusammenhang mit dieser Frage hatte Heidegger im Gespräch mit dem buddhistischen Mönch wenige Jahre zuvor von der neuen Methode des denkens gesprochen, dem Gespräch und »Sehen im Denken … Diese Art des Denkens ist zunächst nur für wenige Menschen vollziehbar, kann aber dann mittelbar, durch die verschiedenen Bereiche der Erziehung, den anderen Menschen mitgeteilt werden … Heute kann bei uns jeder mit einem Radioapparat oder mit dem Fernsehapparat operieren, ohne daß er weiß, welche physikalischen Gesetze dahinter stehen, ohne daß er weiß, welche Methoden für die Erforschung dieser Gesetze notwendig waren. Methoden, die im Grunde in ihrem eigentlichen Gehalt heute vielleicht nur fünf oder sechs Physiker verstehen. Und so ist es auch zunächst mit diesem Denken. Dieses Denken ist zunächst so schwierig, daß nur wenige Menschen dafür erzogen werden können.«[507] Will Heidegger also eine neue Elite? Das wäre ein zwar naheliegendes, aber gründliches Missverständnis, wehrt Heidegger ab. »In Wahrheit kann jeder Mensch, sofern er ein denkendes Wesen ist, dieses Denken vollziehen. Aber in unseren Erziehungssystemen und gemäß unserer Geschichte sind nur wenige Menschen imstande, die Voraussetzungen für dieses Denken sich anzueigen.«[508]

Diesem Thema hatte er bereits im Wintersemester 1951 / 52 eine ganze Vorlesung gewidmet. Das rechte Denken müssen wir lernen, begann er seine Vorlesungen. Der Mensch sei doch das Wesen, das denken könne. Also sollten wir uns darauf einlassen, es richtig zu lernen. Womit wir indirekt »auch schon zugestanden haben, daß wir das Denken noch nicht vermögen […] *Das Bedenklichste in unserer bedenklichen Zeit ist, daß wir noch nicht denken.*«[509] Deshalb gehe es jetzt darum, Abstand zu halten zu den alten Denkgewohnheiten und unseren Blick frisch auf das zu richten – auf etwas Wesentliches! –, das sich uns entzieht. Genau *das* zu denken sei die Aufgabe. Denn »was sich entzieht, kann sogar den Menschen wesentlicher angehen und in den Anspruch nehmen als alles Anwesende, das ihn trifft und betrifft.«[510] Nur wie soll das gelingen?

Fest steht für Heidegger, dass das, worum es geht, eine Erfahrung ist – auch wenn es sich dabei um eine Erfahrung des Entzugs handelt. Wie aber ist dem, was sich entzieht, beizukommen? Mit Hilfe rationaler Mittel – oder sind diese bereits wieder von den Methoden der Naturwissenschaften und der Technologie korrumpiert? Auch für Heidegger ist »Philosophie ... die eigentliche Verwalterin der Ratio«.[511] Und wenn es beim philosophieren nun doch um Gefühle ginge? Wäre Philosophie dann etwas Irrationales, Unzuverlässiges? Sind Gefühle irrational und gehören deshalb nicht in die Philosophie, obwohl auch sie durchaus (wenn auch in anderen Zusammenhängen, etwa in der Kunst) Erkenntnisse vermitteln? Ganz so einfach ist es nicht, sagt Heidegger. »Wer die Philosophie als irrational bestimmen will, nimmt dabei das Rationale zum Maßstab der Abgrenzung und zwar in einer Weise, daß er wiederum als selbstverständlich voraussetzt, was die Ratio ist. Wenn wir andererseits auf die Möglichkeit hinweisen, daß das, worauf die Philosophie sich bezieht, uns Menschen in unserem Wesen angeht und uns be-rührt, dann könnte es sein, daß diese Affektion durchaus nichts mit dem zu tun hat, was man gewöhnlich Affekte und Gefühle, kurz das Irrationale nennt.«[512] Das Nachdenken bedarf eben einer höheren Sorgfalt und einer genaueren Prüfung. Genau dieser Weg dorthin ist es, was Heidegger unter philosophieren versteht. Die Weisheit, die sich aus diesem denken ergibt, bezieht sich nicht nur auf das, *was* in Frage steht, sondern auch darauf, wie *wir* es in Frage stellen.

Was Heidegger damit meint, macht er an einem Beispiel klar in *Was heißt denken?* – und zeigt damit aufs Neue, dass für ihn diese Form des denkens und philosophierens ein und derselbe Prozess, ein und dieselbe Erfahrung sind. Mit dem Beispiel will ich den Kommentar zu Heideggers Ausführungen zu *Qu'est-ce que la philosophie?* abschließen. Heidegger beginnt mit dem Ge-

493

danken Schopenhauers, dass denken Vorstellen sei. Und die Welt, die wir uns vorstellen, je meine Vorstellung ist. »Bei der Uneinigkeit der Philosophie darüber, was das Vorstellen im Wesen sei, gibt es offenbar nur einen Ausweg ins Freie«, schreibt er in *Was heißt denken?*. »Man verläßt das Feld der philosophischen Spekulationen und untersucht erst einmal sorgfältig und wissenschaftlich, wie es mit den Vorstellungen, die bei den Lebewesen, vor allem den Menschen und Tieren, vorkommen, überhaupt steht.« Doch auch dieser Weg, etwa in die empirische Psychologie hinein, führt Heideggers Meinung nach letztlich nicht weiter. Nicht etwa, weil die Ergebnisse *falsch* sind – sondern weil sie *wissenschaftliche* Ergebnisse sind und sich daher die Untersuchung bereits in einem Bereich bewegt, in dem sich die entscheidende Frage nicht mehr stellt. Wie also kommt man weiter?

»Wenn wir uns jetzt bei unserer Frage, was das Vorstellen sei, gleichwohl nicht an die Wissenschaft halten, dann veranlaßt uns dazu nicht eine Überheblichkeit des Besserwissens, sondern die Vorsicht des Nicht-Wissens. Wir stehen außerhalb der Wissenschaft. Wir stehen statt dessen z. B. vor einem blühenden Baum – und der Baum vor uns. Er stellt sich uns vor … In die Beziehung zueinander – voreinander gestellt, sind der Baum und wir. Bei diesem Vorstellen handelt es sich also nicht um ›Vorstellungen‹, die in unserem Kopf herumschwirren. Halten wir hier einen Augenblick inne … Wohin sind wir gesprungen? Vielleicht in einen Abgrund? Nein! Eher auf einen Boden; auf einen? Nein! Sondern auf den Boden, auf dem wir leben und sterben, wenn wir uns nichts vormachen. … Wissenschaftlich geurteilt bleibt es allerdings die belangloseste Sache von der Welt, daß jeder von uns schon einmal einem blühenden Baum gegenüber stand. Was ist schon dabei? … Was ereignet sich hier? … Wo spielt dieses Vorstellen, wenn wir einem blühenden Baum gegenüber, vor ihm stehen? Etwa in unserem Kopf? Gewiß; in unserem Gehirn mag mancherlei ablaufen, wenn wir auf einer Wiese stehen und einen blühenden Baum in seinem Leuchten und Duften vor uns stehen haben, ihn wahrnehmen. Man kann heute sogar die Vorgänge im Kopf als Gehirnströme durch geeignete Apparaturen der Umformung und Verstärkung akustisch wahrnehmbar machen und ihren Verlauf in Kurven nachzeichnen. Man kann – gewiß! Was kann der heutige Mensch nicht? ... vermutlich ahnt noch niemand von uns, was der Mensch demnächst wissenschaftlich alles kann. Aber wo bleibt ... bei den wissenschaftlich registrierbaren Gehirnströmen der blühende Baum? Wo bleibt die Wiese? Wo bleibt der Mensch? Nicht das Gehirn, sondern der Mensch, der uns morgen vielleicht wegstirbt und ehedem auf uns zukam? Wo bleibt das Vorstellen, worin der Baum sich vorstellt und der Mensch sich ins Gegenüber zum Baum stellt? ... Steht der Baum ›im Bewußtsein‹, oder steht er auf der Wiese? Liegt die Wiese als Erlebnis in der Seele oder ausgebreitet auf der Erde? Ist die Erde in unserem Kopf? Oder stehen wir auf der Erde?«[513]

3.4 Der Charakter von Philosophie: wissenschaftliche Fragen und die Erfahrung des denkens zweiter Ordnung

Zeit für einige einfachere Bestimmung dessen, was philosophieren ist. Dem amerikanischen Philosophen Jay Rosenberg (* 18. April 1942 in Chicago; † 21. Februar 2008 in Chapel Hill, North Carolina), einem Schüler von Wilfrid Sellars, gelang es mit *Philosophieren. Ein Handbuch für Anfänger*, ein philosophisches Buch zu schreiben, das durchaus gut ist, sich zugleich aber über die Jahre auch kontinuierlich verkauft. Es ist im Original 1984 erschienen und für Studienanfänger geschrieben und als Einführung in die »grundlegenden Erkenntnismittel und intellektuellen Strategien«, also als methodischer Leitfaden des philosophierens geschrieben. Was die Frage der Darstellung angeht – eine Frage, die beim philosophieren immer wieder eine große Rolle spielt, denn es macht einen Unterschied, in welcher Form ich einen Gedanken formuliere –, entschied sich Rosenberg für die Form des philosophischen Essays. Nach einer Erklärung, wozu das Buch dient, stellt er im ersten Kapitel die Frage nach dem Charakter der Philosophie. Manches wird Ihnen bereits bekannt sein – woran Sie sehen, dass Sie inzwischen bereits Profiqualität entwickelt haben. »Was ist eigentlich Philosophie? Philosophie ist etwas, was Menschen tun. Sie ist Praxis. Genauer: Philosophie als Praxis ist eine Tätigkeit der Vernunft. Allein besagt das wenig, denn welche typisch menschliche Praxis ist nicht eine Tätigkeit der Vernunft? Literatur, Geschichte, Naturwissenschaften – sie alle sind es zweifellos; aber Philosophie ist weder Literatur noch Geschichte noch Naturwissenschaft, obwohl sie literarisch, historisch (im weiteren Sinn), sogar naturwissenschaftlich sein kann. Philosophen tragen in der Praxis ihre Gedanken häufig in schriftlicher Form vor, doch ist nicht schöpferischer literarischer Ausdruck ihr Anliegen. Sie diskutieren häufig die Ansichten historischer Vorgänger in deren geschichtlichem Zusammenhang, doch geht es ihnen nicht um ein gelehrtes Sichten historischen Materials. Und häufig bringen sie Erklärungen und Theorien vor, aber ihr Theoretisieren beruht nicht auf kontrollierten Beobachtungen und Experimenten und ist diesen nicht in derselben Weise verpflichtet wie die Theoriebildung des Naturwissenschaftlers. Was *ist* das Anliegen des Philosophen?«

Rosenberg erläutert, dass der Impuls, Fragen zu stellen und zu staunen, sicher ein Auslöser sei. Die Fragen, die sich stellen – etwa »bin ich wahrhaft frei?« oder »was ist der Sinn des Lebens?« –, sind Impulse, die jeder Mensch kennt, denen er aber nur bedingt nachgibt. Einer der Gründe dafür ist, dass die meisten Menschen nicht wissen, *wie* sie an solche Fragen herangehen sollen. Viele fragen sich, *ob* man es überhaupt kann. Rosenberg weiter:

»Das eigene Denken windet sich, stolpert in engen Kreisen, wird verkrampft und verwickelt. Schließlich geht der Augenblick vorbei, oder man läßt ihn vorbeigehen. Irgendwie ist die Frage abgetan, ist zurückgestellt, verworfen oder verdrängt. Und doch könnte ein Gefühl zurückbleiben – das frustrierende Gefühl, daß dies sicherlich wichtige Fragen sind, Fragen mit wichtigen Antworten. Wenn man nur wüßte, wie man sie finden kann. Ein aktiver Philosoph ist unter anderem jemand, der sich bemüht, sie zu finden. Ein Teil der Arbeit eines solchen Philosophen besteht darin, über derartige Gefühle hinauszugelangen und solche Fragen in die Reichweite der Tätigkeit der Vernunft zu bringen, sie vom Herzen in den Verstand zu verlagern. Ein Teil der Aufgabe des Philosophen besteht darin, aus solchen Fragen etwas zu machen, worüber man nachdenken kann – und dann darüber nachzudenken. Dafür brauchen Philosophen sowohl eine allgemeine Strategie – eine Methode – als auch besondere Taktiken, nämlich spezifische Techniken, um jene Methode anzuwenden ... Philosophie ist, kurz gesagt, eine Disziplin. Philosophie stellt man sich vielleicht am besten als eine durch ihre Methode, weniger durch ihren Gegenstand bestimmte Disziplin, vor ... Eines der anfangs besonders auffallenden Charakteristika von Philosophie ist wirklich die Vielfalt verschiedener Philosophien diverser anderer Disziplinen – Wissenschaftstheorie, Kunstphilosophie, Religionsphilosophie, Geschichts-, Rechts-, Sprachphilosophie und so fort durch den ganzen Katalog der intellektuellen Beschäftigungen, denen Menschen nachgehen ... So gesehen, ist Philosophie als Tätigkeit die Anwendung von Vernunft auf ihr eigenes Tun, das rationale Erforschen rationaler Tätigkeiten. Damit gelangt die Philosophie in die Reichweite ihres eigenen Tätigkeitsfeldes, und tatsächlich gibt es auch die Philosophie der Philosophie (metaphilosophische Forschung) ... darin liegt ein weiterer Grund, weshalb es schwierig oder unmöglich ist, eine bündige Aussage über den Gegenstand philosophischer Forschung zu machen ... Die Geschichte der Philosophie – das große Werk früherer Philosophen – hat in dieser Betrachtung eine besondere Funktion. Sie werden sehen, daß der größte Teil der laufenden Arbeit eines philosophischen Praktikers in der kritischen Beurteilung von Positionen und Argumenten anderer Philosophen besteht ... Die Geschichte der Philosophie spielt in der Praxis des Philosophierens eine entscheidende methodologische Rolle. Sie tritt nicht als

Gegenstand philosophischer Untersuchungen auf, sondern als ihr Medium. Sie liefert den Philosophen eine gemeinsame Fachterminologie, ein gemeinsames Begriffsvokabular sowie eine Menge von Musterbeispielen philosophischen Argumentierens.«[514] Gerade der letzte Gedanke ist mit Sicherheit sehr zutreffend. Die Geschichte der Philosophie, die zugleich immer auch Real-, Denk- wie Begriffsgeschichte ist, bildet ein wichtiges Material für die philosophische Arbeit. Dieses Material informiert im besten Sinn des Wortes – es bringt auf historische Spuren, vermittelt Quellen und in-formiert das denken, d. h. bringt es begrifflich in eine Form. Dieses in-formieren der philosophischen Arbeit hilft tatsächlich dabei, ein gewisses Begriffsvokabular zu teilen – auch wenn es immer wieder mit neuen Methoden und Einsichten neue Begriffe gibt.[515] Dennoch merkt man, finde ich, dass Rosenberg bei seinem Lehrer Wilfrid Sellars (* 20. Mai 1912 in Michigan; † 2. Juli 1989 in Pittsburgh) in die Schule gegangen ist. Sellars hat in fast allen Bereichen der theoretischen Philosophie einflussreiche Beiträge geleistet. Besondere Wirkung übte er auf Denker wie Robert Brandom, John McDowell und Richard Rorty aus. Sellars selber war wiederum von dem amerikanischen Logiker und Philosophen Willard Van Orman Quine (* 25. Juni 1908 in Akron, Ohio; † 25. Dezember 2000 in Boston, Massachusetts) und von Immanuel Kant besonders beeinflusst – und das sticht bei Rosenberg hervor. Philosophie wird von Rosenberg als Praxis der Vernunft – des denkens – verstanden. Aber Praxis ist in erster Linie Denk-Praxis. Logik und Argument spielen die zentrale Rolle. Fragen des Geschmacks etwa oder Gefühle muss man gleichsam übersetzen und auf eine logisch oder argumentativ verwertbare Form bringen, um sie dann in die Philosophie einspeisen zu können. Das ist sicher richtig, einerseits, denn Gefühle sind zunächst keine Argumente. Aber sie stellen wichtige Intuitionen dar, die unser denken, wenn nicht beeinflussen, so doch »umspielen«. Insofern gehören sie zum denken, auch wenn das seltsam klingen mag. Auch Gefühle haben ihre Logik (auch wenn diese vor allem auf chemischen Abläufen beruhen mag – aber gilt das nicht für alles, was wir tun?). Vor allem Dichtern gelingt es immer wieder, Gefühle so in Worte zu fassen (wenn man will: zu übersetzen), dass sie zum einen präzise und klar, zum anderen aber in oder trotz der Übersetzung in das sprachliche Medium sehr frisch erscheinen. Solche Dichter-Sätze sind zwar noch keine Argumente, haben aber dennoch eine unmittelbare Überzeugungskraft – vielleicht weil sie eine Art von kondensierter Erfahrung in Satzform darstellen. Diese Satzform ist nicht selten ausreichend, um in den philosophischen Prozess eingespeist zu werden. Heidegger, von dem Sie eben eine Kostprobe bekamen, wäre ein ebenso gutes Beispiel wie Nietzsche. Was ist das Haus des Seins, die Stimme, der Abgrund oder der Mensch als eine Brücke? Derartige Metaphern sind noch keine Argumente. Aber es gibt, außer in der strengen Logik, in Wahrheit nur höchst selten Argumente, die völlig ohne Metaphern auskommen. Deshalb befasst sich ein nicht unbedeutender Zweig der Philosophie nicht nur mit dem Verhältnis von Literatur, Dichtung und denken, sondern vor allem mit der Genese, der Struktur und Geschichte von Metaphern.[516] Sich mit der Geschichte von Metaphern zu befassen bedeutet keineswegs, bei der historischen Bedeutungsforschung oder bei Begriffsarchäologie stehen zu bleiben. Vielmehr führt die Beschäftigung immer wieder dazu, versteckte oder irgendwann einmal eingestürzte Gedankengänge zu entdecken und freizulegen. Auch »alte« Metaphern können mit einem Mal dazu beitragen, etwas Gegenwärtiges neu, anders, umfassender und zutreffender zu beschreiben. Es geht immer um Erkenntnis. Vermutlich würde Rosenberg all das nicht abstreiten. Und doch spielt der Begriff der Erfahrung, der Lebenspraxis, für ihn keine so wichtige Rolle.

Damit hängt ein zweiter Punkt zusammen: die Bedeutung der Naturwissenschaften und die Beziehung des philosophischen Erkennens zu ihnen. Auch das ist ein Thema, das weit in die Geschichte zurückreicht, wenngleich Habermas' Analyse wohl richtig ist, dass die eigentliche Trennung von Wissenschaften und Philosophie erst mit bzw. nach Hegel beginnt. Versuche, philosophieren als Wissenschaft zu betreiben, hat es mehrfach gegeben.

Sie sind alle gescheitert. Heideggers Lehrer Edmund Husserl (* 8. April 1859 in Proßnitz, Mähren; † 27. April 1938 in Freiburg im Breisgau) beispielsweise, dem Sie schon als Begründer der Phänomenologie begegnet sind, entwarf ein Programm der *Philosophie als strenge Wissenschaft*.[517] Eine der zentralen Fragen darin ist, wie die Gegebenheiten (körperlicher) Erfahrung zu objektiver Bestimmung kommen können und welche Funktion experimentelle Methoden in diesem Prozess übernehmen.[518] Letztlich liefern ja auch die naturwissenschaftlichen Methoden per se noch keine direkten Argumente. Zunächst liefern sie, ob nun im Labor oder außerhalb, Erfahrungen, die dann in valide Daten und Theorien (oder ihre Widerlegung) übersetzt werden müssen. Am Ende spielt das Medium des Bewusstseins – ob man es nun Geist nennt oder nicht – eine entscheidende Rolle. Denn nur mit Bewusstsein kann eine Erfahrung sprachlich formuliert werden – ob nun in den Naturwissenschaften, in der Kunst oder in der Dichtung. Argumente sind, vereinfacht gesagt, wie die Wissenschaft auch in der Lebenswelt verankert, der sie sich verdanken. Dort finden sie auch ihre »Nahrung«. Ist, von dieser Perspektive der Lebenswelt aus betrachtet, der Unterschied zwischen der Produktion naturwissenschaftlicher Erkenntnis und dem Erkenntnisgewinn durch Dichten oder Kunst wirklich so groß, wie er erscheint? Es würde zu weit führen, das Verhältnis zwischen Philosophie und Naturwissenschaft hier einer Klärung zuzuführen – falls diese überhaupt möglich ist.[519] Ich würde jedoch gerne kurz auf einen Gedanken eingehen, der mit Rosenbergs Verständnis der Unterschiede zwischen den einzelnen naturwissenschaftlichen Disziplinen und der Philosophie als akademischer Disziplin zu tun hat.

Beginnen möchte ich mit einer Rede im vergangenen Jahr 2011 in Berlin, die mich sehr beeindruckt hat. Der niederländische Psycholinguist Willem Johannes Maria Levelt (* 17. Mai 1938 in Amsterdam), der einer der einflussreichsten Forscher über menschlichen Spracherwerb und Sprachproduktion ist, machte in seiner Rede unter anderem darauf aufmerksam, dass Sprache wie auch Denken und andere, traditionell als »mentale«, geistige oder kulturell bezeichnete Fähigkeiten immer biologisch in uns angelegt sind. Geist, Gefühle, denken und vieles andere mehr gehört zu unserer biologischen Ausstattung oder Natur. Doch Levelt ist weit davon entfernt, daraus nun ein reduktionistisches Argument in Sachen »wir Naturwissenschaftler klären alles« zu machen. Warum? Weil die biologischen Anlagen allein, die wir von Natur aus scheinbar auch ohne jeden kulturellen Kontext haben, uns nichts nützen würden, wenn wir sie nicht innerhalb einer Kultur durch andere Menschen aktivieren und zu gebrauchen lernen würden, etwa indem wir das Sprechen und mit ihm zusammen auch das Denken lernen. Um Mensch zu werden, müssen *wir* unsere biologischen Anlagen mitsamt den Erfahrungen, die sie uns ermöglichen, aktivieren, indem wir sie mit der geistig-kulturellen Dimension oder Sphäre verbinden. Es ist wichtig, dies zu betonen: *Wir* müssen die Anlagen ausbilden und kultivieren – denn es genügt nicht, dass *sich* die Anlagen selbst, gleichsam unter Umgehung von Kultur oder anderen Menschen, in den Stand-by-Modus bringen. Natürlich stellen Sprachen und unser denken, das im Kontext von Gesellschaften und Kulturen entsteht, in die wir zunächst ohne eigene Entscheidung eingebunden sind, Verbindungen her, wie Rosenberg andeutete. Aber auch das Gegenteil ist der Fall: Sprache und denken können uns auch trennen. Die Differenzen zwischen Kulturen, Weltanschauungen oder Denkweisen sind seit Jahrtausenden Quelle vieler blutiger Konflikte. Insofern sollten wir das Janusgesicht der Sprache und unseres kulturellen Erbes, aber auch das Doppelgesicht der Erfahrung und des denkens, das mit der Entwicklung unserer kultur-biologischen Anlagen einhergeht, nicht verdrängen. Um Mensch zu werden, so Levelt, müssen wir lernen zu sprechen, zu denken, zu kommunizieren, Probleme zu lösen, Hürden zu überwinden und somit auch Gefühle und Erfahrungen aller Art mit unseren kognitiv-logischen Vermögen zu verbinden. Und umgekehrt: Um das, was wir geworden sind, und die komplexen Prozesse, die sich bei der Entstehung von Bewusstsein, denken oder Kultur abspielen, besser verstehen zu können, müssen wir die Dimensionen von Kultur und »Geist« verstehen lernen – und nicht nur die biologischen Grundlagen. Die naturwissenschaftlichen und die kultur- und geisteswissenschaftlichen Methoden müssen demnach Hand in Hand arbeiten, um ein wirklich umfassendes Verständnis von uns selbst zu ermöglichen. Es bleibt daher eine die Disziplinen und Fächer übergreifende Aufgabe, beides – Natur und Kultur – zusammenzuführen, wenn wir den Menschen, sein denken und seine besondere Art und Weise, Fragen zu stellen und auf sie zu antworten, verstehen wollen.

Natürlich ist die Reichweite des philosophischen Erkennens ins Konkrete, wie Dietmar von der Pfordten bemerkt, geschichtlichen und mit der Entwicklung der Einzelwissenschaften zusammenhängenden Veränderungen unterworfen und insofern variabel. Was jedoch über die Zeiten hinweg konstant geblieben ist, ist die (inzwischen immer deutlicher werdende) Notwendigkeit zur interdisziplinären Zusammenarbeit. Rein theoretisch findet interdisziplinäre Arbeit, nicht nur unter dem Druck der Exzellenz-Initiative der Bundesregierung, ständig statt. Nur – findet sie wirklich statt? Ein weites Feld. Wenn die offizielle Maske fällt, geben Wissenschaftler nicht selten zu, dass das »Interdisziplinär-Gütesiegel« auf einem Exzellenz-initiativen-Projekt zwar leider notwendig, aber in Wahrheit oft reine Tarnung ist. Dabei steckt der Teufel nicht nur im Detail der unterschiedlichen Methoden, der zuweilen höchst unterschiedlichen Fachsprachen und der Untersuchungsziele. Schwierigkeiten machen auch die unterschiedlichen Temperamente nicht nur einzelner Forscherpersönlichkeiten, sondern auch des Typus von Forscher, der durch bestimmte Disziplinen »herangezogen«, also diszipliniert worden ist. Selbstaufklärung wäre häufig nicht nur notwendig, sondern unumgänglich, um mehr interdisziplinäre Projekte voranzubringen, die den Namen auch verdienen. Philosophie als Disziplin an Universitäten und Hochschulen hätte an dieser Stelle eine ideale Brückenfunktion (einer von vielen Gründen, warum wir sie brauchen), denn es gehört zu den herausragenden Aufgaben guter philosophischer Arbeit, qualifizierte Übersetzungsarbeit zwischen den wissenschaftlichen Disziplinen zu leisten: vorausgesetzt, die Philosophen haben sich auf anderen Gebieten kundig gemacht. Faktisch ist Philosophie als Fach im Wissenschaftsbetrieb vielfach in eine Nische abgedrängt (Philosophen sind die, die philosophische Texte studieren, denn das ist es, was akademische Philosophen heute in erster Linie machen und damit auch so uninteressant werden lässt). Aus den Exzellenzclustern ist sie, weitgehend, herausgefallen.[520] Dabei könnte es für die philosophische Disziplin nicht nur darum gehen, die eigenen Erkenntnisse zur Kenntnis zu nehmen und im eigenen Saft zu schmoren, sondern auch die der Einzelwissenschaften; doch statt sie in einer neuen Disziplin nur zu addieren, würde es dann darum gehen, sie neu aufeinander zu beziehen und über die Art ihrer Beziehungen nachzudenken. Auf diese Weise könnte philosophischer Arbeit eine wirkliche Übersetzer-Funktion zukommen – vorausgesetzt, sie kultiviert diese. Richard Rorty (* 4. Oktober 1931 in New York City; † 8. Juni 2007 in Palo Alto, Kalifornien) siedelt eine der zentralen Aufgaben der Philosophie gerade in der Tätigkeit zu bilden an – wozu die Ausbildung neuer Beschreibungen und Rahmen gehört. Neue Muster zu finden, die es ermöglichen, mehr Dinge in sie einzusortieren, ist durchaus möglich, ohne auf die alten Gleise der Metaphysik einzuschwenken. Es geht nicht darum, nach einer großen verborgenen Realität zu suchen, sondern Zusammenhänge und Übergänge in den Erscheinungen, in unseren Erfahrungen zu finden – indem wir nach gemeinsamen Mustern Ausschau halten.[521] Neben die »systematische Philosophie« muss daher eine »bildende Philosophie« treten, die Brücken zu finden versucht. Genau dies, hatte Rorty behauptet, gehört zu einer modernen Form der Liebe zur Weisheit – zu verhindern, »daß unsere Gespräche zu Forschungsprozessen degenerieren, zu einer Tauschbeziehung von Theorien«. Genauigkeit in der Sache zu beweisen bedeutet nicht, gerade deshalb die Bemühung aufzugeben, einander Erkenntnisse zu vermitteln. Deshalb sucht »die bildende Philosophie nicht eine objektive Wahrheit zu finden, sondern sie sucht das Gespräch in Gang zu halten … Der bildende Diskurs versucht die Gefahr abzuwenden, daß irgendein

Vokabular, irgendeine zukünftige Beschreibungsmöglichkeit ihrer selbst, die Menschen zu der Täuschung veranlassen könnte, von nun an sollten und könnten alle Diskurse normale Diskurse sein ... Der bildende Philosoph zieht demnach mit Lessing das unendliche *Streben nach* Wahrheit ›der ganzen Wahrheit‹ vor ... Das Inganghalten eines Gesprächs als hinreichendes Ziel der Philosophie zu sehen, Weisheit als das Vermögen zu verstehen, ein Gespräch mitzutragen, heißt, den Menschen nicht als ein Wesen zu sehen, das man irgendwann akkurat beschreiben zu können hofft, sondern als den Erzeuger von Beschreibungen« – die weitere Beschreibungen nach sich ziehen.[522] Rortys Verständnis scheint mir eine der besten Erklärungen und Widerlegungen der alten Kritik an »der« Philosophie zu sein, dass nämlich philosophisches Arbeiten zu keinerlei Fortschritt, keinerlei definitiven Endresultaten führe. Richtig, könnte man sagen – und gut so. Denn zu philosophieren bedeutet, mit der Zeit zu gehen, die sich ändert – und folglich auch neue Selbstbeschreibungen des Menschen, seiner Welt und seines Lebens zu liefern. Auch wenn der Vergleich hinkt: Beschweren wir uns, dass wir seit Jahrhunderten immer wieder durch dieselben Reize verführt werden bzw. selber verführen und uns verführen lassen? Auf ähnliche Weise werden wir, nicht zuletzt durch den Gebrauch der Sprache, immer wieder zu denselben Fragen verführt. »Solange es ein Verbum ›sein‹ geben wird«, schreibt Wittgenstein, »das zu funktionieren scheint wie ›essen‹ und ›trinken‹, solange es Adjektive ›identisch‹, ›wahr‹, ›falsch‹, ›möglich‹ geben wird, solange von einem Fluß der Zeit und von einer Ausdehnung des Raumes die Rede sein wird, usw., usw., solange werden die Menschen immer wieder an die gleichen rätselhaften Schwierigkeiten stoßen, und auf etwas starren, was keine Erklärung scheint wegheben zu können.«[523] Insofern ist es, wie Wittgenstein nahelegt, vielleicht mehr unsere eigene Vorstellung von Fortschritt, die seltsam ist, als der Umstand, dass Philosophen keine Fortschritte zu machen scheinen. Wie auch immer: dass Philosophieren nicht, wie beispielsweise Newtons Physik, am Ende ist, ist ihr Glück und ihre Zukunft.

Zu philosophieren heißt:
Dem denken weiter zu folgen,
indem man sich auf
seine Erfahrungen und die Erfahrung
des denkens einlässt.

**philosophieren ist ein kritisches Offenhalten
neuer, aber zutreffender Beschreibungen.**

Gerade deshalb können die Naturwissenschaften dem philosophieren kein Vorbild sein (außer in ihrem Wandel). Es geht nicht um definitive Resultate, sondern immer nur um die jeweils besten Möglichkeiten, das ganze Muster des Lebens möglichst vielgestaltig zu sehen, zu beschreiben und zu verstehen, vielleicht auch – zu steuern. Der Fortschritt und die Zukunft der Philosophie, so Rorty, bestehen nicht darin, dass sie immer wissenschaftlicher werden.[524] Hegel *ist* fortgeschrittener als Hume und Kant als Aristoteles –, »aber die Späteren sind der *richtigen Lösung* der philosophischen Probleme nicht näher gekommen als die Früheren« – so wie keine Gesellschaft der Forderung der Moralität wirklich näher gekommen ist. Die Frage nach der Objektivität der Menschenrechte – gleichsam nach ihrer »Wissenschaftlichkeit« – im Sinne der Objektivität von Quarks zu stellen, ist sinnlos. Richtig ist, daran festzuhalten, dass diese Vorstellung in einer Diskussion im UN-Sicherheitsrat ebenso wichtig ist wie die Quarks bei der Diskussion über die Struktur der Materie in einer naturwissenschaftlichen Akademie. Es gilt, sich von der geradezu sklavischen Treue zu einer (falschen) Vorstellung vom inneren Wesen der Realität zu befreien. Auch die Wissenschaften bieten »nur« Beschreibungen – so wie die Literatur oder die Arbeit des philosophierens im Idealfall treffende, sehr treffende Beschreibungen von uns und unserer Welt liefern. Es geht dabei auch nicht um die Frage eines Mehr oder Weniger von Komplexität (falls das überhaupt zu vergleichen ist): denn komplex sind die meisten dieser Beschreibungen. Es geht vielmehr im Kontext von universitären Disziplinen darum, angesichts des Drucks von Institutionen, Geld und Ansehen so auszubilden, dass Vorlieben – welche Bücher man liest, wen oder was man bewundert, wie man sein muss … – zwar ausgebildet, aber offen gehalten werden für anderes. Selbst Methoden sind nicht heilig, sondern nur zutreffend genaue »Beschreibungen von Tätigkeiten, deren sich die begeisterten Nachahmer des einen oder anderen originellen Kopfes befleißigen … Die Geschichte der Philosophie ist nicht die Geschichte der gewissenhaften Durchführung von Forschungsprogrammen, sondern die Geschichte der Gestaltwechsel. Letzten Endes verlaufen solche Programme stets im Sande, aber die Gestaltwechsel haben vielleicht bleibende Wirkung und ermöglichen in der Zukunft neue Gestaltwechsel« – womit, zumindest fürs Erste, eine gewisse Antwort auf die Frage nach der Zukunft der Philosophie gefunden wäre.[525] Wenn es immer wieder darum geht, neue Selbstbeschreibungen zu finden, neue Übergänge zu schaffen, neue Brücken zwischen den Disziplinen zu bauen – dann muss in der Arbeit des philosophierens ein Geist des Anfangs kultiviert werden, der im Zen-Buddhismus häufig als »Anfänger-Geist« bezeichnet wird. Man kann es auch etwas französischer und psychoanalytischer sagen, so wie Jean-François Lyotard in *Postmoderne für Kinder*. Jemanden zu bilden, argumentiert Lyotard, bedeutet, den möglichen Geist, den Geist der Kindheit in ihm zu fördern. Für den Lehrer bedeutet das, sich vom Ungeheuer seiner eigenen Kindheit zu emanzipieren, um anderen eine bessere Kindheit zu ermöglichen. »Was die Philosphen von den Analytikern unterscheidet«, schreibt Lyotard, »ist, daß sie viele Väter haben, zu viele, um eine *einzige* Vaterschaft anerkennen zu können. Daraus folgt aber, daß Philosophieren vor allem Autodidaktik ist.«[526] Wer nicht nur *eine* Richtschnur, *ein* Vorbild hat, sondern mehrere, ist gezwungen, inmitten dieser Pluralität selber auszuwählen und selber seinen Weg zu gehen. Kritisch zu denken bedeutet in diesem Zusammenhang, der Versuchung zu widerstehen, sich *einer* Autorität anzuschließen, nur weil sie eine Autorität ist und man hinter dem breiten Rücken eines anderen Schutz findet. In Wahrheit kann man »keine Frage exponieren, ohne nicht zugleich sich selbst zu exponieren. Keinen ›Gegenstand‹ in Frage stellen ... ohne nicht von ihm selbst in Frage gestellt zu werden«, schreibt Lyotard. »Ohne also an jene Zeit der Kindheit anzuknüpfen, die die Zeit des Möglichen des Geistes ist. Man muß wieder-beginnen. Kein Geist, auch nicht der des Philosophielehrers, kann philosophisch sein, wenn er sich im Besitz der Frage wähnt, wenn er in die Klasse tritt, ohne nicht wieder von vorne zu beginnen. Ohne den Gang nicht wieder am Anfang aufzunehmen.«[527]

**Einsicht in die Strukturen,
die Muster der Welt gewinnen
kann man nur, wenn man eintaucht
in die Welt,
die Grenzen der Disziplinen überwindet
und sich Einsicht selbst erwirbt.
Fortschritt im philosophieren bedeutet:
immer wieder anzufangen und weiter zu lernen.**

Insofern sollte man sich auch nicht mehr über die Autonomie der Philosophie allzu sehr beunruhigen, schreibt Rorty in *Philosophie & die Zukunft*. Sich nicht mehr zu beunruhigen bedeutet, damit aufzuhören, sich selbst an der Spitze einer hierarchischen Ordnung von Disziplinen zu sehen (so wie sich die Metaphysik über Jahrhunderte hinweg für die absolute Spitze der Erkenntnis halten konnte). Es »bedeutet unter anderem, nicht länger saubere, exakte Trennungen zwischen philosophischen Fragen einerseits und politischen, religiösen, ästhetischen oder ökonomischen Fragen andererseits ziehen zu wollen. Sofern wir Philosophen nicht bereit sind, eine gewisse Entprofessionalisierung zu akzeptieren und eine gewisse Unbekümmertheit mit Blick auf die Frage anzunehmen, wann wir Philosophie betreiben und wann nicht, wird Philosophie nicht die bescheidende, aber dennoch wesentliche Rolle spielen«, die sie, nicht zuletzt an staatlichen Hochschulen und im Leben des Einzelnen, spielen könnte.«[528] Meine persönliche Ansicht in Bezug auf philosophische Arbeit ist, dass sie es mit einer Art von denken zu tun hat, die immer wieder bereit sein sollte, von vorne anzufangen. Genau das unterscheidet sie fundamental von den empirischen Naturwissenschaften. Die meisten Naturwissenschaftler hegen, den wissenssoziologischen und wissenschaftshistorischen Überlegungen von Thomas S. Kuhn und anderen zum Trotz, die Vorstellung, dass die Entwicklung der Wissenschaften ein Prozess des steten Wachstums, der Anhäufung von Wissen sei. Der Normalfall der Wissenschaft ist, analog zur Vorstellung von Markt und Wirtschaft, ein auf stetiges Wachstum angelegter Prozess. Kuhn und andere halten dagegen, dass sich vielmehr bestimmte Denktypen und Paradigmen von Forschung faktisch abgelöst haben. Es gibt keine Anhäufung, sondern verschiedene Haufen von Wissen. Der Prozess des philosophischen denkens lässt sich meiner Meinung nach nur dann adäquat fortschreiben, wenn man das »ewige« Neu-Ansetzen, Neu-Anfangen nicht nur zur Ausnahme stempelt. Wenn es in der Philosophie darum geht, die Gegenwart im denken zu erfassen, dann ist die Arbeit an dieser Gegenwart nur »frisch«, wenn sie sich nicht auf die Verfallsdaten verlässt, die auf den Packungen für Begriffe und Theorien angegeben sind. Wie im richtigen Leben heißt es: selber fühlen, riechen, ausprobieren. Natürlich beginnt auch das denken keineswegs immer von vorne – sondern mittendrin. Und doch sollte man aufmerksam mit dem Umstand umgehen, dass auch gegenwärtig erscheinende Begriffe in Wahrheit Erinnerungen sind – die zutreffend sein mögen, vielleicht aber auch nicht, weil sich die Zeiten (und wir uns in ihnen) geändert haben.

**Philosophisches denken besteht nicht
nur in der Erinnerung, der Re-Produktion,
sondern vor allem auch in der immer neuen Produktion
von Mustern,
mit deren Hilfe wir unser Leben
aufschlüsseln, verstehen und steuern.**

Ein wirklich brauchbarer interdisziplinärer Rahmen, der vor allem für die Qualität der wissenschaftlichen Arbeit an Hochschulen, aber auch bei anderen Formen der Arbeit von entscheidender Bedeutung ist, kann sich nur entwickeln, wenn tatsächlich die strikten Trennungen der Fragen in Bereiche und zuständige Disziplinen aufgegeben werden. Es entspricht insbesondere dem Charakter der philosophischen Arbeit, nach solchen übergeordneten Verbindungen zu suchen und vernünftige Rahmen für die Integration von Erkenntnis zu entwickeln. »Zweieinhalbtausend Jahre des Philosophierens zeigen: Die Philosophie überschreitet alle geschlossenen und partikularen Systeme«, schreibt Dietmar von der Pfordten.[529] Philosophen überschreiten jedoch nicht nur immer wieder Fachdisziplinen, sondern auch zeitliche und kulturelle Räume und deren Beschränkungen. All das hängt nicht nur damit zusammen, dass zu philosophieren immer auch bedeutet, sich über sich selbst und die eigene Arbeit zu verständigen und aufzuklären. Es hängt vor allem auch damit zusammen, dass die Arbeit des philosophierens vier Merkmale aufweist, die sie prädestinieren, einen solchen Rahmen zu erarbeiten:

1. die Allgemeinheit ihres Gegenstandes und damit verbunden ihrer Begriffe und Urteile;
2. die Offenheit ihrer Ziele;
3. die prinzipielle Offenheit und Vielgestaltigkeit ihrer Methoden und Mittel sowie

4. die Arbeit an der Konstruktion einer weitestmöglichen, vielgestaltigen Perspektive bzw. eines Rahmens, der einen einheitlichen Blick auf das Ganze erlaubt.[530]

Zum Blick auf das Ganze steuern die Einzelwissenschaften je nach Vermögen ihren Anteil bei. Doch die Suche nach Einsicht in die Welt und ihre Strukturen gelingt nicht, wenn Einzelerkenntnisse einfach addiert werden. Es geht vielmehr um eine »möglichst weite und gleichzeitig vielgestaltige Perspektive«.[531] Ernst Cassierer hätte an dieser Stelle auf das universelle Bemühen um Kohärenz und Objektivität verwiesen. Der philosophische Rahmen ist also keine bloße Summe aller einzelnen Erkenntnisse der Welt (sonst wäre philosophische Arbeit nichts anderes als reines Sammeln ohne eigene Methode). Es geht vielmehr um die Einsicht in alle Strukturen, die eine eigene methodische Ausrichtung verlangt. Aufgabe des philosophierens ist es beispielsweise nicht nur, das Verhältnis von Gesellschaft zum Wissen (Wissenssoziologie), von Wissen und Wirtschaft (Wissensökonomie) und zu Politik (Politologie) zu untersuchen, sondern das all diesen Verhältnissen Gemeinsame, Zugrundeliegende herauszuarbeiten und zu verstehen. Genau *darin* besteht die eigene Arbeit des philosophierens. Es geht um »die *Gesamtheit aller einzelnen Gegenstände* und die *Gesamtheit der Verbindungen aller einzelnen Gegenstände* (einschließlich des Extrems ihrer vollständigen Negation)«.

**Philosophie als Disziplin an Hochschulen
ist u. a. das methodisch-systematische Bemühen
um Einsicht in »alle Strukturen« bzw.
»die allgemeine Struktur der Welt«.[532]**

Von der Pfordten vergleicht das Verhältnis des philosophierens, der Arbeit an einem solchen allgemeinen Rahmen mit den Einzelwissenschaften auf folgende Weise:

510

»Die Philosophie ist wie das Dach eines Zeltes. Die Stangen des Zeltes gleichen dem einzelnen Wissen. Das Dach des Zeltes kann nicht ohne die Stangen stehen. Aber auch die Stangen bedürfen des Dachs, um ein Zelt zu formen und nicht isoliert zu verharren.«[533] Der philosophische Rahmen ist also nicht nur von den Erkenntnissen der Einzelwissenschaften abhängig – er muss auch jeweils neu angepasst und flexibel eingerichtet werden. Und doch ist er mehr, als die Einzelwissenschaften leisten können – ohne über ihnen zu stehen. Er ist nur – anders. Zwar gibt es auch innerhalb der einzelnen Wissenschaften durchaus erkenntnistheoretische, sprachkritische oder sogar ethische Fragenstellungen. Doch diese spielen lediglich eine begrenzte Rolle (etwa in allgemeinen Einleitungsvorlesungen oder methodischen Überlegungen). Sie stehen aber nicht auf eine grundsätzliche und systematische Weise selbst im Fokus der Einzelwissenschaften. Genau dies aber leistet philosophische Reflexion – die damit nicht selten auch die Rolle einer Kommunikationsplattform in andere Wissenschaften oder die Gesellschaft hinein einnimmt.

Mir scheint es insofern durchaus zutreffend, mit Rosenberg zwischen einer Disziplin »erster« und »zweiter« Ordnung zu unterscheiden. Beispielsweise sorgt die Physik für Aussagen über Bewegungen von Körpern. Der Philosoph muss an dieser Stelle insofern passen, als er, wenn er sich zu dieser Erfahrung »erster« Ordnung äußert, sich zunächst voll und ganz auf das Spielfeld der Physik begibt. Auf ähnliche Weise wird ein Kunsthistoriker einem Philosophen Strukturen und Bezüge zwischen Kunstwerken zeigen können, die ein Philosoph in seiner Eigenschaft als Philosoph wahrscheinlich nicht sieht und die er sich folglich erst aneignen müsste. Im Prinzip sind jedoch alle Erfahrungen erster Ordnung, wenn sie universal und gültig sein sollen, von anderen Menschen nachvollziehbar – auch wenn dazu unter Umständen eine längere Ausbildung und ein solides, breites Fachwissen gehört. Ansonsten wäre es ja möglich, Beliebiges zu behaupten: dass ich Teilchen entdeckt habe, die schneller als Licht sind, oder dass ich behaupte, Mark Rothkos Maltechnik zeige, dass er einfach nie gelernt habe, gegenständlich zu zeichnen (was natürlich nicht der Fall ist, wenn man sein Werk kennt). Derartige Aussagen müssen nachprüfbar sein. Ein Philosoph, könnte man sagen, ähnelt daher einem guten Journalisten, insofern auch er sich in viele unterschiedliche Disziplinen hineinbegeben und Erfahrungen erster Ordnung sammeln muss. Philosophen wären in diesem Sinne durchaus auch neugierige, vielseitige Praktiker mit (gelegentlicher) Erfahrung in der Beobachtung erster Ordnung. Etwas ganz anderes sind jedoch – im Sinne von Rosenbergs Definition – Betrachtungen zweiter Ordnung. Wie beispielsweise sieht die Struktur der Begründungen aus, die jemand aus einer Disziplin erster Ordnung anführt, um eine Theorie über die Welt zu entwickeln? Wie genau ist die Beziehung des Beobachters zu dem, was er beobachtet, beschaffen – und wie seine Beziehung zur Sprache, mit deren Hilfe er das, was er glaubt, beobachtet zu haben, formuliert? Welche möglichen Begrenztheiten bringen seine Sprache, aber auch seine durch die jeweilige Methode bestimmte Beziehung zur Welt mit sich? Fragen dieser Art – und hinzu kommen noch weitere, etwa moralische Fragen – gehören zum Gebiet der Philosophie, nicht aber originär zum Gebiet der Naturwissen- oder auch der Kunstwissenschaften oder zum Journalismus. Insofern ist philosophieren ein sehr subtiles Arbeiten, das vor allem Naturwissenschaftlern seltsam erscheinen mag, weil es nur bis zu einem gewissen Grad mit konkreten Erfahrungen (Disziplinen erster Ordnung) zu tun hat. Die eigentliche Arbeit beginnt mit der Analyse der Strukturen von Erfahrungen – und besteht in sofern in einer nicht auf einen einzelnen Gegenstandsbereich ausgerichteten abstrakten Arbeit.

Wenn man diesen Aspekt der philosophischen Arbeit berücksichtigt, lösen sich einige typische Einwände gegen Philosophie als Disziplin tatsächlich auf, etwa die Behauptung, sie sei sogar unfähig, wie jede andere Wissenschaft ihren eigenen Gegenstandsbereich klar und eindeutig zu definieren. Ein weiterer, häufig gemachter Einwand besteht darin, philosophische Arbeit zu diskreditieren, weil sie nicht produktiv sei im Sinne der Herstellung von eindeutigen Ergebnissen erster Ordnung (so wie die Physik, die Biologie etc.). Und nicht zuletzt wird behauptet, Philosophie sei seltsam abgehoben, abstrakt – und somit elitär (was zuweilen, etwa mit Blick auf Heidegger, durchaus berechtigt sein mag). »Die Wurzeln dafür liegen in der Tatsache«, schreibt Rosenberg, »daß Philosophen nicht einfach über die Welt nachdenken« – das wäre Aufgabe einer Disziplin erster Ordnung (zu beobachten, zu notieren und daraus Schlüsse zu ziehen). Vielmehr denken sie auch »über das *Denken über* die Welt nach. Das Ergebnis sind also nicht neue Tatsachen, sondern ist neue Klarheit darüber, was die alten Tatsachen sind und was nicht, und darüber, auf welche Weise sie zu legitimieren sind. Praktizierende Philosophen sind demnach die Theoretiker par excellence, und da der Gegenstand ihres Theoretisierens von den Tatsachen einen Schritt entfernt ist, sind sie ganz das Gegenteil von praktischen Leuten. Denn das Wissen, auf das der Philosoph abzielt, ist nicht wie praktisches Wissen eine Voraussetzung für Handeln. Es ist Wissen um die Vorbedingungen jenes Wissens, das unser Handeln bestimmen *kann*.«[534] Ich stimme Rosenberg, was einen großen Teil der philosophischen Arbeit angeht, durchaus zu. Aber nicht ganz und gar. Philosophen müssen keineswegs unpraktische Menschen sein, zumal dabei immer der Verdacht mitschwingt, es handele sich auch um lebensuntaugliche Leute. Ihre spezielle Praxis ist nur eine andere. Denn das Wissen der Philosophen ist beispielsweise nicht nur Wissen über etwas, das unser Handeln bestimmen *kann* – dazu wäre meiner Meinung nach auch ein guter Psychologe fähig –, sondern auch ein Wissen über das, was unser Handeln bestimmen *soll*. Dieses praktische Wissen – falls man es Wissen nennen soll, denn es hat eine andere Konsistenz, ein anderes Gefühl an sich als physikalisches Wissen über den Stromfluss in meinem Computer – ist durchaus auf den Alltag und seine Bewältigung ausgerichtet. Der Umgang mit der Frage, wie wir leben sollen, ist nicht nur abstrakte Arbeit, die uns unberührt lässt, sondern birgt in sich selbst durchaus die Möglichkeit einer Erfahrung von dem, was zur Menschlichkeit gehört. *Dieses* Thema kann für die Physik oder Biologie *als* Physik oder Biologie kein Thema sein. Insofern kann (nicht: muss) philosophisches Arbeiten durchaus Einfluss haben auf die Art und Weise, wie wir leben – und kann (nicht: muss) neue Fakten schaffen. Wenn man das im Kopf behält, muss es einen nicht wundern, dass philosophische Arbeit sehr häufig aus einem denken »zweiter Ordnung« bestehen kann. Die konkreten Fragen, die sich in Bezug auf das Verhältnis philosophischer zu wissenschaftlicher Arbeit stellen, lauten in der Formulierung von Günter Abel:

»(i) Wie viel Empirie und wie viel wissenschaftliche Theorie braucht und verträgt Philosophie? (ii) Wie viel Philosophie ist in den Grundlagen der Wissenschaften implizit eingeschlossen? (iii) Welchen eigentümlichen Status hat die Reflexion auf Wissenschaften, die Reflexion also auf das, was als Wissen zählt, und auf das, was wir da tun, wenn wir Wissenschaft treiben und den Resultaten dieser Tätigkeiten einen bestimmten Status als Verkörperung und Sicherung von Wissen und Erkenntnis zusprechen?«[535]

Angesichts dieser Fragen erscheinen andere Definitionen von »Philosophie« zuweilen ein wenig seltsam – wie etwa die aus dem *Lexikon Philosophie. 100 Grundbegriffe:*[536]

»Man kann nicht definieren, was Philosophie ist, denn das, was das Wort meint, hat eine lange Geschichte, in der sich seine Bedeutung veränderte. Auch die buchstäbliche Wortbedeutung ›Liebe zur Weisheit‹ hilft nicht weiter, denn niemand, der sich heute dafür interessiert, möchte v. a. weise werden. Um trotzdem etwas Klärendes über Philosophie zu sagen, kann man aber andeuten, was seit den griechischen Anfängen jeweils so genannt wurde und was heute in dem Bereich geschieht, der diesen Namen trägt.«

Es ist durchaus möglich, auch in Abgrenzung von den Naturwissenschaften, zu sagen, worin philosophische Arbeit besteht. Ich möchte ausdrücklich hinzufügen, dass ich es für einen Irrtum und einen Mangel halte, moderne akademische Philosophie aufgrund eines übertriebenen Bedürfnisses zur Überprofessionalisierung (Rorty) ganz oder größtenteils vom Thema »Weisheit« abzukoppeln.[537] Sicher geht modernes philosophieren nicht in einer antiken Definition von »Liebe zur Weisheit« auf – diese Zeiten sind vorbei. Andererseits ist es nach wie vor gut, nach Weisheit zu suchen, nicht zuletzt weil Weisheit eine der wenigen, wenn nicht die einzige Tugend ist, die keine Nebenwirkungen hat (beinhaltet sie doch das Wissen um ihre eigenen Grenzen). Weisheit sollten wir daher auch in der philosophischen Arbeit suchen, hat sie doch mit der Widersprüchlichkeit, der Vielfalt der Perspektiven und der Ambivalenz, die sich daraus ergibt, wesentlich zu tun. Hinzu kommt, dass Weisheit uns fundamental fehlt, aber wesentlich dazu beitragen kann, glücklich zu werden. Wir sollten (und können) sie daher suchen, womit auch immer wir uns beschäftigen. Insofern bleibt selbst die Philosophie, trotz allem, ein möglicher Kandidat für die Suche nach Weisheit. Denn die Tätigkeit des philosophierens ist, bei allen Debatten um die Wissenschaftlichkeit, zugleich auch, wie Karl Jaspers formulierte, »Existenzerhellung«. Statt Metaphern der Annäherung an eine neue Wissenschaftlichkeit der Philosophie sollten wir dem Rat von Richard Rorty folgen und »Metaphern der Erweiterung unserer selbst verwenden, Metaphern, die davon handeln, wie wir uns selbst fähiger und besser machen«.[538] Rorty ist keinesfalls der Ansicht, man müsse Wahrheit gegen Freiheit ausspielen. Doch er ist ein großer Befürworter der Ansicht, dass neue Beschreibungen – wie Philosophen wie Kant oder Nietzsche, aber auch Naturwissenschaftler wie Newton oder Schriftsteller wie Proust sie erfunden haben – unser Leben reicher, vielfältiger und interessanter machen. Philosophie hat wesentlich mit dieser Fähigkeit, die Welt und uns in neuen Begriffen zu beschreiben (und uns flexibel zu halten im Angesicht der Tradition) zu tun. Das trifft sich aufs beste mit dem Resümee, das Bertrand Russell zum Abschluss seines äußerst lesenswerten Buches *Probleme der Philosophie* zieht (womit dieser Abschnitt über die Anfänge von Büchern über die Philosophie ausnahmsweise mit einem Ende eines Buches endet):

515

»Fassen wir unsere Betrachtungen über den Wert der Philosophie zusammen: man soll sich mit der Philosophie nicht so sehr wegen irgendwelcher bestimmter Antworten auf ihre Fragen beschäftigen – denn in der Regel kann man diese bestimmten Antworten nicht als wahr erkennen. Man soll sich um der Fragen selber willen mit ihr beschäftigen, weil sie unsere Vorstellung von dem, was möglich ist, verbessern, unsere intellektuelle Phantasie bereichern und die dogmatische Sicherheit vermindern, die den Geist gegen alle Spekulationen verschließt. Vor allem aber werden wir durch die Größe der Welt, die die Philosophie betrachtet, selber zu etwas Größerem gemacht und zu jener Einheit mit der Welt fähig, die das größte Gut ist, das man in ihr finden kann.«[539]

V. Epilog: Die Erfahrung des Nicht-denkens – Erwachen im Augenblick

Die Zeit geht vorüber,
Es gibt keinen Weg,
wie wir sie anhalten können –
Warum dann bleiben Gedanken zurück,
lange noch, nachdem alles andere
vergangen ist?
Ryōkan (1758–1831)[540]

In meinem Arbeitszimmer hängt eine Kalligraphie des Zen-Meisters Zenkei Shibayama (柴山 全慶 Shibayama Zenkei 1894–1974). Die Schriftzeichen, die auf dem von der Zeit leicht verblichenen Papier zu lesen sind, bedeuten:»Mu! Im Nichts ist der Weg. Gezeichnet Nanzen Kanmatsu Dojin«. In der Kunstform der Kalligraphie ist es üblich, dass berühmte und anerkannte Meister der Kalligraphie im Laufe ihres Lebens ihre Namen zuweilen häufiger wechseln. Manchmal fallen solche Namen mit einem Ortswechsel zusammen, stehen aber häufiger wie bei Hokusai, dem Künstler, der um 1830 die berühmte»Große Welle von Kanagawa« schuf, für unterschiedliche Phasen des Schaffens. Der Künstler nimmt sich dann die Freiheit, ein anderer zu sein oder einen anderen Aspekt seines Lebens besonders zu betonen. Shibayama zeichnete die Kalligraphie mit Nanzen Kanmatsu Dojin. Nanzen war das große Kloster, in dem Shibayama lange Zeit Abt war. Es ist eines der bedeutendsten Klöster in Kyoto – und einer der Haupttempel der Rinzai-Schule. Ihm waren fast 500 weitere Tempel zugeordnet, die zu Nanzenji gehören. Der Garten ist weltberühmt – und das Kloster blickt auf eine Geschichte zurück, die etwa bis 1290 zurückreicht. Nanzen bezeichnet also einen Ort – den Ort, an dem Shibayama arbeitete und mit dem er sich hier identifizierte. Kanmatsu bedeutet soviel wie»kalte Kiefer« und war Shibayamas Zen-Name. Dojin heißt übersetzt »Mann des Weges«. Die Unterschrift besagt also so viel wie im

Nanzen (Kloster) – Kalte Kiefer, Mann des Weges. »Kalte Kiefer« war ein in Japan hoch geachteter Zen-Meister, zugleich aber auch Übersetzer und Kommentator unter anderem eines berühmten buddhistisches Textes, des Mumonkan. Darüber hinaus war er ein international gerühmter Meister der Kalligraphie. Shibayama lehrte an der Otari University und spielte eine nicht unbedeutende Rolle beim »Export« des Zen-Buddhismus in die Vereinigten Staaten. Was bedeutet seine Anweisung (denn Mu ist nicht nur eine Frage, sondern gewissermaßen eine Aufforderung zu einem Tun) »Mu!« – und was der seltsame Satz »Im Nichts ist der Weg«?

Der Zen-Meister und Dichter Ryokan, ebenfalls in Japan hoch geschätzt und bis heute gelesen, war der Ansicht, dass Menschen voller Verlangen nach vielen Dingen seien – materiellen und immateriellen. Eines ihrer größten Probleme, so Ryokan, besteht darin, all ihre Bedürfnisse und Wünsche zu befriedigen. Aus ihrem Hang, immer wieder etwas Neues zu begehren (und manchmal sind es die richtigen, die wahren Gedanken zu einem Thema), erwächst nicht selten eine tiefe Verzweiflung. Die Menschen quälen sich, schreibt Ryokan.»Doch selbst wenn sie erlangen, was sie sich wünschen – wie lange sind sie in der Lage, sich daran zu erfreuen? Solche Menschen sind wie Affen, die krampfhaft nach dem Mond im Wasser greifen und schließlich in das tiefe Wasser fallen«, endlos gefangen »in den Leiden der fließenden Welt«.[541] Ryokans Sätze erinnern an die Geschichte von Thales und der lachenden Thrakerin. Ohne es zu sagen – aber das tun andere Gedichte von Ryokan – meint er unter anderem mit dem krampfhaften Griff nach dem Mond, bei dem wir ins Wasser greifen, den Versuch, die Welt, unsere Erfahrungen, in Gedanken, in Worten zu verstehen. Gedanken sind, wenn überhaupt, flüchtige Reflexionen der Wirklichkeit. Wenn man die Wirklichkeit erfahren will – oder die vollkommene Wahrheit, denn für diese steht der Mond nicht selten in japanischen Gedichten –, dann sollte man nicht zu den Zeichen, den Abbildern und Spiegelungen greifen. Das erhöht nur das Leiden.

Einer der Lehrer und Meister, die Ryokan bewunderte, war

Zen-Meister Dōgen(* 26. Januar 1200 in Uji; † im Spätsommer 1253 in Kyoto), der den chinesischen Chan-Buddhismus von China nach Japan brachte. Aus ihm entwickelten sich der Zen-Buddhismus und seine verschiedenen Schulen. Obwohl Dōgen viel lehrte und schrieb, war auch er dem denken gegenüber kritisch, zumindest wenn es darum ging, die wichtigen Dinge des Lebens nur gedanklich zu verstehen. Zumindest war er, selbst ein Fachmann in Sachen Dialektik und Logik, in Bezug auf die Reichweite des denkens skeptisch. Selbst wenn man das Richtige erkannt und die Lösung gefunden hat, meinte Zen-Meister Dōgen, oder zumindest meint, die Wahrheit über sich und die wichtigen Fragen des Lebens verstanden zu haben, und man dann versucht, all das, was man erfahren hat, in Worte zu fassen, dann scheint das, was man sagt, oft sehr weit von der Wahrheit entfernt zu sein.[542] Die Theorie, die Sätze, die eine Wahrheit ausdrücken sollen, erscheinen grau, während der Baum des Lebens grün ist. Wahrheit in diesem Sinn war für Dōgen, anders als für die modernen Wissenschaften oder die heutige Philosophie, eher eine Umschreibung für den komplexen Prozess des Greifens nach dem Mond. Dieser Prozess ist nie ein rein intellektuelles Unterfangen, sondern vielmehr, wie das Leben selbst, eine vielschichtige Erfahrung. In jedem Fall ist die entscheidende Wahrheit über das Leben mehr als nur die Eigenschaft einer (womöglich einzigen) Aussage. Die Erfahrung, um die es Dōgen und auch Shibayama (beide stammen aus unterschiedlichen Traditionen des Zen) immer wieder ging, wird in der Literatur oft etwas poetisch als das »Erwachen zur wahren Natur« umschrieben, ein Begriff, der sich auf Buddhas Erfahrung der Erleuchtung bezieht. Gemeint ist eine Erfahrung, die man zwar überall machen kann (man kann gleichsam überall erwachen), die jedoch häufig eine längere Zeit des Anschubs, des allmählichen Aufwachens erfordert. Dieser Anschub in Sachen Erwachen geschieht vor allem durch die Meditation des Nur-Sitzens. Mit der wahren Natur ist es, so die Tradition, tatsächlich wie mit dem Erwachen. Wenn man erwacht, ist die Welt keine radikal andere geworden, aber sie ist klar und weiter. Immer noch liegt man auf demselben Bett und ist dieselbe Person. Die Natur, zu der man erwacht, ist nichts, was man erst durch Fleiß, Arbeit (oder Meditieren) erwerben müsste. Diese Natur ist immer schon da – und doch sehen wir, wie auch Ludwig Wittgenstein meinte, das, was vor unseren Augen liegt, offenbar nicht. Warum? Eine gute Frage.

Einer der Gründe dafür, so die Analyse der buddhistisch-philosophischen Traditionen, ist die Fülle der Illusionen, die wir uns über das Leben und uns machen. So hilfreich Gedanken sein können, so sehr können sie andererseits auch die Sicht vernebeln. Die Frage ist, wann genau das der Fall ist. Ein untrügliches Kennzeichen scheint zu sein, dass Gedanken immer dann problematisch werden, wenn man sich an sie klammert. Oder wie wir im Westen sagen würden: wenn sie zu Dogmen werden, zu einer Lehre, die für uns zum Maß aller Dinge wird. Allerdings ist es ein großes Problem, zu sagen, was das Erwachen – die Erfahrung des Erwachens – wirklich ist. Das Ergebnis ist oft kümmerlich. Ein paar Bilder, ein paar Metaphern, ein Gedicht, zuweilen ein Aufschrei, ein Laut, der Verweis auf eine Kiefer oder ein Bündel Flachs im Hof. Das ist alles. Ein wenig viel Dichtung. Und Dichter, darin waren sich Aristoteles und Nietzsche einig, lügen zu viel. Für die Ansprüche westlicher Philosophie sind die Antworten der Erfahrungs-Sucher ein bisschen sehr spärlich, sehr einfach – um nicht zu sagen naiv. Und damit wenig überzeugend. Sollten ausgerechnet die großen Antworten so banal, so alltäglich, so unaufgeregt und unscheinbar sein? Sehr häufig werden in der Zen-Tradition Geschichten erzählt, wenn es um das Erwachen der Meister geht. Auch Meister Dōgen hat eine solche (wahre weil autobiographische) Geschichte. In meinem Buch über Weisheit schildere ich Dōgens Erfahrung.[543] Nachdem Dōgen bereits zwei Jahre in China war, wohin er von Japan aus aufgebrochen war, weil er in Japan nicht weiterkam mit seinen Bemühungen, die Erfahrung des Erwachens zu machen, übte er während des Sommer-Sesshins, einer intensiven Trainingsperiode des Jahres 1225, im noch dunklen, sehr stillen Zendo. Es war gegen drei

Uhr morgens, als ein Mönch, der direkt neben ihm saß, in tiefen Schlaf fiel. Dōgens chinesischer Meister Nyojo trat hinter den schlafenden Mönch und sagte laut:»Beim Zazen sind Körper und Geist abgefallen. Wieso schläfst du dann?« In diesem Moment wurde Dōgen neben dem schlafenden Mönch erleuchtet. Sein Geist öffnete sich, wie er beschrieb. Nicht Gedanken, nicht das Studium oder intellektuelles Wissen hatten den Durchbruch zur Weisheit gebracht, sondern das einfache Sitzen auf dem Kissen, auf dem Dōgen die große Frage nach Leben und Tod (nach der Bedeutung, dem Sinn von Leben und Tod) zu klären versuchte. Es war das Fallen-Lassen von Körper und Geist, d. h. von allen dualistischen Vorstellungen, das ihn erwachen ließ. In einer weiteren Prüfung bestätigte Nyojo Dōgens Erfahrung.»Um den Weg zu studieren, musst du eins werden mit dem Weg«, schrieb Dōgen viele Jahre später.»Vergiss dabei selbst die kleinste Spur von Erleuchtung und dem Denken an Erleuchtung«. Ein wichtiger Schritt zu dieser Erfahrung war Dōgen und vielen anderen Buddhisten zufolge also die Übung oder Praxis des Sitzens, der Meditation. Wer nicht übt, so Dōgen, wird die Erfahrung nur selten machen.»Wenn ihr nur richtig sitzt, kommt ihr in den Zustand, in dem ihr Körper und Geist fallen lasst. Wenn jedoch Fühlen und Denken diese unteilbare Erfahrung trüben, entspricht dies nicht mehr dem Prinzip der direkten Erfahrung, das jenseits täuschender Gefühle und Gedanken ist. Das Zazen auch nur eines einzigen Menschen in einem einzigen Augenblick stellt unsichtbare Harmonie mit allen Dingen her und hallt wider [...] durchdringt alle Zeiten«.[544]

Martin Heidegger, dessen philosophisches denken Berührungspunkte mit dem denken der östlichen Traditionen, insbesondere mit der Chan- oder Zen-Tradition aufweist, war einer der vielen westlichen Philosophen, der trotz einer gewissen Nähe nichts mit *dieser* Praxis des Umgangs mit essentiellen Fragen anfangen konnte. Diese Form der Meditation, das Nur-Sitzen, lag ihm fern. Er sah weder einen Sinn darin, noch verstand er es.[545] Darüber hinaus schienen ihm und vielen anderen westlichen Philosophen (um nicht zu sagen: fast allen) die Gedanken über das Erwachen durch Meditation alleine deshalb fremd, seltsam und ein wenig verdächtig zu sein, weil die Formulierungen, die dabei herauskamen, eher an Gedichte erinnerten als an Abhandlungen oder gar an verwertbare Argumente. Was über die Praxis des Sitzens zu sagen war, genügt offensichtlich nicht den diskursiven Standards. Dass die eigene Erfahrung des denkens durchaus auch im Westen seltsam und zuweilen wenig diskursiv ist – ich hoffe, diese Seltsamkeit ein wenig beschrieben zu haben –, scheint dabei weniger ins Gewicht zu fallen und leicht vergessen zu werden. Es ist seltsam: Heidegger beklagt sich ausgerechnet im Gespräch mit einem buddhistischen Mönch darüber, dass im westlichen denken – und genau das sei die entscheidende Erfahrung seines eigenen denkens gewesen – »eine Frage niemals gestellt wurde, nämlich die Frage nach dem Sein. Diese Frage ist deshalb von Bedeutung«, erklärt er dem Mönch, »weil wir im abendländischen Denken das Wesen des Menschen dadurch bestimmen, daß er in Bezug zum Sein steht und existiert, indem er dem Sein entspricht. Das heißt: Der Mensch ist als dieser Entsprechende dasjenige Wesen, das Sprache hat … Der Mensch ist ausgezeichnet dadurch, daß er Sprache hat, das heißt dadurch, daß er in einem wissenden Bezug zum Sein steht.«[546] Man kann darüber streiten, ob das Wesen des Menschen wirklich Sprache ist. Und auch darüber, was »wissender Bezug zum Sein« genau bedeutet. Wenn ich koche und genau weiß, wie eine Kombination von Kräutern schmeckt und wie lange (genauer wie kurz) ich sie in der Pfanne mit Öl, Chili und Knoblauch anbraten muss, dann habe ich auch einen wissenden Bezug zum Sein. Wenn ich einen Sport wirklich beherrsche, dann habe ich einen wissenden Bezug zum Sein, der durch meine Ski, durch meine Laufschuhe, durch die Planken des Segelboots geht. Wollte ich deswegen meinen Schuhen kognitive Funktionen zuschreiben? Oder meinen Füßen, weil sie wissen, wie sich ein Weg anfühlt?

Ein Zen-Meister wie Dōgen oder Shibayama, dessen Bild jetzt hinter mir und Ally hängt, während ich schreibe, hätte damit weniger Probleme. Er würde undogmatischer als Heidegger herangehen und mal in der Sprache, dem Haus des Seins, Unterschlupf suchen, mal aber auch auf dem offenen Feld oder bei den Kirschblüten; und mal auf seinem Sitzkissen oder bei einem Schwätzchen mit den Nachbarn. Ein Zen-Meister hätte es sich auch insofern einfach machen können, als er Heidegger hätte darauf hinweisen können, dass gerade die Frage nach dem Sein, nach der Buddha-Natur, in seiner Tradition sehr wohl gestellt wird, wenn auch, was paradox klingt, häufig als die Frage nach dem Nichts, genauer dem Nicht-denken. Die Art und Weise, wie man eine Antwort sucht auf diese Frage, ist im Westen meist eine andere als in den buddhistischen Traditionen. Entsprechend unterscheidet sich auch die Prüfung dieser Antwort, die nicht Ergebnis eines bloßen Denkvorgangs sein darf, sondern das Ergebnis einer Erfahrung sein muss. Welcher Erfahrung? Dōgen hätte sicher auf seine Erfahrung des Erwachens, des Ausfallens von Körper und Geist verwiesen. Shinjin datsuraku (身心脱落) bedeutet wörtlich übersetzt Körper Geist sich befreiend fallen lassen.[547] Ich hatte Ihnen im ersten Teil des Buches erläutert, dass viele Übungen der Meditation zum Ziel haben, denjenigen, der oder die meditiert, zu einer Erfahrung des Erwachens hinzuführen, in der denken und Tun, Fühlen und sprachliche Prozesse, Sinne und Geist in der Konzentration und Aufmerksamkeit eins werden und verschmelzen. Das Ergebnis dieses Prozesses, das Erwachen, ist das, was Zen-Meister Dōgen Hishiryō nannte, wörtlich das Nicht-denken-Maß (非思量). Wenn ihr in dieser Weise sitzt und euch konzentriert, sagte Dōgen – und das bedeutet: wenn ihr ganz *sitzt*, euch also im Sitzen ganz auf das Sein bzw. die Frage nach dem Sein konzentriert und vor allem darauf, dass ihr gerade sitzend *seid* –, dann kommt ihr in einen Zustand, in dem Körper und Geist fallen gelassen werden. Körper und Geist abzuwerfen, Nicht-denkend zu sein, wird als die Essenz der Erfahrung der Zen-Meditation angesehen: aber es ist eben nur eine von sehr vielen und sehr vielen unterschiedlichen Ausdrücken für diese Erfahrung. Wer diesen Zustand erreicht – der als Essenz des Dharma, der Lehre Buddhas, angesehen wird –, ist erwacht. Er ist zwar ein Lebewesen wie jedes andere, aber dennoch frei vom Dualismus. Die Übung, die Früchte trägt, ist die Erfahrung des Augenblicks, des Hier und Jetzt, gewissermaßen losgelöst von den Gedanken über Auslöschen und Ewigkeit, Leben und Sterben, wahr oder falsch. All das fällt ab, wie Dōgen häufig bemerkte. Und wenn man versucht, es zu sagen, erscheint einem die Erfahrung fehlerhaft dargestellt.[548] An dieser Stelle könnten Heidegger und andere westliche Denker wieder mitgehen und anknüpfen: falsche Darstellung, falsche Begriffe – das kennt man. Und Mu, der Weg im Nichts (das, um allen Irrtümern gleich vorzubeugen, kein Nicht-Sein bezeichnet, sondern ein Nichtdenken)?

Das berühmte Mumonkan, eine Sammlung von Zen-Koans, beginnt mit dem Hinweis Mumons (* 1183; † 1260), dass die Grundlage der Erfahrung des Erwachsen zum einen durchaus die Worte (also Heideggers Sprache), aber auch der Geist des Buddha seien. Was aber ist dieser Buddha? Das diskursiv beschreiben zu wollen, sagt Mumon, sei wie der Versuch, den Mond mit einem Stock zu schlagen oder sich durch das Schuhleder an einer juckenden Stelle am Fuß zu kratzen.[549] Wie auch immer – und dies soll ja keine Einführung in den Buddhismus werden, sondern nur eine weitere Bemerkung zur Erfahrung des denkens oder besser Nicht-denkens: Es geht nicht um Begriffe und Theoreme, sondern um eine Erfahrung, die zu denken auch eine der wesentlichen Aufgaben des (abendländischen) denkens zu sein scheint. Was ist Sein? Der berühmte erste Fall des Mumonkan lautet:»Ein Mönch fragte Jōshu in allem Ernst: ›Hat ein Hund Buddhanatur oder nicht?‹ Jōshu sagte: ›MU‹!«Was ist mit diesem Koan, das bis heute in der Übung auf dem Kissen verwendet wird, gemeint?

Zunächst wird man zugeben müssen, dass ein Hund, auch wenn er nicht denken kann, durchaus *ist*. Er lebt ja. Aber wie ist er? Hat er, heideggerisch gefragt, Anteil am Sein? *Ist* er so wie wir? Ich kann Ally darüber nicht befragen. Jeder gute Buddhist weiß jedoch aus dem Lehrbuch, dass Ally als Hund ein fühlendes Wesen ist, das jetzt gerade schnarcht – aber als fühlendes Wesen auch in diesem Zustand Buddhanatur hat. Die Antwort des Joshu läuft darauf hinaus, dass Mu weder nein (was das Wort nahelegt) noch ja, weder seiend noch nicht-seiend lautet – Sie kennen das von Nagarjuna bereits. Was also dann? Die Antwort sollte mit dem ganzen Körper und dem ganzen Geist, als eine alles umfassende und die Kategorien loslassende *Erfahrung* gegeben werden. Sie erinnern sich, wie sehr, neurobiologisch gesehen, Gedanken, Gefühle und Emotionen miteinander verknüpft sind. Mu muss, wie Mumon in seinem Kommentar zur Jōshu-Geschichte sagt, zur Reife kommen. Innen und Außen müssen auf natürliche Weise eins werden, so wie Ja und Nein, Sein und Nicht-Sein – und dann abfallen. So etwas gibt es nicht? Und würde nie funktionieren, »geht nicht«? Es geht tatsächlich nicht, wenn man unter »geht nicht« versteht »weiteres intensives Nachdenken«. Etwas anders ist es, wenn man sich nicht der Übung der reinen Vernunft, sondern der des reinen Sitzens unterzieht. Auch Sitzen ist ja eine Form von Sein. Oder nicht? Plötzlich wird Mu in der Übung des Sitzens aufbrechen, kommentiert Mumon. Das wird den Himmel in Erstaunen versetzen und die Erde erschüttern!

Schlaumeier – darunter auch viele buddhistische Schlaumeier, die es zu Mumons Zeiten schon gab – kamen und kommen gerne mit dem Hinweis, dass Buddha selbst doch gesagt habe, dass alle fühlenden Wesen Buddhanatur haben. Also auch der Hund. Mag sein. Aber kann man das zeigen? Wo ist Allys Buddhanatur? Wie kommt ausgerechnet ein Hund dazu, so wie Buddha zu sein? Bist du Buddha? Bist du wie der Hund? Oder bist du, weil du nicht Buddha bist, sogar schlechter dran als der Hund, der zugegeben nicht denken kann, aber offensichtlich, laut Buddhas eigenen Worten, die wahre Natur hat und zu ihr erwacht? Mein Hund ruht gegenwärtig alles andere als erregt über diese Fragen des Seins neben mir und schläft. Hat er Sein? Denkt er? Was ist Mu? Hat Mu überhaupt eine Bedeutung? Lohnt es sich, an all das überhaupt einen einzigen Gedanken zu verschwenden? Ist es nicht irrationaler – Mist? Die Bedeutung von Mu ist, wenn überhaupt, die Übung des Nicht-denkens. Aber das ist eine Erfahrung. Und die muss man machen, wenn man sie verstehen will. Vielleicht haben Sie inzwischen die Übungen aus dem ersten Teil des Buches ein wenig vermisst. Tatsächlich neigen alle inmitten der philosophischen Arbeit dazu, diese Arbeit, die überwiegend entweder empirisch-phänomenologischer (also beobachtender) oder theoretischer Natur ist, ein wenig zu verabsolutieren: so, als gäbe es nichts Wichtigeres. Die verbalen Prozesse scheinen wichtiger zu sein als jede Empfindung, als Sehen, Hören, Riechen, Schmecken, Fühlen. Die streng logischen Prozesse eines Argumentes bedeuten mit einem Mal mehr als die Metaphern und nicht minder logischen Formulierungen eines Gedichtes. Und ein Gedicht mehr als die Blüten eines Baumes oder das sanfte Schnarchen meines Hundes. Was ist seine Natur? Und welche Natur habe ich für ihn? Eine sinnlose Frage? Mag sein, wenn alles nur auf ein Ziel, auf rationale Erkenntnis konzentriert ist und darauf, die lange geschulten kognitiven Prozesse und Logikmodule auf den richtigen Einsatz vorzubereiten, die der umfassende Werkzeuggebrauch verlangt. Tatsächlich gehört all das wesentlich zum denken. Aber ist es eine Antwort (insofern hat Heidegger recht) auf die Frage nach dem Sein?

Ich glaube, man muss nicht nur denken, sondern auch philosophieren. Und dazu gehört – sich im Nicht-denken zu üben. Das Nicht-denken bedeutet nicht etwa, das denken abzustellen. Denken ist eine völlig natürliche Aktivität von Geist und Körper. Es geht nicht darum, die Gedanken selbst abzustellen (was unmöglich wäre). Vielmehr kommt es, wie in den Übungen im ersten Teil des Buches, darauf an, den Geist in einem anderen natürlichen Zustand ruhen zu lassen. »Ein Zustand«, wie der tibetische Mönch Yongey Mingyur Rinpoche schreibt, »in dem der Geist für die Gedanken, Emotionen und Empfindungen, so wie sie in Erscheinung treten, offen und ihrer ganz natürlich gewahr ist«.[550] Eine Übung, die Yongey Mingyur Rinpoche empfiehlt, ist das Atmen als Nicht-denken. Man kann diese Übung überall praktizieren, zu Hause, im Flugzeug, bei der Arbeit. Sogar im Auto. Alles was dazu nötig ist, ist, die Aufmerksamkeit ganz in der Gegenwart auf dem Atem ruhen zu lassen.

Richten Sie die Aufmerksamkeit für einige Minuten auf den ganz einfachen, natürlichen Vorgang der Atmung. Sie können dabei beispielsweise Ihre Konzentration darauf richten, wie die Luft durch die Nasenlöcher streicht; oder darauf, wie sich die Lungen füllen und die Luft wieder entweicht. Sie müssen zunächst nur versuchen, Ihren Atem zu finden – die körperliche Berührung der Luft, die Bewegung in den Lungen, Ihr geistiges Folgen der Bewegung. Konzentrieren Sie sich auf die »natürliche und spontane Bewegung des Atems«, also anders, als Sie es vielleicht von einer Yoga-Übung her kennen.[551] Wenn Sie in dieser Weise versuchen, sich nur auf die Atmung zu konzentrieren – so wie man es auch mit anderen Körperempfindungen machen kann –, kommt Ihr Geist allmählich zur Ruhe. Die Gedanken ziehen auf eine andere Weise vorbei. Versuchen Sie nicht, den Atem zu regulieren. »Die meisten Anfänger haben einige Probleme auf dem Gebiet«, sagt Mahatherata Henepola Gunaratana, einer der Meister aus der buddhistischen Vipassana-Tradition. »Um sich die Konzentration auf die Empfindung vermeintlich zu erleichtern, akzentuieren sie unbewusst ihre Atmung. Das Ergebnis ist eine erzwungene und unnatürliche Anstrengung, die die Konzentration eher behindert als unterstützt.« Atmen heißt in diesem Fall: Beobachten Sie den Atem – denken Sie nicht an ihn oder über ihn nach. »Das ist das Einatmen, das ist das Ausatmen« – das ist denken, d.h. in diesem Fall: geistige Zerstreuung. Wenn Sie die Lücke zwischen Ein- und Ausatmen stört, dann konzentrieren Sie sich auf Einatmung, die Lücke und das Ausatmen. Versuchen Sie sich nur darauf zu konzentrieren und nichts anderes. Lassen Sie Gedanken, die kommen, vorbeiziehen, und kehren Sie wieder zur Beobachtung des Atems zurück (den Sie auf eine seltsame Weise selber produzieren und auch nicht). Vielleicht werden Sie ein wenig schockiert feststellen, wie sehr Sie abgelenkt sind bei der einfachen, scheinbar ba-

529

nalen (in Wahrheit ungeheuer komplexen) Tätigkeit des Atmens. »Ihr Geist ist ein kreischendes und schnatterndes Irrenhaus auf Rädern, das in heillosem Durcheinander den Hügel hinunterbraust, gänzlich außer Kontrolle und hoffnungslos. Kein Problem, Sie sind nicht verrückter als Sie es gestern waren. Sie sind auch nicht verrückter als alle anderen um Sie herum. Der einzige wirkliche Unterschied besteht darin, dass Sie sich der Situation gestellt haben.« Also nicht beunruhigen lassen – sondern weiter atmen. Atmen, nicht denken oder denken zu atmen. Gerade wenn Sie gestresst sind, können Sie die Aufmerksamkeit auf das Atmen richten (es merkt niemand). Versuchen Sie es, und machen Sie Ihre Erfahrungen mit dieser Übung. Und sagen Sie nicht, sie sei zu einfach.[552]

Es geht in der Übung nicht etwa darum, das denken an sich abzuschaffen. Es hat sehr wohl seine Funktion – nur nicht in dieser (oder vergleichbaren) Übungen. In diesen Übungen geht es um eine – ebenso wie das denken – berechtigte Erfahrung. Es ist wichtig, Ihren eigenen Geist (oder wie immer man »es« nennen mag) zu verstehen. Zwischen denken und nicht-denken besteht ein feiner Unterschied. Wenn Sie nicht-denkend atmen, fühlen sich die Gedanken gleichsam »leicht an in ihrer Struktur; es gibt ein Gefühl von Distanz zwischen dem Gedanken und dem Bewusstsein, das ihn beobachtet. Leicht wie eine Blase taucht er auf, und er verschwindet, ohne notwendigerweise Anlass zu geben für den nächsten Gedanken in der Kette. Das normale bewusste Denken ist viel schwerer in seiner Struktur. Es ist massiv, beherrschend und zwingend. Es saugt einen auf und ergreift Kontrolle über das Bewusstsein.«[553] Dieses denken ist in Ordnung – in seiner Funktion, seinem Gebrauch. Wenn Sie mit Achtsamkeit atmen oder denken (sozusagen nicht-denkend denken), wird die Wirkung der Gedanken im Laufe der Zeit eine andere werden. Das können Sie beobachten und erfahren. Später, nach einer gewissen Zeit des Übens und der stärkeren Konzentration, verändert sich auch die Art, in der Gedanken »sich« präsentieren. Tiefe Konzentration verlangsamt die Gedanken spürbar. Es ist, sagen die alten Texte, wie das Zähmen eines wilden Tieres. Im Grunde ist es ganz einfach, gleich ob Sie Denker(in) sind oder nicht, Wissenschaftler(in) oder Philosoph(in): zu atmen ist eine nichtbegriffliche Tätigkeit. Sie können diese Tätigkeit ausüben, die buchstäblich am Grunde unseres Lebens liegt (denn ohne zu atmen, ohne Sauerstoff aufzunehmen, sterben Sie). Aber Sie benötigen kein denken, um zu atmen. Das ist völlig in Übereinstimmung selbst mit der westlichsten und rationalsten Philosophie oder Wissenschaft, die Sie sich nur vorstellen können! Ist atmen irrational? Gefährlich? Atmen ist ein lebendiger Prozess – und zugleich eine klare, natürliche Erfahrung, zu der Sie Ihr denken nicht benötigen. Ganz und gar konzentriert zu atmen, sozusagen mit Geist und Körper nur *dies* zu *tun*: Genau das ist Nicht-denken!

Es gäbe an dieser Stelle sicher eine Fülle von Einzelfragen zu klären, Fragen, die uns in vielen Lebenssituationen, in denen wir, dem Atmen vergleichbar,»nicht-denkend« sind, in denen die Gedanken aber, wie Wittgenstein sagen würde, den Verstand verhexen. Eine dieser Fragen ist diese: Wer ist der oder die, der oder die da sitzt, sich auf das Atmen konzentriert und denkt? Und wie steht es mit der Frage, die in allen Lebensbezügen wieder auftaucht und lauert: der Frage, die um Sein und Nichtsein, Leben und Tod kreist? Unser Leben ist endlich. Diese Endlichkeit ist oftmals genug Anlass nicht nur zu Traurigkeit und Schmerz, sondern auch zu vielfältigen Situationen, in denen philosophische Fragen auftauchen und beginnen, uns zu quälen. Mumon gibt den»frommen« Rat, die gewohnten Antworten radikal über Bord zu werfen. Allerdings nicht, um zu einer neuen Selbstbeschreibung zu kommen, einem neuen Denkansatz, sondern um zu einer neuen Erfahrung zu kommen. Wie lautet die Antwort? Hat ein Hund Buddhanatur? Angenommen, die Antwort lautet –»Ja, der Hund hat Buddhanatur«. Dann, sagt Mumon, weißt du sicher auch, wer oder was dieser Buddha ist, von dem du redest. In diesem Fall gebe ich dir folgenden Rat:»Triffst du den Buddha, tötest du ihn. Begegnest du einem Patriarchen, wirst du ihn töten.«

Was also ist Mu? Solange man die Wege des alltäglichen Verstandes noch breiter tritt und die Tätigkeiten des Bewusstseins, das in diesen Fragen verfangen ist, nicht vollkommen ausgelöscht hat – keine Angst, man löscht es nicht aus, man verändert es nur durch Übung; wir und das Gehirn, das mit uns ist, sind immer aktiv und verlöschen nicht, bis wir tot sind –; solange man also noch gefangen ist in einer Unzahl von Gedanken, gleicht man, so Mumon, einem Gespenst, das in Sträuchern und Büschen (dem Gestrüpp der Theorie) herumspukt. Stattdessen sollte man lernen, Körper und Geist fallen zu lassen. Sie haben die Übungen ja gemacht – und damit auch eine erste Erfahrung damit gemacht, wie schier unmöglich es scheint, nicht vom ständigen Strom der Gedanken mitgerissen zu werden. Kann man sich nicht einmal auf etwas konzentrieren, etwas sehen, spüren, nicht einmal atmen, ohne zu denken? (Mein Hund ist in dieser Übung vermutlich tatsächlich ziemlich gut.) Sie werden vielleicht wissen wollen, wie das aussehen soll. Im Grunde ist es eine uns sehr vertraute Erfahrung, ähnlich wie uns das denken vertraut ist. Nur haben wir verlernt, diese Erfahrung zu kultivieren (vermutlich, weil wir sie, aus welchen Gründen auch immer, nicht mehr kultivieren wollten).[554] Zu sitzen ist das Natürlichste der Welt. Körper und Geist fallen aus, wenn man nur *wirklich* sitzt – oder geht, isst, trinkt, sogar liest oder auch: denkt. Nur dass dieses denken ein Nicht-denken ist, ein Durchdringen des eigenen Bewusstseins, ohne willentliches Tun. Wie im Atmen sollen Körper und Geist eins mit der jeweiligen Übung sein, nicht unterscheidbar, ein Prozess. Das ist alles. In diesem Augenblick gibt es kein Subjekt, kein Objekt, keine Beschreibung von Subjekt und Objekt, keinen Hund, keinen Buddha, kein Mu. Wenn wir untrennbar eins sind mit uns – mit allem, was wir in diesem Augenblick erfahren –, dann ist dies vermutlich die Erfahrung des Mu, die Sie machen (und damit zugleich auch die »Antwort« auf die Frage). Ich gebe zu – aber wie sollte es anders sein –, dass dies wenig diskursiv und eine nicht (oder nur schwach-)begriffliche Handlung ist. Aber hatte nicht Wittgenstein gezeigt, dass am

Grunde unseres Lebens und denkens ein Handeln liegt? Auch das Nicht-denken ist ein Handeln – ein bestimmter Umgang mit unseren Vorstellungen, Gedanken, Wünschen, Vorstellungen und anderen mentalen Akten. Das Nicht-denken gehört als Praxis wesentlich zum denken. Es ist, bildhaft gesprochen, der Boden des denkens. Allerdings wird *das* meist vergessen. Ebenso falsch wäre es, denken nur für inneres Sprechen oder nur für die Anwendung logischer Prinzipien zu halten. Dōgen plädiert für eine direkte Erfahrung, ungetrübt von Fühlen und denken – und zwar da, wo sie hingehört. Wenn ich rechnen, planen, Fragen beantworten, moralische Entscheidungen treffen will etc., muss und soll ich denken. Es hat wenig Sinn, vermutlich, über dieses Thema jetzt weiter zu schreiben, d. h. weitere, neue Umschreibungen zu finden (abgesehen davon, dass es auch über dieses Thema ganze Bibliotheken voller Bücher gibt, die nichts anderes versuchen, als diese Erfahrung endlich adäquat in Worte zu fassen). Dōgen selbst beschreibt es so: »Überall dort, wo diese Erfahrung Wirkung zeigt, strahlen Gras, Bäume, Erde und Boden in hellem Licht. Gras, Bäume, Hecken und Mauern verkünden ihn [den Dharma, also die Erfahrung] für alle Wesen, gewöhnliche und heilige, und umgekehrt verkünden alle Wesen, gewöhnliche und heilige, ihn für Gras, Bäume, Hecken und Mauern … Wenn die Erfahrung da ist, erlaubt sie keinen Moment der Nachlässigkeit. Wenn jemand deshalb auch nur einen Augenblick lang übt … Für jeden ist es das gleiche Üben und die gleiche Erfahrung. Das Üben beschränkt sich nicht nur auf das Sitzen, es durchdringt den Raum und hallt wider, ähnlich wie der wunderbare Klang einer Glocke vor und nach dem Anschlagen klingt. Wie könnte sich das Üben nur auf diesen Ort beschränken? Alle Dinge haben diese ursprüngliche Praxis als ihr Ur-Angesicht: es ist jenseits unseres verstandesmäßigen Begreifens.«[555]

Die Praxis des Nicht-denkens ist das, was »das große Erwachen, der Alltag und das tägliche Handeln der Buddhas« genannt wird. Sie widerspricht dem denken nicht – sie unterstützt und ergänzt es. Allerdings ist Nicht-denken weder eine Theorie des

Erwachens, wie der Zen-Meister Gudō Wafu Nishijima schreibt, noch wird Nicht-denken erreicht, indem man tiefsinnig darüber nachdenkt; und auch nicht, indem man anderen etwas vorspielt. Es ist wie mit dem Atmen. Müssen Sie darüber nachdenken, wenn Sie atmen? Schließt Atmen Nachdenken aus? Weder noch! »Es ist wichtig«, schreibt Nishijima, »das Erwachen als Vorstellung und Begriff zu vergessen, es loszulassen und klar zu handeln. Genauso wie das aktive Handeln kann es auch sinnvoll sein, etwas geschehen zu lassen und zum Wohle des Ganzen gerade nicht einzugreifen.«[556]

Will man es beschreiben, muss man, wie letztlich auch dann, wenn man naturwissenschaftliches (und philosophisches) Wissen kommunizieren will, zu Analogien und Metaphern greifen. Nishijima hatte es die vierte Perspektive genannt (eine Perspektive, die ich Ihnen im ersten Teil des Buches erläutert habe, die gelegentlich auftauchte, die Sie aber vielleicht wie die Übungen auch vermisst haben). »Die Tatsachen und die Wirklichkeit bestehen im Hier und Jetzt«, schreibt Nishijima. »Und haben so ihren eigenen Platz in der Welt und im Universum, und zwar genau so, wie sie gegenwärtig da sind; nicht mehr und nicht weniger. Wenn die Blüten von einem Baum, wie zum Beispiel einem Kirschbaum, heruntergefallen sind, bringt es auch nicht viel, sich traurig oder romantisch vorzustellen, dass sie wieder oben auf den Ästen sitzen, und es ist noch unsinniger, sie dort wieder anheften zu wollen. Wie häufig vertauschen wir alle in unserem Alltag den äußeren Anschein und die Wirklichkeit!«

Nicht-denken, das ist (und auch das klingt ziemlich nach Heidegger) ankommen im Hier und Jetzt. Genau das, die Konzentration darauf, ist es, was den Menschen frei macht. Auch in Prozessen, in denen es um gesellschaftliche und politische Freiheit geht.

»Nur wenn der Geist des Menschen wirklich frei ist, wird er wahrer Mensch«, lautet ein Zitat von Dōgen, das ich ursprünglich dem Buch voranstellen wollte. Nun steht es am Ende, wenn von der Erfahrung des Nicht-denkens und vom Erwachen die

Rede ist. Beides darf man sich nicht wie ein Ding, eine Entität oder einen festen, immer gleichen Zustand vorstellen. Nichtdenken kommt nicht irgendwo her oder geht nicht irgendwo hin. »Auch die Frage, ob das Erwachen schon vorher vorhanden war oder nicht, ist von völlig untergeordneter Bedeutung und würde nur das Denken unnütz anheizen und zu Spekulationen verführen«, schreibt Nishijima. »Erwachen heißt im Hier und Jetzt erwacht handeln und erwacht denken, erwacht empfinden und aus einem umfassenden Geist heraus und ohne innere Spaltung zu leben. Man könnte es fast als nüchtern und pragmatisch bezeichnen.« Es ist eine Befreiung von gedanklichen Phantasiegebäuden, vom unterscheidenden denken, von Ego und Nicht-Ego. Dadurch verlieren Widersprüche ihren manchmal zerstörenden Einfluss.

Dōgen verglich eben diese Haltung, die Erfahrung, die dem entspricht, mit dem Klang einer Glocke. Wenn eine Glocke erklingt, ist eine der Fragen, die man stellen kann, wo sie eigentlich zu hören ist. Ist der Klang in der Welt? Im Geist? In beidem? Wo ist der Klang?[557] Der Geist (心, chin. Shin, jap. Kokoro Herz, engl. Mind), der diesen Klang hört und, statt »Klang« zu denken, sich ganz auf ihn konzentriert, sozusagen Körper und Geist von diesem Klang erfüllt und Klang wird, ist ein Geist des Nichtdenkens, der Leere. Leere bedeutet: frei zu sein von Gedanken. Der Klang des Geistes, der Klang des Körpers und der Klang der Glocke, die ertönt, sind eins. Wenn die Glocke nicht angeschlagen wird, erklingt sie auch nicht im Geist. Aber was ist dieser Geist – unabhängig von der Glocke? Kann man ihn zeigen? Und kann man am Ende, wenn man genau ist, wirklich vom Klang einer Glocke sprechen? Wo ist die Glocke? Ist nicht auch sie nur eine Beschreibung, ein Wort? Wo *ist* die Glocke? Im Nicht-denken kann der Klang der Glocke und des Geistes erfasst werden, sagt Dōgen. Es geht ihm nicht darum, das denken zu diskreditieren; auch nicht darum, das denken abzuschaffen. Im Gegenteil. Denken ist (und bleibt) gut. Es hat seinen Platz – und geht weiter. Nicht-denken ist daher keine Verweigerungshaltung dem

Denken gegenüber. Im Gegenteil. Es ist nur eine konsequente Fortführung oder Ergänzung des denkens. Denn es gibt einen bestimmten Typ von Fragen – Lebensfragen –, bei deren Beantwortung das denken wenig hilft, ja sogar kontraproduktiv ist. Dann hilft es, sich auf die *Erfahrung* des denkens zu besinnen, die zum Nicht-denkens führt – und umgekehrt. Wir müssen beides nur üben. Auf diese Weise finden das unterscheidende Denken und das gespaltene Bewusstsein in einem erwachten Geist und Körper zur Einheit.

Anmerkungen

Das Buch. Und ein Experiment

1. Das Thema des Buches – denken und philosophieren

1 Wenn ich »denken« oder »philosophieren« in der Regel klein schreibe, dann um kenntlich zu machen, dass es sich dabei nicht um ein Ding, eine Substanz oder etwas Festes handelt, sondern um eine Tätigkeit, ein »Tun mit Worten und Sprache«, um uns auf diese Weise über unser In-der-Welt-Sein klarzuwerden. Denken und philosophieren sind eine Form des Handelns, die von Worten, Sprache, Logik, aber eben auch von Sinnen und von Erfahrung Gebrauch macht.

2 Das Bild zeigt einen sogenannten Nautilus. ναυτίλος heißt wörtlich aus dem Griechischen übersetzt »Segler« – ein Wortstamm, der bis heute in Wörtern wie Nautik oder nautisch enthalten ist. Der Nautilus lebt im offenen, oft tiefen Meer – und gehört (wie manche Philosophen auch) zur Klasse der Kopffüßer (wissenschaftlich Cephalopoda, Familie der Perlboote). Seine Geschichte beginnt gegen Ende des Kambriums. Versteinerungen und fossile Funde zeigen, dass die Familie der Perlboote, zu der auch der Allonautilus gehört, in einer ungeheuren Formenfülle existierten, die bis in die Zeit vor 500 Millionen Jahren zurückreicht. Der Nautilus wird deshalb auch leicht mit den ähnlich aussehenden Ammoniten verwechselt. Diese sind aber, im Unterschied zum Nautilus, längst ausgestorben. Dies ist die erste Gemeinsamkeit der Philosophen mit dem Nautilus: Sie leben seit Urzeiten und sind, bis heute, quicklebendig. Der Nautilus ist ein Lebewesen, das ähnlich vorsintflutlich und antiquiert erscheint wie die »Dinosaurierfakultät« der Philosophie im Kontext der modernen (Natur-)Wissenschaften. Und doch erfreut sich die Fakultät der Philosophie bester Gesundheit. Es gibt deutliche Hinweise auf ihre Überlebensfähigkeit. Aus der scheinbar versteinerten (oftmals auch nur papierenen) Vergangenheit entsteht – unter Zuhilfenahme eines wachen Geistes – bis heute immer wieder neues Leben. Der Nautilus ist, bis auf wenige Veränderungen im Laufe der Evolution, ein weitge-

hend unverändert gebliebenes, lebendes Fossil. Der hier abgebilde-
te Typ des Nautilus ist etwa 200 Millionen Jahre alt. Die heute lebende Gattung selbst lässt sich durch Fossilienfunde auf etwa
38 Millionen Jahre bestimmen – eine unglaublich lange Zeit für eine Tiergattung, die im Durchschnitt der Evolutionsgeschichte
meist nur einige Millionen Jahre lang überlebt. Vertreter seiner
Art leben jetzt, wenn Sie dieses Buch in der Hand halten, in Tiefen von bis zu 600 Metern, auch wenn inzwischen ein anderes Tier
mit einer wesentlich kürzeren Evolutionsgeschichte – ein Landle-
bewesen aus der Gattung der Raubaffen – die Bestände leider
stark dezimiert; der Mensch schätzt die wunderbare Schale des
Nautilus als Schmuck. Der Nautilus stellt die Urform aller Kopf-
füßler dar – und insofern die all jener Weichtiere, die bis heute als
Tintenfische oder Kalmare die Meere bevölkern. Sie alle zeichnen
sich durch eine große Anzahl von Fangarmen aus, auch Tentakel
oder Cirren genannt. Mit ihrer Hilfe kann das Tier seine Nahrung
fangen, umklammern und in die Mundöffnung befördern, die
sich im Mittelpunkt des Kranzes aus bis zu 90 Cirren befindet.
Auffallend ist die wunderschöne, zuweilen perlmuttartige Schale,
die sich aus einer Aufeinanderreihung immer größer werdender
Kammern aufbaut, in deren jeweils letzter und damit jüngster das
eigentliche Tier lebt. Gewisserweise ist der Nautilus wie das Bewusstsein oder unser Ich »gekammert« und baut sich aus einer
Reihe ähnlicher Module auf, deren letztes uns ein Zuhause bietet.
Die einzelnen Kammern der aufgerollten Schale sind durch Zwi-
schenwände (»Septen«) voneinander getrennt, zugleich aber auch
durch ein zentrales Röhrchen, Sipho oder Siphunculus genannt,
miteinander verbunden. Auf diese Weise kann das Tier Gas bzw.
Luft bis in die hinterste Kammer leiten und mit einer einfachen,
aber höchst wirksamen Methode für eine Veränderung des Auf-
triebs sorgen. Auch das denken baut sich, metaphorisch gesprochen, mit Hilfe solcher Kammern weiter aus, die es ihm erlauben,
sich in entsprechende Höhen oder Tiefen zu bewegen. Die bis heute lebendig gebliebenen Gedanken bewahren ihr Leben mit Hilfe
begrifflicher »Schalen«, deren Aufbau zum Teil weit zurück in die
Geschichte der Evolution reicht.

3   Ninian Smart, Weltgeschichte des Denkens. Die geistigen Traditionen der Menschheit, Darmstadt 2002, S. 27.

4   George Lakoff, Mark Johnson, Philosophy in the Flesh. The
Embodied Mind and its Challenge to Western Tradition, New
York 1999, S. 539.

5   Hans Joachim Störig, Kleine Weltgeschichte der Philosophie,
Stuttgart 1954, S. 1.

6 Dschuang Dsi, Das wahre Buch vom südlichen Blütenland. Übersetzt von Richard Wilhelm, München 2008, S. 65.

Teil I

1. Phänomenologie des denkens (1)

7 Verena Mayer, Edmund Husserl, München 2009, S. 81–95.
8 Peter Sloterdijk, Scheintod im Denken. Von Philosophie und Wissenschaft als Übung, Berlin 2010, S. 37 ff.
9 Mahathera Henepola Gunaratana, Die Praxis der Achtsamkeit. Eine Einführung in die Vipassana-Meditation, Heidelberg 1996, S. 61 f.
10 Mahathera Henepola Gunaratana, S. 56.
11 Mahathera Henepola Gunaratana, S. 17.
12 Die Vorsokratiker, Band 1, Auswahl der Fragmente und Zeugnisse, Übersetzung und Erläuterungen von M. Laura Gemelli Marciano, Düsseldorf 2007, S. 301, 319 f. Diese Stellen entsprechen Diels / Kranz, Die Fragmente der Vorsokratiker, DK 22 B 123, DK 22 B 12, DK 22 A 6, DK 22 B 49 a.
13 Ludwig Wittgenstein, Über Gewißheit, in: Ders., Werkausgabe Band 8, Frankfurt am Main 1989, § 94 ff.
14 Ludwig Wittgenstein, Philosophische Grammatik, in: Wiener Ausgabe Band 5, hg. v. Michael Nedo, Wien / New York 1996, S. 185 und 180. Vgl. Gunter Gebauer, Wittgensteins anthropologisches Denken, München 2009, S. 112.
15 Die Vorsokratiker, Band 1, S. 332, 297 (DK 22 B 45, 115; DK 22 B 113, 114).
16 Martin Heidegger, Die Grundbegriffe der Metaphysik. Welt – Endlichkeit – Einsamkeit, Gesamtausgabe Band 29 / 30, Frankfurt am Main ²1992, S. 34 sowie 41 ff.
17 William James, The Principles of Psychology. Introduction by George A. Miller, Cambridge 1981, S. 219.
18 Felicitas Krämer, Erfahrungsvielfalt und Wirklichkeit. Zu William James' Realitätsverständnis, Göttingen 2006, S. 152–159.
19 James, S. 233.
20 James, S. 262.
21 James, S. 265.
22 »If not thought with each other, things are not thought in relation at all«, James, S. 267.
23 James, S. 274. Vgl. Krämer, S. 157.

24 JAMES, S. 239. An dieser Stelle weist James – beinahe wie ein Verteidiger der emotionalen Intelligenz – darauf hin, dass Psychologen viel zu selten (und manche nie) akzeptiert haben, dass wir durch Gefühle von den Relationen der Dinge und der Welt erfahren. Gefühle erweitern unser Wissen!

2. Emotionen, Gefhle und Gedanken – einige neurowissenschaftliche Grundlagen

25 REINHARD BEYER, REBEKKA GERLACH, Sprache und Denken, Wiesbaden 2011, S. 115–125.

26 Eine mechanische Uhr auseinander zu nehmen und zusammenzubauen, ist kompliziert – aber nicht komplex. Die Uhr ist ein System, das auf einen Input hin (den Aufzug der Feder) im Idealfall immer denselben Output liefert – die genaue Angabe der Zeit. Komplexe Systeme hingegen entwickeln sich trotz identischem Input häufig auf sehr unterschiedliche Weise. Ein und dieselbe Wetterlage kann, längerfristig gesehen, zu völlig unterschiedlichen Zuständen führen. Denn komplexe Systeme sind, im Unterschied zu komplizierten, nicht linear.

27 UTE FREVERT (Hg.), Gefühlswissen. Eine lexikalische Spurensuche in der Moderne, Frankfurt am Main / New York 2011, sowie MARTIN HARTMANN, Gefühle. Wie die Wissenschaften sie erklären, 2., aktualisierte Auflage, Frankfurt am Main / New York 2010.

28 LORRAINE DASTON, PETER GALISON, Objektivität. Frankfurt am Main 2007, sowie HANS ALBERT, ERNST TOPITSCH, Werturteilsstreit, Darmstadt ³1990.

29 ANTÓNIO DAMÁSIO, Selbst ist der Mensch. Körper, Geist und die Entstehung des menschlichen Bewusstseins, München 2011, S. 17.

30 REINHARD BEYER, REBEKKA GERLACH, Sprache und Denken, S. 77 f.

31 Einleitung zur deutschen Ausgabe der Cahiers, in: PAUL VALÈRY, Cahiers / Hefte Band I, hg. v. HARTMUT KÖHLER, JÜRGEN SCHMIDT-RADEFELDT, Frankfurt am Main 1987, S. 20.

32 GUNTER GEBAUER, Wittgensteins anthropologisches Denken, München 2009, S. 188–191.

33 DAMÁSIO, Selbst ist der Mensch, S. 28.

34 IMMANUEL KANT, Kritik der reinen Vernunft, in: Ders., Werke in sechs Bänden, hg. v. Wilhelm Weischedel, Darmstadt 1983, Band II, S. 136, B 132 f.

35 Wenn überhaupt wäre das Ich also eher ein zeitliches als ein räumliches Phänomen zu nennen. Zum Bindungsproblem vgl. WOLF

SINGER, Synchronization, binding and expectancy, in: The Handbook of Brain Theory and Neural Networks, Cambridge 2003 (Second edition), pp. 1136–1143, WOLF SINGER, Der Beobachter im Gehirn. Essays zur Hirnforschung, Frankfurt am Main 2002, sowie WOLF SINGER, MATTHIEU RICARD, Hirnforschung und Meditation, Frankfurt am Main 2008. Eine Erörterung des Zusammenhanges von Bindungsproblem bzw. Ich-Bildung und Meditation findet sich auch bei GERT SCOBEL. Weisheit. Über das, was uns fehlt, Köln 2008, S. 228–249.

36 JOSEF SIMON, Kant. Die fremde Vernunft und die Sprache der Philosophie, Berlin / New York 2003, S. 50.

37 DAMÁSIO, S. 183.

38 DAMÁSIO, S. 182.

39 SIMON, S. 51.

40 IMMANUEL KANT, Anthropologie in pragmatischer Hinsicht, in: Ders., Werke in sechs Bänden, Band VI, S. 535 f, B 151 f (Von den Schwächen und Krankheiten der Seele in Ansehung ihres Erkenntnißvermögens).

41 SIMON, S. 52.

42 THOMAS NAGEL, What it is like to be a bat?, in: The Philosophical Review LXXXIII, 4 (October 1974): 435–50. Sie können den bahnbrechenden Artikel lesen unter http://organizations.utep.edu /Portals / 1475 / nagel_bat.pdf.

43 Wer sich weiter damit befassen will, sei auf THOMAS NAGEL, Der Blick von nirgendwo, Berlin 2012 (im Original 1992 bzw. im Englischen), 1986 verwiesen, sowie auf RODERICK CHISHOLM, Die erste Person. Eine Theorie der Referenz und der Intentionalität, Frankfurt am Main 1992, THOMAS METZINGER, Der Ego-Tunnel. Eine neue Philosophie des Selbst: Von der Hirnforschung zur Bewusstseinsethik, Berlin 2009, und die ausführliche Behandlung des Themas »Erste Person« und »Qualia« bei THOMAS METZINGER (Hg.), Grundkurs Philosophie des Geistes. Band 1: Phänomenales Bewusstsein, Paderborn 2006. In diesem Buch ist auch Nagels Fledermaus-Essay auf Deutsch zu finden. Interessant finde ich in diesem Zusammenhang einen Gedanken der israelischen Soziologin Eva Illouz. In ihrem Buch *Warum Liebe weh tut* macht sie darauf aufmerksam, dass in der Nachfolge Descartes' fast ausschließlich der Aspekt des *Erwerbs* von sicherem Wissen und damit in Verbindung die Frage der *Gewissheit* über die Methode des Zweifelns im Vordergrund gestanden haben – beides Aspekte, die einen hohen Grad von intellektueller Artistik verlangen. Descartes' Ich ist ein Ich, das, wie er in seiner dritten Meditation verrät, ständig zweifelt, verneint, vieles nicht weiß, manches vermutet einiges will und

541

nicht will und dabei alle möglichen Einbildungen und Empfindungen hat: Auch wenn das denkende Ich sich nicht sicher ist, ob das, was es an Empfindungen durchdenkt und auf sich wirken lässt, auf etwas außerhalb seines Bewusstseins schließen lässt. Der Zweifel als Methode ist Descartes' Weg zur Gewissheit. Und das Ich die einzige Instanz, die denjenigen, der denkt, auf beiden Wegen – den des Wissens und der sicheren Erkenntnis und den des Unwissens und Zweifels – begleitet. Descartes' Ich ist eine Ausgeburt an Kontrolle und Methode. »Weniger Aufmerksamkeit wurde der Lust zuteil«, bemerkt Illouz süffisant, »die das Ich eindeutig daraus bezieht, sich als Objekt der Gewißheit zu konstituieren.« Das Ich braucht »nicht nur und nicht einmal vorrangig eine epistemische oder ontologische Gewißheit, sondern eine erotische – die vielleicht als einzige auf die Frage antworten kann, was Gewißheit wert ist.« Allerdings macht es diese »Umstellung von der epistemischen auf die erotische Frage« nicht gerade einfacher, ist sie doch »mit allen Aporien des Selbst in der Moderne befrachtet«: Eva Illouz, Warum Liebe weh tut. Eine soziologische Erklärung, Berlin 2011, S. 206 f. Bleibt vielleicht festzuhalten, dass das nicht nur das Denken das Selbst(wert)gefühl steigern oder vernichten kann, sondern auch die Liebe.

44 Damásio, Selbst ist der Mensch, S. 37.
45 Damásio, S. 48.
46 Damásio, S. 144–149, 203–220.
47 Damásio, S. 60.
48 Jaak Panksepp, Affective Neuroscience. The Foundations of Human and Animal Emotions, Oxford 2005, S. 25.
49 William James, The Sentiment of Rationality, in: William James, Writings 1878–1899, New York 1992, S. 960, 975. Komplexe, zuweilen unüberschaubare Begrifflichkeit auf der einen Seite – abstrakte, kalte Rationalität und Einfachheit auf der anderen.
50 Damásio, S. 144 ff, 30, 76, 81, 117.
51 Damásio, Das Selbst des Menschen, S. 125 f., 136.
52 Damásio, Das Selbst des Menschen, S. 122.
53 William James, The Place of Affectional Facts in a World of Pure Experience, in: William James, Writings 1902–1910, New York 1987, S. 1208. Vgl. Panksepp, S. 49.
54 William James, The Place of Affectional Facts in a World of Pure Experience, S. 1213.
55 Im Folgenden vgl. Panksepp, Kapitel 3: The Varieties of Emotional Systems in the Brain, S. 41–59.
56 Abb. unter: http://www.google.de / imgres?imgurl=http:// api.ning.com / files / LmrmzhDJMp987lao33mqcMooLq0L

NzG5LGqeBolQVciJslKFAdsXU3VoMFOpcoaFs9vrGXOq9C46so
NBw558mYUByescWZqa / brai.jpg&imgrefurl=http://
www.esotericonline.net / xn / detail / 3204576:BlogPost:437238&
usg=__NQK6Oq94BA4EmkGnewZxY1 g7uBw=&h=353&w=543
&sz=40&hl=de&start=15&zoom=1&tbnid=vI6HtLycaL3uGM:&
tbnh=105&tbnw=161&ei=PJv7TtnADMmesAb817n8Dw&prev= /
search%3Fq%3Dtriune%2Bbrain%26hl%3Dde%26biw%3D1008
%26bih%3D597 %26gbv%3D2 %26tbm%3Disch&itbs=1&iact=
rc&dur=672&sig=100972254265547990312&page=2&ndsp=18&
ved=1 t:429,r:0,s:15&tx=51&ty=31.

57 DAMÁSIO, Das Selbst des Menschen, S. 124.
58 PETER SALOVEY, JOHN MAYER, Emotional Intelligence, in: Imagination, Cognition, and Personality, Band 9, 1990, S. 185–211 (http://
www.unh.edu / emotional_intelligence / EIAssets /
EmotionalIntelligenceProper /
EI1990 %20Emotional%20Intelligence.pdf).
59 DAMÁSIO, Das Selbst des Menschen, S. 122.
60 WITTGENSTEIN, Wiener Ausgabe Band 3, S. 287.
61 DAMÁSIO, Das Selbst des Menschen, S. 123, 127 f.
62 DAMÁSIO, Das Selbst des Menschen, S. 129.
63 ANTONIO DAMÁSIO, Der Spinoza-Effekt. Wie Gefühle unser Leben
bestimmen, Berlin 2005.
64 DAMÁSIO, Das Selbst des Menschen, S. 33.
65 DAMÁSIO, Das Selbst des Menschen, S. 169.
66 DAMÁSIO, Der Spinoza-Effekt, S. 129–132.
67 DAMÁSIO, Das Selbst des Menschen, S. 189.
68 DAMSIO, Das Selbst des Menschen, S. 189, 27.
69 DAMÁSIO, Der Spinoza-Effekt, S. 132 f.
70 PETER HOBSON, Wie wir denken lernen. Gehirnentwicklung und
die Rolle der Gefühle, Düsseldorf / Zürich 2003, S. 126 f.
71 LUDWIG WITTGENSTEIN, Werkausgabe Band 1, S. 568 (PU Teil II).
72 LUDWIG WITTGENSTEIN, Werkausgabe Band 1, S. 572.
73 LUDWIG WITTGENSTEIN, Werkausgabe Band 1, PU § 19.
74 LUDWIG WITTGENSTEIN, Letzte Schriften über die Philosophie der
Psychologie, in: Ders., Werkausgabe Band 7, Frankfurt am Main
1989, S. 378 (§ 190–196). Vgl. GUNTER GEBAUER, Wittgensteins
anthropologisches Denken, S. 221 d.
75 DAMÁSIO, Das Selbst des Menschen, S. 76 f. Vgl. S. 30, 81 f, 117.
76 JOHN SEARLE, Die Konstruktion der gesellschaftlichen Wirklichkeit. Zur Ontologie sozialer Tatsachen, Berlin 2011, S. 235.
77 DAMÁSIO, Das Selbst des Menschen, S. 216. Siehe auch S. 194 sowie 214–222.
78 WOLFGANG NIEDECKEN / BAP, Noh All Dänne Johre (2011).»Drau-

ßen fließt der Rhein vorbei, Richtung Rotterdam, / Und dann endlich in die See. / Nach all diesen Jahren / Die Unruhe in der Seele /
Und das Gefühl wie auf der Durchreise, / Irgendwo zwischen Start
und Ziel.«

3. Gedanken denken

79 ALEXANDER TODOROV, ANESU N. MANDISODZA, AMIR GOREN, CRY-
STAL C. HALL, Inferences of Competence from Faces Predict Electi-
on Outcomes, in: Science Vol. 308, 1623–1626. Über interessante
Details in der Gesichtserkennung berichten auch GUDRUN
SCHWARZER, SUSANNE HUBER, THOMAS DÜMMLER, Gaze behavior
in analytical and holistic face processing, in: Memory & Cognition
2005, 33 (2), 344–354. Zur Veränderung der Gesichtswahrneh-
mung durch moralische (Vor-)Urteile und Einstellungen TANIA
SINGER, STEFAN J. KIEBEL, JOEL S. WINSTON, RAYMOND J. DOLAN,
CHRIS D. FRITH, Brain Responses to the Acquired Moral Status of
Faces, in: Neuron, Vol. 41, 653–662, February 19, 2004. Zur Erken-
nung von Intentionen, die bei Menschen oft mit Gesichtsausdrücken verbunden sind, sind bei Affen mehr Informationen nötig:
Justin N. Wood, David D. Glynn, Brenda C. Phillips, Marc D. Hau-
ser, The Perception of Rational, Goal-Directed Action in Nonhu-
man Primates, in: Science Vol. 317 (2007), 1402–1405.
80 Abbildung nach: S. J. THORPE SJ, M. FABRE-THORPE, Seeking ca-
tegories in the brain, in: Science Vol. 291, 260–263 (2001).
LGN = Lateral gericulate nucleus of the thalamus; PIT und
AIT = posterior und anterior inferior temporal cortex; PFC =
prefrontal cortex; PMC = premotor cortex; MC = motor cortex,
V1 = primärer visueller Kortex; V2 und V4: visueller Kortex.
81 PETER SLOTERDIJK, Scheintod im Denken. Von Philosophie und
Wissenschaft als Übung, Berlin 2010.
82 Wer in Details einsteigen will, auf die ich hier bewusst verzichtet
habe, kann sich über die neuronalen Grundlagen von Kognition
einen guten Überblick verschaffen in den entsprechenden Kapiteln bei ERIC KANDEL, JAMES SCHWARTZ, THOMAS JESSELL, Neurowissenschaften. Eine Einführung, Heidelberg 1996 (im Original Principles of Neural Science), S. 322–493, sowie bei BRYAN
KOLB, IAN WHISHAW, Neuropsychologie, Heidelberg 1996 (im
Original Fundamentals of Human Neuropsychology) und JOSEF
DUDEL, RANDOLF MENZEL, ROBERT SCHMIDT, Neurowissenschaften. Vom Molekül zur Kognition, Berlin 1996.

83 Luwig Wittgenstein, Wiener Ausgabe Band 3, WA III, S. 317.

84 Friedrich Nietzsche, Nachgelassene Fragmente, in: Friedrich Nietzsche, Kritische Studienausgabe, hg. v. Giorgio Colli und Mazzino Montinari, Bd. 12, Nachlaß 1885–1887, München 1999, S. 315.

85 Gianni Vattimo, Das Zeitalter der Interpretation, in: Richard Rorty, Gianni Vattimo, Die Zukunft der Religion, Frankfurt am Main 2006, S. 49–63, 50 f.

86 Michael Hampe, Die Theorieunabhängigkeit von Tatsachen und Wahrheiten. Zur Relevanz einer Philosophie des Gewöhnlichen, in: Allgemeine Zeitschrift für Philosophie 34.1 / 2009, 55–77, S. 73. Das gesamte Zitat stammt aus Gert Scobel, Der Ausweg aus dem Fliegenglas. Wie wir Glauben und Vernunft in Einklang bringen können, Frankfurt am Main 2010, S. 308–310. Wer an einer tiefergehenden Analyse der verschiedenen Formen der Begrenztheit unserer Erkenntnis interessiert ist, sei dort auf S. 83–131 verwiesen. Zum Problem der Intersubjektivität dort S. 449 f (Anmerkung 39).

87 Ludwig Wittgenstein, WA III, S. 316.

88 Ludwig Wittgenstein, WA III, S. 317.

89 Gottfried Wilhelm Leibniz, Monadologie, in: Ders., Philosophische Werke in vier Bänden. Hauptschriften zur Grundlegung der Philosophie, Teil II, übersetzt von Arthur Buchenau mit Einleitung und Anmerkungen herausgegeben von Ernst Cassierer, Hamburg 1996, S. 605 f (§ 17).

90 Valéry, Cahiers / Hefte Band II, S. 301 f.

91 Ludwig Wittgenstein, Tractatus logico-philosophicus. Logisch-philosophische Abhandlung, in: Ludwig Wittgenstein, Werkausgabe Band 1, T. 2.0201 (abgekürzt durch T).

92 Ludwig Wittgenstein, T 2.1511 f., T 4.121 und T 2.141.

93 Gunter Gebauer, Wittgensteins anthropologisches Denken, S. 75.

94 Ludwig Wittgenstein, Wiener Ausgabe Band 3, WA III, S. 25.

95 Ludwig Wittgenstein, Wiener Ausgabe, WA V, S. 180.

96 Genau darauf zielt Wittgensteins Bemerkung über Fluss und Flussbett in Ludwig Wittgenstein, Werkausgabe Band 8, Über Gewißheit § 97.

97 Ludwig Wittgenstein, Über Gewißheit § 279.

98 Ludwig Wittgenstein, Über Gewißheit § 286 ff.

99 Ludwig Wittgenstein, Über Gewißheit § 248.

100 Ludwig Wittgenstein, Über Gewißheit § 118 und 207.

101 Ludwig Wittgenstein, Über Gewißheit § 110.

102 Gunter Gebauer, Wittgensteins anthropologisches Denken, S. 160, 187.

103 Ludwig Wittgenstein, Über Gewißheit, § 105.

104 Ludwig Wittgenstein, Wiener Ausgabe WA III, S. 179.

105 Ray Monk, Wittgenstein. Das Handwerk des Genies, Stuttgart 1992, S. 252 f.

106 Reinhard Beyer, Rebekka Gerlach, Sprache und Denken, Wiesbaden 2011, S. 143 ff.

107 Peter Hobson, Wie wir denken lernen. Gehirnentwicklung und die Rolle der Gefühle, Düsseldorf / Zürich 2003, S. 107.

108 Michael Tomasello, Die Ursprünge der menschlichen Kommunikation, Frankfurt am Main 2009, S. 192.

109 Tomasello, S. 193 f.

110 Gunter Gebauer, Wittgensteins anthropologisches Denken, S. 119. Vgl. S. 154, 170, 183, 196, 257.

111 Hobson, S. 109

112 Hobson, S. 110.

113 Michael Tomasello, S. 92 f.

114 Michael Tomasello, S. 93 f.

115 Vgl. im Folgenden für die Zitate von Hobson S. 112–127. Die Zeichnung, die ich abgewandelt habe, findet sich auf S. 114 des Buches. Das Zitat »Worte wurzeln in Haltungen und Emotionen« stammt von S. 123.

116 Peter Hobson, S. 177

117 Peter Hobson, S. 118. Die folgenden Zitate finden sich auf den Seiten 118–127.

118 Ludwig Wittgenstein, Werkausgabe Band 8, Über Gewißheit § 95 ff.

119 Gunter Gebauer, Wittgensteins anthropologisches Denken, S. 184.

120 Ludwig Wittgenstein, Zettel, in: Werkausgabe Band 8, S. 401 (Zettel § 541).

121 Gunter Gebauer, Wittgensteins anthropologisches Denken, S. 187 f.

122 Peter Bieri gelingt es immer wieder – man ist versucht zu sagen: trotz seiner langjährigen akademischen Arbeit als Philosoph –, sehr präzise und klar auch schwierige Sachverhalte zu beschreiben, beispielsweise dass zur reflektierenden Haltung beim denken notwendig die Einsicht gehört, dass das, was ich denke und für wahr halte, auch anders sein *könnte.* An genau diesem Punkt setzt das eigentliche denken an. Was bedeutet das – dass es anders sein könnte? Wenn es um derartiges nachdenken geht und darum, sich selbst, seine eigene Existenz zum Thema zu machen, dann wird bald klar, dass »die Kategorie des *Möglichen* von besonderer Bedeutung« ist. Ich gebe Bieri in dieser Analyse völlig recht. Allerdings könnte man an dieser Stelle eben geradezu beliebig weiter in die Tiefe gehen und fragen, woher ich diese Möglichkeit eigent-

lich habe. Wie *wird* die Möglichkeit für mich möglich? Wann habe ich sie – und wann nicht? Und was macht diese Möglichkeit aus? Sicher kann man antworten:»Diese Möglichkeit gewinnst du eben dadurch, dass du ein freier Mensch bist.« Doch eine solche Beantwortung würde einen nur vom Regen in die Traufe bringen – ersetzt man doch den einen, bereits nicht unproblematischen Begriff (den der Möglichkeit) durch einen anderen, schwer belasteten Begriff der Philosophie (Freiheit). Tatsächlich verlangen denken und»Selbstbestimmung einen Sinn für das Mögliche, also Einbildungskraft, Phantasie« (PETER BIERI, Wie wollen wir leben?, St. Pölten / Salzburg 2011, S. 12). Sicher kann man zu diesem Schluss durch rein philosophische Analyse und auf dem geraden Weg kritischer, begrifflich geschulter Introspektion kommen. Man kann dieselbe Einsicht (oder sollte man sagen: Aussicht?) auch erreichen, indem man mit Empirikern wie Hobson Kinder, Menschenaffen und Erwachsene beobachtet, sie untersucht und zunächst einmal einige Zeit damit verbringt zuzusehen, wie sie handeln und was sie genau tun. Beide Wege führen zur Frage nach der Entstehung und den Bedingungen von»kreativem, phantasievollem Denken über Dinge und Vorstellungen« (HOBSON, S. 125). Die Einsichten selbst unterscheiden sich nicht: die Wege, auf denen man dahin gelangt, sind jedoch durchaus verschieden. Vielleicht ist es nur eine Frage des Temperaments, welchen der beiden (oder welchen weiteren dritten oder vierten Weg) man einschlägt. Mir persönlich hat es geholfen zu verstehen, was es bedeutet, als Kind»unterwegs zu sein« und (im Sinne von Erwachsenen) auch als Kind zielstrebig (intentional) und durchaus rational zu handeln – ohne bereits der Sprache mächtig zu sein. Mir scheint diese Art von Wissen wichtig zu sein, um ein Phänomen wie das denken zu verstehen. In der Hoffnung, dass es Ihnen ähnlich geht und Sie durchaus an Sachwissen interessiert sind, das sich notwendig mit jeder Form von denken (und Philosophie!) verbindet, habe ich Ihnen einiges über die neurowissenschaftlichen Erkenntnisse und über die Versuche mit Menschenaffen mitteilen wollen. Die Schilderung von Experimenten und Empirie war für mich eine Verständnishilfe – nicht zuletzt aus dem einfachen Grund, weil der Hinweis auf die Erfahrung dabei hilft, auch eigene Beobachtung in den Blick zu nehmen und kritisch zu befragen. Auf diese Weise habe ich einiges mehr über die Bedeutung der vorsprachlichen Entwicklung und die Rolle gelernt, die die Lebensgemeinschaft bei der Entwicklung des denkens spielt – und zwar nicht im Sinne von Indoktrination und Abrichtung, sondern im Sinne einer von allen Beteiligten gewünschten Übereinstimmung, an der uns Menschen offensichtlich von Kind an gelegen ist. Das spätere reflektierte (philosophische) Selbstbild lässt sich von da aus gut weiterentwickeln. An seine Seite tritt später vielleicht »das erzählerische Selbstbild« – ein Selbstbild, das uns hilft, ein Muster zu finden, einen erzählerischen Faden, an den wir uns halten können, statt im Wandel und Fluss der Veränderlichkeit der Welt »von Tag zu Tag in die Zukunft hineinzustolpern«. Wir hoffen ja, dieser Zukunft im Gegenteil »mit einem selbstbestimmten Entwurf« begegnen zu können – mit einem »Bild« von uns, »das in einem stimmigen Zusammenhang mit der Vergangenheit stehen muß, wie wir sie uns erzählen. Auch die Erfahrung der Gegenwart wird dadurch eine andere. Manchmal wollen wir uns von einer Gegenwart einfach überwältigen lassen – ohne Einfluß, ohne Kontrolle und auch ohne Worte. Doch als befreiend können wir das nur erleben, weil es im Hintergrund das erzählerische Netzwerk des Selbstbilds gibt, das der vermeintlich unmittelbaren, sprachlosen Gegenwart ihre Bedeutung und ihr Gewicht gibt« (Peter Bieri, Wie wollen wir leben?, S. 23).

4. Phänomenologie des denkens (2)

123 Mark Williams, Danny Penman, Meditation im Alltag. Gelassenheit finden in einer hektischen Welt, mit einem Vorwort von Jon Kabat-Zinn, München 2011, S. 51. Auf den folgenden Seiten beziehe ich mich wiederholt auf dieses Buch, das seinerseits an António Damásio anknüpft und weitere psychologische und neurowissenschaftliche Untersuchungen über den Zusammenhang von Denken, Fühlen, Bewusstsein und Leben. Williams habe ich auch die Schokoladen-Übung entnommen, die auf Seite 143 beschrieben wird, sich aber in ähnlicher Form in unterschiedlichen Werken zur Übung von Achtsamkeit wiederfindet und auf alte Techniken der bewussten Wahrnehmung zurückgeht.

124 Jon Kabat-Zinn, Gesund durch Meditation. Full Catastrophe Living. Das vollständige Grundlagenwerk, Neuübersetzung, München 2011.

125 Williams, Penman S. 48.

126 Williams, Penman S. 49 f.

127 Williams, Penman S. 52.

128 Williams, Penman S. 62.

129 Williams, Penman S. 65.

130 Die Vorsokratiker, S. 297 (DK 22 B 34), S. 325 (DK 22 B 55)

131 Einen wunderbaren Überblick bietet das Lehrmaterial zu Vorlesungen von Lutz Geldsetzer (Philosophisches Institut der HHU Düsseldorf). Die Übersicht über die klassische indische Philosophie können Sie unter http://www.phil-fak.uni-duesseldorf.de / philo / geldsetzer / indotit.htm herunterladen (abgekürzt durch LUTZ GELDSETZER, Vorlesungen).

132 NINIAN SMART, Weltgeschichte des Denkens, S. 49.

133 LUTZ GELDSETZER, Die klassische indische Philosophie, schreibt: »Auch die buddhistische Revolution bedeutet keinen Ausbruch aus der vedischen Tradition indischen Denkens, sondern Repristination und Verdeutlichung ihres dominierenden idealistischen Gehaltes. Das läßt sich in etwa mit der ›reformatorischen‹ Repristination augustinisch-neuplatonischen Denkens im Rahmen der christlichen Philosophie vergleichen. Diese ist in philosophischer Perspektive nicht an ›religiösen‹ Konfessionsstreitigkeiten zu messen, die seit Luther politische Relevanz gewinnen, sondern an der neuplatonischen Reformulierung des christlichen Welt- und Gottesbildes durch Anselm von Canterbury, Duns Scotus und Nikolaus von Kues gegenüber einem stoisch-aristotelistischen Realismus.«

134 Für Interessierte: Zu Beginn des im Theravada-Buddhismus wichtigen Textes des Mahāvagga aus dem Palikanon, der gleich zu Beginn die Erleuchtungserfahrung Buddhas schildert (Die große Abteilung – 1. Mahākhandhaka, MV.I.01 – Bodhikathā – Die Erwachung), heißt es: »Am Beginn des ersten Nachtabschnittes durchdachte der Erhabene im Geiste vorwärts und rückwärts die Kette des bedingten Entstehens: Es entsteht in Abhängigkeit von:
- Unwissen – Aktivitäten,
- von Aktivitäten – Bewusstsein,
- von Bewusstsein – Körper und Geist,
- von Körper und Geist – sechsfacher (Sinnen)bereich,
- vom sechsfachen (Sinnen)bereich – Berührungen,
- von Berührungen – Gefühl,
- von Gefühl – Durst,
- von Durst – Ergreifen,
- von Ergreifen – Werden,
- von Werden – Geburt,
- von Geburt – Alter, Tod, Kummer, Jammer, Schmerz, Leid und Verzweiflung.
In dieser Weise entsteht diese ganze Masse von Leid.
- Durch die restlose Auflösung und Vernichtung der Unwissenheit lösen sich die Aktivitäten auf,

- durch die Auflösung der Aktivitäten löst sich das Bewusstsein auf,
- durch die Auflösung des Bewusstseins lösen sich Körper und Geist auf,
- durch die Auflösung von Körper und Geist löst sich der sechsfache (Sinnen)bereich auf,
- durch die Auflösung des sechsfachen (Sinnen)bereiches löst sich die Berührung auf,
- durch die Auflösung der Berührung löst sich Gefühl auf,
- durch die Auflösung des Gefühls löst sich der Durst auf,
- durch die Auflösung des Durstes löst sich das Ergreifen auf,
- durch die Auflösung des Ergreifens löst sich das Werden auf,
- durch die Auflösung des Werdens löst sich die Geburt auf,
- durch die Auflösung der Geburt lösen sich Alter, Tod, Kummer, Jammer, Schmerz, Leid und Verzweiflung auf.

In dieser Weise vergeht die ganze Masse von Leid. Da also der Erhabene diesen Sachverhalt erkannt hatte, sprach er zu jener Zeit diesen Satz: Wenn bei einem Eifrigen, Meditierenden, Edlen, / wirklich die Wahrheit entsteht, / dann schwinden ihm die Zweifel alle, / denn er schaut das Gesetz der Bedingtheit«. (http://www.palikanon.com / vinaya / mahavagga / mv01_01_01–06.htm)

135 Lutz Geldsetzer, Kommentar zu Nagarjuna, Die Lehre von der Mitte, in: Nagarjuna, Die Lehre von der Mitte. Chinesisch–Deutsch, aus dem chinesischen Text des Kumarajiva übersetzt und mit einem Kommentar herausgegeben von Lutz Geldsetzer, Hamburg 2010, S. 106.

136 Aristoteles, Metaphysik, Zweiter Halbband : Bücher VII – XIV, neu bearbeitet und übersetzt von Hermann Bonitz, Hamburg ⁴2009, S. 115 f (Buch IX, 1048 a) (Θ 6–9).

137 Aristoteles, S. 117 (1048 b).

138 Geldsetzer, in: Nagarjuna, S. 126.

139 Ein großer Teil von Geldsetzers Kommentar zu Nagarjunas Schrift bezieht sich auf die Rolle der Lehre von den vier Ursachen. Dabei sollen allerdings auch Ähnlichkeiten zwischen den so unterschiedlichen Philosophien nicht verschwiegen werden. In der indischen Philosophie spielen beispielsweise Begriffe wie »nachprüfende Wissenschaft«, »kritisches Wissen«, der »auf Räsonnement gegründeten Lehre« oder Theorie, »Wissenschaft vom Selbst« oder die »Lehre von der Wahrheitswissenschaft« eine wichtige Rolle. Diese Begriffe werden laut Geldsetzer in der indischen Denktradition weitgehend gleichbedeutend mit dem abendländischen Begriff der Philosophie verwendet (vgl. Lutz Geldsetzer, Vorlesungen § 9 [Äquivalente des Philosophie-Be-

griffes in der indischen Philosophie]). Auch der Aspekt der Weisheit oder Lebensweisheit, der dem griechischen Wort »Philosophie« buchstäblich in den Begriff geschrieben ist, kommt der indischen Vorstellung nahe, die Frage nach Weisheit und Erlösung (moksa) zu stellen, die verbunden sind mit dem Entwachsen aus dem durch Karma zustande gekommenen Kreislauf der körperlichen Existenzen (samsara) und des daraus resultierenden Leidens (duhkha).

140 Dazu die hervorragende Darstellung von Jim Al-Khalili, Im Haus der Weisheit. Die arabischen Wissenschaften als Fundament unserer Kultur, Frankfurt am Main 2011, sowie Maria Rosa Menocal, The Ornament of the World. How Muslims, Jews, and Christians created a Culture of Tolerance in Medieval Spain, Foreword by Harold Bloom, New York 2002.

141 Für die Naturwissenschaften Karl Wulff, Naturwissenschaften im Vergleich. Europa – Islam – China, Frankfurt am Main 2006. Dort werden u. a. in aller Kürze auch unterschiedliche Formen der Logik behandelt.

142 Shmuel N. Eisenstadt, Kulturen der Achsenzeit. Ihre Ursprünge und ihre Vielfalt, Teil 1. Griechenland, Israel, Mesopotamien und Teil 2. Spätantike, Indien, China, Islam, Frankfurt am Main 1987, S. 10.

143 Smuel N. Eisenstadt, S. 15.

144 Nagarjuna, Die Lehre von der Mitte. Chinesisch–Deutsch, aus dem chinesischen Text des Kumarajiva übersetzt und mit einem Kommentar herausgegeben von Lutz Geldsetzer, Hamburg 2010, S. 105, 109 ff, 141. Eine ausgezeichnete und knappe Darstellung der Aristotelischen Vier-Ursachen-Lehre findet sich bei Brigitte Falkenburg, Mythos Determinismus. Wieviel erklärt uns die Hirnforschung, Heidelberg 2012, S. 40-42.

145 Geldsetzer, in: Nagarjuna, S. 101, 133.

146 Geldsetzer, in: Nagarjuna, S. 150–166.

147 Geldsetzer, in: Nagarjuna S. 140, –152.

148 Sloterdijk, Scheintod im Denken, S. 9 f.

149 Zum Thema Logik Wolfgang Detel, Grundkurs Philosophie. Band 1. Logik, Stuttgart 2007, Wesley C. Salmon, Logik, Stuttgart 2006, Wilhelm Essler, Rosa F. Martinez Cruzado, Grundzüge der Logik. Band 1, Logisches Schließen, Frankfurt am Main ³1983, Holm Tetens, Philosophisches Argumentieren. Eine Einführung, München 2004, sowie Richard Mark Sainsbury, Paradoxien. Erweiterte Ausgabe, Stuttgart 2007. Die meiner Ansicht nach besten Artikel zum Thema Catuskoti findet man neben den Erläuterungen von Geldsetzer im Kommentar

zu Nagarjuna bei Kaisa Puhakka, Awakening from the Spell of Reality: Lessons from Nāgārjuna, in: Seth Robert Segall (Hg.), Encountering Buddhism: Western Psychology and Buddhist Teachings, Albany 2003, (State University of New York Press) S. 131–141. Im Internet findet sich der Artikel unter http://www.scribd.com / doc / 20421344 / Encountering-Buddhism. Vor allem für Logiker präziser ist sicher Graham Priest, The Logic of the Catuskoti, in: Comparative Philosophy Volume 1, No. 2 (2010): 24–54.

150 Artistoteles, Metaphysik Buch IV, Kapitel 3 (1005 b), S. 137.

151 Eine der umfassendsten neuen Studien zum Thema Unbestimmtheit, Sorites-Paradox und Logik ist Tim Schöne, Was Vagheit ist, Paderborn 2011.

152 Colin McGinn, Die Grenzen vernünftigen Fragens. Grundprobleme der Philosophie, Stuttgart 1996. Eine Zusammenfassung dieser und anderer Argumente für die Begrenztheit des Wissens und die Konsequenzen, die sich daraus ergeben, finden sich bei Gert Scobel, Der Ausweg aus dem Fliegenglas, 53–131.

153 Niklas Luhmann, Peter Fuchs, Vom Zeitlosen: Paradoxe Kommunikation im Zen-Buddhismus, in: Niklas Luhmann, Peter Fuchs, Reden und Schweigen, Frankfurt am Main 1989, S. 46–69, S. 64

154 Niklas Luhmann, Peter Fuchs, S. 69.

155 Geldsetzer, in: Nagarjuna, S. 151.

156 Graham Priest, S. 27.

157 Wesley C. Salmon, § 17 (Die Quantoren), S. 150–158.

158 Nagarjuna, S. 86 (25 Kap., Vers 17 und 18). An einer anderen Stelle heißt es in Bezug auf die Nicht-Substantialität oder Leerheit aller Dinge:»Ist er (Buddha) leer, kann man ihn nicht erklären; ist er nicht-leer, kann man ihn sich nicht vorstellen. Erst recht kann man unmöglich erklären, ob er beides oder nicht beides ist, denn dadurch würde nur ein fiktiver (gegenstandsloser) Begriff erläutert«: Nagarjuna, S. 70 (22. Kap. Vers 11).

159 So Graham Priest, S. 40.

160 Geldsetzer, in: Nagarjuna, S. 148.

161 Robert Musil, Der Mann ohne Eigenschaften, Reinbek bei Hamburg 1983, Band 1, S. 217 F. und 373.

162 Wallace Stevens, Adagia, in: Wallace Stevens, Hellwach, am Rande des Schlafs. Gedichte, München 2011, S. 303.

163 Nagarjuna, S. 71 (22. Kap. Vers 15).

164 Nagarjuna, S. 55 f (18. Kap. Vers 5 ff.).

165 Geldsetzer, in: Nagarjuna, S. 107 f.

166 Nagarjuna, S. 56 (18. Kap. Vers 8).

167 WALLACE STEVENS, S. 304.

168 Vgl. Kapitel 27 des Shōbōgenzō (Zazenshin, in: MEISTER DŌ-GEN, Shōbōgenzō. Die Schatzkammer des Wahren Dharma-Au-ges, Band 2, übersetzt und kommentiert von GUD WAFU NISHIJI-MA und RITSUNEN GABRIELE LINNEBACH, Heidelberg-Leimen 2003, S. 119–137.

169 MEISTER RYŌKAN, Alle Dinge sind im Herzen. Poetische Zen-Weisheiten, Freiburg / Basel / Wien 1999, S. 72.

170 LUWDIG WITTGENSTEIN, Philosophische Untersuchungen, PU II, S. 519. Vgl. GUNTER GEBAUER, Wittgensteins anthropologisches Denken, S. 210–231. Bild http://www.unterricht.kunstbrow-ser.de / images / kippfiguer02.gif. Wittgenstein hat diese Bilder von Joseph Jastrows Buch »Fact and Fable in Psychology« (1900) so-wie aus Wolfgang Köhlers »Gestalt Psychology« (1929), vgl. RAY MONK, S. 539. Auch in meinem Buch über das Verhältnis von Glaube und Vernunft gehe ich ausführlich auf die Kippfiguren ein: GERT SCOBEL, Der Ausweg aus dem Fliegenglas. Wie wir Glauben und Vernunft in Einklang bringen können, Frankfurt am Main 2010, S. 33–42.

171 http://upload.wikimedia.org / wikipedia / de / 6 / 6 a / Necker-wuerfelrp.png

172 LUDWIG WITTGENSTEIN, PU II S. 522 f.

173 LUDWIG WITTGENSTEIN, PU II S. 524 f.

174 LUDWIG WITTGENSTEIN, PU II S. 544.

175 LUDWIG WITTGENSTEIN, PU II S. 544.

176 LUDWIG WITTGENSTEIN, PU II S. 552. Eine ausführlichere Darstel-lung findet sich in meinem Buch Der Ausweg aus dem Fliegen-glas, S. 47 ff.

177 RAY MONK, S. 549, GUNTER GEBAUER, S. 218 f.

178 LUDWIG WITTGENSTEIN, PU II, S. 549.

179 Näheres über Dōgen und die Erfahrung der Erleuchtung im Kapi-tel über Dōgen in GERT SCOBEL, Weisheit.

180 MEISTER DŌGEN, Shōbōgenzō. Die Schatzkammer des Wahren Dharma-Auges, Band 1, übersetzt und kommentiert von GUD WAFU NISHIJIMA und RITSUNEN GABRIELE LINNEBACH, Heidel-berg-Leimen 2001, S. 30 (Bendōwa).

181 WALLACE STEVENS, S. 304.

182 THOMAS NAGEL, Erste Vorlesung. Bewußtsein, in: THOMAS NA-GEL, Die Grenzen der Objektivität. Philosophische Vorlesungen, Stuttgart 2005, S. 11–38, 12.

183 Die folgenden Überlegungen zu den vier Perspektiven von Gudō Wafu Nishijima entstammen der Einleitung des ersten Bandes des Shōbōgenzō, S. 7–19, sowie dem Buch GUDO WAFU NISHIJI-

553

MA, Three Philosophies and One Reality and NHK Radio Talks, Tokio 2009, S. 1–9.

184 THOMAS NAGEL, Das Subjektive und das Objektive, S. 114.

185 KURT FLASCH, Kampfplätze der Philosophie. Große Kontroversen von Augustin bis Voltaire, Frankfurt am Main 2008.

186 THOMAS NAGEL, Das Subjektive und das Objektive, S. 124. Auch Ernst Cassierer betont die Wichtigkeit, eine universelle Lösung zu finden in Form einer Antwort auf die Frage nach der Objektivität: ERNST CASSIERER, Zur Logik der Kulturwissenschaften. Mit einem Anhang: Naturalistische und Humanistische Begründung der Kulturphilosophie, Hamburg 2011, S. 18-22.

187 THOMAS NAGEL, Das letzte Wort. Stuttgart 1999, S. 13.

188 THOMAS NAGEL, Das Subjektive und das Objektive, in: THOMAS NAGEL, Die Grenzen der Objektivität. Philosophische Vorlesungen, Stuttgart 2005, S. 99–128, 119.

189 GUDO WAFU NISHIJIMA, Die Schatzkammer der wahren buddhistischen Weisheit. Dogen Zenji's Sammlung von 301 Koan-Geschichten, erläutert von einem Meister der Gegenwart, Frankfurt am Main 2005, 10 f.

190 THOMAS NAGEL, Die Grenzen der Objektivität, S. 118–128.

191 THOMAS NAGEL, Das Subjektive und das Objektive, S. 126.

192 THOMAS NAGEL, Erste Vorlesung. Bewußtsein, in: THOMAS NAGEL, Die Grenzen der Objektivität. Philosophische Vorlesungen, Stuttgart 2005, S. 11–38, 11 f.

193 ROBERT GERNHARDT, Philosophie-Geschichte, in: ROBERT GERNHARDT, Wörtersee, Frankfurt am Main 1981.

194 MEISTER DŌGEN, Shōbōgenzō. Die Schatzkammer des Wahren Dharma-Auges, Band 2, übersetzt und kommentiert von GUD WAFU NISHIJIMA und RITSUNEN GABRIELE LINNEBACH, Heidelberg-Leimen 2003, S. 309.

195 MEISTER DŌGEN, Shōbōgenzō Band 2, S. 310.

196 GUDO WAFU NISHIJIMA, Die Schatzkammer der wahren buddhistischen Weisheit, S. 11.

197 PETER BIERI, Wie wollen wir leben?, S. 25.

198 MEISTER DŌGEN, Shōbōgenzō Band 2, S. 314.

199 MEISTER DŌGEN, Shōbōgenzō Band 2, S. 312.

200 Falls Sie skeptisch sind, was ich gut verstehen kann, will ich Ihnen vier Literaturhinweise geben, die fürs Erste ausreichen, um zu dokumentieren, was man über die wissenschaftlich untersuchten Wirkungen der Meditation weiß: Thomas W. Meeks, Dilip V. Jeste, Neurobiology of Wisdom. A Literature Overview, in: Arch Gen Psychiatry Vol 66 (No. 4), Apr. 2009; Eileen Luders, Arthur W. Toga, Natasha Lepore, Christian Gaser, The underlying anatomical

correlates of long-term meditation: Larger hippocampal and frontal volumes of gray matter, in: NeuroImage 45 (2009) 672–678, sowie Ulrich Ott, Meditation für Skeptiker. Ein Neurowissenschaftler erklärt den Weg zum Selbst, München 2010, und Wolf Singer, Matthieu Ricard, Hirnforschung und Meditation, Frankfurt am Main 2008.

201 Gert Scobel, Weisheit. Über das, was uns fehlt, Köln 2008. Zur Definition von Weisheit: Thomas W. Meeks, Dilip V. Jeste, Neurobiology of Wisdom. A Literature Overview, Arch Gen Psychiatry Vol 66 (No. 4), APR 2009, S. 355–365, 356:»Although there is no consensual definition of wisdom, we believe that wisdom is a unique psychological construct, not just a collection of desirable traits with a convenient unifying label. Wisdom may be viewed as a trait comprising several subcomponents. We searched the published literature on wisdom to identify definitions and found 10 major definitions or descriptions. Despite some variations in terms, we (T. W. M. and D. V. J.) agreed that the following 6 subcomponents of wisdom were included in at least 3 of these definitions: (1) prosocial attitudes / behaviors, (2) social decision making / pragmatic knowledge of life, (3) motional homeostasis, (4) reflection / self-understanding, (5) value relativism / tolerance, and (6) acknowledgment of an dealing effectively with uncertainty / ambiguity.«

202 Martin Heidegger, Die Grundbegriffe der Metaphysik, S. 33 f.

203 Martin Heidegger, Eugen Fink, Heraklit. Seminar Wintersemester 1966 / 1967, Frankfurt am Main ²1996, S. 123.

204 Paul Valéry, Cahiers / Hefte 2, Frankfurt am Main 1988, S. 130.

205 »Ich brauchte lange, bis ich erkannte, wie einfach die Meditation wirklich ist, weil sie so völlig normal, gewöhnlich und meinen Wahrnehmungsgewohnheiten so nahe zu sein schien, das ich selten innehielt, mir dies zu vergegenwärtigen«: Yongey Mingyur Rinpoche, Buddha und die Wissenschaft vom Glück. Ein tibetischer Meister zeigt, wie Meditation den Körper und das Bewusstsein verändert. Vorwort von Daniel Goleman, München 2007, S. 96. Die Übung findet sich auf den beiden vorausgehenden Seiten.

Teil II

1. Das Problem, den Anfang zu denken

206 Hans Blumenberg, Methodologische Probleme einer Geistesgeschichte der Technik, in: Hans Blumenberg, Geistesgeschichte der Technik. Mit einem Radiovortrag auf CD, aus dem Nachlass herausgegeben von Alexander Schmitz und Bernd Stiegler, Frankfurt am Main 2009, S. 52.

207 Aristoteles, Metaphysik Buch VII 1032 a und 1033 b (Band 2, S. 27, 35) sowie Buch XII 1070 a (S. 239).

208 Wenn der Mensch einen Menschen zeugt, dann entspricht genau das seiner Natur. Beim Menschen ist also das, was den Maulesel definiert (ein Spezialfall der Mischung von Esel und Pferd, die Aristoteles an dieser Stelle ebenfalls diskutiert), gerade nicht möglich. Der Maulesel (mulus bedeutet gemischt) ist, anders als der Mensch, ein Hybrid aus zwei Arten (Vater Pferd, Mutter Esel). Zudem ist er nicht fortpflanzungsfähig. Um die Verwirrung komplett zu machen: Ein Maultier ist die Mischung aus einem Pferd (Mutter) und einem Esel (Pferd). Maulesel sind schwerer zu züchten als Maultiere und kommen daher seltener vor, zumal sie sich nur unwesentlich von »normalen« Eseln unterscheiden.

209 Charles Darwin, Über die Entstehung der Arten durch natürliche Zuchtwahl oder die Erhaltung der begünstigten Rassen im Kampf um's Dasein, in: Charles Darwin, Gesammelte Werke, Frankfurt am Main 2006, S. 374. Zur Bedeutung dessen, was Darwin primäre bzw. sekundäre Sexualcharaktere bei Lebewesen nennt, vgl. Charles Darwin, Die Abstammung oder der Ursprung des Menschen (ebd., S. 693–1162).

210 Aristoteles, Metaphysik 1033 b (Band 2, S. 35).

211 Aristoteles, Über Werden und Vergehen. De Generatione et corruptione, Griechisch-Deutsch, Übersetzt, mit einer Einleitung und Anmerkungen herausgegeben von Thomas Buchheim, Hamburg 2011. Nur wenige Philosophen haben sich, wie Aristoteles, mit diesem Thema auf derart gründliche Weise befasst – auch wenn die Schrift, wie der Herausgeber bemerkt, in mancher Hinsicht »alles Falsche, das Aristoteles je gesagt hat, versammelt« (S. XII).

212 Hannah Arendt, Das Denken, in: Hannah Arendt, Vom Leben des Geistes. Das Denken, Das Wollen, München / Zürich 1998, S. 135.

213 Die Vorsokratiker, Band II, Griechisch-lateinisch-deutsch, Auswahl der Fragmente und Zeugnisse, Übersetzung und Erläuterun-

gen von M. Laura Gemelli Marciano, Düsseldorf 2009, S. 15
(DK 28 B 3).
214 Die Vorsokratiker, Band II, S. 19 (DK 28 B 8).
215 Plato, Symposion 212 a.
216 Aristoteles, Protreptikos. Hinführung für Philosophie, rekonstruiert, übersetzt und kommentiert von Gerhard Schneeweiß,
Darmstadt 2005, S. 77 (21 o, 24 a).
217 Aristoteles, Nikomachische Ethik, übersetzt von Eugen Rolfes,
Leipzig 1921, 1177 b, 1178 a, 1178 b.»So groß aber der Unterschied ist zwischen diesem Göttlichen selbst und dem aus Leib
und Seele zusammengesetzten Menschenwesen, so groß ist auch
der Unterschied zwischen der Tätigkeit, die von diesem Göttlichen ausgeht, und allem sonstigen tugendgemäßen Tun. Ist nun
die Vernunft im Vergleich mit dem Menschen etwas Göttliches,
so muß auch das Leben nach der Vernunft im Vergleich mit
dem menschlichen Leben göttlich sein.«
218 Aristoteles, Protreptikos, S. 81 (26 g).
219 Aristoteles, Nikomachische Ethik, 1177–1178 b:»Ja, man darf
sagen: dieses Göttliche in uns ist unser wahres Selbst, wenn anders es unser vornehmster und bester Teil ist. Mithin wäre es ungereimt, wenn einer nicht sein eigenes Leben leben wollte, sondern das eines anderen. Und was wir oben gesagt, paßt auch
hierher. Was einem Wesen von Natur eigentümlich ist im Unterschied von anderen, ist auch für dasselbe das Beste und Genußreichste. Also ist das für den Menschen das Leben nach der Vernunft, wenn anders die Vernunft am meisten der Mensch ist.
Mithin ist dieses Leben auch das glückseligste … Nimmt man
aber dem Lebendigen jenes Handeln aufgrund ethischer Tugend
und Klugheit, und nimmt man ihm noch viel mehr das [künstlerische] Schaffen, was bleibt dann noch als das Denken? *Und so
muß denn die Tätigkeit Gottes, die an Seligkeit alles übertrifft, die
denkende Tätigkeit sein.* Eben darum wird aber auch von menschlichen Tätigkeiten diejenige die seligste sein, die ihr am nächsten
verwandt ist. Ein Zeichen dessen ist endlich, dass die übrigen
Sinnenwesen an der Glückseligkeit keinen Anteil haben, weil sie
der gedachten Tätigkeit vollständig ermangeln. Das Leben der
Götter ist seiner Totalität nach selig, das der Menschen insofern,
als ihnen eine Ähnlichkeit mit dieser Tätigkeit zukommt, von
den anderen Sinnenwesen aber ist keines glückselig, da sie an
dem Denken in keiner Weise teil haben. Soweit sich demnach
das Denken erstreckt, so weit erstreckt sich auch die Glückseligkeit, und den Wesen, denen das Denken und die Betrachtung in
höherem Grade zukommt, kommt auch die Glückseligkeit in hö

herem Grade zu, nicht mitfolgend, sondern eben auf Grund des Denkens, das seinen Wert und seine Würde in sich selbst hat. So ist denn die Glückseligkeit ein Denken.« Vgl. ARISTOTELES, Protreptikos, S. 153 (96 g, 97).

220 »Wir sollten hier festhalten«, schreibt Hannah Arendt, »daß der unsterbliche und göttliche Teil des Menschen nur dann existiert, wenn er in die Tat umgesetzt und auf das Göttliche draußen konzentriert wird; mit anderen Worten, der Gegenstand unserer Gedanken verschafft dem Denken selbst Unsterblichkeit.« HANNAH ARENDT, Das Denken, S. 137.

221 ARISTOTELES, Protreptikos, S. 135 (73).

222 Natürlich sind die Beweise der Unsterblichkeit der Seele keine strengen Beweise – ähnlich wie die Gottesbeweise die Existenz Gottes nicht im strengen Sinn »beweisen« können. Was jedoch durch die Unsterblichkeitsbeweise klar wird, ist die Haltung der frühen griechischen Philosophie, für die allein die Seele Wert hat.

223 ARISTOTELES, Protreptikos, S. 50 sowie S. 274 f, Anm. 414.

224 HANNAH ARENDT, Das Denken, S. 137.

225 HANNAH ARENDT, Das Denken, S. 174 f. Sie schreibt hier gleichsam im Geist des heideggerischen Sokrates.

226 Auf diese Weise werden aus den »Nichtergebnissen der Sokratischen denkenden Untersuchung negative Ergebnisse: Wenn wir nicht definieren können, was Frömmigkeit ist, dann seien wir doch unfromm«: HANNAH ARENDT, Das Denken, S. 175.

227 Zitiert in: MARTIN HEIDEGGER, Das Wesen des Nihilismus, in: MARTIN HEIDEGGER, Metaphysik und Nihilismus. Gesamtausgabe Band 67, III. Abteilung: Unveröffentlichte Abhandlungen, Frankfurt am Main 1999, S. 209.

228 HANNAH ARENDT, Das Denken, S. 176.

229 PLATO, Sämtliche Werke I, Griechisch und Deutsch nach der Übersetzung Friedrich Schleiermachers, Frankfurt am Main / Leipzig 1991, S. 209 (Apologie 20 a ff.).

230 DIE VORSOKRATIKER, Band 1, S. 291 (DK 22 B 35).

231 Auch Heraklit spricht von Vielwissen oder πολυμαθίη, vgl. DIE VORSOKRATIKER, S. 290 (DK 22 A 1; B 40).

232 MARTIN HEIDEGGER, Was heißt Denken?, S. 52. Vgl. HANNAH ARENDT, Das Denken, S. 173.

233 HANNAH ARENDT, Das Denken, S. 178.

234 MARTIN HEIDEGGER, Was heißt Denken?, Tübingen 1997 (5. durchges. Aufl.), S. 51.

235 HERBERT SCHNÄDELBACH, Vernunft, Stuttgart 2007, S. 17 f.

236 HANNAH ARENDT, Das Denken, S. 159.

237 Hannah Arendt, Das Denken, S. 156 f., 163.

238 Zwar kannten die Babylonier bereits bestimmte Arten des Rechnens, doch Pythagoras scheint den entscheidenden Schritt zur Bestimmung des Mittelwertes und damit zu einer Theorie der Proportionen gefunden zu haben. Interessant ist, dass für Pythagoras und seine Schule nicht die Eins oder Drei die für die Weltordnung, den kosmischen λόγος grundlegende Zahl war, sondern die Vier. Aus ihr und den ersten drei Zahlen, also aus 1 + 2 + 3 + 4 ergeben sich die Zehn – und damit die Grundlage des Dezimalsystems. Pythagoras und andere Mathematiker beschrieben mit Hilfe des mathematischen Logos Strukturen und Gesetze, die in der Natur und damit in den Sinnen vorkamen, die jedoch vorher niemand hatte »sehen« können. In ähnlicher Weise gelang es später Plato mit Hilfe seiner Konzeption der Ideen, die Einheit von Verschiedenem erstmals widerspruchsfrei zu denken; die eine Idee der Schönheit kann sich in höchst verschiedenen Weisen realisieren und sogar widersprüchlich in den Sinnen erscheinen.

239 So Cicero und Plutarch, vgl. Hannah Arendt, Vom Denken S. 153, sowie Anm. 65 f., S. 228.

240 »Die außerordentliche Macht dieser Erfahrung«, bemerkt Hannah Arendt, »könnte die sonst recht merkwürdige historische Tatsache erklären, daß die antike Dichotomie von Körper und Geist mit ihrer starken Leibfeindlichkeit vom Christentum so gut wie unverändert übernommen wurde, das ja schließlich auf dem Dogma von der Fleischwerdung beruhe und auf dem Glauben an die Auferstehung des Leibes, also auf Lehren, die eigentlich das Ende der Dichotomie von Körper und Geist und ihrer unlösbaren Rätsel hätten bedeuten müssen«: Hannah Arendt, Das Denken, S. 164.

241 Aristoteles, Nikomachische Ethik, 1178 b.

242 Heidegger, Die Grundbegriffe der Metaphysik, S. 44, 59.

243 Die Vorsokratiker, Band 1, S. 297 (DK 22 B 2 sowie DK 22 B 113; 114).

244 Die Vorsokratiker, Band 1 S. 297 (DK 22 B 2 sowie DK 22 B 113; 114).

245 Herbert Schnädelbach, Vernunft, Stuttgart 2007, S. 22. Das Kapitel »Kritik der Alltagsvernunft. Zur Entstehung der spekulativen Vernunft bei den Griechen« ist meiner Ansicht nach eine der bestverständlichen und dabei sehr genauen Darstellungen der Entwicklung bei den Griechen.

246 Rolf Pfeifer, Josh Bongard, How the Body shapes the Way we think. A new View of Intelligence, Cambridge 2007, S. 34 ff.

247 GEORGE STEINER, Gedanken dichten, Berlin 2011, S. 9.
248 GEORGE STEINER, Gedanken dichten, S. 22.
249 MARTIN HEIDEGGER, Nachwort zu:»Was ist Metaphysik?«, in: MARTIN HEIDEGGER, Wegmarken. Gesamtausgabe Band 9, Frankfurt am Main 1976, S. 308.
250 MARTIN HEIDEGGER, Einleitung zu:»Was ist Metaphysik?«, in: MARTIN HEIDEGGER, Wegmarken, S. 374.
251 GEORGE STEINER, Gedichte denken, S. 25.
252 LUDWIG WITTGENSTEIN, Tractatus T 5.6–5.63.
253 Should I eat meat, in: STEPHEN LAW, The Complete Philosophy Files. What's it all about?, including The Philosophy Files and The Philosophy Files 2, London 2011, S. 27.
254 GEORGE STEINER, Gedanken dichten, S. 13.
255 NIKLAS LUHMANN, Soziologie des Risikos, Berlin / New York 2003, S. 16
256 ROBERT MUSIL, Der Mann ohne Eigenschaften Band 1, S. 16. Steiner würde es als wahres denken charakterisierten. Musik beschreibt es als»ein Feuer, einen Flug, einen Bauwillen und bewußten Utopismus, der die Wirklichkeit nicht scheut, wohl aber als Aufgabe und Erfindung behandelt«.
257 DIE VORSOKRATIKER, S. 323 (DK 22 B 115): Ψυχῆς ἐστι λόγος ἑαυτόν αὔξων.
258 RICHARD RORTY, Philosophie als Kulturpolitik, Frankfurt am Main 2008, S. 256.
259 BRIGITTE FALKENBURG, Mythos Determinismus. Wie viel erklärt uns die Hirnforschung?, Berlin / Heidelberg 2012, S. vii.
260 GEORGE STEINER, Gedanken dichten, S. 51.
261 GEORGE STEINER, Gedanken dichten, S. 26.
262 Zitiert in GEORGE STEINER, Gedanken dichten, S. 26.
263 GEORGE STEINER, Gedanken dichten, S. 49.
264 LUDWIG WITTGENSTEIN, PU 38, 109.
265 WALLACE STEVENS, Hellwach, am Rande des Schlafs. Gedichte, München 2011, S. 288 f. Wer in die Interpretation einsteigen möchte: HARALD BLOOM, Wallace Stevens. The Poems of our Climate, Ithaca 1980 (Cornell University Press). Ich habe versucht, mit den kleinen Texten von Kafka, Nabokov, Musil und anderen, die auf das Gedicht folgen, einen weiteren literarischen Raum entstehen zu lassen, der jedoch vom Gedicht ausgeht und immer wieder zu ihm zurückfindet – zumindest zu seinen Themen: aber eben auf andere Weise, als dies im Gedicht selbst geschieht. Dass das Gedicht der jüngste Text ist, spielt dabei keine Rolle, denn es geht ja gerade nicht um geschichtliche Zusammenhänge, sondern um einige wenige Beispiele, die zeigen, wie literarisches

denken über die Zeiten hinweg gemeinsame Muster entfaltet, die zu Erkenntnissen führen und Erfahrungen beinhalten. Alle literarischen Texte haben dabei entscheidend mit der Erfahrung des denkens zu tun – das ist ihr innerer Zusammenhang, ihr Muster – die Palme am Ende des Geistes.

266 FRANZ KAFKA, Schriften, Tagebücher. Kritische Ausgabe, Nachgelassene Schriften und Fragmente II, herausgegeben von Jost Schillemeit, Frankfurt am Main 2002, S. 87. Der Band entspricht im Wesentlichen dem früher erschienenen Band »FRANZ KAFKA, Hochzeitsvorbereitungen auf dem Lande und andere Prosa aus dem Nachlaß«, herausgegeben von Max Brod, Frankfurt am Main 1980 (hier S. 82). Die folgenden Zitate sind der kritischen Ausgabe entnommen, S. 35 sowie S. 44 f.

267 VLADIMIR NABOKOV, Erzählungen 2, 1935–1951, Reinbek bei Hamburg 1989, S. 82 (Frühling in Fialta).

268 ROBERT MUSIL, Der Mann ohne Eigenschaften, S. 1232.

269 VLADIMIR NABOKOV, Erzählungen 2, S. 306 (Ultima Thule).

270 VLADIMIR NABOKOV, Erzählungen 2, S. 306.

271 VLADIMIR NABOKOV, Erzählungen 2, S. 85 f.

272 OLAV KRÄMER, Denken erzählen. Repräsentation des Intellekts bei Robert Musil und Paul Valéry, Berlin / New York 2009, S. 536 ff.

273 ARISTOTELES, Metaphysik, Buch 1, Kap. 2, S. 13 (982 b 12).

274 ARISTOTELES, Protreptikos 85 d (S. 145), sowie NIETZSCHE, Von den Dichtern, in: NIETZSCHE, Also sprach Zarathustra, Werke, Band II, S. 382 f.

275 VLADIMIR NABOKOV, Erinnerung, sprich. Wiedersehen mit einer Autobiographie, Reinbek bei Hamburg 1999, S. 19. Das folgende Zitat findet sich auf Seite 20.

276 IMMANUEL KANT, Kritik der reinen Vernunft, in: IMMANUEL KANT, Werke in zehn Bänden, herausgegeben von Wilhelm Weischedel, Band 4. Kritik der reinen Vernunft, Zweiter Teil, Darmstadt 1983, S. 543 (KrV B 641).

277 Im Jargon der Internetcommunity formuliert ist denken eine Art von *cloud thinking*. Es besteht immer eine Kopie eines Gedankens auf einer anderen Festplatte. Wenn man einen Gedanken in der *cloud* sucht und ihn dann liest oder »runterlädt«, wird man feststellen, dass dieser Gedanke immer in Kopien (identisch), zumindest aber als Variation (in einer ähnlichen Form) vorkommt. Mehr noch: Original und Kopie sind nicht mehr zu unterscheiden, denn streng genommen gibt es in der digitalen Welt keine Originale. Die Vorstellung, es mit einem Original zu tun zu haben, ist virtuell.

278 HANNAH ARENDT, Das Denken, S. 184. Genau dies macht die Einsamkeit des Denkers aus, der die bekannten Denkwege verlässt. Entsprechend schrieb der französische Philosoph und Phänomenologe Maurice Merleau-Ponty (* 14. März 1908 in Rochefort-sur-Mer; † 3. Mai 1961 in Paris): »Wir sind nur dann wirklich allein, wenn wir es nicht wissen; gerade dieses Nichtwissen ist unsere Einsamkeit«: Zitiert in HANNAH ARENDT, Das Denken, S. 194. Wenn wir nicht wissen, wie sehr wir in Wahrheit unsere Gedanken, unsere Sprache und Kenntnisse anderen verdanken, sind wir allein (was wir in Wirklichkeit nicht sind). Die Vorstellung, wir wären allein, macht uns einsam. Wir trauen mit einem Mal keinem mehr, auch uns selbst nicht – und zweifeln an allem. Denken, heißt es in Platos Theaitetos, »ist eine Rede (λόγον), welche die Seele bei sich selbst durchgeht … eine gesprochene Rede, nicht zu einem Anderen und mit der Stimme, sondern stillschweigend zu sich selbst«: PLATO, Phaidros. Theaitetos, Sämtliche Werke Band VI, Frankfurt am Main und Leipzig 1991, S. 301 f. (189 e – 190 a). Sokrates riet zu einer freundlichen Beziehung zu sich selbst und zum Chor seiner Gedanken. Aristoteles scheint diese Ansicht übernommen zu haben. Schlechte oder kranke Menschen sind jene, die vor sich selbst in die Gesellschaft fliehen, weil sie mit sich selbst entzwei sind: ARISTOTELES, Nikomachische Ethik 1166 b. Eine Uneinigkeit »innerhalb der Seele« ist nach Aristoteles geradezu tödlich.

279 IMMANUEL KANT, Werke. Band 10: Schriften zur Anthropologie, Geschichtsphilosophie, Politik und Pädagogik. Zweiter Teil, Darmstadt 1983 S. 511 (Anthropologie in pragmatischer Absicht § 43 BA 122).

280 GEORGE STEINER, Warum Denken traurig macht, S. 29.

281 FRIEDRICH NIETZSCHE, Die ›Vernunft‹ in der Philosophie, in: FRIEDRICH NIETZSCHE, Götzen-Dämmerung, Werke in drei Bänden München 1966, Band II, S. 957. Weitere Ausführungen dazu finden sich in GERT SCOBEL, Der Ausweg aus dem Fliegenglas. Wie wir Glauben und Vernunft in Einklang bringen können, Frankfurt am Main 2010, S. 152–164.

282 ARISTOTELES, Zweite Analytik. Analytica Posterioria, Griechisch–Deutsch, Hamburg 2011, S. 3 (71 a).

283 LUDWIK FLECK, Denkstil und Tatsachen. Gesammelte Schriften und Zeugnisse, hg. v. Sylwia Werner und Claus Zittel, Berlin 2011, S. 561 f.

284 INGEBORG BACHMANN, Alles, in: INGEBORG BACHMANN, Werke, hg. v. Christine Koschel, Inge von Weidenbaum und Clemens Münster, Band II: Erzählungen, München 1982, S. 140.

285 Franz Kafka, Schriften Tagebücher. Kritische Ausgabe, Frankfurt am Main 2002, S. 851 f.

286 Franz Kafka, Tagebücher, S. 852.

287 Franz Kafka, Tagebücher, S. 853.

288 Hannah Arendt, Das Denken, S. 199.

289 Hannah Arendt, Das Denken, S. 201. »Daß wir den immerwährenden Strom reiner Veränderung als Kontinuum fassen können, das liegt nicht an der Zeit selbst, sondern an der Kontinuität unserer Geschäfte und Tätigkeiten in der Welt, in der *wir kontinuierlich das fortsetzen,* was wir gestern angefangen haben und morgen zu beenden hoffen. Mit anderen Worten, das Zeitkontinuum beruht auf der Kontinuität unseres Alltagslebens, und dessen Geschäft ist im Unterschied zur Tätigkeit des denkenden Ichs – die immer unabhängig ist von den umgebenden räumlichen Verhältnissen – stets räumlich bestimmt.«

290 Friedrich Nietzsche, Band II, S. 407. Diese und die folgenden Zitate aus *Also sprach Zarathustra* stammen aus dem zweiten Kapitel von Teil III (Vom Gesicht und Rätsel). Vgl. http://www.zeno.org / Philosophie / M / Nietzsche,+Friedrich / Also+sprach+Zarathustra / Dritter+Teil.+Also+sprach+Zarathustra / Vom+Gesicht+und+ R%C3%A4tsel

291 Eine ausgezeichnete Analyse dieses nicht leicht zu deutenden Nietzsche-Zitats findet sich bei Martin Heidegger, Nietzsche. Erster Band, Stuttgart 1998 (sechste, aktualisierte Auflage), S. 256 ff.

292 Hannah Arendt spricht von der Nicht-Zeit – jenem »vom Denken gebahnten Weg, der schmale, kaum sichtbare Pfad der Nicht-Zeit, den die Tätigkeit des Denkens in die dem geborenen und sterblichen Menschen gegebene Raum-Zeit geschlagen hat. Diesem Pfad folgen die Gedankengänge, die Erinnerungen und das Vorausdenken, und retten alles, was sie berühren, vor dem Ruin durch die historische und biographische Zeit ... Jede neue Generation, jedes neue Menschenwesen muß, indem ihm bewußt wird, daß es zwischen eine unendliche Vergangenheit und eine unendliche Zukunft hingestellt ist, den Pfad des Denkens neu entdecken und mühsam bahnen«: Hannah Arendt, Das Denken, S. 206.

293 George Steiner, Warum Denken traurig macht. Zehn (mögliche) Gründe, Frankfurt am Main 2006, S. 23.

294 George Steiner, Warum Denken traurig macht, S. 24.

295 George Steiner, Warum Denken traurig macht, S. 31.

296 »In dieser Lücke zwischen Vergangenheit und Zukunft finden

wir unseren Platz, wenn wir denken, das heißt, wenn wir der Vergangenheit und Zukunft so weit entrückt sind, daß wir dazu gut sind, ihren Sinn zu finden, die Stellung des ›Schiedsrichters‹ einzunehmen, des Richters und Beurteilers der vielfältigen, nie endenden Geschäfte der menschlichen Existenz in der Welt, eine Stellung, die nie zu einer endgültigen Lösung dieser Rätsel verhilft, die aber immer neue Antworten auf die Frage bereit hat, um was es bei alledem wohl gehe«: HANNAH ARENDT, Das Denken, S. 205.

297 THEODOR W. ADORNO, Minima Moralia. Reflexionen aus dem beschädigten Leben, Frankfurt am Main 1981, S. 333 f.

298 »Das Denken begleitet das Leben und ist selbst die entmaterialisierte Quintessenz des Lebendigseins ... und da das Leben ein Vorgang ist, kann seine Quintessenz nur im aktuellen Denkvorgang bestehen und nicht in irgendwelchen festen Ergebnissen oder speziellen Gedanken ... Menschen, die nicht denken, sind wie Schlafwandler«: HANNAH ARENDT, Das Denken, S. 190.

299 LUDWIG WITTGENSTEIN, Philosophische Untersuchungen § 123.

300 So Alfons Reckermann in seinem dreibändigen Werk *Den Anfang denken*: ALFONS RECKERMANN, Den Anfang denken. Die Philosophie der Antike in Texten und Darstellungen, Band 1: Vom Mythos zur Rhetorik, Hamburg 2011, S. XX.

301 PLATO, Theaitetos 174 a, vgl. RECKERMANN, S. 59 f.

302 CERN dient, in gewisser Weise, der Erforschung der Bedingungen von Materie nahe am Zustand des Urknalls. Doch selbst das elaborierte Konzept des Urknalls muss sich die scheinbar naive, in Wirklichkeit aber keineswegs völlig abwegige Frage stellen, was denn *vor* dem Urknall gewesen sei und wie aus dem, was vorher war, ein Urknall werden konnte. Dass diese Frage keineswegs abwegig ist, belegt die von der Fachpresse stark beachtete Forschung des deutschen Physikers Martin Bojowald, der auf dem Gebiet der Schleifen-Quantengravitation und der Kosmologie arbeitet: MARTIN BOJOWALD, Zurück vor den Urknall. Die ganze Geschichte des Universums, Frankfurt am Main 2009.

303 Große Denker wie Immanuel Kant gaben der Idee immer wieder neuen Aufwind. Kant führte die Unterscheidung von einem Wissen *A-priori* und einem Wissen *A-posteriori* ein. Mit dem Wissen *A-posteriori* bezeichnete er das im Nachhinein gewonnene Erfahrungswissen, wie wir es beispielsweise aus den experimentellen Naturwissenschaften kennen. Das Wissen *A-priori* aber sollte unabhängig von aller Erfahrung sein und ihr vorausgehen. Was man a priori weiß, kann man nicht aus der Erfahrung haben. Deshalb ist dieses Wissen für Kant unhintergehbar. Tatsächlich setzt der Er-

werb von Sprache, von Begriffen und Sätzen, in denen das A-priori-Wissen sich ausdrücken kann, die *Erfahrung* im Umgang mit Sprache, Kultur und denken voraus. Auch als unserem denken vorgeordnete Prinzipien wären sie jenen Denkstrukturen und Kategorien unterworfen, die sich *in* der Welt entwickelt haben und auf diese Weise unser denken bestimmen. Auch das, was a priori ist, muss irgendwann entstanden und dann erfahren und kommuniziert worden sein.

304 Vgl. GERT SCOBEL, Der Ausweg aus dem Fliegenglas, S. 102–107, über das Problem der Vollständigkeit bei den Mathematikern Kurt Gödel und Alonzo Church.

305 Alfons Reckermann hat dies herausgearbeitet. Die beiden Aspekte der Ethik und der Metaphysik, d. h. die Frage nach dem richtigen Leben und die Frage nach dem, was das Sein oder die Wirklichkeit sind, sind nicht voneinander zu trennen. Von Anfang an bis heute haben Metaphysik und Ethik allem Anschein zum Trotz nicht isoliert nebeneinander gestanden. Vgl. ALFONS RECKERMANN, Den Anfang denken, S. XXV. Wer den Anfang kennt, der weiß um den Unterschied von Gut und Böse und vermag damit, wie Cicero sagte, die Frage nach dem richtigen Leben zu beantworten. Er kann alle Unterschiede klar benennen – und wird somit in die Lage versetzt, auch sein eigenes Leben richtig einzurichten und damit glücklich zu leben. Die Frage nach der Entstehung und der Natur der Dinge ist aufs engste verbunden mit der Frage nach der richtigen Form des Lebens und der Lebensführung. Die Antwort auf Ciceros Frage, auf die *quaestio de finibus bonorum et malorum* – er nennt sie auch *quaestio de vita et moribus* – ist gebunden an die Antwort auf die Frage der *quaestio de rerum natura* (vgl. Reckermann, Bd 1, XXIV).

306 »Das Forscherteam hat mit Hilfe sogenannter Gravitationslinsen die Hubble-Konstante bestimmt. Diese beschreibt, wie schnell sich unser Universum ausdehnt. Daraus lässt sich ableiten, wie viel Zeit seit dem Urknall vergangen ist. Bisher galt die Gravitationslinsen-Methode als verhältnismäßig unpräzise. Dr. Sherry Suyu von der Universität Bonn und ihre Kollegen konnten nun jedoch die Konstante mit einer Genauigkeit von sieben Prozent bestimmen – auf 69,7 km / s / Mpc. Für das Alter des Kosmos heißt das: ›Nach unseren Berechnungen ist das Universum 13,75 Milliarden Jahre alt‹, so Suyu, ›maximal 170 Millionen Jahre älter oder 150 Millionen Jahre jünger‹« heißt es in der Pressemitteilung der Universität Bonn: http://www.astronews.com / news / artikel / 2010 / 03 / 1003–002.shtml

307 RUSSELL H. VREELAND, WILLIAM D. ROSENZWEIG, DENNIS W. PO-

WERS, Isolation of a 250 million-year-old halotolerant bacterium from a primary salt crystal, in: Nature 407, 897–900 (19. Oktober 2000).

2. Radikaler Neuanfang: Ego cogito – ergo sum, Privatsprache und der Zugang zur Welt im denken

308 GEORGE STEINER, Gedanken dichten, S. 108. Steiner hebt das stilistische Genie von Descartes heraus und vergleicht ihn in seinem Stil, u. a. in seinem Rückgriff auf Konjunktiv und Plusquamperfekt, u. a. mit Marcel Proust.

309 THOMAS NAGEL, Das letzte Wort, Stuttgart 1999, S. 21.

310 RENÉ DESCARTES, Meditationen. Mit sämtlichen Einwänden und Erwiderungen, übersetzt und herausgegeben von CHRISTIAN WOHLERS, Hamburg 2009, Zweite Meditation, S. 27.

311 DURS GRÜNBEIN, Vom Schnee oder Descartes in Deutschland, Frankfurt am Main 2003.

312 RENÉ DESCARTES, Discours de la Méthode. Französisch-Deutsch, übersetzt und herausgegeben von CHRISTIAN WOHLERS, Hamburg 2011.

313 RENÉ DESCARTES, Discours, S. 5.

314 DESCARTES, Discours, S. 15.

315 DESCARTES, Discours, S. 17.

316 RENÉ DESCARTES, Discours, S. 21.

317 DURS GRÜNBEIN, Vom Schnee, Frankfurt am Main 2003, S. 48, 60.

318 GRÜNBEIN, S. 80, 19.

319 RENÉ DESCARTES, Discours de la Méthode. Französisch-Deutsch, übersetzt und herausgegeben von CHRISTIAN WOHLERS, Hamburg 2011, S. 57. Ähnlich Descartes auch in der ersten Meditation: RENÉ DESCARTES, Meditationen. Mit sämtlichen Einwänden und Erwiderungen, übersetzt und herausgegeben von CHRISTIAN WOHLERS, Hamburg 2009, S. 20 f. sowie 24 f. (Erste Meditation).

320 DESCARTES, Meditationen, S. 24

321 RENÉ DESCARTES, Discours, S. 57 f.

322 GRÜNBEIN, Vom Schnee, S. 74.

323 DESCARTES, Meditationen, S. 22, 24 (Erste Meditation).

324 STEINER, Gedanken dichten, S. 110.

325 DESCARTES, Meditationen, S. 97, 87.

326 ANTÓNIO DAMÁSIO, Descartes' Irrtum. Fühlen, Denken und das menschliche Gehirn, München 1997, S. 330.

327 DESCARTES, Discours, S. 59.
328 DESCARTES, Meditationen, S. 27 (Zweite Meditation).
329 DESCARTES, Meditationen, S. 27.
330 DESCARTES, Die Prinzipien der Philosophie. Übersetzt und mit Anmerkungen versehen von Artur Buchenau, Hamburg 1992, S. 8. Im Original heißt es:»Cogitationis nomine, intelligo illa omnia, quae nobis consciis in nobis fiunt, quatenus eorum in nobis *conscientia* est.«
331 DESCARTES, Die Prinzipien, S. 8.
332 DESCARTES, Die Prinzipien, S. 8.
333 DESCARTES, Die Prinzipien, S. 8:»ego video, vel ego ambulo, ergo sum«.
334 DESCARTES, Die Prinzipien, S. 2 f. (Erster Teil, Abschnitt 7 und 8). Vgl. BRIGITTE FALKENBURG, Mythos Determinismus, S. 1-56.
335 DESCARTES, Meditationen, S. 88, 95 (6. Meditation).
336 DESCARTES, Meditationen, S. 28 (2. Meditation).
337 HOLM TETENS, Philosophisches Argumentieren, S. 55−58.
338 GEORGE E. MOORE, Eine Verteidigung des Common Sense. Fünf Aufsätze aus den Jahren 1903−1914, mit einer Einleitung von HARALD DELIUS, Frankfurt am Main 1969, S. 113−151, z. B. S. 119.
339 IMMANUEL KANT, Prolegomena zu einer jeden künftigen Metaphysik, die als Wissenschaft wird auftreten können, in: IMMANUEL KANT, Werke, herausgegeben von WILHELM WEISCHEDEL, Band 5, A 25 f (§ 2. Von der Erkenntnisart, S. 125).
340 THOMAS NAGEL, Das letzte Wort, Stuttgart 1999, S. 31 f. (Warum das Denken sich nicht von außen verstehen kann), vgl. S. 37.
341 DESCARTES, Meditationen, S. 82 f.
342 IMMANUEL KANT, Kritik der reinen Vernunft B 355.
343 P. M. S. HACKER, Wittgenstein. Meaning and Mind. Vol. 3 of an Analytical Commentary on the Philosophical Investigations, Part I. Essays, Oxford 1993, S. 13 f. Hacker entwickelt das Privatsprachenargument Wittgensteins auf den Seiten 1−57. Eine gute Zusammenfassung neueren Datums ist P. M. S. HACKER, The Relevance of Wittgenstein's Philosophy of Psychology to the Psychological Sciences, in: PIRMIN STEKELER-WEITHOFER (Hg.), Wittgenstein: Zu Philosophie und Wissenschaft, Deutsches Jahrbuch Philosophie Band 3, Hamburg 2012, S. 205−223.
344 LUDWIG WITTGENSTEIN, Werkausgabe Band 8, Vermischte Bemerkungen, S. 459
345 LUDWIG WITTGENSTEIN, PU § 89, sowie Ders., Werkausgabe Band 8, Vermischte Bemerkungen, S. 539.
346 P. M. S. HACKER, Wittgenstein. Meaning and Mind. Vol. 3, 143−182, hier S. 158.

347 GEBAUER, Wittgensteins anthropologisches Denken, S. 133.
348 WITTGENSTEIN, PU § 243.
349 WITTGENSTEIN, PU § 246.
350 Vgl. GEBAUER, Wittgensteins anthropologisches Denken, S. 135 f.
351 GUNTER GEBAUER, Wittgensteins anthropologisches Denken, S. 136 f.
352 LUDWIG WITTGENSTEIN, PU § 311.
353 WITTGENSTEIN, PU § 293.
354 BEN DUPRÉ, Philosophie. 50 Schlüsselideen, Heidelberg 2010, S. 130.
355 WITTGENSTEIN, PU § 294.
356 GUNTER GEBAUER, Wittgensteins anthropologisches Denken, S. 137.
357 WITTGENSTEIN, Über Gewißheit § 401–422.
358 WITTGENSTEIN, Über Gewißheit § 105–167.
359 GUNTER GEBAUER, Wittgensteins anthropologisches Denken,
   S. 169, 217.
360 GUNTER GEBAUER, Wittgensteins anthropologisches Denken, S. 195.
361 GEORGE LAKOFF, MARK JOHNSON, Philosophy in the Flesh. The
   Embodied Mind and its Challenge to Western Thought, New York
   1999, sowie LYNNE RUDDER BAKER, Persons and Bodies. A Consti-
   tution View. Cambridge Studies in Philosophy, Cambridge 2000.
362 RICHARD RORTY, Spinoza, Pragmatismus und die Liebe zur Weisheit, in: RICHARD RORTY, Philosophie & die Zukunft. Essays,
   Frankfurt am Main 2000, S. 101–121, 102.

Teil III

1. denken ist denken

363 PAUL VALÉRY, Cahiers / Hefte 2, S. 115.
364 GILBERT RYLE, On Thinking, Oxford 1979 (insbes. Kapitel 4
   und 5).
365 »What we actually found was that the main effect of reasoning im-
   plicated large areas of the brain, including regions predicted by
   both mental model and mental logic theories«: VINOD GOEL, Cog-
   nitive Neuroscience of Deductive Reasoning, in: KEITH J. HOLYO-
   AK, ROBERT G. MORRISON (Hg.), The Cambridge Handbook of
   Thinking and Reasoning, Cambridge / New York 2005, 475–492,
   481 f. Vgl. JONATHAN A. FUGELSANG, KEVIN N. DUNBAR, A cogniti-
   ve neuroscience framework for understanding causal reasoning
   and the law, Phil. Trans. R. Soc. Lond. B (2004) 359, 1749–1754.
366 KEITH J. HOLYOAK, Analogy, in: The Cambridge Handbook of
   Thinking and Resoning, S. 117–142.

2. Begrenztes denken – Der adaptive Werkzeugkasten

367 GERD GIGERENZER, PETER M. TODD, Bounding rationality to the world, in: Journal of Economic Psychology 24 (2003), S. 143–165. Zusammen mit Wirtschaftsnobelpreisträger Reinhard Selten ausführlicher in: GERD GIGERENZER, REINHARD SELTEN, Bounded Rationality. The adaptive Toolbox, Cambridge / London 2001.

368 GERD GIGERENZER, PETER M. TODD, Bounding rationality to the world, S. 145–148.

3. Erweitertes denken (Extended Mind)

369 ANDY CLARK, DAVID CHALMERS, The Extended Mind, in: Analysis 58: 1: 1998, S. 7–19. Wiederabgedruckt in The Philosopher's Annual Vol XXI-1998 (Ridgeview, 2000), S. 59–74, sowie DAVID CHALMERS (Hg.), Philosophy Of Mind: Classical And Contemporary Readings, Oxford 2002 (http://www.philosophy.ed.ac.uk / people / clark / pubs / TheExtendedMind.pdf).

370 HILARY PUTNAM, Die Bedeutung von Bedeutung, Frankfurt am Main 1979, S. 26 ff.

371 HOLGER LYRE, Die These der erweiterten Kognition, in: Information Philosophie 1 (2011), S. 50–55 (http://www.lyre.de / Lyre-Info-Phil2011.pdf).

372 »David Kirsh and Paul Maglio (1994) calculate that the physical rotation of a shape through 90 degrees takes about 100 milliseconds, plus about 200 milliseconds to select the button. To achieve the same result by mental rotation takes about 1000 milliseconds. Kirsh and Maglio go on to present compelling evidence that physical rotation is used not just to position a shape ready to fit a slot, but often to help determine whether the shape and the slot are compatible«: CHALMERS und CLARK, The Extended Mind.

373 CHALMERS und CLARK, Extended Mind. Übersetzung von http:// de.wikipedia.org / wiki / Erweiterter_Geist.

374 LYRE, Die These der erweiterten Kognition.

375 MICHAEL GAZZANIGA, Die Ich-Illusion. Wie Bewusstsein und freier Wille entstehen, München 2012, S. 68 f.

376 GAZZANIGA, S. 107.

377 GILBERT RYLE, On Thinking S. 95 ff, 76, 87.

4. Vergrößerung von Gedanken durch Verkleinerung oder das Prinzip der virtuellen Unendlichkeit beim Denkstrahl

378 Nicholson Baker, Wie groß sind die Gedanken, Reinbek bei Hamburg 1998, S. 224.
379 http://de.wikipedia.org / wiki / Blumenkohl. Das Foto stammt von Richard Bartz, http://de.wikipedia.org / w / index.php?titleDatei:Romanesco_Brassica_oleracea_Richard_Bartz.jpg& filetimestamp=20080 118 074 921.

5. Regeln

380 Gerd Gigerenzer, The Adaptive Toolbox, in: Gerd Gigerenzer, Reinhard Selten (Hg.), Bounded Rationality, a. a. O., S. 37–50.
381 Gerd Gigerenzer, Bauchentscheidungen. Die Intelligenz des Unbewussten und die Macht der Intuition, 2007, S. 36.
382 Gerd Gigerenzer, Bauchentscheidungen, S. 33 f.
383 Gerd Gigerenzer, Bauchentscheidungen, S. 123.
384 Milwaukee hat laut amerikanischem Zensus von 2010 594 833 Einwohner (in der Metropolitan area 1 555 908), während Detroit 713 777 Einwohner hatte (und 4 296 250 in der Metropolitan area).
385 Gerd Gigerenzer, Bauchentscheidungen, S. 16. Zur weiteren Diskussion einfacher Heuristiken auch Gerd Gigerenzer, Daniel G. Goldstein, Betting on One Good Reason. The Take The Best Heurictic, in: Gerd Gigerenzer, Peter M. Todd and The Abc Research Group, Simple Heuristics that make us smart, Oxford 1999, S. 75–95.
386 Saul A. Kripke, Wittgenstein über Regeln und Privatsprache, Frankfurt am Main 1987.
387 Dass Sie es tatsächlich können, ergibt sich erst aus der detaillierten Argumentation von Kripke.
388 Ludwig Wittgenstein, PU § 201.

6. Logik und Syllogismen

389 Eine detaillierte Darstellung findet sich bei Gert Scobel, Der Ausweg aus dem Fliegenglas, S. 102–107.
390 Wer an den Feinheiten formaler Logik, an Überblick und guten Definitionen interessiert ist, aber auch die philosophischen Impli-

kationen nicht vermissen will, sei vor allem verwiesen auf PAUL
HOYNINGEN-HUENE, Formale Logik. Eine philosophische Einführung, Stuttgart 2006.

391 PAUL VALÉRY, Cahiers / Hefte 2, S. 116.

392 IMMANUEL KANT, Kritik der reinen Vernunft, Vorrede zur zweiten
Auflage, B VIII.

393 ARISTOTELES, Zweite Analytik. Analytica Posteriora, Griechisch–
Deutsch, übersetzt mit einer Einleitung und Anmerkungen herausgegeben von WOLFGANG DETEL, Hamburg 2011, S. XIII ff.

394 Zu meinen Favoriten gehören WOLFGANG DETEL, Grundkurs Philosophie Band 1. Logik, Stuttgart 2007; WESLEY C. SALMON, Logik., Stuttgart 1983; WILHELM K. ESSLER, ROSA F. MARTÍNEZ CRU-
ZADO, Grundzüge der Logik. I Das logische Schließen, Frankfurt
am Main ³1983; HOLM TETENS, Philosophisches Argumentieren.
Eine Einführung, München ²2006; JÖRG HARDY, CHRISTOPH
SCHAMBERGER, Logik der Philosophie. Einführung in die Logik
und Argumentationstheorie, Göttingen 2012, sowie die beiden her-
vorragenden Textsammlungen von DAVID PEARCE, JAN WOLENSKI
(Hg.)., Logischer Rationalismus. Philosophische Schriften der
Lemberg-Warschauer Schule, Frankfurt am Main 1988, und WIL-
HELM BÜTTEMEYER, Philosophie der Mathematik, Freiburg / Mün-
chen 2003.

395 CHRISTIAN HESSE, Achtung Denkfalle. Die erstaunlichsten Alltags-
irrtümer und wie man sie durchschaut, München 2011; GERD GI-
GERENZER, Das Einmaleins der Skepsis. Über den richtigen Umgang mit Zahlen und Risiken, Berlin 2004, oder ROLF DOBELLI,
Die Kunst des klaren Denkens. 52 Denkfehler, die Sie besser anderen überlassen, München 2011.

396 Einen guten Überblick über die Geschichte bieten die Bücher von
HANS WUSSING, 6000 Jahre Mathematik. Eine kulturgeschichtli-
che Zeitreise. Band 1: Von den Anfängen bis Leibniz und Newton,
Berlin / Heidelberg 2008, sowie Ders., Band 2: Von Euler bis zur
Gegenwart, Berlin / Heidelberg 2009; HERBERT MEHRTENS, Moder-
ne. Sprache. Mathematik, Frankfurt am Main 1990, sowie JOCHEN
BRÜNING, EBERHARD KNOBLOCH (Hg.), Die mathematischen Wur-
zeln der Kultur. Mathematische Innovationen und ihre kulturellen
Folgen, München 2005

397 HERBERT MEHRTENS, Moderne. Sprache. Mathematik, S. 8.

398 So David Hilbert in einem Vortrag von 1927, zit. in MEHRTENS,
S. 292.

399 DANIEL MCNEIL, PAUL FREIBERGER. Fuzzy Logic. Die ›unscharfe‹
Logik erobert die Technik, München 1994; BART KOSKO, fuzzy logisch. Eine neue Art des Denkens, Hamburg 1993, und CHRIS-

TOPH DRÖSSER, Fuzzy Logic. Methodische Einführung in krauses Denken, Reinbek bei Hamburg 1994.

400 HENRI POINTCARÉ, Sur la Nature du Raisonnement mathematique, in : Révue de métaphysikque et de morale 2 (1894), S. 371–384, zitiert in MEHRTENS, S. 240.

401 JENS SOENTGEN, Selbstdenken! 20 Praktiken der Philosophie, Wuppertal ⁴2005, S. 119–136.

402 SOENTGEN, S. 128 f.

403 GERHARD WILCZEK, Bedeutende Naturwissenschaftler und Philosophen unserer Zeit. Umbruch im Denken, Werner Heisenberg, Albert Einstein, Bertrand Russell, München 2007, S. 104.

404 Zitiert in BEN DUPRÉ, 50 Schlüsselideen Philosophie, Heidelberg 2010, S. 114.

405 R. MARK SAINSBURY, Paradoxien. Erweitere Ausgabe, Stuttgart 2007, S. 163.

406 STEPHEN LAW, Philosophie, München 2008, S. 198–205.

407 ODETTE WEGWARTH, LISA M. SCHWARTZ, STEVEN WOLOSHIN, WOLFGANG GAISSMAIER, GERD GIGERENZER, Do Physicians Understand Cancer Screening Statistics? A National Survey of Primary Care Physicians in the United States, in: Ann Intern Med. (2012) 156: 340–349. Ähnlich bereits GERD GIGENENZER, WOLFGANG GAISSMAIER, ELKE KURZ-MILCKE, LISA M. SCHWARTZ, STEVEN WOLOSHIN, Helping Doctors and Patients Make Sense of Health Statistics, in: Psychological Science in the Public Interest 8 (2007), S. 53–96.

408 GERD GIGERENZER, Das Einmaleins der Skepsis, S. 175–196.

409 HOLM TETENS, Philosophisches Argumentieren, S. 61.

410 HOLM TETENS, S. 277.

7. Paradoxien

411 DIOGENES LAERTIUS, Leben und Meinungen berühmter Philosophen, Hamburg 2008, II 108 (Band 1, S. 118).

412 CICERO, Academicorum priorum, Lib. II, Kap. 29, Par. 95.

413 TIM SCHÖNE, Was Vagheit ist, Paderborn 2011.

414 R. MARK SAINSBURY, Paradoxien, S. 41–82.

415 SAINSBURY, Paradoxien, S. 11 f.

416 Eine äußerst lesenswerte Darstellung findet sich in dem glänzend illustrierten und getexteten Comic von APOSTOLOS DOXIADIS, CHRISTOS H. PAPADIMITRIOU, ALECOS PAPADATOS und ANNE DI DONNA, Logicomix. Eine epische Suche nach Wahrheit, Zürich 2010.

417 Vgl. Sainsbury, Paradoxien, sowie Gilbert Ryle, Dilemmas. The Tanner Lectures 1953, Cambridge 1964.

418 Sainsbury, S. 179.

419 Sainsbury, S. 170 F.

8. Δenken – die Macht der Unterscheidungen

420 Jürgen Habermas, Philosophische Texte. Studienausgabe in fünf Bänden, Band 5: Kritik der Vernunft, Frankfurt am Main 2009, hier die Kapitel Einleitung S. 9–32, sowie Wozu noch Philosophie?, S. 33–57.

421 Habermas, Wozu noch Philosophie?, S. 45.

422 Ingrid Hoffmann, Katja Schneider, Claus Leitzmann (Hg.), Ernährungsökologie. Komplexen Herausforderungen integrativ begegnen, München 2011, S. 28–37.

423 Erwin Schrödinger, Unsere Vorstellung von der Materie, in: Erwin Schrödinger, Was ist ein Naturgesetz? Beiträge zum naturwissenschaftlichen Weltbild, München [5]1997, S. 120, 102.

424 Aristoteles, Topik. Über die sophistischen Widerlegungsschlüsse, Organon Band 1, Griechisch–Deutsch, herausgegeben, übersetzt, mit Einleitung und Anmerkungen versehen von Hans Günter Zekl, Hamburg 1997, S. XX ff. Der folgende Auszug aus der Komödie von Epikrates findet sich in der Einleitung Zekls auf S. XXIII.

425 Aristoteles, Topik 100 a 18 sowie 101 b 37 f.

426 Zum Thema der Definition Jens Soentgen, Selbstdenken!, S. 77–83, hier 89.

427 Manfred Geier, Kants Welt. Eine Biographie, Reinbek bei Hamburg 2003, S. 77.

428 Georg Wilhelm Friedrich Hegel, Wissenschaft der Logik. Die Lehre vom Sein (1832), hg. v. Hans-Jürgen Gawohl, Hamburg 1990, S. 55.

429 George Spencer-Brown, Laws of Form. Gesetze der Form, Lübeck 1997. Darstellungen des Ansatzes von Spencer-Brown finden sich in den einschlägigen Werken der Systemtheorie von Niklas Luhmann, der häufig auf Spencer-Brown zurückkommt. Eine hervorragende und genaue Darstellung findet sich auch bei Tatjana Schönwälder, Katrin Wille, Thomas Hölscher, George Spencer Brown. Eine Einführung in die ›Laws of Form‹, Wiesbaden 2004. Auch in meinen beiden Büchern Gert Scobel, Weisheit. Über das, was uns fehlt, Köln 2008, S. 356–380, sowie Gert Sco-

BEL, Der Ausweg aus dem Fliegenglas. Wie wir Glauben und Vernunft in Einklang bringen können, Frankfurt am Main 2010, S. 360–370, habe ich Spencer-Browns Ansatz beschrieben – und verzichte deshalb an dieser Stelle auf eine ausführliche Darstellung.

430 HANNAH ARENDT, Denktagebuch, S. 690.

431 HANNAH ARENDT, Denktagebuch, S. 727.»Die Philosophie, das Denken über das Denken, ist ein Spezialfall des Denkens.«

432 HERBERT SCHNÄDELBACH, Was Philosophen wissen und was man von ihnen lernen kann, München 2012, S. 41.

433 GAZZANIGA, S. 219, 223.

434 HABERMAS, Philosophische Texte, Band 5, S. 26.

435 JÜRGEN HABERMAS, Das Sprachspiel verantwortlicher Urheberschaft und das Problem der Willensfreiheit. Wie läßt sich der epistemische Dualismus mit einem ontologischen Monismus versöhnen? In: Ders., Philosophische Texte Band 5: Kritik der Vernunft, S. 271–341, S. 298.

436 HABERMAS, Philosophische Texte Band 5, S. 341.

437 HABERMAS, Philosophische Texte Band 5, S. 324.

438 GAZZANIGA, S. 252.

439 GAZZANIAGA, S. 248.»In diesem Zusammenhang ist die Frage des Determinismus bedeutungslos.«

440 GAZZANIGA, S. 83.

9. Der Faustkeil – oder einiges über den Rest der adaptiven Werkzeugkiste(n)

441 Vgl. das Nachwort von Ursula Ludz und Ingeborg Nordmann, den beiden Herausgeberinnen der Denktagebücher von Hannah Arendt: HANNAH ARENDT, Denktagebuch 1950 bis 1973, Zweiter Band, München / Zürich 2002, S. 840.

442 MARSHALL MCLUHAN, Understanding Media. The Extensions of man, New York 1964.

443 KARL MARX, Einleitung zur Kritik der politischen Ökonomie, in: http://www.mlwerke.de / me / me13 / me13_615.htm. Zum Thema Fernsehen GERT SCOBEL, Kanalisation der Welt. Eine Argumentation gegen »betreutes Sehen«, in: Jahrbuch Fernsehen 2012. Bestandsaufnahme und Kompass der TV-Landschaft, hg. v. DIETER ANSCHLAG, CLAUDIA CIPPITELLI, LUTZ HACHMEISTER, UWE KAMMANN, PETER PAUL KUBITZ und PETRA MÜLLER, Marl / Berlin 2012.

Teil IV

1. Sich entfernen und den Überblick bekommen

444 T. S. ELIOT, Prufrock and Other Observations, in: T. S. ELIOT, The Complete Poems and Plays 1909–1950, New York 1971, S. 3. »Laß uns nun gehen, Du und ich, Wenn der Abend gegen den Himmel ausgebreitet ist, Wie ein Patient ätherisiert auf einem Tisch.« (Übersetzung von Andrea K. Heil, http://www.okaze.de / akh / uni / pruftrans.html).

445 »Denn ich habe sie alle gekannt, kannte sie alle – Habe die Abende gekannt, Morgende, Nachmittage. Ich habe mein Leben mit Kaffeelöffeln ausgemessen; – Ich kenne die ersterbenden Stimmen mit dem abfallenden (ersterbenden) Tonfall, – Die Musik unterlegend, die aus einem entfernten Raum dringt. Wie soll ich jetzt fortfahren?«

446 T. S. ELIOT, Nachwort zu Einsicht und Weisheit in der Philosophie, in: JOSEF PIEPER, Schriften zum Philosophiebegriff, hg. v. BERTHOLD WALD, Hamburg 2004, S. 70 ff.

447 PLATO, Sämtliche Werke, Band IV, Symposion 204 a.

448 PLATO, Symposion 202 d.

449 JOSEF PIEPER, S. 53.

450 GILLIAN ROSE, Die Arbeit der Liebe, München 1996. Den Hinweis und das Buch verdanke ich, wenn ich mich recht erinnere, Carolin Emcke.

451 GILLIAN ROSE, S. 119.

452 JOSEF PIEPER, Schriften zum Philosophiebegriff, S. 49.

453 GILLIAN ROSE, S. 121.

454 PLATO, Gorgias, 484 d.

455 PLATO, Gorgias, 485 c d.

456 PLATO, Theaitetos, 174 a b.

457 JOSEF PIEPER, S. 44.

458 GEORG WILHELM FRIEDRICH HEGEL, Werke in zwanzig Bänden, Band 18. Vorlesungen über die Geschichte der Philosophie I, Frankfurt am Main 1971, S. 465 ff.

459 GEORGE STEINER, Warum Denken traurig macht, S. 55.

460 RAINER MARIA RILKE, Die erste Duineser Elegie, http://www.rilke.de / gedichte / die_erste_duineser_elegie.htm.

461 JOSEF PIEPER, S. 45.

462 JOSEF PIEPER, S. 25.

463 »Where is the wisdom we have lost in knowledge? Where is the knowledge we have lost in information?« T. S. ELIOT, Choruses from »The Rock«, I, S. 96.

464 Ludwig Wittgenstein, Aufzeichnungen über Logik, in: Ludwig Wittgenstein, Werkausgabe Band 1. Tractatus logico-philosophicus, Tagebücher 1914–1916, Philosophische Untersuchungen, Frankfurt am Main 1995, S. 206.

465 Ludwig Wittgenstein, PU § 127.

466 Ludwig Wittgenstein, Bemerkungen über Frazer's Golden Bough, hg. v. Rush Rhees, Herefordshire 1979, S. 8 f. Vgl. PU II, xii.

2. Das Apfelmännchen des Geistes und die Sprachspiele des »philosophierens«

467 John Sutherland, How to read a Novel. A User's Guide, New York 2006.

468 Kurt Flasch, Philosophie hat Geschichte. Historische Philosophie, Beschreibung einer Denkart, Frankfurt am Main 2007, S. 7.

469 Hegel, Vorlesungen über die Geschichte der Philosophie I, S. 21 f.

470 Georg Wilhelm Friedrich Hegel, Enzyklopädie der philosophischen Wissenschaften (1830), hg. v. Friedhelm Nicolin und Otto Pöggeler, Hamburg 1991, § 13 f (S. 47 f).

471 Eine umfassende Erläuterung der sogenannten Mandelbrot-Menge – umgangssprachlich auch Apfelmännchen genannt – findet man bei Wikipedia http://de.wikipedia.org / wiki / Mandelbrot-Menge. Diesem Artikel ist auch das Bild entnommen: http://upload.wikimedia.org / wikipedia / commons / f / fb / Mandel_zoom_13_satellite_seehorse_tail_with_julia_island.jpg.

472 Benoit B. Mandelbrot, Die fraktale Geometrie der Natur, Basel / Boston 1987.

473 Hegel, Enzyklopädie der philosophischen Wissenschaft, § 2 (S. 33 f.).

474 Martin Heidegger, Die Grundbegriffe der Metaphysik, S. 6, 9.

475 Martin Heidegger, Was heißt Denken? Vorlesung Wintersemester 1951 / 52, Stuttgart 1992, S. 3.

3. Sprachspiele des philosophierens

476 Gilles Deleuze, Félix Guattari, Was ist Philosophie?, Frankfurt am Main 1996.

477 Friedrich Nietzsche, Werke in drei Bänden, S. 551–558 (Also sprach Zarathustra, Vierter und letzter Teil, Das trunkne Lied).

576

478 HERBERT SCHNÄDELBACH, Was Philosophen wissen und was
     man von ihnen lernen kann, München 2012, S. 7.

479 HERBERT SCHNÄDELBACH, Philosophie in der modernen Kultur.
     Vorträge und Abhandlungen 3, Frankfurt am Main 2000, S. 19 ff.

480 SCHNÄDELBACH, Philosophie in der modernen Kultur, S. 24.

481 SCHNÄDELBACH, Philosophie in der modernen Kultur, S. 26 f.

482 MARTIN HEIDEGGER, Grundsätze des Denkens. Freiburger Vorträ-
     ge 1957, in: MARTIN HEIDEGGER, Gesamtausgabe III. Abteilung,
     Unveröffentlichte Abhandlungen, Band 79: Bremer und Freibur-
     ger Vorträge, S. 85.

483 MARTIN HEIDEGGER, Qu'est-ce que la philosophie? Was ist das –
     die Philosophie, in: MARTIN HEIDEGGER, Gesamtausgabe. 1. Ab-
     teilung: veröffentlichte Schriften 1910–1976, Band 11: Identität
     und Differenz, S. 7–26.

484 RÜDIGER SAFRANSKI, Ein Meister aus Deutschland. Heidegger
     und seine Zeit, München / Wien 1994. Eine Einführung neueren
     Datums ist ALFRED DENKER, Unterwegs in Sein und Zeit. Einfüh-
     rung in Leben und Denken von Martin Heidegger, Stuttgart
     2011.

485 JAY F. ROSENBERG, Philosophieren. Ein Handbuch für Anfänger,
     Frankfurt am Main 1986 (im Original 1984), sowie THOMAS NA-
     GEL, Was bedeutet das alles? Eine ganz kurze Einführung in die
     Philosophie, Stuttgart 1990 (im Original 1987).

486 HISTORISCHES WÖRTERBUCH DER PHILOSOPHIE, Band 7: P–Q,
     hg. v. JOACHIM RITTER, KARLFRIED GRÜNDER, Basel / Darmstadt
     1989, S. 572–927.

487 MARTIN HEIDEGGER, Was ist das – die Philosophie, S. 24 f.

488 So Heidegger gleich zu Anfang von Sein und Zeit: MARTIN HEI-
     DEGGER, Sein und Zeit, Tübingen 1979, S. 4–6.

489 MARTIN HEIDEGGER, Der Satz vom Grund, Tübingen 1957,
     S. 154 f.

490 HEIDEGGER, Der Satz vom Grund, S. 161.

491 So auch in den Freiburger Vorträgen von Dezember 1957 und
     Februar 1958: MARTIN HEIDEGGER, Das Wesen der Sprache, in:
     MARTIN HEIDEGGER, Unterwegs zur Sprache, Stuttgart 1959,
     S. 159–216, 166.

492 HEIDEGGER, Das Wesen der Sprache, S. 169.

493 HEIDEGGER, Das Wesen der Sprache, S. 170.

494 MARTIN HEIDEGGER, Was ist das – die Philosophie, S. 24 f.

495 Darauf macht Rüdiger Safranski aufmerksam – ein Umstand,
     der nach den Selbstenthüllungen von Grass besonders pikant er-
     scheint, vielleicht aber insgeheim seine Verlängerung im Gedicht
     über Israel und den Iran fand: RÜDIGER SAFRANSKI, Ein Meister

aus Deutschland. Heidegger und seine Zeit, München / Wien 1994, S. 478–480. Rüdiger Safranski schreibt zum Thema des Schweigens in seiner Heidegger-Biographie:»Wenn Heidegger die Zumutung zurückwies, sich als potentieller Komplize des Mordes zu verteidigen, dann bedeutet das nicht, daß er sich der Herausforderung verweigert, ›Auschwitz zu denken‹. Wenn Heidegger über die Perversion des neuzeitlichen Willens zur Macht spricht, dem die Natur und der Mensch zum bloßen Material seiner Machenschaften wird, ist Auschwitz ausdrücklich oder unausdrücklich immer mitgemeint. Für ihn – wie auch für Adorno – ist Auschwitz ein typisches Verbrechen der Moderne. Versteht man also Heideggers Modernitätskritik auch als Philosophieren über Auschwitz, dann wird deutlich, daß das Problem des Heideggerschen Schweigens nicht darin liegt, daß er über Auschwitz geschwiegen hat. Philosophisch geschwiegen hat er über etwas anderes: über sich selbst, über die Verführbarkeit des Philosophen durch die Macht. Auch er stellt – wie so häufig in der Geschichte des Denkens – die eine Frage nicht: Wer bin ich eigentlich, wenn ich denke? Der Denkende hat Gedanken, aber manchmal ist es auch umgekehrt: die Gedanken haben ihn. Das ›Wer‹ des Denkens verwandelt sich. Wer die großen Dinge denkt, kann leicht in die Versuchung geraten, sich selbst für ein großes Ereignis zu halten; er will dem Sein entsprechen und achtet darauf, wie er in der Geschichte vorkommt, nicht aber, wie er sich selbst vorkommt [...] Wer mit seinem kontingenten Selbst bekannt ist, neigt weniger dazu, sich mit dem Helden seines denkenden Selbst zu verwechseln und die eigenen kleinen Geschichten in der großen Geschichte untergehen zu lassen. Mit einem Wort: Die Bekanntschaft mit sich selbst schützt vor der Verführung durch Macht«, in: SAFRANSKI (1994), S. 484. Adorno macht Heidegger unter anderem den Vorwurf, dass immerhin seine Sprache dem Faschismus Asyl gewährt habe:»in ihr äußert das fortschwelende Unheil sich so, als wäre es das Heil«: THEODOR W. ADORNO, Jargon der Eigentlichkeit. Zur deutschen Ideologie, in: THEODOR W. ADORNO, Gesammelte Schriften, hg. v. ROLF TIEDEMANN, Band 6, Darmstadt 1997, S. 416. Heideggers Sprache, sein Jargon der Eigentlichkeit, sei den »demagogischen Zwecken günstig« (S. 418). Seine Philosophie als eine »Wurlitzer-Orgel des Geistes« (S. 424) sei eine Veranstaltung, die den »Autoritätssüchtigen« zwar keine Offenbarung biete, weil sie sich vor ihr scheuen, wohl aber »die Himmelfahrt des Wortes« (S. 420). Genauer:»Aus Theologie wird der Stachel entfernt, ohne den Erlösung nicht gedacht werden konnte. Nach deren Begriff ging nichts Natürliches unverwandelt durch den Tod hindurch, kein Von Mensch zu Mensch ist jetzt und hier die Ewigkeit und gewiß kein Von Mensch zu Gott, das diesem gleichsam auf die Schulter klopft [...] Es bleibt die Lebensphilosophie, aus der er geistesgeschichtlich hervorging und der er absagte: überhöht die Dynamik des Sterblichen in das unsterbliche Teil. So wird Transzendenz menschlich näher gebracht« (S. 423 f.).

496 MAX HORKHEIMER, THEODOR W. ADORNO, Dialektik der Aufklärung. Philosophische Fragmente, in: THEODOR W. ADORNO, Gesammelte Schriften. Band 3, hg. v. ROLF TIEDEMANN, Darmstadt 1997, S. 32.

497 HORKHEIMER, ADORNO, Dialektik der Aufklärung, S. 26.

498 SAFRANSKI, S. 456 f.

499 MARTIN HEIDEGGER, Spiegel-Gespräch mit Martin Heidegger, in: MARTIN HEIDEGGER, Gesamtausgabe. 1. Abteilung: Veröffentlichte Schriften 1910-1976, Band 16, Reden und andere Zeugnisse eines Lebensweges, Frankfurt am Main 2000, S. 652–683, 671.

500 HEIDEGGER, Spiegel-Gespräch, S. 672.

501 HEIDEGGER, Spiegel-Gespräch, S. 674 f.

502 MARTIN HEIDEGGER, Aus Gesprächen mit einem Buddhistischen Mönch, in: MARTIN HEIDEGGER, Gesamtausgabe. 1. Abteilung: Veröffentlichte Schriften 1910-1976, Band 16, Reden und andere Zeugnisse eines Lebensweges, Frankfurt am Main 2000, S. 589–593, 589.

503 HEIDEGGER, Spiegel-Gespräch, S. 675.

504 HEIDEGGER, Spiegel-Gespräch, S. 676.

505 HEIDEGGER, Spiegel-Gespräch, S. 679, 681.

506 HEIDEGGER, Spiegel-Gespräch, S. 683.

507 HEIDEGGER, Aus Gesprächen mit einem buddhistischen Mönch, S. 589.

508 HEIDEGGER, Aus Gesprächen mit einem buddhistischen Mönch, S. 590.

509 HEIDEGGER, Was heißt Denken?, S. 6.

510 HEIDEGGER, Was heißt Denken?, S. 9.

511 HEIDEGGER, Was ist das – die Philosophie, S. 8.

512 HEIDEGGER, Was ist das – Philosophie, S. 8 f.

513 HEIDEGGER, Was heißt Denken?, S. 25–27.

514 JAY ROSENBERG, Philosophieren, S. 16–25.

515 Einen guten Überblick über Sinn und Nutzen der Philosophiegeschichte gibt WILHELM G. JACOBS, Zum Sinn der Philosophiegeschichte, in: HANS JÖRG SANDKÜHLER (Hg.), Philosophie, wozu?, Frankfurt am Main 2008, S. 168–187.

516 Neben dem umfangreichen Lebenswerk des Philosophen Hans Blumenberg sind u.a. zu nennen Anselm Haverkamp, Dirk Mende (Hg.), Metaphorologie. Zur Praxis von Theorie, Frankfurt am Main 2009, sowie Bernhard H. F. Taureck, Metaphern und Gleichnisse in der Philosophie. Versuch einer kritischen Ikonologie der Philosophie, Frankfurt am Main 2004.

517 Edmund Husserl, Philosophie als strenge Wissenschaft. Mit einer Einleitung hg. v. Eduard Marbach, Hamburg 2009.

518 Husserl, Philosophie als strenge Wissenschaft, S. 30 f.

519 Eine hervorragende Klärung bietet Dietmar Von Der Pfordten, Suche nach Einsicht. Über Aufgabe und Wert der Philosophie, Hamburg 2010, S. 22–41.

520 Martin Thomé, Fragen, die keiner braucht? Zur Rolle der Philosophie im Wissenschaftssystem, in: Marcel Van Ackeren, Theo Kobusach, Jörn Müller (Hg.), Warum noch Philosophie? Historische, systematische und gesellschaftliche Positionen, Berlin / Boston 2011, S. 267–280, 269.

521 Richard Rorty, Selbsterschaffung und Affiliation: Proust, Nietzsche und Heidegger, in: Richard Rorty, Kontingenz, Ironie und Solidarität, Frankfurt am Main 1989, S. 162–201, 176.

522 Richard Rorty, Der Spiegel der Natur. Eine Kritik der Philosophie, Frankfurt am Main 1981, S. 403 und 408 f.

523 Vgl. Wittgenstein, Werkausgabe Band 8, S. 470.

524 Richard Rorty, Wahrheit und Fortschritt, Frankfurt am Main 2000, S. 17.

525 Richard Rorty, Wahrheit und Fortschritt, S. 20 f.

526 Jean-François Lyotard, Postmoderne für Kinder. Briefe aus den Jahren 1982–1985, hg. v. Peter Engelmann, Wien 1987, S. 127.

527 Lyotard, Postmoderne für Kinder, S. 127 f.

528 Richard Rorty, Philosophie & die Zukunft, in: Richard Rorty, Philosophie und die Zukunft. Essays, Frankfurt am Main 2000, S. 14–25, 19.

529 Von Der Pfordten, S. 29.

530 Von Der Pfordten, S. 33 f.

531 Von Der Pfordten, S. 28.

532 Von Der Pfordten, S. 22.

533 Von Der Pfordten, S. 38.

534 Jay Rosenberg, S. 21 f.

535 Günter Abel, Was ist und was kann Philosophie?, in: Hans Jörg Sandkühler (Hg.), Philosophie, wozu?, Frankfurt am Main 2008, S. 15–39, 18.

536 Stefan Jordan, Christian Nimtz (Hg.), Lexikon Philosophie. 100 Grundbegriffe, Stuttgart 2011, S. 200.

537 RICHARD RORTY, Philosophie & die Zukunft, S. 21.
538 RORTY, Philosophie & die Zukunft, S. 7.
539 BERTRAND RUSSELL, Probleme der Philosophie, Frankfurt am
Main 1967, S. 142.

Teil V

Epilog: Die Erfahrung des Nicht-denkens –
Erwachen im Augenblick

540 MEISTER RYŌKAN, Alle Dinge sind im Herzen, S. 118.
541 RYŌKAN, S. 121.
542 EHEI DŌGEN ZENJI, Eihei Kōroku, Frankfurt am Main 2011,
S. 121.
543 SCOBEL, Weisheit S. 199 f. Dort gibt ein Kapitel auch ausführlich
Auskunft über Leben und Denken Dōgens.
544 So Dōgen in seiner Schrift Bendowa, in: DŌGEN, Shōbōgenzō
Band 1, S. 27–49.
545 Ein Buch, das Berührungspunkte herauszuarbeiten versucht, ist
YOSHIKO OSHIMA, Zen – anders denken? Zugleich ein Versuch
über Zen und Heidegger, Heidelberg 1985.
546 MARTIN HEIDEGGER, Gesamtausgabe Band 16: Reden und andere
Zeugnisse eines Lebensweges, S. 590.
547 DŌGEN, Bendōwa, in: Shōbōgenzo Band 1, S. 29.
548 EHEI DŌGEN ZENJI, Eihei Kōroku, Frankfurt am Main 2011,
S. 119.
549 KOUN YAMADA, Mumonkian. Die torlose Schranke, Zen-Meister
Momons Koan-Sammlung, neu übertragen und kommentiert
von Zen-Meister Koun Yamada, München 1997, S. 23.
550 YONGEY MINGYUR RINPOCHE, Buddha und die Wissenschaft
vom Glück, S. 260.
551 MAHATHERA HENEPOLA GUNARATANA, Die Praxis der Achtsamkeit, S. 83 f.
552 Diese Form des Nur-Atmens als Vorbereitung zum Nur-Sitzen
(und Nicht-denken) findet sich in vielen Meditationsformen.
Yongey Mingyur Rinpoche beschreibt sie u. a. auf Seite 250 f.
553 MAHATHERA HENEPOLA GUNARATANA, Die Praxis der Achtsamkeit, S. 78 ff.
554 DŌGEN, Bendowa, S. 29, vgl. dort Anm. 36.
555 DŌGEN, Bendowa, S. 30 f.

556 Gudō Wafu Nishijima, Was ist das große Erwachen der Erleuchtung? in seinem Blog am 28. 8. 2007: http://yudoblog-b.blog-
spot.com / 2007 / 08 / was-ist-das-groe-erwachen-oder-die.html,
557 Taigen Dan Leighton, Shohaku Okumura (Hg. und Übersetzer), Dōgens Extensive Record. A Translation of the Eihei Kōroku, Boston 2004, S. 269.

Ausführliches Inhaltsverzeichnis

584

Gert Scobel
Der Ausweg aus dem Fliegenglas
Wie wir Glauben und Vernunft in
Einklang bringen können
Band 18615

Glaube und Vernunft – für die meisten Menschen sind dies
entgegengesetzte Welten, die sich nicht miteinander versöhnen lassen. Es scheint, als könnte man nur der einen oder der
anderen Seite angehören. Doch was, wenn man sich weder
ausschließlich auf den Glauben noch auf die Vernunft verlassen kann (oder will)?

Der bekannte Wissenschaftsautor und Fernsehjournalist
Gert Scobel zeigt in seinem so gedankenreichen wie anre-
gend-unterhaltsamen Buch, dass es sich lohnt, sich in beiden
Welten auszukennen. Viele der Konflikte zwischen Religion
und Wissenschaft beruhen auf irrigen Annahmen, auf Missverständnissen und Illusionen. So geraten wir in die Situation
der Fliege, die im Glas gefangen ist: Da sie die durchsichtige
Wand nicht sieht, fliegt sie bis zur Ermattung immer wieder
gegen dieselbe Stelle. Gert Scobel gibt uns die entscheidenden
Mittel an die Hand, um uns in der Fülle der Theorien, der
Bücher und Meinungen zurecht zu finden. Mit seiner Hilfe
gelingt es, statt an einer Ausweitung der Kampfzone zu arbeiten, der Fliege Auswege zu zeigen.

Fischer Taschenbuch Verlag

Robert Pfaller
Wofür es sich zu leben lohnt.
Elemente materialistischer Philosophie

Band 18903

Unsere Kultur hat sich den Zugang zu Glamour, Großzü-
gigkeit und Genuss versperrt – wir vermeintlich abgebrühten
Hedonisten rufen schnell nach Verbot und Polizei, beim
Rauchen, Sex, schwarzem Humor oder Fluchen. Alles Befreiende oder Mondäne dieser Praktiken geht dabei verloren.
Robert Pfaller untersucht in seinem neuen Buch, warum es
so gekommen ist und was sich dahinter verbirgt. In Analysen
u. a. zum pornographischen Pop, zu den Lektionen des
Neids, zum schmutzigen Frühling, zur Rationalität des Ver-
doppelns und zur finsteren Seite der Tischmanieren entlarvt
er die aktuellen Tendenzen der Kultur und benennt ihren
politischen Preis.

»Pfallers Analyse ist so klug wie witzig,
unsere Gesellschaft wirkt, aus dem Winkel, aus
dem er sie beschreibt, verbissen, humorlos, auf eine
zwanghafte Weise bedrohlich. Ein überraschendes
Lese- und Denkvergnügen.«
Eva Menasse

Fischer Taschenbuch Verlag

fi 18903 / 1

Rainer Erlinger
Moral
Wie man richtig gut lebt
368 Seiten. Gebunden

Wir alle wollen gute Menschen sein. Wir alle wissen eigentlich, was dafür zu tun wäre. Doch dann wird es konkret: Darf ich lügen, wenn es die Situation erfordert? Wie viel Rücksicht muss ich auf meine Nachbarn nehmen? Muss ich mein Geld ethisch anlegen? Rainer Erlinger, Moralinstanz und Autor der inzwischen als Klassiker geltenden Kolumne ›Die Gewissensfrage‹ in der »Süddeutschen Zeitung«, kennt wie kein anderer die konkreten mora-lischen Probleme, die uns alle bewegen. Nun hat er endlich seinen großen Entwurf einer Moral für unsere Zeit vorgelegt – alltagstauglich, beispielgesättigt, philosophisch begründet, leicht verständlich und unterhaltsam.

»Ein wunderbares Buch«
Markus Lanz

»Sehr gut zu lesen und nicht moralinsauer,
sondern heiter.«
hr2-Kultur

S. Fischer

fi 1-017021 / 1

Martin Seel
111 Tugenden, 111 Laster
Eine philosophische Revue

288 Seiten. Gebunden

Wie schon Aristoteles wusste, sind Tugenden heikle Balancen, die oft nur mit Mühe gehalten werden können. Aber auch mit den Lastern verhält es sich nicht anders. Sie tragen Energien in sich, die immer einmal wieder zum Guten ausschlagen können. Mit dieser Diagnose macht Martin Seel auf eine erhellende und unterhaltende Weise ernst. Die vielen Tugenden und ihre labile Einheit, so führt er vor, haben den Sinn, das eigene Glück im Auge zu behalten, ohne das Wohl der anderen aus dem Blick zu verlieren.

»111 vor Geist und Witz funkelnde Mini-Essays.«
Philosophie Magazin

»wohldurchdacht, elegant und unprätentiös.«
Frankfurter Allgemeine Zeitung

»Brillante Kurzessays präsentieren ein Panorama unserer moralischen Grundlagen – und plötzlich erstrahlt die gute alte Tugendlehre in hochaktuellem Glanz.«
Die ZEIT

S. Fischer

fi 1-071011 / 1